THIRD EDITION DEUX MONDES

A Communicative Approach

Tracy D. Terrell
Late, University of California, San Diego

Mary B. Rogers
Friends University

Betsy K. Barnes
University of Minnesota, Minneapolis

Guy Spielmann
Georgetown University

Consultant: Françoise Santore
University of California, San Diego

Boston, Massachusetts   Burr Ridge, Illinois   Dubuque, Iowa
Madison, Wisconsin   New York, New York   San Francisco, California   St. Louis, Missouri

McGraw-Hill

A Division of The **McGraw·Hill** Companies

This is an 〔EBI〕 book.

Deux mondes: A Communicative Approach

This book is printed on acid-free paper.

2 3 4 5 6 7 8 9 0   VNH VNH   9 0 3 2 1 0 9 8 7

ISBN   0-07-064688-0 (Student Edition)
ISBN   0-07-064689-9 (Instructor's Edition)

This book was set in Legacy Serif Book by York Graphics, Inc.
The editors were Thalia Dorwick, Gregory Trauth, Marion Lignana Rosenberg, Richard Mason, and Kristin Swanson.
The production supervisor was Tanya Nigh.
Production and editorial assistance was provided by Pam Webster and Teresa Roberts.
The text and cover designer was Deborah Chusid.
Illustrations were by Sally Richardson.
The photo researchers were Cindy Robinson and Lindsay Kefauver.
Color separation was by York Graphics.
This book was printed and bound by Von Hoffman Press.

Cover art: Senegal River (Africa). SPOT = SP101 © 1987 CNES; licensed by SPOT (Satellite pour l'Observation de la Terre) Image Corporation/Photo Researchers, Inc.

Library of Congress Cataloging-in-Publication Data
Deux mondes : a communicative approach / Tracy D. Terrell ... [et al.] — 3rd ed.
    p.   cm.
    Includes index.
    ISBN 0-07-064688-0 (student edition)
    ISBN 0-07-064689-9 (instructor's edition)
    1. French language—Textbooks for foreign speakers—English.
I. Terrell, Tracy D.
PC2129.E5D48 1997   96-48208
448.2'421—dc21   CIP

http://www.mhhe.com

CONTENTS

PREMIÈRE ÉTAPE
PREMIÈRES RENCONTRES
1

DEUXIÈME ÉTAPE
LE MONDE ÉTUDIANT
21

1 CHAPITRE 1
MA FAMILLE ET MOI

2 CHAPITRE 2
LA VIE QUOTIDIENNE ET LES LOISIRS

3 CHAPITRE 3
EN VILLE

4 CHAPITRE 4
LA MAISON ET LE QUARTIER

CHAPITRE 7
À TABLE!

CHAPITRE 8
PARLONS DE LA TERRE!

11 chapitre 11

Les moyens de communication
331

12 chapitre 12

La santé et les urgences
354

To the instructor

Welcome to the third edition of *Deux mondes*. When the first edition appeared in the mid-eighties, it was at the vanguard of communicative language teaching. Today, it is still in a class of its own, even as more and more books adopt features pioneered by *Deux mondes* and other Natural Approach texts. In this edition, we have preserved the spirit of Tracy Terrell's Natural Approach while reflecting some of the more recent developments in language-acquisition research and theory.

As its title suggests, *Deux mondes* focuses on two worlds: the world of the students using the text and the world of the French language and Francophone cultures. Its primary goal is to help students develop proficiency in all areas of communication while learning about the cultures of the French-speaking world. The activities in *Deux mondes* are designed to encourage you and your students to interact in French as naturally and spontaneously as possible within culturally appropriate contexts.

New in Third Edition

Our primary goals for the Third Edition have been to streamline the text while enhancing the integration of language and cultural content. The *Activités* remain the core of the text, with grammar retaining its supporting role in the processes of communication and language acquisition. In response to suggestions made by users, here are some of the other significant changes we made:

Activités

- A new feature, *Allons plus loin!,* encourages students to offer their own personal views on the topics raised in the *Activités* using high-frequency, idiomatic language.
- Another new feature, *À vous la parole!,* involves students in a wealth of engaging projects such as role-plays, interviews, and the creation of brochures and advertisements.
- Many *Activités* have been updated to reflect changes in the cultures of the French-speaking world.
- The amount of new vocabulary in each chapter has been reduced.
- Information gap activities have been replaced with other types of communicative activities.

Readings and Culture

- All *Lectures* are new in this edition. They are shorter, and most glosses are given in simple French. All *Lectures* are followed by *À vous la parole!* activities.

- A new boxed feature, *Info*, replaces the *Notes culturelles*. The illustrated *Info* boxes offer up-to-date information about everyday life *(Vie quotidienne)*, broader societal issues *(Société)*, and the arts *(Arts et lettres)* throughout the Francophone world.
- The *Info* boxes and the *Lectures* are strongly integrated with the content of the *Activités*.
- There are two new chapter themes: *Parlons de la Terre! (Chapitre 8)*, and *Les moyens de communication (Chapitre 11)*, which includes information on the Internet and the Minitel.
- French-speaking cultures outside of Europe, especially Quebec, the Maghreb, and West Africa, figure more prominently throughout the text.

Grammaire et exercices

- The fundamental scope of the grammar syllabus has been retained. However, some topics have been rearranged in accordance with communicative needs.
- Most grammar explanations are shorter and more "user-friendly."
- New student annotations provide summaries, definitions, and other tips for successful study and review.
- Many grammar exercises have been rewritten to be more representative of everyday language use.
- Instructor's annotations now contain suggestions for teaching selected grammar points in the Natural Approach classroom, as well as supplementary exercises.

Cahier d'exercices

- The structure of the *Cahier* has been revised to make it easier to use with the audiotape program.
- The *Exercices de compréhension* are now explicitly coordinated with each chapter theme.
- *Intégration,* a new end-of-chapter section, includes a variety of integrative and review activities. These include *À vos écrans!*, a video feature; *À vos stylos!*, a functional, strategy-based composition activity; *À vos cassettes!*, a simplified retelling of a Francophone folk tale or story (recorded onto the audiocassette program); and *Jeux*, a selection of appealing games and puzzles.
- *Le verbe français* has been shortened and streamlined. Along with the *Exercices de prononciation*, it has been moved to the end of each chapter.

STRUCTURE OF THE TEXT

Deux mondes includes both oral and written activities that can be used as a starting point for communication. The student text consists of two preliminary *étapes* and fourteen regular chapters. Each chapter explores a specific theme, introducing related language functions, vocabulary, and cultural information essential to communication at the beginning level. A wide variety of authentic or realistic material provides a context for both language and content acquisition.

Every regular chapter is divided into three parts:

- *Activités et lectures.* The *Activités* are designed for oral communication and listening comprehension in the classroom. *Info* boxes and *Lectures* provide cultural information and add context for learning authentic language.
- *Vocabulaire.* Chapter vocabulary is summarized by its lexical or thematic group or, in some cases, by part of speech.
- *Grammaire et exercices.* The *Grammaire* section can be used for at-home study, if instructors so desire, or it can be used in class. Its numbered sections provide explanations in English and are referenced in the *Activités et lectures.* The Answer Key in Appendix D allows students to correct their own work.

Please refer to the *Deux mondes* Instructor's Manual for a fully illustrated guide to these and many other features of the text.

OTHER COMPONENTS

Deux mondes is accompanied by a complete program of instructional materials for beginning French, including a workbook/laboratory manual, videos, software, and many other valuable supplements. Please contact your local McGraw-Hill sales representative for information on the price and availability of these items.

COMPONENT	DESCRIPTION
Cahier d'exercices	This combined workbook/laboratory manual contains both acquistion activities and learning exercises for use outside the classroom. New in this edition are a clearer organization, a chapter review section, an integrated video feature, a guided writing activity, and a new listening activity based on French-language fables and poems.
Student's Laboratory Tapes	This cassette program, recorded by native speakers of French, contains the listening exercises and passages from the *Cahier d'exercices.* It is available for student purchase.
Adopter's Laboratory Tapes	These contain the same materials as the Student's Laboratory Tapes.
Annotated Instructor's Edition	The Instructor's Edition offers teaching suggestions in the margins. New to this edition are tips on teaching selected grammar points in the Natural Approach classroom.
CD-ROM	The CD-ROM to accompany *Deux mondes,* for IBM and Macintosh, includes a variety of interactive activities, integrated video, culture notes, and a special recording feature.

Instructor's Manual	This guide offers more detailed teaching suggestions and theoretical background on the Natural Approach, as well as a fully illustrated guided tour of the *Première étape* and *Chapitre 1*. New in this edition are expanded sections on teaching culture and reading, as well as a guide to French resources on the Internet.
Test Bank and Tape	This volume offers a variety of test components emphasizing listening, speaking, reading, writing, vocabulary, and grammar, allowing instructors to create tests according to the needs of their class. Listening comprehension passages are recorded on the accompanying cassette.
The Video to accompany *Deux mondes*	Filmed on location in France with additional footage from Francophone countries, this 100-minute video covers ten topics (student life, family life, leisure activities, shopping, food, travel, professional life, health, media, and current events) keyed to chapter themes in *Deux mondes*.
Tapescript and Videoscript	This is a transcription of the Audiocassette Program and of the scripts for the video segments incorporated into the *Cahier*.
Other Videos	Authentic French Materials, Volume 1: Television Commercials, and Volume 2: Music Videos, are 30-minute videos accompanied by instructor's booklets of scripts and activities.
Software	The McGraw-Hill Electronic Language Tutor (MHELT 3.0), available in IBM and Macintosh formats, contains vocabulary practice and single-response exercises from the blue pages of the text.
Overhead Transparencies	A set of 50 acetates, many in color, is useful for the presentation and review of vocabulary and other class activities.
Slides	Three sets of color slides illustrating the beauty and diversity of the French-speaking world come with booklets of commentary and discussion questions.
A Practical Guide to Language Learning: A Fifteen-Week Program of Strategies for Success	This guide, by H. Douglas Brown of San Francisco State University, introduces beginning foreign-language students to the language-learning process and provides strategies, exercises, and self-tests.
A Training/Orientation Manual	For use with teaching assistants, this volume (by James F. Lee of the University of Illinois, Urbana-Champaign) offers practical advice for beginning language instructors and their coordinators.

The Natural Approach

Deux mondes is based on Tracy D. Terrell's Natural Approach, which originally drew on aspects of Stephen D. Krashen's "Monitor Model" and its five hypotheses on instructed second-language acquisition.[1] These five hypotheses are discussed in detail in the Instructor's Manual to accompany *Deux mondes*. The following are among the most important aspects of the Natural Approach as applied in this program:

1. **Meaningful and comprehensible input is essential to language acquisition.** *Deux mondes* is designed to help the instructor provide this input and create a classroom atmosphere that is positive, stimulating, and non-threatening.

2. **Comprehension precedes production.** Students must have the opportunity to hear and read new vocabulary and structures in meaningful contexts before they can produce them on their own. *Deux mondes* provides pre-text oral activities for every chapter and numerous illustrated presentations and readings within each chapter.

3. **Speech emerges gradually.** *Deux mondes* is based on the principle that students move progressively from comprehending French to being able to express ideas on their own. The two introductory *étapes* are devoted primarily to comprehension activities. Thereafter, each thematic presentation is designed so that students move gradually from comprehending input to manipulating statements from the *Activités* and, finally, to expressing themselves on their own.

4. **Some errors in grammar are to be expected in student speech, as a natural part of the acquisition process.** Students are unlikely to use particular linguistic elements accurately by the end of the chapter in which they are introduced. Lasting acquisition depends primarily on reinforcement and opportunities to practice and experiment in a "safe" environment. During oral activities, we recommend that instructors respond naturally to students' communication, correcting only factual errors and expanding only when it feels appropriate to do so. Correction of grammatical errors is best confined to written work.

5. **Students acquire language only in a low-anxiety environment.** A low-anxiety atmosphere is created when the instructor provides students with interesting, culturally authentic, and comprehensible input and does not focus excessively on form. *Deux mondes* creates a positive atmosphere by encouraging student involvement in activities relating to their own lives and to the French-speaking world: hence the *"Deux mondes"* of the title.

6. **Group work fosters communication and creates community.** It engenders an atmosphere of familiarity and trust which, in turn, is conducive to

---

[1]For more detailed information, please see Stephen D. Krashen and Tracy D. Terrell, *The Natural Approach: Language Acquisition in the Classroom*, Prentice Hall, 1983.

self-expression and risk-taking, two essential elements in language learning. Group work gives students more opportunity to interact in French during class time. Most of the oral activities in *Deux mondes* are meant to be conducted by a group of two or more students. They are open-ended, since true communication is divergent and relies on negotiation of meaning. Students generally retain a measure of personal choice when engaging in any activity.

7. **Grammar study is a useful part of classroom language acquisition, but not the primary goal of the course.** Improvement in speech takes place primarily as the result of an increased ability to comprehend input. It also depends on the speaker's *need* to communicate more clearly. However, the study of grammar can help improve comprehension by focusing attention on specific linguistic markers and by providing forms and rules useful for self-monitoring. *Deux mondes* offers a complete grammar syllabus, arranged to coordinate functionally with the *Activités et lectures*. Many grammar points are spiralled: that is, re-entered and developed after the initial presentation. We recommend that grammar be discussed in class only as needed to facilitate comprehension and communication. In general, this should be done in French, within the context of comprehensible input.

8. **Acquisition involves a continuum.** The traditional division of "four skills," though convenient, does not accurately reflect the reality of communication, since speaking, listening, reading, and writing are *all* communicative activities and often work together in a complementary fashion. The Natural Approach and *Deux mondes* seek primarily to create an atmosphere where students will *want* to communicate by offering them the opportunity to do so in relation to stimulating subject matter. By focusing on meaning rather than on form, the Natural Approach strives to minimize obstacles to self-expression and to accommodate the complex nature of communication.

Student Materials

- Each of the fourteen regular chapters opens with *Activités et lectures,* which are intended to stimulate the acquisition of vocabulary and grammar. The following types of oral activities are repeated from chapter to chapter:

  - TPR (Total Physical Response) activities
  - Student-centered input
  - Association activities
  - Open dialogues
  - Logical ordering activities
  - Matching activities
  - Personal opinion surveys
  - Interactions
  - Definitions
  - Narration series (story boards)
  - Situational dialogues
  - Authentic texts from magazines and newspapers
  - Interviews

- The *Vocabulaire* follows each *Activités et lectures* section. It contains the new words that have been introduced in the thematic displays and activities. Students should be able to recognize these words when they are used in a meaningful context. Many will also be used actively by students as the course progresses.
- The Natural Approach views reading as an essential part of language acquisition. Thus, each *Activités et lectures* section includes *Info* boxes, authentic materials, and a *Lecture*. Many *Lectures* are accompanied by reading hints in the Instructor's Edition, and general teaching strategies are outlined in the Instructor's Manual. These changes reflect a growing concern over the need for an early development of textual literacy, which we regard as complementary to oral proficiency.
- The *Grammaire et exercices* pages of each chapter are tinted blue for ease of study and reference. This component contains brief explanations followed by short verification exercises. (The Answer Key appears in Appendix D.) The blue pages can be used by students on their own or they can be used in class, depending on the goals and requirements of your program. We believe, however, that students best acquire grammar through comprehensible input and oral activities in class and that much of traditional grammar study can easily be handled by students at home. A reference to specific grammar points is given at the beginning of each *Activités et lectures* section (marked *Attention!*). The thematic displays and *Activités* integrate the vocabulary and grammar within a meaningful context. However, all *Activités* can be completed without previous grammar study. Indeed, they are most effective when used in a purely communicative way, with both instructor and students focusing on the meaning of what is being said.

Acknowledgments

The authors would like to express their gratitude to the following members of the language-teaching profession whose valuable suggestions contributed to the preparation of this revised edition. The appearance of these names does not necessarily constitute an endorsement of *Deux mondes* or its methodology:

Professor Elizabeth Anglin
University of Southern Mississippi

Professor James Blackburn
University of South Carolina

Professor Chris Coski
University of Maryland

Professor Nicole Dufresne
University of California at Los Angeles

Professor Mary M. Ellis
Pikes Peak Community College

Professor Patricia Fredrick
Northern Arizona University

Professor Nancy Gabriel
Cornell University

Professor Christine Geddes
Ricks College

Professor Heidi Genoist
University of New Mexico at
Albuquerque

Professor Maryvonne Guillemen
University of Alaska

Professor Lynn Haggard
Midwestern State University

Professor Mary Jane Highfield
Cornell University

Professor Kathy Hjelle
Brookdale Community College

Professor Marie Hopkins
University of Alaska

Professor Judith Horning
South Dakota State University

Professor Charlotte P. King
Louisiana State University at
Shreveport

Professor Helen Lancaster
Cabrillo College

Professor F. Levéziel
Webster University

Professor Barbara Mascali
High Point University

Professor Dan Moors
University of Florida

Professor Yvette O'Neill
Lower Columbia College

Professor Jo Ann Outs
St. Louis Community College at
Kirkwood

Professor Christiane E. Reese
Florida Atlantic University

Professor Bianca Rosenthal
California Polytechnic State University
at San Luis Obispo

Professor Rosemarie Sarkis
Riverside City College

Professor Gail Schwab
Hofstra University

Professor Janet C. Stock
Utah State University

Professor Gwen Yount
Riverside Community College

Many people contributed their time and talents to the preparation of this edition. In particular, we want to thank our development editor, Marion Lignana Rosenberg, for her valuable suggestions and unstinting efforts to make *Deux mondes* a better book. We are especially grateful for the tremendous dedication and professionalism of Richard Mason, Tanya Nigh, Pam Webster, and Teresa Roberts. Deborah Chusid created the striking interior and cover designs. Our art director, Francis Owens, made his usual splendid contributions.

We also wish to acknowledge the superb work of our photo researchers, Cindy Robinson and Lindsay Kefauver, and our artist, Sally Richardson. Melissa Gruzs, Marie Deer, Charlotte Jackson, Eileen LeVan, and Annie Heminway of the Alliance Française in New York City all provided invaluable editorial assistance. Warmest thanks to our editing supervisor, Kristin Swanson, whose unfailing patience, good cheer, and wise guidance were critical to the timely delivery of *Deux mondes*.

As in past editions, Françoise Santore has our deepest appreciation for her suggestions and for reading the manuscript with her usual understanding and close attention. Her encouragement and abiding loyalty to the Natural Approach have helped us very much indeed! Additionally, we want to thank Henry Méra and Amy Miller for their kind assistance.

Our special gratitude to Margaret Metz and the entire McGraw-Hill sales and marketing team for their continued support of *Deux mondes*. And we particularly want to thank Thalia Dorwick for her care and support. As editor, Thalia was a major force in the creation of the first edition of *Deux mondes*. As publisher and advisor, she has been involved in all subsequent editions. Without her, and without her good ideas, *Deux mondes* might not exist today.

Finally, we wish to acknowledge with gratitude our families and friends, particularly Ben, Semie, and Lewis Rogers, Weldon Padgett, Robbie, and Mary and Bert of the Socrates Institute. Their encouragement, confidence and, at times, sacrifices, have been much appreciated throughout our work on this project.

To the student

The course you are about to begin is based on a method called the Natural Approach, which is designed to help you learn to speak, read, write, and understand French. You will be learning not only about the French language, but also about French-speaking people and cultures all over the world: in Europe, North and West Africa, Quebec, the Caribbean, and elsewhere.

As you work with *Deux mondes,* keep in mind that you will be learning French in two very different but complementary ways. The first is experiential and mostly unconscious. It is the "feel" for the language that comes from hearing, speaking, reading, and writing French in meaningful, everyday contexts. The second is a more deliberate and formal kind of learning, which comes from studying the rules of the French language, especially those of grammar.

Both types of learning are necessary to become proficient in French. You need to hear and read authentic French in order to understand native speakers. You also need to speak and write in French as much as possible. Exploring how the French language works by studying grammar can also allow you to progress more rapidly. However, keep in mind that all learners inevitably make mistakes when they try to speak and write a new language. Your instructors and classmates will not expect you to speak "perfectly," and native speakers will appreciate your attempts to speak their language even if you do make some mistakes. Initially, then, you should concentrate on *what* you are saying rather than on *how* you are saying it. The experience of learning French should be enriching, stimulating, and (yes!) even fun.

Make an effort to avoid translating everything that goes on in class into your native language. You will acquire lasting proficiency by learning to understand French "from the inside," on its own terms. If you listen and watch carefully, you will discover that it is almost always possible to understand what is being conveyed without resorting to English.

In this course, most class time will be devoted to oral activities. Your instructor may request that you study grammar and vocabulary primarily on your own, at home. The grammar sections of *Deux mondes* (the blue pages) are designed to be self-explanatory. As you complete the exercises, you can confirm your understanding using the Answer Key in Appendix D.

The *Cahier d'exercices* (workbook/laboratory manual) and the audio tape program give you more opportunities to listen to French outside of class and to write about topics that you have discussed in class. The workbook also contains video activities and exercises on the pronunciation and spelling of French, as well as additional readings that will help you improve your skills and learn more about France and the Francophone world.

Tips for Effective Learning

Activités

The oral activities are designed to be done in class with your instructor and fellow students. They form the core of the *Deux mondes* program and of your learning experience.

- Remember to relax and to "go with the flow." You will enjoy an activity and gain the most from it when you focus on communicating, rather than on producing specific words or forms.
- Working through an activity mechanically will be both uninspiring and of little value: try to give it a personal twist.
- Don't worry when you do not understand every word your instructor says. Just focus on getting the main idea, and be on the alert for visual and aural clues (gestures, intonation, illustrations).
- Always listen to your instructor's feedback, and use it as a model. You will learn best by hearing and reading correct forms on a regular basis.
- Many students find it beneficial to look over activities before class. Others have suggested that a quick "preview" of new words to be used makes it easier to participate in the activity.
- Finally, speak French and avoid English at all costs. If you don't know a certain expression, make an effort to paraphrase or find another way of explaining yourself. It is always better for you to express yourself in a roundabout fashion than to rely on English.

Lectures

As you approach the readings in *Deux mondes,* remember that written language is more than just a transcription of speech. Most of the time, writing follows formal rules that are considerably more constraining than those governing speech. Most *Activités* in *Deux mondes* use fairly short sentences, whereas the *Lectures* and *Info* boxes give you the opportunity to work with more complex—though still comprehensible—French.

Keep in mind that reading means grasping the logic and meaning of the entire text, rather than figuring out individual words and sentences. Reading is a process of discovery: a text composed only of words and ideas with which you are already familiar, put together in an entirely predictable way, would not offer much interest.

You already have strategies for reading a text in English that you can apply immediately when you read French. In fact, you will find that you are able to read a level of French that is significantly more complex than the French you use when speaking and writing. Here are some suggestions that will help you with the readings in *Deux mondes.*

- **Look first for what you can understand,** then make educated guesses about unfamiliar content.
- **Use the title and illustrations** to deduce what a given reading is about.
- **Skim the text** to identify the main ideas. After you have looked at the title and illustrations, read quickly through the introductory paragraph, the first sentences in the other paragraphs, and the concluding paragraph to get a general outline of the main ideas.
- **Look for cognates** (words that are similar in two different languages). About a third of English words are drawn from French, and French shares even more cognates with Spanish and other Romance languages (languages based on Latin).
- In class, listen to the questions your instructor asks and **scan for particular information.** You often do not need to know every word to find the information you need.
- When you encounter words or phrases that you do not understand, make an effort to **infer meaning from the context,** using your own common sense. Quite often, it is possible to ignore unfamiliar words altogether and still arrive at a very accurate understanding, because language involves a great deal of redundancy.
- Unlike listening, which gives you only one or two chances to hear what the other person is saying, reading allows you to **go over a text many times.** Plan on reading the texts in *Deux mondes* several times. You will find that your understanding increases with each new reading.
- **Think in French.** If you look at a French text and think in English, you are not reading but translating. This is an extremely inefficient way of approaching a text, and it will *not* help you to become a proficient reader in French.
- Try to **formulate the meaning of new words in French.** This will become easier as you progress, and it will speed your progress tremendously.

Vocabulaire

Each chapter contains a vocabulary list organized by topic or situation. This list is primarily for reference and review. You should *recognize* the meaning of these words when you hear or read them in context; however, your instructor may not expect you to be able to *produce* all of these words yourself. Work with the *Vocabulaire* lists as your instructor suggests, and remember that the best way to learn French words is to **hear and read them as often as possible in a meaningful context.**

Grammaire et exercices

The final section of each chapter (the blue pages) is a reference manual, allowing you to study the rules of French grammar and to verify your understanding by doing the exercises.

- The beginning of each topical section in the white pages has a reference **(Attention!)** keyed to the appropriate section in the grammar. As you begin each new topical section, **read the grammar section or sections indicated.**
- Be sure to **make use of the marginal notes** in the blue pages, which give you useful summaries, hints, and suggestions for reviewing.
- You will benefit the most from the blue pages by **completing the exercises in writing,** then confirming your answers using the Answer Key in the back of the text.

Getting to Know the Characters

You will get to know a number of characters in the *Deux mondes* text and *Cahier* and in other components of the program. They include people in North America and in France.

First you'll meet a group of young people from the University of Louisiana at New Orleans. They are fellow students in Professor Anne Martin's 8:00 A.M. beginning French class: Albert Boucher, Barbara Denny, Daniel Moninger, Denise Allman, Jacqueline Roberts, and Louis Thibaudet. Louis is very proud of his Acadian ancestry. (The Acadians were French-speaking colonists who came to Louisiana from Acadie, now Nova Scotia.) Professor Martin was born in Montreal and is completely bilingual in French and English.

Albert Barbara Daniel Denise Jacqueline Louis Madame Martin

You will also meet Raoul Durand, a doctoral student in mechanical engineering. Raoul, too, comes from Montreal. As a Quebecois, he was pleased to meet Madame Martin and has visited her class and gotten to know her students.

Raoul

The Lasalle-Colin family has three branches. The grandparents, Francis and Marie Lasalle, have always lived in Lyon, where they are now retired.

Bernard Lasalle is the son of Francis and Marie. He and his wife Christine live near Bernard's parents in Lyon. Bernard is an engineer and Christine works in a hospital as a nurse. They have three daughters, Nathalie (6), Marie-Christine (8), and Camille (11).

Claudine Colin is the daughter of Francis and Marie Lasalle. She and her husband, Victor Colin, live in Clermont-Ferrand with their five children. Marise and Clarisse (19) are twins. Marise is studying French literature at the Université Blaise-Pascal in Clermont-Ferrand and Clarisse is taking courses in hotel management at the École Victor Hugo. Charles (17) and Emmanuel (14) are both *lycée* (high school) students and their brother Joël (8) is in primary school.

Édouard and Florence Vincent are old friends of Francis and Marie Lasalle and live nearby in Lyon. They are an interesting couple, though somewhat old-fashioned in some of their views.

Édouard
Vincent

Florence
Vincent

Another character you will meet is Julien Leroux, a native of Brussels who has lived in Paris for several years and who works in news broadcasting at *Télévision Française 1*. He has been friends with Bernard Lasalle since they were at the university together several years ago.

Julien

Also in Paris are Sarah Thomas, an American exchange student, Agnès Rouet, and Jean-Yves Lescart, friends at the Université de Paris.

Sarah   Agnès   Jean-Yves

Adrienne Petit lives in Marseille. She works as a secretary in an import-export firm and loves to travel. She is an active person and has a lively social life.

Adrienne

Getting Started with the *Étapes*

Listening skills

Your instructor will probably choose to address the class entirely in French from day one. Don't panic! It is possible to understand what someone is saying without knowing every word in advance. Here are some general techniques that will help you as you are doing the two preliminary chapters or *étapes*.

- **Make educated guesses.** Always pay attention to context. If someone you don't know says, *«Bonjour, je m'appelle Robert»*, you can infer from the context and from the key word "Robert" that he is introducing himself. If it is eight in the evening and someone greets you with *«Bonsoir»*, you can figure out that this probably means "Good evening" and not "Good morning" or "Good afternoon."

- **Pay attention to gestures and "body language."** If your instructor is pointing to the board, you can deduce that *«Regardez le tableau»* means "Look at the board" even if you are not already familiar with the words.
- **Pay attention to intonation and key words.** If your instructor is holding up a photo of a man and says in French, "Does this man have brown hair?", you will know from his or her tone of voice that a question is being asked. If you already know the words "brown" and "hair," and you look carefully at the photo, you can figure out what the question means even if you have never heard the other words.
- In terms of your ability to understand, it is most important for you to **know key vocabulary words.** You do not need to know specific grammatical forms in order to grasp the gist of what is being conveyed.

Vocabulary

Because your ability to understand depends on your recognizing key words in context, the two *étapes* will help you become familiar with many new words in French. You need not be concerned about pronouncing these perfectly from the start: your pronunciation will become more accurate as you *hear* more and more spoken French. Here are some tips to help you learn vocabulary.

- **Keep a vocabulary notebook.** Your instructor will write key vocabulary words on the board; jot them down for future reference and study.
- **Go over vocabulary frequently,** and make an effort to **visualize** the person (for words like "child" or "woman"), thing ("chair" or "pencil"), characteristics ("young" or "long"), activity ("stand up"), or situation ("is wearing") conveyed by each word.
- **Follow your instructor's suggestions** for working with these words. He or she will likely require only that you recognize them in context, or you may be asked to memorize them, depending on the goals and methods of your course.

Classroom activities

Here are the main types of activities you will be doing in the *étapes*. Some may be new to you; all will help get you off to a running start in French.

- **TPR.** "Total Physical Response" is a technique developed by Professor James Asher at San José State University. In TPR activities, the instructor gives a command, which you then act out. Though TPR may seem somewhat "childish" at first, by relaxing and allowing your mind and your body to work together, you will be able to absorb a large amount of French very quickly. In TPR, "cheating" is allowed! If you're not sure what a command means, figure it out by "sneaking" a look at your classmates.

- **Description of classmates.** You will be asked to get to know your classmates: to learn their names and to identify the person your instructor is describing. This is a fun and effective way for you to learn the names of colors, articles of clothing, and descriptive words such as "long," "pretty," "new," and so on.
- **Description of pictures.** Your instructor will bring a number of pictures to class and describe the people in them. Your goal will be to identify the picture being described.
- **Using basic greetings and expressions of courtesy.** You will have the opportunity to learn how to say "Hello," "Good-bye," "How are you?", etc. in short dialogues with classmates. You do not need to memorize the dialogues; just have fun with them. Remember that your pronunciation will improve as your *listening skills* improve.

And now... *Au boulot* (Let's get to work)! Enjoy learning French and working with *Deux mondes*.

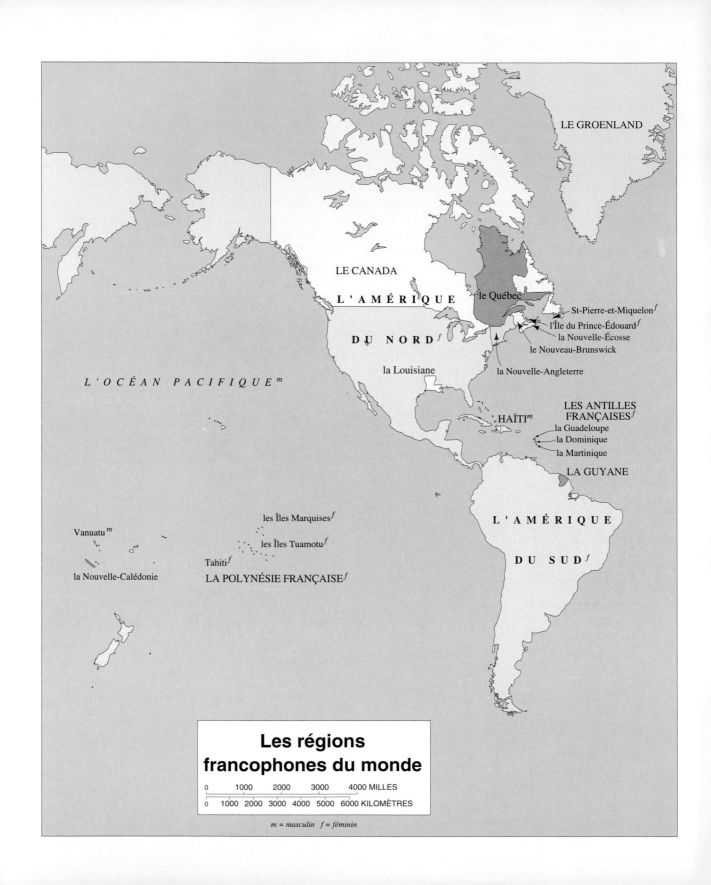

LE GROENLAND

LE CANADA

L'AMÉRIQUE

le Québec

St-Pierre-et-Miquelon ^{f}

l'Île du Prince-Édouard ^{f}

la Nouvelle-Écosse

DU NORD ^{f}

le Nouveau-Brunswick

la Louisiane

la Nouvelle-Angleterre

L'OCÉAN PACIFIQUE ^{m}

LES ANTILLES
FRANÇAISES ^{f}

HAÏTI ^{m}

la Guadeloupe

la Dominique

la Martinique

LA GUYANE

les Îles Marquises ^{f}

L'AMÉRIQUE

Vanuatu ^{m}

les Îles Tuamotu ^{f}

Tahiti ^{f}

DU SUD ^{f}

la Nouvelle-Calédonie

LA POLYNÉSIE FRANÇAISE ^{f}

Les régions
francophones du monde

| 0 | 1000 | 2000 | 3000 | 4000 MILLES |

| 0 | 1000 | 2000 | 3000 | 4000 | 5000 | 6000 KILOMÈTRES |

m = masculin   f = féminin

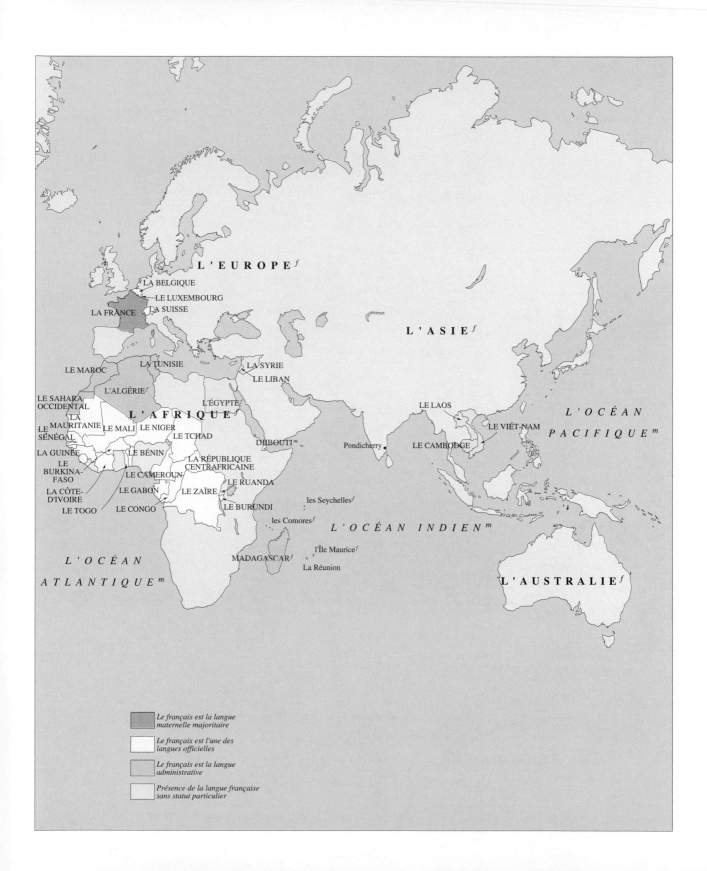

L'EUROPE*f*

LA BELGIQUE
LE LUXEMBOURG
LA FRANCE LA SUISSE

L'ASIE*f*

LE MAROC   LA TUNISIE   LA SYRIE
                                 LE LIBAN
L'ALGÉRIE*f*
LE SAHARA   L'ÉGYPTE
OCCIDENTAL   L'AFRIQUE   L'OCÉAN
LE   MAURITANIE LE MALI LE NIGER   LE LAOS   PACIFIQUE*m*
SÉNÉGAL   LE TCHAD   DJIBOUTI*m*   LE VIÉT-NAM
LA GUINÉE   LE BÉNIN   Pondicherry
LE   LA RÉPUBLIQUE   LE CAMBODGE
BURKINA-   CENTRAFRICAINE
FASO   LE CAMEROUN
LA CÔTE-   LE GABON   LE ZAÏRE LE RUANDA
D'IVOIRE   LE BURUNDI
LE TOGO   LE CONGO   les Seychelles*f*

                           les Comores*f*   L'OCÉAN INDIEN*m*

L'OCÉAN   l'Île Maurice*f*
                    MADAGASCAR*f*
ATLANTIQUE*m*   La Réunion   L'AUSTRALIE*f*

Le français est la langue
maternelle majoritaire

Le français est l'une des
langues officielles

Le français est la langue
administrative

Présence de la langue française
sans statut particulier

L'OCÉAN
ARCTIQUE ^{m}

LE GROENLAND

L'ALASKA ^{m}

le Yukon

les Territoires du Nord-Ouest ^{m}

la Colombie-
Britannique

L'OCÉAN
ATLANTIQUE ^{m}

LES MONTAGNES ROCHEUSES ^{f}

le Saskatchewan

LA BAIE
D'HUDSON

Terre-Neuve ^{f}

l'Alberta ^{f}

le Manitoba

St-Jean

LE CANADA

le Québec

Charlottetown

L'AMÉRIQUE

l'Ontario ^{m}

St-Pierre-et-Miquelon ^{f} (Fr.)

le fleuve St-Laurent

DU NORD ^{f}

Québec
Montréal

l'Île du Prince-Édouard ^{f}
la Nouvelle-Écosse
le Nouveau-Brunswick

Fredericton

la Nouvelle-Angleterre

LES ÉTATS-UNIS ^{m}

la Louisiane

Baton Rouge

La Nouvelle-Orléans

LE MEXIQUE

la Guadeloupe

Pointe-à-Pitre

L'OCÉAN
PACIFIQUE ^{m}

Basse-Terre

HAÏTI ^{m}

Roseau
la Dominique

Cap-Haïtien

Le français est la langue
maternelle majoritaire

Fort-de-France
la Martinique

Port-au-Prince

Le français est une des
langues officielles

Le français est la langue
administrative

LA MER
DES CARAÏBES

Présence de la langue française
sans statut particulier

L'AMÉRIQUE

LE VENEZUELA

CENTRALE ^{f}

Les Amériques ^{f}

0 100   500   1000   1500 MILLES

0   500   1000   1500   2000   2500 KILOMÈTRES

LA COLOMBIE

Cayenne

LA GUYANE

m = masculin f = féminin

L'AMÉRIQUE DU SUD ^{f}

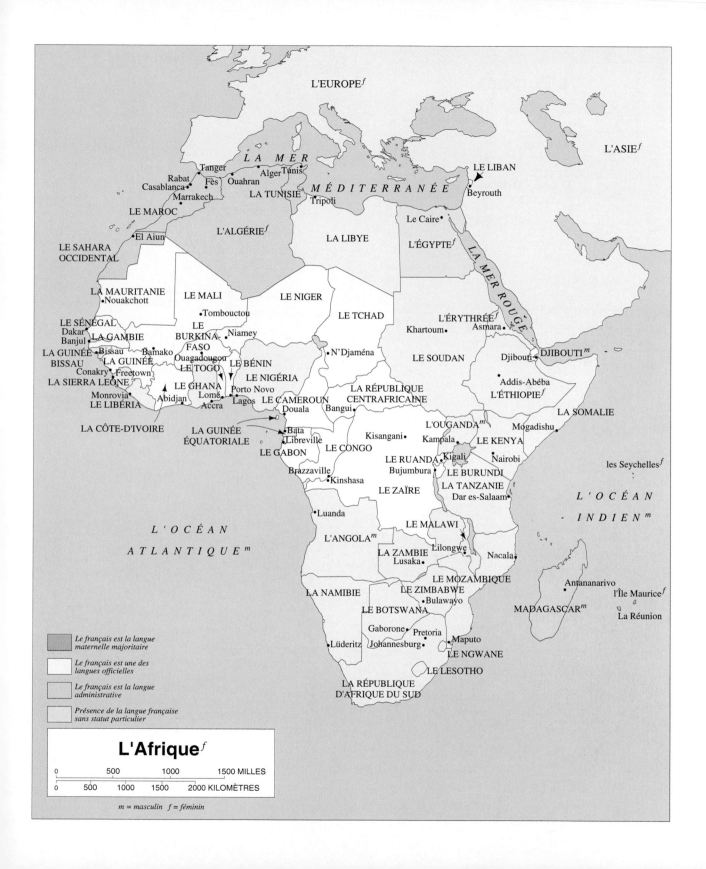

L'EUROPE^f

L'ASIE^f

LA MER

Tanger
Rabat • Fès • Ouahran
Casablanca •
Marrakech •
Alger Tunis
LE LIBAN
Beyrouth

LA TUNISIE

MÉDITERRANÉE

Tripoli

LE MAROC

Le Caire •

L'ALGÉRIE^f

LA LIBYE

L'ÉGYPTE^f

LE SAHARA
OCCIDENTAL

• El Aiun

LA MAURITANIE
• Nouakchott

LE MALI

LE NIGER

LE TCHAD

L'ÉRYTHRÉE^f
Khartoum • Asmara •

• Tombouctou

LE SÉNÉGAL
Dakar •
Banjul • LA GAMBIE
LA GUINÉE - Bissau
BISSAU
Conakry • Freetown
LA SIERRA LEONE
Monrovia •
LE LIBÉRIA

• Niamey

LE
BURKINA-
FASO

Bamako •
Ouagadougou •
LE TOGO

LE BÉNIN

LE NIGÉRIA

N'Djaména •

LE SOUDAN

DJIBOUTI^m
Djibouti •

Addis-Abéba •

L'ÉTHIOPIE^f

LA GUINÉE

LE GHANA
Lomé •
Abidjan
Porto Novo
Accra
Lagos
LE CAMEROUN
Douala •

LA RÉPUBLIQUE
CENTRAFRICAINE

LA CÔTE-D'IVOIRE
LA GUINÉE
ÉQUATORIALE
Bata •
Libreville •
LE GABON
Bangui •

LA SOMALIE

L'OUGANDA^m
Mogadishu •

Kisangani •
Kampala •
LE RUANDA
Kigali
Bujumbura •
LE BURUNDI

LE KENYA
Nairobi •

les Seychelles^f

LE CONGO
Brazzaville •
• Kinshasa

LE ZAÏRE

LA TANZANIE
Dar es-Salaam •

L'OCÉAN

INDIEN^m

• Luanda

LE MALAWI

L'OCÉAN

L'ANGOLA^m

Lilongwe •
Nacala •

ATLANTIQUE^m

LA ZAMBIE
Lusaka •

Antananarivo •

LE MOZAMBIQUE

l'Île Maurice^f

LA NAMIBIE

LE ZIMBABWE
Bulawayo •

MADAGASCAR^m
La Réunion

LE BOTSWANA

Gaborone •
• Lüderitz
Pretoria •
Johannesburg •
Maputo •
LE NGWANE

LE LESOTHO

LA RÉPUBLIQUE
D'AFRIQUE DU SUD

Le français est la langue
maternelle majoritaire

Le français est une des
langues officielles

Le français est la langue
administrative

Présence de la langue française
sans statut particulier

L'Afrique^f

| 0 | 500 | 1000 | 1500 MILLES |

| 0 | 500 | 1000 | 1500 | 2000 KILOMÈTRES |

m = masculin   f = féminin

L'Europe ^{f}

0 50 100 200 300 400 500 MILLES	
0 100 200 300 400 500 600 700 800 KILOMÈTRES	

m = masculin   f = féminin

Le français est la langue
maternelle majoritaire

Le français est une des
langues officielles

Le français est la langue
administrative

Présence de la langue française
sans statut particulier

Reykjavik   L'ISLANDE ^{f}

LA SUÈDE

LA NORVÈGE

LA FINLANDE

Helsinki

Oslo

Stockholm

St-Pétersbourg

LA MER BALTIQUE

Tallinn

L'ESTONIE ^{f}

LA RUSSIE

Moscou

Riga

LA LETTONIE

L'ÉCOSSE ^{f}

*LA MER
DU NORD*

L'IRLANDE DU NORD ^{f}

LA GRANDE-

LE DANEMARK

Copenhague

LA LITUANIE

Vilnius

L'IRLANDE ^{f} Dublin

BRETAGNE

Tver

Minsk

LE PAYS DE GALLES

L'ANGLETERRE ^{f}

Amsterdam

Berlin

Varsovie

LA BIÉLORUSSIE

Londres

LES PAYS-BAS ^{m}

LA POLOGNE

LA BELGIQUE

L'ALLEMAGNE ^{f}

Jersey

Bruxelles   Bonn

Prague

Kyev

Luxembourg

L'UKRAINE ^{f}

LE LUXEMBOURG

LA RÉPUBLIQUE
TCHÈQUE

*L'OCÉAN
ATLANTIQUE* ^{m}

Paris

LA SLOVAQUIE

Bratislava

LA MOLDAVIE

LA FRANCE

Vienne

Budapest

Chisinau

Berne

L'AUTRICHE ^{f}

LA HONGRIE

Lausanne   LA SUISSE

Ljubljana

LA ROUMANIE

Genève

Zagreb

*LA MER
NOIRE*

le Val d'Aoste

LA SLOVÉNIE

LA CROATIE

Belgrade

Bucarest

L'ITALIE ^{f}

LA BOSNIE

*LA MER
ADRIATIQUE*

HERZÉGOVINE

Istanbul

LE PORTUGAL

L'ANDORRE ^{f}

La Corse

Sarajevo

LA SERBIE

LA BULGARIE

Madrid

LE MONTÉNÉGRO

Sofia

Lisbonne

Ajaccio

Rome

Titograd

Skopje

LA TURQUIE

L'ESPAGNE ^{f}

Tirana

LA MACÉDOINE

L'ALBANIE ^{f}

LA GRÈCE

LA MER ÉGÉE

LA MER MÉDITERRANÉE

Athènes

L'AFRIQUE ^{f}

LA CRÈTE

LES PAYS-BAS *m*

L'ANGLETERRE *f*

L'ALLEMAGNE *f*

Dunkerque
•Calais
•Boulogne
Lille•

LA BELGIQUE

la Picardie

LA MANCHE

•Dieppe
•Amiens

LE LUXEMBOURG

Cherbourg•
Le Havre•
Rouen•
•Verdun
•Reims
la Champagne

la Lorraine
•Nancy
Strasbourg•

•Caen
la Normandie
Paris
Versailles•
l'Ile-de-France *f*

la Seine

l'Alsace *f*

LES VOSGES *f*

Brest
•

Chartres•

la Bretagne
•Rennes

Besançon•

LA SUISSE

•Orléans
Blois•
la Loire

Dijon•

la Bourgogne

Tours•
•Angers
la Touraine
•Bourges

la Saône

LE JURA

Nantes•
la Loire

la Vendée

•La Rochelle

Limoges•
Clermont-Ferrand•
Lyon•

la Savoie

le Poitou

l'Auvergne *f*

le Rhône

Grenoble•

LES ALPES *f*

L'ITALIE *f*

L'OCÉAN
ATLANTIQUE *m*

Bordeaux•
la Garonne

LE MASSIF
CENTRAL

le Dauphiné

Nice•

Nîmes•
Arles•

•Avignon
la Provence
MONACO *m*

Toulouse•

Montpellier•
•Aix-en-Provence
•Marseille

Cannes

•Biarritz

Carcassonne•

le Languedoc

St-Tropez•

LES PYRÉNÉES *f*

Perpignan•

L'ESPAGNE *f*

L'ANDORRE *f*

la Corse

La France

0   50   100   150 MILLES

50   100   150   200   250 KILOMÈTRES

m = masculin   *f* = féminin

Ajaccio•

LA MER MÉDITERRANÉE

PREMIÈRES
RENCONTRES

IN THE **PREMIÈRE ÉTAPE**, you will learn to understand a good deal of spoken French and get to know your classmates. The listening skills you develop will enhance your ability to understand and speak French.

THÈMES

La communication en classe

Qui est-ce? Les camarades de classe

Comment sont-ils? La description des personnes

Les vêtements et les couleurs

Rencontres

GRAMMAIRE

A.1 Giving instructions: Commands with **vous**

A.2 Identifying people: **C'est..., Je m'appelle...**

A.3 Gender and articles

A.4 Describing people: **Être, ne... pas**

A.5 Plural nouns and articles

A.6 Addressing others: **Tu** and **vous**

Les sourires d'étudiants invitent à faire connaissance.

Activités

LA COMMUNICATION EN CLASSE

Attention! Étudier Grammaire A.1

ACTIVITÉ 1 Les ordres

a. Tournez la page!
b. Ouvrez le livre!
c. Fermez le livre!

d. Regardez le tableau!
e. Écrivez votre nom!

f. Levez la main!
g. Prenez un stylo!

Qui est-ce? Les camarades de classe

Attention! Étudier Grammaire A.2

—Comment t'appelles-tu?
—Louis. Et toi?

—Qui est-ce?
—C'est Albert.

—Est-ce que c'est Daniel?
—Non, c'est Louis.

Madame Martin
Jacqueline

—Comment vous
  appelez-vous?
—Je m'appelle
  Jacqueline Roberts.

ACTIVITÉ 2 Les amis

Louis
Daniel

—Comment s'appelle l'ami
  de _____?
—Il s'appelle _____.

Barbara Denise

—Comment s'appelle l'amie
  de _____?
—Elle s'appelle _____.

—Qui est-ce?
—C'est _____.

—Qui est-ce?
—C'est _____.

COMMENT SONT-ILS? LA DESCRIPTION DES PERSONNES

Attention! Étudier Grammaire A.3 et A.4

Charles Colin   Édouard Vincent   Emmanuel Colin   Marise Colin   Claudine Colin   Marie Lasalle

ACTIVITÉ 3 Descriptions

Dans la classe de français, qui est _____?

1. blond/blonde
2. jeune
3. brun/brune

Dans la classe de français, qui n'est pas _____?

1. petit/petite
2. vieux/vieille
3. grand/grande

LES VÊTEMENTS ET LES COULEURS

Attention! Étudier Grammaire A.5

une chemise blanche · un chapeau noir · une cravate verte · une veste grise · un chemisier jaune · une robe rose · un manteau violet · un blouson vert · un pull-over orange · une rose rouge · un costume gris · un pantalon bleu · une jupe marron · des chaussures noires · des tennis blancs · des bottes marron

Victor Colin · Joël Colin · Clarisse Colin · Claudine Colin

ACTIVITÉ 4 **Les couleurs**

De quelle coleur est... ?

1. un pingouin
2. un éléphant
3. un tigre
4. une plante
5. une tragédie
6. un jean

a. vert/verte
b. noir/noire
c. gris/grise
d. bleu/bleue
e. orange
f. blanc/blanche

ACTIVITÉ 5 **Couleurs et vêtements**

Dites *oui* ou *non*. Sur ce tableau il y a...

1. un homme qui porte un pantalon bleu.
2. une femme qui porte une jupe rouge.
3. un homme qui porte un chapeau blanc.
4. une femme qui porte une robe verte.
5. un homme qui porte une chemise orange.
6. un homme qui porte une veste grise.

Gingerbread Gallery

Galerie d'art haïtien

◢ ACTIVITÉ 6 **Mes camarades de classe**

Regardez vos camarades de classe. Donnez le nom de l'étudiant(e), d'un vêtement et de la couleur du vêtement.

NOM	VÊTEMENT	COULEUR
1. Caroline	chemisier	jaune
2. _____	_____	_____
3. _____	_____	_____
4. _____	_____	_____

RENCONTRES

Attention! Étudier Grammaire A.6

—Comment allez-vous?
—Très bien, merci. Et vous?
—Assez bien, merci.

—Tu vas bien?
—Oui, et toi?
—Moi aussi.

—Bonjour. Comment vas-tu?
—Bien, merci.

—Bonjour, comment ça va?
—Ça va bien, merci. Et toi?
—Pas mal, merci.

—Bonjour. Je m'appelle Raoul Durand.
—Enchanté.

—Bonsoir. Tu vas bien?
—Comme ci, comme ça. Et toi?
—Je suis un peu fatiguée.

—Au revoir.

ACTIVITÉ 7 Conversations

1. Victor Colin parle au directeur du bureau.
   —Bonjour, monsieur. Comment allez-vous?
   —Très bien, merci. Et vous?
   —Bien, merci.
2. Après le match de rugby, Charles Colin parle avec sa cousine Camille.
   —Salut, Camille. Ça va?
   —Moi, ça va. Et toi?
   —Je suis fatigué!
3. Louis présente Barbara à Raoul Durand, un étudiant canadien.
   —Raoul, je te présente une camarade de classe, Barbara.
   —Enchanté, mademoiselle.
   —Enchantée.
4. Claudine Colin parle au téléphone avec son père, Francis Lasalle.
   —Bonsoir, Papa. Tu vas bien?
   —Comme ci, comme ça. Un peu fatigué.
   —Et Maman? Elle va bien?
   —Elle va très bien.

Vocabulaire

See the *Lexiques* for a key to the abbreviations used in *Vocabulaire* lists.

DANS LA CLASSE DE FRANÇAIS

In French class

un/une camarade de classe	a classmate
un crayon	a pencil
un étudiant/une étudiante	a student
une fenêtre	a window
un livre	a book
une porte	a door
un stylo	a (ballpoint) pen
un tableau	a blackboard

Mots apparentés: **une activité, une conversation, la grammaire, une page, un professeur, une table, le vocabulaire**

Asseyez-vous.	Sit down.
Attention!	Pay attention!
Écoutez.	Listen.
Écrivez votre nom.	Write your name.
Étudiez la leçon.	Study the lesson.
Fermez le livre.	Close the book.
Levez la main.	Raise your hand.
Levez-vous.	Stand up. (Get up.)
Lisez.	Read.
Ouvrez le livre.	Open the book.
Prenez un stylo.	Get a pen.
Regardez le tableau.	Look at the board.
Tournez la page.	Turn the page.

LES PERSONNES

People

un ami/une amie	a friend
un/une enfant	a child
une femme	a woman
un garçon	a boy
un homme	a man
une jeune fille	a girl
une petite fille	a little girl

LA DESCRIPTION DES PERSONNES

Describing people

Qui est... ?	Who is . . . ?
Qui n'est pas... ?	Who isn't . . . ?
beau/belle	handsome/beautiful
blond/blonde	blond
brun/brune	dark-haired
fort/forte	heavy, plump
grand/grande	tall
jeune	young
mince	thin
moyen/moyenne	average
petit/petite	small, little, short
vieux/vieille	old, elderly
Qui a... ?	Who has . . . ?
Qui n'a pas... ?	Who doesn't have . . . ?
une barbe	a beard
les cheveux courts/longs	short/long hair
une moustache	a moustache
les yeux bleus	blue eyes

LES COULEURS

Colors

blanc/blanche	white
bleu/bleue	blue
gris/grise	gray
jaune	yellow
marron	brown
noir/noire	black
rose	pink
rouge	red
vert/verte	green

Mots apparentés: **orange, violet/violette**

Les vêtements
Clothing

Qui dans la classe porte... ?	Who in class is wearing . . . ?
Il/Elle porte...	He's/She's wearing . . .
Ils/Elles portent...	They're wearing . . .
un blouson	a jacket, windbreaker
des bottes (*f.*)	boots
un chapeau	a hat
des chaussures (*f.*)	shoes
une chemise	a man's shirt
un chemisier	a woman's shirt, blouse
un costume	a man's suit
une cravate	a necktie
une jupe	a skirt
un manteau	a coat
un pantalon	trousers, a pair of pants
une robe	a dress
des tennis (*m.*)	tennis shoes
une veste	a sport coat, suit coat
un vêtement	a piece of clothing

Mots apparentés: **un jean, un pull-over**

Mots et expressions utiles
Useful words and expressions

l'ami/l'amie de Daniel	Daniel's friend
aussi	too, also
bien	well
mais	but
moi aussi	me too
ne... pas	not
non	no
oui	yes
s'il vous plaît (s'il te plaît)	please
tout le monde	everybody
tu	you (*fam.*)
vous	you (*form. or pl.*)

Les ordres
Commands

Chantez.	Sing.
Courez.	Run.
Dites *bonjour.*	Say *hello.* (Say *good morning.*)
Marchez.	Walk.
Sautez.	Jump.
Tournez à droite (à gauche).	Turn right (left).

Salutations et formules de politesse
Greetings and polite expressions

À bientôt.	See you soon.
À demain.	See you tomorrow.
aujourd'hui	today
Au revoir.	Good-bye.
Bonjour.	Hello; Good morning/ afternoon/day.
Bonsoir.	Good evening; Good-bye (*in the evening*).
Ça va?	How's it going?
Moi, ça va. Et toi?	Fine. How about you?
Comme ci, comme ça.	So-so.
Comment allez-vous?	How are you? (*form.*)
Très bien, merci. Et vous?	Fine, thanks, and you?
Assez bien, merci.	Not bad, thanks.
Je suis un peu fatigué/ fatiguée.	I'm a little tired.
Comment vas-tu?	How are you? (*fam.*)
Bien, et toi?	Fine, and you? (*fam.*)
Je vous (te) présente...	I want you to meet. . .
Enchanté/Enchantée.	Delighted.
madame	madam, ma'am; Mrs.
mademoiselle	miss
monsieur	sir; Mr.
Salut!	Hi!; Good-bye. (*fam.*)

QUESTIONS

Questions

Comment est-il/elle?	What's he/she/it like?
Comment s'appelle... ?	What's . . .'s name?
Il/Elle s'appelle...	His/Her name is . . .
Comment sont-ils?	What are they like?
Comment va... ?	How is . . . ?
Il/Elle va bien/mal.	He's/She's fine/not well.
Comment vous appelez-vous?	What's your name? (*form. or pl.*)

Comment t'appelles-tu?	What's your name? (*fam.*)
Je m'appelle...	My name is . . .
De quelle couleur est... ?	What color is . . . ?
Est-ce que c'est un/une... ?	Is this a . . . ?
Oui, c'est un/une...	Yes, it's a . . .
Non, ce n'est pas un/une...	No, it's not a . . .
n'est-ce pas?	isn't it?, right?
Où est... ?	Where's . . . ?
Qui est-ce?	Who's that? (Who is it?)
C'est...	It's . . .
Y a-t-il... ?/Il y a...	Is/Are there . . . ?/There is/are . . .

Grammaire et exercices

Introduction

The **Grammaire et exercices** sections of each chapter present grammar points used in the preceding **Activités** section.

The **Attention!** notes that begin each new topic in the **Activités** section tell you which grammar point(s) you should study at that time. Study the grammar point(s) carefully, reading the examples out loud. Then do the exercises, both orally and in writing, and check your answers in the back of the book. Your instructor may choose not to discuss grammar in class because it is explained in nontechnical language and because answers to the exercises are provided in the Appendix.

Keep in mind that successful completion of a grammar exercise indicates that you have understood the explanation. However, you are not immediately expected to use that grammar without error. As you listen to your instructor, your fellow students, and the tape program, and as you speak with others, you will gradually begin to assimilate that grammar point into your own speech and writing.

If you have trouble with an exercise or with a particular point, ask your instructor for assistance. In difficult cases, your instructor may want to go over the material in class to be sure that everyone understands. However, class time is best used for real experience in communicating in French.

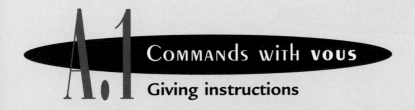

A.1 Commands with vous

Giving instructions

A. Commands are verb forms used without a subject pronoun to tell or ask someone to do something.

Raise your hand.   Open your book, please.

> **Definition:** A verb conveys an action or a state: *sit, raise, be.*
>
> **Definitions:** A subject performs the action or exists in the state conveyed by the verb. A noun represents a person or thing. A subject pronoun substitutes for a subject noun. *Joël sits. He sits.*

11

B. The commands in the **Première étape** are all verb forms that end in **-ez**. This ending is associated with the pronoun **vous** and can refer to a single person or to a group of people.

Louis, **ouvrez** la fenêtre, s'il vous plaît.	*Louis, open the window, please.*
Barbara et Denise, **regardez** le tableau.	*Barbara and Denise, look at the board.*

C. Notice that some commands have the word **vous** attached to the verb whereas others do not.

Asseyez-vous, s'il vous plaît!	*Sit down, please!*

✱ You will learn more about subject pronouns and verb endings in **Grammaire A.4.**

Verbs of this sort are called reflexive verbs and will be presented in **Chapitre 2.** At this point, you need only understand the meaning of these commands.

Pronunciation Hint:

Most final consonants are not pronounced in French. For example: **ouvre~~z~~, français, asseye~~z~~, vou~~s~~, e~~t~~, écoute~~z~~.** In these hints, a / through a letter indicates that the letter is usually not pronounced.

 EXERCICE 1   Écoutez!

Are these commands given in a logical order? Answer **oui** or **non**.

1. Ouvrez le livre! → Lisez!
2. Asseyez-vous! → Courez!
3. Écrivez! → Prenez un stylo!
4. Tournez! → Regardez!
5. Levez-vous! → Marchez!

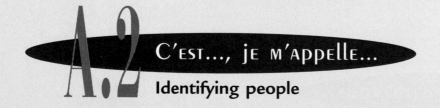

A.2   C'EST..., JE M'APPELLE...

Identifying people

A. To ask who someone is, use the interrogative (question) expression **Qui est-ce?** The usual reply is **C'est** and the name of a person, or simply the name of a person.

—Qui est-ce?	*Who's that?*
—C'est Denise.	*It's Denise.*

B. If you are not sure of someone's identity, you can use the expression **Est-ce que c'est… ?** with the name of a person. The reply is **oui** or **non**.

—Est-ce que c'est Jacqueline?	*Is that Jacqueline?*
—Non, c'est Barbara.	*No, it's Barbara.*

C. When you ask someone's name or give your own, use these patterns:

—Comment t'appelles-tu?	*What's your name?*
—Je m'appelle Barbara.	*My name is Barbara.*
—Comment vous appelez-vous?	*What's your name?*
—Je m'appelle Raoul Durand.	*My name is Raoul Durand.*
—Comment s'appelle-t-il?	*What's his name?*
—Il s'appelle Daniel.	*His name is Daniel.*
—Comment s'appelle-t-elle?	*What's her name?*
—Elle s'appelle Denise.	*Her name is Denise.*

Pronunciation Hint:

Qui e$\cancel{s}\cancel{t}$-c$\cancel{e}$? C'e$\cancel{s}\cancel{t}$… Commen$\cancel{t}$ vous‿appele$\cancel{z}$-vou$\cancel{s}$? Je m'appell$\cancel{e}$…

In this text the symbol (‿) indicates liaison (pronunciation and linking of a final consonant to a following vowel.)

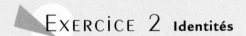

EXERCICE 2 Identités

Match the answers with the questions.

QUESTIONS	ANSWERS
1. Qui est-ce?	**a.** Non, c'est Jacqueline.
2. Est-ce que c'est Denise?	**b.** Je m'appelle Daniel.
3. Comment vous appelez-vous?	**c.** C'est Louis.
4. Comment s'appelle le professeur?	**d.** Elle s'appelle Mme Martin.

A.3 GENDER AND ARTICLES

A. All French nouns are classified as either masculine or feminine. However, the terms "masculine" and "feminine" are grammatical classifications only: French speakers do not perceive things such as shirts or windows as being inherently "male" or "female." On the other hand, nouns that refer to males are usually of the masculine gender, and nouns that refer to females are usually feminine. For example, **ami** refers to a male friend, whereas **amie** is used for a female friend.

Raoul est l'**ami** de Daniel, et
Barbara est son **amie** aussi.

*Raoul is Daniel's friend, and
Barbara is also his friend.*

Definition: An adjective describes (modifies) a noun or pronoun: *Claudine is **tall,** but he is **short.***

B. French adjectives change their endings to agree with the gender of the noun they modify. In many cases, this means adding **-e** to agree with a feminine noun; in other cases, the adjective has two different forms.

Joël est **petit** et Marise est
petite aussi.

Joël is short and Marise is also short.

Francis Lasalle est **vieux,** et
Marie Lasalle est **vieille** aussi.

*Francis Lasalle is old, and Marie
Lasalle is also old.*

★ You will learn more about adjective agreement in **Grammaire A.5** and **B.7.**

C. Articles in French also change form according to the gender of the nouns they accompany. Here are the definite and indefinite articles for singular nouns.

Definition: An article is a word like *a* or *the* that introduces a noun.

	DEFINITE (*the*)	INDEFINITE (*a, an*)
Masculine	**le** pantalon	**un** pantalon
Feminine	**la** jupe	**une** jupe

D. The definite articles **le** and **la** become **l'** before a word that starts with a vowel or a mute **h.** This includes most (but not all) words that begin with the letter **h.** You will learn more about this in the **Cahier d'exercices.**

l'**étudiant(e)**   *the student*
l'**homme**   *the man*
l'**autre chapeau**   *the other hat*

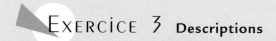

EXERCICE 3 Descriptions

Complete these sentences with the correct adjective.

1. Louis est _____ et Jacqueline est _____ aussi. (petit/petite)
2. Barbara est _____ et Albert est _____ aussi. (grand/grande)
3. Mme Martin n'est pas _____. Elle est jeune. (vieux/vieille)
4. Mon acteur favori est très _____. (beau/belle)
5. Albert est _____. (noir/noire)
6. Daniel n'est pas grand. Il est _____. (moyen/moyenne)

EXERCICE 4 Les photos de Mme Martin

Today, Madame Martin's class is looking at pictures. Complete the sentences with **un, le,** or **l'.**

1. Qu'est-ce que c'est? Est-ce que c'est _____ lion ou _____ tigre? C'est _____ tigre.
2. Est-ce _____ jean ou _____ pantalon? Ce n'est pas _____ jean. C'est _____ pantalon gris. Et de quelle couleur est _____ pantalon de Barbara?
3. Est-ce _____ homme? Est-ce qu'il porte _____ chapeau noir? Et comment est _____ chapeau de Louis?

Complete the following sentences with **une, la,** or **l'.**

4. Est-ce _____ moustache ou _____ barbe? Bravo, c'est _____ barbe!
5. Ah non! Ce n'est pas _____ cravate! C'est _____ chemise.
6. C'est _____ cathédrale. C'est _____ cathédrale Notre-Dame de Paris. Elle est très belle et très vieille, n'est-ce pas?

A.4 ÊTRE, NE... PAS

Describing people

A. To describe yourself and others, use the verb **être.**

ÊTRE *(to be)*		
je	**suis**	*I am*
tu	**es**	*you are* (familiar, singular only)
il/elle/on	**est**	*he/she/it/one is*
nous	**sommes**	*we are*
vous	**êtes**	*you are* (formal or plural)
ils/elles	**sont**	*they are*

➤ The labels below are sometimes used for forms of verbs and pronouns:

- 1st person singular (**je**)
- 2nd person singular (**tu**)
- 3rd person singular (**il/elle**)
- 1st person plural (**nous**)
- 2nd person plural (**vous**)
- 3rd person plural (**ils/elles**)

✴ You will learn more about **on** in **Grammaire 2.4.**

Marie Lasalle **est** petite.   *Marie Lasalle is short.*
Moi, je **suis** grand et brun.   *I'm tall and brown-haired.*

Pronunciation Hint:

Final consonants are not pronounced: **je suis, tu es, il est, nous sommes, vous êtes, ils sont.** The letter **e** with no accent, at the end of a word, is also silent: **nous somm⌀s, vous êt⌀s.** In these hints, the symbol ~ indicates a nasalized vowel.

B. Use **ne... pas** to make a sentence negative. **Ne** precedes the verb and **pas** follows it. **Ne** becomes **n'** if the verb begins with a vowel.

—Est-ce que tu es étudiant?   *Are you a student?*
—Non, je **ne** suis **pas** étudiant.   *No, I'm not (a student).*

—Est-ce que votre ami est français?   *Is your friend French?*
—Non, il **n'**est **pas** français.   *No, he's not French.*

Pronunciation Hint:

Il n'es⌀ pa⌀ frãçai⌀, je ne sui⌀ pas ⌣ᶻ étudiã⌀⌀.

➤ **il est** = he is, it is
elle est = she is, it is

➤ **ils sont** = they are
elles sont = they are

C. There are two French words for expressing the English word *it* and two French words for *they*. This is because French classifies nouns as either masculine or feminine, as you have already seen.

—Comment est la classe de   *What's the French class like?*
  français?
—**Elle** est grande.   *It's big.*
—Et le jean de Daniel?   *And Daniel's jeans?*
—**Il** est bleu.   *They're (It's) blue.*
—Comment sont les chaussures   *What are Jacqueline's shoes like?*
  de Jacqueline?
—**Elles** sont blanches.   *They're white.*

To refer to a mixed-gender group, use the pronoun **ils**.

Comment sont Barbara et Albert? —**Ils** sont grands.

D. French has two words to express the English word *you*. **Tu** always refers to only one person, but **vous** can be both singular and plural. The choice of **tu** or **vous** for the singular depends upon your relationship with the person to whom you are speaking.

✳ You will learn more about **tu** and **vous** in **Grammaire A.6.**

EXERCICE 5   La classe de français

Daniel is telling you about his French teacher and classmates. Complete his sentences with **je, tu, il, elle, nous, vous, ils,** or **elles.**

1. _____ m'appelle Daniel et _____ suis américain.
2. Et Louis? _____ est américain aussi.
3. Le professeur s'appelle Mme Martin. _____ est canadienne. Beaucoup de*

---

*__Beaucoup de__ = Many

Canadiens parlent anglais et français. _____ sont bilingues.
4. Denise et moi, _____ sommes aussi dans le même* cours de maths.
5. Barbara et Jacqueline? _____ sont absentes aujourd'hui.
6. Et toi? _____ es aussi étudiant(e)?

EXERCICE 6 La famille Colin

Marise Colin is describing her family in a letter to Barbara, her new American correspondent. Choose the correct form of the verb **être: suis, es, est, sommes, êtes,** or **sont.**

1. Moi, je _____ petite et brune.
2. Clarisse _____ petite et brune aussi.
3. Clarisse et moi, nous _____ étudiantes à l'université.
4. Charles et Emmanuel _____ grands.
5. Et toi? Est-ce que tu _____ grande ou petite? brune ou blonde?
6. Combien† _____-vous dans la famille?

EXERCICE 7 Discussions dans la classe de français

Complete the following statements made by students in Mme Martin's French class while they were practicing descriptions. Use **ne... pas** and the verb **être.**

MODÈLE: Les roses sont rouges. Elles _____ orange! →
Les roses sont rouges. Elles *ne sont pas* orange!

1. Les chaussures de Daniel sont bleues. Elles _____ noires.
2. Non, Jacqueline! Tu _____ grande. Tu es petite.
3. Ah non, Madame Martin! Vous _____ vieille! Vous êtes jeune!
4. Mme Martin: Non, je _____ américaine. Je suis canadienne.
5. Non, nous _____ une classe d'italien! Nous sommes une classe de français.
6. Albert est très grand! Il _____ petit.

---

*__même__ = same
†__Combien__ = How many

Plural nouns and articles

A. French and English nouns may be singular (**chemise**) or plural (**chemises**). Most plural nouns in French end in **-s**. Articles that accompany French plural nouns must also be plural. Here are the plural articles.

➤ singular noun + singular adjective

➤ plural noun + plural adjective

✳ You will learn about irregular plurals like **chapeaux** in **Grammaire B.8.**

SINGULAR		PLURAL	
un costume vert	*a green suit*	**des** costumes vert**s**	*green suits*
une robe rouge	*a red dress*	**des** robes rouge**s**	*red dresses*
la jupe blanche	*the white skirt*	**les** jupes blanche**s**	*the white skirts*
le chapeau noir	*the black hat*	**les** chapeau**x** noir**s**	*the black hats*
l'autre chemise	*the other shirt*	**les** autre**s** chemises	*the other shirts*

B. Notice in the preceding examples that adjectives are also plural when the nouns they modify are plural.

Pronunciation Hint:

Note that final **-s** on plural nouns is not pronounced. The **-s** of **des** and **les** is pronounced only if followed by a vowel: **deſ robeſ, leſ botteſ,** but **des ᶻétudiañ⫫ſ, les ᶻamiſ.**

EXERCICE 8 Comment est votre université?

Fill in the blanks with **le, la, l', or les** and complete each sentence in a way that describes your university and your French class.

> MODÈLE: _____ campus est grand/petit. →
>   Le campus est grand. (Le campus est petit.)

1. _____ université est grande/petite.
2. _____ professeurs sont compétents/incompétents.
3. _____ étudiants sont jeunes/vieux.
4. _____ classe de français est grande/petite.
5. _____ professeur de français s'appelle _____ .

EXERCICE 9 Test de mémoire

Louis has been blindfolded and must try to remember what his classmates are wearing. Fill in the blanks with **un, une,** or **des**.

1. —Est-ce que Barbara porte _____ jupe noire?
   —Non, elle porte _____ robe jaune.
2. —Est-ce qu'Albert porte _____ chemise blanche et _____ pantalon noir?
   —Non, il porte _____ pull-over bleu et _____ pantalon gris.
3. —Est-ce que Denise porte _____ bottes marron?
   —Oui, elle porte _____ bottes marron.
4. —Est-ce que Daniel porte _____ blouson vert et _____ chaussures noires?
   —Non, il porte _____ blouson violet et _____ chaussures blanches.
5. —Est-ce que Mme Martin porte _____ robe rose et _____ manteau violet?
   —Oui, elle porte _____ robe rose et _____ manteau violet.

A.6 TU AND VOUS
Addressing others

A. In French, there are two pronouns that correspond to English *you*: **tu** and **vous**. In general, **tu** is used among peers, that is, with friends and other students and, in most cases, with family members. **Vous** is used with those older than you and with people you don't know well or with whom you wish to keep a certain distance. In general, **vous** is used in public with clerks, taxi drivers, waiters, and so on.

—Albert, **tu** vas bien?	*Albert, are you doing well?*
—Oui, très bien, merci.	*Yes, great, thanks.*
—Bonjour, madame. Comment allez-**vous**?	*Good morning (ma'am). How are you?*
—Très bien.	*Fine.*

Note that in French, the usual and polite practice is to follow **Bonjour** with one of the terms of address: **madame, monsieur,** or **mademoiselle.**

B. Vous is used for speaking to more than one person in both formal and informal contexts.

Joël et Emmanuel, êtes-**vous** fatigués?	*Joël and Emmanuel, are you tired?*

C. The use of **tu** and **vous** varies somewhat from country to country and even within a country. It is best to use **vous** with people you do not know personally or who are older than you. With other students or friends your own age, it is customary to use **tu**.

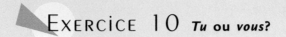 EXERCICE 10 *Tu* ou *vous*?

Choose the correct form, **tu** or **vous**.

Un étudiant français parle...

1. à un ami.
   a. Tu es fatigué aujourd'hui?
   b. Vous êtes fatigué aujourd'hui?
2. à un autre étudiant.
   a. Est-ce que tu portes un manteau aujourd'hui?
   b. Est-ce que vous portez un manteau aujourd'hui?
3. au professeur.
   a. Comment vas-tu aujourd'hui?
   b. Comment allez-vous aujourd'hui?
4. à un petit garçon (9 ans).
   a. Tu portes un beau chapeau de cow-boy.
   b. Vous portez un beau chapeau de cow-boy.
5. à une dame (50 ans).
   a. Comment t'appelles-tu?
   b. Comment vous appelez-vous?

LE MONDE étudiant

IN THE **DEUXIÈME ÉTAPE,** you will continue to develop your listening and speaking skills in French. You will learn vocabulary to describe your immediate environment, including the names of classes and classroom objects, the days of the week, and telling time. You will also continue to get to know your classmates.

THÈMES

Qu'est-ce qu'il y a dans la salle de classe?
La date et l'alphabet
Les nombres de 40 à 100 et l'heure
Les cours et la semaine scolaire
La description des autres

GRAMMAIRE

B.1 Expressing existence: **Il y a**
B.2 Asking questions
B.3 Spelling in French: The French alphabet
B.4 Telling time: **Quelle heure est-il?**
B.5 Expressing possession: The verb **avoir**
B.6 Describing with adjectives: More on gender
B.7 Irregular plurals

Le Jardin du Luxembourg, près de la Sorbonne, à Paris.

Activités

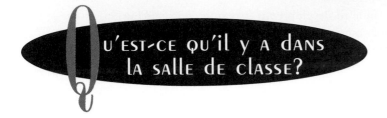

U'EST-CE QU'IL Y A DANS
LA SALLE DE CLASSE?

Attention! Étudier Grammaire B.1 et B.2

ACTIVITÉ 1 **Les objets**

Qu'est-ce qu'il y a sur la table?   Il y a un/une...   Il n'y a pas de...

1. un cahier
2. une lampe
3. un livre
4. une plante

5. un chapeau
6. une montre
7. une brosse

8. une cravate
9. un stylo
10. un crayon

ACTIVITÉ 2 **Qu'est-ce que c'est?**

MODÈLES: É1: Est-ce que c'est une lampe?
            É2: Oui, c'est une lampe.*

OU: É1: Est-ce que c'est une fenêtre?
       É2: Non, c'est une porte.

une lampe

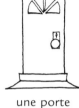

une porte

1. Est-ce que c'est un crayon?

2. Est-ce que c'est une chaise?

3. Est-ce que c'est une brosse?

4. Est-ce que c'est un cahier?

5. Est-ce que c'est une montre?

6. Est-ce que c'est un tableau noir?

---

*É1 = **étudiant(e) 1**, É2 = **étudiant(e) 2**.

Attention! Étudier Grammaire B.3

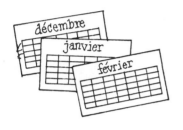

0 zéro	10 dix	20 vingt
1 un	11 onze	21 vingt et un
2 deux	12 douze	22 vingt-deux
3 trois	13 treize	23 vingt-trois
4 quatre	14 quatorze	24 vingt-quatre...
5 cinq	15 quinze	30 trente
6 six	16 seize	31 trente et un
7 sept	17 dix-sept	32 trente-deux
8 huit	18 dix-huit	33 trente-trois
9 neuf	19 dix-neuf	34 trente-quatre...

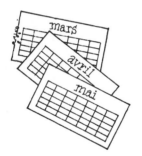

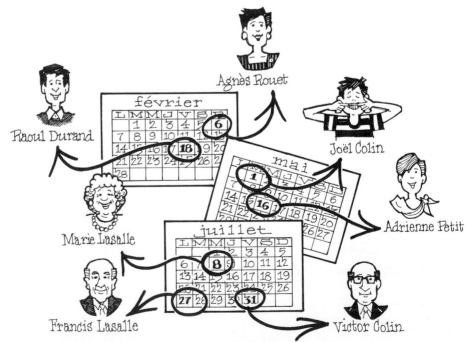

ACTIVITÉ 3 Les anniversaires

Regardez le dessin à la page précédente.

MODÈLE: É1: Quelle est la date de l'anniversaire de Joël?
    É2: C'est le premier mai.

ACTIVITÉ 4 Sarah Thomas arrive à Paris VII

Au bureau d'inscription à l'université.

L'EMPLOYÉE: Votre nom, s'il vous plaît.
    SARAH: Sarah Thomas.
L'EMPLOYÉE: Sarah, c'est s-a-r-a?
    SARAH: Ah non, c'est Sarah avec un h. S-a-r-a-h.
L'EMPLOYÉE: Merci, mademoiselle.

ACTIVITÉ 5 Associations

Qu'est-ce que vous associez avec les mois?

1. septembre
2. juillet
3. décembre
4. mai/juin
5. février
6. avril
7. novembre
8. janvier

a. les résolutions de nouvel an
b. les examens finals
c. un manteau et des bottes
d. les vacances
e. les élections américaines
f. des sandales et un short
g. les tulipes
h. l'amour
i. les cours
j. Noël

LES NOMBRES DE 40 à 100 ET l'HEURE

Attention! Étudier Grammaire B.4

40	quarante	60	soixante	71	soixante et onze...	90	quatre-vingt-dix...
41	quarante et un...	61	soixante et un...	77	soixante-dix-sept...	91	quatre-vingt-onze...
50	cinquante	65	soixante-cinq...	80	quatre-vingts	93	quatre-vingt-treize...
51	cinquante et un...	70	soixante-dix	81	quatre-vingt-un...	100	cent

Quelle heure est-il?

Le matin

Il est neuf heures.   Il est neuf heures et demie.   Il est dix heures vingt-cinq.

L'après-midi

Il est midi.   Il est midi et demi.   Il est une heure.   Il est une heure et quart.

Le soir

Il est huit heures moins le quart.   Il est onze heures moins vingt.   Il est minuit.   Il est minuit et demi.

ACTIVITÉ 6 **Dialogue**

Quelle heure est-il?

MME MARTIN: Quelle heure est-il, s'il vous plaît?
ALBERT: Il est huit heures moins le quart.
MME MARTIN: Merci bien.
ALBERT: De rien, madame.

ACTIVITÉ 7 **Quelle heure est-il?**

MODÈLE: É1: Quelle heure est-il?
É2: Il est _____ .

1.

2.

3.

4.

5.

6.

7.

8.

ACTIVITÉ 8 **Petite épreuve**

Il y a... ?

1. combien de minutes dans une heure?
2. combien de secondes dans une minute?
3. combien d'heures dans un jour?
4. combien de jours dans une année?
5. combien de lettres dans l'alphabet?
6. combien de crayons dans une douzaine?

Les cours et la semaine scolaire

Attention! Étudier Grammaire B.5 et B.6

Quels cours avez-vous ce trimestre?

le dessin   la littérature   la gymnastique   la chimie

la géographie   l'économie   le commerce

la physique

la sociologie

la biologie

l'histoire   les mathématiques

le théâtre   l'informatique

la psychologie   le génie civil

la musique

lundi	mardi	mercredi	jeudi	vendredi	samedi	dimanche
SEPTEMBRE						
		1	2	3	4	5
6	7	8	9	10	11	12
13	14	15	16	17	18	19
20	21	22	23	24	25	26
27	28	29	30			

ACTIVITÉ 9 Points de vue

Quelle est votre opinion sur les cours suivants?

Est-ce que...

1. le français est difficile ou facile?
2. la chimie est pratique ou abstraite?
3. l'histoire est utile ou inutile?
4. la sociologie est importante ou superflue?
5. les maths sont compliquées ou faciles?
6. la littérature est passionnante ou ennuyeuse?
7. le marketing est intéressant ou ennuyeux?
8. la gymnastique est superflue ou importante?
9. le commerce est abstrait ou pratique?
10. la géographie est utile ou inutile?

ACTIVITÉ 10 Dialogue: Mon emploi du temps

É1: Tu as combien de cours ce trimestre?
É2: J'ai _____ cours.
É1: Quels cours as-tu?
É2: J'ai un cours de _____, un cours de _____... Et toi?
É1: Moi, j'ai...
É2: Est-ce que tu as cours tous les jours?
É1: Oui, j'ai cours tous les jours.
      (Non, je n'ai pas cours le _____.)

LA DESCRIPTION DES AUTRES

**Attention! Étudier
Grammaire B.7**

blonde
belle
les yeux bleus

les cheveux
châtains
les yeux verts

brun
de taille moyenne
les cheveux courts
les yeux
marron
des lunettes

grand
mince
une barbe

petit
beau
une moustache
les cheveux
noirs et frisés

Denise   Jacqueline   Daniel   Albert   Louis

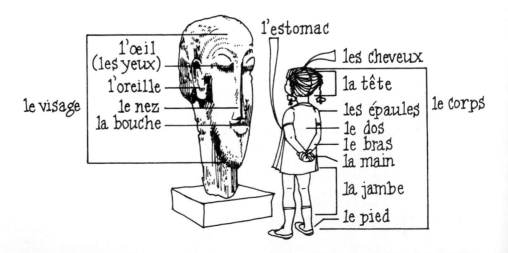

l'estomac

le visage
l'œil
(les yeux)
l'oreille
le nez
la bouche

les cheveux
la tête
les épaules   le corps
le dos
le bras
la main
la jambe
le pied

ACTIVITÉ 11 Qui est-ce?

Regardez les personnages suivants. Écoutez leur description et donnez leur nom. Ce sont des dessins d'Uderzo.

Obélix est l'inséparable ami d'Astérix.

Idéfix est l'inséparable ami d'Obélix.

Astérix est le héros de ces aventures.

Assurancetourix, c'est le poète.

Le druide panoramix prépare la potion magique.

ACTIVITÉ 12 Les camarades de classe

Décrivez vos camarades de classe. Comment sont-ils?

1. Qui a les cheveux blonds? (roux? châtains?)
2. Qui a les cheveux longs? (courts? mi-longs?)
3. Qui a une barbe? une moustache?
4. Qui a les yeux bleus? (marron? verts? gris? noirs?)
5. Qui porte des lunettes? des verres de contact?

ACTIVITÉ 13   Stéréotypes

Comment sont les étudiants suivants?

MODÈLE: Les étudiants en beaux-arts sont dynamiques.

1. les étudiants en maths
2. les étudiants en philosophie
3. les étudiants en art dramatique
4. les étudiants en physique
5. les étudiants en français
6. les étudiants en journalisme
7. les étudiants en informatique

a. dynamiques
b. enthousiastes
c. idéalistes
d. sociables
e. sympathiques
f. sérieux
g. intelligents
h. raisonnables

ACTIVITÉ 14   Dialogue: Une actrice ou un acteur

É1: Comment s'appelle ton actrice préférée (acteur préféré)?
É2: Elle/Il s'appelle _____.
É1: Comment est-elle/il?
É2: Elle/Il a les cheveux _____ et les yeux _____. Elle/Il est _____ .

Vocabulaire

LA SALLE DE CLASSE

The classroom

Qu'est-ce qu'il y a dans... ?	What's in . . . ?
Il y a un/une...	There's a/an . . .
Il n'y a pas de...	There isn't a/an/any . . .
Qu'est-ce que c'est?	What's that/this?
C'est un/une...	It's a/an . . .
Ce n'est pas un/une...	It's not a/an . . .
Est-ce que c'est un/une... ?	Is this a/an . . . ?

une brosse	a blackboard eraser
un bureau	a (teacher's) desk
un cahier	a notebook
une chaise	a chair
un morceau de craie	a piece of chalk
une dictée	a dictation
un dictionnaire	a dictionary
un étudiant/une étudiante	a student
une horloge	a clock
une lampe	a light fixture, lamp
une salle de classe	a classroom

LES COURS

Courses/Classes

l'art (*m.*) **dramatique**	theater, drama
la chimie	chemistry
le français	French
l'informatique (*f.*)	computer science
la publicité	advertising

Mots apparentés: **la biologie, l'histoire** (*f.*)**, le journalisme, les mathématiques** (*f.*)**, la sociologie**

Est-ce que tu as un cours de... ?	Do you have a . . . class/course?
Oui, j'ai un cours de...	Yes, I have a . . . class/course
Non, je n'ai pas de cours de...	No, I don't have a . . . class/course
Comment est ton cours de... ?	What's your . . . course like?
Il est/Il n'est pas...	It's/It's not . . .
ennuyeux/ennuyeuse	boring
facile	easy
passionnant/ passionnante	exciting

Mots apparentés: **abstrait/abstraite, compliqué/ compliquée, difficile, important/importante, intéressant/intéressante, pratique, superflu/ superflue, utile/inutile**

LES jouRS dE lA SEMAiNE

Days of the week

lundi, mardi, mercredi, jeudi, vendredi, samedi, dimanche	Monday, Tuesday, Wednesday, Thursday, Friday, Saturday, Sunday

LES MOIS dE l'ANNÉE

Months of the year

janvier, février, mars, avril, mai, juin, juillet, août, septembre, octobre, novembre, décembre	January, February, March, April, May, June, July, August, September, October, November, December

L'uNiVERSiTÉ

The university

la cafétéria	cafeteria
un examen	a test, exam
le trimestre	semester, quarter

L'HEURE

Telling time

À quelle heure... ?	At what time . . . ?
Quelle heure est-il?	What time is it?
Il est... heure(s).	It's . . . o'clock.
... et demi(e).	. . . thirty. (half past)
... et quart.	. . . fifteen. (a quarter past)
... moins le quart.	. . . a quarter to. (fifteen to/before, until)
... du matin.	A.M., in the morning.
... de l'après-midi.	P.M., in the afternoon.
... du soir.	P.M., in the evening.
Il est midi/minuit.	It's noon/midnight.
À quelle heure commence... ?	What time does . . . begin?
Il/Elle commence à...	It begins at . . .

LES pARTiES du coRpS

Parts of the body

la bouche	mouth
le bras	arm
les cheveux (*m.*)	hair
le corps	body
le dos	back
les épaules (*f.*)	shoulders
la jambe	leg
la main	hand
le nez	nose
l'œil (*m.; pl.* **les yeux**)	eye
l'oreille (*f.*)	ear
le pied	foot
la tête	head
le visage	face

LA DESCRIPTION DES PERSONNES
Describing people

Il/Elle porte...	He/She wears, is wearing . . .
des lunettes	glasses
des verres de contact	contact lenses
Il/Elle a les cheveux...	He/She has . . . hair.
blonds	blond
bruns	brown
mi-longs	medium-length
roux	red
une barbe	a beard
une moustache	a moustache
Il/Elle est...	He/She is . . .
nerveux/nerveuse	nervous
raisonnable	sensible
sympathique	nice

Mots apparentés: **amusant/amusante, dynamique, enthousiaste, idéaliste, intelligent/intelligente, optimiste, pessimiste, sérieux/sérieuse, sociable, studieux/studieuse, timide**

LA DESCRIPTION
Describing

dernier/dernière	last
fermé/fermée	closed
ouvert/ouverte	open
premier/première	first

Mots apparentés: **confortable, correct/correcte, moderne, nécessaire, profond/profonde, superficiel/superficielle**

SUBSTANTIFS
Nouns

une montre	a watch
un nom	a name
un nombre	a number
un personnage	a character (*novel, play, etc.*)
une semaine	a week

Mots apparentés: **un acteur/une actrice, une description, un dialogue, un objet, une opinion**

MOTS ET EXPRESSIONS UTILES
Useful words and expressions

dans	in
Merci.	Thank you.
Moi, je...	I (*emphatic*)
Non, pas du tout!	No, not at all!
Oui, bien sûr!	Yes, of course!
S'il vous plaît.	Please. (*polite, plural "you"*)
S'il te plaît.	Please. (*fam.*)
sur	on
tous les jours	every day
un peu	a little

QUESTIONS
Asking questions

Quelle est la date?	What's the date?
Quelle est votre opinion sur... ?	What's your opinion of . . . ?
Quel cours?	Which (What) course?
Quels jours?	Which (What) days?
Où est-il/elle?	Where is it? (he? she?)
Il/Elle est...	He's . . . She's . . . It's . . .
Combien?	How much?
Tu es... ?	Are you . . . ?
Et toi?	How about you (yourself)?

Grammaire et exercices

B.1 Il y a

Expressing existence

A. Use the expression **il y a** (*there is/there are*) to talk about the presence or existence of people or things. Use **Est-ce qu'il y a... ?** or **Y a-t-il... ?** to ask a question.

—**Est-ce qu'il y a** une horloge dans la salle de classe?   *Is there a clock in the classroom?*

—Oui, **il y a** une horloge.   *Yes, there's a clock.*

—**Y a-t-il** des tableaux noirs?   *Are there any blackboards?*

—Oui, et **il y a** des grandes fenêtres.   *Yes, and there are large windows.*

B. If the answer is negative, use **il n'y a pas de.**

—Est-ce qu'il y a des fenêtres ouvertes?   *Are there any windows open?*

—Non, **il n'y a pas de** fenêtres ouvertes.   *No, there aren't any windows open.*

C. You may substitute the expression **il y *en* a** or its negation, **il n'y *en* a pas,** in answers where you wish to omit a plural noun.

—Est-ce qu'il y a des étudiants canadiens dans la classe?   *Are there any Canadian students in the class?*

—Oui, il y **en** a.   *Yes, there are.*

—Il y a aussi des étudiants suisses?   *Are there any Swiss students too?*

—Non, il n'y **en** a pas.   *No, there aren't any.*

Exercice 1   La salle de classe

Complete the paragraph with **un, une, des,** or **de.**

Dans la salle de classe, il y a _____¹ étudiants intelligents et _____² professeur brillant. Il y a aussi _____³ chaises, _____⁴ grand bureau, et _____⁵ tableaux noirs. Il n'y a pas _____⁶ télévision en couleurs, et il n'y a pas _____⁷ chaises confortables.

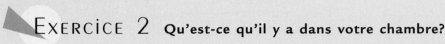

Exercice 2 Qu'est-ce qu'il y a dans votre chambre?

Say whether you have these objects in your bedroom.

MODÈLE: Est-ce qu'il y a une télévision? →
Oui, il y a une télévision. (Non, il n'y a pas de télévision.)

Est-ce qu'il y a...

1. une bicyclette?
2. une grande fenêtre?
3. une horloge?
4. une plante?

5. une télévision en couleurs?
6. une lampe?
7. un téléphone?
8. un tableau noir?

B.2 Asking questions

A. There are three simple ways to ask questions in French.

- In everyday conversation, the most common way is to use a rising intonation.

—Salut Daniel! Ça va? | *Hi, Daniel! Everything all right?*
—Oui, ça va très bien, merci. | *Yes, everything's going fine, thanks.*

- Another common question form is the expression **est-ce que** (**est-ce qu'** before a vowel or mute **h**) plus a statement.

—**Est-ce que** tu es dans la classe de Mme Martin? | *Are you in Madame Martin's class?*
—Oui, je suis dans sa classe. | *Yes, I'm in her class.*

—**Est-ce qu'**il y a des Français dans la classe? | *Are there any French people in the class?*
—Non, il n'y a pas de Français dans la classe. | *No, there aren't any French people in the class.*

- You can also add **n'est-ce pas?** to a sentence when you want someone to confirm the information in the statement.

—Barbara et Denise sont amies, **n'est-ce pas?** | *Barbara and Denise are friends, aren't they?*
—Oui, elles sont amies. | *Yes, they're friends.*

B. Both English and French use inversion questions, where the verb comes before the subject. (*Is he at home?*) In French, inversion questions are more commonly used in writing than in speaking. However, some common short questions are often expressed with inversion.

Est-ce un crayon?	*Is that a pencil?*
Comment allez-vous?	*How are you?*
Où est la craie?	*Where is the chalk?*
Comment s'appelle ton ami?	*What's your friend's name?*
Êtes-vous américain(e)?	*Are you (an) American?*

Notice that when the subject is a pronoun, it is joined to its verb by a hyphen. Also, when the inversion of the subject and verb causes two vowels to come together, the letter **-t-** is added between them.

Y a-**t**-il un autre stylo?	*Is there another pen?*

Except for common short questions such as in the preceding examples, you do not need to use inversion questions at this time because you can always use **est-ce que** instead. You should, however, be able to understand inversion questions when you read or hear them.

C. The question **Qui est-ce?** is used to ask about people; the question **Qu'est-ce que c'est?** is used to ask about things.

—**Qui est-ce?** C'est Jacqueline.   *Who's that? It's Jacqueline.*

—**Qu'est-ce que c'est?** C'est un stylo.   *What's that (this)? It's a pen.*

D. Ce (C') is a subject pronoun used for identifying people and things. It refers to nouns, either masculine or feminine, singular or plural.

> ✳ You will learn more about **c'est** and **ce sont** in **Grammaire 9.3**.

C'est le tableau.	*This is/That's the blackboard.*
Ce sont des crayons.	*Those/These are pencils.*

EXERCICE 3   **Personne ou chose?**

What's the correct question? Use **Qui est-ce?** or **Qu'est-ce que c'est?**

MODÈLES: C'est Daniel. → Qui est-ce?
C'est une lampe. → Qu'est-ce que c'est?

1. _____? C'est le professeur.
2. _____? C'est un examen.
3. _____? Ce sont des amis.
4. _____? C'est Mme Martin.
5. _____? C'est une horloge.
6. _____? Ce sont des stylos.

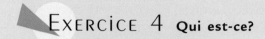

EXERCICE 4 Qui est-ce?

Madame Martin is talking with a colleague in the university cafeteria. Find the logical answer to her colleague's questions.

1. Est-ce que c'est Barbara?
2. Elle est jolie, n'est-ce pas?
3. Est-ce aussi une bonne étudiante?
4. Et l'autre étudiant, comment s'appelle-t-il?
5. Est-ce qu'il est en cours de français?

a. Oui, elle est intelligente et très dynamique.
b. Il s'appelle Raoul Durand.
c. Non, c'est Jacqueline.
d. Non, il n'est pas en cours de français. Il est québécois.
e. Oui, elle est très jolie.

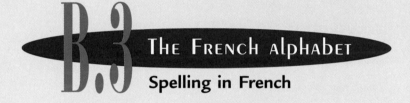

B.3 THE FRENCH ALPHABET

Spelling in French

A. French uses the same twenty-six-letter alphabet as English. Here, the French pronunciation of the letters is given in French spelling.

a	a	Arthur	**n**	enne	Nicolas
b	bé	Berthe	**o**	o	Olivier
c	cé	Cécile	**p**	pé	Pierre
d	dé	David	**q**	ku	Quintal
e	e	Eugène	**r**	erre	Raoul
f	effe	Françoise	**s**	esse	Suzanne
g	gé	Gérard	**t**	té	Thérèse
h	ache	Henri	**u**	u	Ursule
i	i	Isabelle	**v**	vé	Victor
j	ji	Joseph	**w**	double vé	William
k	ka	Karim	**x**	iks	Xavier
l	elle	Louis	**y**	i grec	Yassia
m	emme	Martine	**z**	zède	Zoé

B. French uses several diacritical marks.

´	accent aigu	fatigué, économie
`	accent grave	très, à
^	accent circonflexe	âge, être, théâtre
¨	tréma	Noël
¸	cédille	français

The accent is named *after* the letter: **café = c − a − f − e accent aigu.**

C. Also note:

B = bé majuscule, b = bé minuscule
. = point
, = virgule
' = apostrophe
la voyelle (a, e, i, o, u)
la consonne

QUELLE HEURE EST-IL?

Telling time

A. To ask what time it is, use **Quelle heure est-il?** The answer is **Il est... heure(s).**

—Quelle heure est-il?   *What time is it?*
—Il est dix heures. (Il est une heure.)   *It's ten o'clock. (It's one o'clock.)*

B. For *twelve o'clock, noon,* use **midi;** for *twelve o'clock, midnight,* use **minuit.**

—Quelle heure est-il, s'il vous plaît?   *What's the time, please?*
—Il est **midi.** (Il est **minuit.**)   *It's twelve (noon). (It's midnight.)*

C. Fractions of the hour are expressed in the following ways:

• Minutes after the hour (up to 30) are simply indicated following the hour.

Il est dix heures vingt.   *It's twenty past ten (ten twenty).*

• The half hour is expressed by **et demi(e).**

Il est neuf heures et demie.   *It's nine thirty.*
Il est midi et demi.   *It's twelve thirty.*

➤ **Demi** (not **demie**) is often used with **midi** and **minuit.**

• Minutes before the hour are expressed with **moins.**

Il est cinq heures moins dix.   *It's ten to five (four fifty).*

• The quarter hour is expressed with **quart.**

Il est deux heures et quart.   *It's a quarter past two (two fifteen).*
Il est onze heures moins le quart.   *It's a quarter to eleven (ten forty-five).*

D. For A.M. and P.M., use **du matin, de l'après-midi,** and **du soir.**

Il est une heure du matin.   *It's one A.M. (one in the morning).*
Il est trois heures de l'après-midi.   *It's three P.M. (three in the afternoon).*
Il est neuf heures du soir.   *It's nine P.M. (nine in the evening).*

E. In official announcements, such as TV, radio, train, or plane schedules, and curtain times at the theater, the twenty-four-hour system is used. The numbers one through twelve are used for the morning hours, thirteen through twenty-four for the afternoon and the evening.

Il est **sept heures (du matin).**   = Il est **7h.**
Il est **midi.**   = Il est **12h.**
Il est **trois heures et demie (de**   = Il est **15h30.**
  l'après-midi).
Il est **onze heures moins le quart**   = Il est **22h45.**
  (du soir).
Il est **minuit.**   = Il est **24h.**

EXERCICE 5   Quelle heure est-il?

MODÈLE: 2h20   →   Il est deux heures vingt.

1. 4h20	**3.** 8h13	**5.** 7h07	**7.** 9h53	**9.** 12h
2. 6h15	**4.** 1h10	**6.** 5h30	**8.** 3h40	**10.** 10h45

EXERCICE 6   L'heure officielle

First read the time given, then convert it to the usual twelve-hour system, indicating the time of day with the appropriate expression (**du matin, de l'après-midi, du soir, midi, minuit**).

MODÈLES: 14h   → Il est quatorze heures.
                   Il est deux heures de l'après-midi.

         12h30   → Il est douze heures trente.
                   Il est midi et demi.

1. 15h	**3.** 13h30	**5.** 22h30	**7.** 18h20	**9.** 16h45
2. 7h15	**4.** 20h	**6.** 10h45	**8.** 19h	**10.** 11h50

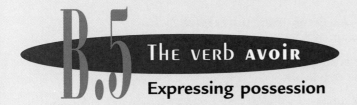

The verb **avoir**

Expressing possession

A. Use the verb **avoir** to say what someone has.

AVOIR (*to have*)	
j' **ai**	*I have*
tu **as**	*you* (fam.) *have*
il/elle/on **a**	*he/she/one has*
nous **avons**	*we have*
vous **avez**	*you* (formal or plural) *have*
ils/elles **ont**	*they have*

Hélène **a** des stylos et des crayons. — *Hélène has some pens and pencils.*

—Louis, **as**-tu un cours de français? — *Louis, do you have a French class?*

—Oui, et j'**ai** aussi un cours d'anglais. — *Yes, and I also have an English class.*

Note that **je** contracts to **j'** before a word that begins with a vowel.

➤ *Je* **suis,** *Je* **m'appelle,** but **J'ai**

Pronunciation Hint:

A consonant at the end of the verb form is silent, but at the end of the subject pronoun, it is pronounced because of liaison: **tu aş, õn_a, nous‿avõńş, vous‿aveƶ ils‿õńƭ, elles‿õnt.**

B. When a sentence with **avoir** is negative, the preposition **de** replaces **un, une,** or **des.**

—Tu as une bicyclette? — *Do you have a bicycle?*
—Non, je n'ai pas **de** bicyclette. — *No, I don't have a bicycle.*

C. Note the insertion of **-t-** in inversion questions with **a.** It is inserted when the inverted element (a pronoun) begins with a vowel.

Y a-**t**-il un autre morceau de craie? — *Is there another piece of chalk?*

EXERCICE 7 **Dans mon université**

Complete Barbara's letter to her French correspondent, Marise Colin, by using the correct forms of the verb **avoir**.

Dans mon université, nous _____¹ cours cinq jours par semaine, mais nous _____[2] le week-end de libre. Moi, ce trimestre, je n' _____[3] pas de cours le lundi, mais ma camarade de chambre _____[4] trois cours et un labo de biologie. Tous les étudiants _____[5] beaucoup d'examens chaque trimestre. Tes amis et toi, dans votre université, est-ce que vous _____[6] cours le samedi? Combien de cours _____[7]-vous pendant une journée typique? Et toi, personnellement, tu _____[8] des cours difficiles ce trimestre? Est-ce que tu _____[9] des professeurs intéressants?

EXERCICE 8 **Un étudiant désorganisé**

Complete these sentences describing a rather disorganized student by using **un, une, des, d',** or **de.**

1. J'ai _____ stylos, mais je n'ai pas _____ papier.
2. J'ai _____ examen demain, mais je n'ai pas _____ livre.
3. J'ai _____ vidéocassette, mais je n'ai pas _____ magnétophone.
4. J'ai _____ ordinateur,* mais je n'ai pas _____ disquettes.
5. J'ai _____ tableau noir, mais je n'ai pas _____ craie.
6. J'ai _____ cours à 8 heures, mais je n'ai pas _____ énergie.

EXERCICE 9 **Qu'est-ce que tu as?**

Say whether you have the following things by using **Oui, j'ai un/une...** or **Non, je n'ai pas de (d')...**

MODÈLE: Est-ce que tu as une voiture de sport? →
           Oui, j'ai une voiture de sport. (Non, je n'ai pas de voiture de sport.)

Est-ce que tu as...

1. une jupe?
2. un appartement?
3. un poste de télévision dans ta chambre?

4. un ordinateur?
5. un cours de maths?
6. une guitare?

****ordinateur** (*m.*) = computer

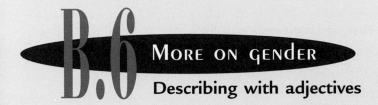

More on gender

Describing with adjectives

A. As you know, French nouns that refer to a male are usually masculine and those that refer to a female are usually feminine. Some nouns are invariable and are used for both sexes: **un professeur, une personne.** The endings in the following table generally indicate masculine or feminine nouns.

USUALLY MASCULINE		USUALLY FEMININE	
-eau	un bur**eau**	**-ette**	une tromp**ette**
-eur	un serv**eur**	**-ie**	la biolog**ie**
-ier	un cah**ier**	**-ique**	la mus**ique**
-ment	un apparte**ment**	**-tion**	une composi**tion**
		-ure	la littérat**ure**

We recommend that you study new nouns with the indefinite article **un/une.**

B. Adjectives must agree in gender with the nouns they describe. They fall into several categories:

- Adjectives that end in **-e** (with no accent) are used for both masculine and feminine nouns.

  un homme minc**e**   une femme minc**e**
  un pantalon rouge et jaune   une chemise rouge et jaune

- Adjectives that do not end in **-e** in the masculine form usually add an **-e** to agree with a feminine noun.

  un chapeau noir   une jupe noir**e**
  un étudiant intelligent   une étudiante intelligent**e**

> ➤ A few adjectives not ending in **-e** do not change: **un pull-over marron, une jupe marron; un sac chic, une robe chic.**

Pronunciation Hint:

If the masculine form ends in a pronounced consonant or **-é,** the masculine and feminine forms are pronounced the same: **noir, noir̸e; fatigué, fatigué̸e.** If the masculine form ends in a silent consonant, this consonant will be pronounced in the feminine form: **peti̸t, petit̸e; grã̸n̸d, grã̸n̸de.**

- Some adjective types follow a slightly irregular pattern. Adjectives ending in **-eux** change to **-euse,** and those ending in **-if** change to **-ive** in the feminine.

  un homme **sérieux**   une femme **sérieuse**
  un garçon **sportif**   une fille **sportive**

- Some adjectives have very different masculine and feminine forms. Here are the most common of this type.

un **bon** livre	une **bonne** classe	(*good*)
un sac **blanc**	une robe **blanche**	(*white*)
un **vieux** monsieur	une **vieille** dame	(*old, elderly*)
un **beau** garçon	une **belle** fille	(*handsome, beautiful*)
un **nouveau** chapeau	une **nouvelle** chemise	(*new*)

★ You will learn more about these forms in **Grammaire 4.1.**

Vieux, beau, and **nouveau** have a third form that is used before a masculine noun beginning with a vowel or mute **h: un** *vieil* **homme, un** *nouvel* **appartement, un** *bel* **enfant.** (These forms are pronounced like the feminine forms.)

C. You may have noticed that some adjectives come before the noun and others after it. In general, French adjectives come after nouns, but there are several exceptions. This will be discussed further in **Chapitre 4.**

EXERCICE 10   Masculin ou féminin?

Give the correct indefinite article (**un** or **une**) for each noun.

1. _____ télévision	**5.** _____ clarinette	**8.** _____ pharmacie
2. _____ acteur	**6.** _____ département	**9.** _____ fracture
3. _____ majorité	**7.** _____ clinique	**10.** _____ quartier
4. _____ chapeau		

EXERCICE 11   Les camarades de classe

Which adjectives can be used to describe the following people?

MODÈLE: Barbara: enthousiaste, blond, optimiste, petit →
          Barbara est enthousiaste et optimiste.

1. Daniel: nerveuse, sympathique, intelligent, vieille
2. Barbara: sportive, beau, généreuse, grand
3. Louis: beau, raisonnable, sérieuse, sportive
4. Albert: grand, petite, mince, brune
5. Denise: blonde, petit, intelligent, belle
6. Jacqueline: brun, petite, intelligente, studieux

EXERCICE 12 Quelle est votre opinion?

Make a sentence for each noun, using the correct form of the adjective.

> MODÈLE: intéressant/intéressante: le livre de français, la vie →
> Le livre de français est (n'est pas) intéressant.
> La vie est (n'est pas) intéressante.

1. beau/belle: Emmanuelle Béart, un tigre, une vieille Ford, une peinture de Matisse
2. bon/bonne: le chocolat, la compagnie, Mère Thérésa, le fast-food
3. dangereux/dangereuse: une motocyclette, une bombe, le tennis, la politique
4. amusant/amusante: un livre de science-fiction, la politique, un examen de physique, un film avec Gérard Depardieu
5. vieux/vieille: l'astronomie, le Louvre, le président américain, l'université où je suis

B.7 IRREGULAR PLURALS

A. As you know, the plural of most nouns and adjectives is formed by adding **-s:**

> un examen facile → des examen**s** facile**s**
> le professeur américain → les professeur**s** américain**s**

B. There are several exceptions, however. Nouns and adjectives ending in **-s, -x,** or **-z** do not change in the plural. Others have irregular plural endings. Here are some examples:

ENDINGS	SINGULAR	PLURAL
-s, -x, -z (no change)	un mauvai**s** cour**s** un enfant curieu**x** un ne**z** rouge	les mauvai**s** cour**s** les enfants curieu**x** des ne**z** rouge**s**
-eau, -eu (add **-x**)	un b**eau** chap**eau** un j**eu** amusant	les b**eaux** chap**eaux** des j**eux** amusants
-al, -ail (→ **-aux**)	un journ**al** radic**al** un trav**ail** municip**al**	des journ**aux** radic**aux** des trav**aux** municip**aux**

C. Remember that adjectives must agree in both gender and number with the nouns they modify. For this reason, an adjective may have as many as four different forms.

MASCULINE SING.	MASCULINE PLURAL	FEMININE SING.	FEMININE PLURAL
un pantalon noir	des pantalon**s** noir**s**	une robe noir**e**	des robe**s** noir**es**
un petit chapeau	des petit**s** chapeau**x**	une petit**e** moustache	des petit**es** moustaches

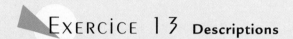

EXERCICE 13 Descriptions

Choose the appropriate adjective and the correct form.

1. Comment sont les étudiants de votre université?
 sérieux/sérieuses   intelligents/intelligentes
 nerveux/nerveuses   amusants/amusantes

2. Comment est le professeur idéal?
 patient/patiente   raisonnable
 intéressant/intéressante amusant/amusante

3. Comment est un examen difficile?
 long/longue   amusant/amusante
 compliqué/compliquée   intéressant/intéressante

4. Comment sont les hommes qui portent la barbe?
 beaux/belles   sportifs/sportives
 amusants/amusantes   individualistes

5. Comment est la langue française?
 beau/belle   facile
 compliqué/compliquée   mystérieux/mystérieuse

Ma famille et moi

IN **CHAPITRE 1**, you will expand your listening and speaking vocabulary to include family members, numbers, and expressions for giving personal data such as your address and phone number. You will also begin to talk about what you like and don't like to do.

Thèmes

La famille
Goûts personnels
Origines et renseignements
personnels
La vie de famille

Lecture

Familles d'aujourd'hui

Info

Société: La famille française
Société: Qui sont les Français?
Vie quotidienne: La pétanque

Grammaire

1.1 Expressing relationships: Possessive adjectives
1.2 Expressing likes and dislikes: **Aimer** + infinitive
1.3 Stating origin: The verb **venir**
1.4 Talking about dates and personal data: Numbers beyond 100
1.5 Talking about actions: Present of **-er** verbs
1.6 Expressing relationship and possession: Contractions of **de**

Grands-parents et leurs petits-enfants dans un jardin public.

Activités et lectures

Attention! Étudier Grammaire 1.1

La famille de Claudine Colin

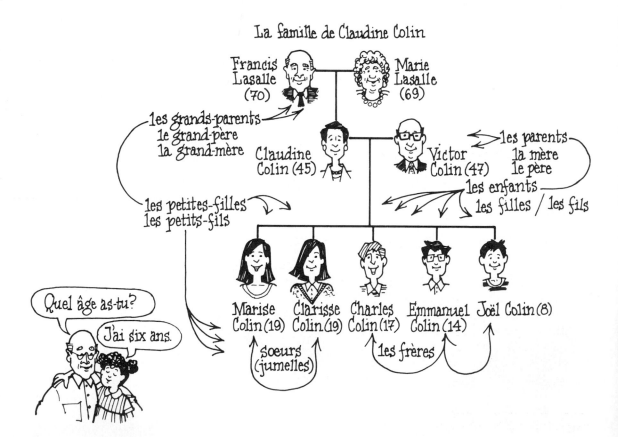

ACTIVITÉ 1 **La famille de Claudine Colin**

MODÈLE: É1: Comment s'appelle la mère de Claudine?*
         É2: Elle s'appelle Marie Lasalle.
         É1: Qui a dix-sept ans?
         É2: Charles a dix-sept ans.
         É2: Quel âge ont Marise et Clarisse?
         É1: Elles ont dix-neuf ans.

Vacances en famille sur la côte atlantique.

Société INFO **La famille française**

Les statistiques indiquent que la famille française a 1,65 enfants en moyenne.[1] C'est une situation normale en Europe du nord, où les grandes familles sont rares. Un tiers (1/3) des Français préfèrent rester célibataires.[2] Les autres ont généralement tendance à se marier tard:[3] 26 ans pour les femmes et 28 ans pour les hommes. Aujourd'hui, la moitié (1/2) des cérémonies de mariage est religieuse. Un couple sur[4] dix vit[5] en «union libre» (les partenaires ne sont pas mariés), mais la proportion est double chez les 18–25 ans. Environ[6] 11% (pour cent) des mariages sont mixtes, c'est-à-dire que l'un des époux[7] est de race ou religion différente.

[1]*average* [2]non mariés [3]se... tard ≠ jeune [4]*out of*
[5]habite ensemble [6]Approximativement [7]partenaires

ACTIVITÉ 2 **Dialogue: Ma famille**

É1: Combien de personnes y a-t-il dans ta famille?
É2: Il y a _____ personnes dans ma famille.
É1: Comment s'appellent les membres de ta famille?
É2: Mon/Ma _____ s'appelle _____, mon/ma _____ s'appelle _____ et mon/ma _____ s'appelle _____.
É1: Comment est ta famille?
É2: Nous sommes _____ et _____. Nous ne sommes pas _____.

---

*Rappel: **É1** = étudiant(e) 1; **É2** = étudiant(e) 2.

ACTIVITÉ 3 Les qualités

Quelles sont les qualités importantes des membres de la famille?

MODÈLE: É1: Pour toi, comment est la mère idéale?
É2: La mère idéale est généreuse, patiente et stricte.

égoïste   affectueux/affectueuse
énergique   ambitieux/ambitieuse
patient(e)   studieux/studieuse
obéissant(e)   compréhensif/compréhensive

1. la mère   3. la sœur/le frère   5. le fils/la fille
2. la grand-mère   4. le père

GOÛTS PERSONNELS

Attention! Étudier Grammaire 1.2

Moi, j'aime beaucoup jouer au tennis! Et toi?

Le vendredi soir à La Nouvelle-Orléans

Albert n'aime pas étudier.

Raoul adore conduire sa voiture de sport.

Le samedi matin à Clermont-Ferrand

Claudine Colin aime faire des courses.

Joël et ses amis aiment jouer au football.

Le dimanche après-midi à Clermont-Ferrand

Charles aime lire un bon livre.

Emmanuel aime nager à la piscine municipale.

ACTIVITÉ 4 **Les activités favorites**

Dites *oui* ou *non*.

> MODÈLE: É1: Pendant les vacances, j'aime voyager.
> É2: Moi, aussi! J'aime beaucoup voyager.
>   (Moi, non! Je n'aime pas voyager.)

1. Pendant les vacances, j'aime...
   - **a.** voyager
   - **b.** dormir tard
   - **c.** aller à la plage
   - **d.** lire des romans
2. Je n'aime pas...
   - **a.** nager à la piscine
   - **b.** faire du ski à la montagne
   - **c.** jouer aux cartes
   - **d.** faire les courses

3. Le week-end, mes parents (mes amis) aiment...
   a. regarder la télé
   b. dîner au restaurant
   c. sortir avec leurs amis
   d. jouer aux cartes
4. Le vendredi, mes amis et moi, nous aimons...
   a. rester à la maison
   b. faire la fête
   c. danser dans une discothèque
   d. écouter la radio

Suggestions

Moi aussi!
Moi, non!
Moi non plus!
Moi, si!

C'est vrai?
Pas possible!
Tiens! C'est
   intéressant!

ACTIVITÉ 5   Interaction: Le week-end

MODÈLE: É1: Qui aime nager dans la mer le dimanche?
          É2: Adrienne Petit.
          É2: Qu'est-ce que Julien Leroux aime faire le samedi?
          É1: Il aime aller au cinéma.

NOM	LE SAMEDI	LE DIMANCHE
Julien Leroux, 32 ans	aller au cinéma	lire le journal
Adrienne Petit, 28 ans	cuisiner	nager dans la mer
Raoul Durand, 21 ans	faire la fête	étudier
Charles Colin, 17 ans	sortir avec ses copains	dormir tard
Agnès Rouet, 25 ans	faire les courses	inviter des amis

ACTIVITÉ 6   Discussion: Qu'est-ce que tu aimes faire?

MODÈLE: É1: Est-ce que tu aimes étudier avec une autre personne?
          É2: Non, je n'aime pas étudier avec une autre personne. J'aime
              mieux étudier seul. Et toi?

Suggestions

Je déteste...
J'adore...

J'ai horreur de...
Je préfère...

Je ne sais pas.

1. jouer au billard
2. regarder des films d'aventures
3. faire la fête
4. cuisiner
5. faire du camping
6. dormir tard
7. danser
8. voyager

ACTIVITÉ 7 Les leçons de ski

Regardez la publicité et dites si c'est *vrai* ou *faux*.

À l'école de ski français...

1. il y a des leçons particulières pour groupes de 3 à 5 personnes.
2. il y a des leçons de danse.
3. il n'y a pas de leçons pour enfants.
4. il y a des leçons de monoski.

Et encore...

1. Est-ce que vous aimez faire du ski? Comment s'appelle votre station de ski préférée?
2. Quel est votre sport favori? Quel sport est-ce que vous n'aimez pas faire?

École de Ski Français
La Joue-du-Loup
Tél. saison 92.58.82.70 - Hors saison 92.58.84.63
Ski alpin - Fond - Monoski - Randonnées - Organisation courses

	Tarifs
Leçons particulière (l'heure) :	
1-2 personnes............................	120,00
3-5 personnes............................	140,00
Stages enfants et adultes	
du lundi au samedi inclus :	
6 x 1 heure 30............................	250,00
6 x 3 heures..............................	425,00
Stages des neiges : de 3 à 5 ans	
Demi-journée (3 heures)..................	94,00
Journée (6 heures).......................	172,00
Du lundi au samedi inclus :	
6 x 1/2 journée..........................	330,00
6 journées...............................	540,00

Tarifs E.F.S. 1990   *Document non contractuel*

ORiGiNES ET RENSEiGNEMENTS pERSONNElS

Attention! Étudier Grammaire 1.3 et 1.4

101	cent un	10.000	dix mille
102	cent deux	100.000	cent mille
200	deux cents	150.000	cent cinquante mille
201	deux cent un	1.000.000	un million
300	trois cents	2.000.000	deux millions
1.000	mille	1.000.000.000	un milliard
		2.000.000.000	deux milliards

ACTIVITÉ 8   Renseignements personnels

É1: Quel est le numéro de téléphone d'Agnès?
É2: C'est le 48.74.94.23.

É1: Où habite Adrienne?
É2: À Marseille.

É1: Quelle est l'adresse de Bernard?
É2: 88 quai Moulin.

ACTIVITÉ 9   Entrevue: Renseignements personnels

É1: De quelle ville viens tu?
É2: Je viens de _____. Et toi?
É1: Moi, je viens de _____.
É2: Quelle est ton adresse?
É1: J'habite à _____ rue/avenue _____. Et toi?
É2: _____.
É1: Quel est ton numéro de téléphone?
É2: C'est le _____.
É1: Quand est-ce que tu es né(e)?
É2: Je suis né(e) le _____, 19_____.

NOMS et ADRESSES

Raoul Durand (tél. 281-5024)
246 Boulevard Maisonneuve-West
Montréal, Canada 434-312

Bernard Lasalle (tél. 78.42.03.09)
88 quai Moulin
69000 Lyon, France

Agnès Rouet (48.74.94.23)
86 rue de la Convention
75006 Paris, France

André Leroux (6.44.67.64)
432 avenue des Cerisiers
1200 Bruxelles, Belgique

Adrienne Petit (91.78.94.61)
22 rue de Provence
13001 Marseille, France

ACTIVITÉ 10 **Les origines et les nationalités**

PAYS	NATIONALITÉ	LANGUE(S) MAJORITAIRE(S)
l'Algérie	algérien, algérienne	l'arabe, le français
l'Allemagne	allemand, allemande	l'allemand
la Belgique	belge	le français, le flamand
le Canada	canadien, canadienne	le français, l'anglais
la Chine	chinois, chinoise	le chinois
l'Espagne	espagnol, espagnole	l'espagnol, le catalan
les États-Unis	américain, américaine	l'anglais, l'espagnol
la France	français, française	le français
le Japon	japonais, japonaise	le japonais
le Sénégal	sénégalais, sénégalaise	le français, le wolof

MODÈLE: É1: De quelle nationalité est Yasmina Diouf?
                É2: Elle est sénégalaise.
                É1: Quelle langue est-ce qu'elle parle?
                É2: Elle parle wolof et français.

1. Mario Desjardins, Chicoutimi, Québec (Canada)
2. Willy Maertens, Anvers (Belgique)
3. Francis Lasalle, Lyon (France)
4. Abdelkader El Akari, Blida (Algérie)
5. Yasmina Diouf, Dakar (Sénégal)
6. Wang Yu, Shangai (Chine)
7. Ulrike Schneider, Francfort (Allemagne)
8. Sarah Thomas, Eau Claire, Wisconsin (États-Unis)
9. Yuko Wanatabe, Osaka (Japon)
10. Marianna Vasco, Bilbao (Espagne)

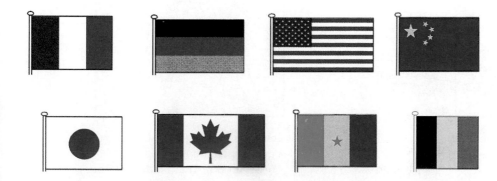

Les jeunes de la banlieue parisienne.

Société — Qui sont les Français?

On dit que le «Français typique» est un descendant des Gaulois.[1] En réalité la population de la France est très diverse, en particulier dans les grandes villes, et beaucoup de Français ont des origines étrangères: italiennes, espagnoles, portugaises, polonaises, arméniennes, etc. De plus, il y a en France à peu près[2] 5 millions d'immigrés sur une population totale de 58 millions. La grande majorité vient d'Europe du sud, ou du Maghreb: l'Algérie, le Maroc et la Tunisie. Les Maghrébins sont d'origine arabe ou berbère,[3] et généralement de religion musulmane.[4] Aujourd'hui ils sont aussi des «Français typiques».

[1]nom donné par les Romains aux ancêtres des Français d'aujourd'hui   [2]à... approximativement   [3]de la population indigène d'Afrique du Nord   [4]islamique

LA VIE DE FAMILLE

Attention! Étudier Grammaire 1.5 et 1.6

La famille de Bernard Lasalle

Voilà Bernard Lasalle avec sa femme, Christine. Elle est infirmière dans un hôpital à Lyon.

Les enfants de Bernard et Christine s'appellent Camille (11 ans), Marie-Christine (8 ans) et Nathalie (6 ans).

Voilà la sœur de Bernard, Claudine Colin, avec sa famille. Son mari, Victor, travaille dans un bureau.

Toute la famille passe le mois d'août ensemble dans une maison au bord de la mer.

Christine parle beaucoup avec sa belle-sœur, Claudine, et sa belle-mère, Marie Lasalle.

Les petites Lasalle adorent faire une promenade avec leur oncle Victor et leur tante Claudine.

Quelquefois, Victor Colin joue à la pétanque avec son beau-frère, son beau-père et ses neveux.

ACTIVITÉ 11 **Définitions: La famille**

Donnez la bonne définition.

> MODÈLE: É1: La mère de la mère ou du père?
>
> É2: C'est la grand-mère.

1. l'oncle	**a.** la mère du mari ou de la femme
2. la femme	**b.** le père du père ou de la mère
3. le beau-frère	**c.** l'époux de la tante
4. la belle-sœur	**d.** le fils du frère ou de la sœur
5. le neveu	**e.** l'époux de la femme
6. le grand-père	**f.** le mari de la sœur
7. le cousin	**g.** la femme du frère
8. la belle-mère	**h.** le fils de l'oncle
9. la tante	**i.** l'épouse du mari
10. le mari	**j.** la sœur de la mère ou du père

Vie quotidienne La pétanque

La pétanque est un sport originaire du sud de la France. Elle est extrêmement populaire, parce que les hommes, les femmes, les enfants et les personnes âgées peuvent y jouer ensemble. C'est une activité de famille, mais aussi de compétition: il y a en France plus de 450.000 licenciés* officiels dans des clubs.

*personnes qui ont la possibilité de jouer compétitivement

La pétanque, un jeu très populaire (Côte d'Azur).

ACTIVITÉ 12 Les activités de ma famille

Dans votre famille, qui fait les activités suivantes?

1. travaille (travaillent) dans un bureau
2. achète (achètent) beaucoup de vêtements neufs
3. aime (aiment) conduire vite
4. écoute (écoutent) de la musique classique
5. reste (restent) à la maison le samedi soir
6. rentre (rentrent) tard très souvent

À vous la parole!

Posez les mêmes questions à un (une) partenaire.

MODÈLE: É1: Est-ce que tu travailles dans un bureau?
         É2: Non, mais je travaille dans un restaurant. Et toi?

ACTIVITÉ 13 **Discussion: La famille et les amis**

Dites *oui* ou *non*.

1. Je discute de mes problèmes avec mes parents.
2. Je téléphone souvent à mes grands-parents.
3. J'adore aller aux réunions de famille.
4. Je déjeune chez mes parents le dimanche.
5. J'aime sortir avec ma famille le week-end.
6. J'habite chez mes parents.

Maintenant, comparez vos réponses avec les réponses de votre partenaire et expliquez quand vous dites *non*.

MODÈLE: É1: Moi, je discute de mes problèmes avec mon meilleur ami. Et toi?
    É2: J'aime parler avec ma belle-sœur.

Suggestions

mon meilleur ami (ma meilleure amie)
mon petit ami (ma petite amie)

mes copains
seul(e)

ACTIVITÉ 14 **L'agence matrimoniale «Espoir familial»**

1. Est-ce que la personne de 31 ans est un homme ou une femme?
2. Est-ce que la personne qui aime faire de la planche à voile est veuve ou célibataire?
3. Quel âge a le «grand-père» dynamique?
4. Qui joue au tennis?
5. Qui vient d'un milieu médical?

À vous la parole!

Vous désirez rencontrer une personne intéressante. Préparez une petite annonce pour l'agence matrimoniale «Espoir Familial». Pour commencer, quel âge avez-vous? Et comment êtes-vous? Qu'est-ce que vous aimez faire?

**AGENCE MATRIMONIALE
«ESPOIR FAMILIAL»**
20, rue Paul Gourdon

RENCONTRES

31 ans, célibataire, tendre, raisonnable, jolie et intelligente en plus! Milieu médical, elle désire faire des projets d'avenir avec jeune homme affectueux et protecteur.

58 ans, veuve, douce, un peu timide, elle aime la campagne, cuisiner; désire rencontrer compagnon simple mais gentil et affectueux.

36 ans, célibataire, dynamique, charmant, brun (1,78m), sportif (squash, tennis, randonnée, planche à voile...); désire fonder un foyer, avoir des enfants.

Grand-père, veuf, 75 ans, aisé, dynamique, aimant nature, voyages et sorties; désire rencontrer une dame 65/70 ans, mêmes intérêts.

LECTURE

Familles d'aujourd'hui

On affirme périodiquement que la famille est en crise, mais elle reste° importante pour les Français. Cependant, sa définition change selon la classe sociale, la région, les origines.

Jean-Claude Dutourd (26 ans, chômeur°): «J'habite avec mes parents. C'est difficile quand on a vingt-six ans, mais je n'ai pas de travail, alors c'est une solution acceptable pour le moment. Naturellement, il y a parfois des frictions... c'est le conflit des générations, mais nous sommes solidaires.° Dans le contexte économique actuel,° la famille est un refuge.»

Amidou Diallo (17 ans, lycéen°): «Chez nous, au Sénégal, la famille, ce n'est pas juste ton père, ta mère et tes frères; c'est aussi tes cousins, tes oncles, tes tantes... on a des relations très fortes,° on forme un groupe uni.° En France on a gardé° le même système. Et puis, dans notre cité,° il y a beaucoup d'Africains, alors c'est presque comme un village, tu vois... Si quelqu'un a des problèmes, les autres sont là pour l'aider. Pour nous, la solitude, ça n'existe pas!»

Élise Martinelli (55 ans, cadre°): «La famille? C'est une valeur essentielle pour mon mari et moi. Nous avons quatre enfants et sept petits-enfants; ils viennent nous voir très souvent, en général le dimanche. Nous discutons, nous chantons, nous jouons, ensemble... c'est une fête°! Mon travail me passionne et je suis très occupée, mais la famille est essentielle à mon équilibre.»

remains

sans travail

solidaire = qui assiste les autres

contemporain

élève d'une école secondaire

solides / ≠ divisé

on... *we've kept* / unité d'habitation dans une ville

un cadre a un poste de responsabilité dans une compagnie

célébration

Un repas en famille, c'est parfois un pique-nique en pleine nature!

Avez-vous compris?

Complétez avec le nom de la personne.

1. _____ n'a pas de travail.
2. _____ a sept petits-enfants.
3. _____ vient d'une famille d'origine sénégalaise.
4. _____ a quelquefois des frictions avec ses parents.
5. _____ aime le "petit village" d'Africains dans sa ville.
6. _____ aime passer le dimanche avec sa famille.

À vous la parole!

1. Est-ce que tu viens d'une famille nombreuse? Dans ta famille, est-ce que tout le monde habite dans la même ville?
2. Comment s'appelle la personne que tu préfères dans ta famille? Pourquoi est-ce ta personne préférée? Comment est cette personne?

À vous d'écrire

Vous écrivez une lettre à l'agence Accueil France Famille parce que vous désirez passer deux mois dans une famille française. Dans votre lettre, décrivez comment vous êtes, les choses que vous aimez faire et le type de famille que vous préférez trouver.

ACCUEIL FRANCE FAMILLE

Séjours individuels en famille, toute l'année, sur toute la France.

A PARIS:
Chambre et Petit-Déjeuner ou Demi-Pension
EN PROVINCE:
Pension complète

5 rue François Coppée
75015 PARIS FRANCE

UN ACCUEIL QUI TIENT SES PROMESSES

(ville, état) (date)

Accueil France Famille
5 rue François Coppée
75015 Paris

Messieurs,

Je désire passer deux mois dans une famille française. Je m'appelle... , j'ai... ans, et je suis étudiant(e) en... à l'université de... Je suis une personne plutôt... J'aime beaucoup... Si possible, je préfère loger dans une famille...

En attendant votre réponse, je vous prie d'agréer l'expression de mes sentiments distingués.

(signature)

Vocabulaire

La famille

The family

le beau-frère	brother-in-law, step-brother
le beau-père	father-in-law, stepfather
la belle-mère	mother-in-law, stepmother
la belle-soeur	sister-in-law, stepsister
le cousin/la cousine	cousin
l'enfant	child
l'époux, l'épouse	spouse
la femme	wife
la fille	daughter
le fils	son
le frère	brother
la grand-mère	grandmother
le grand-père	grandfather
les grands-parents	grandparents
le mari	husband
la mère	mother
le neveu	nephew
la nièce	niece
l'oncle (*m.*)	uncle
le père	father
la petite-fille	granddaughter
le petit-fils	grandson
la sœur	sister
la tante	aunt

Mots descriptifs

Descriptive words

célibataire	single, unmarried
compréhensif/ compréhensive	understanding
neuf/neuve	new
obéissant(e)	obedient
seul(e)	alone

Mots apparentés: **affectueux/affectueuse, ambitieux/ambitieuse, dynamique, économe, égoïste, énergique, favori/favorite, médical(e), patient(e), studieux/studieuse**

Activités favorites et distractions

Favorite activities and entertainment

Qu'est ce que tu aimes faire?	What do you like to do?
J'aime...	I like . . .
aller au cinéma (à la plage)	to go to the movies (to the beach)
conduire	to drive
cuisiner	to cook
danser	to dance
dîner au restaurant	to dine at a restaurant
dormir tard	to sleep late
écouter la radio	to listen to the radio
faire des courses	to go shopping
du camping	to go camping
la fête	to party
une promenade	to take a walk
du ski	to go skiing
de la voile	to go sailing
jouer aux cartes (au football, au tennis)	to play cards (soccer, tennis)
lire	to read
nager	to swim
parler au téléphone	to talk on the phone
passer la soirée ensemble	to spend an evening together
regarder la télévision	to watch television
rester à la maison	to stay home
sortir avec des ami(e)s	to go out with friends
voyager	to travel

Endroits

Places

un bureau	an office
une maison	a house
la mer	the sea
la montagne	the mountains
une piscine	a swimming pool
une rue	a street

Mots apparentés: **une discothèque, un hôpital**

Quand
Saying when

maintenant	now
quelquefois	sometimes
souvent	often

Substantifs
Nouns

un copain/ une copine	a close friend, pal
un infirmier/ une infirmière	a nurse
un journal	a newspaper
une langue	a language
une leçon	a lesson
un numéro de téléphone	a phone number
un petit ami/ une petite amie	a boyfriend, girlfriend
un renseignement	a piece of information
un roman	a novel
une ville	a city
une voiture	a car

Mots apparentés: **une adresse, une aventure, le billard, un film, un match, la musique, la nationalité, l'origine** (*f.*)**, une réunion, un sport, le tennis, les vacances** (*f.*)

Verbes
Verbs

acheter	to buy
déjeuner	to eat lunch
discuter (de)	to discuss
étudier	to study
faire	to do; to make
habiter	to live (inhabit)
rentrer	to return home
travailler	to work
venir	to come

Mots apparentés: **adorer, détester, préférer, téléphoner**

Mots et expressions utiles
Useful words and expressions

à	to, at
après	after
au bord de la mer	at the beach (seashore)
avec	with
beaucoup	a lot, many
C'est vrai?	Is that right (correct)?
D'où viens-tu? (... venez-vous?)	Where are you from?
J'ai horreur de...	I hate...
Je ne sais pas.	I don't know.
Je suis né(e)...	I was born . . .
Moi aussi!	Me too!
Moi non!	Not me!
Moi non plus!	Me neither!
Moi si!	Me! Yes (*I* do!)
mon/ma meilleur(e) ami(e)	my best friend
Pas possible!	Not possible!
Quel âge avez-vous? (... as-tu?)	How old are you?
J'ai... ans.	I'm . . . (years old).
Qu'est-ce que tu aimes faire?	What do you like to do?
Tiens!	Well!
tout (toute, tous, toutes)	all
vite	quickly, fast
voilà	there is/are

Les pays et les nationalités
Countries and nationalities

l'Allemagne (*f.*)	allemand(e)	Germany/German
la Belgique	belge	Belgium/Belgian
la Chine	chinois(e)	China/Chinese
l'Espagne	espagnol(e)	Spain/Spanish
les États-Unis	américain(e)	The United States/ American
la France	français(e)	France/French
le Québec	québécois(e)	Quebec/Quebecker

Mots apparentés: **l'Algérie** (*f.*)**, algérien/algérienne; le Canada, canadien/canadienne; le Japon, japonais/japonaise; le Sénégal, sénégalais/sénégalaise**

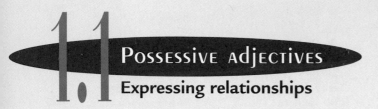

Grammaire et exercices

1.1 POSSESSIVE ADJECTIVES
Expressing relationships

Definition: Possessive adjectives modify nouns by indicating ownership or relationship: *my book, your sister.*

A. Here are the forms of the possessive adjectives in French.

ENGLISH	BEFORE SINGULAR NOUNS	BEFORE PLURAL NOUNS
my	**mon, ma**	**mes**
your (tu)	**ton, ta**	**tes**
his, her, its	**son, sa**	**ses**
our	**notre**	**nos**
your (vous)	**votre**	**vos**
their	**leur**	**leurs**

Voici une photo de **mon** frère avec **sa** femme et **leurs** enfants.

Here's a photo of my brother with his wife and their children.

Pronunciation Hint:

Final **-s** and **-n** are pronounced when the following word begins with a vowel: **mes‿enfants** but **mes filles, mon‿ami** but **mon fils.**

★ Review Grammaire A.3, A.5 and B.6.

B. French possessive adjectives agree in gender and number with the nouns they modify. Exception: the possessive form ending in **-n** (**mon, ton, son**) is always used before a singular noun or adjective starting with a vowel or mute **h**, even if the noun is feminine.

mon cousin Charles
ma cousine Clarisse
mon autre cousine Marise

C. Keep in mind that the number and gender of the possessive adjective are determined *by what is possessed,* not by the possessor. This is why **son, sa,** and **ses** can all correspond to *his, her,* or *its,* depending on the context.

Voilà Victor Lasalle avec **sa** femme Claudine et **son** fils Charles.

There's Victor Lasalle with his wife Claudine and his son Charles.

Mme Martin regarde dans **son** livre.

Madame Martin is looking in her book.

64

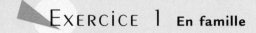 EXERCICE 1 **En famille**

Denise et Jacqueline parlent de leur famille. Remplacez les tirets par un des adjectifs possessifs: **mon, ma, mes; ton, ta, tes; son, sa, ses.**

1. —Jacqueline, comment est _____ famille? Est-ce que _____ frères et sœurs sont jeunes?
   —Oui, _____ frère a 19 ans et _____ sœurs ont 12 et 14 ans.
2. —Est-ce que _____ grands-parents habitent dans la même ville que toi?
   —_____ grand-mère habite chez nous, mais _____ grand-père est mort.
3. —Est-ce que _____ mère est une personne active?
   —Oui. Avec _____ job (*m.*) et _____ enfants, elle est très occupée.
4. —_____ frère habite encore chez toi?
   —Non, il a _____ propre* (*m.*) appartement.

 EXERCICE 2 **Votre classe de français**

Répondez aux questions avec **notre/nos**.

MODÈLE: Combien d'étudiants y a-t-il dans votre classe? →
Il y a (vingt) étudiants dans notre classe.

1. Combien d'hommes y a-t-il dans votre classe?
2. Est-ce que vos camarades de classe sont timides ou extrovertis?
3. Comment s'appelle votre professeur?
4. À quelle heure est votre cours?
5. Est-ce que vos devoirs sont difficiles ou faciles?

EXERCICE 3 **Une nouvelle amie**

Vous avez une nouvelle correspondante, Evelyne Casteret. Dans sa lettre, elle décrit sa famille. Qu'est-ce qu'elle dit? Changez les adjectifs possessifs.

MODÈLE: *Ma* grand-mère s'appelle Marie. →
Sa grand-mère s'appelle Marie.

1. *Mes* parents sont jeunes et énergiques.
2. *Ma* sœur Madeleine est très amusante.
3. *Mon* père travaille avec *mon* oncle.
4. *Notre* maison est très vieille et très grande.
5. En général, *mes* amis sont très sympathiques. *Mon* amie Sabrine est très intelligente aussi.

***propre** = own

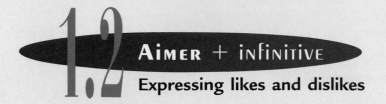

Aimer + infinitive

Expressing likes and dislikes

A. The verb **aimer** is used to say that you like or love something or someone.

J'aime mon cours de français.	*I like my French class.*
Nous aimons beaucoup le professeur.	*We really like the teacher.*
Est-ce que tu aimes ton cours d'informatique?	*Do you like your computer science class?*

Definition: The infinitive form corresponds to the English "to" form: *to do, to sing,* etc. In French dictionaries, verbs are listed in the infinitive form.

B. Like **être** and **avoir, aimer** has different forms depending on the subject (noun or pronoun) used with the verb. The word **aimer** itself is the infinitive form. Most French infinitives end in **-er,** like **aimer;** they are called regular **-er** verbs. Their present-tense forms are created by dropping **-er** and adding the endings shown in the following chart.

AIMER (*to like; to love*)	
j' aim**e**	nous aim**ons**
tu aim**es**	vous aim**ez**
il/elle/on aim**e**	ils/elles aim**ent**

Notice that all the forms in the shaded yellow L-shaped area are pronounced the same.

Pronunciation Hint:

aimer: j'aime, tu aimes, il aime, nous‿aimons, vous‿aimez, ils/elles‿aiment.

C. Use **aimer** + infinitive to say what someone likes to do.

J'**aime dîner** au restaurant.	*I like to eat dinner in a restaurant.*
Ma sœur **aime danser.**	*My sister likes to dance.*
Mes amis **aiment jouer** au football.	*My friends like to play soccer.*

D. Other groups of French verbs have infinitives that end in **-ir** (**finir**, *to finish*) and **-re** (**répondre**, *to answer*). Still others have irregular infinitives, like **être** and **avoir**. You will learn more about these verbs in later chapters.

E. Détester and **adorer** are conjugated like **aimer** and are also used to express feelings.

Je **déteste** étudier le samedi soir. *I hate to study on Saturday nights.*
J'**adore** dormir tard le dimanche *I love to sleep late on Sunday*
  matin.   *mornings.*

 You will learn more about **-er** verbs in **Grammaire 1.5.**

EXERCICE 4 Le dimanche d'Albert

Remplacez les tirets par une forme du verbe **aimer.**

1. Ma sœur _____ dormir jusqu'à midi.
2. Mes parents _____ aller à l'église.*
3. Daniel et moi, nous _____ jouer au tennis.
4. Moi, j'_____ lire le journal.
5. Tes amis et toi, qu'est-ce que vous _____ faire?
6. Et toi, tu _____ faire les mêmes choses?

EXERCICE 5 Passe-temps préférés

Répondez, et puis indiquez un autre passe-temps préféré.

MODÈLE: Qu'est-ce que vos amis aiment faire? →
Mes amis aiment cuisiner, mais ils aiment aussi dîner au restaurant.
(Mes amis n'aiment pas cuisiner, mais ils aiment dîner au restaurant.)

1. Qu'est-ce que vos amis aiment faire?
2. Qu'est-ce que votre mère aime faire?
3. Qu'est-ce que votre père aime faire?
4. Qu'est-ce que votre petit ami (petite amie) aime faire?
5. Qu'est-ce que votre professeur de français aime faire?
6. Qu'est-ce que vous aimez faire en été le week-end?

Suggestions

danser
dormir tard
écouter de la musique classique/du rock
faire une promenade

jouer aux cartes
jouer du piano
lire des livres/le journal
regarder la télé

****église** = church

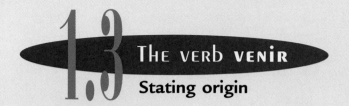

THE VERB VENIR
Stating origin

A. Here are the forms of **venir**.

Note that most French verbs have the same plural endings: **-ons, -ez, -ent.** With a few exceptions, all verbs other than **-er** verbs have the same singular endings: **-s, -s, -t.**

VENIR (*to come*)	
je **viens**	nous **venons**
tu **viens**	vous **venez**
il/elle/on **vient**	ils/elles **viennent**

Use the verb **venir** and the preposition **de** to ask or say where someone is from.

—**D'où vient** Madame Martin? *Where's Madame Martin from?*
—Elle **vient de** Montréal. *She's from Montreal.*
—Et **d'où viens**-tu? *And where are you from?*
—Moi, je **viens de** Kansas City. *I'm from Kansas City.*

Pronunciation Hint:

All singular forms of **venir** are pronounced alike: **viẽn̸s̸.** The pronunciations of the plural forms are **venõn̸s̸, venez̸, viennent̸.**

B. To ask for a specific country or city of origin, use **De quel pays... ?** or **De quelle ville... ?**

—**De quel pays** vient Julien Leroux? *What country does Julien Leroux come from?*
—Il vient de Belgique.
—**De quelle ville** viennent les Lasalle? *He comes from Belgium.*
What city do the Lasalles come from?
—Ils viennent de Lyon. *They come from Lyon.*

C. In some cases, **de** is replaced by **du** or **des** when speaking of countries.

- Use **du** when the name of a country is masculine.

—De quel pays viennent ces étudiants? *What country are these students from?*
—Ils viennent **du** Japon (**du** Brésil, **du** Portugal). *They're from Japan (Brazil, Portugal).*

You will learn more about country names in **Grammaire 8.1.**

- Use **des** if the name of a country is plural.

—D'où venez-vous? *Where are you from?*
—Je viens **des** États-Unis. *I'm from the United States.*

EXERCICE 6 À la maison internationale

Utilisez les formes du verbe **venir**.

1. Voici mon ami Jean-Michel. Il _____ du Canada et il parle français.
2. Voilà Julie et Mark. Ils _____ des États-Unis.
3. Voilà Mohamed. Il _____ d'Algérie, et sa femme Natacha _____ de Russie.
4. Voilà Carmen et José. Ils _____ de Madrid, en Espagne.
5. Et vous, d'où _____-vous? —Nous _____ de Côte-d'Ivoire. Moi, je m'appelle Madi et mon amie s'appelle Ramatou.
6. Christiane, tu _____ de Suisse, n'est-ce pas? —Oui, je _____ de Genève.

1.4 NUMBERS beyond 100

Talking about dates and personal data

A. To talk about the date, use these expressions.

Quelle est la date aujourd'hui?	*What's today's date?*
Aujourd'hui c'est le vingt (le huit, etc.) avril.	*Today is April 20 (8, etc.).*
Aujourd'hui nous sommes le premier janvier.	*Today is January 1 (first).*

➤ The day always comes before the month:
25.12.98 = le 25 décembre 1998.

➤ Use **le premier** to say the first of the month.

B. To express age, use **avoir** (*to have*) + number + **ans.**

—Joël, quel âge **as**-tu?	*Joël, how old are you?*
—**J'ai** huit **ans.**	*I'm eight.*
—Et ton frère Emmanuel?	*How about your brother, Emmanuel?*
—**Il a** quinze **ans.**	*He's fifteen.*

➤ **avoir**

j'ai	nous avons
tu as	vous avez
il a	ils ont

C. Here is how to tell your birthday and birthdate.

Mon anniversaire est le vingt et un septembre.	*My birthday is September 21st.*
Je suis né(e) en 1979.	*I was born in 1979.*

D. You can express the year two ways in French:

1998 = dix-neuf cent quatre-vingt-dix-huit
mille neuf cent quatre-vingt-dix-huit

➤ The **-s** of **cents** is dropped if followed by another number: **deux cents, deux cent un. Mille** never takes an **-s: deux mille.**

➤ In French, a period (not a comma) is used in higher numbers.

E. Here are the numbers from 101 to two billion.

101	cent un	400	quatre cents	1.000	mille
102	cent deux	500	cinq cents	10.000	dix mille
200	deux cents	600	six cents	100.000	cent mille
201	deux cent un	700	sept cents	1.000.000	un million (de)
202	deux cent deux	800	huit cents	2.000.000	deux millions (de)
300	trois cents	900	neuf cents	1.000.000.000	un milliard (de)
				2.000.000.000	deux milliards (de)

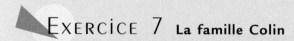

EXERCICE 7   La famille Colin

Dites l'âge de chaque membre de la famille.

MODÈLE: Joël / 8 ans →
Quel âge a Joël? Il a huit ans.

1. Francis Lasalle / 70
2. Claudine Colin / 45
3. Victor Colin / 47
4. Marise et Clarisse / 19
5. Charles / 17
6. Emmanuel / 14

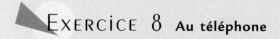

EXERCICE 8   Au téléphone

Lisez à haute voix ces numéros de téléphone français.

MODÈLE: 42.68.13.03 →
quarante-deux, soixante-huit, treize, zéro trois

1. 65.10.80.30
2. 87.53.40.16
3. 20.55.70.81
4. 98.75.21.60
5. 77.38.82.97
6. 91.18.39.78
7. 45.62.86.43
8. 83.76.64.90
9. 53.67.07.11

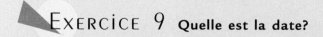

EXERCICE 9   Quelle est la date?

Écrivez et lisez les dates suivantes.

MODÈLE: 4.7.12 →   le 4 juillet 1912 (le quatre juillet mille neuf cent douze)

1. 5.5.82
2. 16.8.90
3. 6.1.87
4. 28.2.62
5. 14.9.75
6. 1.12.34

EXERCICE 10 Codes postaux

Voici des codes postaux pour certaines adresses en France. Lisez-les à haute voix.

> MODÈLE: 34700 Lauroux → trente-quatre mille sept cents

1. 34150 St-Jean-de-Fos
2. 66500 Villefranche-de-Conflent
3. 64200 Biarritz
4. 29200 Brest
5. 76600 Le Havre

6. 33000 Bordeaux
7. 46000 Cahors
8. 13100 Aix-en-Provence
9. 75015 Paris (15e)
10. 93302 Aubervilliers

1.5 PRESENT OF -ER VERBS

Talking about actions

A. Infinitives ending in **-er** are conjugated like **aimer**. (The only exception is **aller**, *to go*.) To conjugate these verbs, drop **-er** from the infinitive and add these endings: **-e, -es, -e, -ons, -ez, -ent.**

✳ You will learn more about **aller** in **Grammaire 2.3.**

TRAVAILLER (*to work*)	
je travaill**e**	nous travaill**ons**
tu travaill**es**	vous travaill**ez**
il/elle/on travaill**e**	ils/elles travaill**ent**

HABITER (*to live*)	
j' habit**e**	nous habit**ons**
tu habit**es**	vous habit**ez**
il/elle/on habit**e**	ils/elles habit**ent**

Remember that the forms of **-er** verbs in the shaded yellow L-shaped area are all pronounced the same, because their endings are silent.

Pronunciation Hint:

In **travailler, aill** sounds like English "eye." Also note that because the initial **h** in **habiter** is silent, **je** contracts to **j'**, and you must make the liaison with all the plural forms: **j'habite, nous ‿ habitons, vous ‿ habitez, ils ‿ habitent, elles ‿ habitent.** This applies to all verbs beginning with vowels: **étudier** (*to study*): **j'étudie, nous ‿ étudions,** etc.

➤ **j'étudie** = I study, I am studying, *or* I do study

B. Notice that the French present tense can be equivalent to three different meanings in English.

Daniel travaille à la bibliothèque ce soir.	Daniel *is working* at the library tonight.
Denise travaille à la bibliothèque tous les samedis.	Denise *works* at the library every Saturday.
Oui, Denise travaille quelquefois le dimanche après-midi.	Yes, Denise *does work* on Sunday afternoons sometimes.

C. Here are some **-er** verbs you can use to talk about activities and actions.

chanter *to sing*	**jouer** *to play*
chercher *to look for, go get*	**manger** *to eat*
cuisiner *to cook*	**nager** *to swim*
danser *to dance*	**parler** *to talk, speak*
déjeuner *to eat lunch*	**regarder** *to look at*
dessiner *to draw*	**rencontrer** *to meet*
dîner *to eat dinner*	**rentrer** *to return, come back*
donner *to give*	**rester** *to stay*
écouter *to listen to*	**voyager** *to travel*
inviter *to invite*	

D. Some **-er** verbs like **préférer, acheter,** and **appeler** have a spelling change in their present-tense forms before the silent endings (**-e, -es, -ent**). Verbs like **manger** and **commencer** have a spelling change in the **nous** form. See the chart in Appendices A and C for more information about spelling changes in **-er** verbs.

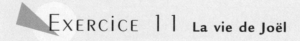 EXERCICE 11   **La vie de Joël**

Voilà les activités de Joël, sa famille et ses amis. Donnez la forme correcte du verbe.

1. Moi, je _____ à la piscine le samedi. (nager)
2. Ma sœur Clarisse _____ beaucoup au téléphone. (parler)
3. Et toi aussi, Marise, tu _____ souvent au téléphone, non? (parler)
4. Nous _____ à huit heures, d'habitude. (dîner)
5. Ma tante Christine _____ dans un hôpital. (travailler)
6. Mes grands-parents _____ dans la même ville que nous. (habiter)
7. Mes amis et moi, nous _____ souvent. (chanter)
8. Mon copain Malik _____ beaucoup avec sa famille. (voyager)
9. Mes copines Sophie et Lourdes _____ au football. (jouer)
10. Et mes parents _____ beaucoup d'amis pendant le week-end. (inviter)

EXERCICE 12 Ma vie

Complétez par la forme correcte et dites si la phrase correspond à votre situation.

> MODÈLE: Tu *travailles* beaucoup. →
> Oui, je travaille beaucoup. (Non, je ne travaille pas beaucoup.)

1. C'est l'opinion de mes parents:
   a. Tu _____ excessivement! (travailler)
   b. Tu _____ trop au téléphone. (parler)
2. Dans ma famille:
   a. Nous _____ beaucoup la télé. (regarder)
   b. Nous _____ ensemble. (dîner)
3. Mes amis sont intéressants.
   a. Ils _____ toutes sortes de musique. (écouter)
   b. Ils _____ au bridge. (jouer)
4. C'est l'opinion de notre professeur:
   a. Vous _____ beaucoup! (étudier)
   b. Vous _____ vos devoirs tous les jours. (préparer)
5. Moi:
   a. J'_____ dans une résidence universitaire. (habiter)
   b. Je _____ normalement à l'université. (déjeuner)
6. C'est mon opinion:
   a. Mes professeurs _____ trop de devoirs. (donner)
   b. Mon professeur de français _____ vite! (parler)

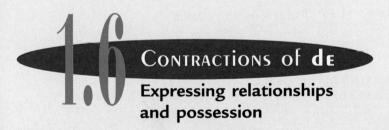

1.6 CONTRACTIONS OF de

Expressing relationships and possession

A. You have already learned how to express relationships using possessive adjectives like **mon** and **votre**. To express a relationship to someone using that person's name, use **de** + name. This is the equivalent of *-'s* in English.

✳ Review **Grammaire 1.1.**

> —Est-ce que c'est la sœur **de Denise?**
>
> —Oui, c'est sa sœur.

Is that Denise's sister?

Yes, that's her sister.

➤ **de + le = du**
  de + les = des

B. To express a relationship to a person who is not named directly, use **de** + definite article + noun. The form of **de** sometimes changes: **de** followed by **le** is replaced by **du**; **de** followed by **les** becomes **des**. However, **de** followed by **la** or **l'** does not change.

Voici les livres **du** professeur.	*Here are the instructor's books.*
C'est la voiture **des** amis de Jason.	*That's Jason's friends' car.*
C'est le petit ami **de la** sœur de Julien.	*That's Julien's sister's boyfriend.*
La femme **de l'**oncle Victor a 43 ans.	*Uncle Victor's wife is 43 years old.*

 EXERCICE 13 **L'album de Raoul**

Raoul Durand montre son album de photos à Barbara. Terminez les phrases par *de, du, des,* etc., et les informations entre parenthèses.

MODÈLE: (les enfants) Voici la nouvelle bicyclette _____. →
         Voici la nouvelle bicyclette *des enfants.*

1. (Paul) Voici la voiture _____. Elle est rapide.
2. (les petites filles) La femme blonde est notre amie Marie. C'est la mère _____.
3. (la femme blonde) Ça, c'est le mari _____. Il s'appelle Albert.
4. (Mme Haddad) Voilà la belle maison _____. Quel beau jardin!
5. (le cousin de mon père) Voici la fille _____. Elle s'appelle Claire.
6. (Claire) Voici l'ami _____. Il est beau, n'est-ce pas?

 EXERCICE 14 **Relations familiales**

Répondez à ces questions sur les relations familiales (en général).

MODÈLE: Le grand-père, c'est le mari de qui? →
         Le grand-père, c'est le mari de la grand-mère.

1. La grand-mère, c'est la femme de qui?
2. La tante, c'est la femme de qui?
3. Le cousin, c'est le fils de qui?
4. La belle-sœur, c'est la femme de qui?
5. Le grand-père, c'est le père de qui?
6. L'oncle, c'est le père de qui?

La vie quotidienne et les loisirs

IN **Chapitre 2,** you will learn to talk about the weather and to describe your daily routine and recreational activities. You will also learn to describe your abilities and wishes.

THÈMES

> Le temps, les saisons et les loisirs
> Les activités quotidiennes
> Les habitudes et les projets
> Aptitudes et rêves

LECTURE

> À chacun ses loisirs

INFO

> **Société:** Les sports
> **Arts et lettres:** «L'escargot alpiniste»
> **Vie quotidienne:** Les Français en vacances

GRAMMAIRE

2.1 Talking about activities and weather: The verb **faire**

2.2 Talking about everyday activities: Reflexive verbs

2.3 Going places and future actions: **Aller,** contractions of à

2.4 Making general statements: The subject **on**

2.5 Abilities and desires: **Pouvoir, vouloir,** and **savoir**

Joueurs de cartes dans un petit café en Bretagne.

Activités et lectures

LE TEMPS, LES SAISONS ET LES LOISIRS

Attention! Étudier Grammaire 2.1

En hiver, il fait froid. Jean-Yves fait du ski dans les Alpes, à Chamonix.

Au printemps, il fait du vent et il fait frais.

Francis Lasalle pêche dans une rivière.

En été, il fait chaud.

Quand il fait beau, Adrienne fait de la planche à voile.

En automne, Emmanuel et ses amis font des promenades à la campagne.

ACTIVITÉ 1 Dialogue: L'hiver en France

☀ Il fait du soleil.
🌬 Il fait du vent.
▨ Il y a du brouillard.
☁ Le ciel est couvert.
🌧 Il pleut.
❄ Il neige.

Regardez la carte et répondez.

MODÈLE: É1: Quel temps fait-il à Lille?
           É2: Il pleut et il fait frais.

Société — Les sports

Roger Milla, héros du football camerounais.

Le sport le plus populaire dans le monde francophone, c'est évidemment le football. Certains joueurs, comme le Français Jean-Pierre Papin ou le Camerounais Roger Milla sont des stars internationales. En été, deux autres sports ont énormément de spectateurs: le tennis, avec le tournoi de Roland-Garros[1] (juin), et le cyclisme avec le fameux Tour de France (juillet). Au Québec, c'est traditionnellement le hockey sur glace qui est le sport préféré. Des milliers[2] de jeunes gens le pratiquent, et deux équipes[3] professionnelles font partie de la ligue nord-américaine (la NHL): les Canadiens de Montréal et les Nordiques de Québec, éternels rivaux.

[1]le... *the French Open*   [2]des groupes de mille (1000)   [3]groupes de joueurs

◣ ◯ ACTIVITÉ 2   **Les quatre saisons**

Dites *oui* ou *non*.

> MODÈLE: É1: Moi, je fais du camping avec ma famille.
> É2: Ah bon? Moi, je ne fais pas de camping.

1. En été quand il fait très chaud, je...
    a. fais du camping avec des copains.
    b. nage à la piscine.
    c. fais de la planche à voile.
    d. fais du ski nautique.
2. Au printemps, s'il fait beau, mes amis et moi, nous...
    a. pique-niquons à la campagne.
    b. étudions sous les arbres.
    c. jouons souvent au frisbee.
    d. faisons des promenades.
3. En automne, très souvent, je...
    a. regarde des matchs à la télé.
    b. fais du vélo.
    c. fais des promenades en voiture.
    d. joue au basket au gymnase.
4. Quand il neige, en hiver, ma famille et moi, nous...
    a. faisons du ski.
    b. passons des vacances sous un climat chaud.
    c. allumons un grand feu dans la cheminée.
    d. invitons des amis chez nous.

◣ **Suggestions**

C'est vrai?   Ah bon?
Nous aussi!   Moi, jamais!
Pas moi!

◣ ◯ ACTIVITÉ 3   **Entrevue: Mes activités préférées**

> MODÈLE: E1: Tu aimes mieux faire de la planche à voile ou nager?
> É2: Moi, j'aime mieux... Et toi?
> Tu aimes mieux... ?

1. aller à la plage ou aller à la montagne?
2. jouer aux cartes ou faire du sport?
3. lire un bon livre ou regarder la télé?
4. pêcher ou faire un pique-nique?
5. faire du vélo ou faire une promenade?
6. dîner au restaurant ou dîner à la maison?
7. danser ou jouer aux cartes?
8. écouter la radio ou aller au cinéma?
9. faire des courses ou sortir avec tes amis?

LES ACTIVITÉS QUOTIDIENNES

Attention! Étudier Grammaire 2.2

Une journée typique chez la famille Lasalle (à Lyon)

Christine se lève tous les jours de bonne heure.

Bernard se rase devant le miroir.

Camille s'habille toujours très rapidement pour aller à l'école.

Bernard s'entraîne au gymnase trois fois par semaine.

Marie-Christine se brosse les dents.

Marie-Christine et Nathalie se couchent tôt les jours de classe.

ACTIVITÉ 4 La toilette

Mettez ces activités dans le bon ordre. Utilisez **d'abord, ensuite** et **puis.**

MODÈLE: je m'habille / je me douche / je me lève →
D'abord je me lève, ensuite je me douche et puis je m'habille.

1. je m'habille / je me sèche / je me douche
2. je me couche / je me douche / je me déshabille
3. je me rase / je me réveille / je me lave le visage
4. je me douche / je me brosse les cheveux / je me lave les cheveux
5. je me brosse les dents / je me maquille / je me lève

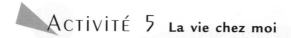 ACTIVITÉ 5 **La vie chez moi**

MODÈLE: É1: Chez toi, qui se douche le matin?
E2: Tout le monde se douche le matin.

Chez toi, qui...

1. se couche tard?
2. chante sous la douche?
3. s'entraîne?
4. se lave les cheveux tous les jours?
5. fait les courses?
6. se lève le premier?

 Suggestions

mes parents   mon/ma camarade de chambre
mon frère/ma sœur   tout le monde

ACTIVITÉ 6 **Entretien: Questions personnelles**

1. Est-ce que tu prends un bain ou tu te douches? Tu utilises du savon ou du gel douche?
2. Combien de fois par jour est-ce que tu te brosses les dents? Tu achètes souvent une nouvelle brosse à dents?
3. À quelle heure est-ce que tu te lèves et tu te couches? Tu aimes dormir avec la fenêtre ouverte?
4. Tu te laves les cheveux tous les jours? Quelle est ta marque de shampooing préférée?
5. Est-ce que tu te rases tous les jours? Avec un rasoir mécanique ou électrique?
6. Est-ce que tu te maquilles tous les jours ou seulement pour les grandes occasions?

Allons plus loin!

Vous êtes probablement curieux (curieuse) des habitudes de votre professeur. Alors, posez les mêmes questions à votre professeur.

MODÈLE: À quelle heure vous couchez-vous, monsieur (madame)?

Les habitudes et les projets

Attention! Étudier Grammaire 2.3

Christine va au parc après le dîner. Elle aime se promener.

M. et Mme Martin vont à leur restaurant favori le vendredi soir.

La semaine prochaine, Jean-Yves va faire de la voile.

Ce week-end, Camille va lire un bon roman.

Demain, Bernard et Christine vont dîner chez des amis.

Ce soir, Nathalie va prendre un bain avant d'aller au lit.

ACTIVITÉ 7 Mes habitudes

Complétez les phrases. Ensuite, en groupes, comparez vos réponses avec les réponses de vos camarades de classe.

1. Tous les matins, je vais...
2. Le samedi, quand il fait beau, je vais...
3. À midi, pendant la semaine, mes amis et moi, nous allons...
4. Le vendredi soir, je vais souvent...
5. Le dimanche, s'il fait beau, j'aime aller...

Suggestions

en cours	à la montagne	au cinéma
au travail	chez un ami (une amie)	à la discothèque
au gymnase	au restau-U	à la campagne
à l'université	au centre commercial	au parc

ACTIVITÉ 8 Dialogue: Le Salon de l'Auto

Julien Leroux parle avec son ami Habib.

JULIEN: On va au Salon de l'Auto ce soir?
HABIB: Je ne sais pas. Je suis fauché.
JULIEN: Pas de problème, j'ai deux billets de promotion.
HABIB: Tu as des billets gratuits? Ah, ça, c'est parfait.
JULIEN: Alors, je passe chez toi vers 7h30? Ça te va?
HABIB: Parfait. Ciao! À ce soir!

ACTIVITÉ 9 Les projects

MODÈLE: É1: Ce soir, je vais travailler et préparer mes cours.
É2: Quelle coïncidence! Moi aussi!

Dites *oui* ou *non*.

1. Ce soir, je vais...
   a. faire des courses.
   b. travailler.
   c. préparer mes cours.

2. Ce week-end, je vais...
   a. faire la sieste.
   b. inviter des amis chez moi.
   c. aller au centre commercial.
3. À la fin du trimestre, mes amis et moi, nous allons...
   a. partir dans un autre pays.
   b. chercher un travail.
   c. faire la fête.
4. Le trimestre prochain, je ne vais pas...
   a. étudier le week-end.
   b. sortir pendant la semaine.
   c. regarder la télé.

Suggestions

Quelle coïncidence!   Moi non!   Tu parles!
Moi aussi!   Moi non plus!   Tiens! C'est rigolo!

ACTIVITÉ 10 Qu'est-ce que Clarisse va faire vendredi?

Vocabulaire utile: prendre l'autobus, à la librairie, au théâtre, payer

Attention! Étudier Grammaire 2.4 et 2.5

La réalité

Barbara et Denise savent faire du canoë.

Jacqueline sait faire de l'escalade.

Daniel ne peut pas courir parce qu'il a la jambe cassée.

Les Martin ne peuvent pas dîner dans leur restaurant favori.

Le rêve

Charles veut apprendre à conduire cette année.

Agnès et Sarah veulent partir dans un pays tropical.

ACTIVITÉ 11 **Qu'est-ce que tu sais faire?**

MODÈLE: É1: Est-ce que tu sais faire de la planche à voile?
É2: Non, pas du tout, mais je sais nager. Et toi?

1. faire du canoë
2. faire de l'escalade
3. cuisiner
4. surfer sur Internet
5. jouer du piano
6. conduire une voiture

Suggestions

très bien	plus ou moins	mal
un peu	très peu	pas du tout

Arts et lettres INFO   **«L'escargot alpiniste»**

L'escargot à l'escalade
Sac au dos s'est mis en campagne
L'escargot à l'escalade
Va digérer la montagne.

Paul Claudel

ACTIVITÉ 12 **Qu'est-ce qu'on peut faire?**

Avec votre partenaire, décidez des choses qu'on peut faire dans ces situations.
(Les situations se trouvent à la page suivante.)

MODÈLE: La télé est cassée jusqu'à la semaine prochaine. →
On peut jouer aux cartes, on peut lire, on peut...

1. C'est le week-end et on est fauché.
2. Il fait beau, mais on a le pied cassé.
3. Pas de cours aujourd'hui! Il y a trop de neige.
4. On veut pique-niquer, mais il pleut.
5. Aujourd'hui, des amis arrivent en visite et veulent voir la ville.

Les Français en vacances

La majorité des Français part en vacances à l'occasion de fêtes religieuses, qui coïn-cident avec des vacances scolaires. Les principales sont les week-ends de Pentecôte[1] (mai ou juin) et de la Toussaint[2] (novembre). Au mois de février, des millions de vacanciers[3] convergent vers[4] les Alpes ou les Pyrénées pour faire du ski. En juillet, et surtout en août, ce sont les grandes vacances et la migration des estivants[5] vers le soleil et la mer dans le Midi.[6] Cela provoque de sérieux problèmes de circulation à certaines dates, et un grand nombre d'accidents sur les routes. La situation est si grave que[7] le gouvernement distingue trois «zones de vacances scolaires» pour varier les dates des départs.

[1]fête chrétienne, célébrée cinquante jours après le lundi de Pâques [2]fête catholique de tous les saints (le 1er novembre) [3]personnes qui partent en vacances [4]en direction de [5]personnes qui vont en vacances en été [6]sud de la France [7]si... *so serious that*

Le calendrier des vacances scolaires

ZONE	RENTRÉE	TOUSSAINT	NOËL	HIVER	PRINTEMPS	ÉTÉ
A	Mardi 6 Septembre *au matin*	du Samedi 22 Octobre *après la classe* au Mercredi 2 Novembre *au matin*	du Mercredi 21 Décembre *après la classe* au Jeudi 5 Janvier *au matin*	du Vendredi 17 Février *après la classe* au Lundi 6 Mars *au matin*	du Samedi 15 Avril *après la classe* au Mardi 2 Mai *au matin*	du Jeudi 6 Juillet *après la classe* au Mardi 5 Septembre *au matin*
B				du Vendredi 3 Mars *après la classe* au Lundi 20 Mars *au matin*	du Samedi 29 Avril *après la classe* au Lundi 15 Mai *au matin*	
C				du Vendredi 24 Février *après la classe* au Lundi 13 Mars *au matin*	du Samedi 22 Avril *après la classe* au Mardi 9 Mai *au matin*	

ACTIVITÉ 13 **Julien veut aller à la Martinique.**

ACTIVITÉ 14 **Les Français en vacances**

Voici quelques activités préférées des Français, classées en trois catégories.

VACANCES SPORTIVES	VACANCES CULTURELLES	VACANCES RELAXES
faire du VTT (vélo tout-terrain)	visiter un musée	bronzer à la plage
apprendre à jouer au golf	visiter un monument historique	faire des mots croisés
faire un stage intensif de tennis	s'initier à la poterie	partir en croisière
faire des randonnées	lire des romans	faire la sieste tous les jours
pratiquer des sports «extrêmes»:	assister à un festival de théâtre	dîner dans des restaurants
le deltaplane, le parachutisme		visiter des caves à vins

Qu'est-ce que vous recommandez à ces vacanciers?

MODÈLE: Jean-Paul Dubrac est sédentaire et pas très riche. →
Il peut bronzer à la plage et faire des mots croisés.

1. Karine Halimi est une jeune femme plutôt intellectuelle.
2. M. et Mme Delaunay sont extrêmement actifs.
3. Anne-Marie Bonno n'a pas beaucoup d'argent.
4. Frédéric Lopez adore le risque.

 LECTURE

À chacun ses loisirs

Mme Lescure et M. Durbec sont voisins et amis. Comme beaucoup de Français, ils n'ont pas le culte° du travail: pour eux, les loisirs sont sacrés. Leurs conceptions du temps libre sont très différentes. Mme Lescure veut toujours être active: elle fait de la gym tous les après-midi et joue au tennis le samedi matin. Quand le temps est clément, elle va faire de longues promenades à bicyclette sur de petites routes de campagne.

«Quelle énergie!» pense M. Durbec. Lui, c'est un intellectuel: son «sport» préféré? Lire un bon classique (Proust, Molière, Rimbaud), ou regarder un documentaire politique ou artistique sur Arte, la chaîne culturelle franco-allemande. Le week-end, il aime aller en ville pour voir une exposition de peinture ou flâner° dans les librairies. Son rêve, c'est de visiter tous les monuments de l'hexagone:° châteaux de la Renaissance, églises romanes,° cathédrales, ruines romaines.

Ils parlent souvent d'aller passer des vacances ensemble, mais leurs préférences ne sont pas vraiment compatibles. Mme Lescure trouve une solution: ils vont aller ensemble visiter les châteaux de la Loire... à vélo!

le... la passion

se promener tranquillement

l'... la France

dans le style architectural des Xème–XIIème (dixième au douzième) siècles

Vacances sportives et culturelles: cyclistes dans le Val de Loire (Chambord).

Avez-vous compris?

Vrai ou faux? Si c'est faux, donnez la solution correcte.

1. Mme Lescure et M. Durbec habitent ensemble.
2. Mme Lescure n'aime pas faire du vélo quand il ne fait pas beau.
3. M. Durbec a généralement beaucoup d'énergie.
4. M. Durbec préfère la lecture au sport.
5. Mme Lescure veut aller en vacances avec M. Durbec.

À vous la parole!

Mme Lescure et M. Durbec veulent passer un week-end ensemble, mais leurs opinions divergent sur le genre d'activité à faire. Imaginez la suite de leur dialogue.

MME LESCURE: Si vous voulez, on peut aller faire une promenade à la campagne.
M. DURBEC: Quoi? Nous sommes en janvier, il fait trop froid! J'ai une autre idée: nous pouvons aller à Paris en train pour voir l'expo Van Gogh au Grand Palais.
MME LESCURE: Encore une exposition! C'est monotone...

À vous d'écrire

Écrivez une lettre à un étudiant français (une étudiante française) qui se prépare à passer un an dans votre université. Il/Elle demande des renseignements avant de choisir ses vêtements pour le séjour. Parlez-lui du climat, des saisons et de quelques activités typiques des étudiants.

Cher/Chère... ,

Tu te prépares déjà pour ton année ici à... ? Bon, je vais répondre à tes questions. Ici à... , nous avons un climat... En été, il fait... En général, les étudiants (font du sport)... Ils portent...

Bonne chance avec tes préparatifs. À bientôt et amitiés,

Vocabulaire

LE TEMPS ET LES SAISONS

Weather expressions and seasons

Quel temps fait-il?	What's the weather like?
Il fait beau.	It's nice.
Il fait chaud.	It's warm.
Il fait du soleil.	It's sunny.
Il fait du vent.	It's windy.
Il fait frais.	It's chilly (cool).
Il fait froid.	It's cold.
Il neige.	It's snowing.
Il pleut.	It's raining.
Il y a du brouillard.	It's foggy.
Le ciel est couvert.	It's cloudy.
la boue	mud
le ciel	the sky
le climat	the climate
la neige	snow
le soleil	the sun
en automne (*m.*)	in autumn
en été (*m.*)	in summer
en hiver (*m.*)	in winter
au printemps (*m.*)	in spring

LES ENDROITS

Places

la campagne	the country
une librairie	a bookstore
un marché	a market
un quartier	a neighborhood, section of town
le restau-U	campus cafeteria

Mots apparentés: un café, un centre commercial, le cinéma, une discothèque, un gymnase, un parc, une université

LES ACTIVITÉS FAVORITES

Favorite activities

bavarder avec des amis	to chat with friends
chanter	to sing
courir	to run
s'entraîner	to work out
faire de l'escalade	to do rock climbing
du canoë	to go canoeing
de la gym (gymnastique)	to do exercises
la sieste	to take a nap
du ski nautique	to waterski
du vélo	to bicycle
de la voile	to sail
jouer du piano	to play the piano
passer chez quelqu'un	to go by someone's house
pêcher	to fish
se promener	to take a walk
rencontrer des amis	to meet friends
surfer sur Internet	to surf the Internet

Mots apparentés: pique-niquer

LA ROUTINE ET LES SOINS PERSONNELS

Routine activities and personal care

une brosse à dents	a toothbrush
une marque de shampooing	a brand of shampoo
un miroir	a mirror
un rasoir	a razor

se brosser les dents (cheveux)	to brush one's teeth (hair)
se coucher	to go to bed
se déshabiller	to undress
se doucher	to take a shower
s'habiller	to dress
se laver le visage	to wash one's face
se lever	to get up
se maquiller	to put on makeup
prendre un bain	to take a bath
se raser	to shave
se réveiller	to wake up
se sécher	to dry oneself

LA DESCRIPTION

Describing people, things, actions

bien	well
cassé(e)	broken
cher/chère	expensive; dear
comme ci, comme ça	so–so
fauché(e)	broke, out of money
gratuit(e)	free (*no cost*)
mal	badly
neuf/neuve	new
parfait(e)	perfect
pas du tout	not at all
un peu	a little
quotidien(ne)	daily
très peu	very little

Mots apparentés: électrique, mécanique, organisé(e), rapidement, réservé(e), sportif/sportive, tropical(e), typique

SUBSTANTIFS

Nouns

un arbre	a tree
un billet	a ticket
un/une camarade de chambre	a roommate
une cheminée	a fireplace
la fermeture annuelle	the annual closing
une jambe	a leg
les loisirs (*m.*)	leisure time
un rêve	a dream
un roman	a novel

une saison	a season
un travail	a job

Mots apparentés: **un aquarium, un autobus, une aventure, une loterie, une option, la réalité**

Verbes
Verbs

allumer un feu	to light a fire
apprendre (à)	to learn
chercher	to search, look for
coûter	to cost
pouvoir	to be able (to)
prendre	to take (*eat, drink*)
savoir	to know
voir	to see
vouloir	to want, wish

Mots apparentés: **arriver, changer, commencer à, inviter, partir, préférer, préparer, signifier, visiter**

Quand
Saying when

après	after
avant	before
ce week-end (matin, soir)	this week-end (morning, evening)

de bonne heure	early
d'habitude	usually
ensuite	next
jamais	never
le (vendredi soir)	on (Friday evenings)
pendant la semaine	during the week
quelquefois	sometimes
la semaine prochaine	next week
souvent	often
tard	late
tôt	early
toujours	always
tous les jours	every day
trois fois par semaine	three times a week

Mots et expressions utiles
Useful words and expressions

Ah bon?	Is that right?
Ça te va?	Does that suit you?
Parfaitement.	Perfectly.
C'est rigolo.	That's funny (amusing).
chez toi (des amis)	at your house (some friends' place)
Ciao! À ce soir!	So long! See you tonight!
Pas grand-chose.	Not much.
personne... ne	nobody
Pourquoi?	Why?
Quelle coïncidence!	What a coincidence!
Tu aimes mieux...	You prefer . . .
Tu parles!	You don't say! You're telling me!

Grammaire et exercices

2.1 THE VERB FAIRE

Talking about activities and weather

A. Here are the present-tense forms of **faire.**

faire (*to do; to make*)	
je **fais**	nous **faisons**
tu **fais**	vous **faites**
il/elle/on **fait**	ils/elles **font**

Pronunciation Hint:

fais̸, fait̸, faisõn̸s̸, faite̸s̸, fõn̸t̸

B. Use the verb **faire** to ask what someone is doing or what work people do.

—Qu'est-ce que tu **fais** ce soir?	*What are you doing tonight?*
—J'écoute un nouveau disque.	*I'm listening to a new record.*
—Que **fait** ton frère?	*What does your brother do?*
—Il travaille dans un restaurant.	*He works in a restaurant.*

C. Another important use of **faire** is to talk about the weather.

| —Quel temps **fait**-il? | *What's the weather like?* |
| —Il **fait** mauvais. | *It's bad weather.* |

D. **Faire** is used in many idiomatic expressions that name specific activities (**faire une promenade, faire du camping**).

| Au lac, nous **faisons du bateau**. | *At the lake, we go boating.* |
| Je **fais de l'anglais** pour être professeur d'anglais. | *I'm studying English in order to be an English teacher.* |

EXERCICE 1 **Les activités**

Complétez les questions par la forme correcte de **faire,** et puis répondez.

1. Est-ce que tes copains _____ du français aussi? Ou est-ce qu'ils _____ de l'espagnol?

2. Qu'est-ce que tu _____ comme études? Tu _____ de la chimie? de l'économie? de la littérature?

3. Que _____ ta mère? Elle travaille dans un bureau?

4. Que _____ ton père? Où est-ce qu'il travaille?

5. Toi et tes copains, qu'est-ce que vous _____ ensemble le week-end? Vous _____ du camping? Vous jouez aux cartes?

6. Toi et ta famille, est-ce que vous _____ des voyages ensemble?

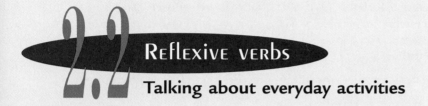

2.2 Reflexive verbs

Talking about everyday activities

A. Reflexive pronouns are used whenever the object of the verb is the same as the subject.

> *He cut **himself** while shaving.*
> *She taught **herself** to play the violin.*

B. Many verbs that require reflexive pronouns in French do not require them in English.

> —Comment **s'appelle** cet étudiant?   *What is that student's name?*
> —Il **s'appelle** Daniel.   *His name is Daniel.*

> Je **me lève** toujours à sept   *I always get up at seven o'clock in the*
> heures du matin.   *morning.*

Definitions: The object of a verb is affected by the action expressed by the verb. There are both direct and indirect objects: *He bought me* (indirect) *a cup of coffee* (direct).

Here are the reflexive pronouns and examples of their use with two reflexive verbs. Note that the **e** of **me, te,** and **se** is dropped before a verb beginning with a vowel or a mute **h**.

➤ je *m*'appelle
  tu *t*'appelles
  il/elle *s*'appelle

	SE PROMENER (*to take a walk*)		S'AMUSER (*to have fun*)	
me/m'	je **me**	promène	je **m'**	amuse
te/t'	tu **te**	promènes	tu **t'**	amuses
se/s'	il/elle/on **se**	promène	il/elle/on **s'**	amuse
nous	nous **nous**	promenons	nous **nous**	amusons
vous	vous **vous**	promenez	vous **vous**	amusez
se/s'	ils/elles **se**	promènent	ils/elles **s'**	amusent

> Raoul et moi, **nous nous amusons** avec nos amis français.   *Raoul and I have a good time with our French friends.*

Pronunciation Hint:

nous̸ nous̸ proménõn̸s̸, vous̸ vous̸ promének̸, but nous̸ nous ᶻamusõn̸s̸, vous̸ vous ᶻamusek̸

C. Here are some common reflexive verbs:

s'amuser *to have a good time,* | **se laver** *to wash oneself, bathe*
enjoy oneself | **se lever** *to get up*
se baigner *to take a bath; to* | **se promener** *to take a walk*
swim; to bathe | **se reposer** *to rest*
se coucher *to go to bed; to lie* | **se réveiller** *to wake up*
down | **se sécher** *to dry oneself*
s'habiller *to get dressed*

D. In negative sentences, **ne** always precedes the reflexive pronoun.

M. Vincent **se réveille** de bonne | *Mr. Vincent wakes up early, but he*
heure, mais il **ne se lève pas** | *doesn't get up immediately.*
tout de suite.

E. If an infinitive with a reflexive pronoun follows another verb (such as **aimer, préférer**), the reflexive pronoun comes before the infinitive. The reflexive pronoun must change to agree with the subject.

—Est-ce que vous aimez **vous** | *Do you like to take walks in the city?*
promener en ville? |
—Non, je préfère **me** promener à la | *No, I prefer to take walks in the*
campagne. Adrienne aime | *country. Adrienne likes to stay at*
rester chez elle et **se** reposer. | *home and rest.*

EXERCICE 2 Les habitudes et les préférences

Faites des questions et des réponses d'après les modèles.

MODÈLE: se lever à 8h →
—Est-ce que tu te lèves à 8h?
—Oui, je me lève à 8h. (Non, je me lève à 7h.)

1. se lever tôt | **3.** se laver les cheveux tous les jours
2. se maquiller tous les jours | **4.** se brosser les dents trois fois par jour

MODÈLE: aimer se coucher tôt →
—Tu aimes te coucher tôt?
—Oui, j'aime me coucher tôt. (Non, je n'aime pas me coucher tôt.)

5. aimer se reposer avant | **7.** aimer se reposer après les cours
le dîner | **8.** préférer se lever tard le week-end
6. préférer se doucher le soir

EXERCICE 3 **Êtes-vous des étudiants typiques?**

Dites d'abord si vous êtes d'accord, et puis indiquez si c'est vrai pour vous et vos copains.

MODÈLE: Les étudiants se couchent tard. →
          Oui, en général les étudiants se couchent tard.
          Mes copains et moi, nous nous couchons tard (nous ne nous couchons pas tard).

1. Les étudiants s'amusent beaucoup le vendredi soir.
2. Les étudiants s'habillent toujours en jean.
3. Les étudiants ne se reposent pas assez.*
4. Les étudiants se couchent après minuit.
5. Les étudiants se lèvent tard le week-end.

2.3 Aller, CONTRACTIONS OF À

Going places and future actions

A. To talk about going places, use the irregular verb **aller.**

ALLER (*to go*)	
je **vais**	nous **allons**
tu **vas**	vous **allez**
il/elle/on **va**	ils/elles **vont**

—Qu'est-ce que vous faites ce soir?   *What are you doing tonight?*
—Nous **allons** chez Raoul.   *We're going to Raoul's.*

Mes parents **vont** à l'église tous   *My parents go to church every Sunday.*
   les dimanches.

Pronunciation Hint:

je vai$, tu va$, nous ᶻ allõ$$, vous ᶻ alle$, il$ võ$t

---

*enough

➤ à + le = au
➤ à + les = aux

B. When talking about going *to* a place, the most frequently used preposition is **à** (*to*). Like **de, à** contracts with some of the definite articles: **à** + **le** = **au**; **à** + **les** = **aux**.

—Où va Clarisse après le cours?   *Where is Clarisse going after class?*
—Elle va **au** café avec ses amis.   *She's going to the café with her friends.*

Sarah aime aller **aux** Halles.   *Sarah likes to go to the underground mall in Paris.*

➤ Vas-y! Allez-y! =
Go ahead!

C. The pronoun **y** can replace the preposition **à** + a noun referring to a place, and phrases with **dans** or **chez**. **Y** is always placed just before the verb.

—Est-ce que Fatima va **à la bibliothèque** aujourd'hui?   *Is Fatima going to the library today?*
—Oui, elle **y** va après ses cours.   *Yes, she's going (there) after her classes.*

—Tu vas **chez Denise** ce soir?   *Are you going to Denise's this evening?*
—Oui, j'**y** vais.   *Yes, I'm going (there).*

D. Use **aller** followed directly by an infinitive to express future actions. This construction is called the **futur proche.**

—Où est-ce que vous **allez dîner** ce soir?   *Where are you going to have dinner tonight?*
—Je **vais dîner** chez Michèle.   *I'm going to have dinner at Michele's.*

E. Here are some expressions for talking about the future:

demain	*tomorrow*
demain matin/soir	*tomorrow morning/evening*
samedi prochain	*next Saturday*
la semaine/l'année prochaine	*next week/year*
dans un mois	*in a month*

EXERCICE 4 Dans la classe de Madame Martin

Remplacez les tirets par la forme correcte du verbe **aller.**

1. Moi, je _____ à la bibliothèque pour travailler jusqu'à sept heures ce soir.
2. Ce soir, nous _____ tous chez Daniel écouter de la musique.
3. Madame Martin, vous _____ au nouveau restaurant italien ce soir, n'est-ce pas?
4. Louis et Albert _____ au café maintenant, comme d'habitude.
5. Daniel, tu _____ au cinéma demain avec une nouvelle amie, n'est-ce pas?
6. Et Raoul _____ à Montréal ce week-end. Il a de la chance!

EXERCICE 5 Où vas-tu?

Faites des questions et répondez avec **y**.

MODÈLE: le restaurant →
—Tu vas au restaurant?
—Oui, j'y vais souvent (quelquefois). (Non, je n'y vais pas.)

1. la piscine **3.** le bar **5.** le gymnase **7.** le café
2. le théâtre **4.** l'hôpital **6.** la banque **8.** l'église

EXERCICE 6 Les projets

Répondez en employant le futur proche.

MODÈLE: Ce soir, est-ce que vous allez...
a. faire la cuisine? **b.** dîner au restaurant? →
Ce soir, je vais dîner au restaurant. (Ce soir, je ne vais pas manger.
Je n'ai pas faim.)

1. Ce soir, est-ce que vous allez...
  a. faire vos devoirs?   **b.** sortir avec des amis?
2. Demain matin, allez-vous...
  a. vous lever à sept heures?   **b.** dormir jusqu'à neuf heures?
3. Demain soir, est-ce que vous allez...
  a. regarder votre émission favorite   **b.** vous coucher de bonne heure?
    à la télé?
4. Ce week-end, est-ce que vos amis vont...
  a. faire du ski nautique?   **b.** regarder un film ensemble?
5. Samedi soir, est-ce que votre camarade de chambre (mari, femme) va...
  a. rester à la maison et jouer aux   **b.** aller à un concert
    cartes?   symphonique?

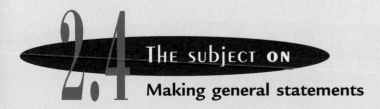

2.4 THE SUBJECT ON

Making general statements

A. The subject pronoun **on** is similar in meaning to the impersonal English uses of *you, people, they*. Because the form **on** is grammatically singular, it is always used with the same verb form as **il** and **elle**.

En France, **on fait** les courses tous les jours.	*In France, people (they) do their shopping every day.*
En France, **on ne trouve pas** de médicaments au supermarché.	*In France, you don't find medicine at the supermarket.*

B. In everyday conversation, French speakers often use **on** in place of the subject pronoun **nous.**

—Vous rentrez à quelle heure, Monique et toi?	*What time are you and Monique coming home?*
—**On** rentre tard, après le cinéma.	*We'll be home late, after the movie.*
On aime le cinéma, Albert et moi.	*Albert and I like the movies.*

Pronunciation Hint:

The **-n** of õn̸ is a liaison consonant: õn̸ fai̸t̸, but õn_achèt̸e̸.

 EXERCICE 7 **En Amérique**

Un Français curieux vous pose des questions sur les habitudes des Américains. Répondez par **oui** ou **non.**

> MODÈLE: En Amérique, est-ce qu'on va à l'école le samedi? →
> Non, on ne va pas à l'école le samedi.

1. En Amérique, est-ce qu'on regarde beaucoup la télévision?
2. Est-ce qu'on mange toujours des hamburgers?
3. Est-ce qu'on va au restaurant tous les jours?
4. Est-ce qu'on dîne à huit heures du soir?
5. Est-ce qu'on aime les films français?
6. Est-ce qu'on fait des promenades en famille, le dimanche après-midi?
7. Est-ce qu'on fait souvent la sieste?
8. Est-ce qu'on étudie beaucoup la géographie?
9. Est-ce qu'on se douche tous les jours?

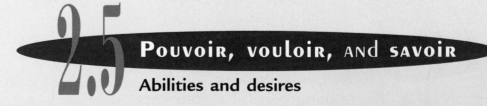

2.5 POUVOIR, VOULOIR, AND SAVOIR

Abilities and desires

A. To talk about what you can do or have permission to do, use **pouvoir.**
Vouloir is used to indicate wishes or desires. These two irregular verbs are very similar in their conjugation patterns. Like **aimer,** they are often followed by an infinitive.

pouvoir (*to be able, can*)		**vouloir** (*to want*)	
je p**eux**	nous p**ou**vons	je v**eux**	nous v**ou**lons
tu p**eux**	vous p**ou**vez	tu v**eux**	vous v**ou**lez
il/elle/on p**eut**	ils/elles p**eu**vent	il/elle/on v**eut**	ils/elles v**eu**lent

➤ **vouloir** = to want to
Je veux manger.
➤ **pouvoir** = can, be able to
Tu peux sortir ce soir?

—Tu **veux** aller au cinéma ce soir?   *Do you want to go to the movies tonight?*

—Je ne **peux** pas. Je suis fauché(e).   *I can't. I'm broke.*

Pronunciation Hint:

peu̷x̷, peu̷t̷, pouvõ̷n̷s̷, pouve̷z̷, peuv¢n̷t̷; veu̷x̷, veu̷t̷, voulõ̷n̷s̷, voule̷z̷, veul¢n̷t̷

B. **Savoir** is used to talk about knowing facts.

savoir (*to know*)	
je **sais**	nous **savons**
tu **sais**	vous **savez**
il/elle/on **sait**	ils/elles **savent**

➤ **savoir** = to know (*a fact*)
Je sais la réponse.

—Tu **sais** la date aujourd'hui?   *Do you know the date today?*
—Non, je ne **sais** pas.   *No, I don't know.*

Pronunciation Hint:

sai̷s̷, sai̷t̷, savõ̷n̷s̷, save̷z̷, sav¢n̷t̷

C. **Savoir**, like **pouvoir**, **vouloir**, and **aimer**, can be used with an infinitive. In this case, it conveys what you know how to do.

Je ne **sais** pas nager.   *I don't know how to swim.*
Tu **sais** cuisiner, n'est-ce pas?   *You know how to cook, don't you?*

➤ **savoir** + infinitive = to know how to (*do something*)
Je sais nager.

D. The expressions **je voudrais** and **j'aimerais** are used to express polite wishes. Other useful forms: **tu voudrais; il/elle/on voudrait.** (These are forms of the conditional tense. For now, you need only know their meaning.)

➤ **je voudrais, j'aimerais** = I would like (to)
Je voudrais dormir maintenant!

—Où est-ce que tu **aimerais** voyager?   *Where would you like to travel?*
—Je **voudrais aller** en France.   *I'd like to go to France.*

★ You will learn more about the conditional in **Grammaire 8.4** and **11.1.**

Pronunciation Hint:

voudrai̷s̷, voudrai̷t̷

EXERCICE 8 **Désirs et possibilités**

Dites d'abord si la personne *veut* faire l'activité, et puis, dites si elle *peut* la faire.

> MODÈLE: moi / sortir tous les soirs →
> Oui, je veux sortir tous les soirs. (Non, je ne veux pas...)
> Oui, je peux sortir tous les soirs. (Non, je ne peux pas...)

1. moi / aller en Europe l'été prochain
2. mes parents / passer l'hiver en Floride
3. le professeur / se lever tard en semaine
4. nous / comprendre un film en français
5. mon ami(e) _____ / m'aider avec mes devoirs de français

 EXERCICE 9 **Qu'est-ce que tu aimerais vraiment faire?**

Voudrais-tu faire ces choses?

> MODÈLE: faire du ski nautique →
> Oui, je voudrais faire du ski nautique. (Non, je ne voudrais pas...)

1. dîner dans un bon restaurant français
2. manger des escargots
3. habiter à Paris
4. faire de la plongée sous-marine
5. visiter une autre planète
6. être président des États-Unis

EXERCICE 10 **Savoir-faire**

Complétez la question par une forme du verbe **savoir**, et répondez à la question.

> MODÈLE: Est-ce que votre professeur de français _____ parler russe? →
> Est-ce que votre professeur de français sait parler russe?
> Oui, il/elle sait parler russe. (Non, il/elle ne sait pas parler russe.)

1. Est-ce que vous _____ faire du ski nautique?
2. Est-ce que votre père _____ faire la cuisine?
3. Est-ce que votre sœur _____ réparer une voiture?
4. Est-ce que vos amis et vous, vous _____ jouer au bridge?
5. Est-ce que vos parents _____ utiliser un ordinateur?
6. _____-vous parler grec?

EN ville

IN **CHAPITRE 3,** you will learn the names for transportation and places in the city, to ask for and give directions, and to say where places are located. You will also learn the names of stores and expressions useful for shopping

THÈMES

S'orienter
La ville et les transports
Achats
Distractions

LECTURE

La traversée d'Abidjan

INFO

Société: Le centre-ville
Vie quotidienne: La carte orange

GRAMMAIRE

3.1   Saying where things are: Prepositions of location
3.2   Asking questions: Interrogative words
3.3   Verbs like **prendre**
3.4   Expressing necessity: **Il faut** and **devoir**
3.5   Pointing things out: Demonstrative adjectives
3.6   Expressing quantities: Partitive articles
3.7   **Sortir** and **dormir**

La grande arche de la Défense (ouest de Paris).

Activités et lectures

Attention! Étudier Grammaire 3.1 et 3.2

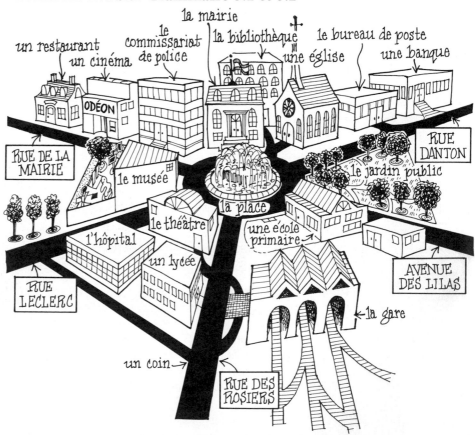

ACTIVITÉ 1 Les endroits publics

Situez les bâtiments et endroits publics ci-dessus avec votre partenaire. Utilisez **à côté de, dans, entre, en face de, devant, derrière, sur, sous, loin de, près de.** Regardez le modèle à la page suivante.

MODÈLE: É1: Où est le bureau de poste?

É2: Le bureau de poste est dans la rue Danton, à côté de l'église.

É1: Est-ce que c'est loin de la mairie?

É2: Non, c'est près de la mairie.

ACTIVITÉ 2 Qu'est-ce qu'on fait?

Qu'est-ce qu'on fait dans les endroits suivants?

MODÈLE: É1: Qu'est-ce qu'on fait au musée?

É2: On y regarde des peintures et des sculptures.

1. à la banque	regarder un film
2. à la bibliothèque	chanter et prier
3. au bureau de poste	chercher des livres
4. au théâtre	déposer de l'argent
5. au cinéma	acheter des timbres
	et envoyer des lettres
6. à l'église, au temple ou	regarder une pièce
à la mosquée	

Le village de Bitche, en Lorraine.

Société INFO Le centre-ville

Les villes d'Europe sont généralement vieilles de plusieurs siècles.[1] Fortifiées à l'origine, beaucoup de ces villes ont aujourd'hui encore leur structure concentrique. Au centre-ville, il y a souvent une grande place avec un monument ou une fontaine, et certains bâtiments publics, comme l'église, l'hôtel de ville[2] et le bureau de poste. Le centre-ville regroupe aussi des commerces traditionnels: une boulangerie[3]—indispensable!—et, bien sûr, un bar-tabac.[4] C'est un point de rendez-vous pour les habitants, le cœur de l'identité d'une ville ou d'un village.

[1]périodes de 100 ans   [2]l'hôtel… la mairie   [3]magasin où on achète des baguettes de pain, des croissants, etc.   [4]un bar où on vend des cigarettes, des journaux, des magazines, etc.

ACTIVITÉ 3 **Le plan de Paris**

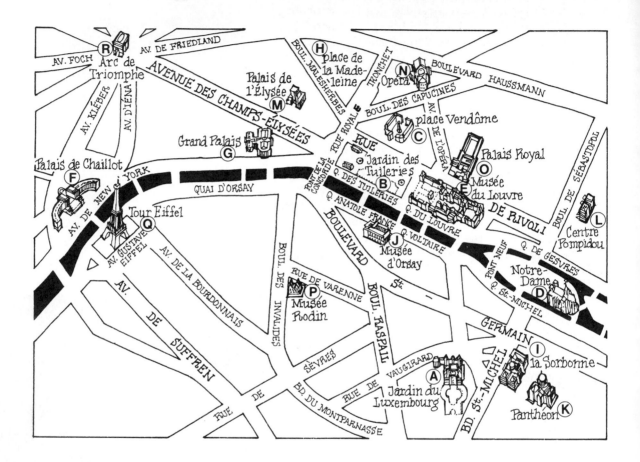

Utilisez le plan de Paris pour compléter les instructions à la page suivante.

MODÈLE: É1: Qu'est-ce que je fais pour aller de la cathédrale Notre-Dame (D) jusqu'à mon hôtel derrière la Sorbonne (I)?

É2: Tu traverses la Seine et tu tournes à gauche au quai St-Michel. Puis, tu tournes à droite au boulevard St-Michel et tu tournes à gauche au boulevard St-Germain.

Suggestions

Tu vas tout droit.
Tu prends (la rue Royale).
Le musée est (sur ta droite).

1. de l'Opéra (N) au musée national d'Art moderne dans le Centre Pompidou (L)
2. du Jardin des Tuileries (B) à l'Arc de Triomphe (R)
3. du Musée Rodin (P) au Jardin du Luxembourg (A)
4. du Palais-Royal (O) au Musée du Louvre (E)
5. de la cathédrale de Notre-Dame (D) à la Tour Eiffel (Q)

La ville et les transports

Attention! Étudier Grammaire 3.3 et 3.4

Les transports

Adrienne Petit prend l'autobus au coin de la rue.

Sarah et Agnès prennent le métro pour aller à la fac. C'est très rapide.

La sécurité et les précautions

Il ne faut pas prendre le train aux heures de pointe.

Pour rouler à mobylette, il faut porter un casque.

On doit avoir de la patience dans un embouteillage.

 ACTIVITÉ 4 **Définitions**

MODÈLE: É1: Qu'est-ce que c'est qu'un autobus?
É2: C'est un grand véhicule automobile de transport en commun.

1. une mobylette
2. une foule
3. le métro
4. une voiture
5. l'heure de pointe
6. un feu de signalisation
7. un arrêt

a. un train souterrain
b. un véhicule routier à moteur
c. l'endroit où l'on prend l'autobus
d. le moment où la circulation est très intense
e. un signal lumineux
f. un grand nombre de personnes
g. une bicyclette motorisée

 **La carte orange**

Vous allez passer quelques jours à Paris? Vous voulez prendre le bus ou le métro très souvent? Alors, la carte orange est une solution pratique et économique. La carte est gratuite;[1] demandez-la[2] dans une station de métro, au guichet[3] où on vend les tickets.

Vous écrivez votre nom et votre adresse, vous attachez une photo d'identité et vous achetez un «coupon», un ticket spécial, valable[4] pour trois jours, une semaine ou un mois. Voilà! Vous pouvez circuler librement dans tout Paris.

[1]on ne doit pas la payer   [2]demandez... demandez la carte   [3]petite fenêtre   [4]valide

 ACTIVITÉ 5 **Comment se débrouiller en ville**

Dites *oui* ou *non* aux propositions à la page suivante. Ensuite, comparez vos réponses aux réponses de votre partenaire.

MODÈLE: Est-ce une bonne idée de... prendre l'autobus? →
Oui, parce qu'il y a trop de voitures dans les villes.

En ville, est-ce une bonne idée de/d'...

    _____ prendre le métro aux heures de pointe?
    _____ se promener seul dans un jardin public à minuit?
    _____ porter un casque si on roule à mobylette?
    _____ utiliser les transports en commun?
    _____ rouler en voiture tout le temps?
    _____ ignorer les feux de signalisation?
    _____ regarder dans les deux sens avant de traverser la rue?

Suggestions

Il y a trop de circulation dans les villes.
Pour ne pas avoir d'accident.
Ce n'est pas prudent (économique).
C'est pratique (amusant, rapide, dangereux...).

ACTIVITÉ 6   Situations et choix

Voici quelques situations où un touriste peut se trouver à Paris. À votre avis, qu'est-ce qu'il faut faire? (Si vous n'êtes pas d'accord avec les suggestions, dites pourquoi.)

"Équipage à navette: télétransportez-moi ailleurs, il n'y a pas de trace de vie intelligente ici."

1. Le feu de signalisation passe au rouge juste au moment où vous désirez traverser la rue.
   a. Il faut courir très vite pour traverser la rue.
   b. On doit s'arrêter et attendre.
2. Votre taxi est coincé dans un embouteillage impossible.
   a. On doit rester calme.
   b. Il faut descendre du taxi et prendre le métro.
3. Vous êtes horrifié(e)! Votre chauffeur de taxi conduit comme un fou.
   a. Il faut penser: «Bon! Voilà une expérience typiquement parisienne!»
   b. Il faut descendre du taxi.
4. Vous bousculez une autre personne au moment où vous montez dans un autobus.
   a. On doit demander «Pardon» à l'autre personne.
   b. Il faut ignorer la situation parce que c'est normal dans une grande ville.

5. Le chauffeur de la voiture à côté de vous vous insulte parce qu'il n'aime pas votre façon de conduire.
   a. Il faut regarder droit devant vous.
   b. Vous devez lui rendre ses insultes.

ACTIVITÉ 7　Entretien: Déplacements en ville

1. Est-ce que tu prends souvent l'autobus ou le métro? Pourquoi?
2. Tu aimes te promener à pied? Où vas-tu? Avec qui?
3. Sais-tu conduire? Tu as une voiture? Si non, est-ce que tu voudrais en acheter une?
4. Est-ce que tu voudrais une motocyclette ou une mobylette? Pourquoi?

Allons plus loin!

Quels sont les avantages et les inconvénients de la voiture dans votre ville?

Attention! Étudier Grammaire 3.5 et 3.6

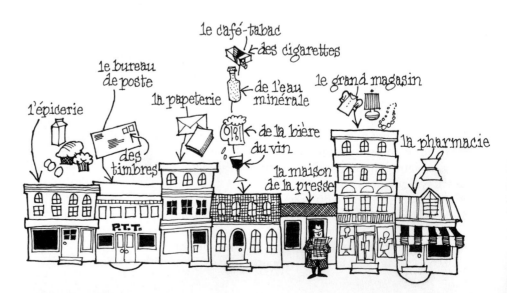

—Vous désirez, mademoiselle?
—Je voudrais voir cette robe que vous avez en vitrine.
—Laquelle, mademoiselle?
—La bleue, s'il vous plaît.

—Ce tee-shirt-ci, madame, il coûte combien?
—Quarante-cinq francs, mademoiselle.
—Bon, j'en prends deux, un vert et un rose.

ACTIVITÉ 8   Les magasins et les produits

Dans quel magasin ou établissement est-ce qu'on peut trouver ces articles?

MODÈLE: É1: Où est-ce qu'on peut trouver du shampooing?
            É2: On peut acheter du shampooing dans une pharmacie.

1. du jus d'orange	une épicerie
2. des biscuits	un bureau de poste
3. le journal *Le Monde*	une pharmacie
4. un café ou une bière	une papeterie
5. du dentifrice et une brosse à dents	une maison de la presse
6. des timbres	un café-tabac
7. du papier à lettres	
8. des médicaments	

ACTIVITÉ 9   Au supermarché Casino

MODÈLE: É1: Combien coûte le shampooing Timotei?
            É2: Dix-neuf francs soixante.
            É1: Il y a combien de flacons pour ce prix-là?
            É2: Il y en a deux.

ACTIVITÉ 10 Situation: Comment faire des économies

Vous allez dans un magasin pour faire des achats. Le vendeur voudrait vous vendre des produits chers mais vous avez très peu d'argent et vous inventez des excuses pour acheter les produits les moins chers.

MODÈLE: VENDEUR: Vous désirez, monsieur (madame/mademoiselle)?
VOUS: Du papier à lettres, s'il vous plaît.
VENDEUR: J'ai ce papier-ci à 16F50 ou ce papier-là à 50F. Le papier à 50F est de très bonne qualité.
VOUS: Merci, mais je préfère le papier à 16F50. J'adore la couleur orange!

1. ce shampooing-ci à 29F ou ce shampooing-là à 45F50?
2. ces biscuits-ci à 12F ou ces biscuits-là à 25F?
3. cette laque-ci à 20F ou cette laque-là à 35F?
4. ce rosé-ci à 15F50 ou ce beaujolais-là à 60F?
5. ce parfum-ci à 75F ou ce parfum-là à 145F?
6. cette chemise-ci à 92F ou cette chemise-là à 225F?

Suggestions

La bouteille est si belle!
La boîte est si chic!

J'adore le chocolat (la vanille).
Les produits importés sont si exotiques.

Attention! Étudier Grammaire 3.7

Adrienne part pour les Alpes avec des amis.

Julien sort avec une collègue.

Clarisse et Marise font les vitrines au centre-ville.

Claudine et Victor aiment voir une pièce de théâtre.

On peut trouver un peu de tout dans un grand magasin.

Pour emprunter des livres, on va à la bibliothèque.

Pour acheter un livre, on doit aller à la librairie.

ACTIVITÉ 11 Clichés du monde étudiant

En groupes, organisez les phrases pour créer des profils stéréotypés:
(1) l'étudiante bonne vivante et (2) l'étudiante intellectuelle.

- Elle sort tous les soirs.
- Elle part souvent en week-end.
- Le soir, elle reste à la maison.
- Elle déteste faire les magasins.
- Elle préfère les films étrangers.
- Elle écoute souvent du rock.

- Elle va souvent à la librairie.
- Elle aime faire la fête.
- Elle surfe sur Internet.
- Elle va très souvent au musée.
- Elle dort à la bibliothèque.
- Elle sait parler trois langues.

Allons plus loin!

Créez d'autres clichés. **Idées:** les non-conformistes, les sportifs, les casse-pieds

ACTIVITÉ 12 Un week-end à Paris

Bernard et Christine Lasalle vont passer un week-end à Paris. Maintenant, ils font leurs projets. Racontez ce qu'ils vont faire.

Vocabulaire utile: prendre des photos, chercher un cadeau

ACTIVITÉ 13 Les Français et le week-end

À la question «Pour vous, qu'est-ce qui symbolise le plus le week-end?» les Français répondent:

- le déjeuner en famille
- les moments passés avec les enfants et les petits-enfants
- la promenade à la campagne
- les travaux ménagers, le bricolage et le jardinage
- la grasse matinée
- la sortie du samedi soir
- les câlins à deux
- les courses du samedi
- la messe
- le jogging au matin

Trouvez l'équivalent de ces activités parmi les activités préférées des Français.

a. dormir tard
b. assister à un service religieux
c. aller au cinéma, au théâtre, au restau, etc.
d. faire des achats dans les grands magasins
e. travailler à la maison
f. manger tous ensemble
g. faire l'amour
h. être simplement en famille
i. courir
j. marcher dans la nature

Allons plus loin!

Qu'est-ce que vous aimez faire le week-end? Est-ce que vous avez les mêmes priorités que les Français?

ACTIVITÉ 14 Les distractions de Paris

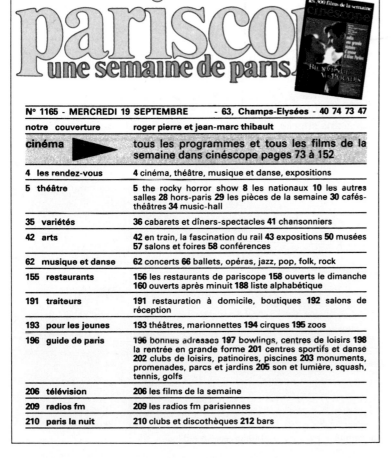

Vous habitez à Paris et les personnes suivantes vont vous rendre visite cette semaine. Quelles pages du guide *Pariscope* allez-vous consulter pour choisir des activités intéressantes pour chaque personne? Pourquoi?

1. deux petites nièces de 8 ans
2. votre meilleur ami (meilleure amie)
3. un jeune cousin de 16 ans
4. vos parents
5. votre tante riche

LECTURE

La traversée d'Abidjan

Clémentine et Moussa habitent dans un petit village du nord de la Côte-d'Ivoire. Un jour, leur oncle d'Abidjan° les invite chez lui pour les vacances. Les deux enfants prennent un taxi-brousse° et arrivent à la gare routière d'Abidjan, mais leur voyage n'est pas terminé...

—«Où habite-t-il, notre oncle?», demande Moussa à sa grande sœur.

—«Au Plateau. C'est le nom du quartier.»

—«C'est loin d'ici?»

— «Je ne sais pas. Demandons à cette dame.»

Ils s'approchent d'une vendeuse d'oranges.

—«Madame, s'il vous plaît, comment est-ce qu'on va au Plateau?».

—«En bus. Vous le prenez là-bas», répond-elle avec un vague geste.

Il y a des dizaines° de bus, et beaucoup d'agitation. Tous les gens semblent très pressés;° ils vont et viennent rapidement, parlent très fort. Moussa et Clémentine, intimidés, s'adressent à un chauffeur de bus:

—«Le Plateau? Ah non, moi je vais à Cocody! Allez voir mon collègue, là-bas.»

Ils questionnent un autre chauffeur, puis un autre, sans succès. Soudain, une voiture jaune passe devant eux.

—«Regarde! Un taxi-compteur!°» s'exclame Moussa, «ces taxis vont exactement où on désire.»

Ils font un signe de la main et le chauffeur s'arrête.

—«Nous allons au Plateau!» annonce Clémentine.

—«Pas de problème!» répond le chauffeur, «mais ça fait deux mille francs.»

—«Deux mille francs? Nous n'avons pas beaucoup d'argent... »

—«Eh bien alors, prenez le bus!» suggère le chauffeur de taxi.

—«Le bus, c'est très compliqué... »

—«Alors... allez-y à pied!» conclut le chauffeur de taxi.

Quand ils arrivent chez leur oncle, deux heures plus tard, les deux enfants sont

la ville principale de la Côte-d'Ivoire

taxi collectif

groupes de dix

occupés

metered taxi

Modernité et tradition à Abidjan, en Côte-d'Ivoire.

épuisés°—et l'oncle est très surpris.   très fatigués
—«Vous arrivez à pied de la gare routière? Quelle histoire!°»   Quelle... Quelle aventure!
—«La ville est interminable.» gémit Moussa, «Nous allons rester ici, tran-
quillement, pendant toutes nos vacances! Finis les voyages... »

Avez-vous compris?

Pour traverser une grande ville comme Abidjan, les deux jeunes héros ont
plusieurs possibilités, mais il y a des inconvénients. Déterminez quels moyens
de transport présentent quels inconvénients.

1. en taxi-compteur
2. à pied
3. en taxi-brousse
4. en bus

a. C'est impossible en ville.
b. Il faut beaucoup d'argent.
c. Le système n'est pas facile à
   comprendre.
d. C'est extrêmement fatigant.

À vous la parole!

Imaginez que vous êtes en voyage avec un ou deux de vos camarades de classe.
Vous arrivez en train dans une grande ville étrangère: Montréal, Marseille,
Marrakech... Vous allez chez des amis pour la nuit—mais comment arriver chez
eux? Discutez entre vous des diverses possibilités.

MODÈLE: É1: Nous pouvons marcher.
           É2: Oui, c'est une solution économique, mais j'ai un très gros sac
               et je suis fatigué...

Suggestions: marcher, prendre le bus (le taxi), faire de l'auto-stop, acheter des
bicyclettes...

À vous d'écrire!

Écrivez une réclame pour la firme *Alpha Taxis*.
Utilisez votre imagination, mais
n'oubliez pas de donner certains
renseignements: les avantages du taxi,
comment sont les chauffeurs, les tarifs,
les heures et, bien sûr, pourquoi les taxis
Alpha sont supérieurs aux autres taxis.

Suggestions

Vous allez trouver (admirer, arriver, rencontrer)...
Vous n'allez pas payer...

Vocabulaire

Les endroits et les activités en ville

Places and city activities

un bureau de poste	a post office
un coin de rue	a street corner
le commissariat	the police station
une école primaire	a primary school
une église	a church
une épicerie	a grocery store
une gare	a station (*train, bus*)
un grand magasin	a department store
un jardin public	a park
un lycée	a high school
un magasin	a store
la mairie	city hall
une maison de la presse	a news stand
une papeterie	a stationery store
une place	a public square
un tabac	a tobacco shop

Mots apparentés: **une avenue, une banque, un boulevard, un cinéma, un hôpital, un hôtel, un musée, une pharmacie, un restaurant, un temple, un théâtre**

déposer de l'argent	to deposit money (*in the bank*)
emprunter un livre	to borrow a book
envoyer une lettre	to mail/send a letter
faire les vitrines	to window shop
s'orienter	to find out/locate where you are

Le déplacement en ville

Getting around in the city

un arrêt d'autobus	a bus stop
un casque	a helmet
un contrôleur	a conductor
un embouteillage	a traffic jam
un feu de signalisation	a signal light
le métro	the subway
une mobylette	a scooter

un plan de la ville	a city map
un quai	a platform (*subway stop, train station*)
les transports (*m.*) **en commun**	public transportation
une voiture	a car, automobile

Mots apparentés: **un autobus, un chauffeur de taxi, un conducteur, un taxi, un train**

s'arrêter	to stop
attendre	to wait
bousculer	to bump against
se débrouiller	to manage, cope, get along
se déplacer	to travel around, get about (*a town, etc.*)
éviter	to avoid
faire attention	to pay attention
faire la queue	to stand in line
prendre (le métro)	to take (the subway)
stationner	to park

Mots apparentés: **rouler, signaler**

Les achats

Shopping

une boîte	a box
une bouteille	a bottle
un cadeau	a gift
l'eau (*f.*) **minérale**	mineral water
la laque (à cheveux)	hairspray
la limonade	a soft drink
le prix	price
un timbre	a postage stamp
un vendeur/ une vendeuse	a salesman, saleswoman
le vin	wine
une vitrine	a shop window, a display case

Mots apparentés: **le beaujolais, la bière, un biscuit, une cigarette, du dentifrice, un franc, le jus d'orange, un médicament, du papier à lettres, du parfum, du shampooing**

La description

Descriptive words

frais/fraîche	fresh, cool
prochain(e)	next

Mots apparentés: **amusant(e), célèbre, chic, dangereux/dangereuse, économique, exotique, importé(e), prudent(e), rapide**

Substantifs

Nouns

un(e) casse-pied	a bore, nuisance
un choix	a choice
un déplacement	a short trip
une équipe	a team
des études (*f.*)	studies
une façon	a manner, way
la faculté (*fam.* la fac)	the university
la fin	the end
une foule de gens	a crowd
une pièce de théâtre	a play
un prêtre	a priest
un/une propriétaire	a landlord, property owner
une serviette	a briefcase
le travail	work

Mots apparentés: **un accident, un avantage, un/une collègue, un film, une idée, un inconvénient, un moment, la patience, une précaution, la qualité, une sculpture, une situation, un/une touriste**

Verbes

Verbs

assister	to attend, go to
coûter	to cost
demander	to ask
déménager	to move (*change place of residence*)
dormir	to sleep
faire des projets	to make plans
fêter	to celebrate
laisser	to leave behind
manger	to eat
marcher	to walk
partir	to depart, leave
porter	to carry; to wear
prier	to pray
rendre	to give back, return

Mots apparentés: **changer, descendre, désirer, économiser, ignorer, insulter, utiliser**

Mots et expressions utiles

Useful words and expressions

à droite (gauche)	to the right (left)
au moment de...	at the time when . . .
autre chose	something else
ce, cet, cette, ces	this, that, these, those
celle-ci, celle-là	this one, that one
dans les deux sens	in both directions
les heures (*f.*) de pointe	rush hour
Il y en a (deux).	There are (two) of them.
Pourquoi?	Why?
Qu'est-ce que je fais... ?	What do I do . . . ?
tous ensemble	all together
tout droit	straight ahead
tout le temps	all the time
typiquement	typically
un peu de tout	a little bit of everything

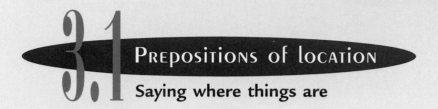

Grammaire et exercices

3.1 PREPOSITIONS of location
Saying where things are

Definition: Prepositions are used before nouns and can express spatial or temporal relationships: **near** the bank; **after** midnight.

A. Here are the most common prepositions of location in French.

dans	*in, inside*	entre	*between*
à côté de	*beside, next to*	en face de	*opposite*
sur	*on, on top of*	sous	*under*
devant	*in front of*	derrière	*behind*
près de	*near (to)*	loin de	*far from*
à gauche de	*to the left of*	à droite de	*to the right of*

—Où est le gymnase? — *Where's the gym?*
—**Entre** le restaurant universitaire et le stade. — *Between the student restaurant and the stadium.*

✴ Review **Grammaire 1.6.**

B. Notice that some prepositions end with **de.** When they are followed by **le** or **les,** you need to use the appropriate contraction (**du** or **des**).

➤ près de + le = près du

➤ en face de + les = en face des

—Où est la bibliothèque? — *Where's the library?*
—**À côté du** bureau de poste. — *Next to the post office.*
—Est-ce que la Faculté des Sciences Naturelles est **en face des** laboratoires? — *Is the Faculté des Sciences Naturelles across from the labs?*
—Non, elle est **à côté des** laboratoires. — *No, it's next to the labs.*

EXERCICE 1 Dans la salle de classe

Denise décrit sa salle de classe. Choisissez la préposition correcte, et employez des contractions si nécessaire.

MODÈLE: Le pupitre de Barbara est (dans/à côté de) la fenêtre. →
Le pupitre de Barbara est à côté de la fenêtre.

1. Le bureau de Mme Martin est (devant/derrière) le tableau noir.
2. Les livres de Mme Martin sont (sous/sur) son bureau.
3. Mme Martin écrit* au tableau noir, puis elle regarde les étudiants. Elle est (devant/sous) la classe.

*écrit = writes

4. Jacqueline écrit au tableau noir. Elle est (près de/loin de) le tableau.
5. Albert travaille avec Daniel, son voisin. Le pupitre de Daniel est (sur/à côté de) le pupitre d'Albert.
6. Louis regarde par la fenêtre. Il regarde un match de football dans le parc (en face de/loin de) le bâtiment des cours.
7. Barbara est trop (loin de/près de) le tableau noir; elle a du mal à lire les mots au tableau.
8. La salle 300A se trouve (devant/entre) les salles 300 et 301.

3.2 INTERROGATIVE WORDS

Asking questions

A. Here are the most commonly used interrogative (question) words in French.

combien (de)?	*how many?*	quand?	*when?*
comment?	*how?*	que?	*what?*
où?	*where?*	qui?	*who? whom?*
pourquoi?	*why?*		

—**Qui** est ce jeune homme là-bas?   *Who is that young man over there?*
—Il s'appelle Raoul Durand.   *His name is Raoul Durand.*

—**Où** est le bureau de poste?   *Where is the post office?*
—Il est en face de la mairie.   *It's across from the city hall.*

B. To ask a question, use an interrogative word + **est-ce que**.

✳ Review **Grammaire B.2.**

—**Quand est-ce que** tu vas à la mairie?   *When are you going to city hall?*
—Dans un petit moment.   *In a little while.*

C. In short, simple questions, subject/verb inversion can be used instead of **est-ce que**.

Comment va Claudine?	*How is Claudine?*
Où habite ton ami?	*Where does your friend live?*
Que fait Adrienne ce soir?	*What's Adrienne doing tonight?*
Comment est Sylvie?	*What is Sylvie like?*

D. **Que** + **est-ce que** contracts into **Qu'est-ce que**. **Qui** is never contracted.

➤ **Qu'est-ce que**… ?
What . . . ?

Qu'est-ce que Julien va faire cet après-midi?   *What's Julien going to do this afternoon?*

Qui est-ce que tu vas retrouver en ville?   *Who are you going to meet in town?*

➤ **Qui (est-ce que)**… ?
Who . . . ?

E. To ask *which* or *what,* use the appropriate form of **quel** (**quelle, quels, quelles**) in front of the noun. Use **quel(le)** + **être** to ask for a name, a date, etc.

Dans **quelle rue** est le bureau de poste?	*What street is the post office on?*
Quelles lignes d'autobus est-ce qu'il faut prendre?	*Which bus lines do we (you) have to take?*
Quelle est la date aujourd'hui?	*What's the date today?*

Pronunciation Hint:

All forms of **quel** are pronounced the same except when there is a liaison: **quel, quel/¢, quel$, quel/¢$,** but **quels‿étudiãn/$.**

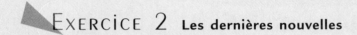

EXERCICE 2 Les dernières nouvelles

Agnès Rouet téléphone chez elle pour avoir des nouvelles de sa famille. Voici les réponses de sa sœur, Mireille. Quelles sont les questions posées par Agnès?

MODÈLE: Tout le monde va *bien.* → Comment va tout le monde?

Mots utiles: Comment? Qu'est-ce que? (Que?) Où? Qui? Quand?

1. Maman va *bien.*
2. Charles ne fait *rien.*
3. Papa est *à Genève.*
4. Jean-Claude *joue en ce moment avec Michel.*
5. Michel? *C'est mon nouveau petit ami.*
6. Il est très *sympa—et beau!*
7. Le nouveau bébé des voisins s'appelle *Marc.*
8. Ce bébé? Il est *petit, avec beaucoup de cheveux noirs.*
9. Sa mère? *Elle va très bien.*
10. Mes vacances commencent *dans quinze jours.*

EXERCICE 3 Visite à Paris

Des amis de Sarah Thomas viennent visiter Paris. Posez la question qui correspond à chaque réponse.

MODÈLE: Ils restent *huit jours* à Paris. →
Combien de temps est-ce qu'ils restent à Paris? (Combien de temps restent-ils à Paris?)

1. Ils logent *dans un hôtel du Quartier latin.*
2. Ils veulent visiter *tous les monuments.*

3. Ils visitent *le musée du Louvre et le musée d'Art moderne.*
4. Ils se déplacent *en autobus.*
5. Ils sont contents *parce qu'il fait beau.*
6. Ils préfèrent *les restaurants grecs et tunisiens.*
7. Ils achètent *des souvenirs* pour leurs amis.
8. Ils quittent Paris *lundi prochain.*

3.3 Verbs like **prendre**

A. The irregular verb **prendre** is very useful for talking about transportation.

PRENDRE (*to take*)	
je **prends**	nous **prenons**
tu **prends**	vous **prenez**
il/elle/on **prend**	ils/elles **prennent**

—Comment viens-tu à la faculté?   *How do you come to campus?*
—Je **prends** toujours le bus.   *I always take the bus.*

Pronunciation Hint:

All the singular forms are pronounced with a nasal vowel and sound the same: **prẽnd̸ṣ, prẽn̸d̸.** In the plural forms, the stem vowel is nonnasal: **prenõn̸ṣ, prene̸z, prenn̸en̸t̸.**

B. Use **prendre** to express *to have (something) to eat* or *drink.*

—Que **prenez**-vous quand il fait froid?   *What do you drink when it's cold?*

—J'aime **prendre** un chocolat chaud.   *I like to have a hot chocolate.*

Raoul ne **prend** jamais de déjeuner.   *Raoul never has lunch.*

C. Apprendre (*to learn*) and **comprendre** (*to understand*) are conjugated like **prendre.**

Nous **apprenons** tous le français, mais Raoul **apprend** aussi le japonais.   *We're all learning French, but Raoul is also learning Japanese.*

Les étudiants ne **comprennent** pas toujours le professeur.   *The students don't always understand the instructor.*

EXERCICE 4   En faveur des transports en commun

Daniel parle du choix de moyens de transport. Utilisez le verbe logique, à la forme correcte.

Verbes à utiliser: prendre, apprendre, comprendre

Moi, je _____¹ toujours l'autobus pour aller à la fac. En général, mes camarades _____² leur voiture, au lieu de prendre (*instead of taking*) le bus. Moi, je n'ai pas mon permis de conduire. J'_____³ seulement à conduire maintenant. Mais ça ne me dérange (*bother*) pas de prendre le bus. Au contraire! Je ne _____⁴ pas pourquoi mes amis ne veulent pas _____⁵ le bus. Quand on vient à la fac en voiture, il faut payer au parking, si on peut y trouver une place! Et puis, les gens ne _____⁶ pas que l'emploi excessif de l'automobile risque d'avoir des conséquences très graves pour la planète. Nous _____⁷ maintenant toutes les conséquences de cette dépendance. Et vous? _____⁸-vous toujours la voiture pour aller à la fac, ou bien, comme moi, pensez-vous à l'environnement?

EXERCICE 5   Questions et réponses

Répondez aux questions et dites quand vous faites les mêmes choses.

MODÈLE: Qui prend l'autobus? →
Barbara prend l'autobus. Moi, je prends l'autobus tous les jours.
(Moi, je ne prends jamais l'autobus.)

Barbara

Julien et son amie

Joël

Denise

Barbara

Nathalie

Mme Martin et
ses collègues

1. Qui prend du vin?
2. Qui voudrait apprendre à faire du ski?
3. Qui prend trop de risques?
4. Qui ne comprend pas la leçon?
5. Qui prend un café?
6. Qui prend un bain?

3.4 Il faut and devoir
Expressing necessity

A. One way to express necessity is with the impersonal expression **il faut** (*it is necessary*) + infinitive. In this case, the obligation applies to people in general, or the context indicates the particular persons concerned.

Definition: In an impersonal expression, the subject pronoun (*it* or **il**) does not refer to a specific person or thing.

> Quand on prend le métro, **il faut acheter** un ticket à l'entrée.
>
> *When you take the metro, you must buy a ticket at the entrance.*
>
> Charles, tu vas au cinéma ce soir? **Il ne faut pas rentrer** tard.
>
> *Charles, are you going to the movies tonight? You musn't come home late.*

B. To express an obligation with respect to a particular person, you can also use the verb **devoir** + infinitive.

➤ **il faut / devoir +
ne... pas** = must not

DEVOIR (*to have to*)	
je **dois**	nous **devons**
tu **dois**	vous **devez**
il/elle/on **doit**	ils/elles **doivent**

Nous **devons prendre** le train à dix heures.

We have to take the train at ten o'clock.

Tu **ne dois pas être** en retard.

You must not be late.

Pronunciation Hint:

The letters **oi** are pronounced /wa/: **doi**s (/dwa/), **doi**t (/dwa/), **doi**vent (/dwav/).

C. Note that **devoir** can also express probability or supposition.

Charlotte n'est pas au travail; elle **doit être** malade!

Charlotte isn't at work; she must be sick!

D. Other impersonal expressions can also be used to express necessity: **il est nécessaire (essentiel, important, obligatoire) de** + infinitive.

Avant de prendre le métro, **il est nécessaire d'étudier** le plan du métro.

Before taking the metro, it is necessary to study the metro map.

Il **n'est pas nécessaire** d'appeler le taxi avant huit heures.

You don't have to call the taxi before eight o'clock.

EXERCICE 6   Problèmes de transport

Quelle est la solution pour chacun de ces problèmes? Qu'est-ce qu'on doit faire? Utilisez la forme correcte du verbe **devoir**.

MODÈLE: Je ne peux pas aller au travail à pied. C'est trop loin. →
           Tu dois prendre le bus.

Suggestions

aller au travail à pied
appeler un taxi
prendre le bus

se déplacer à bicyclette
arriver plus tôt*
étudier le plan du métro de la ville

1. Je n'ai pas de voiture.
   Alors, tu... Et pourquoi pas? C'est excellent pour la santé!
2. Nous avons besoin d'être à l'aéroport dans une demi-heure et nous avons beaucoup de bagages.
   Vous...
3. Je ne sais pas prendre le métro.
   Bon, vous...

---

*plus tôt = earlier

4. À la fac, il n'y a jamais assez de places pour garer les voitures et les étudiants arrivent souvent en retard.
   On...
5. Mon frère a besoin de faire plus d'exercice.
   Il...

3.5 DEMONSTRATIVE ADJECTIVES
Pointing things out

A. Demonstrative adjectives agree in number and gender with the noun modified. Note the special form **cet** for masculine nouns beginning with a vowel or mute **h**.

Definition: Demonstrative adjectives point out which object or person: *this bus, that girl.*

➤ *ce* garçon but *cet* **homme**, *cet* **anorak**

	SINGULIER	PLURIEL
MASCULIN	**ce** livre (*this/that*) **cet** ami (*this/that*)	**ces** livres (*these/those*) **ces** amis (*these/those*)
FÉMININ	**cette** table (*this/that*) **cette** amie (*this/that*)	**ces** tables (*these/those*) **ces** amies (*these/those*)

—Combien coûtent **ces** biscuits?   *How much do these cookies cost?*
—Quatre francs dix le paquet.   *Four francs ten a package.*

—Tu aimes **cette** carte postale?   *Do you like this postcard?*
—Oui, beaucoup.   *Yes very much.*

Pronunciation Hint:

cet_ami (*m.*), cettę_amię (*f.*), ces ᶻ amiş, ceş livręş

B. These forms can mean either *this* or *that, these* or *those;* this difference is usually clear from the context. However, to emphasize the distinction, you can add **-ci** for *this/these* or **-là** for *that/those* after the noun.

➤ *ce* livre-ci = this book
➤ *ce* livre-là = that book

—N'oublie pas de prendre le plan de la ville.   *Don't forget to take the city map.*
—**Ce plan-ci** en noir et blanc?   *This map in black and white?*
—Non, **ce plan-là** en couleurs.   *No, that map in color.*

EXERCICE 7 Sarah fait les vitrines

Remplacez les tirets par **ce, cet, cette** ou **ces**.

1. _____ magasin est très élégant. Oh, _____ chaussures sont belles!
2. _____ livres sont très intéressants mais... _____ prix sont ridicules!
3. _____ montre est jolie, n'est-ce pas?
4. _____ vêtements sont trop chers! _____ robe coûte 660F et _____ anorak coûte 750F!
5. _____ chemises sont si belles et _____ cravate est très belle aussi!
6. _____ autre chemise est très pratique.

EXERCICE 8 Choix de chaussures

Avec une amie, vous regardez la vitrine d'un magasin de chaussures. Employez la forme correcte de l'adjectif démonstratif avec **-ci** ou **-là** (selon la distance entre vous et les chaussures).

1. _____ chaussures _____ sont bonnes pour la marche.
2. _____ sandales _____ ne sont sûrement pas confortables, avec ces hauts talons (*high heels*).
3. _____ bottes _____ sont très à la mode, mais chères.
4. _____ ballerines _____ sont jolies et pas chères.
5. Moi je préfère _____ tennis _____, les rouges.

3.6 PARTITIVE ARTICLES

Expressing quantities

✴ Review **Grammaire A.3, A.5,** and **1.6.**

A. You are already familiar with the definite (**le, la l', les**) and indefinite (**un, une, des**) articles in French. There is a third type of article, called the partitive article. Its forms are identical to the combination of **de** + the singular definite article: **du, de la, de l'.**

Il fait **du** soleil. *It is sunny.*
Nous faisons **de la** voile. *We go sailing.*
Je prends **de l'**eau minérale. *I'm having mineral water.*

B. The partitive article indicates an unspecified quantity of a *mass noun*. It is roughly equivalent to *some* in English.

du café	*(some) coffee*
de la confiture	*(some) jelly*
de l'huile	*(some) oil*

> **Definitions:** A mass noun cannot be counted: *sand, sugar.* A count noun can be counted: *tables, lamps, children.*

C. Note that the partitive article is always required in French, though *some* is often omitted in English.

—Qu'est-ce que tu dois acheter à la pharmacie?	*What do you have to buy at the pharmacy?*
—**Du** dentifrice et **de l'**aspirine.	*(Some) toothpaste and (some) aspirin.*

D. In negative sentences, partitive articles and indefinite articles (**un, une, des**) become **de** or **d'**.

J'ai des cartes postales, mais je **n'**ai **pas de** papier à lettres ou **d'**enveloppes.	*I have some postcards, but I don't have any stationery or any envelopes.*

E. Expressions of quantity are also followed by **de**.

un peu **de**	*a little*	beaucoup **de**	*a lot, many*
assez **de**	*enough*	trop **de**	*too much, too many*
une tasse **de**	*a cup of*	un verre **de**	*a glass of*
combien **de**	*how much, how many*		

Combien de Coca-Cola faut-il acheter?	*How much Coke do we need to buy?*
Veux-tu **un peu de lait** avec ton thé?	*Do you want a little milk with your tea?*

> ➤ J'ai *des* biscuits. →
> J'ai *beaucoup de* biscuits.
> Je *n'*ai *pas de* biscuits.

EXERCICE 9 Petits achats

Vous faites des courses en ville. Utilisez l'article partitif (**du, de la, de l'**), l'article indéfini (**un, une, des**) ou **de**.

1. Je vais d'abord à la papeterie pour chercher _____ papier à lettres (*m.*) et _____ cartes postales.
2. Ensuite, je vais à la poste pour envoyer mes lettres et acheter _____ timbres.
3. À l'épicerie, j'achète _____ eau minérale, _____ café (*m.*), _____ sucre (*m.*) et _____ confiture.
4. Je n'achète pas _____ viande, puisque je suis végétarien(ne).
5. À la pharmacie, je prends _____ dentifrice (*m.*) et _____ aspirine.
6. Il faut aussi acheter _____ pain (*m.*); je passe donc à la boulangerie.

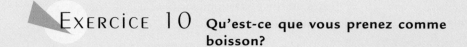

EXERCICE 10 **Qu'est-ce que vous prenez comme boisson?**

Répondez en employant l'article partitif approprié **(du, de la, de l', d')** ou **de.**

MODÈLE: Qu'est-ce que vous prenez d'habitude avec le déjeuner?
—D'habitude je prends..
a. eau **b.** lait (*m.*) **c.** café (*m.*) **d.** coca (*m.*) **e.** ? →
D'habitude je prends *de l'eau.*

1. Que prenez-vous quand vous ne pouvez pas dormir? —Je prends...
   a. lait (*m.*) **b.** café (*m.*) **c.** vin (*m.*) **d.** eau minérale **e.** ?
2. Que prenez-vous le matin d'habitude? —Je prends une tasse...
   a. bière (*f.*) **b.** café **c.** chocolat chaud (*m.*) **d.** thé (*m.*) **e.** ?
3. Qu'est-ce que vous ne prenez jamais? —Je ne prends jamais...
   a. whisky (*m.*) **b.** champagne français (*m.*) **c.** coca **d.** café **e.** ?
4. Qu'est-ce que vous aimez commander quand vous sortez avec des amis?
   —J'aime commander...
   a. bière **b.** vin **c.** Coca **d.** jus de fruit (*m.*) **e.** ?
5. Qu'est-ce que vous aimez prendre en été quand il fait chaud? —J'aime prendre un verre...
   a. thé glacé **b.** Coca **c.** eau froide **d.** jus de fruit **e.** ?

3.7 SORTIR AND DORMIR

A. Though verbs like **sortir** and **dormir** are not referred to as regular verbs, there is a common pattern to their forms.

SORTIR (*to go out*)		DORMIR (*to sleep*)	
je sor**s**	nous sor**tons**	je dor**s**	nous dor**mons**
tu sor**s**	vous sor**tez**	tu dor**s**	vous dor**mez**
il/elle/on sor**t**	ils/elles sor**tent**	il/elle/on dor**t**	ils/elles dor**ment**

Pronunciation Hint:

sor~~s~~, sor~~t~~, sortõ~~ns~~, sorte~~z~~, sort~~ent~~

Note that the singular forms have the **-s, -s, -t** pattern of endings. Note also that the stem derived from the infinitive (**sort-** and **dorm-**) loses its final consonant in the singular forms (**sor-** and **dor-**).

Je **sors** avec ma camarade
   de chambre ce soir.

I'm going out with my
   roommate tonight.

Est-ce que vous **dormez** plus
   de huit heures?

Do you sleep more than
   eight hours?

B. Other verbs like **sortir** and **dormir:**

s'endormir	*to fall asleep*
mentir	*to lie*
partir	*to leave, go away*
sentir	*to smell*
servir	*to serve*

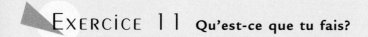 **EXERCICE 11**   **Qu'est-ce que tu fais?**

Faites des questions et des réponses.

> MODÈLE: sortir souvent avec des amis →
> Tu sors souvent avec des amis?
> Oui, je sors souvent avec des amis. (Non, je ne sors pas souvent avec des amis.)

1. partir en vacances en été
2. sortir du cinéma si un film est mauvais
3. dormir bien la nuit
4. servir du vin chez toi
5. mentir quand tu ne veux pas révéler un secret
6. sentir les fruits au supermarché
7. sortir souvent le samedi soir
8. dormir en cours quelquefois

Allons plus loin!

Maintenant, imaginez que vous interviewez le président et sa femme (le président et son mari). Faites vos questions et leurs réponses probables.

> MODÈLE: VOUS: Vous sortez souvent?
> EUX: Non, nous ne sortons pas souvent... Nous sommes très occupés.

EXERCICE 12 Généralisations

Une Française vous pose des questions sur les habitudes des Américains. Répondez d'abord avec une généralisation sur les Américains, puis expliquez vos propres habitudes (ou les habitudes de vos amis, de votre famille, etc.).

MODÈLE: Les jeunes Américains ne sortent jamais en bande, n'est-ce pas? →
Si, ils sortent beaucoup en bande.
Moi, je sors tout le temps avec mes amis.

1. Les habitants des grandes villes américaines ne sortent pas seuls la nuit parce que c'est dangereux, n'est-ce pas?
2. Au printemps, la grande majorité des étudiants américains partent en Floride, n'est-ce pas?
3. La plupart des Américains partent en Europe en été, n'est-ce pas?
4. Les étudiants américains sortent tous les soirs, n'est-ce pas?
5. C'est vrai que tous les petits Américains s'endorment vers minuit?
6. C'est vrai que les Américains ne servent jamais de vin au dîner?

LA MAISON ET LE QUARTIER

IN **Chapitre 4,** you will learn to describe your home and neighborhood and to talk about what you do there.

THÈMES

Les pièces et les meubles

Le logement

Tâches et loisirs

La vie de quartier

LECTURE

Les banlieues à la une de l'actualité

INFO

Vie quotidienne: Une maison de rêve

Société: Villes, quartiers et villages

GRAMMAIRE

4.1 Describing: Placement of adjectives

4.2 Making comparisons

4.3 Regular **-ir** verbs

4.4 Regular **-re** verbs

4.5 Direct object pronouns

4.6 Talking about knowing: The verb **connaître**

4.7 Describing states of being: Idioms with **avoir**

La cuisine d'un petit appartement.

Activités et lectures

Les pièces et les meubles

Attention! Étudier Grammaire 4.1 et 4.2

La chambre à coucher — la table de nuit — La salle de bains
le miroir — la lampe — le lavabo — la douche
les rideaux — le lit — les W.C. — la baignoire
la commode

La salle à manger — le lave-vaisselle — La cuisine
les chaises — la table — la cuisinière — les placards
le réfrigérateur — l'évier
le buffet

le tableau
la table basse — le canapé
La salle de séjour
le fauteuil
le tapis

ACTIVITÉ 1 Qu'est-ce qu'il y a chez vous?

Dites *oui* ou *non*.

1. Dans la chambre où je dors il y a...
   a. un grand lit.
   b. une commode.
   c. un lavabo.
   d. un radio-réveil.
2. Dans notre cuisine, il y a...
   a. une cuisinière à gaz.
   b. une table et des chaises.
   c. deux éviers.
   d. un four à micro-ondes.
3. Dans la salle de séjour, il y a...
   a. un grand canapé.
   b. un tapis persan.
   c. des fauteuils confortables.
   d. de beaux rideaux.
4. Dans la salle de bains, il y a...
   a. une baignoire.
   b. un miroir.
   c. un sauna.
   d. un lavabo.

Vincent van Gogh (1853–1890), *La chambre de Vincent à Arles*, 1888.

ACTIVITÉ 2 Comparaisons

Regardez la liste d'objets à droite et répondez aux questions.

1. Est-ce que le four à micro-ondes est plus cher que l'expresso?
2. Qu'est-ce qui coûte le moins, l'aspirateur ou la lampe?
3. Lequel de ces objets coûte le plus cher: le balai, le rideau de douche ou le grille-pain?
4. Est-ce que la bouilloire électrique est aussi chère que le coussin?
5. Qu'est-ce qui est moins cher, le fer à repasser ou le balai?

un fer à repasser	225F
un aspirateur	949F
une lampe	380F
un grille-pain	279F
un four à micro-ondes	1190F
une bouilloire électrique	259F
une cafetière expresso	1290F
un balai	67F
un rideau de douche	89F
un grand coussin	229F

Allons plus loin!

Vous allez partager un deux-pièces meublé avec votre camarade de classe et vous avez un budget de 3000F. Quels articles sur la liste allez-vous choisir?

un fer à repasser

un aspirateur

une bouilloire électrique

un balai

 ACTIVITÉ 3 **Entretien: Chez toi**

1. Est-ce que ta chambre est plus grande que ta salle de séjour?
2. Y a-t-il autant de placards dans la salle de bains que dans la cuisine?
3. Est-ce qu'il y a plus d'équipement électronique dans la cuisine que dans la chambre où tu dors?
4. Est-ce que ta chambre est aussi jolie que la salle de séjour?
5. Est-ce qu'il y a moins de fenêtres dans la cuisine que dans le salon?
6. Est-ce que le canapé est aussi confortable que ton lit?

 ACTIVITÉ 4 **Situation: La famille Colin choisit une villa**

Laquelle de ces deux villas est-ce que la famille Colin va choisir? La famille Colin: M. et Mme Colin, Marise et Clarisse (jumelles, 19 ans), Charles (17 ans), Emmanuel (14 ans) et Joël (8 ans). Comparez les villas et expliquez votre raisonnement.

LES ORMES
5 chambres à coucher
1 salon
1 salle à manger
1 bureau
2 salles de bains

LES MYRTILLES
4 chambres à coucher
1 salon-salle à manger
3 salles de bains
1 bureau
sous-sol

 **LE LOGEMENT**

Attention! Étudier Grammaire 4.3

le 12ème étage →
l'ascenseur →
un balcon
le premier étage →
le rez-de-chaussée →
la piscine

Les architectes finissent les plans d'un immeuble dans un nouveau parc résidentiel.

On démolit une vieille ferme.

Les nouveaux locataires choisissent leurs appartements.

> ACTIVITÉ 5 **On choisit un appartement**

Mettez dans l'ordre logique les démarches qu'on fait quand on cherche un appartement à louer.

_____ On prend une décision.
_____ On signe un contrat.
_____ On prend rendez-vous pour voir les appartements intéressants.
_____ On visite les appartements intéressants.
_____ On réfléchit aux avantages et aux inconvénients de chaque appartement.
_____ On choisit des appartements intéressants dans le journal.
___1___ On décide dans quel quartier on voudrait vivre.
_____ On paie le loyer.

> ACTIVITÉ 6 **Entretien: Ton logement**

1. Est-ce que tu habites dans une résidence universitaire, dans un appartement ou dans une maison?
2. Tu habites avec d'autres personnes? Elles sont sympas?
3. Tu as ta propre chambre? Quels meubles et quel équipement électronique y a-t-il dans ta chambre?
4. Est-ce que tu aimes habiter où tu es maintenant? Pourquoi (pas)?

ACTIVITÉ 7 **Qui est-ce?**

Organisez les phrases en deux groupes: (1) les résidents d'un studio au 10ᵉ étage et (2) les résidents d'une maison.

- Ils ne prennent pas l'ascenseur.
- Ils ont plus d'espace.
- Ils se promènent dans le jardin.
- Ils travaillent dans le jardin.
- Ils n'entendent pas les bruits des voisins.

- Leur loyer est moins cher.
- Leur cuisine est plus grande.
- Ils font vite le ménage.
- Ils ont une chambre à coucher.
- Ils ont une belle vue sur la ville.

Allons plus loin!

Posez des questions à votre professeur sur son logement.

MODÈLE: Vous avez beaucoup de place, madame/monsieur?

Un chalet entouré d'un beau jardin.

Vie quotidienne **Une maison de rêve**

La population de la France a une densité d'approximativement 100 h/km²,ᵃ mais très variable: de 28 h/km² en Corse, région très rurale, à 850 h/km² en Île-de-Franceᵇ! En fait, beaucoup de Français habitent en ville ou en banlieue,ᶜ dans des logements relativement petits, car la moitié sont des appartements. Alors, le Français rêve de posséder un pavillon (ou une villa), c'est-à-dire une maison individuelle avec un petit jardin. Cette maison idéale est protégéeᵈ par un mur contre la curiosité des voisins, et elle est équipée avec «tout le confort» — chauffageᵉ central, machine à laver, lave-vaisselle, etc. Là, on peut vraiment vivre tranquille et profiter de ses loisirs!

ᵃhabitants par kilomètre carré (1 km² = 0.386 mille carré) ᵇla région parisienne ᶜen... à l'extérieur immédiat d'une grande ville ᵈprotégée > protection ᵉchauffage > chaud

ACTIVITÉ 8 **Les petites annonces**

En groupes, choisissez un appartement pour les personnes qui cherchent à louer. Ensuite, expliquez vos choix à la classe.

À vous la parole!

Imaginez que vous allez partager un appartement avec des camarades de classe l'année prochaine. En groupes, écrivez la demande que vous allez envoyer au journal. (Vous avez un budget illimité et vous aimez le luxe.)

TRANSACTIONS IMMOBILIÈRES

Locations vides (demandes)

Cherche grand studio, 40 m2, ou 2 pièces, ascenseur, calme. Tél. XX.XX.XX.XX.

Personne sérieuse cherche 2 pièces avec jardin, Nice/ouest, loyer, maxi 2.500 F. Tél. XX.XX.XX.XX, YTY.

Couple italien recherche 3-4 pièces pour se loger Nice Est. CERUTI, XX.XX.XX.XX.

Locations vides (offres)

Mini. studio kitchen, WC. Douche 1.700 F. mensuel. Tél. XX.XX.XX.XX (répondeur)

Exceptionnel, Nice centre: vaste studio, terrasse, Sud, cuisine indépendante, 2.200, NISSIMO PAGANINI XX.XX.XX.XX.

Centre Nice: 2 pièces, balcon, ascenseur, calme, urgent, 3.100 CABINETORY. XX.XX.XX.XX.

Nice Est, superbe 3 pièces, duplex, petite résidence, frais réduits, 4.750 charges comprises. SUD CONTACT XX.XX.XX.XX.

Nice Ouest: magnifique, cuisine équipée, terrasse, parking, piscine, 5.000 + charges. MAISON DE L'IMMOBILIER XX.XX.XX.XX.

Tâches et loisirs

Attention! Étudier Grammaire 4.4 et 4.5

Le week-end chez les Lasalle

Samedi matin avant le déjeuner

Bernard tond le gazon.

Camille passe l'aspirateur.

Marie-Christine enlève la poussière de la table basse et ensuite, elle la cire.

Après le déjeuner

Christine répond
à la lettre d'une
amie.

Nathalie vide les
ordures, mais elle
les répand par terre.

Marie-Christine essuie
les assiettes, puis elle
les met dans le
placard.

Bernard bricole.

Camille fait la
vaisselle.

ACTIVITÉ 9 **Les obligations et les plaisirs**

Est-ce que vous faites ces activités parce qu'il faut les faire ou parce que vous
voulez bien les faire? Les faites-vous souvent?

MODÈLE: nettoyer la salle de bains →
Il faut le faire. Je le fais toutes les semaines. (Je refuse de le faire.
Je ne le fais jamais.)

1. laver la voiture
2. aller au supermarché
3. bricoler
4. jardiner
5. passer l'aspirateur
6. faire la lessive

Suggestions

Il faut le faire.
Je veux bien le faire.

Je n'aime pas le faire.
Je refuse de le faire.

ACTIVITÉ 10   Devinettes: Qu'est-ce que c'est?

Réponses possibles: les ordures, la vaisselle, le gazon, l'aspirateur, la lessive, le ménage

1. On la fait après les repas si l'on n'a pas de machine.
2. On le tond et quelquefois, on l'arrose.
3. On la fait quand on a trop de vêtements sales.
4. On le passe pour nettoyer les tapis et la moquette.
5. On peut le faire toutes les semaines ou très rarement. Normalement, on le fait avant d'avoir des invités à la maison.
6. On les vide après les repas. Ce n'est pas une tâche très agréable.

ACTIVITÉ 11   Le samedi d'Adrienne

Vocabulaire utile: repasser, arroser

LA VIE DE QUARTIER

Attention! Étudier Grammaire 4.6 et 4.7

Dans le quartier de Jean-Yves Lescart

Jean-Yves va au lavomatic parce qu'il a besoin de faire la lessive.

Il va au café parce qu'il a soif et parce qu'il a envie de bavarder avec ses copains.

Quand il a faim et qu'il est pressé, il mange au self-service.

Il est toujours fâché quand il trouve une contravention sur son scooter.

Il connaît beaucoup de gens dans le quartier.

Tous les voisins le connaissent aussi.

◣ACTIVITÉ 12 **Les courses dans le quartier**

MODÈLE: É1: Où est-ce que je peux acheter un livre?
    É2: Tu vas à la librairie.

1. acheter de la sauce tomate
2. faire réparer des chaussures
3. laver mes vêtements sales
4. faire réparer ma voiture
5. choisir un bon vin
6. acheter des fleurs
7. faire nettoyer mes vêtements fragiles
8. me faire couper les cheveux

 a. chez le cordonnier
 b. au pressing
 c. chez le fleuriste
 d. au lavomatic
 e. chez le coiffeur (la coiffeuse)
 f. à l'épicerie
 g. chez le marchand de vins
 h. au garage

Petits commerces dans le Marais, quartier parisien.

Société **Villes, quartiers et villages**

Une ville européenne typique est subdivisée en «quartiers». Ils portent souvent un nom de saint (Sainte Marthe, Saint Marcel), d'un bâtiment important (la Bastille), ou encore reflètent la topographie (le Marais, Montmartre).[1] Chaque quartier a sa personnalité, parfois héritée[2] du temps où les gens se regroupaient[3] par profession. Les villes africaines ont généralement une structure différente: les quartiers sont organisés comme des villages, où tout le monde est de la même ethnie et parle la même langue tribale. De plus, les citadins[4] retournent souvent dans leur village natal pour célébrer les grandes occasions, ou simplement rendre visite à leur famille. Cette situation existe aussi à Paris: nombre[5] de «Parisiens» gardent leurs racines[6] culturelles en province.

[1]Marais > marais (*swamp, marsh*); Montmartre > Mons Martis (montagne de Mars) [2]héritée > héritage [3]se... *gathered together* [4]habitants d'une ville [5]beaucoup [6]origines

◣ACTIVITÉ 13 **Enquête: Connaissez-vous votre quartier?**

Dites *oui* ou *non*. Ensuite, comparez vos réponses avec celles de votre partenaire.
(Voir la page suivante.)

MODÈLE: É1: Moi, je sais le nom du facteur. Et toi?
É2: Aucune idée! Je suis en cours quand le facteur vient chez nous.

1. Je sais le nom du facteur (la personne qui apporte les lettres).
2. Je connais les enfants du quartier.
3. Je connais mes voisins.
4. Je reconnais les gens qui passent devant chez moi.
5. Je sais où prendre l'autobus dans mon quartier.
6. Je sais le nom de quelques caissiers ou caissières qui travaillent à l'épicerie ou au supermarché le plus proche.

Suggestions

Bien sûr!	Aucune idée!
Pas du tout!	Sans blague!

 ACTIVITÉ 14 **Entretien: Le présent et l'avenir**

1. Est-ce que tu es content(e) du quartier où tu habites ou as-tu envie de déménager? Pourquoi?
2. Connais-tu beaucoup de gens dans ton quartier? Comment sont les voisins que tu aimes le mieux? les voisins que tu aimes le moins?
3. Est-ce que tu préfères faire tes achats chez les commerçants du quartier, au centre-ville ou dans une grande surface? Pourquoi?
4. Où as-tu envie d'habiter après tes études? Est-ce que tu as peur d'habiter dans une grande ville?
5. À ton avis, est-il préférable de conserver les vieux quartiers historiques ou de les démolir?

 ACTIVITÉ 15 **Où allez-vous?**

Dans votre quartier, ou dans votre ville, où allez-vous quand...

1. vous avez besoin d'acheter un CD ou un livre?
2. vous avez soif et vous avez envie de bavarder avec des amis?
3. vous désirez fêter une occasion importante?
4. vous êtes de mauvaise humeur et vous voudriez être seul(e)?
5. vous avez très chaud en été?

MODÈLE: É1: Quand j'ai faim, je vais dans un petit restaurant italien près de chez moi. J'adore la lasagne. Et toi?
É2: Moi, je vais au fast-food au coin de ma rue.

Allons plus loin!

Est-ce que vous êtes content(e) de votre quartier? Pourquoi (pas)? Où est-ce que vous avez envie d'habiter l'année prochaine? Et après que vous finissez vos études, où voudriez-vous habiter?

LECTURE

Les banlieues à la une de l'actualité°

à... à la première page des journaux

Un reporter du journal Le Monde *interviewe Bernard Seignolles, sociologue à l'université Paris X (Nanterre).*

Le journaliste: On parle énormément des banlieues ces jours-ci; mais pas des banlieues résidentielles, avec leurs belles villas entourées° de jardins...

encerclées

Bernard Seignolles: Non, bien sûr. Le mot fait référence aux banlieues ouvrières,° avec leurs cités° H.L.M.° Historiquement, elles datent de la révolution industrielle, à la fin du dix-neuvième siècle; mais elles se développent surtout dans les années cinquante et soixante. À cette époque, la prospérité économique provoque une arrivée massive de population dans les grands centres industriels comme Paris, Lyon, Marseille ou Lille. C'est une population de condition modeste; des ouvriers surtout, beaucoup d'immigrés. Comment loger tous ces nouveaux venus°? C'est impossible à l'intérieur des villes. Alors, très rapidement, on

un ouvrier = un travailleur manuel / une cité = un groupe de grands bâtiments / *Habitations à Loyer Modéré* (subventionné par l'État)

arrivés

Les tours d'une cité, dans la région parisienne.

doit construire d'immenses cités à l'extérieur, sans trop de préoccupation pour l'esthétique. Ce sont les fameuses «cités-dortoirs°»: pratiques, mais sans caractère.

dortoir = salle où on dort

Le journaliste: Aujourd'hui, les banlieues ont mauvaise réputation. À votre avis, est-ce justifié?

Bernard Seignolles: Oui et non. Il est vrai que les grandes cités sont laides,° souvent sales et même dangereuses; mais pourquoi? Les cités, à l'origine, étaient° «temporaires», de construction peu durable; elles se dégradent très vite. De plus, leurs habitants sont les plus touchés° par la crise économique actuelle.° Ils doivent vivre dans un environnement difficile. Il faut beaucoup d'efforts pour faire d'une cité de banlieue un véritable quartier.

≠ belles

*forme du passé du verbe **être***

affectés / contemporaine

Le journaliste: Vous pensez que cela est possible?

Bernard Seignolles: Absolument. Les banlieues ont créé° leur identité propre° à partir d'une culture originale, métissée,° car beaucoup de résidents sont des immigrés du Maghreb, d'Afrique, des Antilles. Les gens sont fiers de cette identité, mais ils demandent aussi des améliorations de leur cadre de vie.° Le gouvernement ne peut pas ignorer ces appels:° on parle beaucoup maintenant d'une «politique de la ville» destinée à changer les conditions d'existence dans les banlieues.

ont... have created / distinct(e)

mélangée, diverse

cadre... environnement

demandes, exhortations

Avez-vous compris?

1. À l'origine, les banlieues se sont développées pour des raisons...
   a. esthétiques.
   b. économiques et démographiques.
   c. politiques.
2. Une cité est...
   a. une ville.
   b. une banlieue.
   c. un groupe de bâtiments.
3. Les habitants des banlieues sont...
   a. uniquement des immigrés.
   b. particulièrement affectés par le chômage.
   c. généralement satisfaits de leur cadre de vie.
4. Le gouvernement considère que les banlieues constituent...
   a. une priorité dans son action sociale.
   b. des endroits dangereux et désagréables.
   c. un problème politique.

À vous la parole!

Avec un groupe de deux ou trois camarades, déterminez les avantages et les inconvénients d'habiter (1) en ville; (2) dans une cité de banlieue; (3) dans une banlieue résidentielle; (4) à la campagne.

Suggestions

aspects positifs
On peut habiter dans une villa...
L'air est pur...
Le logement n'est pas très cher...
Il y a des commerces à proximité...
On est tranquille...

aspects négatifs
Il y a souvent du bruit...
Les loyers sont élevés...
On est loin du centre-ville...
Le cadre n'est pas très beau...
On ne connaît pas ses voisins...
Il n'y a pas de distractions...

À vous d'écrire!

Vous allez passer quelques mois à l'université de Toulouse et vous désirez partager un appartement avec des étudiants français. Écrivez une petite annonce qui décrit ce que vous désirez: le type de logement, le nombre et le type de camarades de chambre que vous cherchez, le loyer maximum que vous pouvez payer, et d'autres renseignements qui vous semblent importants. N'oubliez pas de dire comment on peut vous contacter.

MODÈLE: Étudiant(e) américain(e) cherche... pour... mois.

FUTONS
tatamis, paravents et supports
bois importés d'Asie au meilleur prix.

PROMOTION DU MOIS
CANAPÉ CONVERTIBLE
en bois massif 140 x 200
avec matelas futon
100 % coton
2450 F

CRÉDIT GRATUIT. Livraison gratuite sous 48 h à Paris.

31, bd Batignolles
75008 Paris
T. 43.87.42.26

68, av. Ledru Rollin
75012 Paris
T. 43.42.35.74

147, bd Montparnasse
75006 Paris
T. 43.26.33.58

OMOTÉ

Vocabulaire

LES CONDITIONS MENTALES ET PHYSIQUES
Physical and mental states

avoir besoin (de)	to need
chaud	to feel warm, hot
envie (de)	to want
faim	to be hungry
froid	to be cold
honte	to be ashamed
peur (de)	to be afraid (of)
raison	to be right
soif	to be thirsty
sommeil	to be sleepy
tort	to be wrong
être content(e)	to be happy
de mauvaise humeur	to be in a bad mood
fâché(e)	to be angry
triste	to be sad

LE LOGEMENT
Housing-related terms

un ascenseur	an elevator
la cité-universitaire	university residence halls
un deux-pièces	a two-bedroom apartment
un immeuble	an apartment building, a highrise
le rez-de-chaussée	the ground floor
le premier étage	the second floor
le (douzième) étage	the (thirteenth) floor

Mots apparentés: **un balcon, un court de tennis, un édifice, une ferme, un parc résidentiel, un studio, une vue**

LES PIÈCES ET LES AUTRES PARTIES DE LA MAISON
Rooms and other places in the house

la chambre à coucher	the bedroom
la cheminée	the fireplace
la cuisine	the kitchen
l'escalier (*m.*)	the stairs, staircase
le jardin	the yard, garden
la salle à manger	the dining room
la salle de bains	the bathroom
la salle de séjour	the living room
le sous-sol	the basement
le toit	the roof
un volet	a shutter

Mots apparentés: **le salon, la terrasse**

LES TÂCHES MÉNAGÈRES
Household tasks

arroser	to water (*plants*)
enlever la poussière	to dust
essuyer	to wipe
faire la lessive	to do laundry
faire le ménage	to do housework
faire la vaisselle	to wash dishes
jardiner	to garden
nettoyer	to clean
passer l'aspirateur	to vacuum
ranger	to put in order
repasser	to iron
tondre le gazon	to mow the lawn
vider les ordures	to empty the garbage

LES MEUBLES ET L'ÉQUIPEMENT MÉNAGER
Household furnishings

une baignoire	a bathtub
un canapé	a sofa
une commode	a dresser
une cuisinière	a kitchen range
une douche	a shower
un évier	a kitchen sink
un fauteuil	an easy chair
un four à micro-ondes	a microwave oven
un lavabo	a lavatory, sink
un lave-vaisselle	a dishwasher

un lit	a bed
une machine à laver	a washing machine
un placard	a closet, cupboard
un radio-réveil	a clock radio
des rideaux (*m.*)	curtains
une table basse	a coffee table
une table de nuit	a bedside table
un tapis	a rug

Mots apparentés: **un buffet, une lampe, un miroir, une radio, un réfrigérateur, un sauna, une table**

LE QUARTIER
The neighborhood

un coiffeur/ une coiffeuse	a hairdresser
un cordonnier	a shoe repairman
un facteur	a mail carrier
une grande surface	a discount store
un lavomatic	a laundromat
un marchand de vins	a wine seller

Mots apparentés: **un fleuriste, un garage, un pressing, un self-service**

LA DESCRIPTION
Descriptive words

chaque	each
entouré(e) de	surrounded by
fâché(e)	angry
interdit(e)	forbidden
nouveau/nouvelle	new, different
pressé(e)	hurried, in a hurry
sale	dirty

Mots apparentés: **confortable, électronique, historique, obligé(e)**

Substantifs
Nouns

un bruit	a noise
un caissier/une caissière	a cashier
une chose	a thing

une contravention	a ticket (*parking, traffic*)
le courrier	the mail
l'espace (*m.*)	space
une fleur	a flower
un rendez-vous	an appointment, a date
un/une voisin(e)	a neighbor

Mots apparentés: **un/une invité(e), une résidence, un supermarché, une transaction, une villa**

VERBES
Verbs

apporter	to bring
bavarder	to chat
choisir	to choose
connaître	to know (*someone*), be acquainted with
entendre	to hear
se faire couper les cheveux	to have one's hair cut
fêter	to celebrate
louer	to rent
partager	to share
prendre une décision	to make a decision
réfléchir	to think, reflect
répandre par terre	to spill on the ground
répondre	to answer
vivre	to live

Mots apparentés: **comparer, conserver, considérer, démolir, finir, monter, payer, refuser, réparer, signer, téléphoner**

MOTS ET EXPRESSIONS UTILES
Useful words and expressions

à mon avis	in my opinion
Aucune idée!	I've no idea!
Bien sûr!	Of course!
Laquelle? (Lequel?)	Which one?
le mieux	(the) best
ne... jamais	never
parfois	sometimes
le plus près	the closest
rarement	rarely
Sans blague!	No kidding!
vite	quickly, fast

Grammaire et exercices

4.1 PLACEMENT OF ADJECTIVES
Describing

A. Most French adjectives follow the noun they modify.

Nos voisins ont une maison **énorme.**	*Our neighbors have a huge house.*

B. A few adjectives, however, generally precede the noun they modify. Here are the most common of these.

autre	*other*
beau/belle	*beautiful*
bon(ne)	*good*
grand(e)	*big; tall*
jeune	*young*
joli(e)	*pretty*
mauvais(e)	*bad*
même	*same*
nouveau/nouvelle	*new*
petit(e)	*small*
vieux/vieille	*old*

Il y a un **beau** tapis dans le salon.	*There's a beautiful rug in the living room.*
Mes grands-parents habitent dans une **jolie** maison blanche.	*My grandparents live in a pretty white house.*

C. Beau, nouveau, and **vieux** have irregular forms used with masculine nouns beginning with a vowel or a mute **h.**

MASCULIN (*s./pl.*)	FÉMININ (*s./pl.*)	*before a masculine noun beginning with a vowel or mute* **h** (*s./pl.*)
beau/beaux	belle/belles	bel/beaux
nouveau/nouveaux	nouvelle/nouvelles	nouvel/nouveaux
vieux/vieux	vieille/vieilles	vieil/vieux

Leur **nouvel** appartement est dans un **bel** immeuble.	*Their new apartment is in a lovely building.*
Édouard Vincent est un **vieil** homme sympathique.	*Édouard Vincent is a nice old man.*

Pronunciation Hint:

The plural endings **-s** and **-x** are always pronounced before a vowel or a mute **h**: vieux‿ami$, belles‿étagère$, nouveaux‿hôtel$.

 EXERCICE 1 **La nouvelle maison de Julien Leroux**

Julien Leroux parle avec un ami. Terminez ses réponses avec le nom suggéré et le même adjectif. Faites attention à la forme de l'adjectif.

> MODÈLE: Tu as une *grande* chambre, n'est-ce pas? (lit, *m.*) →
> Oui, et j'ai aussi un grand lit.

1. C'est un *vieux* quartier, n'est-ce pas? (maison, *f.*)
   Oui, mais ce n'est pas _____ .
2. Tu as un *beau* buffet, n'est-ce pas? (cheminée, *f.*)
   Oui, et j'ai aussi _____ .
3. Tu as une *petite* cuisine, n'est-ce pas? (réfrigérateur, *m.*)
   Oui, et c'est pourquoi j'ai _____ .
4. Il y a un *bon* four, n'est-ce pas? (cuisinière, *f.*)
   Oui, et il y a aussi _____ .
5. Tu as une *grande* baignoire, n'est-ce pas? (sauna, *m.*)
   Oui, et j'ai aussi _____ .
6. Tu as une *nouvelle* adresse, n'est-ce pas? (numéro de téléphone, *m.*)
   Oui, bien sûr. Et j'ai aussi _____ .

 EXERCICE 2 **Au contraire!**

Faites des questions et des réponses selon le modèle. Attention aux adjectifs!

> MODÈLE: une petite cuisine →
> Tu as une petite cuisine, n'est-ce pas?
> Mais non, j'ai une grande cuisine.

1. une petite chambre
2. un nouvel appartement
3. un vieux blue-jean
4. de nouvelles chaussures
5. une grande étagère
6. un bon dictionnaire de français
7. un jeune professeur de français
8. de nouveaux amis

Making comparisons

A. To make descriptive comparisons with adjectives or adverbs, use the following phrases.

COMPARING QUALITIES	
aussi... que	*as . . . as*
plus... que	*more . . . than*
moins... que	*less . . . than*

➤ In comparisons, as always, the adjective agrees with the noun it modifies: *Barbara* **est plus grande que Louis.**

Un réfrigérateur est **aussi utile qu'**un lave-vaisselle.	*A refrigerator is as useful as a dishwasher.*
Une baignoire est **plus pratique qu'**un sauna.	*A bathtub is more practical than a sauna.*
Bernard dort **moins bien que** Christine.	*Bernard sleeps less soundly than Christine.*

B. To compare quantities of nouns, use these phrases:

COMPARING QUANTITIES	
autant de... que	*as much, as many as*
plus de... que	*more than*
moins de... que	*less, fewer than*

Il y a **plus de chaises** dans la salle à manger **que** dans le salon.	*There are more chairs in the dining room than in the living room.*
Ton appartement a **autant de pièces que** notre maison.	*Your apartment has as many rooms as our house.*
J'ai **moins d'argent que** toi.	*I have less money than you (do).*

Pronunciation Hint:

In general, the **s** in **plus** is not pronounced before a consonant: **J'ai plus de livres que vous.** It is pronounced **z** before a vowel: **Il est plus‿organisé que moi.** The **s** *is* pronounced (as an **s**) at the end of a phrase or sentence: **Mangez plus!**

C. Bon and **mauvais** are adjectives (they modify nouns and pronouns): **un *bon* livre, un *mauvais* exemple. Bien** and **mal** are adverbs (they modify verbs): **elle parle *bien* l'anglais, il chante *mal*.** Here are their comparative forms:

bon (*good*)   → meilleur (*better*)
mauvais (*bad*)   → plus mauvais, pire (*worse*)
bien (*well*)   → mieux (*better*)
mal (*badly, poorly*) → plus mal (*worse*)

Cette table est de **meilleure** qualité que l'autre.	*This table is of better quality than the other one.*
Ces rideaux vont **mieux** avec les couleurs de ma chambre.	*These curtains go better with the colors in my room.*

EXERCICE 3 À votre avis

Comparez les objets.

> MODÈLE: une voiture et une bicyclette →
> Une voiture est plus chère qu'une bicyclette, mais une bicyclette est moins confortable.

1. un lave-vaisselle et un réfrigérateur
2. un appartement et une maison
3. un studio et un deux-pièces
4. un immeuble moderne et un vieil immeuble
5. une chaîne stéréo et une radio
6. un micro-ordinateur et un magnétoscope*

Suggestions:

cher (chère)	pratique	utile
important(e)	agréable	confortable
amusant(e)	économique	beau (belle)

EXERCICE 4 Maisons bien équipées

Comparez l'équipement électronique chez Daniel, Albert et Louis. Employez **plus de, moins de** ou **autant de.** Lisez les modèles à la page suivante.

CHEZ DANIEL		CHEZ ALBERT		CHEZ LOUIS	
2 radio-réveils	2 ordinateurs	3 radio-réveils	0 ordinateurs	4 radio-réveils	1 ordinateur
1 télévision	2 calculatrices	2 télévisions	4 calculatrices	0 télévisions	4 calculatrices

---

*un magnétoscope = a VCR

MODÈLE: Daniel a _____ radio-réveils qu'Albert et Louis. →
Daniel a moins de radio-réveils qu'Albert et Louis.

1. Daniel a _____ ordinateurs que Louis.
2. Albert a _____ calculatrices que Louis.
3. Daniel a _____ calculatrices qu'Albert et Louis.
4. Albert a _____ calculatrices que de télévisions.
5. Louis a _____ radio-réveils que de calculatrices.
6. Louis a _____ calculatrices que de télévisions.

4.3 REGULAR -ir VERBS

A. The second group of regular verbs in French has infinitives ending in **-ir.**
These verbs add **-iss-** between the stem and the endings in the plural forms.

FINIR *(to finish)*	
je finis	nous fin**iss**ons
tu finis	vous fin**iss**ez
il/elle/on finit	ils/elles fin**iss**ent

Albert **finit** toujours ses devoirs.　　*Albert always finishes his homework.*

Pronunciation Hint:

fini$, fini⊄, finiss⊄n⊄

B. Other verbs conjugated like **finir: bâtir** *(to build),* **choisir** *(to choose),* **démolir**
(to demolish), **obéir (à)** *(to obey),* **punir** *(to punish),* **réfléchir (à)** *(to think [about]),*
réussir (à) *(to succeed [at]).*

Raoul? Il **choisit** un vin.	*Raoul? He's choosing a wine.*
Les jeunes ne **réfléchissent** pas toujours avant d'agir.	*Young people don't always think before acting.*

C. Obéir, réfléchir, and **réussir** always require **à** before their objects.

Elle **réfléchit à** la question.	*She's thinking about the question.*
Je **réussis** toujours **aux** examens.	*I always do well on (pass) exams.*

D. Finir and **choisir,** on the other hand, require **de** only when followed by an infinitive.

✳ See Appendix B for more on verbs and prepositions.

Nous **finissons** souvent **de travailler** à huit heures.

We often finish working at eight o'clock.

On peut **choisir de rester** à la maison.

One can choose to stay at home.

E. Though their infinitives end in **-ir, offrir** and **ouvrir** are conjugated like **parler.**

✳ Review **Grammaire 1.5.**

OFFRIR (*to offer, give*)	
j' offre	nous offrons
tu offres	vous offrez
il/elle/on offre	ils/elles offrent

Other verbs like **offrir** and **ouvrir: couvrir** (*to cover*), **découvrir** (*to discover*).

Pronunciation Hint:

offre̸s̸, õn‿offre̸, nous‿offrõṉs̸, vous‿offre̸z̸, ils‿offre̸ṉt̸

EXERCICE 5 La classe de Madame Martin

Complétez la phrase et dites si vous faites la même chose.

MODÈLE: Albert _____ ses cours à 14 heures. (finir) →
Albert finit ses cours à 14 heures.
Moi, je finis à midi.

1. Daniel est sérieux. Il _____ avant de parler. (réfléchir)
2. Louis ne _____ pas toujours ses devoirs. (finir)
3. Barbara _____ toujours à sa conscience. (obéir)

Complétez la phrase et dites si votre classe de français fait comme la classe de Madame Martin.

MODÈLE: Dans les activités TPR, les étudiants _____ à des ordres. (obéir) →
Les étudiants obéissent à des ordres.
Dans notre classe, nous obéissons à des ordres.

4. Les étudiants _____ leurs partenaires pour travailler en groupes. (choisir)
5. En général, les étudiants _____ à leurs examens. (réussir)
6. Ils vont au café quand ils _____ leur journée de cours. (finir)

4.4 REGULAR -RE VERBS

A. The third and final group of regular verbs in French has infinitives ending in **-re.** Note that the **-d** at the end of the stem **(attend-)** is pronounced only in the plural forms.

ATTENDRE (*to wait [for], expect*)	
j' attend**s**	nous attend**ons**
tu attend**s**	vous attend**ez**
il/elle/on attend	ils/elles attend**ent**

— Qui **attendez**-vous? *Who(m) are you waiting for?*
— J'**attends** Salam. *I'm waiting for Salam.*

Pronunciation Hint:

attĕn̸d̸s̸, attĕn̸d̸; attĕn̸dõn̸s̸, attĕn̸dez̸, attĕn̸dĕn̸t̸

B. Other verbs like **attendre: descendre** (*to get out of a vehicle; to go down*), **entendre** (*to hear*), **perdre** (*to lose; to waste*), **rendre** (*to give back*), **répondre (à)** (*to answer*), **tondre** (*to mow*), **vendre** (*to sell*).

J'**entends** un chien. *I hear a dog.*
Rendez-moi mes livres! *Give me my books back!*

★ Review **Grammaire 3.3.**   **C.** Notice the difference between the regular **-re** verbs like **attendre** and the irregular **-re** verbs like **prendre:** the singular forms are the same, but the plural forms are different.

IRREGULAR	REGULAR
nous prenons	nous enten**d**ons
vous prenez	vous enten**d**ez
ils prennent	ils enten**d**ent

Prenez-vous du champagne? *Are you having some champagne?*

D. Mettre is similar in conjugation to **attendre.** Notice that it has only one **t** in the singular forms.

<table>
<tr><td colspan="2" align="center">**METTRE** (*to put [on]*)</td></tr>
<tr><td align="center">je met**s**</td><td align="center">nous mett**ons**</td></tr>
<tr><td align="center">tu met**s**</td><td align="center">vous mett**ez**</td></tr>
<tr><td align="center">il/elle/on met</td><td align="center">ils/elles mett**ent**</td></tr>
</table>

Est-ce que vous **mettez** votre travail avant votre famille?	*Do you put your work before your family?*
En classe, nous **mettons** nos affaires par terre.	*In class, we put our things on the floor.*
Je **mets** un blue-jean pour aller en cours.	*I put blue jeans on to go to class.*

Other verbs conjugated like **mettre: permettre** (*to permit*)**, promettre** (*to promise*)**, remettre** (*to put back, hand in*).

Pronunciation Hint:

The final **t** in the stem is pronounced in the plural forms only: met͢s͢, met͢, mettõn͢s͢, mettez͢, mettẽn͢t͢.

EXERCICE 6 Chez moi

Posez des questions et puis répondez.

> MODÈLE: entendre la circulation dans la rue →
> Chez toi, est-ce que tu entends la circulation dans la rue?
> Oui, j'entends la circulation. (Non, je n'entends pas la circulation.)

1. mettre la table pour dîner
2. prendre le petit déjeuner dans la cuisine
3. tondre le gazon en été
4. permettre au chien de dormir sur ton lit
5. apprendre à surfer le Net
6. mettre ta chambre en ordre tous les jours
7. répondre toujours au téléphone
8. perdre souvent tes livres

Maintenant, posez les mêmes questions au professeur.

> MODÈLE: Chez vous, est-ce que vous entendez la circulation dans la rue?

EXERCICE 7 Comparaisons: Les étudiants et les profs

Complétez les descriptions d'une université américaine typique. Ensuite, dites si c'est vrai pour votre université et pour votre classe de français.

1. Les étudiants _____ leurs livres à la fin du trimestre. (vendre)
   a. Dans cette université, on...
   b. Dans notre classe de français, nous...
2. Les étudiants _____ si le professeur arrive en retard. (attendre)
   a. Dans cette université, on...
   b. Dans notre classe de français, nous...
3. Les étudiants ne _____ pas toujours les devoirs. (remettre)
   a. Dans cette université, on...
   b. Dans notre classe de français, nous...
4. Certains étudiants _____ du temps devant la télé. (perdre)
   a. Dans cette université, on...
   b. Mes copains et moi, nous...
5. Les professeurs ne _____ pas aux étudiants de dormir en classe. (permettre)
   a. Dans cette université, on...
   b. Mon professeur de français...
6. Les professeurs ne _____ pas toujours les examens corrigés le lendemain. (rendre)
   a. Dans cette université, on...
   b. Mon professeur de français...

4.5 DIRECT OBJECT PRONOUNS

Definition: A direct object follows the verb without a preposition before it: **Je fais mon lit.**

A. Direct object pronouns are used in place of direct object nouns. The following forms can refer to people or things. Like reflexive pronouns, they are placed before the verb.

le (*him, it*)	replaces masculine singular nouns
la (*her, it*)	replaces feminine singular nouns
l' (*him, her, it*)	replaces masculine or feminine singular nouns before verbs beginning with a vowel or a mute **h**
les (*them*)	replaces masculine and feminine plural nouns

—Aimez-vous ces rideaux? *Do you like these curtains?*
—Oui, je **les** aime beaucoup. *Yes, I like them a lot.*

—Tu entends ton père qui t'appelle? *Do you hear your father calling you?*
—Oui, je **l'**entends. *Yes, I hear him.*

Pronunciation Hint:

je les ᶻ aime, nous les ᶻ aimons, etc.

B. Here are the other direct object pronouns. Note that **me** and **te** become **m'** and **t'** before a vowel or a mute **h.**

me (m') (*me*)	**nous** (*us*)
te (t') (*you*, informal sing.)	**vous** (*you*, formal/pl.)

Bernard, tes parents **nous** invitent au concert. *Bernard, your parents are inviting us to the concert.*

—Allô, maman. Tu **m'**entends bien? *Hello, Mom. Can you hear me OK?*
—Oui, je **t'**entends parfaitement. *Yes, I can hear you perfectly.*

C. In negative sentences, **ne** precedes object pronouns.

J'aime lire le journal, mais je **ne** **l'**achète pas souvent. *I like to read the paper but I don't buy it often.*

D. If a verb is followed by an infinitive, the direct object pronoun usually precedes the infinitive of which it is the object.

—Est-ce que tu voudrais **m'accompagner** à la banque? *Would you like to go with me to the bank?*
—Oui, je passe **te chercher** à trois heures. *Yes, I'll come by to get you at three.*

E. Direct object pronouns are often used with **voici** and **voilà.**

—Bernard? Bernard? Où es-tu? *Bernard? Bernard? Where are you?*
—**Me voici!** J'arrive tout de suite. *Here I am! I'm coming right away.*

J'attends mes parents. Ah, **les voilà!** *I'm waiting for my parents. Oh, there they are!*

F. Some common verbs take direct objects in French whereas the equivalent English verb takes a preposition: **chercher** (*to look for*), **écouter** (*to listen to*), **regarder** (*to look at, watch*), **attendre** (*to wait for*).

—**Regardez**-vous **les informations** à la télé? *Do you watch the news on TV?*
—Non, je **les écoute** à la radio. *No, I listen to it on the radio.*

Tu **m'attends** un instant? Je **cherche mes clés.** *Would you wait for me a moment? I'm looking for my keys.*

EXERCICE 8 Un matin difficile

C'est lundi matin, et Bernard Lasalle est distrait, comme tous les matins.
Christine doit l'aider à trouver toutes ses affaires.

MODÈLE: BERNARD: Où est ma chemise jaune? →
          CHRISTINE: La voilà!

1. Où est ma cravate verte?
2. Où sont mes lunettes?
3. Où est ma ceinture marron?
4. Où est le journal?
5. Où sont mes tickets d'autobus?
6. Où est ma brosse à dents?

EXERCICE 9 Le travail ménager

Un(e) camarade vous demande si vous faites les tâches suivantes chez vous.
Répondez selon le modèle.

MODÈLE: Tu tonds le gazon? →
          Oui, je le tonds quelquefois (souvent, une fois par semaine).
          (Non, moi, je ne le tonds jamais, mais ma sœur le tond.)

1. Tu arroses les plantes dans le jardin?
2. Tu fais la cuisine?
3. Tu fais ton lit?
4. Tu repasses tes vêtements?
5. Tu fais le ménage?
6. Tu nettoies la salle de bains?
7. Tu achètes les provisions?
8. Tu passes l'aspirateur?

EXERCICE 10 Une mère très curieuse

Votre mère vous téléphone un samedi matin et vous pose beaucoup de
questions. Répondez en employant un pronom objet direct.

MODÈLE: Tu vas nettoyer ta chambre aujourd'hui? →
          Oui, je vais la nettoyer cet après-midi. (Non, je ne vais pas la
          nettoyer. Ce n'est pas nécessaire.)

1. Tu vas ranger ta chambre ce matin?
2. Tu vas faire la lessive aujourd'hui?
3. Tu vas repasser tes vêtements?
4. Tu vas faire tes devoirs ce soir?
5. Tu aimes les repas du restaurant universitaire?
6. Tu prends tes vitamines tous les jours?
7. Tu vas venir nous voir demain?
8. Quand vas-tu inviter ton nouveau petit ami (ta nouvelle petite amie) à la maison?

EXERCICE 11 Nathalie pose des questions

Complétez ses questions et donnez les réponses de Bernard et Christine.

MODÈLE: Tu _____ aimes beaucoup, Papa? →
           Tu m'aimes beaucoup, Papa?
           Oui, je t'aime beaucoup!

1. Tu _____ trouves belle, Maman?
2. Tu _____ écoutes quand je parle, Papa?
3. Tu _____ trouves intelligente, Papa?
4. Tu veux _____ aider à faire mes devoirs, Maman?
5. Tu _____ préfères à toutes les autres petites filles du monde, Papa?
6. Tu ne _____ trouves pas difficile, Maman?
7. Tu vas toujours _____ aimer, Maman?

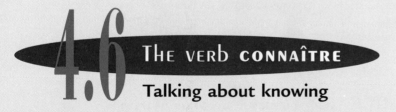

4.6 THE VERB CONNAÎTRE
Talking about knowing

A. You already know how to use **savoir** (*to know*) to say you know a piece of information or how to do something.

★ Review **Grammaire 2.5.**

Je **sais** qu'il est tard, mais je ne veux pas rentrer.	*I know it's late, but I don't want to go home.*
Ma camarade de chambre ne **sait** pas **faire** la cuisine.	*My roommate doesn't know how to cook.*

B. Connaître means *to know* in the sense of being acquainted with someone or something.

CONNAÎTRE (*to know, be familiar with*)	
je connais	nous connaissons
tu connais	vous connaissez
il/elle/on connaît	ils/elles connaissent

Je ne **connais** pas encore mes voisins.	*I don't know (haven't met) my neighbors yet.*
Connaissez-vous le restaurant «Chez Alfred» dans la vieille ville?	*Do you know (Are you familiar with) the restaurant "Chez Alfred" in the old part of town?*

Pronunciation Hint:

connai$, connaî~~t~~, connais~~sent~~

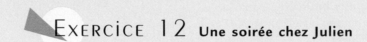

EXERCICE 12 Une soirée chez Julien

Julien Leroux parle avec ses invités. Utilisez la forme correcte du verbe **connaître.**

1. Charles et Martine, _____-vous Madame Michaud? —Oui, nous la _____ très bien.
2. Jacques, _____-tu Sylvie? —Bien sûr, je la _____. C'est ma cousine!
3. Est-ce que Bintou _____ Jacques et Odette Dupont? —Oui, elle les _____ bien.
4. Madame Cartier, _____-vous le fiancé de Fatima? —Non, je ne le _____ pas encore.
5. Est-ce que les Michaud _____ les Haddad? —Oui, ils les _____ très bien. Ils sont voisins.

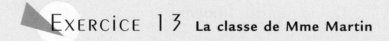

EXERCICE 13 La classe de Mme Martin

Complétez chaque phrase avec **savoir** ou **connaître** à la forme correcte. Ensuite, formulez une réponse d'après le modèle.

MODÈLE: Mme Martin _____ tous ses voisins. Et toi? →
Mme Martin *connaît* tous ses voisins.
Moi, je ne connais pas tous mes voisins. (Moi aussi, je connais...)

1. Barbara _____ faire du canoë. Et toi?
2. Albert _____ la date de l'anniversaire de sa mère. Et toi?
3. Jacqueline _____ faire de l'escalade. Et toi?

4. Mme Martin _____ bien La Nouvelle-Orléans. Et toi?
5. Louis _____ l'histoire de sa famille. Et toi?
6. Denise _____ bien les poèmes de Jacques Prévert. Et toi?

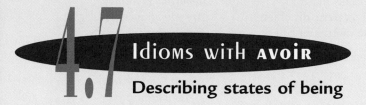

4.7 Idioms with AVOIR

Describing states of being

A. As in English, most descriptions are expressed in French with an adjective and the verb **être** (*to be*).

Karim **est** très **content** de sa nouvelle chaîne stéréo.

Karim is very happy with his new stereo.

B. In French, however, many states are expressed with the verb **avoir** (*to have*) followed by a *noun*.

✳ Review **Grammaire B.5.**

J'ai froid. Le chauffage ne marche pas dans ma chambre.

I'm cold. The heat isn't working in my room.

Here are some other useful combinations of **avoir** + noun.

avoir chaud	*to be hot, warm*	avoir froid	*to be cold*
avoir faim	*to be hungry*	avoir soif	*to be thirsty*
avoir raison	*to be right*	avoir tort	*to be wrong*
avoir sommeil	*to be sleepy*	avoir honte	*to be ashamed*
avoir de la chance	*to be lucky*		

En été, quand j'**ai chaud,** je vais à la piscine.
Jean-Paul pense qu'il **a raison.**

In summer, when I'm hot, I go to the pool.
Jean-Paul thinks he's right.

C. Several idioms with **avoir** require **de** before an object or an infinitive.

avoir besoin de (papier/dormir)	*to need (paper/to sleep)*
avoir envie de (chocolat/sortir)	*to want (chocolate)/to feel like (going out)*
avoir honte de (sa conduite)	*to be ashamed of (one's conduct)*
avoir peur de (l'eau/voler)	*to be afraid of (water/flying)*
avoir raison de (refuser)	*to be right (to refuse)*
avoir tort de (fumer)	*to be wrong (to smoke)*

Note also: **avoir à** + infinitive, *to have to (do something)*.

Nous **avons besoin d'**une nouvelle *We need a new car.*
voiture.

Raoul, tu **as envie de** faire du *Raoul, do you feel like jogging*
jogging demain matin? *tomorrow morning?*

Est-ce que tu **as peur du** chien? *Are you afraid of the dog?*

Il **a tort de** se mettre en colère. *He's wrong to get angry.*

D. Avoir l'air (*to seem*) is followed by an adjective.

Albert, tu **as l'air fatigué** *Albert, you look tired*
ce matin. *this morning.*

Ce pauvre chien **a l'air triste.** *That poor dog looks sad.*

 EXERCICE 14 **Un étudiant québécois**

Complétez le portrait de Raoul Durand avec **peur, tort, besoin, l'air, envie** ou **honte.**

1. Raoul n'est pas brillant. Il a _____ d'étudier.
2. Quelquefois, il pense au Québec et il a _____ de voir sa famille.
3. Il est toujours très calme. Il n'a jamais _____ nerveux.
4. Il est très ponctuel. Il a _____ s'il arrive en retard.
5. En général, il est courageux, mais il a _____ quelquefois.
6. Il n'est pas egoïste. Il admet qu'il a _____ quelquefois.

EXERCICE 15 **Interruptions**

Jean-Yves essaie de travailler chez lui, mais il trouve beaucoup d'autres choses à faire. Utilisez une expression avec **avoir.**

1.

Quand... , Jean-Yves se fait un sandwich.

2.

Quand... , il prend un verre d'eau.

3.

Quand... , il fait
la sieste.

4.

Quand... , il
ouvre la fenêtre.

5.

Quand... , il prend une
tasse de thé très chaud.

6.

Quand... de parler avec
quelqu'un, il appelle un
copain au téléphone.

7.

Quand... de vêtements
propres, il va au
lavomatic.

8.

Il travaille plus dur
quand... d'avoir une
mauvaise note.

Dans le passé

IN **CHAPITRE 5**, you will hear and talk about things that happened in the past, both your own experiences and those of other people.

Gustave Caillebotte (1848–1894), *Rue de Paris, temps de pluie*, 1876–77.

Activités et lectures

Attention! Étudier Grammaire 5.1

Hier...

Victor a passé toute la journée dans son bureau.

Claudine a déjeuné à la cantine de son lycée.

Clarisse a attendu l'autobus pendant une demi-heure.

Emmanuel a choisi des nouveaux tennis.

Charles a rendu son devoir de physique.

Claudine et Charles ont joué aux échecs avant d'aller se coucher.

ACTIVITÉ 1 Entretien: Hier

Posez les questions à la page suivante à un(e) camarade.

MODÈLE: É1: Est-ce que tu as séché un cours?
 É2: Oui, j'ai séché mon cours de maths. Et toi? (Non, je n'ai pas séché de cours.)

165

1. Hier matin... Quels vêtements as-tu portés? Tu as assisté à des cours à la fac? (À quels cours?) Tu as passé un examen? (Tu as réussi à l'examen?)

2. Hier après-midi... Où as-tu déjeuné? (Avec qui?) Est-ce que tu as travaillé? (Où? Combien d'heures?) Tu as rendu visite à quelqu'un? (À qui?)

3. Hier soir... Est-ce que tu as fini un devoir important? (Pour quel cours?) Tu as bavardé avec quelqu'un? (Avec qui?) Est-ce que tu as dansé? (Où? Jusqu'à quelle heure?)

ACTIVITÉ 2 Les aventures d'Astérix et d'Obélix

Ces images sont extraites des aventures des héros gaulois Astérix et Obélix. Situez les aventures: à Rome ou pendant le voyage au Nouveau Monde.

Astérix légionnaire

La grande traversée

MODÈLE: Obélix a rencontré un chef indien. →
    É1: Où est-ce qu'Obélix a rencontré un chef indien?
    É2: Au Nouveau Monde.

1. Astérix et Obélix ont traversé l'Atlantique.
2. Ils ont proposé de combattre avec des légionnaires romains.
3. Ils ont rencontré des Indiens.
4. Astérix a discuté avec Jules César.
5. La fille d'un chef indien a trouvé Obélix très charmant.
6. Obélix a presque épousé la fille d'un chef.
7. Astérix et Obélix ont combattu pour récupérer un prisonnier capturé par les Romains.

ACTIVITÉ 3 Le cadeau d'Adrienne Petit

Ce matin, quelqu'un a envoyé des roses à Adrienne pour son anniversaire. Mais... grand mystère! L'ami généreux a oublié de signer la carte! Il y a trois personnes possibles. Qui est-ce?

1. Bernard travaille chez un fleuriste et il a touché sa paie.
2. Hier, Robert a parlé de l'anniversaire d'Adrienne.
3. Jean-François a noté la date de l'anniversaire dans son carnet d'adresses, mais il a perdu le carnet.
4. Robert est allergique aux fleurs. Il ne va jamais chez le fleuriste.
5. Bernard ne sait pas la date de l'anniversaire d'Adrienne.
6. Jean-François n'est pas en France. Il est en Italie cette semaine.

MODÈLE: É1: C'est peut-être Bernard. Il travaille chez un fleuriste.
    É2: D'accord, mais Robert a parlé de son anniversaire hier.

Suggestions

Tu ne penses pas que... ?   Un instant, s'il te plaît!
Tu as raison.   Je ne suis pas d'accord!
D'accord, mais...   Ça ne prouve rien!

Toussaint Louverture (1743–1803), héros de l'indépendance haïtienne.

Société INFO Toussaint Louverture

Au XVIIème (dix-septième) siècle, les Français ont établi une colonie sur l'île d'Hispaniola dans les Antilles: Saint-Domingue. Ils y ont installé des plantations de canne à sucre très profitables, grâce au[1] travail forcé des esclaves.[2] En 1791, les esclaves, commandés par Toussaint Louverture, se sont révoltés[3] avec succès contre les Français. Quand, à Paris, le gouvernement révolutionnaire[4] a décidé d'abolir l'esclavage en 1794, Toussaint a arrêté le combat. Pourtant,[5] en 1802, Napoléon Bonaparte a rétabli[6] l'esclavage et a envoyé une armée à Saint-Domingue. Les Français ont capturé Toussaint et l'ont emprisonné; il est mort en captivité l'année suivante. Son lieutenant, Dessalines, a continué la lutte[7] et, en 1804, a proclamé l'indépendance du pays, sous le nom d'Haïti. Toussaint Louverture a été considéré comme un symbole universel de libération pour tous les esclaves.

[1]grâce... avec le [2]un(e) esclave: une personne captive forcée à travailler [3]rebellés [4]La France a eu trois révolutions: en 1789, en 1830 et en 1848. [5]Mais [6]réinstitué [7]la... le combat

LE WEEK-END ET LES LOISIRS

Attention! Étudier Grammaire 5.2 et 5.3

Le samedi d'Agnès

Samedi matin, je me suis réveillée tard.

À treize heures, je suis allée au café pour déjeuner avec des amis.

Samedi soir, je suis sortie avec Jean-Yves et Sarah.

Nous sommes allés voir «Jean de Florette» à la cinémathèque.

Après, Jean-Yves et Sarah sont restés deux heures chez moi.

Je me suis couchée vers deux heures et demie du matin.

ACTIVITÉ 4 Entretien: Une occasion importante

Qu'est-ce que vous avez fait la dernière fois que vous êtes allé(e) à une fête (un mariage, une réception...)? Répondez aux questions à la page suivante.

MODÈLE: É1: Est-ce que tu t'es douché(e) avant d'y aller?
É2: Oui, je me suis douché(e). (Non, je ne me suis pas douché[e].)

1. Est-ce que tu t'es lavé les cheveux?
2. Est-ce que tu t'es maquillé(e) (rasé[e])?
3. Comment y es-tu allé(e), en voiture ou à pied?
4. Es-tu arrivé(e) à l'heure ou en retard?
5. Est-ce que tu t'es bien amusé(e) ou est-ce que tu t'es ennuyé(e)?
6. À quelle heure es-tu rentré(e) chez toi?
7. Est-ce que tu t'es endormi(e) tout de suite?
8. À quelle heure t'es-tu réveillé(e) le lendemain matin?

ACTIVITÉ 5 Il y a combien de temps?

Dites si vous avez fait ces activités et quand.

Idées: hier, la semaine dernière, il y a deux jours, il y a un mois...

MODÈLE: Je suis allé(e) au cinéma il y a deux jours.

1. Je suis allé(e) à une fête.
2. Je suis sorti(e) avec ma famille.
3. Je suis parti(e) pour le week-end.
4. Je suis rentré(e) après minuit.
5. Je me suis entraîné(e).
6. J'ai rendu visite à quelqu'un.

ACTIVITÉ 6 Les distractions de Paris

Julien Leroux a monté une émission spéciale pour TF 1 sur certains cafés et brasseries de Paris. Lisez les commentaires de Julien et dites de quelle brasserie ou de quel café il parle.

1. Je me suis bien amusé à regarder la clientèle «de l'après-spectacle».
2. Je suis vite parti de cet établissement à cause du bruit excessif!
3. On m'a servi des plats tex-mex délicieux.
4. Les premières bières d'Alsace y sont arrivées il y a plus d'un siècle.
5. J'y suis allé pour essayer un fast-food de luxe et quel plaisir! Des plats frais, mes amis!
6. Les premiers clients y sont entrés en 1864.

À vous la parole!

En groupes, imaginez un restaurant extraordinaire. Préparez une description du restaurant (le décor, les spécialités, l'ambiance, la cuisine...) et utilisez votre description pour essayer de persuader la classe d'y aller.

Paris... J'adore!

LES BRASSERIES

BRASSERIE FLO
7, cour des Petites-Ecuries, 75010. Dans un décor 1925, la clientèle du quartier croise celle de l'après-spectacle. Carte classique et plats copieux (environ 250 F).

CHEZ BOFINGER
3, rue de la Bastille, 75004. Jusqu'à 1h du matin. Créée en 1864, cette brasserie au décor art nouveau (l'un des plus beaux de Paris) a vu arriver les premières bières d'Alsace. Une institution au-dessus des modes.

LES JEUNES

VIRGIN CAFÉ
56, avenue des Champs-Elysées, 75008, au-dessus du Mégastore. Jusqu'à 23h. Un fast-food de luxe qui sait proposer des plats frais. Musique et vidéo (environ 70 F).

CACTUS CHARLY
68, rue de Ponthieu, 75008. Jusqu'à 2h. Ranch et pub, cuisine tex-mex, ambiance estudiantine. Très bruyant, malheureusement.

FAITS PERSONNELS ET HISTORIQUES

Attention! Étudier Grammaire 5.4 et 5.5

Francis a fait la connaissance de Marie au théâtre.

Ils se sont mariés une année plus tard.

Les Lasalle n'ont eu que deux enfants, un fils et une fille.

Claudine est née en 1952. Elle est devenue professeur de lycée.

Francis n'a jamais fait d'études universitaires mais son fils Bernard a reçu un diplôme d'ingénieur.

Aujourd'hui, Francis ne travaille plus. Il a pris sa retraite.

ACTIVITÉ 7 Que savez-vous de votre famille?

MODÈLE: É1: Mon père est né en 1952.
É2: Ça, c'est rigolo! Mon père aussi est né en 1952!

Suggestions

Pas encore!   Rien!   C'est vrai?   Pas possible!
Personne!   Tu es sûr(e)?   Génial!   Ça, c'est rigolo!

1. En quelle année est-ce que tes parents se sont mariés?
2. Est-ce que quelqu'un dans ta famille a été militaire?
3. Est-ce qu'un membre de ta famille est devenu célèbre?
4. Combien d'enfants est-ce que tes grands-parents ont eus?
5. Où est-ce que tes parents ont fait connaissance?
6. Est-ce qu'il y a quelqu'un dans ta famille qui est né avant 1920?
7. Est-ce qu'il y a quelqu'un dans ta famille qui est né après 1990?
8. Est-ce que quelqu'un dans ta famille a pris la retraite?
9. Est-ce qu'un membre de ta famille a reçu un diplôme d'ingénieur?
10. Est-ce que quelqu'un dans ta famille est devenu professeur?

 **«Déjeuner du matin»**

Il a mis le café
Dans la tasse
Il a mis le lait
Dans la tasse de café
Il a mis le sucre
Dans le café au lait
Avec la petite cuiller[1]
Il a tourné
Il a bu le café au lait
Et il a reposé la tasse
Sans[2] me parler
Il a allumé
Une cigarette
Il a fait des ronds
Avec la fumée
Il a mis les cendres[3]

Dans le cendrier
Sans me parler
Sans me regarder
Il s'est levé
Il a mis
Son chapeau sur sa tête
Il a mis son manteau de pluie
Parce qu'il pleuvait[4]
Et il est parti
Sous la pluie
Sans une parole
Sans me regarder
Et moi j'ai pris
Ma tête dans ma main
Et j'ai pleuré.[5]

Jacques Prévert, *Paroles*

[1]*spoon* [2]*Without* [3]*ashes* [4]*il... it was raining* [5]*cried*

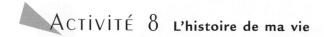

ACTIVITÉ 8 L'histoire de ma vie

Complétez les phrases.

MODÈLE: É1: Moi, j'ai bu du café la première fois vers l'âge de 15 ans. Et toi?

É2: Moi, je n'ai jamais bu de café. Je n'aime pas l'odeur.

1. Je suis allé(e) à l'école...
2. J'ai conduit une voiture pour la première fois...
3. J'ai reçu ma première montre...
4. J'ai mis une robe du soir (ou une cravate) pour la première fois...
5. Je suis tombé(e) amoureux (amoureuse)...
6. Je suis devenu(e) une personne raisonnable...

Suggestions

avant l'âge de (cinq) ans
vers l'âge de (deux) ans
Je ne me souviens pas.
Je n'ai pas encore...

Un orchestre acadien à la Nouvelle-Orléans.

La Nouvelle France

Savez-vous pourquoi on trouve beaucoup de noms français aux États-Unis: Saint-Louis (MO), Des Moines (IA), Detroit (MI), Baton Rouge (LA) ou... Paris (TX, TN, ID, etc.)? En 1682, l'explorateur Cavelier de La Salle a pris[1] possession d'un immense territoire au nom du roi Louis XIV. Au XVIIIème (dix-huitième) siècle, la «Nouvelle France» est constituée du Canada et de la plus grande partie du Midwest actuel, nommé «Louisiane». Ensuite, la France a progressivement abandonné ses colonies d'Amérique: elle a cédé[2] l'Acadie, l'actuel Nouveau-Brunswick (1713), puis le Québec et le reste du Canada aux Anglais (1763). Finalement, Napoléon Bonaparte a vendu la Louisiane aux États-Unis en 1803. De la présence française, il reste aujourd'hui seulement des noms de lieux, des bâtiments, des monuments, et plusieurs communautés francophones en Louisiane (les Cadjins ou Acadiens, habitants de l'Acadie déportés en 1755), au Canada et en Nouvelle-Angleterre.

[1]pris > prendre [2]donné

ACTIVITÉ 9 **Quelques faits du passé**

Quel dessin correspond à chacun de ces faits historiques?

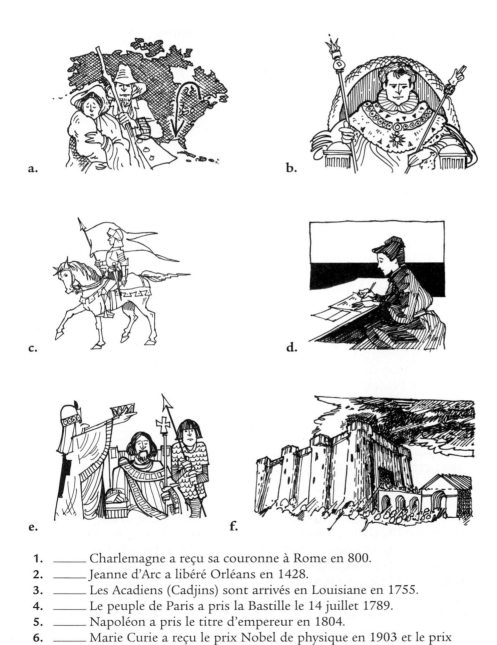

a.

b.

c.

d.

e.

f.

1. _____ Charlemagne a reçu sa couronne à Rome en 800.
2. _____ Jeanne d'Arc a libéré Orléans en 1428.
3. _____ Les Acadiens (Cadjins) sont arrivés en Louisiane en 1755.
4. _____ Le peuple de Paris a pris la Bastille le 14 juillet 1789.
5. _____ Napoléon a pris le titre d'empereur en 1804.
6. _____ Marie Curie a reçu le prix Nobel de physique en 1903 et le prix Nobel de chimie en 1911.

ACTIVITÉ 10 À votre avis... ?

Savez-vous séparer le mythe de la réalité? Choisissez la phrase qui exprime votre opinion, ou inventez-en une vous-même.

1. On entend parler du continent perdu d'Atlantide.
   a. Quelle bêtise! Il n'a jamais existé.
   b. Il a existé, mais il n'existe plus.
   c. On n'a rien trouvé jusqu'à présent.
2. Il y a des gens qui croient aux licornes. Qu'en pensez-vous?
   a. Elles n'existent que dans des zoos.
   b. Elles n'existent plus; c'est une race morte.
   c. Elles n'ont jamais existé.
3. Et puis, il y a l'idée que la Terre n'est pas ronde, mais plate.
   a. Personne ne croit plus à cette idée.
   b. Personne n'a jamais cru ça.
   c. Certaines gens y croient encore aujourd'hui.
4. Est-ce que la vie existe sur d'autres planètes ou dans d'autres systèmes solaires?
   a. La vie n'existe que sur la Terre.
   b. Elle n'existe plus sur d'autres planètes.
   c. Personne n'en sait rien.

ACTIVITÉ 11 Les Français et les progrès

Beaucoup de Français ont contribué au confort de la vie moderne; en voici quelques-uns. Posez des questions à votre partenaire. Regardez les modèles à la page suivante.

L'ANNÉE	L'INVENTION/LA DÉCOUVERTE	LES PERSONNES
1642	la machine à calculer	Blaise Pascal
1770	la voiture à vapeur	Joseph Cugnot
1783	la montgolfière (ballon à air chaud)	les frères Montgolfier
1785	le parachute	Jean-Pierre Blanchard
1816	la photographie	Louis Daguerre
1829	l'alphabet Braille	Louis Braille
1895	le cinématographe	les frères Lumière
1898	le radium	Marie et Pierre Curie
1905	le test d'intelligence Binet	Alfred Binet

MODÈLES: É1: En quelle année est-ce que Blanchard a inventé le parachute?
            É2: En 1785.

            É1: Qui a découvert le radium?
            É2: Marie et Pierre Curie.

Suggestions

En quelle année... ?   Qui... ?
Comment s'appelle... ?   Qu'est-ce que...?

Allons plus loin!

Comment est-ce que les inventions et les découvertes dans le tableau ont affecté notre vie? Quelle est l'invention la plus importante, selon vous? Pourquoi?

LECTURE

Les mémoires de Jacques Cartier

Les peuples indigènes du Canada actuel ont eu des contacts avec des Européens (des marins vikings) avant l'an 1000. Pendant la Renaissance, les Italiens Jean Cabot (1497) et Giovanni Verrazzano (1524) et le Français Jacques Cartier (1534–1536) ont été parmi les premiers explorateurs célèbres de ce territoire. C'est Cartier qui est surnommé «découvreur du Canada». Voici ses «Mémoires», comme on peut les imaginer, écrites l'année de sa mort (vers 1554).

Aujourd'hui, peu de gens connaissent encore mon nom, mais j'ai été très célèbre. C'est moi qui, le premier, ai exploré la Nouvelle France. En 1534, notre roi François 1er a financé une expédition pour trouver un passage vers la Chine et des territoires riches en métaux° précieux. Avec deux bateaux, nous sommes partis de Saint-Malo, ma ville natale en Bretagne, et nous avons traversé l'Atlantique en vingt jours. À notre arrivée en Amérique, nous avons trouvé une île immense, une très vaste baie et une péninsule. Là, j'ai pris possession du pays au nom du roi. Nous avons aussi rencontré les habitants de cette région, nommés «Iroquois»; ils forment une sorte de république parfaitement organisée avec d'autres nations indiennes.

pluriel de métal (*m*)

Je suis rentré en France, où tout le monde a été enthousiasmé par ces premières découvertes, surtout le roi: il a immédiatement ordonné un deuxième voyage, en 1535. Nous avons continué vers le sud-ouest, sur un fleuve large et majestueux que j'ai baptisé «Saint Laurent». Finalement, nous avons atteint° une grande île et des rapides impressionnants. Nous avons alors exploré l'île et visité une ville indienne nommée «Hochelaga». Nous sommes montés sur une colline,° pour observer les environs. En l'honneur de François 1er, j'ai nommé cette colline le «Mont-Royal».

atteint > atteindre = arriver à

petite montagne

Je suis retourné en France avec le chef Iroquois Donnacona. Il a raconté des histoires extraordinaires, et le roi a pensé que le «Canada», comme l'Eldorado,

était un pays de trésors° fabuleux. À mon troisième et dernier voyage, en 1541, j'ai emmené° des colons° pour établir des postes permanents au Canada. Enfin, j'ai trouvé des diamants et de l'or°! Je suis rentré en France pour les montrer au roi. Malheureusement, j'ai fait erreur: ces «trésors» étaient en réalité des pierres et des métaux sans valeur. L'entourage du roi est cruel, et on m'a ridiculisé... Ma consolation, c'est que mon nom va rester associé à la création d'un pays nouveau, beaucoup plus grand que la France!

choses précieuses

pris avec moi / personnes qui colonisent un territoire

métal jaune précieux

Jacques Cartier (1491–1557).

Avez-vous compris?

Vrai ou faux? Si c'est faux, donnez la solution correcte.

1. À l'origine, Cartier est allé au Canada pour établir une colonie.
2. Il a remonté le Saint-Laurent pendant son premier voyage.
3. Son impression initiale des Iroquois a été très favorable.
4. Sa deuxième expédition s'est arrêtée sur le site actuel de Montréal.
5. Jacques Cartier a fondé Montréal.
6. Finalement, il a trouvé de l'or et des diamants.

À vous la parole!

Changement de perspective. Vous êtes un Iroquois qui raconte à ses enfants l'arrivée des Français en 1534. Les enfants, très curieux, posent beaucoup de questions à leur père (ou leur mère).

MODÈLE: ENFANTS: Comment est-ce que les Français sont arrivés?
PÈRE/MÈRE: Sur de grands canoës en bois, appelés «bateaux»...

Suggestions

parler dans une langue
   incompréhensible
admirer nos villages fortifiés
chercher des pierres précieuses
s'émerveiller de nos coiffures

poser des questions bizarres sur
   un endroit appellé «Lachine»
utiliser des armes cruelles et
   bruyantes
(ne pas) comprendre nos
   coutumes

 ## À vous d'écrire!

C'est Noël et vous êtes très occupé(e). Vous voulez rester en contact avec vos amis, mais vous ne pouvez pas écrire une lettre personnelle à tout le monde. Composez une lettre que vous pouvez envoyer à toutes les personnes sur votre liste. Vous voulez raconter les événements les plus importants de l'année.

Mes chers amis,

   Cette année a été très... pour moi. D'abord...

Je vous embrasse très affectueusement en vous souhaitant une bonne et prospère année 19＿＿＿.

Vocabulaire

Quand
Saying when

avant (de)	before
d'abord	first of all
la dernière fois	the last time
enfin	finally
ensuite	then, next
hier	yesterday
hier après-midi/matin	yesterday afternoon/ morning
hier soir	last night
il y a (deux jours)	(two days) ago
il y a longtemps	a long time ago
jusqu'à	until, up to
pendant (un mois)	for, during (a month)
la première fois	the first time
puis	then, next
la semaine dernière	last week
toute la journée	all day

La description
Descriptive words

affreux/affreuse	frightful, awful
célèbre	famous
commun(e)	common, ordinary, typical
frais/fraîche	fresh
mort(e)	dead, extinct
perdu(e)	lost
plat(e)	flat

rond(e)	round
tout(e)	all

Mots apparentés: **allergique, capturé(e), charmant(e), délicieux/délicieuse, excessif/excessive, personnel(le), raisonnable, romain(e), social(e), terminé(e), universitaire**

Substantifs
Nouns

des bas de nylon (*m.*)	stockings, nylons
une brasserie	a pub, bar
un carnet d'adresses	an address book
une chaîne	a television or radio channel
la cinémathèque	film archive, cinema museum
une couronne	a crown
un devoir	a homework assignment
une étude	a study, research
un événement	an event
un fait	a fact
le front	the front, front line (*war*)
un ingénieur	an engineer
une journée	a day, duration of a day
une licorne	a unicorn
un lycée	a high school
la physique	physics
le plaisir	pleasure
une race	a breed, type
un rapport	a report
une robe du soir	an evening dress
un siècle	a century
la Terre	the planet Earth
un titre	a title

Mots apparentés: **une ambiance, un cirque, une clientèle, le décor, un diplôme, un éclair au chocolat, une émission, un empereur, un établissement, un gladiateur, un légionnaire, un/une militaire, la paie, un peuple, une planète, un poème, une spécialité, le système solaire**

Verbes
Verbs

s'amuser	to have fun
croire	to believe
se détendre	to relax
devenir	to become
écrire	to write
s'endormir	to fall asleep
s'ennuyer	to get bored
entendre parler de	to hear about
épouser	to wed, marry
essayer	to try
faire la connaissance de	to make the acquaintance of
jouer aux échecs	to play chess
mettre	to put, place
naître	to be born
passer un examen	to take a test
perdre	to lose
prendre la retraite	to retire
recevoir	to receive
rendre visite (à)	to visit (*someone*)
réussir (à)	to succeed (in)
se réveiller	to wake up
sécher un cours	to cut class
tomber amoureux/ amoureuse	to fall in love
toucher sa paie	to get paid
traverser	to cross

Mots apparentés: **arranger, combattre, exister, garder, libérer, se marier, noter, persuader, publier, servir**

Mots et expressions utiles
Useful words and expressions

à cause de	because of
à la fac	at the university
Ça ne prouve rien.	That doesn't prove anything.
C'est rigolo!	That's funny!
Chouette!	Cool!
d'accord	O.K., agreed
de plus en plus	more and more
Génial!	Great!
Je ne me souviens pas.	I don't remember.
pas encore	not yet
pendant une semaine	for a week
Quelle bêtise!	How silly!
Quel plaisir!	What a pleasure!
quelque chose d'important	something important

Grammaire et exercices

5.1 PASSÉ COMPOSÉ WITH AVOIR

Saying what you did

A. The **passé composé** is a compound past tense. It has two parts, an auxiliary (helping) verb and a past participle. Most verbs use **avoir** as the auxiliary verb. Here is the complete conjugation of **travailler** in the **passé composé.**

➤ **passé composé** = **avoir** + past participle (most verbs)

PASSÉ COMPOSÉ: TRAVAILLER (*to work*)	
j'ai travaillé	nous avons travaillé
tu as travaillé	vous avez travaillé
il/elle/on a travaillé	ils/elles ont travaillé

Mme Martin **a travaillé** à la bibliothèque hier soir.

Barbara et Jacqueline sont très fatiguées; elles **ont travaillé** dur hier soir.

Madame Martin worked at the library last night.

Barbara and Jacqueline are very tired; they worked hard last night.

B. Here are the past participles for the three types of regular verbs.

PAST PARTICIPLES OF REGULAR VERBS		
-er *verbs* → **-é**	**-ir** *verbs* → **-i**	**-re** *verbs* → **-u**
parl**er** → parl**é**	chois**ir** → chois**i**	attend**re** → attend**u**
étudi**er** → étudi**é**	fin**ir** → fin**i**	perd**re** → perd**u**
habit**er** → habit**é**	réuss**ir** → réuss**i**	répond**re** → répond**u**

Sarah **a téléphoné** à sa famille en Amérique.

Agnès **a fini** ses devoirs à minuit.

Jean-Yves **a perdu** ses clés hier.

Sarah called her family in America.

Agnès finished her homework at midnight.

Jean-Yves lost his keys yesterday.

C. Put **ne... pas** around the auxiliary verb in negative sentences.

Je **n**'ai **pas** retrouvé mes amis au café.	*I didn't meet my friends at the café.*
Cette année mon équipe de basket-ball préférée **n**'a **pas** gagné une seule fois!	*This year my favorite basketball team hasn't won (didn't win) once!*

D. The **passé composé** is used to tell about an event completed in the past. It has several possible English equivalents: **j'ai étudié** can mean *I studied, I did study, I have studied.*

J'**ai étudié** l'espagnol au lycée.	*I studied Spanish in high school.*
Tu **as nettoyé** ta chambre samedi?	*Did you clean your room on Saturday?*
Nous **avons** déjà **fini** ce livre.	*We've already finished this book.*

E. Use **pendant** + time expression to say how long someone did something in the past.

Hier soir, j'ai étudié le français **pendant deux heures.**	*Last night, I studied French for two hours.*
Louis a étudié l'espagnol **pendant trois ans** au lycée.	*Louis studied Spanish for three years in high school.*

F. In conversation, past-tense questions are often formed with **est-ce que** or intonation. You can also ask past-tense questions by inverting the helping verb and its subject.

✹ You will learn more about the **passé composé** throughout this chapter and in **Grammaire 6.8, 8.5** and **12.2.**

Est-ce que Louis a déjà fini?	*Has Louis already finished?*
Tu n'as pas téléphoné ce matin?	*You didn't (Didn't you) call this morning?*
Avez-vous oublié de faire le devoir?	*Did you forget to do the assignment?*

EXERCICE 1 Qu'avez-vous fait hier?

Posez des questions et donnez des réponses.

MODÈLE: étudier → Est-ce que tu as étudié hier?
Oui, j'ai étudié hier. (Non, je n'ai pas étudié.)

1. acheter le journal
2. écouter de la musique
3. parler français avec des amis
4. manger un hamburger
5. préparer le dîner
6. promener ton chien

7. téléphoner à un ami (une amie)
8. regarder un film
9. travailler à la bibliothèque
10. nettoyer votre chambre

▲EXERCICE 2 **Événements d'hier**

Voici ce qu'Agnès Rouet a fait hier. Avez-vous fait les mêmes choses?

MODÈLE: Agnès a perdu son livre de grammaire anglaise. →
Moi, je n'ai pas perdu de livre. (Moi aussi, j'ai perdu un livre. J'ai
perdu mon livre de maths...)

Agnès...

1. a rendu visite à une amie.
2. a fini un devoir pour son cours d'anglais.
3. a choisi un nouveau CD–ROM.
4. a répondu à son courrier électronique.
5. a perdu ses clés.
6. a dormi pendant un cours ennuyeux.
7. a attendu le bus pendant une demi-heure.
8. a réussi à un examen.
9. a servi du thé aux amis.

▲EXERCICE 3 **Soirée d'adieux**

Les étudiants de Mme Martin ont donné une fête pour Pierre, l'assistant de
français qui va rentrer en France. Albert raconte ce que tout le monde a fait.
Qu'est-ce qu'il dit?

MODÈLE: la soirée / commencer à 7h30 →
La soirée a commencé à 7h30.

1. Daniel et Louis / acheter des boissons
2. nous / manger des crêpes
3. Barbara et Jacqueline / apporter des cassettes françaises
4. tout le monde / parler français
5. même Mme Martin / danser
6. nous / regarder des photos de cette année
7. Denise / présenter un album de photos à Pierre
8. quelques étudiants / pleurer

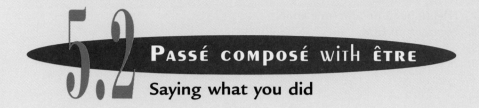

5.2 PASSÉ COMPOSÉ WITH ÊTRE
Saying what you did

A. Most French verbs use **avoir** as the auxiliary in the **passé composé.** However, a few use **être** instead. The past participle of these verbs agrees with the subject in gender and number.

➤ Raoul est allé...
  Agnès est allée...

PASSÉ COMPOSÉ: ALLER *(to go)*	
je **suis** allé**(e)**	nous **sommes** allé**(e)s**
tu **es** allé**(e)**	vous **êtes** allé**(e)(s)**
il/on **est** allé	ils **sont** allés
elle **est** allé*e*	elles **sont** allé*es*

Sylvie Legrand **est allé***e* en
  Louisiane la semaine dernière.
Son frère et sa belle-sœur **sont
  allé***s* en France.

*Sylvie Legrand went to Louisiana
  last week.
Her brother and sister-in-law went
  to France.*

Pronunciation Hint:

Because final **-e** and **-s** are silent, the feminine and plural agreement endings on participles are not pronounced, and for most participles all forms sound the same: **allé¢** = **allé, resté$** = **resté.**

B. Many verbs conjugated with **être** in the **passé composé** denote a change in location.

PAST PARTICIPLE ENDING IN. . .			
-é		**-u**	
aller	→ **allé(e)**	descendre	→ **descendu(e)**
arriver	→ **arrivé(e)**	venir	→ **venu(e)**
entrer	→ **entré(e)**	revenir	→ **revenu(e)**
monter	→ **monté(e)**	**-i**	
rentrer	→ **rentré(e)**		
retourner	→ **retourné(e)**	partir	→ **parti(e)**
tomber	→ **tombé(e)**	sortir	→ **sorti(e)**

Les parents de Raoul **sont venus** lui rendre visite le week-end passé. Ils **sont arrivés** vendredi soir.	*Raoul's parents came to visit him last weekend. They arrived Friday night.*

C. A few verbs *not* denoting a change in location are conjugated with **être** in the **passé composé.**

rester	→	**resté(e)**
devenir	→	**devenu(e)**
naître (*to be born*)	→	**né(e)**
mourir (*to die*)	→	**mort(e)**

Je **suis né** en 1977, et ma grand-mère **est morte** l'année suivante.	*I was born in 1977, and my grandmother died the following year.*	✸ You will learn more about irregular past participles in **Grammaire 5.4.**

 EXERCICE 4 **La dernière fois**

Parlez de la dernière fois que vous avez fait les choses suivantes.

MODÈLE: Quelle est la dernière fois que vous êtes monté(e) à cheval? →
Je suis monté(e) à cheval à l'âge de 7 ans. (Je ne suis jamais monté[e] à cheval.)

Quelle est la dernière fois que...

1. vous êtes sorti(e) sans prendre de petit déjeuner?
2. vous êtes allé(e) faire des courses au supermarché?
3. vous êtes monté(e) dans un ascenseur? (dans quel bâtiment?)
4. vous êtes tombé(e)? (où?)
5. vous êtes parti(e) pour le week-end? (où?)
6. vous êtes arrivé(e) en classe en retard?
7. vous êtes devenu(e) furieux/furieuse contre un agent de police?
8. vous êtes entré(e) dans une discothèque?
9. vous êtes resté(e) au lit jusqu'à midi?
10. vous êtes rentré(e) après minuit?

EXERCICE 5 **Un week-end de ski**

Les Colin sont allés faire du ski dans les Alpes. Mettez les verbes à la page suivante au passé composé.

MODÈLE: nous / aller passer le week-end à Megève →
Nous sommes allés passer le week-end à Megève.

1. nous / partir à cinq heures vendredi soir
2. nous / arriver à Megève vers dix heures
3. samedi matin, les enfants / aller sur les pistes (*slopes*) de bonne heure
4. Victor et moi, nous / rester au lit un peu plus longtemps
5. Marise et Clarisse / monter et descendre plusieurs fois
6. elles / ne pas tomber, heureusement
7. samedi soir, nous / revenir au chalet pour dîner
8. dimanche matin, les enfants / retourner sur les pistes à neuf heures
9. nous / rentrer à Clermont-Ferrand dimanche soir, fatigués mais très contents de notre week-end

PASSÉ COMPOSÉ of REFLEXIVE VERBS

➤ Reflexive pronouns *precede* the helping verb: **Je *me* suis couché(e).**

A. The **passé composé** of reflexive verbs is always formed with **être** rather than with **avoir**. The reflexive pronoun precedes the helping verb.

—Bernard, tu as l'air fatigué. À quelle heure tu **t'es levé** ce matin?

Bernard, you look tired. What time did you get up this morning?

—Je **me suis couché** après minuit et **je me suis levé** à sept heures.

I went to bed after midnight and I got up at seven o'clock.

B. Because their past tense is formed with **être,** participles used in past reflexive constructions agree in gender and number with the subject.

Marie **s'est levée** à huit heures.
Nathalie et Camille **se sont levées** à 10 heures.

Marie got up at eight o'clock.
Nathalie and Camille got up at 10 o'clock.

 EXERCICE 6 **Préparatifs**

Bernard et Christine Lasalle sont allés à une grande soirée le mois dernier. Lisez à la page suivante ce qu'ils ont fait avant d'y aller. Est-ce que vous avez fait les mêmes choses la dernière fois que vous êtes sorti(e)?

MODÈLE: Bernard s'est lavé les cheveux. →
Moi aussi, je me suis lavé les cheveux. (Je ne me suis pas lavé les cheveux.)

1. Christine est allée chez le coiffeur.
2. En fin d'après-midi, Bernard et Christine se sont reposés.
3. Bernard s'est douché.
4. Ils se sont brossé les dents.
5. Christine s'est maquillée.
6. Bernard s'est rasé avec son rasoir électrique.
7. Ils se sont habillés.
8. Ils se sont couchés, et ils se sont tout de suite endormis.

EXERCICE 7 **La fête**

Qu'est-ce qu'Albert et son amie Deborah ont fait? Écrivez des phrases au passé composé.

Les activités: arriver à la fête se déshabiller
arriver chez elle s'endormir
rentrer tard partir
se baigner se sécher
se brosser les dents sortir / ensemble
se coucher

MODÈLE: (Numéro sept) Deborah et Albert sont partis à deux heures du matin.

5.4 IRREGULAR PAST PARTICIPLES

A. Most irregular verbs have past participles ending in **-u, -it, -is,** or **-ert.** Use the following as reference lists when you do the exercises in this chapter and in your **Cahier d'exercices.**

PAST PARTICIPLES ENDING IN **-U**			
boire (*to drink*)	**bu**	pleuvoir (*to rain*)	**plu**
connaître (*to know*)	**connu**	pouvoir (*to be able*)	**pu**
courir (*to run*)	**couru**	recevoir (*to receive*)	**reçu**
devoir (*must, have to*)	**dû**	venir (*to come*)	**venu**
lire (*to read*)	**lu**	voir (*to see*)	**vu**
obtenir (*to obtain*)	**obtenu**	vouloir (*to want*)	**voulu**

—Agnès, est-ce que tu **as vu** Sarah hier?

—Non, il **a plu** et elle n'**a** pas **pu** sortir.

Agnès, did you see Sarah yesterday?

No, it rained and she couldn't go out.

PAST PARTICIPLES ENDING IN **-IT, -IS**			
conduire (*to drive*)	**conduit**	apprendre (*to learn*)	**appris**
dire (*to say*)	**dit**	comprendre (*to understand*)	**compris**
écrire (*to write*)	**écrit**	mettre (*to put, put on*)	**mis**
faire (*to do, make*)	**fait**	prendre (*to take*)	**pris**

—Qu'est-ce que tu **as fait** ce matin?

—J'**ai écrit** une lettre à mes amis canadiens.

Marise et Clarisse **ont mis** une robe pour sortir hier soir.

What did you do this morning?

I wrote a letter to my Canadian friends.

Marise and Clarisse put on dresses to go out last night.

PAST PARTICIPLES ENDING IN **-ERT**	
offrir (*to offer, give*)	**offert**
ouvrir (*to open*)	**ouvert**
découvrir (*to discover*)	**découvert**

Mme Martin **a ouvert** son livre.

Sarah **a offert** des fleurs à Mme Rouet.

Madame Martin opened her book.

Sarah gave some flowers to Madame Rouet.

B. The past participles of **avoir** and **être** are quite irregular. Both of these verbs use **avoir** as their helping verb.

➤ **avoir: J'**ai **eu**
être: J'ai **été**

avoir (*to have*)	**eu**
être (*to be*)	**été**

J'**ai eu** un problème avec ma voiture hier soir.

J'**ai été** très content de vous revoir à cette fête.

I had a problem with my car last night.

I was very happy to see you again at that party.

EXERCICE 8 Qu'est-ce que tu as fait ce matin?

Répondez aux questions d'un(e) camarade.

MODÈLE: Est-ce que tu as bu un café ce matin? →
Oui, j'ai bu un café. (Non, je n'ai pas bu de café.)

1. Est-ce que tu as fait ton lit?
2. Est-ce que tu as bu un coca?
3. Est-ce que tu as reçu un coup de téléphone?
4. Est-ce que tu as conduit ta voiture?
5. Est-ce que tu as eu un accident?
6. Est-ce que tu as été en retard pour un cours?

Maintenant, posez les mêmes questions à votre professeur.

MODÈLE: Est-ce que vous avez bu un café ce matin?

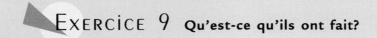

EXERCICE 9 Qu'est-ce qu'ils ont fait?

Écrivez les activités logiques des personnes suivantes.

> MODÈLE: les chauffeurs de taxi →
> Les chauffeurs de taxi ont conduit leur taxi.

1. les clients dans un bar
2. les personnes devant un cinéma
3. l'explorateur célèbre
4. les bons étudiants
5. le fils affectueux
6. les acteurs
7. l'auteur connu
8. la femme élégante

a. lire leurs leçons
b. découvrir une ville perdue
c. offrir un cadeau à sa mère
d. mettre une nouvelle robe
e. écrire plus de livres
f. voir un film
g. prendre un cocktail
h. apprendre leur rôle

EXERCICE 10 Le samedi de Jean-Yves

Mettez le récit de Jean-Yves Lescart au passé composé.

> MODÈLE: J'ai du mal à me lever. →
> Samedi dernier, j'ai eu du mal à me lever.

1. Je reçois un coup de téléphone d'Agnès.
2. Agnès et Sarah viennent me voir et Sarah nous offre un café.
3. Nous avons une grande discussion au sujet du cinéma des années 50.
4. Enfin, nous prenons la décision d'aller au cinéma et nous voyons un film de Spike Lee.
5. Je leur dis au revoir et je dois courir pour prendre mon métro.
6. J'ouvre ma porte et je vois tous mes livres de classe. À la vue de tout ce travail, je suis découragé.
7. Je mets mon pyjama, j'ouvre ma fenêtre et je vais au lit!

5.5 NEGATIVE EXPRESSIONS

A. So far you have most often used the expression **ne... pas** to negate sentences. Here are several other negative expressions, paired with the corresponding affirmative expressions.

AFFIRMATIVE	NEGATIVE
quelque chose (*something*) tout (*everything*)	**ne... rien** (*nothing*) **rien... ne** (*nothing*)
quelqu'un (*somebody*) tout le monde (*everybody*)	**ne... personne** (*nobody*) **personne... ne** (*nobody*)
quelquefois (*sometimes*) toujours (*always*) un jour (*someday*)	**ne... jamais** (*never*)
déjà (*already*)	**ne... pas encore** (*not yet*)
encore (*still*) toujours (*still*)	**ne... plus** (*no longer*)

—Est-ce que ta sœur fume encore? | *Does your sister still smoke?*
—Non, elle **ne** fume **plus**. | *No, she doesn't smoke anymore.*

Moi, je **n**'ai **jamais** fumé. | *I have never smoked (I never smoked).*

Nous **ne** sommes **pas encore** allés en Tunisie. | *We haven't been to Tunisia yet.*

B. The words **rien** and **personne** can be used as subjects as well as objects of the verb. In both cases, **ne** is used before the verb.

Nous ne sommes pas prêts. **Rien n**'est terminé. | *We aren't ready. Nothing is finished.*
Personne n'est venu me voir. | *No one came to see me.*
Je **n**'ai **rien** dit à Mme Martin. | *I didn't say anything to Madame Martin.*

C. When used as a direct object, **personne**, unlike **pas** and the other negative words, is placed *after* the past participle in the **passé composé.**

Je **n**'ai rencontré **personne** au café. | *I didn't meet anyone at the cafe.*

D. As with **ne... pas,** the indefinite and partitive articles (**un, une, des; du, de la, de l'**) usually become **de (d')** after any negative expression.

✳ Review **Grammaire 3.6** and **7.1.**

Je **n**'ai **jamais** mangé **d**'escargots. | *I have never eaten (any) snails.*
Nous **n**'avons **plus d**'amis à Strasbourg. | *We no longer have (any) friends in Strasbourg.*

E. The expression **ne... que** is not negative, but rather is used to express a limitation. It is usually synonymous with **seulement** (*only*).

> Je **n**'ai **que** dix francs.　　　　　*I have only ten francs.*
> Nous **n**'avons visité **que** la tour　　*We visited only the Eiffel Tower.*
> Eiffel.

F. Unlike English, French allows more than one negative in a sentence.

> **Personne ne** fait **jamais rien!**　　　*Nobody ever does anything!*

 EXERCICE 11 **Deux villes imaginaires**

Lisez la description d'une ville où *tout va bien,* et écrivez une description d'une ville où *tout va mal.*

> MODÈLE: Dans la ville où tout va bien, *tout le monde* est content. →
> 　　　　Dans la ville où tout va mal, *personne n*'est content.

Dans la ville où tout va bien...

1. les enfants obéissent *toujours* à leurs parents.
2. *tout* est simple et calme.
3. *tout le monde* est dynamique.
4. on fait *souvent* la fête.
5. on a *déjà* éliminé la pollution de l'air.
6. les habitants aiment *tout le monde.*
7. on a *quelque chose* d'intéressant à faire.
8. la ville est *toujours* prospère.

 EXERCICE 12 **Fausses impressions**

Un ami français vous pose des questions sur votre vie. Répondez avec **ne... que** et l'expression indiquée.

> MODÈLE: Tu as beaucoup de frères et sœurs? (un frère) →
> 　　　　Non, je n'ai qu'un frère.

1. Tu as un appartement? (une chambre)
2. Tu as une voiture? (une bicyclette)
3. Tes parents ont une maison? (un appartement)
4. Il y a un métro dans ta ville? (des autobus)
5. Tes parents ont un mois de vacances? (quinze jours de vacances)
6. Tu as étudié d'autres langues étrangères? (le français)

L'enfance et la jeunesse

IN **CHAPITRE 6**, you will learn to talk about what you used to do and how you felt in the past.

THÈMES
- Les activités de l'enfance
- La jeunesse
- Les rapports avec les autres
- Souvenirs et événements du passé

LECTURE
- La maison de vacances en Provence

INFO
- Arts et lettres: «Quartier libre»
- Arts et lettres: Céline Dion
- Vie quotidienne: Les jours fériés

GRAMMAIRE
- **6.1** **Dire, lire, écrire**
- **6.2** Saying what you used to do: The imperfect
- **6.3** Describing past states: More on the imperfect
- **6.4** Linking ideas: Relative pronouns
- **6.5** Indirect object pronouns
- **6.6** More on reflexive verbs
- **6.7** Seeing and believing: **Voir** and **croire**
- **6.8** Different perspectives on the past: **Passé composé** vs. imperfect

Une chanson d'enfants.

Activités et lectures

LES ACTIVITÉS DE L'ENFANCE

Attention! Étudier Grammaire 6.1 et 6.2

Adrienne: «Quand j'étais petite... »

En hiver, je faisais du ski à la montagne avec mes camarades de classe.

En été, je jouais à cache-cache dans le jardin avec mes amis.

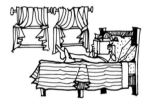

Le dimanche, je lisais dans ma chambre.

Je courais avec mon chien.

Je bâtissais des châteaux de sable sur la plage.

Quelquefois, mes amis et moi, nous montions des spectacles.

ACTIVITÉ 1   L'enfance de quelques personnes célèbres

Imaginez l'enfance de ces personnes célèbres. Qu'est-ce qu'elles faisaient quand elles étaient petites? Répondez aux questions à la page suivante.

Catherine Deneuve, actrice
Michel Platini, joueur de football français
Marie Curie, physicienne
Léopold Senghor, poète sénégalais
Jacques Cartier, explorateur

Qui...

1. cassait les fenêtres de ses voisins avec un ballon?
2. s'intéressait aux sciences naturelles?
3. adorait mettre les vieux vêtements de sa mère et jouer des rôles?
4. lisait beaucoup?
5. naviguait sur un petit lac près de chez lui?
6. prenait des leçons d'élocution?
7. rêvait de voyager?
8. aimait beaucoup la poésie?
9. jouait tout le temps au football avec ses amis?
10. adorait les mathématiques?

 A C T I V I T É 2 **Entretien: Quand j'étais petit(e)**

1. Où est-ce que tu habitais? (Dans quelle ville?)
2. À quelle école allais-tu? (Tu aimais cette école?)
3. Est-ce que tu te couchais de bonne heure? (À quelle heure, d'habitude?)
4. Qu'est-ce que tu aimais manger? (De la pizza? Des bonbons?)
5. Est-ce que tu avais un chien ou un chat? (Comment s'appelait-il?)
6. Est-ce que tu prenais des leçons de piano? (Pourquoi?)
7. Tu faisais des tâches ménagères à la maison? (Lesquelles?)
8. Tu regardais les dessins animés le samedi? (Lesquels?)

 A C T I V I T É 3 **Activités préférées**

Complétez les phrases et comparez vos réponses avec celles de votre partenaire.

Quand j'étais petit(e)...

1. le sport que je faisais le plus était...
2. le jeu vidéo que mes amis et moi aimions s'appelait...
3. la personne (ou le personnage) célèbre que j'admirais s'appelait...
4. la bande dessinée que je lisais avec le plus de plaisir était...
5. j'aimais beaucoup écouter...

Allons plus loin!

Pensez à des activités que vous aimiez faire et qui n'existaient pas quand vos grands-parents étaient enfants. Pourquoi est-ce que ces activités n'existaient pas?

«Quartier libre»

J'ai mis mon képi* dans la cage
et je suis sorti
avec l'oiseau sur la tête
Alors
on ne salue plus
a demandé le commandant
Non
on ne salue plus
a répondu l'oiseau
Ah bon
excusez-moi je croyais qu'on saluait
a dit le commandant
Vous êtes tout excusé
tout le monde peut se tromper
a dit l'oiseau.

*chapeau d'officier de
l'armée française

Jacques Prévert, *Paroles*

LA JEUNESSE

Attention! Étudier Grammaire 6.3 et 6.4

L'album de photos de Marie Lasalle

J'avais quinze ans et j'allais à l'école de filles.
Moi, j'avais de la chance. J'aimais l'école
et j'avais beaucoup d'amies.

Mme Kaffès était une personne stricte qui savait discipliner ses élèves.

Madeleine et Emma étaient les camarades que je préférais. C'étaient les pitres de la classe.

Florence riait tout le temps. Odile apprenait très vite, et Reine avait peur de parler en classe.

 ACTIVITÉ 4 **Les camarades de classe**

Est-ce que vous connaissiez ces genres de personnes au lycée? Comment s'appelaient-elles? Expliquez un peu vos réponses.

MODÈLE: É1: Au lycée, est-ce que tu connaissais quelqu'un qui séchait les cours?
           É2: Oui, Benny Roberts séchait souvent les cours. Il jouait au billard avec ses copains. Et toi?
           É1: Moi, je ne connaissais personne comme ça. On était très strict dans mon lycée.

1. quelqu'un qui était doué en musique
2. quelqu'un qui rouspétait constamment
3. quelqu'un que tes parents n'aimaient pas
4. une personne que tout le monde admirait
5. quelqu'un qui pouvait sortir quand il/elle voulait
6. quelqu'un qui trouvait que ses parents étaient trop stricts

 ACTIVITÉ 5 **Entretien: La vie au lycée**

1. Au lycée, est-ce que tu arrivais à l'heure ou en retard le matin, normalement? Pourquoi?
2. Tu lisais beaucoup? Qu'est-ce que tu aimais lire?
3. Qu'est-ce que tu faisais le week-end? (Tu allais au cinéma? Tu te promenais au centre commercial?)
4. Tu faisais partie d'un groupe organisé? (de l'orchestre? d'un club? d'une équipe?)
5. Tu travaillais après les cours? (Où? Combien d'heures par semaine?)
6. Quels sont les meilleurs souvenirs de tes années au lycée?

Arts et lettres   Céline Dion

Céline Dion en concert à Paris.

Pouvez-vous nommer une pop-star internationale—et francophone? La réponse: Céline Dion. Cette jeune québécoise, née en 1968 dans une famille de quatorze enfants, a commencé sa carrière à l'âge de treize ans. Elle est devenue une grande vedette[1] au Canada, puis en Europe: en 1988, elle a obtenu le Grand Prix de l'Eurovision[2] avec une chanson en français, *Ne partez pas sans moi*. Aujourd'hui, elle chante aussi en anglais, et veut chanter en espagnol, en italien ou en allemand. Son troisième disque en anglais, *The Color of my Love*, sorti en 1993, a été un succès planétaire. Pourtant, Céline reste attachée à sa langue maternelle: en 1990, elle a refusé le prix de «meilleure chanteuse anglophone du Québec», et elle a récemment collaboré avec le célèbre chanteur et compositeur français Jean-Jacques Goldmann. Le résultat, *D'eux*, annonce un style différent, moins traditionnel et plus proche[3] du blues. Aujourd'hui, Céline reste la voix d'or mondiale de la chanson française—et une véritable idole populaire au Québec!

[1] une personne célèbre
[2] un réseau (un ensemble) de chaînes de télévision
[3] distant, lointain

ACTIVITÉ 6   Situation: La vie moderne

Vous vous disputez un peu avec votre grand-père (grand-mère) au sujet de la vie moderne. Expliquez-lui pourquoi les jeunes aiment...

MODÈLE: la musique moderne →
     É1: Quel bruit! Cette musique que vous écoutez aujourd'hui, ça me semble un mélange de sons bizarre.
     É2: Oui, Papy (Mamie), mais quand tu étais jeune...

Suggestions

les modes contemporaines (vêtements, cheveux, etc.)
le style de vie des stars
les mots grossiers dans les chansons et les films
les changements dans la société
l'évolution des goûts

LES RAPPORTS AVEC LES AUTRES

Attention! Étudier Grammaire 6.5 et 6.6

Raoul Durand parle de sa famille.

Dans ma famille, c'était ma mère qui s'occupait des finances.

Mon père s'énervait quand nous ne voulions pas aider à faire les tâches ménagères.

Mon petit frère s'en allait quand il se fâchait.

Ma grand-mère m'offrait souvent des petits gâteaux.

Je m'entendais très bien avec ma sœur. Parfois, je lui donnais de l'argent pour faire la vaisselle à ma place.

Nous avions trois chats. Celui que je préférais, c'était Tibert. Il se battait avec les autres chats du quartier.

ACTIVITÉ 7 **La famille**

À votre avis, est-ce que les situations à la page suivante sont typiques, stéreotypées, extraordinaires, etc., dans une famille moderne? Pourquoi?

MODÈLE: Le père s'occupe du ménage. →
Ce n'est pas typique, mais je connais des pères qui font le ménage.

1. Les parents s'intéressent aux activités de leurs enfants.
2. Les enfants se disputent parce qu'ils veulent tous faire la vaisselle.
3. Les parents s'inquiètent quand les enfants rentrent trop tard.
4. Les enfants se fâchent parce que les parents leur donnent trop d'argent de poche.
5. Les enfants se battent quelquefois.
6. La mère s'occupe de la voiture.
7. Le mari s'énerve parce que sa femme veut travailler hors de la maison.
8. Tout le monde s'entend et il n'y a jamais de problèmes.

ACTIVITÉ 8 Les autres et moi

Qu'est-ce que vous faisiez dans ces situations quand vous étiez au lycée?

1. Quand quelqu'un voulait emprunter un de mes vêtements...
   a. j'hésitais et je cherchais des excuses.
   b. je m'énervais et lui disais que non.
   c. je lui prêtais le vêtement.
2. Si mes parents me demandaient d'aider à la maison...
   a. je leur disais que c'était injuste et je m'en allais.
   b. je leur disais que j'avais trop de devoirs.
   c. je leur obéissais.
3. Les jours où je ne voulais pas aller en cours...
   a. je disais que je ne me sentais pas bien.
   b. je faisais l'école buissonnière.
   c. je faisais des courses pour ma mère.
4. Si mon père ne me permettait pas de sortir...
   a. je sortais sans rien lui dire.
   b. je me disputais avec lui.
   c. je pleurais.

MODÈLE: É1: Quand mon père ne me permettait pas de sortir, je rouspétais.
         É2: Et qu'est-ce qui se passait ensuite?

Suggestions

Moi aussi!
Moi non, je...
Ça, c'est rigolo!
Ça, c'est une bonne idée!
Qu'est-ce qui se passait ensuite?
Et tu n'avais jamais d'ennuis?

5. Quand ma mère ne me laissait pas regarder la télé avant de finir mes devoirs...
   a. je me fâchais.
   b. je finissais vite mes devoirs.
   c. je lui disais que je n'avais pas de devoirs.

ACTIVITÉ 9 Entretien: Quand j'avais 15 ans

1. Tu t'entendais bien avec avec ta famille et tes amis quand tu avais 15 ans? Avec qui est-ce que tu t'entendais le mieux? Pourquoi?
2. Est-ce que tu te disputais parfois avec tes frères et tes sœurs? À quel sujet?
3. Tu obéissais toujours à tes parents? Qu'est-ce qu'ils faisaient quand tu ne leur obéissais pas?
4. Au lycée, qui avait le plus d'influence sur toi, tes copains, tes professeurs ou tes parents? Pourquoi?

SOUVENIRS ET ÉVÉNEMENTS DU PASSÉ

Attention! Étudier Grammaire 6.7 et 6.8

le Jour de l'An — la Saint-Valentin — Pâques — la Toussaint — la fête des Morts — la fête Nationale — JUILLET 14 — DÉC 24 le réveillon de Noël — Noël — NOV.

Le 6 janvier (la fête des Rois), Emmanuel a trouvé la fève dans son morceau de galette.

Le 2 février, Nathalie a réussi à retourner sa crêpe pour la Chandeleur.

L'année dernière, Bernard et Christine Lasalle ont vu le défilé pendant la fête du Mardi gras à Nice.

Le premier avril, ses camarades de classe ont attaché un poisson d'avril au dos de Joël.

Tous les ans, la famille Lasalle regarde les feux d'artifice le 14 juillet.

Marie-Christine ne croit plus au père Noël. Cette année, elle l'a vu arriver.

ACTIVITÉ 10 Entretien: Les traditions américaines

Quand tu étais petit(e)...

1. est-ce que tu croyais au père Noël? Tu lui laissais des petits gâteaux?
2. est-ce que tu te déguisais la veille de la Toussaint (le 31 octobre)?
3. est-ce qu'on t'offrait des pièces de monnaie en chocolat pendant le Hanoukka?
4. est-ce que tu regardais des feux d'artifice le 4 juillet?
5. tu mangeais des bonbons avant le petit déjeuner le jour de Pâques?
6. est-ce que tu accrochais des cœurs et des Cupidons aux murs de la salle de classe pour la Saint-Valentin?

La fête du Mardi gras est l'occasion de porter des costumes extravagants et de faire la fête dans les rues.

ACTIVITÉ 11 Qu'est-ce que vous faisiez?

Dites ce que vous faisiez pour les fêtes suivantes quand vous étiez petit(e), et avec qui vous le faisiez.

MODÈLE: la fête des Pères →
    É1: Qu'est-ce que tu faisais pour la fête des Pères?
    É2: Mes frères et moi, nous offrions des cadeaux à notre père et puis, nous passions la journée avec lui. Et toi?
    É1: Mon père aimait beaucoup la pêche, alors, j'allais pêcher avec lui.

1. Noël ou Hanoukka
2. le jour de Pâques
3. la veille de la Toussaint
4. la Saint-Sylvestre (le nouvel an)
5. le 4 juillet
6. votre anniversaire

a. prendre des résolutions
b. cacher des œufs
c. offrir des cadeaux
d. assister à des réunions de famille
e. voir des matchs de foot
f. envoyer des cartes de vœux
g. décorer un sapin
h. préparer un dîner spécial
i. inviter des amis

Vie quotidienne Les jours fériés

L'année des Français comporte de nombreuses fêtes traditionnelles. Chaque fête, souvent d'origine religieuse, est associée à une cérémonie ou une activité particulière.

Fête et date	Activité
la fête des Rois ou Épiphanie (6 janvier)	On mange un gâteau (au sud) ou une galette des Rois (au nord). Les personnes qui trouvent le sujet (une figurine) ou la fève sont nommées roi et reine.
la Chandeleur (2 février)	On fait sauter des crêpes en tenant une pièce d'or, pour avoir une année prospère.
la fête du Travail (1er mai)	On offre des brins de muguet. Les partis politiques de gauche organisent des manifestations.
la Saint-Jean (24 juin)	On fait de grands feux, surtout à la campagne; certaines personnes sautent par-dessus le feu.
la fête nationale (14 juillet)	Il y a un immense défilé sur les Champs-Élysées, et des feux d'artifice dans toute la France. Le soir, on danse dans les rues.
la Toussaint (1er novembre)	On va au cimetière pour mettre des fleurs (des chrysanthèmes, en général) sur la tombe de ses parents défunts.

Trouvez la fève, et vous êtes roi ou reine!

ACTIVITÉ 12 **Le passé lointain et les innovations**

Pour chaque description du passé, identifiez l'innovation qui a produit un changement de vie important.

> MODÈLE: É1: Autrefois, on utilisait des lampes à huile et des bougies pour lire.
> É2: C'est vrai. Et puis, on a trouvé comment se servir de l'électricité.

Autrefois...

1. on repérait l'heure en regardant le soleil.
2. la majorité des gens ne savaient pas lire.
3. les livres étaient imprimés à la main.
4. les pays chrétiens fêtaient l'Épiphanie mais pas Noël.
5. on communiquait surtout par lettres.
6. la médecine ressemblait à de la magie et beaucoup de malades mouraient.

Et puis...

a. on a découvert comment imprimer les livres à la machine.
b. on a inventé les horloges et les montres.
c. on a créé l'enseignement public obligatoire.
d. on a reconnu Noël comme fête officielle.
e. on a découvert l'existence des microbes.
f. on a inventé le télégraphe et le téléphone.

LECTURE

La maison de vacances en Provence

L e célèbre écrivain et cinéaste Marcel Pagnol, quand il était jeune, habitait en ville, à Marseille. Dans ses Souvenirs d'enfance, il décrit la maison de campagne, la «bastide», où il passait ses vacances d'été avec sa famille, au début du XXème (vingtième) siècle.

Un «mas», bâtiment typique de la campagne provençale.

La maison s'appelait La Bastide Neuve, mais elle était neuve depuis bien longtemps. C'était une ancienne ferme en ruine, restaurée trente ans plus tôt par un monsieur de la ville. Mon père et mon oncle lui payaient un loyer de 80 francs par an, que leurs femmes trouvaient un peu exagéré. Mais la maison avait l'air d'une villa° — et il y avait «l'eau à la pile»: c'est-à-dire que l'audacieux propriétaire avait fait construire une grande citerne, et il suffisait d'ouvrir un robinet de cuivre,° placé au-dessus de l'évier, pour voir couler° une eau limpide et fraîche...

une grande maison individuelle

robinet... copper faucet / passer

C'était un luxe extraordinaire, et je n'ai compris que plus tard le miracle de ce robinet: depuis la fontaine du village jusqu'aux lointains sommets de l'Étoile,° c'était le pays de la soif. Sur vingt kilomètres, on ne rencontrait qu'une douzaine de puits,° et trois ou quatre sources.° C'est pourquoi, quand une paysanne venait nous apporter des œufs ou des pois chiches,° et qu'elle entrait dans la cuisine, elle regardait, en hochant la tête, le brillant Robinet du Progrès.

une chaîne de montagnes au nord de Marseille

wells / springs

pois... chick peas

Il y avait aussi, au rez-de-chaussée, une immense salle à manger (qui avait bien cinq mètres sur quatre) que décorait grandement une petite cheminée en marbre véritable. Par un raffinement moderne les fenêtres de ces chambres étaient équipées de cadres° avec une fine toile° métallique, pour arrêter les insectes de la nuit. L'éclairage° était assuré par des lampes à pétrole, et quelques bougies de secours.° Mais comme nous prenions tous nos repas sur la terrasse, sous le figuier,° il y avait surtout la lampe tempête.°

il y a un cadre autour d'un tableau / screen
éclairage > éclairer > donner de la lumière
bougies... chandelles à utiliser en cas d'urgence
l'arbre qui produit des figues / lampe... lampe à pétrole spéciale, qui résiste au vent et à la pluie

Adapté de *La Gloire de mon père* de Marcel Pagnol, Paris, De Fallois, 1988.

Avez-vous compris?

1. Le père et l'oncle de Marcel...
   a. ont acheté la bastide.
   b. ont loué la bastide.
   c. ont modernisé la bastide.
2. L'attitude de la paysanne vis-à-vis du robinet en cuivre était...
   a. admirative.
   b. indifférente.
   c. soupçonneuse.
3. La toile de métal sur les fenêtres servait à...
   a. protéger la maison des regards indiscrets.
   b. protéger les enfants.
   c. protéger la maison des insectes.
4. La famille de Marcel prenait la majorité de ses repas...
   a. à l'extérieur.
   b. à la campagne.
   c. dans un café.

À vous la parole!

Au début du siècle, la Bastide Neuve semblait ultra-moderne à Marcel Pagnol; aujourd'hui, les progrès techniques ont changé notre conception du «moderne». Pensez à la chambre, à la maison ou à l'appartement où vous habitez, et imaginez-les il y a cent ans pour faire des comparaisons. Quelques suggestions:

IL Y A CENT ANS...	DE NOS JOURS...
On s'éclairait à la lampe à pétrole et à la bougie.	On a l'électricité et des lampes à halogène.
L'hiver, on avait besoin d'une cheminée pour se chauffer.	Il y a souvent un chauffage central.
L'été, on gardait les fenêtres ouvertes pour avoir moins chaud.	La maison a l'air climatisé.

Allons plus loin!

Les *Souvenirs d'enfance* de Marcel Pagnol ont eu beaucoup de succès grâce à leur charme nostalgique et à leur humour, parfois ironique. Le caractère humoristique de ces mémoires est souvent produit par la transformation, à travers les yeux d'un enfant, d'un univers ordinaire en un monde extraordinaire. Relisez ce texte attentivement, et cherchez des exemples de cette vision et de cet humour.

À vous d'écrire

Il y a un siècle, la vie était bien différente de la vie d'aujourd'hui. Décrivez cette différence en comparant la vie dans votre ville il y a 100 ans et la vie contemporaine. Avant de commencer, faites une liste des choses qui étaient différentes en 18_____ .

MODÈLE: Il y a cent ans, les gens n'avaient pas de télévision. Aujourd'hui, tout le monde a la télé (et la regarde trop!).

Vocabulaire

L'ENFANCE ET LA JEUNESSE
Childhood and youth

l'argent (*m.*) de poche	allowance, pocket money
un ballon	a ball
une bande dessinée	a comic strip, cartoon
un bateau	a boat
le cache-cache	hide-and-seek
un château de sable	a sand castle
les dessins (*m.*) animés	animated cartoons
un jeu vidéo	a video game

Mots apparentés: **l'adolescent(e), un animal domestique, le camping, l'enfance** (*f.*)

L'ÉCOLE
School

un(e) camarade de classe	a classmate
une carte du monde	a map of the world
une école de filles	a girls' school
un(e) élève	a pupil
l'enseignement (*m.*) public	public education
les grandes vacances (*f.*)	summer vacation
une leçon d'élocution	a speech lesson
les notes (*f.*)	grades

LES FÊTES ET LES TRADITIONS
Holidays and traditions

la Chandeleur	Candlemas (Ground Hog Day, February 2)
la fête des Mères (Pères)	Mother's (Father's) Day
la fête de Pâques	Easter
la fête des Rois	Epiphany (January 6)
la fête nationale	the national holiday
le Hanoukka	Hanukkah
le jour d'action de grâce	Thanksgiving (*U.S.*)
le jour de l'an	New Year's Day
le Mardi gras	Mardi Gras
(le) Noël	Christmas
le nouvel an	New Year's
la Saint-Valentin	Valentine's Day
la Toussaint	All Saints' Day
un brin de muguet	a sprig of lily-of-the-valley
une carte de vœux	a greeting card
un cœur	a heart
un défilé	a parade
des feux (*m. pl.*) d'artifice	fireworks

une fève	a bean
la galette des Rois	special cake for Epiphany
un œuf de Pâques	an Easter egg
le père Noël	Santa Claus
un poisson d'avril	an April Fool joke
le réveillon	Christmas/New Year's Eve dinner
un sapin	a fir tree
la veille	eve, evening before

Mots apparentés: **une crêpe, Cupidon**

La nourriture et les boissons
Food and drink

une dinde rôtie	a roast turkey
le lait	milk
un petit gâteau	a cookie

Quand
Saying when

à l'heure	on time
l'année (*f.*) dernière	last year
aussi souvent que possible	as often as possible
autrefois	in the past
constamment	constantly
en retard	late
parfois	often
tous les ans	every year

Mots et expressions utiles
Useful words and expressions

Bonne idée!	Good idea!
Ça me semble...	It seems to me . . .
hors de la maison	outside the house/home
ne... plus	no longer
normalement	ordinarily, usually
Qu'est-ce qui se passe?	What's going on?
tout le monde	everyone

La description
Describing

chrétien(ne)	Christian
doué(e)	gifted
imprimé(e)	printed
meilleur(e)	better

Mots apparentés: **amplifié(e), injuste, obligatoire, professionnel(le), sénégalais(e), strict(e)**

Substantifs
Nouns

l'amitié (*f.*)	friendship
l'argent (*m.*)	money
une bougie	a candle
un chanteur / une chanteuse	a singer
un chat	a cat
un chien	a dog
la circulation	traffic
les gens (*m.*)	people
une glace	a mirror
un goût	(a) taste, preference
un joueur/une joueuse	a player
la magie	magic
un mélange	a mixture
une mode	a fashion, style
un mot grossier	a vulgar word
de nouveaux mondes (*m.*)	new worlds
un/une physicien(ne)	a physicist
un pitre	idiot, clown
un son	a sound
un souvenir	a memory

Mots apparentés: **un album, un changement, une époque, une excuse, un explorateur (une exploratrice), les finances (*f.*), l'humanité (*f.*), un lac, un microbe, un navigateur (une navigatrice), un(e) poète, la politique, un produit, une réunion, un rôle, les sciences (*f.*) naturelles**

VERBES

Verbs

accrocher	to hang up (*something*)
avoir de la chance	to be lucky
avoir des ennuis	to have problems
se battre	to fight (*with someone*)
cacher	to hide
casser	to break (*something*)
découvrir	to discover
défendre	to forbid; to defend
dessiner	to draw, design
détruire	to destroy
emprunter	to borrow
s'en aller	to leave
s'énerver	to become annoyed, irritated
s'entendre avec	to get along with (*someone*)
se fâcher	to get angry, mad
faire l'école buissonnière	to play hooky
faire partie de	to belong to (*an organization*)
fêter	to celebrate
gagner sa vie	to make one's living
laisser	to allow; to leave (*something somewhere*)
monter un spectacle	to put on a program (show)
mourir	to die
s'occuper (de)	to take care (*of someone/something*)
permettre	to permit, allow
se plaindre	to complain
pleurer	to weep, cry
prendre des résolutions	to make resolutions
prêter	to lend
punir	to punish
reconnaître	to recognize
renverser	to overturn, upset (*something*)
rêver	to dream
rire	to laugh
rouspéter	to grumble about something, fuss
sauter à la corde	to jump (skip) rope
se sentir bien/mal	to feel well/bad
se servir de	to use

Mots apparentés: **aider, approuver, attacher, causer, se communiquer, continuer, décorer, se déguiser, discipliner, se disputer, hésiter, imposer, s'intéresser à, naviguer, obéir, offrir, refuser (de), se regarder**

Grammaire et exercices

6.1 Dire, lire, écrire

These verbs have similar, but not identical, irregularities in the present tense.

	DIRE (*to say*)	LIRE (*to read*)	ÉCRIRE (*to write*)
je/j'	dis	lis	écris
tu	dis	lis	écris
il/elle/on	dit	lit	écrit
nous	disons	lisons	écrivons
vous	dites	lisez	écrivez
ils/elles	disent	lisent	écrivent
PASSÉ COMPOSÉ	j'ai **dit**	j'ai **lu**	j'ai **écrit**

Les jeunes Français **disent** souvent «Ciao».	*Young French people often say "Ciao."*
Est-ce que vous **lisez** régulièrement le journal?	*Do you read the newspaper regularly?*
Mes parents m'**écrivent** souvent.	*My parents write to me often.*

➤ **Comment dit-on _____?**
= How do you say _____?

Pronunciation Hint:

Note that final **-s** and **-t** in the singular forms are always silent: **je di$, elle écri̸,** etc. As always, final **-ent** in the plural forms is silent, but the preceding consonant (**-s-** or **-v-**) is pronounced: **ils lise̸n̸.** (This **-s-** is pronounced **z**.)

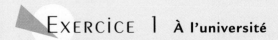

EXERCICE 1 À l'université

Complétez les phrases et dites si vous faites ces activités dans votre classe de français.

1. Nous _____ les explications grammaticales. (lire)
2. Nous _____ des exercices et des compositions. (écrire)
3. Le professeur nous _____ des poèmes en français. (lire)
4. Moi, je _____ un journal ou un magazine français. (lire)

5. Je ———— bonjour au professeur quand j'entre dans la classe. (dire)
6. Tous les étudiants ———— des choses intéressantes. (dire)
7. J'———— des phrases au tableau quelquefois. (écrire)
8. Le professeur ———— les mots de vocabulaire au tableau. (écrire)

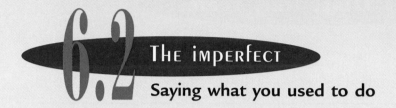

THE imperfect

Saying what you used to do

> The imperfect often denotes "used to."

A. The imperfect (**l'imparfait**) is a past tense used to describe actions or conditions that occurred repeatedly or habitually in the past. It is often used where English speakers use the phrases *used to, would* or just a simple past-tense form.

Chaque fois que j'**allais** à Paris, j'**envoyais** beaucoup de cartes postales à mes amis aux États-Unis.	*Each time I went to Paris, I used to (would) send a lot of postcards to my friends in the United States.*
—Que **faisait** Adrienne le dimanche quand elle **était** petite?	*What did Adrienne do on Sundays when she was little?*
—Elle **allait** toujours à la messe avec ses parents.	*She always went with her parents to mass.*

> Imperfect stem = present-tense **nous** stem.

B. The endings used to form the imperfect are the same for all verbs. The stem is the same as that of the **nous** form of the present tense.

> Spelling changes in the imperfect: **c** → **ç** and **g** → **ge** before **-a**:
> **je commençais, je mangeais**

L'IMPARFAIT		
parler parl*ons* → **parl-**	**finir** finiss*ons* → **finiss-**	**vendre** vend*ons* → **vend-**
je parl**ais**	je finiss**ais**	je vend**ais**
tu parl**ais**	tu finiss**ais**	tu vend**ais**
il/elle/on parl**ait**	il/elle/on finiss**ait**	il/elle/on vend**ait**
nous parl**ions**	nous finiss**ions**	nous vend**ions**
vous parl**iez**	vous finiss**iez**	vous vend**iez**
ils/elles parl**aient**	ils/elles finiss**aient**	ils/elles vend**aient**

Pronunciation Hint:

The endings **-ais, -ait,** and **-aient** are all pronounced the same: **-ai$, -ai/t, -ai¢n/t.**

C. The verb **être** has an irregular stem in the imperfect: **ét-**.

ÊTRE	
j' ét**ais**	nous ét**ions**
tu ét**ais**	vous ét**iez**
il/elle/on ét**ait**	ils/elles ét**aient**

Quand j'**étais** petit,
  je prenais toujours un
  chocolat chaud au
  petit déjeuner.

When I was little, I
  always used to drink
  hot chocolate at breakfast.

D. All verbs having irregular present-tense forms (except **être**) follow the regular
conjugation pattern. Here are some examples.

aller: nous allons → **all-**	j'all**ais**	nous all**ions**
avoir: nous avons → **av-**	j'av**ais**	nous av**ions**
devoir: nous devons → **dev-**	je dev**ais**	nous dev**ions**
dire: nous disons → **dis-**	je dis**ais**	nous dis**ions**
écrire: nous écrivons → **écriv-**	j'écriv**ais**	nous écriv**ions**
faire: nous faisons → **fais-**	je fais**ais**	nous fais**ions**
lire: nous lisons → **lis-**	je lis**ais**	nous lis**ions**
prendre: nous prenons → **pren-**	je pren**ais**	nous pren**ions**
venir: nous venons → **ven-**	je ven**ais**	nous ven**ions**
vouloir: nous voulons → **voul-**	je voul**ais**	nous voul**ions**

À cette époque, mes deux grand-
  mères **venaient** toujours chez
  nous le dimanche.

At that time, my two grandmothers
  always came to our house on
  Sundays.

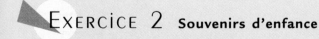 EXERCICE 2 **Souvenirs d'enfance**

Que faisait Barbara quand elle était petite?

Quand j'étais petite,...

  MODÈLE: faire mes devoirs le soir → Je faisais mes devoirs le soir.

1. aller à l'école à pied.
2. adorer mes institutrices.
3. aimer beaucoup les activités
   en classe.
4. m'amuser avec mes camarades
   pendant la récréation.
5. rentrer chez moi à midi pour
   déjeuner.

Tous les dimanches, mes frères, mes sœurs et moi,...

MODÈLE: se lever de bonne heure → Nous nous levions de bonne heure.

6. aller à l'église à neuf heures
7. faire un grand repas à midi
8. l'après-midi, se promener dans la forêt
9. faire la sieste après la promenade
10. le soir, finir nos devoirs pour le lendemain

EXERCICE 3 Activités favorites

Dites ce que faisaient souvent Agnès, Jean-Yves et Julien quand ils étaient jeunes. Est-ce que vous et vos copains, vous faisiez les mêmes choses?

MODÈLE: Agnès dansait avec ses copains. →
Moi et mes copains, nous dansions
aussi. (Moi aussi, je dansais avec
mes copains.) (Moi non, je ne dansais
pas avec mes copains.)

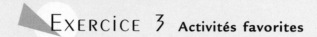

Agnès

1.

2.

Jean-Yves

3.

4.

Julien

5.

6.

EXERCICE 4 Inconvénients d'une grande ville

Quand Agnès Rouet avait dix ans, ses parents ont décidé de quitter la grande ville. Vous allez savoir pourquoi. Utilisez l'imparfait.

MODÈLE: Autrefois, les Rouet / louer un appartement en banlieue →
Autrefois, les Rouet louaient un appartement en banlieue.

1. le matin, M. et Mme Rouet / se lever toujours à cinq heures
2. Mme Rouet / prendre le bus pour aller au travail
3. elle / devoir attendre l'autobus une demi-heure
4. M. Rouet / aller au travail en voiture, dans sa vieille Deux Chevaux
5. il / y avoir toujours beaucoup de circulation
6. M. Rouet / arriver au bureau furieux
7. il / être obligé de déjeuner en ville, et ça / coûter cher
8. leurs enfants / aller à l'école en bus
9. ils / finir les cours à seize heures trente
10. ils / rentrer à la maison et / rester seuls jusqu'à dix-neuf heures

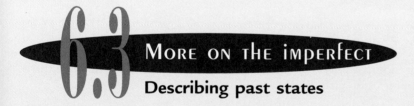

6.3 MORE ON THE IMPERFECT
Describing past states

Some verbs describe actions (*run, jump, put, eat*) and others describe states of being (*want, know, have, be, can*). You already know how to express a variety of states with **être** plus an adjective (**être fatigué**), or with **avoir** plus a noun (**avoir sommeil**). You also know the following verbs that describe states of being: **aimer, vouloir, pouvoir, connaître, savoir,** and **devoir**.

To describe a state of being *in the past,* French normally uses the imperfect tense. This is because the imperfect presents a situation as existing at some time in the past, without suggesting a definite beginning or end.

Je ne me **sentais** pas bien hier. Je **savais** que j'**etais** malade parce que je n'**avais** pas envie de manger.

I didn't feel well yesterday. I knew that I was sick because I didn't feel like eating.

Quand ma sœur **avait** quinze ans, elle **voulait** devenir championne de patinage.

When my sister was fifteen, she wanted to become an ice-skating champion.

✴ Review **Grammaire 4.7.**

You will learn more about the imperfect in **Grammaire 6.8, 8.5** and **12.2.**

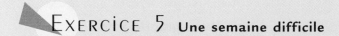

EXERCICE 5 Une semaine difficile

Raoul décrit sa semaine. Utilisez un des verbes indiqués *à l'imparfait*.

avoir, devoir, être

La semaine dernière _____¹ une semaine très difficile. J'_____² un peu malade, et je n'_____³ pas le temps de dormir suffisamment. Donc, j'_____⁴ très sommeil pendant tous mes cours. J'_____⁵ beaucoup de devoirs, et en plus je _____⁶ travailler tous les jours.

avoir, être, savoir, vouloir

Un ami canadien était de passage à Baton Rouge, et je _____⁷ sortir avec lui, mais ce n'_____⁸ pas possible. Je _____⁹ que j'_____¹⁰ besoin de me reposer, mais je ne _____¹¹ pas manquer mes cours, puisque c'_____¹² la dernière semaine du trimestre. Vive les vacances!

6.4 RELATIVE PRONOUNS

Linking ideas

A. Relative pronouns are used to make one sentence out of two. There are three relative pronouns in English: *that, who(m),* and *which.*

> This is a high school. I attended this high school. →
> This is *the high school that* I attended.
> Mr. Langdon is a teacher. He taught me the most. →
> Mr. Langdon is *the teacher who* taught me the most.

➤ **Qui** is usually followed by a verb.

B. In French, the relative pronoun **qui** is used for both people and inanimate things. **Qui** is used when the preceding noun is the *subject* of the following verb.

> J'avais **un ami *qui*** jouait   *I had a friend who played*
> dans l'orchestre. (**Mon ami**   *in the orchestra.*
> jouait...)
> Je cherchais **le livre *qui*** était sur   *I was looking for the book that was*
> mon lit. (**Le livre** était...)   *on my bed.*

➤ **Que** is usually followed by a subject + verb.

C. The relative pronoun **que** is also used for both people and things. **Que** is used when the preceding noun is the *direct object* of the following verb.

Comment s'appelait **le garçon**
que nous rencontrions tous les
jours à la bibliothèque? (Nous
rencontrions **le garçon**...)

*What was the name of the boy we
used to meet every day in the
library?*

Elle était **le magazine** *que* je
lisais quand j'étais au lycée.
(Je lisais **le magazine**...)

Elle *was the magazine (that) I
used to read when I was in high
school.*

D. Use the relative pronoun **où** to refer to a place where something happens or
to a point in time when something happens.

> ➤**Où** can refer to a place or
> a time.

Maman, comment s'appelle **le
magasin** *où* tu achetais tous
nos vêtements?

*Mom, what's the name of the shop
where you used to buy all our
clothes?*

J'étais malade **le jour** *où* Daniel
m'a téléphoné.

*I was sick the day (that) Daniel
called me.*

E. Note that whereas in English the relative pronoun may sometimes be
omitted, it is always present in French.

Denise, tu portes la robe **que** je
voulais acheter.

*Denise, you're wearing the dress
(that) I wanted to buy.*

EXERCICE 6   Journées d'hiver

Raoul raconte des souvenirs de son enfance à Montréal. Complétez les phrases
par le pronom relatif **qui, que** ou **où**.

Quand j'étais petit, nous habitions une ville _____1 était très belle en hiver.
C'était le silence du matin et le mystère du paysage blanc _____2 j'aimais
surtout. Je n'aimais pas sortir les jours _____3 il faisait très froid. Je restais à
la maison _____4 je lisais des livres _____5 j'empruntais à la bibliothèque.
Mon frère, _____6 n'aimait pas non plus sortir, restait lui aussi à la maison.
En général, il chantait et jouait de la guitare. Mon père, _____7 travaillait,
nous téléphonait toujours vers quatre heures. En fin d'après-midi, je passais
de très bons moments dans la cuisine, _____8 ma mère préparait le dîner. Les
gâteaux _____9 elle nous faisait sentaient si bon!
   Voilà les bons souvenirs _____10 je garde de ces journées d'hiver.

EXERCICE 7   Souvenirs d'enfance

Sarah et Agnès racontent leurs souvenirs. Combinez les deux phrases à la page
suivante en employant un pronom relatif (**qui, que, où**).

MODÈLE: Je ne vais jamais oublier les gâteaux. Ma grand-mère faisait ces gâteaux. →
Je ne vais jamais oublier les gâteaux que ma grand-mère faisait.

1. J'avais deux cousines. Elles nous racontaient des histoires fascinantes.
2. Il y avait un parc près de chez nous. Nous jouions souvent dans ce parc.
3. Je faisais aussi des promenades à bicyclette. J'aimais beaucoup ces promenades.
4. Il y avait une maîtresse. Elle nous apprenait les noms de toutes les plantes.
5. Je jouais avec une petite fille. Elle avait un gros chien.
6. J'adorais la colonie de vacances. J'allais dans cette colonie de vacances en été.
7. À la colo, j'avais une copine. J'aimais beaucoup cette copine.
8. Il y avait une piscine près de chez nous. Je nageais souvent dans cette piscine.

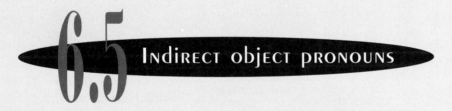

6.5 INDIRECT OBJECT PRONOUNS

Definition: An indirect object is a noun indicating to whom or for whom an action is performed.

A. In French, an indirect object noun is always preceded by the preposition **à**.

Je posais beaucoup de questions **à Mme Kaffès.**

I asked Madame Kaffès a lot of questions.

Mme Kaffès expliquait les problèmes de maths **aux élèves.**

Madame Kaffès explained the math problems to the pupils.

B. Indirect object pronouns are used to avoid repeating an indirect object noun. You already know several of these pronouns, because they are the same as the direct object pronouns. The only forms that are different are **lui** and **leur.**

INDIRECT OBJECT PRONOUNS	
me/m' *(to) me* **te/t'** *(to) you (familiar)*	**nous** *(to) us* **vous** *(to) you (formal, plural)*
lui *(to) him, (to) her*	**leur** *(to) them*

J'étais à côté de Madeleine, et je **lui** donnais toujours la réponse. Emma et Florence étaient de l'autre côté de la salle. Je **leur** écrivais souvent des petits mots.

I was next to Madeleine, and I always told her the answer. Emma and Florence were on the other side of the room. I often wrote them little notes.

➤ **lui** = *him* or *her,* depending on context

C. Indirect object pronouns, just like reflexive and direct object pronouns, are placed before conjugated verbs or between a conjugated verb and an infinitive.

Georges **m'a expliqué** la leçon de français.

Georges explained the French lesson to me.

Je ne peux pas **te dire** la réponse maintenant.

I can't tell you the answer now.

D. Some verbs require an indirect object in French although the equivalent English verb takes a direct object: **obéir à, répondre à, téléphoner à.**

—Tu as été poli quand tu as répondu **au professeur?**

Were you polite when you answered the instructor?

—Mais oui, je **lui** ai répondu très poliment!

Oh yes, I answered him (her) very politely!

Other verbs often used with indirect objects: **donner, demander** (*to ask for*), **dire, emprunter** (*to borrow*), **offrir, prêter** (*to lend*), **rendre** (*to give back*), **promettre.**

—Est-ce que tu demandes de l'argent **à tes amis?**

Do you ask your friends for money?

—Non, je ne **leur** demande jamais d'argent.

No, I never ask them for money.

➤ **demander quelque chose à quelqu'un** = to ask someone for something
➤ **emprunter quelque chose à quelqu'un** = to borrow something from someone
➤ **rendre visite à quelqu'un** = to visit someone

EXERCICE 8   Ton adolescence

Un camarade vous pose des questions. Répondez en employant un des pronoms d'objet indirect **lui** ou **leur.**

MODÈLE: Tu obéissais à tes parents, même si tu ne voulais pas? →
Oui, je leur obéissais toujours (en général). (Non, je ne leur obéissais pas toujours.)

1. Si tu voulais sortir, est-ce que tu devais demander la permission à tes parents?
2. Est-ce que tu pouvais téléphoner à ton meilleur ami (ta meilleure amie) tous les soirs?
3. Est-ce que tu écrivais à ton acteur favori (ton actrice favorite)?
4. Au lycée, est-ce que tu écrivais des mots à tes camarades pendant les cours?

5. Est-ce que tu posais beaucoup de questions à tes professeurs?
6. Est-ce que tu offrais des cadeaux à ton professeur favori?
7. Est-ce que tu empruntais souvent des livres à tes camarades?
8. Est-ce que tu demandais de l'argent à tes copains?
9. Est-ce que tu rendais souvent visite à tes grand-parents?

EXERCICE 9 La vie d'un enfant d'autrefois

Joël Colin pose des questions à son grand-père, Francis Lasalle, sur son enfance. Complétez les phrases avec des pronoms d'objet indirect.

JOËL: Papi, est-ce que tu obéissais toujours à tes parents?
FRANCIS: Euh... oui, d'habitude je _____[1] obéissais, mais pas toujours, tu sais.
JOËL: Est-ce que tes frères et toi, vous receviez de l'argent de poche?
FRANCIS: Non, nos parents ne _____[2] donnaient pas d'argent régulièrement, mais ils _____[3] donnaient de la petite monnaie de temps en temps.
JOËL: Et au moment de Noël, ils _____[4] offraient beaucoup de cadeaux, non?
FRANCIS: Oui, ils _____[5] offraient des cadeaux, mais pas autant qu'à vous autres aujourd'hui.

EXERCICE 10 Interrogatoire

Claudine Colin pose des questions à son fils. Mettez-vous à la place de Joël et répondez pour lui (au négatif, bien sûr!).

MODÈLE: Est-ce que tu as téléphoné à ton père? →
Non maman, je ne lui ai pas téléphoné.

1. Est-ce que tu as écrit à ton grand-père?
2. As-tu rendu les cassettes à Clarisse et Marise?
3. Tu m'as promis de rester à la maison cet après-midi, n'est-ce pas?
4. Tu nous as dit, à ton père et à moi, que tu avais des devoirs à faire, n'est-ce pas?
5. Je t'ai prêté mon stylo, non?
6. Est-ce que tu as donné de l'eau au chien?
7. Est-ce que tu nous as laissé un morceau de gâteau?
8. Est-ce que Marise t'a demandé un service?
9. Tu as rendu visite à Mme. Avôké, n'est-ce pas?
10. Enfin, est-ce que tu as obéi à ton père et moi?

6.6 MORE ON REFLEXIVE VERBS

Some verbs are used with reflexive pronouns even though they have no obvious reflexive meaning; that is, the subject is not doing anything to himself or herself. Here are some examples.

---

s'en aller *to leave, to go away*
se battre avec quelqu'un *to fight with someone*
se disputer avec quelqu'un *to have an argument with someone*
s'énerver *to be annoyed*
s'ennuyer *to be bored*
s'entendre avec quelqu'un *to get along with someone*
se fâcher avec quelqu'un *to get angry with someone*
s'inquiéter (au sujet de quelque chose) *to worry (about something)*
s'intéresser à quelque chose *to be interested in something*
s'occuper de quelque chose *to take care of something*
se rappeler quelque chose *to remember something*
se sentir *to feel*
se souvenir de quelque chose *to remember something*

Je **m'entendais** assez bien avec ma sœur, mais nous **nous disputions** quelquefois.

I got along pretty well with my sister, but we used to quarrel sometimes.

—Est-ce que tu **te rappelles** le prof de maths?

Do you remember the math teacher?

—Tu veux dire M. Morin, le professeur qui **se fâchait** tout le temps?

You mean Mr. Morin, the one who was always getting angry?

EXERCICE 11 Souvenirs d'adolescence

Comparez votre adolescence avec celle de Raoul Durand. Posez des questions et faites des réponses. Lisez les souvenirs de Raoul à la page suivante.

MODÈLE: Raoul ne se battait pas avec ses frères et sœurs.
— *Tu te battais* avec tes frères et sœurs?
— *Oui, je me battais* avec mes frères et sœurs. (*Non, je ne me battais pas* avec mes frères et sœurs.)

Les souvenirs de Raoul:

1. Il s'entendait très bien avec ses professeurs et ses camarades de classe.
2. Il s'inquiétait au sujet de ses notes aux examens.
3. Il ne se fâchait jamais avec ses copains.
4. Il se disputait de temps en temps avec ses parents.
5. Il s'occupait de la voiture de ses parents.
6. Il s'intéressait beaucoup aux sports d'hiver.
7. Il s'ennuyait parfois en été.

Maintenant, posez les mêmes questions à votre professeur.

MODÈLE: Est-ce que vous vous battiez avec vos frères et sœurs, madame (monsieur)?

6.7 VOIR AND CROIRE
Seeing and believing

A. The verbs **voir** and **croire** share the same conjugation pattern. Notice that the **i** changes to **y** in the **nous** and **vous** forms.

VOIR (*to see*)		CROIRE (*to believe*)	
je vois	nous voyons	je crois	nous croyons
tu vois	vous voyez	tu crois	vous croyez
il/elle/on voit	ils/elles voient	il/elle/on croit	ils/elles croient
PASSÉ COMPOSÉ: j'ai **vu,** j'ai **cru**			

B. When **croire** is used with **à,** it has the meaning *to believe in.*

➤ Exception: **croire en (Dieu)** = to believe in (God)

Quand j'étais petit, je **croyais au** père Noël.   *When I was little, I believed in Santa Claus.*
Elle **croit aux** licornes.   *She believes in unicorns.*

C. Here are a few useful expressions with **croire** and **voir:**

Je crois que oui (non).   *I think so. (I don't think so.)*
Tu crois? Moi, je ne crois pas.   *Do you think so? I don't.*
Tu vois? Je te l'avais dit!   *You see? I told you so.*

EXERCICE 12 **Principes**

Formulez des phrases en employant le présent de **croire à**.

> MODÈLES: Je suis toujours très poli(e). (les bonnes manières) →
> Je crois aux bonnes manières.
>
> Mes parents sont mariés depuis trente-deux ans. (le divorce) →
> Ils ne croient pas au divorce.

1. Agnès Rouet est féministe. (l'égalité des sexes)
2. Les Lasalle ne donnent jamais de fessées à Nathalie. (la punition corporelle)
3. Toi et moi, nous votons à toutes les élections. (la démocratie)
4. Tu as beaucoup d'amis. (l'amitié)
5. J'adore toutes les fêtes de l'année. (la tradition)
6. Vous êtes fiancé(e). (le mariage)

EXERCICE 13 **Les fêtes et les traditions**

Complétez par **voir** ou **croire** au présent.

1. À Noël, on _____ des arbres de Noël et des cadeaux enveloppés de papier coloré.
2. Aux États-Unis, nous _____ des enfants en costumes de toutes sortes la veille de la Toussaint.
3. Dans votre famille, est-ce que vous _____ que la dinde est indispensable au repas principal le jour d'action de Grâce?
4. Moi, je ne _____ pas pourquoi on associe des lapins et des œufs colorés à la fête de Pâques.
5. Les musulmans _____ qu'il faut s'abstenir de manger entre le lever et le coucher du soleil pendant le ramadan.
6. Dans les familles juives, on _____ à la tradition de l'hospitalité à Pâque.

6.8 PASSÉ COMPOSÉ VS. IMPERFECT
Different perspectives on the past

A. The imperfect is used to say what one *used to do* or *did regularly* in the past. In English, this is sometimes expressed with *would*.

> ➤ **imparfait** = used to, did, would do regularly

Chaque Noël, **nous allions** chez mes grands-parents.
Every Christmas, we went (would go) to my grandparents' house.

B. The imperfect is often used to describe states of being and feelings in the past.

Quand **j'avais** dix ans, **je détestais** toujours les garçons.
When I was ten, I still hated boys.

➤ **passé composé** = completed past event

C. The **passé composé,** in contrast to the imperfect, presents an action as a single event, completed at one time in the past. It is used to say *what happened.*

À l'âge de huit ans, **j'ai découvert** que le père Noël n'existait pas.
At age eight, I discovered that Santa Claus did not exist.

Nous **sommes allés** une fois à Dakar.
We went once to Dakar.

 EXERCICE 14   **Mes activités du passé**

Dites lesquelles de ces activités vous avez faites hier. Ensuite, dites si vous les faisiez quand vous étiez petit(e) et avec quelle fréquence.

Vocabulaire utile: souvent, tous les jours, de temps en temps, une fois par semaine...

MODÈLES: Hier, j'ai mangé des spaghettis. →
Quand j'étais petit(e), je mangeais souvent des spaghettis.

Hier, je ne suis pas allé(e) à la banque. →
Quand j'étais petit(e), je n'allais jamais à la banque.

1. Hier, je me suis levé(e) avant huit heures.
2. Hier, j'ai porté un jean et un tee-shirt.
3. Hier, je suis allé(e) à l'université.
4. Hier, j'ai parlé au téléphone avec des amis.
5. Hier, j'ai conduit une voiture.
6. Hier, j'ai regardé la télé.
7. Hier, je me suis couché(e) à minuit et demi.
8. Hier, j'ai lu les bandes dessinées dans le journal.

À table!

IN **CHAPITRE 7,** you will learn to talk about food, purchasing ingredients, preparing meals, and eating in restaurants.

Thèmes

Lecture

Info

Grammaire

Le fromage français: on n'a que l'embarras du choix!

Activités et lectures

Les aliments et les boissons

Attention! Étudier Grammaire 7.1 et 7.2

LE PETIT DÉJEUNER

du pain (une baguette) · du café au lait · du jus d'orange · du beurre · de la confiture · une tartine

LE DÉJEUNER

Du vin? Merci! Moi, je bois de l'eau minérale.

un sandwich au jambon · des fruits · de la soupe aux légumes · une glace · un bifteck et des pommes de terre frites

LE THÉ (LE GOÛTER)

Moi, j'aime le thé! J'en bois tous les jours.

une tarte aux pommes · du thé · un gâteau · un pain au chocolat · du sucre · du lait

LE DÎNER

du fromage

des tranches de saucisson

des œufs — des radis

une assiette de hors'd'oeuvre

du veau

du riz

des haricots verts

une crème caramel

Mon mari et moi, nous buvons un verre de vin au dîner de temps en temps.

ACTIVITÉ 1 La nourriture et les boissons

Que prenez-vous pendant une journée typique?

MODÈLES: Je prends (toujours, souvent, quelquefois, rarement)...

Je ne prends pas (jamais)...

1. Pour le petit déjeuner...
   a. des toasts avec de la confiture.
   b. du café au lait avec des croissants.
   c. des céréales.
   d. des œufs et du bacon.
2. Comme déjeuner...
   a. un sandwich au fromage.
   b. un hamburger et des frites.
   c. de la pizza.
   d. une salade.
3. Comme goûter,...
   a. des bonbons.
   b. du gâteau.
   c. un fruit.
   d. des yaourts.
4. Pour le dîner...
   a. de la soupe aux légumes.
   b. du poulet.
   c. du bifteck.
   d. du fromage.

ACTIVITÉ 2 Entretien: Mes boissons préférées

Regardez les suggestions à la page suivante.

MODÈLE: É1: Tu prends du café quand tu prépares un examen?
         É2: J'en prends quand j'ai sommeil. Je prends aussi un coca.

1. Qu'est-ce que tu prends quand tu ne peux pas dormir?
2. Est-ce que tu prends de la bière quand tu rencontres tes amis au café?
3. Qu'est-ce que tu prends après avoir fait du sport?
4. Tu aimes boire un chocolat chaud quand il neige?
5. Qu'est-ce que tu aimes prendre avec un dîner extraordinaire?

Suggestions

du café au lait	du chocolat	du thé	de la limonade
de l'eau minérale	de la bière	du vin	du jus (de raisin...)

ACTIVITÉ 3 Les aliments

Répondez à ces questions avec votre partenaire ou des camarades de classe.

1. Lesquelles de ces boissons ne sont pas sucrées?
   a. l'eau minérale
   b. le café noir
   c. le jus d'orange
   d. le chocolat
   e. la limonade

2. Lesquels de ces légumes sont riches en vitamine C?
   a. les petits pois
   b. les carottes
   c. les oignons
   d. les tomates
   e. les pommes de terre

3. Lesquels de ces fruits sont acides?
   a. les pêches
   b. les citrons
   c. les bananes
   d. les fraises
   e. les oranges

4. Lesquels de ces aliments sont riches en protéines?
   a. le bifteck
   b. les spaghettis
   c. le poisson
   d. le bacon
   e. la soupe aux légumes

5. Lesquels de ces plats n'ont pas beaucoup de calories?
   a. un blanc de poulet
   b. des lasagnes
   c. du gâteau au chocolat
   d. une salade de fruits
   e. un sorbet aux fraises

**Amusez votre matinée,
faites le tour du monde des petits déjeuners**

Russe	thé fort, dilué avec beaucoup de lait petits pains de seigle poisson fumé blinis : (petites crêpes).
Anglais	thé au lait marmelade œuf au plat + bacon toasts.
Allemand	pain de seigle ou de sarrazin beurre, compote fromage en lamelles.
Pays-Bas	pain complet jambon entremets à base de lait jus de fruit.
États-Unis	jus de fruit café céréales french toast : (pain perdu)

dfs Comité Français d'Education pour la Santé
2, rue Auguste-Comte, 92170 Vanves

Centre Interprofessionnel de Documentation
et d'Information Laitières
Cidil 27, rue de la Procession, 75015 Paris

◣ ACTIVITÉ 4 **Le supermarché Casino**

Vous allez faire des courses à Casino. Pour chaque liste, calculez combien vous allez dépenser. Attention aux quantités! (Un kilo = 1000 grammes.)

LISTE 1	LISTE 2	LISTE 3
250 grammes de jambon	1 bouteille de Beaujolais	1 pot de moutarde
3 boîtes de petits pois	3 kilos d'oignons	500 grammes de beurre
2 avocats	250 grammes de gruyère	4 yaourts aux fruits
½ kilo de viande hachée	2 kilos de pommes	1 kilo de tomates
2 kilos de mandarines	6 boîtes de jus de tomate	½ kilo de citrons

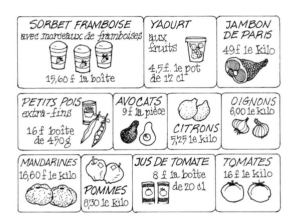

Vie quotidienne **Marchés et hypermarchés**

Dans de nombreux villages et villes de France, il y a un marché en plein air[1] deux ou trois fois par semaine. Des marchands ambulants[2] viennent vendre des fromages, de la charcuterie, des fleurs, etc. L'ambiance dans ces

Un marché traditionnel.

marchés traditionnels est toujours amicale et animée, car les vendeurs aiment discuter avec leurs clients. Cependant, la France est également le pays d'origine des hypermarchés, ces gigantesques centres commerciaux de banlieue inventés dans les années 60. Dans un bâtiment unique, on peut acheter des vêtements, des gâteaux, des téléviseurs, du vin, des livres ou des accessoires auto, et tout payer en même temps avec une carte bleue.[3] C'est une formule pratique et économique, mais assez impersonnelle.

[1]en... à l'extérieur [2]mobiles [3]une... une carte bancaire

L'ART DE LA CUISINE

Attention! Étudier Grammaire 7.3 et 7.4

Bernard et Christine lisent des recettes dans un livre de cuisine.

Ils font les provisions.

Bernard achète du pain à la boulangerie.

Ils font attention à la préparation des plats.

Bernard met le couvert.

Ils servent le dîner à leurs invités.

des coquilles Saint-Jacques →
des crevettes
un homard
un crabe →
escargots de Bourgogne
des huîtres

des cerises
une poire
des raisins
une pêche
des fraises

du persil
des champignons
des tranches de citron

de la farine
du sel
du poivre

ACTIVITÉ 5 On fait les courses

Avec votre partenaire, groupez les aliments en catégories appropriées et déterminez où vous pouvez les acheter. **Catégories:** des fruits de mer, des légumes, des fruits, de la viande, des produits laitiers...

MODÈLE: Les tomates, les oignons et les concombres sont des légumes. On les achète chez le marchand de fruits et de légumes.

LES PROVISIONS

des radis	des crevettes	un rôti de bœuf
des escargots	du beurre	une tarte aux cerises
des champignons	du vin de Bourgogne	des côtes de porc
des fraises		

ACTIVITÉ 6   Savez-vous cuisiner?

Essayez de nommer autant d'ingrédients que possible pour chaque plat.

> MODÈLE: Dans une purée de pommes de terre, il y a des pommes de terre,
> du lait, du beurre, du sel et un peu de poivre.

1. Avec quoi est-ce qu'on fait une omelette aux champignons?
2. Qu'est-ce qui est indispensable pour faire les crêpes?
3. Que met-on dans la sauce tomate?
4. Avec quoi est-ce qu'on fait un gâteau au chocolat?
5. Qu'est-ce qu'on met dans le steak au poivre?

Suggestions

du beurre	du sucre	de la farine	du lait	du sel
des œufs	du vin	de l'huile	des épices	du poivre

ACTIVITÉ 7   Quelques plats français

Que savez-vous de la cuisine française? Essayez d'identifier la description de
chacun de ces plats traditionnels.

1. le coq au vin
2. la crème caramel
3. la sauce hollandaise
4. la salade niçoise
5. les coquilles Saint-Jacques
6. la bouillabaisse

a. C'est un plat recouvert d'une sauce à la crème et servi dans des coquilles.
b. Ce dessert léger est composé d'œufs, de sucre et de lait. Il est recouvert
   d'une sauce de sucre caramélisé.
c. On sert ce plat avec des pommes de terre ou du riz; le poulet en est un
   des ingrédients principaux.
d. C'est une espèce de soupe composée de poissons, de fruits de mer et
   d'épices.
e. Le nom de ce plat vient de la ville de Nice. On le sert comme hors-
   d'œuvre ou comme déjeuner en été.
f. On sert cette sauce très riche avec des œufs, du poisson ou des légumes.

ACTIVITÉ 8 Spécialités régionales

VILLE	RÉGION	PRODUITS
Reims	en Champagne	le champagne
Strasbourg	en Alsace	la choucroute
Rouen	en Normandie	le Calvados
Dijon	en Bourgogne	la moutarde
Marseille	en Provence	la bouillabaisse
Rennes	en Bretagne	les crêpes
Périgueux	dans le Périgord	le foie gras

MODÈLE: É1: Où se trouve la ville de Reims?
É2: En Champagne.
É1: Quelle est la spécialité de la région?
É2: C'est le champagne.

ACTIVITÉ 9 Les œufs miroir aux tomates provençales

Mettez dans le bon ordre toutes les étapes pour préparer les œufs miroir.

_____ Faites glisser les œufs sur les tomates.

_____ Parsemez les tomates de persil et d'ail.

_____ Versez l'huile d'olive dans la poêle.

_____ Salez et poivrez les œufs.

_____ Coupez l'ail en quatre.

_____ Laissez les tomates, le persil et l'ail mijoter dix minutes.

_____ Attendez que le blanc de l'œuf recouvre le jaune.

_____ Faites cuire les œufs cinq minutes à feu vif.

_____ Mettez du sel et du poivre sur les tomates.

_____ Mettez les rondelles de tomates dans la poêle.

ŒUFS MIROIR AUX TOMATES PROVENÇALES

Pour 4 personnes, 4 tomates, 8 œufs extra-frais, 1/2 bouquet de persil, 2 gousses d'ail, 2 c. à soupe d'huile d'olive, sel, poivre.
Épluchez les gousses d'ail. Lavez le persil. Mixez les gousses d'ail coupées en 4 avec les feuilles de persil.
Faites chauffer l'huile dans une large poêle. Mettez-y les tomates découpées en rondelles. Poivrez, salez, parsemez de persillade. Couvrez la poêle et laissez mijoter 10 mn. Cassez les œufs dans 2 bols. Faites-les glisser sur les tomates. Couvrez de nouveau la poêle et faites cuire à feu vif environ 5 mn. Le jaune de l'œuf doit être recouvert de blanc. Salez et poivrez.

Attention! Étudier Grammaire 7.5 et 7.6

Claudine et Victor vont au restaurant.

Le maître d'hôtel les conduit à leur table.

Maintenant, ils sont en train de passer leur commande.

Le sommelier leur propose un vin de Bourgogne.

Le serveur leur apporte le dîner.

Avant le dessert, Victor prend du fromage.

Maintenant, le serveur est en train de donner l'addition à Victor.

Avant de partir, ils laissent un pourboire généreux.

Société INFO

Gastronomie québécoise

Il y a beaucoup d'excellents restaurants de style français au Québec, mais on peut aussi y goûter une cuisine populaire et originale, à base d'ingrédients locaux.[1] Par exemple, la «tourtière» est une sorte de tarte à la viande et aux légumes; chaque famille a sa recette particulière. De nombreuses spécialités sont préparées avec le «sucre» (c'est le nom du sirop d'érable[2] au Québec), et notamment la fameuse «tarte au sucre». Le plat national populaire le plus insolite[3] est sans doute la «poutine», une assiette de frites avec des morceaux de viande de bœuf fumée et une sauce au fromage. Ce n'est pas très léger, mais c'est absolument délicieux!

[1]pluriel de **local** [2]un arbre: le symbole du Canada est une feuille d'érable [3]original et un peu étrange

Dans la vieille ville de Québec.

 ACTIVITÉ 10 **Dans un restaurant**

En France, quand est-ce qu'on fait ces choses dans un restaurant?

1. On prend la salade... **a.** après avoir terminé le plat principal. **b.** avant de prendre le plat principal.
2. On mange du fromage... **a.** après avoir terminé la soupe. **b.** avant de prendre le dessert.
3. On prend des hors-d'œuvre... **a.** après avoir pris le dessert. **b.** avant de manger le plat principal.
4. On boit du café... **a.** après avoir pris le dessert. **b.** avant de prendre le fromage.

ACTIVITÉ 11 **Formules de politesse**

Vous avez dîné chez un ami (une amie) et vous avez trop mangé et trop bu. Qu'est-ce que vous lui répondez pour ne pas le (la) vexer? Regardez les suggestions à la page suivante.

MODÈLE: Tu veux encore du vin? →
Merci, il est délicieux mais j'en ai assez pris.

1. Un peu de cognac?
2. Tu as goûté ces chocolats?
3. Encore du rôti à l'ail?
4. Tu veux du café?
5. Essaie ces escargots! Ils sont délicieux.
6. Encore du vin?

Suggestions

Plus de café, merci. J'en ai déjà trop pris.
Merci. Il est délicieux mais je n'ai plus faim.
Rien de plus, merci. J'ai très bien mangé!
Plus rien, merci. J'ai bu un peu trop de vin.
Merci. Je ne prends pas d'alcool.

ACTIVITÉ 12 Restaus à Orléans

Consultez le *Guide Michelin*. Quels renseignements y trouvez-vous sur ces restaurants à Orléans? Répondez aux questions.

XXX **Quatre Saisons** ⌖ avec ch, 351 r. Reine Blanche✆ 38 66 14 30, Fax 38 66 78 59,⋖ , 🏠 , « Terrasse au bord de l'eau » –📺 ☎ 🅿. AE GB JCB g *fermé dim. soir et lundi du 1er oct. au 15 avril* – **Repas** 155/280 – ☷ 40 – **10 ch** 280/400.

XX **La Crémaillère**, 34 r. N.-D. de Recouvrance 38 53 49 17, Fax 38 53 98 48 – *fermé dim. soir* – **Repas** 128 bc/198. ✆ AE ① GB

XX **Le Florian**, 70 bd A. Martin 38 53 08 15, Fax 38 53 08 49, 🏠 , – *fermé 4 au 26 août et dim.* ✆ **Repas** 115/200. 🏠 🚗 . AE ① GB

XX **L'Ambroisie**, 222 r. Bourgogne 38 68 13 33 – *fermé dim.* – **Repas** 95 bc/160 bc. 📇 AE GB

CATÉGORIES

Grand luxe et tradition	XXXXX
Grand confort	XXXX
Très confortable	XXX
De bon confort	XX
Assez confortable	X

La table

❀❀❀ **Une des meilleures tables, vaut le voyage**
On y mange toujours très bien, parfois merveilleusement, grands vins, service impeccable, cadre élégant... Prix en conséquence.

❀❀ **Table excellente, mérite un détour**
Spécialités et vins de choix... Attendez-vous à une dépense en rapport.

❀ **Une très bonne table dans sa catégorie**
L'étoile marque une bonne étape sur votre itinéraire. Mais ne comparez pas l'étoile d'un établissement de luxe à prix élevés avec celle d'une petite maison où à prix raisonnables, on sert également une cuisine de qualité.

L'installation

🛗	Ascenseur
	Chambres pour non-fumeurs
🖥	Air conditionné
☎	Téléphone direct
	Prise Modem-Minitel dans la chambre
♿	Accessible aux handicapés physiques
P 🚗	Parking – Garage
P	Parking clos
🅰	Salles de conférence, séminaire
🐕	Accès interdit aux chiens
AE ①	American Express – Diners Club
GB	Carte Bancaire
JCB	Japan Credit Bureau

1. Quel restaurant est «très confortable»? Lesquels ont le meilleur emplacement?
2. Lesquels ont une terrasse?
3. Où est-ce que les repas coûtent le moins cher? le plus cher?

4. Où peut-on trouver des spécialités régionales?
5. Quand est-ce que ces restaurants sont ouverts?

Allons plus loin!

Avec votre partenaire, choisissez le restaurant où vous voudriez dîner ce soir.
Expliquez votre choix à la classe.

ACTIVITÉ 13 Au restaurant «Chez Michel»

Lisez le menu et choisissez des plats pour...

1. quelqu'un qui évite les matières grasses.
2. une personne robuste qui mange de tout.
3. une personne qui ne prend jamais de viande.
4. des végétariens.

À vous la parole!

Vous dînez avec des amis au restaurant «Chez Michel»,
un très bon restaurant parisien. Avec votre partenaire,
jouez les rôles du client (de la cliente) et du serveur
(de la serveuse).

LE SERVEUR: Vous désirez, (mademoiselle)?
VOUS: Comme hors-d'œuvre, je voudrais...
LE SERVEUR: Et comme salade... ?
VOUS: ...
LE SERVEUR: ...
LE SERVEUR: Et avec ça, c'est tout?
VOUS: ...

Suggestions

Est-ce que le service est compris?
Il est comment, le canard à l'orange?
Monsieur (Madame, Mademoiselle),
    l'addition, s'il vous plaît!
Quelle est la spécialité de
    la maison?

Chez Michel
Menu à 250 francs *

Entrée au choix

Hors-d'œuvre
terrine du chef
œufs en gelée
terrine de saumon
consommé de légumes
crème d'asperges
avocat vinaigrette

Salades
salade du jardin
salade d'endives aux noix
salade niçoise
salade du chef

Plat garni au choix

Viandes
châteaubriand aux pommes
tournedos béarnaise
gigot d'agneau aux flageolets
escalope de veau aux morilles

Volailles
coq au vin
cailles aux raisins
canard à l'orange

Poissons et fruits de mer
sole meunière pommes vapeur
turbot à l'oseille
homard à l'américaine
moules marinières
gratin d'écrevisses

Fromages
camembert
brie
plateau assorti

Desserts
mousse au chocolat
île flottante
orange givrée
crème caramel
tarte maison

café ou thé

* *boissons non comprises*
service compris

un bifteck cru   saignant   bien cuit   à point

LECTURE

«Le corbeau et le renard»

Le Corbeau et le Renard

Maître Corbeau, sur un arbre perché,
    Tenait en son bec un fromage.
Maître Renard, par l'odeur alléché,°   attiré
    Lui tint à peu près ce langage:°   tint... a parlé à peu près comme ça
    «Hé! Bonjour, Monsieur du Corbeau,
Que vous êtes joli! que vous me semblez beau!
    Sans mentir, si votre ramage°   voix, chant
    se rapporte° à votre plumage,°   est proportionnel / les oiseaux ont des
                                  plumes, qui forment un plumage
Vous êtes le phénix° des hôtes° de ces bois.°»   oiseau mythique / habitants / ces... cette
                                   forêt
À ces mots, le Corbeau ne se sent pas de joie;
    Et pour montrer sa belle voix,
Il ouvre un large bec, laisse tomber sa proie.°   victime (le fromage)
Le Renard s'en saisit° et dit: «Mon bon Monsieur,   s'en... l'a pris rapidement
    Apprenez que tout flatteur
    Vit aux dépens de celui qui l'écoute°:   vit... dépend de / celui... sa victime
Cette leçon vaut bien un fromage sans doute.»
    Le Corbeau, honteux° et confus,   qui a honte
Jura,° mais un peu tard, qu'on ne l'y prendrait   a affirmé
    plus.°   on... il a appris sa leçon

Extrait des *Fables* (Livre I) de Jean de la Fontaine (1621–1695)

Avez-vous compris?

1. Le renard veut...
   - **a.** manger le corbeau.
   - **b.** prendre le fromage du corbeau.
   - **c.** se moquer du corbeau.
2. La stratégie du renard est...
   - **a.** d'amuser le corbeau.
   - **b.** de distraire le corbeau.
   - **c.** d'attaquer le corbeau.
3. Le corbeau accepte de chanter parce qu'il est...
   - **a.** très sympathique.
   - **b.** très heureux.
   - **c.** vaniteux.
4. À la fin de l'histoire, le corbeau est...
   - **a.** furieux.
   - **b.** honteux.
   - **c.** triste.
5. La morale de cette fable est:
   - **a.** les corbeaux sont idiots.
   - **b.** les renards sont manipulateurs.
   - **c.** les flatteurs ont souvent des intérêts personnels.

À vous la parole!

La suite de l'histoire: Maître Corbeau rentre chez lui sans son fromage, et raconte ses mésaventures à sa femme. Imaginez leur dialogue.

MME CORBEAU: Qu'est-ce qui est arrivé? Où est ton fromage?
MAÎTRE CORBEAU: Quelle histoire! J'étais perché sur un arbre, avec mon fromage dans mon bec,...

 ### À vous d'écrire

Préparez un petit article publicitaire au sujet de votre restaurant préféré. Dans votre article, donnez des renseignements importants aux clients potentiels, tels que les heures, le décor, les spécialités et les prix. (Inventez les détails si vous n'en êtes pas certain[e].)

Vocabulaire

Les boissons

Drinks

l'eau (*f.*)	water
le thé	tea
le vin	wine

Mots apparentés: **le café au lait, le champagne, le cidre, le jus d'orange**

Les desserts

Desserts

la crème caramel	flan, caramel custard
la crème Chantilly	whipped cream
une galette	a puff pastry cake
un gâteau	a cake
une pâtisserie	a piece of pastry
une tarte aux pommes	an apple pie

Mots apparentés: **le bonbon, la crêpe, le sorbet**

Les fruits

Fruit

les cerises (*f.*)	cherries
les citrons (*m.*)	lemons
les fraises (*f.*)	strawberries
les pêches (*f.*)	peaches
les poires (*f.*)	pears
les pommes (*f.*)	apples
les raisins (*m.*)	grapes

Mots apparentés: **les abricots** (*m.*), **les bananes** (*f.*), **les oranges** (*f.*)

L'épicerie

Grocery items

la confiture	jam, jelly
les épices (*f.*)	spices

la farine	flour
les œufs (*m.*)	eggs
les pâtes (*f.*)	pasta
le poivre	pepper
le sel	salt
le sucre	sugar

Mots apparentés: **le chocolat, l'huile d'olive, la moutarde**

LES LÉGUMES
Vegetables

l'ail (*m.*)	garlic
les champignons (*m.*)	mushrooms
les haricots verts (*m.*)	green beans
la laitue	lettuce
le persil	parsley
les petits pois (*m.*)	peas
les pommes (*f.*) de terre	potatoes

Mots apparentés: **les asperges (*f.*), une carotte, le céleri, un concombre, un oignon, un radis, une tomate**

LE PAIN ET LES CÉRÉALES
Bread and grains

une baguette	a long, thin loaf of bread
un pain au chocolat	a chocolate-filled roll
un petit pain	a hard roll
le riz	rice
une tartine	a slice of bread with jam or butter

Mots apparentés: **des céréales (*f.*), un croissant**

LE POISSON ET LES FRUITS DE MER
Fish and seafood

les coquilles (*f.*) Saint-Jacques	scallops
les crevettes (*f.*)	shrimp
les escargots (*m.*)	snails
le homard	lobster
les huîtres (*f.*)	oysters

Mots apparentés: **un crabe, une sole**

LES PRODUITS LAITIERS
Dairy products

le beurre	butter
le fromage	cheese
la glace	ice cream
le lait	milk
le yaourt	yogurt

Mots apparentés: **la crème**

LA VIANDE
Meat

l'agneau (*m.*)	lamb
le bœuf	beef
une côtelette	a cutlet
le jambon	ham
le poulet	chicken
la saucisse	salami (*hard sausage*)
le veau	veal

Mots apparentés: **le bifteck, le porc, le rosbif**

MAGASINS D'ALIMENTATION
Food stores

une boucherie	a butcher shop
une boulangerie	a bakery
une charcuterie	a delicatessen, pork butcher's
une épicerie	a grocery store
un(e) marchand(e) de fruits et légumes	a fruit and vegetable shop, seller
un(e) marchand(e) de vins	a wine shop, seller
une pâtisserie	a pastry shop
une poissonnerie	a fishmonger's

LA NUTRITION
Nutrition

la graisse	fat, grease
les hydrates (*f.*) de carbone	carbohydrates
les matières (*f.*) grasses	fat content
un régime	a diet

Mots apparentés: des calories (*f.*), le cholestérol, la fibre, les protéines, les vitamines (*f.*)

La cuisine

Cooking

les aliments (*m.*)	food items
couper	to cut
cuire à la vapeur (à feu vif)	to steam (cook on high)
faire les provisions	to buy groceries
les frites	French fries
un goût	a taste, flavor
goûter	to taste (*something*)
mettre le couvert / la table	to set the table
une poêle	a skillet, frying pan
poivrer	to pepper
une recette	a recipe
saler	to salt
une tranche	a slice (*of fruit, etc.*)
verser	to pour

Mots apparentés: griller, un ingrédient, un liquide, un livre de cuisine

Les repas et la table

Meals and the table

une assiette	a plate
un couteau	a knife
une cuillère	a spoon
le déjeuner	lunch
le dîner	dinner
une fourchette	a fork
le goûter	snack
le petit déjeuner	breakfast
une serviette	a napkin
une tasse	a cup
un verre	a glass

Au restaurant

In a restaurant

l'addition (*f.*)	tab, bill
l'entrée (*f.*)	first course
laisser un pourboire	to leave a tip
le maître d'hôtel	host (maître d')
passer la commande	to place an order
le plat du jour	today's special
le plat principal	main dish
le pourboire	tip
le serveur/la serveuse	waiter, waitress
le sommelier/ la sommelière	wine waiter
Encore du/de la/ de l'... ?	Would you like more . . . ?
Est-ce que le service est compris?	Is the tip included in the tab?
J'ai très bien mangé!	That was really good!
J'en ai assez/trop pris.	I've had enough/ too much.
Je n'ai plus faim.	I'm no longer hungry.
Plus de (café), merci.	No more (coffee), thanks.
Rien de plus, merci.	Nothing else, thanks.

Adjectifs

Adjectives

beurré(e)	buttered
épicé(e)	spicy
frais/fraîche	fresh
fumé(e)	smoked
haché(e)	chopped, ground
léger/légère	light, fluffy, delicate
poché(e)	poached
recouvert(e) de	covered with
salé(e)	salty, salted
sucré(e)	sweet

Mots apparentés: acide, caramélisé(e), composé(e), fin(e), flambé(e), garni(e), riche (en)

Verbes

Verbs

boire	to drink
commander	to order
coûter	to cost
lire	to read
mettre (perdre) du poids	to gain (lose) weight
se mettre à	to start

Mots apparentés: conseiller, distinguer, fréquenter, payer, recommander, souffrir, suggérer, vexer

Grammaire et exercices

7.1 REVIEW OF ARTICLES

★ Review **Grammaire A.3** and **A.5.**

A. Definite articles (**le, la, l', les**) are used as the equivalent of *the* in English.

Le lait que j'ai acheté est dans **le** réfrigérateur.	*The milk I bought is in the refrigerator.*

Definite articles are also used to talk about people or things in general. In such cases, English usually uses no article at all.

La mousse au chocolat est mon dessert préféré.	*Chocolate mousse is my favorite dessert.*
Les hommes fument plus de cigarettes que **les** femmes.	*Men smoke more cigarettes than women (do).*

★ Review **Grammaire 3.6.**

B. Remember that indefinite articles (**un, une, des**) are used for countable nouns (*des* **croissants**), whereas partitive articles (**du, de la, de l'**) are used for mass nouns (*de la* **confiture**).

J'ai acheté **des** provisions pour le petit déjeuner. J'ai pris **des** croissants, **du** beurre et **de la** confiture.	*I bought groceries for breakfast. I got (some) croissants, butter, and jam.*

C. To choose the appropriate article, look at the kind of verb used in the sentence. With verbs describing likes or dislikes, such as **aimer, adorer, détester, préférer,** use the definite article because you are talking about things in a general sense.

Nathalie **aime** beaucoup **les** carottes et **les** petits pois, mais elle **déteste les** épinards.	*Nathalie likes carrots and peas a lot, but she detests spinach.*
Je n'**aime** pas **le** café fort.	*I don't like strong coffee.*

On the other hand, if the verb deals with having, obtaining, or consuming, use **du, de la, de l',** or **des,** because you are talking about some amount of a thing. Such verbs include **avoir, acheter, manger, boire, prendre,** and many others.

Les Français **boivent du** café après le dîner.	*The French drink coffee after dinner.*
Nous **mangeons de la** pizza tous les vendredi soirs.	*We eat pizza every Friday night.*

D. In negative sentences, the indefinite or partitive article becomes **de**. (Definite articles do not change.)

Je **n**'achète **jamais de** crème, et je **n**'ai **plus de** lait. Est-ce que vous pouvez boire votre café noir?	*I never buy cream, and I don't have any milk left. Can you drink your coffee black?*

➤ **Tu** *n'aimes pas le* chocolat.
➤ **Je** *mange du* chocolat.
➤ **Tu** *ne* manges *pas de* chocolat.
➤ **Je** mange *trop de* chocolat!

De is also used after expressions of quantity.

QUELQUES EXPRESSIONS DE QUANTITÉ

beaucoup de *a lot of*	un peu de *a little*
assez de *enough*	trop de *too much, too many*
une livre de *a pound of*	un kilo(gramme) de *a kilogram of*
un litre de *a liter of*	une douzaine de *a dozen*
un verre de *a glass of*	une tasse de *a cup of*

Agnès a acheté **un litre de lait** et **un kilo de gruyère**.	*Agnès bought a liter of milk and a kilo of gruyère cheese.*

 EXERCICE 1 **Vos goûts**

Répondez par *oui* ou *non*, et puis indiquez un autre aliment de la même catégorie que vous aimez mieux.

MODÈLE: Tu aimes le jus d'orange? →
Oui, j'aime le jus d'orange, mais je préfère le jus de raisin.
(Non, je n'aime pas le jus d'orange. Je préfère le jus de pomme.)

1. Tu aimes les petits pois?
2. Tu aimes les cerises?
3. Tu aimes le jambon?
4. Tu aimes la bière?
5. Tu aimes les huîtres?
6. Tu aimes le lait?

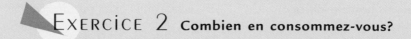

EXERCICE 2 Combien en consommez-vous?

Utilisez l'expression de quantité appropriée.

Expressions possibles: assez de, trop de, beaucoup de, (un) peu de, une (demi-)livre de, un kilo de, un (deux, trois,...) litre(s) de, une (demi-)douzaine de, une tasse de, un verre de, une bouteille de...

1. Je bois _____ café(s) par jour.
2. Je bois _____ eau chaque jour.
3. Je consomme _____ œufs par semaine.
4. Je consomme _____ beurre chaque mois.
5. Je mange _____ viande chaque semaine.
6. Je mange _____ fruits par semaine.

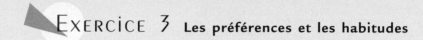

EXERCICE 3 Les préférences et les habitudes

Faites des questions et des réponses, en employant la forme appropriée de l'article.

MODÈLE: manger souvent/frites (*f.*) →
    É1: Est-ce que tu manges souvent des frites?
    É2: Oui, je... (Non, je...)

1. acheter quelquefois / bonbons au chocolat
2. aimer / escargots
3. manger souvent / dinde (*f.*)
4. consommer beaucoup / fromage (*m.*)
5. détester / poisson (*m.*)
6. adorer / glace (*f.*)

7.2 THE VERB boire

BOIRE (*to drink*)	
je bois	nous b**uv**ons
tu bois	vous b**uv**ez
il/elle/on boit	ils/elles boi**v**ent
Passé composé: j'ai **bu**	

The verb **boire** is similar to **croire** and **voir.** Note, however, its irregular plural forms.

—Monsieur, que voulez-vous **boire?**	*Sir, what would you like to drink?*
—Du thé, s'il vous plaît.	*Tea, please.*
Les Français **boivent** souvent de l'eau minérale.	*The French often drink mineral water.*

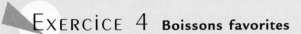

EXERCICE 4 Boissons favorites

Répondez aux questions par des phrases avec **boire.**

1. Que buvez-vous le matin? (je)
2. Que boivent vos amis quand ils se rencontrent au restau-u? (ils)
3. Quand vous sortez avec des amis, que buvez-vous? (nous)
4. Qui boit plus de thé, à votre avis, les Anglais ou les Français?
5. Qu'est-ce que vous avez bu ce matin avant d'aller en cours? (je)
6. Que buviez-vous avec vos repas quand vous étiez petit(e)? (je)
7. Est-ce que quelqu'un buvait du café chez vous quand vous étiez petit(e)?
8. Qu'est-ce qu'on a bu à la dernière fête où vous êtes allé(e)? (on)

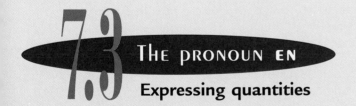

7.3 THE PRONOUN EN
Expressing quantities

A. You are already familiar with the use of the pronoun **en** to replace a noun preceded by a number.

★ Review **Grammaire B.1.**

—Voulez-vous des croissants?	*Do you want some croissants?*
—Oui, j'**en** veux **quatre.**	*Yes, I want four (of them).*

B. En also replaces a noun with a partitive article (**du, de la, de l'**, or **des**). The English equivalent is *some* or *any*.

—Est-ce que Raoul prend toujours du café après le dîner?	*Does Raoul always have coffee after dinner?*
—Oui, il **en** prend toujours.	*Yes, he always has some.*
—As-tu des fruits pour le dessert?	*Do you have some fruit for dessert?*
—Non, je n'**en** ai pas, mais Daniel va **en** apporter.	*No, I don't have any, but Daniel is going to bring some.*

C. Use **en** to replace nouns preceded by other expressions of quantity such as **un peu, beaucoup, assez, trop,** etc.

> ➤ **Tu veux *des* bananes?**
> **Oui, j'*en* veux.**
> **Non, je n'*en* veux pas.**
> **Oui, j'*en* veux un kilo.**

— Est-ce qu'il y a encore de la glace au chocolat?	*Is there still some chocolate ice cream?*
— Oui, il y **en** a encore **beaucoup.**	*Yes, there's still a lot (of it).*
— Je dois acheter du lait à l'épicerie?	*Should I buy some milk at the grocery store?*
— Non, j'**en** ai déjà **trop.**	*No, I already have too much.*

D. En is also used to replace the preposition **de** + a noun. This often happens with expressions that require **de,** such as **avoir besoin (envie, peur) de.**

—Tu as besoin **de poivre** pour cette recette?	*Do you need pepper for this recipe?*
—Oui, j'**en** ai besoin.	*Yes, I need it (some).*

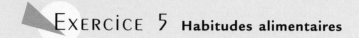

EXERCICE 5 Habitudes alimentaires

Vous passez quelques jours chez une nouvelle amie. Elle vous pose beaucoup de questions pour connaître vos goûts. Répondez-lui en utilisant le pronom **en.**

> MODÈLE: Tu mets du lait dans ton café le matin? →
> Oui, j'en mets. (Non, je n'en mets pas.)

1. Est-ce que tu voudrais des croissants pour ton petit déjeuner?
2. Tu bois du café décaféiné?
3. Tu aimes prendre de la viande à tous les repas?
4. Tu prends du vin à tous les repas?
5. Tu manges du poisson de temps en temps?
6. Tu manges beaucoup de desserts?

EXERCICE 6 Combien?

Répondez aux phrases en utilisant **en.**

> MODÈLE: Il y a combien d'œufs dans une douzaine? → Il y en a douze.

1. Combien de grammes y a-t-il dans un kilo?
2. Est-ce qu'on a besoin de beurre pour faire une omelette?
3. Est-ce que les enfants ont souvent envie de bonbons?
4. Est-ce qu'il y a beaucoup de caféine dans le café?
5. Y a-t-il de la caféine dans le café décaféiné?
6. Combien d'œufs est-ce qu'il y a dans une demi-douzaine?
7. Est-ce qu'il y a du fromage dans la glace?

7.4 Qui, que, and quoi

Asking questions

You are already familiar with various kinds of questions. Here is a summary of how to form questions with **qui, que,** and **quoi.** Notice that the question form depends not only on whether you are asking about people or things but also on the function of the person or thing in the sentence, as subject, direct object, or object of a preposition.

✴ Review **Grammaire B.2** and **3.2.**

ASKING ABOUT PEOPLE

Subject: **Qui**... ?

Qui fait les meilleures crêpes?	*Who makes the best crepes?*

Direct object: **Qui est-ce que**... ?, **Qui** + inversion... ?

Qui est-ce que tu as rencontré au restaurant? Qui as-tu rencontré au restaurant?	*Who (Whom) did you meet at the restaurant?*

Object of a preposition: Preposition + **qui est-ce que**... ?
 Preposition + **qui** + inversion... ?

Avec qui est-ce qu'il déjeune? Avec qui déjeune-t-il?	*Who (Whom) is he having lunch with?*

ASKING ABOUT THINGS

Subject: **Qu'est-ce qui**... ?

Qu'est-ce qui se passe?	*What's going on?*

Direct object: **Qu'est-ce que**... ?, **Que** + inversion... ?

Qu'est-ce que tu bois au petit déjeuner? Que bois-tu au petit déjeuner?	*What do you drink at breakfast?*

Object of preposition: Preposition + **quoi est-ce que**... ?
 Preposition + **quoi** + inversion... ?

Avec quoi est-ce qu'on boit du vin blanc? Avec quoi boit-on du vin blanc?	*What do you drink white wine with?*

➤ The preposition must come first in a question.

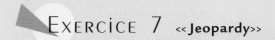

EXERCICE 7 « Jeopardy »

Trouvez et complétez la question qui correspond à chaque réponse.

> MODÈLE: des œufs et de l'huile →
> *Qu'est-ce qu'*on met dans une sauce mayonnaise?

1. les enfants
2. le dessert
3. des œufs
4. de la viande rouge
5. de la limonade
6. des toasts
7. des fruits de mer
8. le chef de cuisine

a. _____ on prend quand on a très chaud?
b. Avec _____ est-ce qu'on fait une omelette?
c. _____ prépare les repas dans un restaurant?
d. _____ on met dans une bouillabaisse?
e. Avec _____ est-ce qu'on sert du vin rouge?
f. _____ mange le plus de bonbons?
g. _____ on prend à la fin d'un bon dîner?
h. Sur _____ est-ce qu'on met de la confiture?

EXERCICE 8 Une soirée

Les étudiants de Mme Martin arrivent chez Jacqueline pour une soirée. Voici les réponses de Jacqueline. Formulez les questions.

> MODÈLE: *Denise* n'est pas encore là. → Qui n'est pas encore là?

1. Louis doit venir *avec Daniel.*
2. J'ai fait *une mousse au chocolat.*
3. J'ai demandé *à Denise* d'apporter des chips.
4. Nous avons besoin *de glace et de verres.*
5. *Louis* a apporté des cassettes de musique acadienne.
6. Je voudrais parler *du film que nous avons vu hier.*

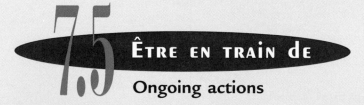

7.5 ÊTRE EN TRAIN DE

Ongoing actions

A. As you know, the present tense in French (**je parle**) has several English equivalents, including the simple present (*I speak*) and the progressive present (*I am speaking*). Notice that where English uses the progressive present to indicate that an action is going on at the time of speaking, French generally uses just the simple present tense.

> —Mme Martin est dans son bureau?   *Is Madame Martin in her office?*
> —Oui. Elle **parle** avec Albert.   *Yes. She's **speaking** with Albert.*

B. If you wish to emphasize that the action is going on as you are speaking, you can use the expression **être en train de** + infinitive.

—Tu vas faire ton devoir de physique, Charles? *Are you going to do your physics assignment, Charles?*

—Oui, je **suis en train de** le **faire** maintenant. *Yes, I'm doing it (right) now.*

 EXERCICE 9 **Qu'est-ce qu'ils sont en train de faire?**

Pour chaque dessin, dites ce que Bernard et Christine sont en train de faire.

MODÈLE: Numéro 1. Christine est en train de réserver une table.

Suggestions

arriver au restaurant
se baigner
bavarder avec leurs amis
commander leur dîner

entrer dans le restaurant
demander l'addition
s'habiller
goûter le vin

régler l'addition
rencontrer leurs amis
rentrer chez eux après
  avoir laissé le pourboire

AVANT DE, APRÈS

Ordering events

A. The prepositions **avant** (*before*) and **après** (*after*) are often used with nouns to indicate the order of events.

> **Avant le dessert,** nous avons pris du fromage.

We had cheese before dessert.

> Nous avons pris l'entrée **après la salade.**

We had the main course after the salad.

B. To express *before doing something,* use **avant de** followed by an infinitive.

> On étudie **avant de passer** un examen.

One studies before taking a test.

➤ Past infinitive:
avoir parlé
être sorti(e)(s)

C. To express *after doing something,* use **après** followed by a past infinitive. A past infinitive = **avoir** or **être** + past participle. With **être**, the past participle agrees with the understood subject.

> **Après avoir dîné** au restaurant chinois, nous sommes rentrés.

After eating at the Chinese restaurant, we went home.

> **Après être allés** au Sénégal, les Colin ont visité le Québec.

After going to Senegal, the Colins visited Quebec.

EXERCICE 10 Du monde à dîner

Vous invitez des amis à dîner chez vous. Dans quel ordre faites-vous les choses suivantes? Répondez avec **avant de** + infinitif.

MODÈLE: téléphoner aux amis/faire une liste des invités →
Je fais une liste des invités, avant de téléphoner aux amis.

1. inviter des amis / choisir un menu
2. faire les provisions / lire la recette
3. aller au supermarché / faire une liste
4. m'habiller pour la soirée / faire la cuisine
5. mettre la table / préparer le repas
6. servir le dessert / débarrasser la table (≠ mettre la table)

EXERCICE 11 Priorités

Que fait l'étudiant typique dans ces situations? Employez **après avoir/être** + un participe passé.

MODÈLE: passer des examens / étudier →
Un étudiant typique passe des examens après avoir étudié.

1. finir ses devoirs / regarder la télé
2. aller en cours / étudier
3. lire des articles / écrire une thèse
4. regarder son manuel de laboratoire / écouter les cassettes
5. écrire une composition / réfléchir au sujet
6. répondre aux questions du prof / écouter les questions du prof
7. aller à la bibliothèque / aller prendre un café
8. se coucher / sortir pour voir un film

Parlons de la Terre!

IN **CHAPITRE 8,** you will be talking about the Earth, its products, and how to protect our natural resources. You will learn more about the Francophone world and the concept of **francophonie.** You will also learn more about how to describe past time.

Une manifestation d'écologistes contre l'énergie nucléaire.

Activités et lectures

Attention! Étudier Grammaire 8.1

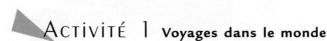

ACTIVITÉ 1 Voyages dans le monde

Dites dans quel pays et dans quelle ville on peut faire les activités suivantes.

> MODÈLE: É1: Où est-ce qu'on peut visiter le Kremlin?
> É2: En Russie.
> É1: Il se trouve dans quelle ville, le Kremlin?
> É2: Il se trouve à Moscou.

1. visiter le musée du Prado
2. voir les pyramides et le Sphinx
3. faire une promenade en bateau sur le Grand Canal
4. écouter du bon jazz et goûter à la cuisine créole
5. visiter le Palais Impérial
6. voir le Parthénon

VILLES		PAYS	
à Athènes	à La Nouvelle-Orléans	en Égypte	en Grèce
au Caire	à Tokyo	en Espagne	en Italie
à Madrid	à Venise	aux États-Unis	au Japon

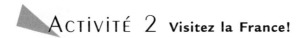

ACTIVITÉ 2 Visitez la France!

RÉGIONS	SITUATION	ATTRACTIONS
l'Alsace	au nord-est	les Vosges, la culture alsacienne
la Bretagne	au nord-ouest	des menhirs et des dolmens
la Camargue	au sud	des marais et des «cow-boys»
le Pays basque	au sud-ouest	les Pyrénées; la culture basque
la Provence	au sud-est	des ruines romaines
le Val de Loire	au centre	les châteaux de la Renaissance

> MODÈLE: É1: Où se trouve le Pays basque?
> É2: Au sud-ouest de la France.
> É1: Qu'est-ce qu'on peut y faire?
> É2: On peut découvrir la culture basque et voir les Pyrénées.

▲ ACTIVITÉ 3 Identifiez le pays

1. une région couverte par la jungle tropicale amazonienne
2. la plus grande île de l'océan Indien, avec une faune unique au monde
3. un archipel dans le Pacifique sud
4. un pays semi-désertique, au sud du Sahara
5. un pays très montagneux, au cœur de l'Europe
6. une région marécageuse, traversée par un grand fleuve

a. la Suisse
b. Madagascar
c. la Guyane
d. la Louisiane
e. la Polynésie française
f. le Mali

Paul Gauguin (1848–1903), *Mahana Maa,* 1892.

La France dans sa diversité

La France, ce n'est pas seulement la métropole,* c'est aussi les Départements et Territoires d'Outre-Mer (D.O.M.-T.O.M.) disséminés partout dans le monde. L'Hexagone se prolonge ainsi dans les Antilles (Martinique et Guadeloupe), l'océan Indien (Réunion et Mayotte), en Amérique du Nord (Saint-Pierre-et-Miquelon, à Terre-Neuve) et en Amérique du Sud (Guyane), ainsi que dans le Pacifique (Wallis-et-Futuna, Polynésie, Nouvelle-Calédonie). Naturellement, le français y est langue officielle, mais on y parle aussi de nombreuses langues locales, comme le créole, le kanak ou le swahili. Dans l'Hexagone, on ne parle pas uniquement français non plus, mais aussi breton, corse, alsacien, basque, arabe ou occitan: l'unité française cache donc une grande diversité géographique, linguistique et culturelle.

*l'état sans les territoires extérieurs

ACTIVITÉ 4 Visitez le monde francophone

Voici des descriptions extraites d'une brochure. Posez des questions à votre partenaire.

MODÈLE: É1: Quand est l'été indien au Québec?
É2: En automne, vers la fin septembre.

la Tunisie	le Québec	la Nouvelle-Calédonie
pays maghrébin désertique et montagneux en Afrique du Nord	**province boisée et montagneuse d'un grand pays en Amérique du Nord**	**longue île montagneuse entourée d'un récif barrière dans le Pacifique près de l'Australie**
Froid et très froid (–10°C) la nuit en hiver dans le Sahara; pas de demi-saison; été très sec et chaud à très chaud.	Hiver rigoureux. Été tempéré dans le nord, chaud dans le sud, superbe «été indien» fin septembre.	Saisons inversées par rapport à l'hémisphère nord, hiver (juin à septembre) frais et humide, intersaisons agréables et été (décembre à mars) chaud.

À vous la parole!

Persuadez la classe de visiter votre état (ou pays). **Idées:** parlez de sa géographie (lacs, montagnes, etc.), de son climat, des activités possibles, des villes et des sites à visiter, en montrant des dessins.

LES PRODUITS ET LES MATIÈRES

Attention! Étudier Grammaire 8.2 et 8.3

des vêtements en coton
de la poterie en terre cuite
des sculptures en bois

Un marché à Lomé, au Togo:
—Laquelle de ces jupes
est-ce que tu préfères?
—Celle-là. C'est la plus belle.

Un souk à Fès, au Maroc

Une boutique à Paris, en France

Un marché aux puces, à Bruxelles, en Belgique

ACTIVITÉ 5 Décisions

Vous êtes dans une boutique et vous choisissez des cadeaux pour votre famille
et vos amis. Faites votre choix et comparez-le avec celui de votre partenaire.
Expliquez vos raisons. Regardez les suggestions à la page suivante.

MODÈLE: É1: Moi, je prends le portefeuille en cuir pour mon père.
                Mon père a beaucoup de goût!
          É2: Et moi, je prends celui en plastique pour mon petit frère.
                Ce portefeuille-là est le moins cher.

1. le foulard en coton, celui en soie ou celui en polyester?
2. les assiettes en terre cuite, celles en cristal ou celles en acier?
3. la bague en or avec un diamant, celle en argent avec des turquoises ou
   celle faite à la main en cuivre?
4. les boucles d'oreilles avec des perles, celles avec des pierres polies ou
   celles avec des rubis?
5. le pantalon en cuir, celui en coton ou celui en laine?

Suggestions

C'est le/la plus durable (pratique, insolite...).
C'est le/la moins cher/chère (facile à nettoyer).
C'est le meilleur (la meilleure).
Ça ne se casse pas (se lave bien).

ACTIVITÉ 6   Exportations du monde francophone

MODÈLE: É1: Est-ce que le Québec exporte des diamants?
          É2: Non, mais le Zaïre en exporte.

PAYS OU RÉGION	VILLE PRINCIPALE	PRODUITS D'EXPORTATION
l'Algérie	Alger	le pétrole
la Côte-d'Ivoire	Abidjan	le cacao, le café, l'acajou
la Guinée	Conakry	la bauxite
le Mali	Bamako	le coton
le Québec	Montréal	le sucre d'érable
le Zaïre	Kinshasa	les diamants, le cuivre

Allons plus loin!

Nommez autant de produits que possible pour lesquels on utilise les matières premières indiquées dans le tableau.

RESPECTONS la TERRE!

Attention! Étudier Grammaire 8.4 et 8.5

Jean-Yves a vu un film sur les fleuves.

Il s'est rendu compte qu'il contribuait à la pollution des eaux.

Il a acheté un détergent sans phosphates.

Vous devriez recycler
ces journaux.

Ne laisse pas couler l'eau.
Tu ne devrais pas la gaspiller.

On ne devrait pas cultiver
l'herbe dans le désert.

 ACTIVITÉ 7 **Transformations écolos**

Qu'est-ce qui a influencé ces personnes? Que faisaient-elles jusque-là?
Qu'est-ce qu'elles ont fait après?

> MODÈLE: É1: Qui a lu un article sur le jardinage naturel?
> É2: Francis Lasalle.
> É1: Que faisait Francis jusque-là?
> É2: Il se servait d'insecticides.

	LE MOMENT CLÉ	AVANT	LE RÉSULTAT
Francis Lasalle	a lu un article sur le jardinage naturel	se servait d'insecticides	a acheté des coccinelles pour son jardin
Marie Lasalle	a assisté à une conférence sur le recyclage	jetait tous ses déchets à la poubelle	a commencé à recycler les objets en verre et en plastique
Julien Leroux	a vu un film sur la réduction de la couche d'ozone	allait au travail en voiture	a décidé de prendre l'autobus
Emmanuel Colin	a appris que le bruit est une forme de pollution	écoutait sa radio au volume maximum	a baissé le volume de sa radio

ACTIVITÉ 8 Problèmes écologiques

Pour réduire la pollution de l'environnement, qu'est-ce que nous devrions faire au sujet (1) de l'air, (2) des déchets et (3) de l'eau? Organisez les suggestions en trois groupes. Modifiez celles avec lesquelles vous n'êtes pas d'accord.

- ne pas gaspiller l'eau
- utiliser les transports en commun
- rationner l'eau
- trier les déchets
- établir plus de centres de recyclage
- se grouper au lieu de sortir seul en voiture
- interdire les bouteilles en plastique
- acheter des détergents sans phosphates
- interdire les cigarettes
- se servir des déchets naturels
- utiliser moins d'insecticides
- prendre le vélo

ACTIVITÉ 9 Faux-pas écologiques

Identifiez les erreurs que Raoul est en train de commettre et dites ce qu'il devrait faire pour ne pas contribuer à la dégradation de l'environnement.

MODÈLE: (Numéro deux.) Il est en train de jeter une boîte en aluminium. Il devrait recycler les objets en aluminium recyclables.

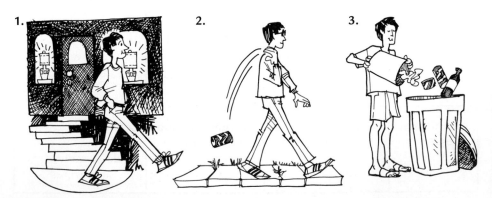

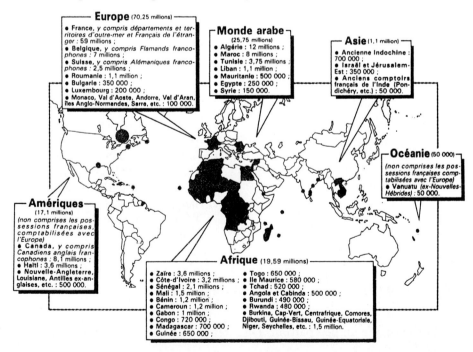

ACTIVITÉ 10 Testez vos connaissances

Regardez la carte du monde francophone et dites si chaque phrase est vraie ou fausse. Si la phrase n'est pas exacte, corrigez-la.

1. Le français se parle sur tous les continents du monde.
2. Beaucoup de gens parlent français en Roumanie.
3. Il y a plus de gens qui parlent français en Afrique qu'en France.
4. On trouve le plus grand nombre de pays francophones en Afrique.
5. Il n'y a pas de francophones aux États-Unis.

L'écologie vivons la tous ensemble

Société — Environnement et politique

En France, la préservation de la nature est une affaire sérieuse: il existe deux partis politiques consacrés à l'écologie, Les Verts (fondé en 1984) et Génération Écologie (1990). Leur principale mission est la protection des sites et des animaux menacés, mais aussi l'amélioration des espaces urbains, où vivent les 3/4 (trois quarts) des Français, exposés à la pollution par le bruit et les gaz d'échappement des automobiles. La plus grande préoccupation des défenseurs de l'environnement vient du nucléaire: la France possède la plus haute densité de centrales nucléaires au monde (56 pour 58 millions d'habitants), et produit ainsi[1] 80% de son électricité. De plus, en 1995-96, la série d'essais[2] de bombes nucléaires françaises en Polynésie a provoqué de vives[3] réactions de la part des organisations écologistes comme Greenpeace.

[1]de cette manière   [2]tests   [3]fortes

 ACTIVITÉ 11   **Définitions**

1. la francophonie
2. la langue maternelle
3. le bilinguisme
4. la langue administrative
5. la langue officielle
6. la langue de culture

a. langue qui sert de véhicule à toutes les affaires officielles
b. lien commun des peuples et des pays qui parlent français
c. langue nationale, officiellement reconnue par le gouvernement
d. connaître et parler deux langues
e. langue utilisée dans l'éducation, la littérature, le cinéma...
f. la première langue d'un individu

ACTIVITÉ 12   **Le français dans le monde**

Le français se parle un peu partout. Discutez sa position dans les pays suivants avec votre partenaire.

PAYS	STATUT DE LA LANGUE FRANÇAISE	HABITANTS FRANCOPHONES
la Belgique	langue officielle	7 millions
le Canada	langue officielle	8,1 millions

Madagascar	langue administrative	700.000
le Maroc	langue administrative	8 millions
la Roumanie	langue de culture	1,1 million
le Vanuatu	langue officielle	50.000
le Zaïre	langue officielle	3,6 millions

MODÈLE: É1: Combien de personnes parlent français au Maroc?
            É2: À peu près huit millions.
            É1: Est-ce la langue officielle du Maroc?
            É2: Non, mais c'est une des langues administratives.

ACTIVITÉ 13 **Personnes célèbres du monde**

MODÈLE: É1: D'où vient l'écrivain Yambo Ouologuem?
            É2: Il vient du Mali.

1. Jean-Bertrand Aristide, homme d'état
2. Céline Dion, chanteuse
3. Marguerite Yourcenar, écrivaine
4. Aimé Césaire, poète
5. Georges Simenon, romancier
6. Birago Diop, écrivain

a. la Martinique
b. le Québec
c. Haïti
d. la France
e. le Sénégal
f. la Belgique

LECTURE
La légende du peuple baoulé

Il y a longtemps vivait au bord d'une lagune une tribu paisible° dont la reine, nommée Pokou, était mère d'un tout jeune enfant. Un jour, une tribu ennemie a attaqué ce peuple amical, qui a quitté son village en abandonnant ses paillotes,° ses plantations, ses filets° et sa lagune poissonneuse.° Poursuivi par ses féroces ennemis, la pauvre tribu a traversé la forêt, puis la brousse,° puis la savane. Finalement, les fugitifs sont arrivés au bord d'un immense fleuve, impressionnant de puissance,° qui se brisait sur° d'énormes rochers.

Ils étaient consternés: était-ce là l'Eau qui les faisait vivre, l'Eau, leur grande amie? Impossible! Sans doute un mauvais génie avait-il excité l'Eau contre eux...

Pour la première fois, le sorcier° a pris la parole.

≠ agressive

maisons traditionnelles d'Afrique de l'ouest / on utilise un filet pour pêcher / riche en poissons
végétation tropicale

force / se... frappait violemment

chef religieux

Art baoulé, pendentif sous forme de masque.

«L'Eau est devenue mauvaise», dit-il, «et pour l'apaiser,° il faut lui donner ce que nous avons de plus cher... Non pas des bracelets d'or et d'ivoire, mais notre jeune prince!»

calmer

D'abord, la reine Pokou, effrayée,° a caché son enfant dans ses bras; mais elle a compris que son rôle de reine était plus important que ses sentiments de mère et, les larmes aux yeux, elle a jeté son fils dans le terrible fleuve.

Une personne effrayée a très peur.

Alors, des hippopotames gigantesques ont émergé de l'eau pour former une sorte de pont miraculeux. La tribu a traversé le fleuve sans difficulté et, arrivée sur l'autre rive, a acclamé sa reine; mais celle-ci, qui pleurait son fils disparu,° n'a prononcé qu'un mot, «baouli», ce qui signifie «l'enfant est mort».

non plus visible; mort

Depuis, le peuple a gardé ce nom: on les appelle les baoulé.

Adapté des *Légendes Africaines* de Bernard Dadié, Paris, Séghers, 1996.

Avez-vous compris?

Vrai ou faux? Si c'est faux, donnez la solution correcte.

1. La tribu de Pokou était un peuple de pêcheurs.
2. Quand les ennemis sont arrivés, les fugitifs sont partis en bateau.
3. D'abord ils n'ont pas pu traverser le fleuve.
4. Un génie est sorti du fleuve pour parler au sorcier.
5. Les hippopotames ont mangé le prince.
6. La tribu a gardé le nom de «baoulé» en l'honneur du sacrifice du prince.

À vous la parole!

En groupe de trois ou quatre, choisissez une légende, un mythe ou un conte populaire que vous connaissez bien. Avec l'aide du professeur, préparez-en une version que vous raconterez au reste de la classe.

À vous d'écrire

Vous venez d'arriver à Dakar au Sénégal. Vous vous êtes promené(e) un peu et maintenant, vous écrivez à votre ami(e). Vous voudriez lui dépeindre une image très vive de ce que vous avez vu: des touristes avec leurs appareils-photos, des vendeurs de fruits, des hommes d'affaires en costume traditionnel, des clients élégants dans les boutiques, une circulation intense dans les rues... Dans votre lettre, employez l'imparfait pour dire ce qui se passait autour de vous.

Cher (Chère)...

Me voilà enfin, confortablement installé(e) dans ma chambre. Il me semble que je vais aimer Dakar. Je me suis promené un peu cet après-midi. Il faisait un temps splendide. Il y avait des gens qui... Beaucoup de personnes...

Vocabulaire

LA NATURE ET LA TERRE

Nature and the Earth

boisé(e)	wooded
l'est (*m.*)	east
éteint(e)	extinct
une falaise	a cliff
un fleuve	a river
l'herbe (*f.*)	grass
un marais	a swamp
marécageux/ marécageuse	marshy
l'ouest (*m.*)	west
un récif	a reef
une rivière	a stream, brook
le sable	sand
un sapin	a fir tree

Mots descriptifs: **désertique, inversé(e), montagneux/ montagneuse, tempéré(e), traversé(e), tropical(e)**
Mots apparentés: **un archipel, une baie, une barrière, un continent, un désert, une dune, la faune, une forêt, un glacier, une île, une jungle, le nord, une péninsule, une plaine, des rapides** (*m.*), **le sud, la topographie, une vallée, un volcan**

LES MATIÈRES

Materials

l'acier (*m.*)	steel
l'argent (*m.*)	silver
le bois	wood
le caoutchouc	rubber
le cuir	leather
le cuivre	copper
la laine	wool
l'or (*m.*)	gold
le pétrole	crude oil
la pierre	stone
la soie	silk
la terre cuite	clay pottery
le verre	glass

Mots apparentés: l'aluminium, la bauxite, une brique, le cacao, le coton, le cristal, un diamant, le nylon, une perle, les phosphates (*m.*), le plastique, le polyester, la porcelaine, la poterie, un rubis, une turquoise, le velours

L'ÉCOLOGIE

Ecology

une coccinelle	ladybug
couler	to flow
les déchets (*m.*)	trash
gaspiller	to waste
recycler	to recycle
trier	to sort

Mots apparentés: consommer, contribuer, la couche d'ozone, cultiver, un insecticide, le jardinage, la pollution, prohiber, protéger, rationner, le recyclage, la réduction

LANGUE ET CULTURE

Language and culture

la francophonie	the Francophone world
un lien	a link, tie

Mots apparentés: administratif/administrative, bilingue, le bilinguisme, la colonisation, commun(e), francophone, indigène, un individu, maternel/maternelle, officiel/officielle

MOTS ET EXPRESSIONS UTILES

Useful words and expressions

au lieu de	instead of
par rapport à	in relation to
partout	everywhere
(le français) se parle	(French) is spoken

ADJECTIFS

Adjectives

affiché(e)	posted (*on a wall, etc.*)
assorti(e)	matching
blessé(e)	wounded

cadjin(e)	Cajun
compris(e)	included
efficace	useful, effective
poli(e)	polished
portatif/portative	portable
pris(e)	taken
reconnu(e)	recognized

Mots apparentés: australien(ne), celte, extraordinaire, microbien(ne), original(e), parasitaire, polluant(e), pratique, superbe, unique

SUBSTANTIFS

Nouns

un bibelot	a trinket
la bijouterie	jewelry
une boîte	a can
les boucles (*f.*) d'oreilles	earrings
une boutique	a shop
un caleçon	boxer shorts
une ceinture	a belt
des ciseaux (*m.*)	scissors
une combinaison	a slip
une conférence	a lecture
une culotte	women's underpants
un marché aux puces	a flea market
une montre	a watch
un romancier/ une romancière	a novelist
un slip	briefs, underpants
un soutien-gorge	a brassiere

Mots apparentés: un détergent, une pyramide, des ruines (*f.*), un véhicule

VERBES

Verbs

baisser	to lower
établir	to establish
résoudre	to resolve
unir	to unite

Mots apparentés: participer

Grammaire et exercices

8.1 PREPOSITIONS + PLACE NAMES

Expressing location, destination, and origin

A. Cities. Use **à** (*to, at, in*) and **de** (*from*) with names of cities.

> Agnès Rouet habite **à Paris.**　　　*Agnès Rouet lives in Paris.*
> Julien Leroux vient **de Bruxelles.**　*Julien Leroux comes from Brussels.*

B. Continents, Countries, and Provinces. The preposition used depends on whether the name is masculine, feminine or plural. In general, names of continents, countries, and provinces that end in **-e** are feminine, and all others are masculine: **la Tunisie, l'Égypte, la Côte d'Ivoire; le Maroc, le Danemark, le Québec.** (Exceptions: **le Mexique, le Cambodge, le Zaïre.**) A few place names are plural: **les États-Unis, les Pays-Bas.**

➤ Cities: Use **à** and **de.**

➤ Most country names ending in **-e** are feminine. To check gender, see the maps in the front of this book.

PREPOSITIONS WITH COUNTRIES, CONTINENTS, AND PROVINCES			
	feminine and masculine starting with a vowel	**masculine**	**plural**
in, to *from*	**en** Suède, **en** Iran **de** France, **d'**Israël	**au** Canada **du** Sénégal	**aux** États-Unis **des** États-Unis

> Nous allons **en Allemagne**　　　*We're going to Germany*
> et **au Luxembourg.**　　　　　　*and Luxemburg.*
> Leila vient **de Tunisie,** et　　　*Leila comes from Tunisia,*
> son mari vient **du Maroc.**　　　*and her husband comes*
> 　　　　　　　　　　　　　　　　*from Morocco.*
> Julien est rentré **des**　　　　　*Julien came back from the*
> **États-Unis** hier.　　　　　　　*U.S. yesterday.*

C. U.S. states. Most states are masculine because their names do not end in **-e**: **le Connecticut, le Kentucky, le Maryland,** etc. (exception: **le Maine**). Nine states change their spelling in French and thus become feminine: **la Californie, la Caroline du Nord et du Sud, la Floride, la Géorgie, la Louisiane, la Pennsylvanie, la Virginie, la Virginie-Occidentale.**

　　With feminine names, use **en** and **de** as previously explained: **en Californie; de Louisiane.** Likewise, masculine names take **du** (**de l'**), but **dans le** is usually preferred to **au: dans le Michigan, dans l'Ohio; du Texas, de l'Iowa.**

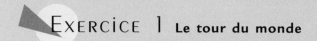

EXERCICE 1 Le tour du monde

Posez des questions à un jeune globe-trotter. Donnez aussi ses réponses.

MODÈLE: l'Amérique du Sud / le Pérou →
—Est-ce que tu vas en Amérique du Sud?
—Oui, je vais au Pérou.

1. l'Europe / le Portugal et l'Espagne
2. l'Asie / la Chine et l'Inde
3. l'Afrique / le Zaïre et le Sénégal
4. l'Afrique du Nord / la Tunisie et le Maroc
5. la Louisiane / Bâton Rouge et La Nouvelle-Orléans
6. le Canada / Montréal et Toronto

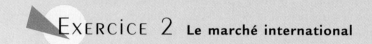

EXERCICE 2 Le marché international

Savez-vous de quels pays viennent les produits et les aliments suivants?

MODÈLES: les stylos Waterman →
D'où viennent les stylos Waterman?
Les stylos Waterman viennent de France.

le sushi →
D'où vient le sushi?
Le sushi vient du Japon.

1. les Volkswagens
2. les appareils Sony
3. le jambalaya
4. les vins de Bourgogne
5. les enchiladas et les tacos
6. le cappuccino
7. les Cadillacs
8. le sucre d'érable

8.2 THE SUPERLATIVE
Expressing extremes

A. The superlative (*large → largest; interesting → most interesting*) is formed by adding **le plus/moins, la plus/moins,** or **les plus/moins** to an adjective or **le plus/moins** to an adverb.

J'aime cette robe. C'est **la plus jolie** et **la moins chère**!

I like that dress. It's the prettiest and the least expensive!

C'est la cravate que je mets **le moins souvent.**   *This is the tie I wear the least often.*

B. When used in the superlative, adjectives keep their normal position either before or after the noun. Note that when the superlative expression follows the noun, *there will be two definite articles.*

✳ Review **Grammaire 4.1.**

Voilà **le plus grand** marché de Dakar.   *Here's the biggest market in Dakar.*

Ça, c'est **le magasin le plus cher** de la ville.   *That's the most expensive store in town.*

C. The irregular comparative forms of **bon** and **mauvais** are also used as superlatives.

✳ Review **Grammaire 4.2.**

L'été est **la meilleure** saison pour visiter la Côte d'Ivoire, mais **la pire** pour les tarifs d'avions.   *Summer is the best time to visit the Ivory Coast, but the worst for airfares.*

D. To indicate the extent of a comparison, use **de** + noun.

Ce pays a l'hiver le plus froid **d'**Europe.   *This country has the coldest winters in Europe.*

E. To compare quantities of things, use **le plus de** and **le moins de. Le** is always used, regardless of noun gender.

J'aime aller au magasin qui a **le plus de** vêtements en laine.   *I like to go to the store that has the most wool garments.*

Quel collier a **le moins de** turquoises?   *Which necklace has the fewest turquoises?*

◤ EXERCICE 3 **Avantages et inconvénients**

Complétez ces commentaires avec les superlatifs **le/la/les plus** ou **moins**...

MODÈLE: La vaisselle en porcelaine est _____ luxueuse, mais aussi _____ pratique. →
La vaisselle en porcelaine est *la plus* luxueuse, mais aussi *la moins* pratique.

1. Le coton est le tissu _____ confortable quand il fait chaud.
2. Le polyester est le tissu _____ pratique, mais _____ confortable en été.
3. La laine est le tissu naturel _____ chaud.
4. Les vêtements en soie sont _____ luxueux, mais ils ne sont pas _____ pratiques.
5. Les portefeuilles en cuir sont _____ beaux et aussi _____ durables.
6. L'or est le métal _____ précieux.

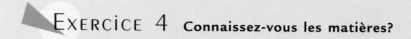

Exercice 4 **Connaissez-vous les matières?**

MODÈLE: Lequel dure le plus longtemps: le ciment, le papier ou le bois? →
Le ciment dure le plus longtemps.

1. Lequel coûte le moins cher: le cuir, le polyester ou le coton?
2. Lequel se lave le mieux: la laine, le cuir ou le nylon?
3. Lesquels coûtent le plus cher: les perles, les diamants ou les turquoises?
4. Lequel se casse le plus facilement: la porcelaine, l'argent ou le bois?
5. Lequel s'utilise le moins dans les vêtements pour enfants: le coton, le cuir ou la laine?

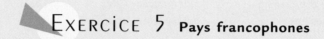

Exercice 5 **Pays francophones**

Comparez ces pays en faisant des phrases au superlatif.

MODÈLE: le Mali / la Suisse / le Luxembourg →
La Suisse a le plus d'habitants francophones.
Le Luxembourg a le moins d'habitants francophones.

PAYS	HABITANTS FRANCOPHONES
le Canada	8,1 millions
le Congo	720.000
le Luxembourg	200.000
le Mali	1,5 million
la Suisse	2,5 millions

1. le Canada / le Mali / le Congo
2. le Mali / le Congo / le Luxembourg
3. le Congo / la Suisse / le Mali

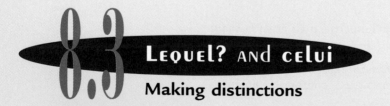

8.3 **Lequel? and celui**

Making distinctions

A. The interrogative **lequel?** (*which one?*) is used to ask about a choice among several objects or people. The form used must agree in gender and number with the noun to which it refers.

	SINGULAR	PLURAL
Masculine	**lequel**	**lesquels**
Feminine	**laquelle**	**lesquelles**

Voici plusieurs modèles de manteaux en laine. **Lesquels** voudriez-vous essayer?

Here are several styles of wool coats. Which ones would you like to try on?

—Voici tous nos répondeurs téléphoniques.
—**Lequel** est le modèle le plus récent?

Here are all our answering machines.
Which one is the latest model?

B. Demonstrative pronouns are used to point out a previously mentioned object or person. They also agree in gender and number with the noun to which they refer.

	SINGULAR	PLURAL
Masculine	**celui**	**ceux**
Feminine	**celle**	**celles**

C. French demonstrative pronouns have several equivalents in English, depending on how they are used.

—Bernard, regarde ces pulls. Lequel préfères-tu?
—**Ceux en laine** sont très beaux.

Bernard, look at these sweaters. Which one do you prefer?
The wool ones are very beautiful.

Je sais que ma montre retarde, mais **celle de Christine** est toujours en avance.

I know that my watch is slow, but Christine's is always fast.

Tu vois ces garçons? **Celui qui porte l'anorak** est le cousin de Barbara.

Do you see those boys? The one wearing the windbreaker is Barbara's cousin.

D. The suffixes **-ci** (*here*) and **-là** (*there*) can be used with demonstrative pronouns to point out the location of things being talked about.

Quelle montre prenez-vous? **Celle-ci** ou **celle-là?**

Which watch do you want? This one or that one?

—Je ne sais pas quel rasoir choisir.
—**Celui-ci** est bien meilleur.

I don't know which razor to choose.
This one is a lot better.

Exercice 6 Quel cadeau?

Posez des questions et répondez en utilisant les formes de **lequel** et **celui.**

MODÈLE: une robe →
Laquelle de ces robes préfères-tu?
Celle en soie parce que j'aime la couleur.

1. une montre
2. une bague
3. un portefeuille
4. un foulard
5. un vase

a. celui en cuir marron
b. celui en terre cuite
c. celle avec une turquoise
d. celle en or
e. celui en soie

Exercice 7 Préférences

Complétez les questions, puis répondez.

MODÈLE: les livres: Tu préfères *ceux* qui sont sérieux ou *ceux* qui sont amusants?
Moi, je préfère *ceux* qui sont amusants.

1. les cadeaux (*m.*): Tu préfères _____ qui coûtent cher ou _____ qui sont personnalisés?
2. les cartes (*f.*) d'anniversaire: Tu aimes _____ qui ont un message sentimental ou _____ qui sont comiques?
3. les cravates (*f.*): Tu achètes _____ aux couleurs vives ou _____ qui sont plus discrètes?
4. les portefeuilles (*m.*): Tu aimes mieux _____ en cuir ou _____ en plastique?
5. les meubles (*m.*): Tu préfères _____ qui sont confortables ou _____ qui ont beaucoup de style?

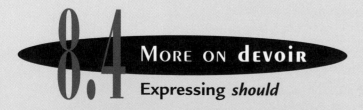

8.4 MORE ON devoir
Expressing *should*

✳ Review **Grammaire 3.4.** **A.** You already know that the present tense of **devoir** is used with an infinitive to express obligation or probability.

Est-ce que nous **devons** finir
le chapitre pour demain?
Albert est absent. Il **doit** être
malade aujourd'hui.

*Do we have to finish the
chapter for tomorrow?
Albert is absent. He must be
sick today.*

B. One of the most frequent uses of **devoir** is to convey the notion of *should* or *ought to.* To express *should,* use **devoir** in the conditional tense + an infinitive.

➤ **je dois** = I must
je devrais = I should

CONDITIONAL OF **DEVOIR** (*should, ought to*)	
je devrais	nous devrions
tu devrais	vous devriez
il/elle/on devrait	ils/elles devraient

On **devrait** recycler les boîtes en
aluminium.
Nous **ne devrions pas** gaspiller
l'électricité.

*People should recycle aluminum
cans.
We shouldn't waste electricity.*

✶ You will learn more
about the conditional tense
in **Grammaire 11.1.**

EXERCICE 8 Qu'est-ce que nous devrions faire?

Complétez par des formes de **devoir** au conditionnel. Ensuite, dites *oui* ou *non* et expliquez votre opinion.

MODÈLE: Pour conserver les ressources naturelles...
Nous *devrions* recycler les journaux et les magazines.
Oui, je suis d'accord, parce que c'est vraiment facile. (Non, je ne suis pas d'accord: il faut surtout en consommer moins.)

1. Pour aider à diminuer la pollution de l'air...
   a. nous _____ limiter les émissions toxiques.
   b. je _____ marcher ou prendre les transports en commun.
2. Pour éviter de gaspiller de l'eau...
   a. je ne _____ pas laisser couler l'eau quand je me brosse les dents.
   b. les gens ne _____ pas arroser leur jardin tous les jours.
3. Pour diminuer la contamination de la terre et des eaux...
   a. les agriculteurs ne _____ pas se servir d'insecticides.
   b. nous _____ acheter des détergents sans phosphates.
4. Pour résoudre le problème des déchets...
   a. tout le monde _____ trier les déchets et recycler.
   b. le gouvernement _____ limiter l'usage du plastique.

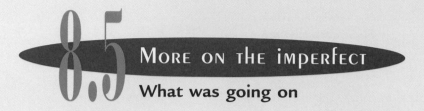

8.5 MORE ON THE IMPERFECT

What was going on

The **passé composé** and the **imparfait** are both past tenses. The tense you use depends on how you regard the past action—for instance, as a single completed action or as an ongoing situation in the past.

✳ Review **Grammaire 6.2.**

A. *Habitual* or *repeated past actions* are expressed with the **imparfait.** Adverbs that often occur with the **imparfait: souvent, d'habitude, tous les jours, tous les ans.**

Dans le passé, les gens **jetaient** tous leurs déchets. On ne **recyclait** rien.	*In the past, people used to throw away all their trash. They didn't recycle anything.*

✳ Review **Grammaire 6.3**.

B. A *past state* or *ongoing condition* is also described with the **imparfait.**

Dans le passé, nous ne **savions** pas que beaucoup de produits ordinaires **étaient** toxiques.	*In the past, we didn't know that many everyday products were toxic.*

C. Another use of the **imparfait** is to describe *an action* that was *in progress* at a particular time in the past.

Quand j'ai visité la classe de mon frère, le professeur **parlait** de l'écologie et les élèves **faisaient** des projets sur l'environnement.	*When I visited my brother's class, the teacher was talking about ecology and the pupils were doing projects on the environment.*

Pendant que (*While*) may be used to emphasize that several actions were happening simultaneously.

Pendant qu'on **utilisait** des produits pleins de phosphates, les algues **se multipliaient** dans les mers.	*While people were using products full of phosphates, algae were multiplying in the seas.*

✳ Review **Grammaire 6.8**.

D. The **passé composé** presents an action as *a single event,* completed at one time in the past. Adverbs that often occur with the **passé composé: puis, ensuite, soudain, tout à coup** (*all at once*).

Les astronomes **ont découvert** un trou dans la couche d'ozone. Soudain, tout le monde **a commencé** à s'inquiéter.	*Astronomers discovered a hole in the ozone layer. Suddenly, everyone began to worry.*

E. The **imparfait** and **passé composé** are often used together to describe what was going on (**imparfait**) when something else happened (**passé composé**).

Je **lisais** un article sur l'écologie quand les lumières **se sont éteintes.**

I was reading an article on ecology when the lights went out.

Je **cherchais** des bougies quand les enfants **ont commencé** à pleurer.

I was looking for some candles when the kids started crying.

SUMMARY OF PAST TENSE USES	IMPARFAIT	PASSÉ COMPOSÉ
Habitual past action	Nous **allions au Maroc** tous les étés.	
Single past action		L'année dernière, nous **sommes allés** en Tunisie.
Description of past state	Ce jour-là, il **faisait** très beau et les enfants **avaient** très chaud.	
Past action in progress	Une heure avant le départ, Bernard **faisait** encore sa valise.	
Ongoing past action + interrupting action	Nous **attendions** un taxi…	…quand il **a commencé à pleuvoir.**

 EXERCICE 9   **Science-fiction ou possibilité?**

C'est l'an 3050 et un grand-père et sa petite-fille discutent la question suivante: *Qu'est-ce que c'est qu'un arbre?* Changez les verbes à l'imparfait.

MODÈLE: Les arbres (couvrir) la terre. →
Les arbres couvraient la terre.

1. Beaucoup d'animaux (vivre) dans les arbres.
2. Les arbres (empêcher) l'érosion.
3. Ils (émettre) de l'oxygène, fonction très importante.
4. Les enfants (monter) dans les arbres.
5. Les gens (pique-niquer) sous leurs branches.
6. Tout le monde les (trouver) très beaux.
7. Mais les arbres n' (être) pas appréciés.
8. Les gens ne (comprendre) pas leur importance.

EXERCICE 10 Panne d'électricité

Chez les Colin, chacun s'occupait à sa façon un dimanche soir, quand il y a eu une panne d'électricité. Conjuguez les verbes au temps approprié (**imparfait** ou **passé composé**).

MODÈLE: Joël *lisait* (lire) des bandes dessinées, quand la lumière *s'est éteinte* (s'éteindre).

1. Marise _____ (faire) la vaisselle, quand le lave-vaisselle _____ (s'arrêter).
2. Victor _____ (envoyer) du courrier électronique à un ami canadien, quand son ordinateur _____ (s'éteindre).
3. Claudine _____ (écouter) les informations, quand tout à coup elle n'_____ plus rien _____ (entendre).
4. Emmanuel _____ (parler) au téléphone, quand la communication _____ (être) coupée.
5. Clarisse _____ (écouter) une symphonie de Beethoven, quand la cassette _____ (s'arrêter).

L'ENSEIGNEMENT, LES CARRIÈRES ET L'AVENIR

IN **CHAPITRE 9,** you will learn more ways to discuss university life. You will also learn another way to express future time and vocabulary for talking about jobs and career plans.

THÈMES
L'enseignement et la formation professionnelle
Le travail et les métiers
L'avenir

LECTURE
Destins croisés

INFO
Vie quotidienne: Passe ton bac d'abord!
Société: Travailler ou pas

GRAMMAIRE
9.1 **J'y pense:** Other uses of **y**
9.2 Emphatic pronouns
9.3 Identifying and describing: **C'est** vs. **il/elle est**
9.4 Saying what you've been doing: Present tense + **depuis**
9.5 Saying what you will do: The future tense

Les étudiants discutent de leurs cours devant la fac.

Activités et lectures

Attention! Étudier Grammaire 9.1 et 9.2

Agnès a réussi au bac à l'âge de 18 ans. Elle a dû bûcher dur avant de le passer.

La cousine d'Agnès n'a pas été reçue. Elle a échoué à certains examens.

Agnès s'est inscrite à la Faculté des Sciences Humaines et Sociales de l'Université Paris VII.

Elle a assisté à des conférences. Parfois, elle a séché ses cours.

Au bout de deux ans, elle a reçu un DEUG.

Maintenant, elle fait sa troisième année d'études. Elle est en train de préparer une licence en sociologie.

ACTIVITÉ 1 **Devinettes: L'université française**

1. On les paie quand on s'inscrit aux cours.
2. On y réfléchit, et puis on y répond.
3. Pour y réussir, il faut étudier.
4. On s'y inscrit au début de l'année scolaire.
5. C'est le domaine dans lequel on se spécialise.
6. En France, chaque étudiant à l'université y a réussi.
7. On le reçoit à la fin de deux ans d'études.

a. les examens
b. les cours
c. le DEUG
d. la spécialité
e. les frais d'inscription
f. le bac
g. les questions d'un examen

 ACTIVITÉ 2 **Conseils aux futurs étudiants**

Qu'est-ce que vous recommandez à ceux qui vont entrer en fac l'année prochaine? Dites *oui* ou *non*.

1. On se sent perdu. L'université paraît énorme.
   a. Trouvez un étudiant de deuxième année et suivez-le.
   b. Ne ratez pas les séances d'orientation.
2. On n'est pas certain d'avoir choisi les bons cours.
   a. Il y a des conseillers d'orientation. Parlez avec eux.
   b. Téléphonez à vos parents.
3. On a peur de rater les examens.
   a. Établissez un programme de travail régulier.
   b. Amusez-vous pendant l'année et bûchez avant les examens.
4. Au lycée, on est encadré. On ne sait pas s'organiser à la fac.
   a. Observez vos copains, puis faites comme eux.
   b. Trouvez la méthode d'étude qui vous convient.
5. Quelqu'un propose une petite sortie à la fin de la semaine de cours.
   a. Restez à la maison. Au boulot!
   b. Sortez avec lui, mais n'exagérez pas. Il faut s'amuser!

ACTIVITÉ 3 **Que pensez-vous de l'université?**

Donnez des notes à votre université. Regardez les catégories à la page suivante. Ensuite, comparez vos réponses avec celles de vos camarades de classe.

Mentions possibles: Très Bien, Bien, Assez Bien, Passable, Insuffisant, Nul

1. le système d'inscription
2. l'accès aux professeurs
3. la qualité des cours
4. les résidences universitaires
5. la cuisine dans les restaurants universitaires
6. la possibilité de faire des études à l'étranger

À vous la parole!

Avec des camarades de classe, préparez le texte d'une brochure promotionnelle sur votre université.

Vie quotidienne   Passe ton bac d'abord!

Le diplôme du baccalauréat, qui conclut les études secondaires, symbolise le système éducatif français. Pendant plusieurs jours en juin, dans toute la France, les candidats passent des examens écrits et oraux[1] dans diverses matières (français, philosophie, histoire, géographie, langues vivantes), et ceux qui réussissent ont le droit de s'inscrire à l'université. Aujourd'hui, environ 70% d'une classe d'âge obtient le bac, mais seulement 30% de la population active[2] le possède. Si ce diplôme reste important, il a perdu une grande partie de son prestige et, surtout, ne représente plus une garantie d'emploi: près de la moitié des bacheliers[3] n'a toujours pas trouvé de travail au bout de six mois.

[1]pluriel de **oral** [2]qui possède ou recherche un emploi [3]personnes qui ont le bac

ACTIVITÉ 4   Les études et la formation

À votre avis, qu'est-ce ces personnes ont dû faire pour atteindre leur niveau d'expertise actuel?

> MODÈLE: Jacques Cousteau a dû faire des études universitaires en sciences et mathématiques. Il a dû faire des stages en océanographie et il a dû faire des recherches en biologie et en géologie.

Paul Bocuse, chef cuisinier
Surya Bonaly, patineuse
 olympique

Camara Laye, romancier
 sénégalais
Yves Duteil, chanteur

1. faire des études universitaires (dans quelles matières?)
2. faire un stage (une période d'apprentissage) (en quoi? où?)
3. suivre un programme d'entraînement physique (lequel?)
4. faire des recherches (à quel sujet?)
5. prendre des leçons particulières (de quoi?)

À vous la parole!

En groupes de quatre, comparez les programmes d'études que vous devez suivre pour préparer la carrière de votre choix. Décidez quel programme est le plus compliqué. Faites un rapport à la classe.

LE TRAVAIL ET LES MÉTIERS

Attention! Étudier Grammaire 9.3 et 9.4

Une avocate défend
les accusés.

Un fonctionnaire travaille pour le gouvernement.

Une conseillère conjugale aide les mariages en difficulté.

Un instituteur enseigne aux enfants.

Cette ouvrière travaille dans le bâtiment.

Un photographe prend des photos.

Un pompier éteint des incendies.

Marchandes de légumes au Maghreb.

ACTIVITÉ 5 Définitions: Les métiers

Dites ce que font ces personnes, et les qualités importantes pour leur travail.
Possibilités: calme, courageux, en bonne forme, patient, bien informé...

MODÈLE: Les instituteurs enseignent aux enfants. Ils ont besoin d'être patients et bien informés.

1. les professeurs	**a.** guérissent les animaux malades
2. les facteurs	**b.** réparent les voitures
3. les chauffeurs de taxi	**c.** s'occupent des finances
4. les vétérinaires	**d.** opèrent les malades
5. les mécanicien(ne)s	**e.** éteignent les incendies
6. les pompiers	**f.** distribuent le courrier
7. les comptables	**g.** conduisent un taxi
8. les chirurgien(ne)s	**h.** enseignent à l'université

ACTIVITÉ 6 **Mon poste idéal**

Déterminez l'ordre de priorité que ces critères vont avoir pour vous quand vous chercherez un poste à la fin de vos études. Comparez vos réponses avec celles de votre partenaire.

1. _____ un salaire élevé
2. _____ des chances d'avancement
3. _____ la possibilité de voyager
4. _____ les vacances et les congés

5. _____ le niveau de tension
6. _____ l'autonomie
7. _____ le prestige de l'entreprise
8. _____ la proximité de ma famille

 ACTIVITÉ 7 **Les métiers et le passage du temps**

Depuis combien de temps (approximativement) existent ces métiers? Que font les gens qui les exercent?

Vocabulaire utile: depuis (cinquante) ans, depuis le début (du XXème siècle), depuis l'époque de (Jules César)

MODÈLE: commerçant → Ce métier existe depuis le début de la civilisation. Les commerçants achètent et revendent des marchandises.

1. programmeur / programmeuse
2. agriculteur / agricultrice
3. photographe

4. psychiatre
5. pilote
6. animateur / animatrice à la télé

ACTIVITÉ 8 **Jeu: Devinez leur métier**

LES PERSONNES	LES MÉTIERS	
les Hubert (Jacques et Anne)	médecin	instituteur /
les Potin (René et Cécile)	avocat(e)	institutrice
les Bodard (Serge et Michèle)	ingénieur	secrétaire
	dentiste	

1. Anne travaille dans un hôpital mais elle n'est pas médecin.
2. Serge enseigne à des enfants.
3. Jacques travaille avec des infirmières.
4. La secrétaire est mariée au médecin.
5. Le mari de l'avocate est ingénieur.
6. Le mari de la dentiste travaille dans une école.

Société — Travailler ou pas

L'emploi est devenu la principale préoccupation des Français. En effet, approximativement 12% de la population active est au chômage,[1] et cette proportion double chez les 18–25 ans. L'Agence nationale pour l'emploi (ANPE) aide les chômeurs à trouver du travail, et leur propose des stages[2] pour améliorer ou diversifier leurs qualifications. De plus, l'État verse[3] des allocations[4] à ceux qui ont perdu leur emploi. Ces efforts sont doublement justifiés: non seulement le chômage affecte l'économie, mais il a de graves conséquences psychologiques sur le moral de la population. L'une des solutions pour éviter la précarité[5] de l'emploi: entrer dans la fonction publique. En effet, les fonctionnaires ne sont pas très bien payés, mais ils sont certains de ne jamais perdre leur travail.

[1]situation du chômeur, personne qui n'a pas de travail   [2]sessions d'enseignement professionnel   [3]paie   [4]sommes d'argent   [5]≠ la stabilité

> **Heureux mais inquiets...**
Y a-t-il aujourd'hui en France des choses qui vous font craindre de ne plus vraiment être heureux d'être français ?

65 % Oui   **34 %** Non   NSP : 1 %

> **Pourquoi ?**
Parmi les menaces suivantes, quelles sont celles qui vous font le plus craindre de cesser de vous sentir vraiment heureux d'être français ?[(1)]

La montée du chômage	**63 %**
La montée de la pauvreté	**50**
La montée du terrorisme	**50**
La montée de l'immigration	**46**
La montée de l'intolérance	**41**
La montée de l'insécurité	**41**
Le développement de l'injustice ou des inégalités	**40**
La perte de certaines valeurs morales	**33**
La montée de l'égoïsme	**32**
La dégradation du paysage	**26**
Le déclin de la France dans le monde	**16**
Ne se prononcent pas	**1**

(1) Question posée à ceux qui craignent de cesser de se sentir heureux d'être français (65 %).

Attention! Étudier Grammaire 9.5

L'année dernière, Raoul a pris la décision de préparer un doctorat.

Au mois de janvier, Sarah et Agnès ont décidé de voyager ensemble cet été.

Julien vient de recevoir une offre de poste. Acceptera-t-il de devenir vice-président chargé des relations publiques à TF1?

ACTIVITÉ 9   Que faire pour s'améliorer?

Vous avez promis à vos parents et à vos amis de changer certaines de vos mauvaises habitudes. Maintenant, vous dressez la liste de ce que vous changerez. Dites *oui* ou *non*.

1. Pour améliorer ma santé...
   a. j'arrêterai de fumer.
   b. je ferai plus de gymnastique.
   c. je mangerai moins salé.
   d. je boirai plus d'eau et moins de coca.
2. Dans mes rapports avec les autres...
   a. je passerai plus de temps avec mes parents.
   b. je ne me disputerai avec personne.
   c. je serai plus généreux/généreuse.
   d. je chercherai à connaître plus de gens.
3. Pour améliorer ma situation financière...
   a. je ferai des économies.
   b. je chercherai un travail.
   c. j'achèterai moins de vêtements.
   d. je mangerai moins souvent au restaurant.
4. Pour perdre moins de temps...
   a. je ne regarderai pas la télé.
   b. je me lèverai plus tôt le matin.
   c. je sortirai moins le soir.
   d. j'apprendrai à étudier d'une manière plus efficace.

ACTIVITÉ 10   Prédictions

Est-ce que vous êtes d'accord avec ces prédictions pour le siècle prochain?

1. Nous ferons toutes nos transactions bancaires par ordinateur.
2. Plus d'étudiants s'inscriront dans les filières d'études traditionnelles.
3. L'accoutumance au cyber-espace sera un problème sérieux.
4. Nous verrons la paix sur la terre.
5. On ne roulera plus en voiture dans le centre des grandes villes.
6. Les cartes à puce remplaceront l'argent.

À vous la parole!

En groupes, préparez une liste de prédictions pour vos camarades de classe et pour votre professeur. Présentez-les à la classe.

ACTIVITÉ 11   **Vingt métiers au féminin**

1. À qui est destiné ce forum d'information?
2. Quand et où aura-t-il lieu?
3. Avec qui est-ce qu'on pourra en parler?
4. Y aura-t-il des hommes représentant ces métiers? Pourquoi, à votre avis?
5. Quels seront peut-être les autres métiers représentés au forum?
6. Ce forum est à l'initiative de quelle organisation?
7. Où est le siège de cette organisation?
8. Quel est son numéro de téléphone?

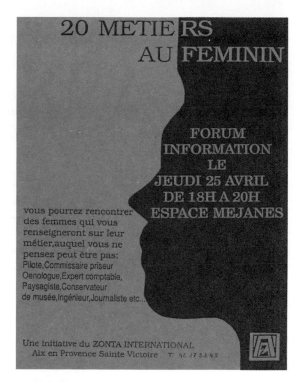

ACTIVITÉ 12   **L'avenir de Jean-Yves**

Jean-Yves, Sarah et Agnès ont consulté une voyante. Racontez ce qu'elle a prédit à Jean-Yves. Utilisez le futur: **Vous...**

ACTIVITÉ 13 Entretien: L'avenir

1. Qu'est-ce que tu vas faire quand tu auras terminé tes études?
2. Comment est-ce que ta vie va changer quand tu auras trouvé un travail et que tu recevras un salaire?
3. Pour toi, que signifie «le succès»? Quelles sont les choses les plus importantes pour toi? L'aventure? la satisfaction personnelle? Pourquoi?

LECTURE

Destins croisés

Khaled et Jean-Marc, copains d'enfance, ont suivi des voies différentes: l'un a réussi le bac et poursuit ses études universitaires, l'autre a suivi une filière technique courte et a cherché du travail. Ils continuent à s'écrire pour échanger des nouvelles et garder le contact.

Le port d'Ajaccio en Corse.

Grenoble, le 8 novembre 19...

Cher Jean-Marc,

Je suis désolé d'avoir tardé à t'écrire, mais j'ai été super occupé ces derniers mois. La vie à la fac demande énormément d'organisation; de toute évidence, ce n'est plus le lycée! Il faut savoir s'organiser tout seul, parce que les profs ne nous donnent pas beaucoup de directives: ils viennent, ils font leur cours et ils repartent. On est libre de travailler ou pas... responsables, quoi. L'important c'est d'arriver préparé aux examens, à la fin de l'année.

À part ça,° je passe pas mal de temps à discuter avec mes nouveaux copains, à propos de politique, de cinéma, de littérature... L'ambiance est très bonne, mais la fac est surpeuplée: il y a huit cents personnes dans l'amphi pour les cours magistraux°!

Bon, je te quitte pour aujourd'hui: donne-moi de tes nouvelles. Est-ce que tu as finalement trouvé du boulot?

Bien à toi,
Khaled

À... Pour changer de sujet

cours... cours formels donnés à l'ensemble des étudiants d'une classe

---

Ajaccio, le 15 novembre 19...

Cher Khaled,

Merci de ton mot de la semaine dernière. Je suis content de savoir que tu aimes la fac, mais je ne regrette pas ma décision, même si j'ai cherché du travail sans succès pendant six mois. Tu vois la photo? Eh oui, mon vieux, je suis en Corse trois jours par semaine; j'ai été embauché° comme apprenti-mécanicien sur un bateau qui fait la ligne Nice-Ajaccio. Moi qui voulais voyager, je suis servi! J'ai des tonnes de responsabilités aussi, et chaque traversée est un véritable «examen» de mes talents... Au fond, ce n'est pas trop différent de ta propre expérience.

J'aime bien ce travail, et surtout il y a de bonnes chances de promotion pour les gens sérieux et travailleurs. Peut-être que je finirai capitaine! Je t'inviterai à faire des croisières,° ça sera sympa...

Pour le moment, je dois descendre à la machine: commençons par le commencement! À très bientôt; tiens-moi au courant° de tes brillantes études.

Avec toutes mes amitiés,
Jean-Marc

employé

voyages en bateau

tiens-moi... informe-moi

Avez-vous compris?

Déterminez la signification de ces mots et expressions et donnez votre définition en français.

> MODÈLE: énormément d'organisation →
> beaucoup d'organisation

1. super occupé
2. pas mal de temps
3. la fac
4. un amphi

5. du boulot
6. je suis servi
7. des tonnes de responsabilités
8. sympa

Allons plus loin!

Poursuivre ses études ou chercher du travail? C'est parfois une décision difficile à prendre... Avec un(e) partenaire, déterminez les avantages et les inconvénients de chaque possibilité.

> MODÈLE: Si on poursuit ses études, on n'est pas assuré de...
> Si on cherche un travail, on est plus...

À vous d'écrire

Vous décidez de sortir et vous écrivez un mot pour votre camarade de chambre. Utilisez le futur pour donner quelques détails importants sur vos projets, où vous serez, comment on pourra vous contacter, si vous rentrerez tard ou non, l'heure à laquelle vous comptez retourner, etc.

> Cher (Chère)...
>
> J'ai décidé de... ce soir. Je... Si tu as besoin de me contacter,...
>
> À bientôt,

Vocabulaire

L'UNIVERSITÉ
The university

une bourse	a scholarship
une conférence	a lecture
un conseiller/ une conseillère	a counselor
un domaine	an area (of study)
la faculté	the college, university
les frais (m.) d'inscription	enrollment fees
une mention	a distinction (grade)
une séance d'orientation	an orientation meeting
une spécialité	a major (subject)
un stage	an internship
abandonner	to drop (a course of study, a class)
assister à	to attend, be present at
bûcher	to cram, study hard
échouer à	to flunk, fail
être reçu(e) (à)	to pass (a course, exam)
faire des recherches	to do research
s'inscrire à	to enroll
passer un examen	to take a test
rater (une conférence)	to miss (a lecture)
réussir à un examen	to pass a test
sécher un cours	to cut class

Mots apparentés: **l'année** (*f.*) **scolaire, l'inscription** (*f.*)**, se spécialiser**

LES diplômes
Diplomas

le baccalauréat	*national exam at the end of* **lycée**
le brevet	*certificate awarded for successful completion of a course of study*
le DEUG	**Diplôme d'études universitaires générales** (*awarded after successful completion of a two-year university program*)

la licence	*diploma awarded upon successful completion of third-year university exams*

LES métiers
Jobs

un animateur/ une animatrice	a talk show host
un/une avocat(e)	a lawyer
un/une chirurgien(ne)	a surgeon
un/une comptable	an accountant
un/une fonctionnaire	a government employee
un infirmier/ une infirmière	a nurse
un ingénieur mécanicien	a mechanical engineer
un instituteur/ une institutrice	primary school teacher
un médecin	a doctor
un patineur/ une patineuse	a skater
un/une patron(ne)	a boss
un photographe	photographer
un pompier	fireman

Mots apparentés: **un agriculteur, un chauffeur de taxi, un cuisinier/une cuisinière, un/une dentiste, un/une mécanicien(ne), un/une pilote, un/une programmeur(euse) analyste, un/une psychiatre, un/une secrétaire, un vétérinaire**

LE travail
Working

un congé	a leave, time off, period of free time
enseigner	to teach
éteindre un incendie	to put out (extinguish) a fire
exercer un métier	to work at a particular job

guérir une maladie	to cure an illness

Mots apparentés: l'apprentissage (*m.*), l'autonomie (*f.*), l'avancement (*m.*), une carrière, collaborer, défendre les accusés, une entreprise, opérer un(e) malade, un poste, réparer, le salaire

La description
Descriptive words

encadré(e)	sheltered
équilibré(e)	balanced
malade	sick

Mots apparentés: courageux/courageuse, énorme, financier/financière, généreux/généreuse

Mots et expressions utiles
Useful words and expressions

à l'étranger	abroad
Au boulot!	Get to work!
au lieu de	instead of
avoir lieu	to take place, occur
davantage	a greater amount, more
Depuis combien de temps?	For how long? (How long?)

Substantifs
Nouns

l'accoutumance (*f.*)	state of being accustomed
une carte à puce	a card equipped with microchip, such as a credit card

un niveau	a level (*of achievement*)
un ordinateur	a computer
la paix	peace
la réussite	success
la santé	health
la voix	voice
une voyante	a fortune-teller

Mots apparentés: l'accès (*m.*), un conseil, un forum, une manière, une prédiction, la proximité, le sens de l'humour, la tension, une transaction bancaire

Verbes
Verbs

améliorer	to improve
s'améliorer	to get better, improve
avoir lieu	to take place, occur
convenir (à)	to suit (*something, someone*)
dresser une liste	to make a list
être en train de	to be in the process of (*doing something*)
s'exprimer	to express oneself
former des liens	to form contacts, connections
paraître	to seem
perdre du temps	to lose time; to waste time
perdre intérêt	to lose interest
prévoir	to foresee
recevoir	to receive

Mots apparentés: diminuer, distribuer, exagérer, faire des économies

Grammaire et exercices

9.1 OTHER USES OF y

J'y pense

A. The pronoun **y** is used to replace a prepositional phrase referring to a place. In this case, **y** is equivalent to English *there*. It must be used in French, although *there* is sometimes omitted in English.

★ Review **Grammaire 2.3.**

—As-tu fait des études **en France?**   *Did you study in France?*
—Oui, j'**y** ai fait deux ans d'études.   *Yes, I studied there for two years.*

B. Y can also replace any phrase made up of **à** + a noun indicating an idea or thing.

—Est-ce qu'Albert réussit **à tous ses examens?**   *Does Albert pass all his exams?*
—Oui, il **y** réussit toujours.   *Yes, he always passes them.*

—Pensez-vous déjà **à votre future profession?**   *Are you already thinking about your future profession?*
—Oui, j'**y** pense beaucoup.   *Yes, I think about it a lot.*

C. Here are some of the verbs with which you are likely to use **y.**

assister à *to attend*   **réfléchir à** *to think about*
participer à *to participate in*   **répondre à** *to answer*
penser à *to think about*   **réussir à un examen** *to pass a test*

EXERCICE 1   Votre vie à l'université

Répondez en employant le pronom **y.**

MODÈLE: En général, réussissez-vous à vos examens? →
       Oui, j'y réussis. (Non, je n'y réussis pas.)

1. Habitez-vous à la cité universitaire?
2. Est-ce que vous êtes déjà allé(e) au labo de français cette semaine?
3. Est-ce que vous participez beaucoup aux discussions en classe?
4. Répondez-vous souvent aux questions?
5. Assistez-vous parfois aux matchs de basket?
6. Pensez-vous souvent à votre future carrière?

EMPHATIC PRONOUNS

A. The emphatic pronouns **(pronoms accentués)** are **moi, toi, lui** (*him*)**, elle, nous, vous, eux** (*them, m.*)**, elles.** They are often used to emphasize the subject, and after **c'est.**

> **Moi,** je m'appelle Denise.   *My name is Denise.*
> Est-ce Étienne? Oui, c'est **lui.**   *Is that Étienne? Yes, that's him.*

B. Emphatic pronouns also replace nouns after prepositions.

> —Tu sors avec tes copains ce soir?   *Are you going out with your friends tonight?*
> —Oui, je sors **avec eux.**   *Yes, I'm going out with them.*
> —Tu peux faire des courses **pour moi?**   *Can you do some errands for me?*

C. They are used in comparisons, as well.

> Mes amis sont plus sérieux **que moi.**   *My friends are more serious than me (I).*

★ **Point C:** Review **Grammaire 4.2.**

D. Emphatic pronouns are used to form short questions and can be combined with **aussi** and **non plus.**

> J'ai reçu une bonne note. Et **toi**?   *I got a good grade. And you?*
>
> —Je n'aime pas bûcher avant un examen.   *I don't like to cram for a test.*
> —**Moi non plus!**   *Me neither!*

E. They also replace subject pronouns if there is more than one subject in a sentence.

> Charles et **moi,** nous sommes copains.   *Charles and I are good friends.*

EXERCICE 2 Comparaisons

Écrivez les réponses, en utilisant des pronoms accentués. En classe, posez les questions à des camarades et comparez vos réponses.

MODÈLE: Tu es aussi conservateur (conservatrice) que tes parents? →
Oui, je suis aussi conservateur (conservatrice) qu'*eux*. (Non, je suis moins...)

1. Tu es plus intelligent(e) que ton père?
2. Tu es moins intéressant(e) que tes frères et sœurs?
3. Tu es aussi dynamique que ton meilleur ami (ta meilleure amie)?
4. Est-ce que tes camarades de classe sont aussi intelligents que toi?
5. Est-ce que tes professeurs sont aussi sympathiques que tes parents?
6. Tu es aussi équilibré(e) que ton meilleur ami (ta meilleure amie)?
7. Est-ce que tes frères et sœurs sont plus courageux que toi?

EXERCICE 3 À l'université: Tu as jamais... ?

Répondez aux questions avec des pronoms accentués (**moi/nous, toi/vous, lui/eux, elle/elles**). Ensuite, posez les questions à votre partenaire.

MODÈLE: Est-ce que tu as jamais déjeuné avec la vice-présidente? →
Oui, j'ai déjeuné avec elle. (Non, je n'ai jamais déjeuné avec elle.)
Et toi?

1. Est-ce que tu as jamais dîné avec le président de l'université?
2. Tu t'es jamais disputé(e) avec les conseillers d'orientation?
3. Tu as travaillé pour le chef de ton département? (lui *ou* elle)
4. Tu as fait des courses pour tes camarades de chambre? (elles *ou* eux)
5. Tu t'es fâché(e) avec ton professeur préféré? (lui *ou* elle)
6. Tu as joué au tennis avec le professeur de français? (lui *ou* elle)
7. Tu sors tous les vendredi soirs avec tes camarades de chambre? (elles *ou* eux)

EXERCICE 4 Opinions

Formulez une seule phrase avec des pronoms accentués.

MODÈLE: Yves Duteil chante bien. Céline Dion aussi chante bien. →
Elle et lui, ils chantent bien.

1. Mon copain va au cinéma ce soir. Sa petite amie va au cinéma avec lui.
2. Le professeur lit le journal tous les jours. Son mari le lit aussi.
3. Les enfants aiment Astérix. Nous aussi, nous aimons Astérix.
4. Emmanuelle Béart est une star de cinéma. Gérard Depardieu est une star aussi.
5. Tu paniques avant les examens. Je panique avant les examens.
6. L'écrivain Daniel Pennac a du talent. L'écrivaine Catherine Clément aussi.
7. Marie-José Perec est dynamique. Surya Bonaly est dynamique.

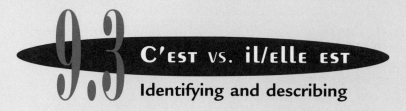

9.3 C'EST VS. il/ELLE EST

Identifying and describing

➤ **C'est/Ce sont** + article + noun

A. C'est and **ce sont** are used with *nouns* to identify people and things.

—Qu'est-ce que c'est?   *What is that?*
—**C'est un ordinateur.**   *It's a computer.*

➤ **Il/Elle est, Ils/Elles sont** + adjective

B. Il/elle est and **ils/elles sont** are used with *adjectives* to describe people and things.

—Cet ordinateur est cher?   *Is this computer expensive?*
—Oui, **il est cher.**   *Yes, it's expensive.*

➤ **C'est/Ce sont** + article + profession

➤ **Il/Elle est** + profession

C. Either of these constructions can be used to identify someone's profession. Note that with **c'est** and **ce sont,** an article is always used; with a proper name or **il/elle,** no article is used.

Adrienne **est secrétaire.**   *Adrienne is a secretary.*
Jean-Yves? **Il est étudiant.**   *Jean-Yves is a student.*
Mme Martin? **C'est un professeur.**   *Madame Martin? She's an instructor.*
Ces gens-là? **Ce sont des ouvriers.**   *Those people? They are workers.*

➤ **C'est/Ce sont** + article + profession/person + adjective

D. If an adjective is included to describe the person or profession, **c'est/ce sont** is always used instead of **il/elle est, ils/elles sont.**

Raoul Durand? **C'est un étudiant très sérieux.**   *Raoul Durand? He's a very serious student.*
Ces femmes-là? **Ce sont des journalistes canadiennes.**   *Those women? They are Canadian journalists.*

EXERCICE 5   Personnages célèbres

Identifiez le métier de ces gens. Utilisez **il/elle est** ou **il/elle était.**

MODÈLE: Jean-Paul Sartre → Il était philosophe.

1. Céline Dion	**a.**	empereur
2. Marie Curie	**b.**	écrivain
3. Charlemagne	**c.**	général
4. Simone de Beauvoir	**d.**	chanteur/chanteuse
5. Yves Duteil	**e.**	physicien(ne)
6. Charles de Gaulle	**f.**	homme/femme d'État

EXERCICE 6 Qui est-ce?

Identifiez les personnages dans la liste à gauche et puis ajoutez quelques détails.

MODÈLE: Sarah Thomas →
C'est une étudiante américaine. C'est la camarade de chambre
d'Agnès Rouet.

1. Claudine Colin
2. Victor Colin
3. Bernard Lasalle
4. Clarisse Colin
5. Joël Colin
6. Jean-Yves Lescart

a. petit garçon
b. étudiant à l'Université Paris VII
c. professeur dans un lycée
d. cadre dans une entreprise
e. étudiante en hôtellerie
f. ingénieur

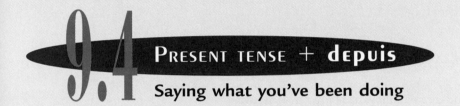

9.4 PRESENT TENSE + depuis
Saying what you've been doing

A. To talk about an action or state that began in the past and is still going on, use the *present* tense + **depuis** + a length of time or a date.

Agnès **étudie** l'anglais **depuis six ans.**	*Agnès has been studying English for six years.*

B. To ask a question about an action or situation continuing in the present, use **depuis quand... ?** or **depuis combien de temps... ?** + the *present* tense.

—**Depuis quand études**-tu le génie civil?	*Since when have you been studying civil engineering?*
—**Depuis** l'année dernière.	*Since last year.*
—**Depuis combien de temps** est-ce que tu **habites** à La Nouvelle-Orléans?	*How long have you lived in New Orleans?*
—**Depuis** trois ans.	*Three years.*

C. Note the contrast with the **passé composé** + **pendant,** which is used for an action or situation that *ended* at some time in the past.

J'**habite** ici **depuis** dix ans. Avant, j'**ai habité pendant** deux ans dans l'Ohio.	*I have lived here for ten years. Before that, I lived for two years in Ohio.*

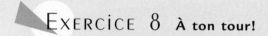

EXERCICE 7   L'histoire de Julien Leroux

Reformulez chaque phrase pour changer le point de vue du passé au présent. *À noter:* Julien a maintenant trente-deux ans.

> MODÈLE: Julien est venu habiter à Paris à l'âge de vingt-deux ans.
> (Julien/habiter à Paris...) →
> Julien habite à Paris *depuis dix ans.*

1. Julien a acheté un appartement à la Défense à l'âge de vingt-huit ans. (Julien/habiter à la Défense...)
2. Sa mère est venue habiter à Paris il y a cinq ans. (Sa mère/être à Paris...)
3. Julien a pris un poste à TF1 à l'âge de vingt-cinq ans. (Julien/travailler pour TF1...)
4. Il a rencontré Bernard il y a huit ans. (Il/connaître Bernard...)
5. Julien a appris à faire de la voile à l'âge de vingt ans. (Julien/faire de la voile...)

EXERCICE 8   À ton tour!

Répondez, en employant le présent + **depuis.**

1. Depuis quand fais-tu des études dans cette université?
2. Où habites-tu? Depuis combien de temps y habites-tu?
3. Où habitent tes parents? Depuis combien de temps?
4. Depuis combien de temps est-ce que tu étudies le français?
5. Depuis quand as-tu ton permis de conduire? ta propre voiture?

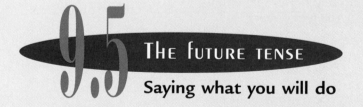

9.5 THE FUTURE TENSE

Saying what you will do

✳ Review **Grammaire 2.3.**   **A.** You have already learned to talk about plans and future actions with **aller** + infinitive.

> Je **vais sécher** mes cours demain.   *I'm going to cut class tomorrow.*

B. Both French and English have a future tense (*will go, will read,* etc.). To form the French future tense, add the following endings to the future stem. For most verbs, the future stem is the infinitive. Infinitives ending in **-re** drop the final **-e** before adding the future endings.

FUTURE TENSE		
parler	**finir**	**attendre**
je parler**ai**	je finir**ai**	j'attendr**ai**
tu parler**as**	tu finir**as**	tu attendr**as**
il/elle/on parler**a**	il/elle/on finir**a**	il/elle/on attendr**a**
nous parler**ons**	nous finir**ons**	nous attendr**ons**
vous parler**ez**	vous finir**ez**	vous attendr**ez**
ils/elles parler**ont**	ils/elles finir**ont**	ils/elles attendr**ont**

✳ See Appendix C for spelling changes in **acheter, appeler,** etc.

J'en **parlerai** à mon patron demain matin.

I'll speak to my boss about it tomorrow morning.

Nous **finirons** ce projet cette semaine.

We'll finish this project this week.

Tu **comprendras** mieux dans quelques jours.

You will understand better in a few days.

C. Some verbs form the future tense with an irregular stem.

➤ All future stems, both regular and irregular, end in **-r.**

IRREGULAR FUTURE STEMS					
aller	**ir-**	j'**ir**ai	devoir	**devr-**	je **devr**ai
être	**ser-**	je **ser**ai	recevoir	**recevr-**	je **recevr**ai
faire	**fer-**	je **fer**ai	venir	**viendr-**	je **viendr**ai
avoir	**aur-**	j'**aur**ai	vouloir	**voudr-**	je **voudr**ai
savoir	**saur-**	je **saur**ai	voir	**verr-**	je **verr**ai
pouvoir	**pourr-**	je **pourr**ai	envoyer	**enverr-**	j'**enverr**ai

Après mes études, je **ferai** un voyage en Europe.

After college, I will take a trip to Europe.

Est-ce que ton ami **pourra** t'accompagner?

Will your friend be able to go with you?

D. The future tense is generally used in the same way as the English future with *will*. However, in some cases French requires the future tense where English uses the present: in particular, after **quand** and **lorsque** (*when*), and after **aussitôt que** and **dès que** (*as soon as*).

Quand j'**aurai** plus de temps, je t'**écrirai**.

When I have more time, I'll write you.

Nous **pourrons** partir **aussitôt que** Sarah **arrivera**.

We can (will be able to) leave as soon as Sarah arrives.

Tu **viendras** nous voir un jour?

Will you come see us someday?

E. Use **dans** with the future tense to say when something will happen.

Albert **finira** ses études **dans deux ans.**

Sarah **rentrera** aux États-Unis **dans trois mois.**

Albert will finish his studies in two years.

Sarah will go back home to the United States in three months.

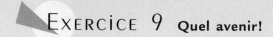

EXERCICE 9 Quel avenir!

Les étudiants de Mme Martin imaginent l'avenir de leurs camarades. Employez le futur des verbes indiqués.

DENISE ALLMAN

Denise _____¹ de la chance. Elle _____² la première femme candidate à la présidence américaine. Elle _____³ les élections, et son mari et elle _____⁴ vivre à la Maison Blanche.

    Denise _____⁵ travailler de longues heures, mais son mari et elle _____⁶ visiter beaucoup de pays dans le monde. En France, elle _____⁷ un discours en français qui _____⁸ tous les Français.

aller
avoir
être
gagner

devoir
faire
impressionner
pouvoir

LOUIS THIBAUDET

Un jour, en faisant un dîner pour des amis, Louis _____⁹ ses talents culinaires. Il _____¹⁰ en France pour travailler avec un chef, et puis il _____¹¹ en Louisiane. Il _____¹² un restaurant, où nous _____¹³ tous dîner.

    Au bout de quelques années, Louis _____¹⁴ un des chefs les plus connus des États-Unis, du monde même! Il _____¹⁵ beaucoup de livres, et il _____¹⁶ sa propre émission à la télé, qui _____¹⁷ «Thibaudet's Kitchen».

aller
découvrir
ouvrir
revenir

s'appeler
avoir
devenir
écrire

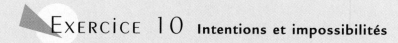

EXERCICE 10 Intentions et impossibilités

Faites des questions et répondez-y vous-même, en employant le futur. Ensuite, interrogez votre partenaire.

MODÈLE: aller au restaurant ce soir →
    Est-ce que tu iras au restaurant ce soir?
    Oui, j'irai au restaurant ce soir. (Non, je n'irai pas...) Et toi?

1. te coucher tôt ce soir
2. dormir jusqu'à dix heures demain
3. finir tous tes devoirs avant le week-end
4. réussir à tous tes examens ce semestre
5. sortir ce week-end
6. gagner beaucoup d'argent cet été
7. acheter une voiture cette année

EXERCICE 11   Soyez plus optimiste!

Le pessimiste parle de son avenir, mais sans beaucoup de confiance.
L'optimiste essaie de l'encourager. Faites les réponses de l'optimiste en
employant le futur.

MODÈLE: Je serai surpris si mes copains se souviennent de mon
anniversaire. →
Tu seras surpris quand tes copains se souviendront de ton
anniversaire.

1. Je serai heureux si je réussis à l'examen demain.
2. Je serai très surpris si je reçois un A en cours de français.
3. Je serai surpris si mes amis m'invitent à sortir ce week-end.
4. J'aurai des ennuis financiers si je ne trouve pas de job cet été.
5. Je serai étonné si j'ai assez d'argent pour payer mes études.
6. Je serai surpris si je finis mon devoir d'histoire ce soir.

LES VOYAGES

IN **CHAPITRE 10,** you will talk about many kinds of travel experiences. You will learn vocabulary for dealing with needs and situations that arise during trips. You will also learn more on how to express necessity.

THÈMES

Préparatifs
Voyages à l'étranger
En voiture!
Comment se débrouiller

LECTURE

Le tour du monde en 80 brochures

INFO

Société: La vie du rail
Vie quotidienne: Se loger en voyage

GRAMMAIRE

10.1 Expressing *all* and *everything:* Using **tout**
10.2 Expressing obligation: **Il faut que** + subjunctive
10.3 More about the subjunctive: Irregular-stem verbs
10.4 Verbs for traveling: **Conduire** and **suivre**
10.5 Giving orders: Commands with pronouns
10.6 Double object pronouns

La cérémonie du thé au Maroc.

Activités et lectures

RÉPARATIFS

Attention! Étudier Grammaire 10.1

l'agent de voyages

le billet d'avion

le passeport

les réservations

DÉCOUVREZ LES ANTILLES
AIR FRANCE

—Voici vos billets aller-retour, section non-fumeurs. Votre vol est complet. Toutes les places sont prises.

—Faut-il être vacciné avant de partir?

—Est-ce que tout est compris dans le prix de nos chambres d'hôtel?

les chèques de voyage

LE CONSULAT DU ZAÏRE

le visa

L'AÉROPORT

le comptoir

les bagages

—Vous pesez tous les bagages?

—Oui, madame. Pour les vols internationaux le client doit payer l'excédent de bagages.

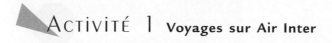

ACTIVITÉ 1 Voyages sur Air Inter

MODÈLE: É1: C'est combien, l'aller-retour Lyon–Ajaccio?
É2: C'est 990 francs.

TARIFS SUPER LOISIRS

Jusqu'à 60% de réduction

Jusqu'à 60 % de réduction selon les destinations, vos loisirs commencent par le plaisir-avion.

Air Inter a inventé les allers-retours à tarifs super loisirs (SX2) pour vous faire adorer l'avion. C'est déjà le plus rapide et le plus pratique des moyens de transport, Air Inter en fait l'un des plus économiques ! Et ils sont ouverts à tous.

TARIFS ALLER-RETOUR

PARIS-AJACCIO-PARIS	935*	PARIS-NICE-PARIS	830
PARIS-AVIGNON-PARIS	890	PARIS-NIMES-PARIS	710
PARIS-BASTIA-PARIS	935*	PARIS-PAU-PARIS	760
PARIS-BIARRITZ-PARIS	730	PARIS-PERPIGNAN-PARIS	740
PARIS-BORDEAUX-PARIS	560	PARIS-QUIMPER-PARIS	790
PARIS-BREST-PARIS	740	PARIS-ST-ETIENNE-PARIS	500
PARIS-CALVI-PARIS	935*	PARIS-STRASBOURG-PARIS	570
PARIS-CLERMONT-FD-PARIS	650	PARIS-TARBES/LOURDES-PARIS	760
PARIS-GRENOBLE-PARIS	500	PARIS-TOULON-PARIS	890
PARIS-LIMOGES-PARIS	665	PARIS-TOULOUSE-PARIS	765
PARIS-LORIENT-PARIS	790	LYON-AJACCIO-LYON	990
PARIS-LYON-PARIS	480	LYON-BASTIA-LYON	990
PARIS-MARSEILLE-PARIS	740	LYON-CALVI-LYON	990
PARIS-MONTPELLIER-PARIS	710	LYON-NANTES-LYON	790
PARIS-MULHOUSE/BALE-PARIS	665	LYON-NICE-LYON	830
PARIS-NANTES-PARIS	465		

ACTIVITÉ 2 Démarches pour un voyage à l'étranger

Déterminez l'ordre logique de ces préparatifs.

_____ **a.** On demande un passeport.
_____ **b.** On fait ses bagages.
_____ **c.** On fait les réservations.
_____ **d.** On achète tout le nécessaire.
_____ **e.** On étudie tous les renseignements.

_____ **f.** On vérifie que tout est prêt.
_____ **g.** On prend des chèques de voyage.
_____ **h.** On économise de l'argent.

À vous la parole!

Avec deux partenaires, imaginez une scène entre un agent de voyages et deux
personnes qui vont voyager ensemble. Les deux partenaires ne sont pas toujours
d'accord sur les détails. Présentez votre scénario à la classe.

ACTIVITÉ 3 Le voyage d'Adrienne Petit

Adrienne Petit est partie à Tahiti l'année dernière. Qu'est-ce qu'elle a fait avant
son départ?

MODÈLE: (Numéro un.) Avant de partir, Adrienne a lu des brochures.

ACTIVITÉ 4 Entretien: Les voyages

1. Tu aimes voyager? Où est-ce que tu vas souvent?
2. Tu as déjà visité un autre pays? Quel pays? Quand?
3. Est-ce que tu préfères les voyages organisés ou les voyages individuels? Pourquoi?
4. Où est-ce que tu aimerais aller si tu pouvais? Qu'est-ce que tu voudrais faire?

VOYAGES À L'ÉTRANGER

Attention! Étudier Grammaire 10.2 et 10.3

Pour un long voyage, il faut qu'on emporte beaucoup de bagages.

Parfois, il est nécessaire qu'on attende le départ d'un vol.

Pendant les vols internationaux, il faut qu'on remplisse une déclaration de douane.

Il faut qu'on fasse la queue pour faire tamponner son passeport.

Même si l'on n'a rien à déclarer, le douanier fouille parfois les bagages.

Il est essentiel qu'on apprenne à se débrouiller quand il y a des problèmes.

ACTIVITÉ 5 **Premier voyage en France**

Imaginez que vous êtes au lycée et que vous demandez à vos parents de partir en France avec un groupe organisé par votre professeur de français.

Avant de vous donner sa permission, votre père exige des promesses.

> MODÈLE: É1: Il faut que tu nous montres ton itinéraire.
> É2: Pas de problème, Papa. Je vais vous le montrer demain.

1. Il faut que tu obéisses à ton professeur.
2. Il faut que tu fasses des économies.
3. Il faut que tu demandes un passeport tout de suite.
4. Il faut que tu nous passes un coup de fil si tu as des ennuis.
5. Il faut que tu sois toujours poli(e).

Au moment du départ, votre mère s'inquiète.

6. Il faut que tu manges bien et que tu ne boives pas d'alcool.
7. Il ne faut pas que tu sortes seul(e) le soir.
8. Il ne faut pas que tu laisses de l'argent dans ta chambre d'hôtel.
9. Il faut que tu nous écrives très souvent.
10. Il faut que tu téléphones à notre cousine en Italie.
11. Il ne faut pas que tu ailles dans les cabarets.

À vous la parole!

En groupes de trois, inventez une discussion entre un professeur qui a emmené un groupe de lycéens à Montréal et deux participant(e)s dans son groupe. Le professeur n'est pas content de leur conduite et il exige certaines promesses. Les étudiant(e)s veulent le rassurer.

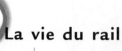 **La vie du rail**

Le TGV en Gare du Nord (Paris).

La Société nationale des chemins de fer français (la SNCF), créée en 1937, est la plus grande entreprise de transport en Europe. Chaque année, plus de 800 millions de passagers voyagent en train sur environ 34.000 kms de lignes: rares sont les villages qui n'ont pas de gare. La plus belle réussite[1] de la SNCF, c'est le train à grande vitesse (le TGV), capable d'atteindre des vitesses proches de 350 km/h; inauguré en 1981, il relie[2] déjà Paris à Lyon et Marseille, à Bordeaux, à Lille, à Bruxelles, à Londres (grâce au tunnel sous la Manche), et bientôt Amsterdam, Turin, Cologne... C'est le moyen de transport de l'avenir, en Europe mais aussi aux U.S.A.: il y aura bientôt un TGV entre Boston, New York et Washington, ainsi qu'en Floride.

[1]succès [2]établit une relation entre

ACTIVITÉ 6 À la gare

Où faut-il qu'on aille pour...

1. faire garder des bagages?
2. acheter son billet et réserver une place?
3. apprendre où se trouve la salle d'attente?
4. demander sur quel quai le train va partir?
5. chercher un objet perdu?
6. attendre un train?

a. à la salle d'attente
b. à la consigne
c. aux renseignements
d. aux objets trouvés
e. au guichet

ACTIVITÉ 7 Scénarios

Avec un(e) partenaire, préparez un petit scénario sur ce dont un voyageur a besoin. Une personne jouera le rôle du voyageur et l'autre sera l'employé(e).

Scénario 1: À la gare

VOYAGEUR: Pardon, madame. Vous pouvez me dire comment faire garder mes valises? Je veux aller manger.

EMPLOYÉE: Vous les mettez...

VOYAGEUR: C'est où... ?

EMPLOYÉE: ...

Scénario 2: À l'hotel

VOYAGEUR: Vous pouvez me recommander un bon restaurant, monsieur?
EMPLOYÉE: Ah! Je connais le restaurant parfait! Je vais vous faire une réservation. Vous vous appelez comment?
VOYAGEUR: Pardon, un moment, monsieur! Je voudrais savoir...
EMPLOYÉE: ...

EN VOITURE!

Attention! Étudier Grammaire 10.4 et 10.5

Faites le plein et vérifiez le niveau d'huile, s'il vous plaît.

Donnez-moi une voiture qui ne consomme pas trop d'essence.

Oui, dites-lui de mettre de nouveaux pneus. Les vieux sont en très mauvais état.

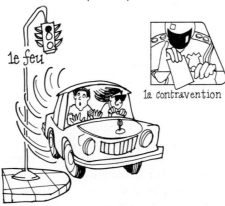

Tu vois ce feu rouge? Ne le brûle pas!

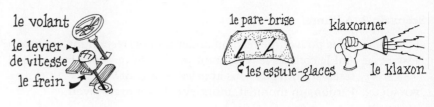

ACTIVITÉ 8 Devinettes: Les parties de la voiture

1. Mettez-les si vous changez de direction.
2. Racontez-lui les problèmes de votre voiture.
3. Ne les employez pas trop quand il y a du verglas.
4. Utilisez-le en cas d'urgence mais n'en abusez pas.
5. Arrêtez-vous quand vous le voyez. Ne le brûlez jamais.
6. Mettez-en dans le réservoir, sinon votre voiture ne marchera pas.
7. C'est la règle numéro un. Attachez-la chaque fois que vous vous mettez au volant.
8. Ne les dépassez pas sinon vous allez recevoir une contravention.

a. les freins
b. les limitations de vitesse
c. un mécanicien
d. le feu rouge
e. le klaxon
f. de l'essence
g. les clignotants
h. la ceinture de sécurité

ACTIVITÉ 9 En voiture

Avec quelle fréquence devrait-on faire ces choses?

1. changer l'huile dans le moteur
2. vérifier la pression des pneus
3. mettre de l'eau dans le radiateur
4. vérifier la batterie
5. faire le plein
6. laver le parebrise
7. brûler un feu rouge
8. allumer vos phares
9. klaxonner

a. chaque semaine
b. toutes les (deux) semaines
c. trois fois par an
d. tous les mois
e. quand il le faut
f. jamais

ACTIVITÉ 10 Conseils

Dites si vous êtes d'accord ou non avec ces suggestions et expliquez pourquoi (pas).

> MODÈLE: Freinez quand la route est glissante. →
> C'est une mauvaise idée parce qu'on peut causer un accident.
> Il faut aller doucement et éviter de freiner.

1. Roulez avec des pneus à moitié gonflés.
2. Ne buvez pas d'alcool quand vous allez conduire.
3. Reposez-vous toutes les trente minutes pendant de longs trajets.
4. Freinez si quelqu'un vous suit de trop près.
5. Dépêchez-vous quand le feu passe à l'orange.
6. Apprenez à changer un pneu crevé.
7. Démarrez et freinez doucement.
8. Accélérez quand quelqu'un vous double.

ACTIVITÉ 11 La signalisation routière

1.
2.
3.
4.
5.
6.
7.
8.
9.
10.

a. carrefour à sens giratoire
b. arrêt interdit
c. zone piétonne
d. chaussée particulièrement glissante
e. interdiction de tourner à gauche à la prochaine intersection
f. accès interdit à tous les véhicules à moteur
g. hôpital ou clinique assurant les urgences
h. virage à droite
i. sens interdit
j. signaux sonores interdits

"Respectez les limitations de vitesse, ralentissez pour mieux observer les paysages, la flore et la faune. Avec une pollution et une consommation réduites, notre nature est mieux protégée".

Plaquette réalisée par la Fédération Rhône-Alpes de Protection de la Nature (FRAPNA) pour les Autoroutes du Sud de la France (ASF).

ACTIVITÉ 12 Entretien

1. Quel type de voiture conduis-tu? Elle te plaît ou pas?
2. Si tu n'as pas de voiture, comment est-ce que tu te déplaces? En métro? En autobus?
3. Est-ce que tu fais partie d'un club automobile? Pourquoi (pas)?
4. Tu as déjà eu un accident? C'était de ta faute?
5. Combien de contraventions as-tu reçues? Pourquoi?

COMMENT SE débrouiller

Attention! Étudier Grammaire 10.6

Raoul Durand a reçu son courrier à la poste restante. L'employé le lui a donné.

Pendant qu'il était au bureau de poste, il a passé un coup de fil interurbain.

Sarah Thomas a acheté une télécarte dès son arrivée à Paris. Elle s'en est souvent servie.

Jean-Yves s'est trouvé sans argent à Dakar. Ses parents lui en ont envoyé.

ACTIVITÉ 13 Le savoir-faire

Discutez les situations avec vos camarades de classe. Donnez vos réactions et expliquez-les.

> MODÈLE: Un clochard s'approche de vous et demande de l'argent.
> Est-ce que vous lui en donnez? →
> Oui, je lui en donne. Il a l'air d'avoir faim. (Je ne lui en donne pas.
> J'en donne aux associations bénévoles.)

1. À la banque, la caissière demande à voir votre passeport. Le lui montrez-vous?
2. Des gens que vous ne connaissez pas bien demandent le numéro de votre chambre d'hôtel. Le leur donnez-vous?
3. Vous remerciez le chauffeur de taxi. Lui offrez-vous aussi de l'argent?
4. Un étranger vous demande le chemin pour aller au musée d'Orsay. Le lui donnez-vous?
5. L'employé à la réception de votre hôtel demande à garder votre passeport. Le lui laissez-vous?
6. Le serveur dans un restaurant est très désagréable. Lui laissez-vous un pourboire?
7. Un ami excentrique demande à se servir de votre nouvel appareil-photo. Le lui prêtez-vous?
8. Une copine qui a perdu son portefeuille demande à se servir de votre carte de crédit. La lui donnez-vous?

ACTIVITÉ 14 Débrouillez-vous!

Imaginez que vous voyagez avec votre partenaire. Décidez où vous allez vous adresser et comment vous allez vous débrouiller dans ces situations.

> MODÈLE: Dans une petite ville, il n'y a plus de chambres. →
> Nous allons trouver un camping et nous allons dormir dans nos sacs de couchage.

Vocabulaire utile: l'ambassade de votre pays, l'annuaire téléphonique, le bureau des objets trouvés, le numéro d'urgence, la pharmacie de garde, la poste restante

1. Vous perdez votre passeport.
2. Vous désirez aller dans un magasin qui vend du matériel électronique.
3. Vous avez besoin d'un médicament à deux heures du matin.
4. Vous désirez recevoir des lettres mais vous n'avez pas d'adresse.
5. Vous avez oublié votre carte d'identité dans un grand magasin la veille.
6. Votre voiture tombe en panne en pleine nuit.

Vie quotidienne

Se loger en voyage

Vous arrivez dans une ville inconnue en Europe et vous n'avez pas réservé d'hôtel? Pas de problème! Au centre-ville, il y a toujours un office du tourisme (ou un «Syndicat d'initiative») qui peut vous aider à trouver un hôtel, et téléphoner pour savoir s'il y a une chambre de libre et la réserver. Ce service est gratuit; vous devez simplement décider quel genre d'hôtel vous recherchez.

En France, les grandes chaînes comme Sofitel, Ibis, Mercure, Arcade ou Campanille offrent des chambres standardisées «à l'américaine» à un prix raisonnable. Les petits hôtels traditionnels ont plus de charme, mais l'équipement des chambres est très variable: il faut vérifier qu'il y a une salle de bains, des W.C., le téléphone ou la télévision. Pour vous guider, tous les hôtels sont catégorisés par l'État, d'une étoile pour les plus modestes à cinq étoiles pour les grands palaces luxueux.

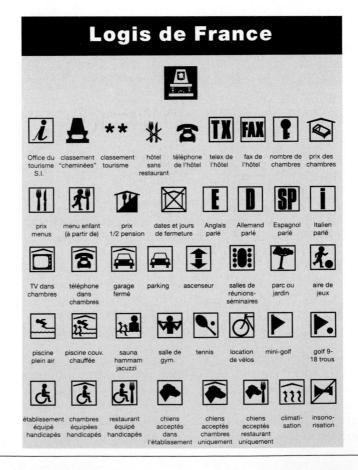

◣ ACTIVITÉ 15 **Les expériences d'Adrienne**

Qu'est-ce qu'Adrienne a fait?

LECTURE

Le tour du monde en 80 brochures

La France profonde offre de nombreux paysages tranquilles: c'est l'idéal pour des vacances vraiment relaxantes.

Rosalie Zago, 37 ans, institutrice à Toulouse: Voilà, c'est décidé: j'ai fixé la date de mes vacances du 24 juillet au 30 août... mais où aller? Que faire? Comme je n'arrivais pas à me décider, je suis passée à l'agence de voyages du quartier pour me faire une idée. L'employé, extrêmement enthousiaste, a sorti une pile de brochures multicolores qu'il a posées sur son bureau.

«Voyons... vous avez l'air sportif... Ah, j'ai un truc° super: trekking° au Ti-bet pendant trois semaines. La grande aventure, quoi.»

«Euh, sportif? Pas vraiment, non... »

«Ah bon! Alors, attendez... voilà. Croisière° aux Antilles: relaxation, couchers de soleil sur l'océan, baignades° dans une eau cristalline, cuisine exotique... »

«Une croisière? C'est une excellente idée, mais... j'ai le mal de mer,° vous comprenez... »

«Vous préférez la terre ferme? Pas de problème!»

L'agent a pris une autre poignée de prospectus. Il en a désigné un d'un air triomphal:

chose (*fam.*) / marche à pied sportive à la montagne

Voyage en bateau

actions de se baigner

le... la nausée

«L'écotourisme! C'est la grande mode ces dernières années. Une semaine dans la forêt tropicale amazonienne, où vous allez observer plus de deux cents espèces d'insectes... »

«Insectes? Aïe! Je n'aime pas trop ça, les insectes; et puis, la forêt amazonienne, ce doit être chaud et humide, non?»

«Évidemment, évidemment... »

J'ai remarqué qu'il faisait d'extraordinaires efforts pour rester patient.

«Bon, voyons... qu'est-ce qui nous reste? Une caravane dans le Hoggar°? Les Carpates° en ballon? Non? Bon... Peut-être pouvez-vous m'indiquer vos préférences?»

«Le calme, la verdure,° l'air pur, une rivière qui chante doucement... Vous avez quelque chose dans ce genre?»

Il a poussé un énorme soupir.

«Mais naturellement! Ce sont des vacances à la ferme que vous cherchez. Regardez: je peux vous réserver une chambre dans un gîte° en Ardèche, à 200 kilomètres d'ici. C'est en pleine campagne, tranquilité garantie.»

«C'est parfait. Exactement ce qu'il me faut; pas besoin d'aller au bout° du monde... La France, c'est encore ce qu'il y a de mieux!»

Je suis repartie toute contente. L'agent, lui, faisait une drôle de tête;° je crois qu'il était un peu déçu.°

région du Sahara central (Algérie)

montagnes d'Europe centrale (Slovaquie, Pologne, Communauté des États indépendants, Roumanie)

vert = les arbres et les plantes

hôtel très rustique

au... à l'extrémité

une... une grimace

désappointé

Avez-vous compris?

Réunissez chaque endroit avec sa localisation géographique et les activités qu'on peut y pratiquer.

ENDROIT	LOCALISATION	ACTIVITÉS
le Tibet	en Europe centrale	voyager à dos de chameau
les Antilles	au centre de l'Asie	admirer des papillons
le Hoggar	au sud-est de la France	se baigner et prendre un bain de soleil
la forêt amazonienne	au large de l'Amérique centrale	flotter dans les airs
les Carpates	dans le Sahara	se relaxer
l'Ardèche	au Brésil	marcher pendant des jours

À vous la parole!

Le tour du monde en quatre-vingts jours: En groupe de deux ou trois, vous allez établir l'itinéraire pour faire un tour du monde un peu particulier: vous devez choisir huit villes où vous allez vous arrêter; à chaque ville, il faut changer de moyen de transport, et vous ne pouvez pas utiliser le même moyen de transport deux fois. Le premier groupe qui arrive à faire le tour du monde sans commettre d'erreurs (par exemple, traverser la mer à pied!) a gagné. Utilisez les cartes au début de votre texte.

▷ À vous d'écrire

L'été dernier, les Maegt, un couple belge aux moyens modestes, vous ont demandé de leur préparer un itinéraire de vacances. Ils comptaient passer trois jours et trois nuits dans votre ville, et vous avez essayé de leur laisser une impression positive mais réaliste de la région.

Maintenant, faites la description de leur visite. Dites où ils ont logé, où ils ont mangé, les plats et les produits régionaux qu'ils ont découverts, les magasins et les endroits qu'ils ont visités, etc. Est-ce qu'ils ont eu du mal à changer leur argent ou à conduire la voiture qu'ils avaient louée?

MODÈLE: Les Maegt sont arrivés, jeudi matin, le 23 juin et ils ont loué une voiture. Ils ont logé à l'hôtel Carson (au motel Super Rest) parce que... Le premier jour de leur visite, ils sont allés...

Vocabulaire

Préparatifs de voyage
Travel preparations

un agent de voyages	a travel agent
un billet aller-retour	a round-trip ticket
le nécessaire	what's necessary
un renseignement	a piece of information
emporter	to take, carry
faire les valises	to pack (*luggage*)
s'informer	to find out information

Mots apparentés: **une agence de voyages, une ambassade, les bagages** (*m.*)**, une brochure, une carte d'identité, un chèque de voyage, confirmer, un consulat, le départ, un passeport, les réservations** (*f.*)**, réserver**

Les avions et les trains
Airplanes and trains

une carte d'embarquement	a boarding pass
un comptoir	a counter
la consigne	baggage check

un contrôleur	a conductor
l'excédent (*m.*) de bagages	excess baggage
le guichet	ticket window
une hôtesse de l'air	a stewardess
un quai	a boarding platform
une salle d'attente	a waiting room
un tableau d'affichage	a display board
une voie	a train track
un vol	a flight
un wagon	a railway car
enregistrer les bagages	to check in luggage
faire la queue	to stand in line
peser	to weigh

Mots apparentés: **l'aéroport** (*m.*), **le buffet, la cabine, le départ, un/une employé(e), un passager/une passagère, la section non-fumeurs, le steward**

LES VOYAGES

Travel information

l'annuaire (*m.*) téléphonique	phone book
le bureau des objets trouvés	lost and found office
une cabine à cartes	a phone booth accepting calling cards
le combiné	telephone receiver
le contrôle de police	police checkpoint
la douane	customs
le douanier	customs officer
la fente	deposit slot
un mandat postal	a postal money order
le numéro des urgences	emergency phone number
la pharmacie de garde	emergency service pharmacy
la poste restante	general delivery mail
la réception	reception desk
une télécarte	a phone calling card
un trajet	a trip, journey
faire tamponner	to have (*something*) stamped
fouiller	to look through, search
montrer le chemin	to show the way, route
passer un coup de fil (interurbain)	to make a (long distance) call

remplir un formulaire	to fill out a form
remporter	to carry something home

Mots apparentés: **une cabine téléphonique, la déclaration de douane, déclarer, un télégramme, vérifier**

LES PARTIES DE LA VOITURE

The parts of a car

le capot	hood
la ceinture de sécurité	seatbelt
le clignotant	turn signal light
le coffre	trunk
les essuie-glaces (*m.*)	windshield wipers
le frein	brake
le klaxon	horn
le levier de vitesse	gearshift lever
le pare-brise	windshield
le phare	headlight
la plaque d'immatriculation	license plate
le pneu	tire
la portière	car door
le réservoir	gas tank
la roue	wheel
la vitre	car window
le volant	steering wheel

Mots apparentés: **la batterie, le moteur, le radiateur**

L'ÉTAT DE LA VOITURE

Car maintenance

changer l'huile	to change the oil
consommer de l'essence	to burn gas
faire de l'essence (le plein)	to get gas (fill up)
garder en bon état	to maintain
gonfler les pneus	to inflate tires
réparer un pneu crevé (à plat)	to fix a flat
vérifier la pression des pneus	to check the air pressure

Mots apparentés: **accélérer, changer de direction, une station-service**

POUR CONDUIRE UNE VOITURE

Driving

un arrêt	a stop
un carrefour	an intersection
un cas d'urgence	an emergency
la chaussée glissante	slippery pavement
une contravention	a speeding ticket
un permis de conduire	a driver's license
un virage	a curve
une zone piétonne	pedestrian area
aller doucement	to go slowly
arrêter	to stop
avertir	to warn
brûler le feu rouge	to run a red light
conduire	to drive
démarrer	to start, start off
dépasser la limitation de vitesse	to exceed the speed limit
doubler	to pass another vehicle
éviter de (freiner)	to avoid (braking)
glisser	to slide
klaxonner	to blow the horn
ralentir	to slow down
suivre (de trop près)	to follow (too closely)

Mots apparentés: **décélérer**

LA RUE ET L'AUTOROUTE

Streets and highways

un chemin	a road, path
un panneau indicateur	a road sign
sens interdit	one way
du verglas	ice (a patch of ice)

Mots apparentés: **un conducteur/une conductrice**

MOTS ET EXPRESSIONS UTILES

Useful words and expressions

à l'étranger	abroad, in another country
ce dont	that (of) which
tous les trois mois	every three months
toutes les deux semaines	every two weeks

Mots apparentés: **absolument, calmement, particulièrement, prudemment**

LA DESCRIPTION

Descriptive words

complet/complète	full
compris(e)	included
lourd(e)	heavy
prêt(e)	ready

SUBSTANTIFS

Nouns

un clochard	a tramp, vagabond
un colis	a parcel
la conduite	behavior, conduct
le matériel électronique	electronic equipment
un médicament	a medicine
un monde fou	a large crowd
une règle	a rule
un sac de couchage	a sleeping bag

Mots apparentés: **une appendicite, un(e) participant(e), une promesse**

VERBES

Verbs

s'adresser (à)	to inquire (about)
avoir l'air	to seem, appear
se conduire	to behave
dépasser	to surpass, go beyond
se dépêcher	to hurry
emmener	to take (*someone somewhere*)
emporter	to carry, take with one
exiger	to require
fumer	to smoke
plaire (à)	to please
rassurer	to reassure
remercier	to thank
se reposer	to rest
suivre un cours	to take a course
tomber malade	to get sick

Mots apparentés: **abuser, économiser, garder, se précipiter**

Grammaire et exercices

10.1 USING **TOUT**
Expressing *all* and *everything*

Tout can be used as an adjective or as a pronoun.

A. As an adjective, **tout** corresponds to *all* in English. It agrees in gender and number with the word it modifies: **tout, toute, tous, toutes.**

> Raoul a passé **toute la journée** à faire ses valises.
>
> *Raoul spent all day packing his suitcases.*
>
> Il emporte **tous ses jeans.**
>
> *He's taking all his jeans with him.*

Pronunciation Hint:

tou̸t, tout̸e, tou̸s, tout̸e̸s̸

B. As a pronoun, **tout** corresponds to *everything* in English. It is invariable in form.

> Aujourd'hui **tout** va mal.
>
> *Today everything is going badly.*
>
> Tu as **tout** mis dans cette petite valise?
>
> *Did you put everything in this little suitcase?*

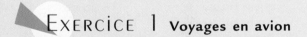

EXERCICE 1 **Voyages en avion**

Complétez les phrases suivantes et dites si vous êtes d'accord ou non. Utilisez **tout, tous, toute** ou **toutes.**

MODÈLE: Toute la cuisine qu'on sert dans l'avion est délicieuse.
Je ne suis pas du tout d'accord! La cuisine dans l'avion est affreuse. (Je suis d'accord. J'ai peut-être eu de la chance.)

1. _____ les places dans l'avion sont excellentes.
2. _____ les passagers sont sympathiques.
3. _____ le voyage passe rapidement.
4. _____ les renseignements annoncés par le pilote sont clairs.
5. _____ la sélection musicale est bonne.
6. _____ les hôtesses sont sympathiques.
7. _____ la cabine classe économique est élégante.
8. _____ les enfants se comportent très bien.

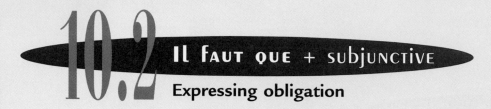

10.2 IL faut que + subjunctive

Expressing obligation

✱ Review **Grammaire 3.4.**

A. Il faut is followed by an infinitive when obligation is stated in a general sense without mentioning a specific person.

> **Il faut faire** de l'exercice pour maigrir.

> *One (People) must get some exercise to lose weight.*

➤ Most other tenses presented so far (**présent, passé composé, imparfait, futur**) are in the *indicative* mood.

B. If a specific person *is* mentioned, then **il faut** is followed by the conjunction **que** and a conjugated verb. This verb is conjugated in the subjunctive.

> **Il faut que tu choisisses** la date de ton départ.

> *You must choose your departure date.*

Definition: A conjunction connects words, phrases, or sentences: **et, mais,** etc.

C. To form the present subjunctive of most verbs, add the endings shown in the following chart to the stem. The subjunctive stem is usually the same as the stem for the **ils/elles** present indicative form.

PARLER	FINIR	VENDRE
Indicative ils **parl**ent	*Indicative* ils **finiss**ent	*Indicative* ils **vend**ent
Subjunctive que je parl**e** que tu parl**es** qu'il/elle/on parl**e** que nous parl**ions** que vous parl**iez** qu'ils/elles parl**ent**	*Subjunctive* que je finiss**e** que tu finiss**es** qu'il/elle/on finiss**e** que nous finiss**ions** que vous finiss**iez** qu'ils/elles finiss**ent**	*Subjunctive* que je vend**e** que tu vend**es** qu'il/elle/on vend**e** que nous vend**ions** que vous vend**iez** qu'ils/elles vend**ent**

> Il faut que je **parle** à l'agent de voyages.
>
> Joël, il faut que tu m'**obéisses.**
> Il faut qu'on **vende** la voiture.

> *I have to talk to the travel agent.*
>
> *Joël, you must obey me.*
> *We need to sell the car.*

D. Some verbs that are irregular in the present tense of the indicative are conjugated like regular verbs in the subjunctive. Irregular verbs of this type that you have studied so far include **conduire, connaître, dire, dormir, écrire, lire, mettre, partir, sentir, servir, sortir, suivre.**

ÉCRIRE → (ILS ÉCRIVENT)	
que j' **écriv**e	que nous **écriv**ions
que tu **écriv**es	que vous **écriv**iez
qu'il/elle/on **écriv**e	qu'ils/elles **écriv**ent

Il faut qu'on **parte** avant le 1er juin.   *One has to leave before the first of June.*

E. The subjunctive is used after other expressions denoting obligation or necessity, such as **il est nécessaire que.**

Vous êtes fatigué. **Il est nécessaire que** vous vous **reposiez** un peu.   *You're tired. You must rest a little.*

Here are some other expressions that require the use of the subjunctive.

il est essentiel que
il est important que
il est indispensable que
il vaut mieux que *(it's better, best)*

Emmanuel est malade. **Il vaut mieux qu'**il **reste** chez lui.   *Emmanuel is ill. It's best that he stay home.*

F. Note that **il ne faut pas que** always means *must not.* To say that someone doesn't have to do something, use **il n'est pas nécessaire que** + the subjunctive tense.

Il ne faut pas que vous sortiez seul(e) la nuit.   *You musn't go out alone at night.*

Il n'est pas nécessaire que tu dormes dix heures par jour.   *You don't have to sleep ten hours a day.*

EXERCICE 2   Le voyage de Sarah Thomas

Sarah pense à tout ce qu'elle doit faire pour préparer son voyage au Maroc. Faites des phrases en utilisant le subjonctif, d'après le modèle.

MODÈLE: chercher plus de renseignements sur le Maroc →
Il faut que je cherche plus de renseignements sur le Maroc.

1. passer à la banque
2. écrire des instructions pour la voisine
3. prendre des chèques de voyage
4. demander des prospectus au consulat marocain

5. choisir une valise neuve
6. lire les prospectus sur le Maroc
7. rendre les livres à la bibliothèque
8. organiser mes affaires

 EXERCICE 3 **Le voyage de Bernard et Christine Lasalle**

À l'aéroport, Bernard est nerveux avant le départ et il répète tout ce que dit Christine. Utilisez le subjonctif et suivez le modèle.

MODÈLE: Nous devrions vérifier le numéro de notre porte de départ. →
Oui, il faut que nous vérifiions le numéro de notre porte.

1. Nous devrions demander si le vol va partir à l'heure.
2. Nous devrions choisir des magazines.
3. Nous devons écouter quand on annonce les départs.
4. Nous ne devons pas oublier la valise en consigne automatique.
5. Nous ne devons pas prendre un taxi pour aller à l'hôtel. C'est trop cher.
6. Nous devrions téléphoner aux enfants ce soir.
7. Nous devrions écrire une carte postale à Julien ce soir.
8. Nous ne devrions pas laisser nos chèques de voyage dans la valise.
9. Nous devrions relire les brochures.
10. Nous devrions nous reposer en avion.

10.3 IRREGULAR-STEM VERBS
More about the subjunctive

A. A few verbs do not follow the regular subjunctive pattern. Some use an irregular stem.

FAIRE
Subjunctive stem: **fass-**

que je **fass**e	que nous **fass**ions
que tu **fass**es	que vous **fass**iez
qu'il/elle/on **fass**e	qu'ils/elles **fass**ent

B. A few verbs use two different stems in the subjunctive: one for the **nous** and **vous** forms and another for all the other forms.

ALLER	
Subjunctive stems: **aill-, all-**	
que j' **aill**e	que nous **all**ions
que tu **aill**es	que vous **all**iez
qu'il/elle/on **aill**e	qu'ils/elles **aill**ent

Pronunciation Hint:

The L-forms (**aille-**) are pronounced like the second syllable of (**je**) trav*aille.*

BOIRE	
Subjunctive stems: **boiv-, buv-**	
que je **boiv**e	que nous **buv**ions
que tu **boiv**es	que vous **buv**iez
qu'il/elle/on **boiv**e	qu'ils/elles **boiv**ent

PRENDRE	
Subjunctive stems: **prenn-, pren-**	
que je **prenn**e	que nous **pren**ions
que tu **prenn**es	que vous **pren**iez
qu'il/elle/on **prenn**e	qu'ils/elles **prenn**ent

C. The subjunctive forms of **avoir** and **être** have irregularities in both the stem and the endings.

AVOIR	
que j' **aie**	que nous **ayons**
que tu **aies**	que vous **ayez**
qu'il/elle/on **ait**	qu'ils/elles **aient**

ÊTRE	
que je **sois**	que nous **soyons**
que tu **sois**	que vous **soyez**
qu'il/elle/on **soit**	qu'ils/elles **soient**

Pronunciation Hint:

Avoir: The L-forms and the **ay-** stem are all pronounced like (**j'**)**ai.** **Être:** The L-forms and the **soy-** stem are pronounced /swa/.

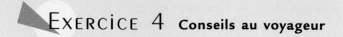

EXERCICE 4   Conseils au voyageur

Faites des questions et répondez. Utilisez le subjonctif.

> MODÈLE: dormir ou non, pendant un long voyage en avion? →
> Est-ce qu'il vaut mieux que je dorme ou non pendant un long voyage en avion?
> Il vaut mieux que vous dormiez. Ainsi vous n'arrivez pas trop fatigué(e). (Il vaut mieux que vous ne dormiez pas...)

Est-ce qu'il vaut mieux...

1. prendre les billets à l'aéroport ou aller à l'agence de voyages?
2. mettre mon passeport dans ma petite valise ou dans ma poche?
3. être à l'aéroport trois heures avant le départ ou non?
4. boire beaucoup ou non, pendant le voyage en avion?
5. utiliser des chèques de voyage ou une carte de crédit?
6. avoir du liquide (de l'argent) pour laisser des pourboires?
7. faire mes valises deux ou trois jours avant ou à la dernière minute?
8. aller prendre des brochures avant mon départ ou non?

EXERCICE 5   Parents et enfants

Imaginez des parents typiques et écrivez les conseils qu'ils voudraient donner à leurs enfants qui vont partir en Europe avec un groupe organisé.

> MODÈLES: manger des repas équilibrés →
> Il faut que tu manges des repas équilibrés.
> être impoli(e) →
> Il ne faut pas que tu sois impoli(e).

1. boire beaucoup d'alcool
2. aller dans les cabarets
3. sortir seul(e)
4. t'endormir à une heure raisonnable
5. faire du bruit à l'hôtel
6. être ponctuel(le)
7. avoir ton passeport sur toi à tout moment
8. nous écrire souvent
9. prendre des vitamines

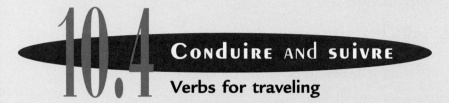

10.4 CONDUIRE AND SUIVRE
Verbs for traveling

A. Conduire and **suivre** have similar present-tense forms, especially in the singular.

CONDUIRE (*to drive*)	
je conduis	nous conduisons
tu conduis	vous conduisez
il/elle/on conduit	ils/elles conduisent
PASSÉ COMPOSÉ: j'ai conduit	

SUIVRE (*to follow*)	
je suis	nous suivons
tu suis	vous suivez
il/elle/on suit	ils/elles suivent
PASSÉ COMPOSÉ: j'ai suivi	

Raoul **conduit** bien: il **suit** toujours le code de la route.

En général, les Français **conduisent** de petites voitures économiques.

Raoul drives well: He always follows the traffic rules.

In general, the French drive small economy cars.

Pronunciation Hint:

As always, final consonants are silent. The **-s-** of the plural forms of **conduire** is pronounced *z*.

B. Other usages: **suivre un cours; se conduire** (*to behave*).

En France, on **suit** des cours pour apprendre à conduire.

Essaie de bien **te conduire** à l'école, Nathalie.

In France, people take classes to learn to drive.

Try to behave well at school, Nathalie.

Like **conduire: produire** (*to produce*), **reproduire** (*to reproduce*), **traduire** (*to translate*).

Like **suivre: poursuivre** (*to pursue, chase*).

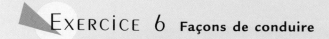

EXERCICE 6 Façons de conduire

Dites comment conduisent les personnes suivantes.

> MODÈLE: votre frère →
> Mon frère conduit imprudemment. Il suit rarement le code de la route.

1. un jeune homme (une jeune fille) de 18 ans
2. les chauffeurs de taxi
3. votre meilleur ami (meilleure amie)
4. vos copains
5. les personnes âgées
6. les gens de votre ville
7. un agent de police
8. vous

Suggestions

assez bien	ne... pas toujours
bien	prudemment
en général	toujours
lentement	trop vite
mal	

10.5 COMMANDS WITH PRONOUNS

Giving orders

➤ most commands = present tense forms without the subject

A. Commands (imperative forms) are formed by dropping the subject from the verb form. They exist for **vous, tu,** and **nous; nous** commands are used for making suggestions.

Ne **conduisez** pas si vite!	*Don't drive so fast!*
Mets de l'air dans les pneus de temps en temps.	*Put air in the tires from time to time.*
Restons calmes! Ce n'est pas grave.	*Let's be calm. It's not serious.*

B. For regular **-er** verbs and **aller,** the imperative **tu** forms drop the **-s** from the present-tense form.

Charles, ne **roule** pas si vite!
Va chercher mes lunettes de
soleil, s'il te plaît.

Charles, don't go so fast!
Go and get my sunglasses, please.

C. Être, avoir, and **savoir** have irregular command forms.

	ÊTRE	AVOIR	SAVOIR
tu	sois	aie	sache
vous	soyez	ayez	sachez
nous	soyons	ayons	sachons

Ne **sois** pas en retard, Joël!
Ayez de la patience avec les
enfants.
Sachez toutes ces réponses avant
demain!

Don't be late, Joël!
Have patience with the children.

*Know all these answers by
tomorrow!*

D. Object pronouns and reflexive pronouns are placed after the verb in
affirmative commands. They are attached to the verb form with a hyphen.

Quelle belle voiture! **Regardez-la!**
Reposez-vous de temps en
temps pendant un long voyage.

What a beautiful car. Look at it!
*Rest from time to time during a
long trip.*

Me and **te** become **moi** and **toi** in affirmative commands.

Dépêche-**toi**, Victor!
Écoutez-**moi**, s'il vous plaît.

Hurry up, Victor!
Listen to me, please.

E. In negative commands, object pronouns and reflexive pronouns are placed
before the verb.

Ne **me parle** pas pendant que je
conduis.
Ne **te mets** pas au volant quand
tu bois!

Don't talk to me while I'm driving.

*Don't get behind the steering wheel
when you're drinking.*

F. Y and **en** follow the same placement rules as other pronouns.

Vous êtes prêt? **Allons-y!**
De l'huile? Oui, **prenons-en.**
Tomber en panne? N'**en parlez**
pas!

Are you ready? Let's go!
Some oil? Yes, let's get some.
A breakdown? Don't talk about it!

★ Review **Grammaire 2.2,
4.5,** and **6.5.**

➤ affirmative commands:
verb *followed by* object
pronoun

➤ **me, te → moi, toi** in
affirmative commands

➤ negative commands: verb
preceded by object pronoun

★ Review **Grammaire 7.3**
and **9.1.**

Pronunciation Hint:

Note obligatory liaison: **Allons‿y, prenons‿en.**

EXERCICE 7 Conseils

Écrivez deux conseils pour chacune des situations suivantes.

MODÈLE: Il pleut beaucoup. →
Roulez lentement et soyez prudent.

1. Il y a beaucoup de brouillard.
2. On décide de tourner.
3. Le feu de signalisation passe à l'orange.
4. Un enfant se précipite devant la voiture.
5. Il y a beaucoup de circulation.

a. mettre les clignotants
b. rouler lentement
c. arrêter la voiture
d. ralentir
e. freiner
f. être prudent(e)

EXERCICE 8 Que faire en voiture?

Complétez les conseils avec **nous, vous** et **toi.** Ensuite, dites si vous êtes d'accord ou non.

MODÈLE: Mettez-*vous* au volant quand vous avez sommeil. →
Je ne suis pas d'accord. C'est très dangereux.

1. Dépêchez-_____ si vous êtes en retard.
2. Mettons-_____ en route! Nous sommes en retard.
3. Repose-_____ si tu conduis plus d'une heure.
4. Servez-_____ du klaxon quand vous êtes impatient(e).
5. Énerve-_____ si tu trouves que les autres conduisent mal.

EXERCICE 9 Pour entretenir une voiture

Dites si vous êtes d'accord ou non avec chaque conseil et répétez-le (ou changez-le) avec un pronom.

MODÈLE: Lavez souvent le pare-brise. →
C'est un bon conseil. Lavez-le souvent. (Ce n'est pas nécessaire.
Ne le lavez pas souvent.)

1. Gonflez toujours bien vos pneus.
2. Lavez la voiture à chaque fois que vous vous en servez.
3. Vérifiez le niveau d'huile une fois par semaine.
4. Achetez toujours du super.
5. Ne mettez pas d'autres produits dans le réservoir d'essence.
6. N'ouvrez pas le bouchon du radiateur quand le moteur est chaud.

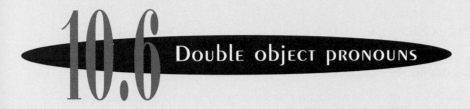

10.6 Double object pronouns

A. When two object pronouns occur together, they always follow a fixed order: When the indirect object is **me, te, se, nous,** or **vous,** it will always come first, before the direct object.

✳ Review **Grammaire 4.5** and **6.5.**

Quand je demande mon courrier, l'employé **me le** donne.	*When I ask for my mail, the postal employee gives it to me.*
Vos photos, monsieur? Je peux **vous les** rendre demain.	*Your pictures, sir? I can give them to you tomorrow.*
Nous savons nous servir du Minitel. Adrienne **nous l'**a expliqué.	*We know how to use the Minitel. Adrienne explained it to us.*

B. If the indirect object is **lui** or **leur,** it comes last, after **le/la/les.**

Si un étranger demande votre nom, **le lui** donnez-vous?	*If a stranger asks for your name, do you give it to him?*
—Tu as envoyé ta lettre à tes parents, Raoul?	*Did you send the letter to your parents, Raoul?*
—Oui, je **la leur** ai envoyée.	*Yes, I sent it to them.*

C. **Y** and **en** always come last, after any other object pronouns. Except in the phrase **il y en a,** they do not usually occur together in the same sentence.

✳ Review **Grammaire 7.3** and **9.1.**

Des magazines? Bien sur, il **y en** a beaucoup.	*Magazines? Of course, there are lots of them.*
De l'argent? Mes parents **m'en** ont envoyé cette semaine.	*Money? My parents sent me some this week.*
Mes bagages sont à la consigne. Je **les y** ai laissés hier.	*My bags are in the luggage check. I left them there yesterday.*

D. Here is a summary of the order of object pronouns in a declarative sentence or a question.

OBJECT PRONOUNS							
me (m') **te (t')** **se** **nous** **vous**	before	**le (l')** **la (l')** **les**	before	**lui** **leur**	before	**y** **en**	+ verb

Exercice 10 Que faites-vous, d'habitude?

Faites des questions et répondez. Utilisez **le (la, les)** + **lui**, ou **le (la, les)** + **leur**.

MODÈLE: donner ton adresse à une personne que tu ne connais pas. →
Est-ce que tu la lui donnes?
Oui, je la lui donne. (Non, je ne la lui donne pas.)

1. donner ton manteau à un clochard
2. montrer ton passeport à des agents de police
3. laisser des billets de 100F à un serveur désagréable
4. prêter ta brosse à dents à ta camarade de chambre

Faites des questions et répondez, en utilisant **lui en** ou **leur en**.

5. présenter des fleurs aux serveuses excellentes
6. donner des conseils à un agent de police
7. offrir du vin aux barmen
8. laisser de l'argent aux employés du bureau de poste

LES MOYENS DE COMMUNICATION

IN **CHAPITRE 11**, you will be talking about the world of the computer and the conventional media. You will also discuss advertising and consumer values, and you will learn to say what you would do in a variety of situations.

THÈMES

La voie électronique
On se distrait, on s'informe
Influences subtiles

LECTURE

Gérard et moi

INFO

Société: La communication de pointe
Société: Quoi de neuf sur le petit écran?

GRAMMAIRE

11.1 Saying what you would do: The conditional

11.2 **Dont**

11.3 **Ce qui, ce que, ce dont**

11.4 Review of direct and indirect objects: More on object pronouns

11.5 Talking about hypothetical situations: More on the **imparfait**

Des jeunes «branchés» au Café Orbital (Paris).

11

Activités et lectures

L A VOIE ÉLECTRONIQUE

Attention! Étudier Grammaire 11.1

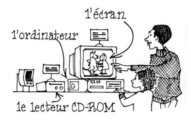

l'ordinateur • l'écran • le lecteur CD-ROM

Avec un lecteur de CD-ROM, nous aurions le son et l'animation.

l'imprimante • le clavier

Je serais obligée d'aller à la banque si je n'avais pas d'ordinateur.

Sur l'Internet, on peut explorer le campus avant de s'y inscrire!

"VOUS AVEZ 254 MESSAGES"

On ne devrait pas s'abonner à trop de listes électroniques.

"TU PENSES VENIR À MONTRÉAL?"

Je parlerais moins le français sans mon groupe de conversation.

ACTIVITÉ 1 Définitions

1. appareil permettant la communication entre les ordinateurs et les centres d'informations
2. programme qui fait fonctionner un ordinateur
3. surface où se forment les images
4. communication écrite par voie d'ordinateur
5. code secret permettant l'usage d'un programme d'accès limité
6. les touches permettant d'écrire à l'ordinateur
7. réseau global permettant l'accès aux communications mondiales dans tous les domaines
8. instrument permettant une interaction manuelle avec l'ordinateur

a. l'écran
b. la souris
c. le mot de passe
d. l'Internet
e. le logiciel
f. le modem
g. le clavier
h. le courrier électronique

◣ ACTIVITÉ 2 **Cauchemar ou rêve?**

Comment serait le monde sans l'invention de l'ordinateur? Dites *oui* ou *non*.

1. À l'université...
   a. l'inscription serait plus facile.
   b. il y aurait plus d'employés à la bibliothèque.
2. Dans les banques et les entreprises...
   a. nous ferions nos transactions financières par machine.
   b. les secrétaires écriraient des lettres sous la dictée.
3. Dans les professions libérales...
   a. les architectes dessineraient leurs plans à la main.
   b. les chirurgiens ne pourraient pas opérer les malades.
4. Chez moi...
   a. je taperais (et retaperais) les dissertations à la machine.
   b. nous aurions à répondre au téléphone nous-mêmes.
5. En général...
   a. tout le monde serait moins stressé.
   b. nous aurions plus de tâches ennuyeuses à faire.

◣ ACTIVITÉ 3 **Entretien: L'ordinateur**

1. Tu te sers souvent de l'ordinateur? Pour faire quoi?
2. Est-ce que tu te sens à l'aise avec le Web? Ça te plaît?
3. As-tu parfois des problèmes quand tu te sers de l'ordinateur? Lesquels?
4. Est-ce que tu as un lecteur de CD-ROM?
5. Est-ce que tes parents utilisent l'ordinateur autant que toi? Pourquoi (pas)?
6. Est-ce que tu as participé à un groupe de conversation? Lequel?

38 SPÉCIAL CYBER FICHIER PRÉSENTATION ÉDITION

► Rubriques

rubrique Internet, CD-ROM, **cybermonde...**
rubrique Ces mots nouveaux nous envahissent.
rubrique Ils accompagnent la **révolution** culturelle et industrielle de cette fin de siècle >Christophe Agnus

Voyage dans la planète Cyber

L'EXPRESS 8/2/96

ACTIVITÉ 4 L'Internet et moi

Qu'est-ce que vous feriez si c'était vous qui décidiez des règles qui gouvernent l'usage de l'Internet? Discutez de vos décisions avec des camarades de classe.

1. Je permettrais plus de publicité sur l'Internet.
2. J'en restreindrais l'accès de minuit jusqu'à 6 heures.
3. Je n'y admettrais jamais de propagande politique.
4. J'exigerais que les enfants apprennent à s'en servir très jeunes.
5. Je ne permettrais pas qu'on y passe de la pornographie.
6. J'imposerais des taxes sur les communications personnelles.

Société INFO La communication de pointe

Les progrès de la France dans le domaine de la haute technologie sont illustrés par les cartes à puce et le Minitel. Une «puce» est un circuit informatique miniature qui équipe toutes les Cartes Bleues depuis 1992 et qui constitue l'élément indispensable des télécartes. La télécarte permet de téléphoner d'une cabine publique sans monnaie; à cause des illustrations qu'elle porte, elle est aussi devenue un objet de collection. Le Minitel, créé en 1980, est un terminal d'ordinateur relié[1] à un réseau[2] national, qui offre un annuaire électronique et de nombreux services: messageries,[3] réservations (train, avion, etc.), transactions bancaires, renseignements[4] divers. C'est l'ancêtre des services informatiques aujourd'hui disponibles[5] sur l'Internet.

[1]connecté [2]un ensemble de terminaux connectés par des cables [3]*bulletin boards* [4]informations
[5]qu'on peut obtenir

Pour que le Minitel vous simplifie la vie, découvrez tous les services qu'il vous propose en tapant 3615 MGS. Réservations, achats, voyages, spectacles, actualité, banque, météo, immobilier, bourse... tout y figure, il vous suffit d'y penser. Aujourd'hui, avec le Minitel, le monde devient vraiment plus simple.

On se distrait, on s'informe

Attention! Étudier Grammaire 11.2 et 11.3

Je n'allume jamais la télé. C'est quelque chose dont je n'ai pas besoin.

Les intrigues dans les feuilletons me fascinent. C'est ce que je préfère.

Sans le Minitel, je perdrais beaucoup de temps à chercher des renseignements.

C'est l'émission en direct de Moscou dont je t'ai parlé.

ACTIVITÉ 5 **Si j'allais au cinéma ce soir**

Dites *oui* ou *non*. Si vous n'aimez aucune des possibilités, donnez votre propre réponse.

1. Si j'allais au cinéma ce soir, j'irais plutôt pour...
   a. me distraire.
   b. échapper à la réalité.
   c. des raisons intellectuelles.
2. J'aimerais voir...
   a. un film d'aventures.
   b. un film romantique.
   c. un film étranger sous-titré.
3. Je ferais plus d'attention...
   a. à la photographie.
   b. aux effets spéciaux.
   c. à la qualité du script.
4. Mon choix de film serait probablement influencé par...
   a. le metteur en scène.
   b. les vedettes.
   c. les critiques.

Allons plus loin!

Comment s'appelle votre film préféré? Pourquoi aimez-vous ce film? À qui le recommanderiez-vous? Pour quelles raisons?

ACTIVITÉ 6 **On lit le journal**

À quelle page et sous quelle rubrique est-ce que vous allez trouver ces renseignements?

PAS DE LIBERTÉ SANS LIBERTÉ DE LA PRESSE

REPORTERS SANS FRONTIERES

Par Sonia Benjamin

Sommaire	
Éditoriaux	page 2
Courrier des lecteurs	page 5
La vie politique	page 6
Météo	page 10
La vie au féminin	page 11
La vie de l'éducation	page 13
La vie scientifique	page 14
La vie sportive	page 18
Les petites annonces	page 21
Rubrique nécrologique	page 24
Détente	page 26
L'horoscope	page 27
Télé-radio	page 28
L'actualité	page 30

1. l'opinion de l'équipe rédactionnelle
2. les annonces de naissances
3. des critiques de films et de livres
4. l'équipe gagnante d'un match
5. les horoscopes
6. les accidents de la circulation
7. les progrès dans la guérison d'une maladie
8. l'annonce funèbre d'une personne importante
9. les décisions du gouvernement national
10. une lettre critiquant le conseil municipal

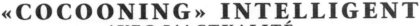

«COCOONING» INTELLIGENT
AVEC L'ACTUALITÉ...

ACTIVITÉ 7 **Le petit écran**

Y a-t-il des choses qu'on ne devrait pas passer à la télé? Qu'est-ce qui est acceptable? Dites si vous êtes d'accord ou pas, en expliquant votre réponse.

MODÈLE: Les pubs à la télé nous informent et nous amusent. →
Ah non! Ce n'est pas vrai! Les pubs sont des mensonges et on devrait les éliminer. (C'est ce que je pense, moi! Je les trouve amusantes.)

1. Les interviews trop personnelles insultent l'intelligence des téléspectateurs. On devrait les éliminer.
2. La naissance d'un bébé à la télé est très éducative pour les enfants.
3. On devrait nous montrer les exécutions. Ça fait réfléchir.
4. La violence à la télé est responsable des crimes violents.
5. On devrait éliminer tous les feuilletons. Ils sont si bêtes!
6. C'est une perte de temps de passer les séances de l'Assemblée nationale.

Suggestions

C'est ce que je pense.
C'est ce qui m'inquiète (me fâche).

Moi, je trouve que...
C'est ce que j'aime (je n'aime pas).

Société

Quoi de neuf sur le petit écran?

Il y a quinze ans, la télévision française n'offrait que trois chaînes, toutes publiques et gratuites.[1] Aujourd'hui, la situation a bien changé: on compte trois chaînes publiques (France 2, France 3 et La Sept), deux chaînes privées mais gratuites, TF1 (Télévision France 1) et M6 (Métropole 6), et une chaîne payante, Canal +. Les chaînes privées montrent plus de publicité et ont adopté un format «à l'américaine», avec de nombreuses séries achetées aux États-Unis. Récemment, l'arrivée du câble et du satellite a permis l'accès à toutes sortes de chaînes européennes, mais seulement pour une minorité: 7% des foyers[2] français sont câblés, contre 68% en Amérique du Nord. La multiplication des chaînes a provoqué une passion pour un nouveau mode de consommation bien français qui porte un nom anglais: *le zapping.*

[1] ≠ payantes [2] maisons

LE MONDE EN FRANÇAIS

Info quotidienne

A 8 heures, le journal du Canada ; **à 12 h 45,** celui de France 3 ; **à 16 heures et à 18 h 30,** celui de TV 5 ; **à 19 h 30,** en alternance, celui de la Belgique et celui de la Suisse ; **à 22 heures,** celui de France 2 ; et, **à 0 h 45,** Soir 3.

Chaîne francophone internationale, TV 5 est diffusée dans plus de 100 pays, notamment en Afrique et dans le Maghreb. TV 5 Québec-Canada diffuse ses programmes en Amérique du Nord et du Sud.

Influences subtiles

Attention! Étudier Grammaire 11.4 et 11.5

Faites comme les grands footballeurs. Achetez notre produit.

Vous gagneriez plus d'argent si vous étiez diplômé de notre école.

Ça me tente. Si j'écrivais à l'agence Amour Parfait, peut-être que je rencontrerais l'homme de mes rêves.

Tu perdrais moins d'argent si tu ne croyais pas tout ce que tu lis sur la Bourse.

Ce qui est agaçant sur les chaînes privées, ce sont les interruptions constantes pour les pubs!

 ACTIVITÉ 8 **Êtes-vous une personne crédule?**

Dites *oui* ou *non* et comparez vos réponses avec celles de vos camarades de classe.

1. Si quelqu'un me demandait de l'argent pour aider à payer les frais médicaux de son bébé malade...
   a. je lui en donnerais.
   b. je refuserais de lui en donner.
   c. j'essaierais de vérifier son histoire avant de lui en donner.
2. Si quelqu'un offrait de me vendre une chaîne stéréo avec un lecteur de disques compacts pour 25 dollars...
   a. je réfléchirais avant de me décider.
   b. je lui dirais non tout de suite.
   c. j'irais à la police.
3. Si je recevais une lettre me menaçant pour que j'envoie cinq copies de cette lettre à cinq autres personnes...
   a. je ferais ce que la lettre me demande de faire.
   b. je jetterais la lettre à la poubelle.
   c. je me plaindrais aux services postaux.
4. Si on me demandait d'investir de l'argent dans un projet où je pourrais doubler mon investissement en un mois...
   a. je le ferais si je connaissais bien la personne.
   b. je n'investirais pas, même si je connaissais la personne.
   c. j'aurais besoin d'avoir tous les détails, même si je connaissais la personne.
5. Si une personne qui venait de connaître l'homme (ou la femme) de sa vie m'encourageait à écrire à l'agence Amour Parfait...
   a. je le ferais avec enthousiasme.
   b. je serais tenté(e) de le faire, mais probablement je n'y écrirais pas.
   c. je refuserais.

ACTIVITÉ 9 Le monde sans publicité

Dites si vous êtes d'accord ou non, en donnant vos raisons.

S'il n'y avait pas de pubs...

1. les consommateurs seraient mal informés.
2. la télé serait moins amusante.
3. nous n'aurions pas d'émissions de radio.
4. nous pourrions regarder nos émissions préférées sans interruption.
5. les enfants n'apprendraient pas à être matérialistes.
6. nous ne saurions pas les noms des produits.

ACTIVITÉ 10 Un conte de fée moderne

Regardez de très près cette pub et répondez aux questions suivantes.

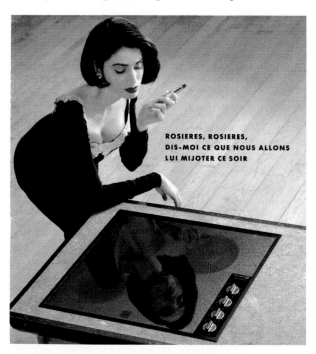

ROSIERES, ROSIERES,
DIS-MOI CE QUE NOUS ALLONS
LUI MIJOTER CE SOIR

1. À votre avis, qu'est-ce qui rend cette femme séduisante?
2. Pourquoi nous fait-elle penser à une sorcière?
3. À qui est-ce que cette pub est destinée, à votre avis?
4. Diriez-vous que cette pub est plutôt féministe ou traditionaliste?
5. De quel conte de fée s'inspire cette pub?

 LECTURE

Gérard et moi

Annick Bouvier, jeune cinéphile de Normandie, raconte une aventure qui lui est arrivée en 1989, pendant le tournage° du film Cyrano de Bergerac *de Jean-Paul Rapeneau.*

acte de tourner (faire) un film

J'adore le cinéma, surtout les films d'aventures historiques. Imaginez donc ma réaction quand j'ai vu une petite annonce dans le journal pour recruter les figurants° de *Cyrano de Bergerac,* avec Depardieu en vedette°! C'était l'occasion ou jamais, et j'ai tout de suite téléphoné au numéro indiqué par l'annonce. Une dame m'a annoncé: «Il nous faut° absolument des figurants en plus... aucune° qualification n'est nécessaire. On tourne jeudi prochain, à partir de huit heures du matin; vous pouvez y être?» J'ai répondu que oui, d'une voix hésitante—j'avais du mal à y croire.

acteurs qui jouent un petit rôle, souvent sans texte / star

Il... Nous avons besoin / pas d'autre

Pourtant, la semaine suivante je me suis retrouvée sur le lieu du tournage. On m'a habillée avec un bonnet et une robe de paysanne.° Mon rôle était simple: il fallait que je discute avec les autres figurantes, pendant que le héros passait devant nous.

femme qui vit et travaille à la campagne

Gérard Depardieu peut jouer tous les rôles, comiques ou dramatiques, et interpréter des personnages historiques ou contemporains.

Les techniciens ont installé et réglé° les caméras et les projecteurs, les assis-   ajusté
tants ont vérifié que les accessoires étaient tous à leur place... Finalement, le metteur en scène est arrivé, l'air très impatient. Enfin, Depardieu a fait son apparition, et la prise° a commencé. J'ai essayé de parler avec les autres, mais mon   tournage de la scène
regard était irrésistiblement attiré par mon idole.

Le metteur en scène a crié «coupez!» et m'a regardée avec fureur: «Mademoiselle! Vous êtes une paysanne! Vous devez discuter avec les autres, pas dévi-
sager° Cyrano!» Plusieurs personnes ont ri, et je me suis sentie horriblement   regarder avec insistance
gênée.° Nous avons aussitôt commencé une seconde prise, et je me suis con-   embarrassée
centrée sur mon rôle... mais à nouveau, le metteur en scène a hurlé° «coupez!»,   crié très fort
l'air encore plus furieux. «Votre montre, mademoiselle! Enlevez votre montre!
On ne portait pas de montre-bracelet au XVIIème (dix-septième) siècle!»

J'étais catastrophée, mais—surprise! Depardieu lui-même est venu vers moi et
m'a dit: «C'est la première fois, hein? N'ayez pas peur, on est tous un peu nerveux
la première fois, moi aussi, vous savez!» La troisième prise s'est passée sans problème, mais c'est la dernière fois que j'ai fait du cinéma. Je m'en souviendrai toujours, non pas à cause de mes gaffes,° mais de l'attitude si sympathique de   actes maladroits
Depardieu. À la fin de la journée, il m'a même signé un autographe!

Avez-vous compris?

Reformulez les expressions suivantes ou trouvez une expression équivalente.

MODÈLE: C'était l'occasion ou jamais... →
                C'était une occasion absolument unique.

1. d'une voix hésitante
2. J'avais du mal à y croire.
3. Depardieu a fait son apparition.
4. mon idole
5. Je me suis concentrée sur mon rôle.
6. J'étais catastrophée.

À vous la parole!

Vous êtes l'ami(e) de la narratrice de ce texte, Annick, qui vous a raconté cette
aventure. À votre tour, vous allez raconter l'anecdote à un(e) camarade de classe,
mais sans donner plus d'un élément d'information à la fois. Chaque partenaire
doit faire progresser activement la conversation pour que l'histoire soit
entièrement reconstituée.

MODÈLE: É1: Tu te souviens de ma copine Annick?
              É2: Annick... ah oui, celle qui est folle de cinéma!
              É1: Exactement! Figure-toi qu'elle a vu une annonce dans le
                   journal pour recruter des figurants...
              É2: Pas possible! Pour quel film?...

À vous d'écrire

Êtes-vous doué(e) pour la publicité? Imaginez que vous êtes chargé(e) du marketing des produits suivants à la télé. Choisissez-en deux, puis identifiez la clientèle qui va s'intéresser aux produits. Ensuite, pensez aux heures et aux jours où vous allez faire passer vos pubs. Enfin, décidez du genre des pubs (le type de scénario, les acteurs...) et écrivez vos idées.

Possibilités: un jeu vidéo, une bière, de l'aspirine, un produit qui fait maigrir, une voiture, un service Internet...

MODÈLE: des céréales en forme d'animaux →
Les petits enfants aimeraient ces céréales. Je passerais la pub le samedi matin ou en fin d'après-midi quand il y a des émissions pour enfants. Je recommande un scénario amusant avec des dessins animés ou des animaux qui savent parler.

Vocabulaire

L'ORDINATEUR ET LE MATÉRIEL ÉLECTRONIQUE
The computer and electronic equipment

un appareil	an appliance, piece of equipment
le clavier	keyboard
le courrier électronique	e-mail
l'écran (*m.*)	screen
un lecteur de CD-ROM	a CD-ROM player
le logiciel	program, software
le mot de passe	password
un réseau	a network
le son	sound
la souris	mouse
les touches (*f.*)	keys (*on a keyboard*)

Mots apparentés: l'animation (*f.*), un campus, un centre d'information, le code, la communication écrite, une image, un instrument, une interaction manuelle, un modem, un programme d'accès limité, une surface, l'usage (*m.*)

LES JOURNAUX ET LA PUBLICITÉ
Newspapers and advertising

une actualité	a piece of news
une agence publicitaire	an advertising agency
le bulletin météorologique (*coll.* la météo)	weather forecast
un consommateur/ une consommatrice	a consumer
l'équipe rédactionnelle	editorial team
les frais (*m.*)	expenses
une rubrique	a heading (*in a publication*)

Mots apparentés: une annonce, un éditorial, l'horoscope (*m.*)

LE CINÉMA

The cinema

les effets (*m.*) spéciaux	special effects
un film d'épouvante	a horror film
un film sous-titré	a subtitled film
l'intrigue (*f.*)	plot
le metteur en scène	director
la mise en scène	production
le réalisateur/la réalisatrice	producer
une réalisation	a production
une vedette	a star

Mots apparentés: un film d'aventures, une revue, un rôle

LA TÉLÉVISION

Television

une chaîne	a channel
une émission	a broadcast
un feuilleton	a soap opera
un téléspectateur/ une téléspectatrice	a viewer
les variétés (*f.*)	a variety show

Mots apparentés: un documentaire, une publicité (pub), un téléfilm

LA DESCRIPTION

Descriptive words

agaçant(e)	annoying
congelé(e)	frozen (*food, etc.*)
gagnant(e)	winning
séduisant(e)	appealing

Mots apparentés: constant(e), crédule, éducatif/éducative, féministe, intellectuel(le), mal informé(e), matérialiste, médical(e), privé(e), responsable, sceptique, scientifique, traditionaliste, violent(e), visuel(le)

SUBSTANTIFS

Nouns

la Bourse	the stock exchange
une chaîne stéréo	a stereo player
un conte de fée	a fairy tale
le contenu	the contents
la détente	relaxation
la dictée	dictation
une dissertation	a term paper; an essay
un footballeur	a soccer player
un genre	a type
une guérison	a cure
un investissement	an investment
un mensonge	a lie
la naissance	birth
une poubelle	a garbage can
un produit	a product
un renseignement	a piece of information
une séance	a meeting
un sorcier/une sorcière	a sorcerer, witch

Mots apparentés: les annonces (*f.*) funèbres, l'aspirine (*f.*), un/une candidat(e), la clientèle, le crime, un détail, une entreprise, une exécution, une interruption, le marketing, la police, la pornographie, la propagande, un risque, les services (*m.*) postaux, les taxes (*f.*), une transaction, la violence

VERBES

Verbs

s'abonner (à)	to subscribe (to)
allumer la télé	to turn on the TV
compter	to count
se distraire	to have fun
s'évader (de)	to escape (from)
investir	to invest
jeter	to throw away, toss
maigrir	to lose weight
menacer	to threaten
se plaindre (de)	to complain (of)
prendre une décision	to make a decision
restreindre	to restrict
se sentir à l'aise	to feel at ease
taper	to type

Mots apparentés: abolir, critiquer, fonctionner, se former, imposer, insister, pratiquer, vérifier

MOTS ET EXPRESSIONS

Useful words and expressions

C'est ce que je pense.	That's what I think.
ce qui compte pour moi	what counts for me
J'ai à _____	I have to _____
par voie de	by means of
plutôt	rather
tout de suite	immediately, right away

Grammaire et exercices

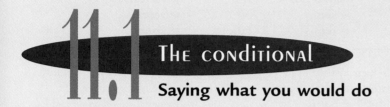

11.1 The conditional

Saying what you would do

A. You have already used some conditional verb forms, such as **je voudrais, j'aimerais,** and **je devrais.** The conditional tense is most often used to express the result of some hypothetical situation. In English, this is expressed by *would* + verb.

✳ Review **Grammaire 2.5** and **8.4.**

B. The conditional is formed in French by using the future stem + the **imparfait** endings, as shown in the following chart. Remember that the future stem of regular verbs is the same as the infinitive, except for **-re** verbs, which drop the final **-e.**

✳ Review **Grammaire 9.5** and **6.2.**

➤ conditional = future stem + imperfect endings

CONDITIONAL			
	parler	**finir**	**vendre**
je	parler**ais**	finir**ais**	vendr**ais**
tu	parler**ais**	finir**ais**	vendr**ais**
il/elle/on	parler**ait**	finir**ait**	vendr**ait**
nous	parler**ions**	finir**ions**	vendr**ions**
vous	parler**iez**	finir**iez**	vendr**iez**
ils/elles	parler**aient**	finir**aient**	vendr**aient**

Nous **parlerions** plus souvent le français si nous avions des amis francophones.

À ta place, je **finirais** mon travail avant de sortir.

Cet ordinateur se **vendrait** mieux sous un autre nom.

We would speak French more often if we had some French-speaking friends.

If I were you, I'd finish my work before going out.

This computer would sell better under another name.

C. Because the conditional stem is the same as the future stem, any verb that is irregular in the future is also irregular in the conditional.

aller	j'**ir**ais	pouvoir	je **pourr**ais
avoir	j'**aur**ais	recevoir	je **recevr**ais
devoir	je **devr**ais	savoir	je **saur**ais
envoyer	j'**enverr**ais	venir	je **viendr**ais
être	je **ser**ais	voir	je **verr**ais
faire	je **fer**ais	vouloir	je **voudr**ais

Si vous alliez en France cet été, vous **pourriez** rendre visite à nos amis à Strasbourg. Moi, je **viendrais** vous rejoindre en août, et on **irait** ensemble à Londres.

If you went to France this summer, you could visit our friends in Strasbourg. I would come and join you in August, and we'd go together to London.

D. The conditional is also used to make polite requests.

Est-ce que vous **pourriez** nous recommander un bon restaurant?
Auriez-vous l'heure?

Could you (Would you be able to) recommend a good restaurant?
Would you have the time? (Could you tell me what time it is?)

EXERCICE 1 Un monde sans télé

Imaginez le monde sans télévision. Complétez les phrases avec le conditionnel, et dites si vous êtes d'accord ou non.

MODÈLE: Moins de couples _____ (divorcer). →
Moins de couples divorceraient. Oui, c'est vrai, parce qu'il n'y aurait pas de football américain à la télé. (Non, ce n'est pas vrai...)

1. Il y _____ (avoir) moins de crimes violents.
2. Je _____ (lire) beaucoup plus.
3. Les Américains _____ (être) en meilleure santé.
4. Nous ne _____ (savoir) pas ce qui se passe dans le monde.
5. On _____ (connaître) moins bien les autres pays du monde.
6. Les candidats _____ (faire) leur campagne de façon plus intelligente.
7. Nous _____ (dormir) plus.

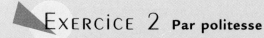

EXERCICE 2 Par politesse

Sarah Thomas se trouve dans une maison de la presse à Paris, où elle veut demander beaucoup de choses. Reformulez ses phrases pour les rendre plus polies, en employant le conditionnel.

MODÈLE: *Avez*-vous de la monnaie? → Auriez-vous de la monnaie?

1. *Pouvez*-vous m'indiquer la station de métro la plus proche?
2. Est-ce que vous *avez* l'heure?
3. Je *veux* aussi *Le Nouvel Observateur*.
4. Est-ce que vous *pouvez* me commander ce livre?
5. Quand est-ce que je *dois* revenir le chercher?
6. Est-ce que je *peux* prendre un catalogue?
7. *Savez*-vous où se trouve le Bistro de la Sorbonne?

EXERCICE 3 Si le monde était idéal, ...

Transformez les phrases en employant le conditionnel pour décrire un monde idéal.

MODÈLE: Dans le monde réel, on a besoin de se méfier des inconnus. →
Dans un monde idéal, on n'aurait pas besoin de se méfier des inconnus.

Dans le monde réel...

1. on ne peut pas toujours croire ce qu'on vous dit.
2. nous sommes souvent influencés par des messages subtils ou subliminaux.
3. les gens dépensent beaucoup d'argent pour des produits inutiles.
4. le travail occupe une très grande partie de notre vie.
5. il n'y a pas assez d'emplois pour tous ceux qui veulent travailler.

11.2 DONT

A. You are already familiar with the relative pronouns **qui, que,** and **où.** Like **qui** and **que,** the relative pronoun **dont** is used for both people and things. **Dont** is used to replace the preposition **de** + a noun.

✴ Review **Grammaire 6.4.**

➤ **dont** replaces **de** + noun

WITH **DE**
J'ai besoin **de** ce magazine.

I need this magazine.

WITH **DONT** (RELATIVE CLAUSE)
Je n'ai pas acheté le magazine **dont** j'ai besoin.

I didn't buy the magazine (that) I need.

Ils parlaient **de** cet homme à la télé.	C'est l'homme **dont** ils parlaient à la télé.
They were talking about this man on TV.	*That's the man (whom) they were talking about on TV.*

B. When used in a possessive construction, **dont** corresponds to English *whose.*

WITH **DE**	WITH **DONT** (RELATIVE CLAUSE)
Je connais le frère **de** cette journaliste.	C'est la journaliste **dont** je connais le frère.
I know that reporter's brother.	*That's the reporter whose brother I know.*
Les émissions **de** cette chaîne sont en anglais.	C'est la seule chaîne **dont** les émissions sont en anglais.
This station's broadcasts are in English.	*It's the only station whose broadcasts are in English.*

C. **Dont** is used frequently with verbs or verbal expressions that require **de,** for example: **parler, avoir besoin, avoir envie, avoir peur, se servir, se souvenir.**

L'émission **dont** je me souviens, c'est «La rue Sésame».	*The program I remember is "Sesame Street."*
L'ordinateur **dont** il se sert est très vieux.	*The computer he uses is very old.*

EXERCICE 4 À la FNAC

Sarah et Agnès visitent la FNAC, magasin spécialisé dans les médias. Reformulez leurs phrases en employant **dont.**

MODÈLE: J'ai entendu parler de cet auteur cette semaine. C'est l'auteur... →
C'est l'auteur dont j'ai entendu parler cette semaine.

1. Je parlais de ce magazine l'autre jour.
   C'est le magazine...
2. On discutait de ce livre à la télé.
   C'est le livre...
3. Je connais d'autres films de ce metteur en scène.
   C'est un metteur en scène...
4. J'ai vu tous les films de cette vedette.
   C'est une vedette...
5. Je ne me souviens jamais de ce titre.
   C'est un titre...

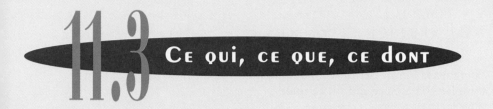

11.3 CE QUI, CE QUE, CE DONT

✳ Review **Grammaire 6.4.** and **11.2.**

A. Ce qui, ce que, and **ce dont** are called indefinite relative pronouns. They are used in the same way as **qui, que,** and **dont,** but they are used when the thing referred to is not specified. They usually correspond to English *what*.

SPECIFIC REFERENCE	UNSPECIFIED REFERENCE
noun + **qui** Les films qui m'intéressent...	**ce + qui** Ce qui m'intéresse...
noun + **que** Les livres que j'aime...	**ce + que** Ce que j'aime...
noun + **dont** L'ordinateur dont je me sers...	**ce + dont** Ce dont je me sers...

Sais-tu **ce qui** s'est passé dans le dernier épisode?	*Do you know what happened in the last episode?*
Je ne vois pas **ce que** tu aimes dans cette émission.	*I don't see what you like about that show.*
Ces reportages sont trop techniques—je ne comprends jamais **ce dont** ils parlent.	*These reports are too technical—I never understand what they're talking about.*

B. Ce qui, ce que, and **ce dont** are often combined with **tout,** meaning *everything.*

—Ça t'ennuie qu'il regarde la télé?	*It bothers you that he watches TV?*
—Non, mais c'est **tout ce qu'**il veut faire!	*No, but that's all he wants to do.*

C. The indefinite relatives are also frequently used in conversation to introduce a new idea.

Ce qui compte, c'est que le travail lui plaise.	*What counts is that he likes the work.*
Ce que j'aime, c'est voir un vieux film dans une salle de cinéma.	*What I like is to see an old movie in a movie theater.*

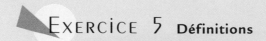

EXERCICE 5 Définitions

Cherchez la bonne définition pour chaque type d'émission ou de film et complétez-la avec **ce qui** ou **ce que**.

1. _____ fait parfois pleurer les téléspectateurs
2. _____ donne des frissons aux adolescents
3. _____ les enfants préfèrent
4. _____ explique quel temps il va faire demain
5. _____ on regarde pour s'informer
6. _____ on cherche si on veut rire
7. _____ fait peur
8. _____ on regarde avant de faire un long voyage en voiture

a. C'est une comédie.
b. C'est un documentaire.
c. Ce sont les feuilletons.
d. Ce sont les dessins animés.
e. C'est le bulletin météorologique.
f. C'est un film d'épouvante.

EXERCICE 6 «Ma meilleure amie m'a piqué mon Jules!»

Adrienne parle de l'intrigue de son feuilleton favori avec Fatima, une collègue de travail. Complétez leur conversation en employant **ce qui, ce que (ce qu')** ou **ce dont**.

ADRIENNE: La pauvre Jacqueline! Elle ne sait pas _____[1] elle doit faire. Elle vient d'apprendre que son mari Maurice est parti en vacances avec sa meilleure amie, Évelyne.

FATIMA: Et sait-elle _____[2] se passe au bureau avec Annick, la secrétaire?

ADRIENNE: Non, ça, elle ne le sait pas encore. _____[3] l'énerve vraiment, c'est qu'ils ont pris sa voiture quand ils sont partis. Alors elle va chez sa mère pour lui demander _____[4] elle pense de tout cela. Mais tout _____[5] intéresse sa mère, c'est l'argent. Alors naturellement, puisque Maurice est très riche, elle trouve qu'elle devrait rester avec lui.

FATIMA: Et c'est _____[6] elle fait?

ADRIENNE: Pour l'instant, oui. Mais tu sais _____[7] va se passer? Elle va apprendre qu'elle attend un bébé. Et ça, ce n'est pas du tout _____[8] elle avait envie.

FATIMA: Quel drame! Je ne vois vraiment pas pourquoi tu regardes ces bêtises!

11.4 MORE ON OBJECT PRONOUNS

Review of direct and indirect objects

A. **Me, te, nous,** and **vous** are used as both direct and indirect objects. The remaining forms, however, are different for direct and indirect objects.

✷ Review **Grammaire 4.5** and **6.5.**

DIRECT OBJECTS	INDIRECT OBJECTS
le (l')	lui
la (l')	leur
les	

B. Remember that, in French, a direct object will have no preposition before it, whereas an indirect object is preceded by **à.**

DIRECT OBJECT
J'ai beaucoup aimé **ce film.** → *I really liked that film.*
Je **l'**ai beaucoup aimé. *I really liked **it.***

INDIRECT OBJECT
Christine écrit souvent **à ses** *Christine often writes to her parents.*
   parents. →
Elle **leur** écrit souvent. *She writes often to **them.***

C. The kind of object a French verb takes is not necessarily the same as that for the corresponding English verb. Some French verbs require prepositions where their English counterparts do not, and vice versa.

DIRECT OBJECTS IN FRENCH	INDIRECT OBJECTS IN FRENCH
attendre *to wait for*	**obéir à** *to obey*
chercher *to look for*	**plaire à** *to please*
écouter *to listen to*	**répondre à** *to answer*
regarder *to look at*	**ressembler à** *to resemble*
	téléphoner à *to telephone*

D. Many verbs can be used with both a direct and an indirect object.

—Camille, montre **ton dessin à** *Camille, show your drawing to*
  papa. *Daddy.*
—Je ne veux pas **le lui** montrer. *I don't want to show it to him.*

Some other verbs that often occur with two pronoun objects: **apporter, dire, donner, emprunter, expliquer, montrer,** and **prêter.**

EXERCICE 7 Modes de communication

Quelles sont vos habitudes? D'abord, complétez la question avec la préposition **à,** si nécessaire. Puis répondez à la question avec le pronom correct.

MODÈLE: Tu envoies du courrier électronique _____ tes amis? →
Tu envoies du courrier électronique *à* tes amis?
Oui, je *leur* envoie du courrier électronique.

1. Tu écris des lettres _____ ton meilleur ami (ta meilleure amie)?
2. Tu écoutes _____ la radio plus souvent dans ta voiture ou à la maison?
3. Tu téléphones souvent _____ tes frères et sœurs?
4. Tu regardes _____ les informations à la télé?
5. Tu cherches _____ la météo dans le journal ou sur le Web?
6. Tu envoies du courrier électronique _____ ton professeur de français?
7. Tu parles _____ une personne qui te téléphone pour te demander de l'argent?
8. Tu détestes _____ les répondeurs téléphoniques?

EXERCICE 8 Situations

Que faites-vous dans les situations suivantes? Utilisez le verbe entre parenthèses et deux pronoms objets (**le, la** ou **les** et **lui** ou **leur**).

MODÈLE: Un ami (Une amie) voudrait emprunter cinq dollars. (prêter) →
Je les lui prête. (Je ne les lui prête pas.)

1. Un ami (Une amie) voudrait regarder vos réponses pendant un examen. (montrer)
2. Une personne que vous ne connaissez pas bien voudrait emprunter votre livre de français pour le week-end. (donner)
3. Votre ami(e) voudrait les cinq dollars que vous lui avez empruntés la semaine dernière. (rendre)
4. Vos parents voudraient voir vos notes à la fin du semestre. (montrer)
5. Un étranger dans la rue vous demande votre numéro de téléphone. (dire)
6. Votre camarade de chambre voudrait lire la lettre d'amour que vous avez reçue. (montrer)
7. Un vendeur que vous connaissez bien vous demande par téléphone votre numéro de carte de crédit. (dire)

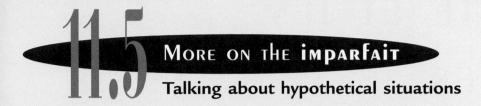

11.5 MORE ON THE **imparfait**

Talking about hypothetical situations

We often talk about what we would do if something else were true. The statement "if something were true" describes an unreal or hypothetical situation; this is expressed in French by **si** (*if*) + a verb in the **imparfait. Si +
imparfait** is often used when a result statement is in the conditional.

Si mes parents **achetaient** un ordinateur, je **pourrais** leur envoyer du courrier électronique.	*If my parents bought a computer, I could send them e-mail.*
Monsieur Vincent, que **feriez**-vous **si** vous **aviez** un million de francs?	*Mr. Vincent, what would you do if you had a million francs?*

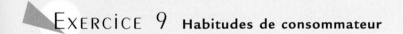

EXERCICE 9 Habitudes de consommateur

Un ami parle de ses habitudes quand il fait des achats. Comparez vos habitudes, en expliquant ce que vous feriez et en employant des phrases au conditionnel.

MODÈLE: Quand je reçois de l'argent, je le dépense tout de suite. →
Moi aussi, si je recevais de l'argent, je le dépenserais tout de suite.
(Moi non, si je recevais de l'argent, je ne le dépenserais pas tout de suite.)

1. Quand je veux vraiment acheter quelque chose, je suis très impatient(e).
2. Quand je suis déprimé(e), j'ai envie de faire des achats.
3. Quand j'ai envie de faire des achats, je laisse mes cartes de crédit à la maison.
4. Quand je fais beaucoup d'achats, je suis encore plus déprimé(e).
5. Quand j'achète quelque chose de cher, je vais dans tous les magasins pour trouver le meilleur prix.
6. Quand je n'aime pas quelque chose, je le rapporte au magasin.

LA SANTÉ ET LES URGENCES

IN **CHAPITRE 12,** you will learn to talk about keeping in shape and staying healthy. You will also learn how to describe illnesses and accidents. You will continue to talk about past experiences and will learn ways to say what you want others to do.

THÈMES

Être en forme
Les maladies et les traitements
Les accidents et les urgences

LECTURE

La malade imaginaire

INFO

Vie quotidienne: Les Français et leur corps
Société: La Sécu

GRAMMAIRE

12.1 Saying what you want others to do: More on the subjunctive
12.2 Changes of state: **Passé composé** vs. imperfect
12.3 The present participle
12.4 Expressing events in the recent past: **Venir de** + infinitive
12.5 Narrating in the past tense: **Passé composé** vs. imperfect

Si vous êtes malade, allez donc faire une cure thermale!

Activités et lectures

ÊTRE EN FORME

Attention! Étudier Grammaire 12.1

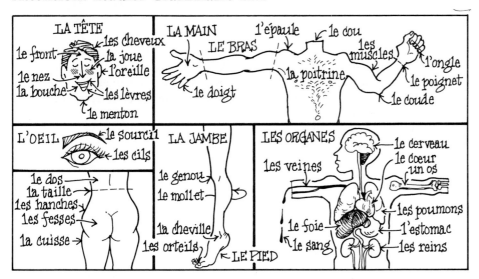

LA TÊTE — le front, les cheveux, la joue, l'oreille, le nez, la bouche, les lèvres, le menton

LA MAIN, LE BRAS — l'épaule, le cou, les muscles, la poitrine, le doigt, l'ongle, le poignet, le coude

L'OEIL — le sourcil, les cils

le dos, la taille, les hanches, les fesses, la cuisse

LA JAMBE — le genou, le mollet, la cheville, les orteils, LE PIED

LES ORGANES — les veines, le cerveau, le cœur, un os, le foie, les poumons, le sang, l'estomac, les reins

Je voudrais que vous mangiez plus de fruits et de légumes.

Mon entraîneur exige que je fasse de l'exercice tous les jours.

Les médecins recommandent que nous ne consommions pas trop d'alcool.

Je suggère que vous vous détendiez tous les jours.

Il vaut mieux que vous ne maigrissiez pas trop.

Les dentistes préfèrent que leurs clients aient un peu de courage!

ACTIVITÉ 1 **En bonne santé**

Quelles recommandations vous semblent les plus logiques? Pourquoi?

1. Qu'est-ce que le médecin nous dit si nous voulons perdre du poids?
   a. Je veux que vous évitiez les matières grasses.
   b. Je suggère que vous fassiez deux heures de gym chaque jour.
   c. Je propose que vous preniez des pilules.
2. Que disent les parents quand leur fils se fâche trop souvent?
   a. Nous désirons que tu sois poli envers tout le monde.
   b. Nous voudrions que tu apprennes à contrôler tes émotions.
   c. Nous exigeons que tu ailles dans ta chambre sans dîner.
3. Que recommande l'entraîneur à son équipe de tennis?
   a. J'aimerais que vous dormiez huit heures chaque nuit.
   b. Je propose que vous mangiez une nourriture riche en acides.
   c. J'insiste pour que vous buviez un verre de vin rouge tous les jours.
4. Que propose la conseillère à l'étudiant stressé?
   a. Il vaut mieux que vous vous détendiez de temps en temps.
   b. Je vous défends d'étudier.
   c. Je veux que vous preniez ces calmants.

ACTIVITÉ 2 **Êtes-vous facile à vivre?**

Répondez aux questions suivantes, puis calculez vos points pour savoir comment les autres vous perçoivent.

• Je m'énerve quand je perds mes affaires.	oui	non	parfois
• Je me mets en colère quand on me contredit.	oui	non	parfois
• Je me fâche si le téléphone sonne pendant que je suis sous la douche.	oui	non	parfois
• Je m'impatiente aux feux rouges.	oui	non	parfois
• Je m'irrite quand je suis obligé(e) d'attendre quelqu'un.	oui	non	parfois
• Je m'inquiète avant un examen.	oui	non	parfois

Valeurs: oui = 2 points, **parfois** = 1 point, **non** = 0 points

De 8 à 12 points: Il faut que vous vous détendiez. La tension est mauvaise pour la santé.

De 6 à 10 points: Vous avez un tempérament assez équilibré.

De 0 à 4 points: Vous êtes une personne très calme et équilibrée.

ACTIVITÉ 3 Marchez, nagez, roulez...

MARCHEZ, NAGEZ, ROULEZ...

La sédentarité, le travail de bureau sont les pires ennemis de votre forme. Même si vous ne pouvez pratiquer un sport régulièrement, vous pouvez au moins marcher. Prenez l'habitude de descendre à la station précédente, ne vous garez pas juste devant chez vous, montez vos étages à pied (c'est bon pour les chevilles), accroupissez-vous pour ramasser quelque chose (c'est bon pour les cuisses), respirez plusieurs fois par jour très profondément pour oxygéner tout votre corps.

Et le week-end essayez d'aller à la piscine avec les enfants ou faites un peu de bicyclette: vous vous sentirez tellement mieux après.

LE GUIDE PRATIQUE DE VOTRE LIGNE

MAIGRIR EN FORME

Subsu 500

Corrigez les phrases incorrectes.

L'auteur de ce guide pratique recommande que...

1. nous garions notre voiture tout près de chez nous.
2. nous nous accroupissions quand nous ramassons des objets.
3. nous montions l'escalier au lieu de prendre l'ascenseur.
4. nous courions, si nous ne pouvons pas pratiquer un sport régulièrement.
5. nous respirions profondément plusieurs fois par jour.
6. nous menions une vie sédentaire.

Allons plus loin!

Faites-vous assez d'exercice tous les jours? Est-ce que vous suivez les conseils offerts par ce guide? Quelles autres formes d'exercice faites-vous chaque semaine?

Les Français et leur corps

Depuis le début des années 90, les Français semblent se préoccuper encore plus de leur corps et de leur forme. Ils achètent beaucoup plus de produits d'hygiène (savon, gel douche, brosses à dents, déodorants) et se lavent plus souvent. La cuisine traditionnelle, très élaborée et riche en matières grasses (beurre, huile, crème...) n'est plus à la mode: on lui préfère les plats simples et allégés, à base de produits naturels de haute qualité. Finalement, les Français font plus d'exercice, en particulier de la randonnée et du VTT* à la campagne.

*vélo tout terrain

La randonnée, c'est bon pour la forme.

LES MALADIES ET LES TRAITEMENTS

Attention! Étudier Grammaire 12.2 et 12.3

Il a mal au ventre. un rhume

la toux la fièvre

Il a mal à la gorge. (un rhume) la grippe

Aïe! Non, merci! Les fleurs me rendent malade!

une allergie le nez bouché

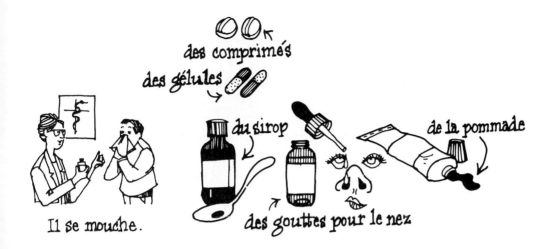

des comprimés
des gélules
du sirop
de la pommade
Il se mouche.
des gouttes pour le nez

▸ ## ACTIVITÉ 4 **Les remèdes**

D'après vous, quel est le meilleur remède pour ces problèmes de santé?

1. On peut arrêter une toux persistante...
   a. en prenant des somnifères.
   b. en prenant du sirop.
2. On peut se déboucher le nez...
   a. en prenant des comprimés.
   b. en y mettant des gouttes.
3. On guérit la grippe intestinale...
   a. en prenant des antibiotiques.
   b. en se reposant et en attendant que ça passe.
4. Les insomniaques peuvent dormir mieux...
   a. en buvant du lait chaud avant de se coucher.
   b. en regardant la télé avant d'aller au lit.
5. On peut guérir un mal de tête...
   a. en mettant du vinaigre sur les tempes.
   b. en prenant de l'aspirine.
6. On peut soulager des muscles endoloris...
   a. en les frottant avec de l'alcool.
   b. en y passant une pommade chauffante.
7. On peut calmer un mal de gorge...
   a. en prenant du thé au citron ou du bouillon.
   b. en prenant du sirop.
8. On guérit la grippe...
   a. en faisant de la gym.
   b. en se reposant et en prenant beaucoup de vitamine C.

ACTIVITÉ 5 **Les maladies et les symptômes**

Décrivez les symptômes de ces maladies. Quels en sont les traitements les plus efficaces, à votre avis?

MODÈLE: la rougeole →
On a des rougeurs et une température élevée. Parfois, on a mal à la gorge et une toux. Le meilleur traitement est de se reposer.

1. un rhume
2. la grippe intestinale
3. une entorse
4. la tendinite
5. l'appendicite

Suggestions

le nez bouché	des rougeurs	des vertiges	mal à la gorge
une température élevée	des vomissements	un gonflement	mal à la tête
des douleurs	une toux		

ACTIVITÉ 6 **Savez-vous vous soigner?**

Dites *oui* ou *non,* et corrigez les idées fausses.

1. Si un médicament est bon pour vous, il est bon pour votre ami(e).
2. Pour avoir un bon diagnostic, il faut consulter un second médecin.
3. On se soigne en pratiquant une activité physique.
4. Il faut arrêter de prendre un antibiotique quand on se sent mieux.
5. Il ne faut pas ennuyer le médecin en lui racontant tous vos symptômes.
6. On doit prendre un médicament quand l'estomac est vide.

ACTIVITÉ 7 **Situation**

Vous ne vous sentez pas bien et vous allez consulter le médecin. Avec votre partenaire, jouez les rôles du médecin et du malade. Le médecin aura besoin de faire un diagnostic et de prescrire un traitement.

MÉDECIN: Comment allez-vous aujourd'hui?
VOUS: Je ne me sens pas très bien, Docteur. J'ai...
MÉDECIN: Et depuis quand est-ce que vous... ?
VOUS: Depuis...

MÉDECIN: Eh bien, je pense que vous avez... Il faut que vous... et vous avez
         besoin de...

VOUS: Et quand est-ce que je pourrai... ?

MÉDECIN: ...

La Sécu

Depuis 1945, la Sécurité sociale, administrée par l'État, rembourse entre 70% et 100% des frais médicaux des Français (visites chez le médecin, médicaments, séjours à l'hôpital). De plus, la Sécu verse[1] des allocations familiales pour aider les parents à élever[2] leurs enfants en restant à la maison. Malheureusement, le système est actuellement[3] en déficit, car le vieillissement[4] de la population et le chômage diminuent les côtisations[5]—et les Français sont les champions du monde de la consommation de médicaments!

[1]donne   [2]s'occuper de   [3]en ce moment   [4]vieillir > vieux   [5]contributions

LES ACCIDENTS ET LES URGENCES

Attention! Étudier Grammaire 12.4 et 12.5

Qu'est-ce qui s'est passé?

ACTIVITÉ 8 Au service des urgences

Lesquelles de ces victimes ont probablement reçu les soins indiqués? Pourquoi?

1. Qui a été opéré d'urgence?
   a. un homme qui vient d'avoir une crise cardiaque
   b. une femme qui vient de se fouler la cheville
2. Qui a dû se faire faire une piqûre?
   a. un campeur qui vient de se couper à la main
   b. une fille qui vient d'être mordue par un chien
3. Qui est sorti avec des béquilles?
   a. un petit garçon qui vient de tomber d'un arbre
   b. un homme qui vient de souffrir une réaction allergique
4. Qui a eu un pansement?
   a. un coureur souffrant de tendinite
   b. quelqu'un qui vient de se brûler la main
5. Qui a dû passer la nuit à l'hôpital?
   a. quelqu'un qui vient de se casser le poignet
   b. un pompier qui a respiré trop de fumée

ACTIVITÉ 9 Qu'est-ce qui est arrivé?

Quel accident a eu chaque personne? Que faisait-elle à ce moment-là?

MODÈLE: (Numéro un.) Jean-Yves a avalé une arête. Il mangeait du
poisson et bavardait avec des amis au moment où il l'a avalée.

Maintenant, regardez *À vous la parole!* à la page suivante.

À vous la parole!

Demandez à votre partenaire s'il (si elle) a déjà eu un accident. Posez des questions pour apprendre ce qui se passait au moment de l'accident. Ensuite, changez de partenaire et racontez-lui l'histoire.

ACTIVITÉ 10 Accidents

Connaissez-vous quelqu'un (peut-être vous-même) qui a eu un accident dans les lieux ou les circonstances suivants? Qu'est-ce qui s'est passé?

Idées: glisser, tomber, se heurter contre, se couper, se casser, laisser tomber

1. à la maison
2. à l'université
3. pendant des vacances

4. au travail
5. dans la rue
6. dans une salle de gym

ACTIVITÉ 11 Une mauvaise expérience

Dites quels événements ont eu lieu et ce qui se passait à chaque fois.

MODÈLE: (Numéro un.) Francis est sorti de la maison. Il faisait beau...

 LECTURE

La malade imaginaire

La pharmacie traditionnelle utilise les plantes plutôt que les produits chimiques.

A ttention! *Beaucoup de verbes dans cette lecture sont au* passé simple, *un temps utilisé souvent dans la narration (dans les journaux et dans les textes littéraires, par exemple). C'est approximativement l'équivalent du passé composé:* regarda = a regardé, sortit = a sorti, *etc. Le passé simple a presque disparu de la langue parlée mais il reste en plein usage dans la langue écrite.*

—Alors, docteur?

Mme Lopez regarda son médecin, avec inquiétude.° Celle-ci semblait perplexe, relisant avec attention les résultats des examens de sa patiente.

—Je ne vois rien d'anormal dans tout ça, Madame Lopez...

—Ah? Vraiment? Vous êtes sûre?... Quelle catastrophe!

La dame se laissa tomber dans sa chaise avec un gros soupir. Elle sortit un mouchoir de son sac, et essuya la sueur° de son front.

—Mais pourquoi?, répliqua le médecin, Au contraire, tout est normal, c'est plutôt une bonne nouvelle, non?

—Ah non! Pas du tout, vous pensez: si les examens ne montrent rien, c'est sans doute une maladie très rare! Avec ma chance!

≠ tranquilité

essuya... *wiped the sweat*

Mme Lopez hochait la tête° d'un air désespéré.

—Il faudrait sans doute faire d'autres examens, docteur?

—Je ne suis pas certaine... quels étaient vos symptômes, déjà?

—Eh bien, une sorte de fatigue générale, vous voyez... et puis mon appétit a diminué, aussi. Je ne sais pas comment dire; je ne me sens pas bien, en général.

Le docteur se gratta le menton° pensivement, en regardant attentivement les résultats. Elle comprenait bien qu'elle ne pourrait pas persuader Mme Lopez qu'elle était en parfaite santé.

—Évidemment, ça pourrait être le syndrôme d'Argan...

—Oh? Vous croyez?

—C'est la solution la plus logique. Est-ce que vous vous sentez très fatiguée le matin? Est-ce que votre estomac vous fait mal après un grand repas?

—C'est tout à fait ça, docteur, oui.

—Alors c'est certainement ça, mais ce n'est pas si grave: il faudra réduire les matières grasses et le sucre, faire plus d'exercice et prendre les vitamines que je vais vous prescrire.

—Très bien, très bien...

Le médecin prit une feuille d'ordonnance,° y écrivit quelques lignes, et la tendit à sa patiente. Celle-ci se sentait déjà mieux; elle prit l'ordonnance en souriant et serra la main du docteur avec enthousiasme.

—Merci infiniment, docteur! Je savais bien que vous trouveriez ce qui ne va pas!

Elle sortit d'un pas° léger, presque en dansant.

hochait... faisait non de la tête

se... scratched her chin

ce que le docteur prescrit

mouvement du pied

Avez-vous compris?

Vrai ou faux? Si c'est faux, donnez la solution correcte.

1. Les examens médicaux de Mme Lopez indiquent que tout va bien.
2. Mme Lopez pense que les résultats sont sans doute inexacts.
3. Le docteur comprend que sa patiente est en réalité très malade.
4. Le docteur préfère ne pas essayer de raisonner avec Mme Lopez.
5. Grâce aux médicaments prescrits par le docteur, Mme Lopez se sent mieux.

◢ À vous la parole!

Avec un(e) partenaire, jouez le rôle d'un docteur et d'un patient (d'une patiente) qui ne se sent pas bien, mais qui a des habitudes de vie pas très bonnes pour la santé: il/elle est sédentaire, ne fait aucun exercice, fume, mange gras... Le docteur essaie de lui expliquer comment mener une vie plus saine, mais le patient (la patiente) n'est pas très coopératif/coopérative: il/elle trouve l'exercice fatigant et ennuyeux, adore regarder la télé... Regardez le modèle à la page suivante.

MODÈLE: DOCTEUR: Monsieur, il faut absolument que vous mangiez moins gras...

PATIENT: Mais docteur, je déteste la salade! J'aime mieux un bon biffteck avec des frites...

À vous d'écrire

La lettre que vous venez de recevoir de votre correspondant français contient le paragraphe suivant. Répondez à ses questions sur les Américains et la santé.

Je viens de lire un autre article consacré aux Américains et à leur santé. Franchement, je n'arrive pas à les comprendre. Pourquoi est-ce qu'ils continuent à utiliser autant leur voiture alors qu'ils cherchent par tous les moyens à faire de l'exercice dans des clubs de gym? Pourquoi est-ce que les gens qui mangent du son afin de réduire leur taux de cholestérol vont aussi dans des fast-foods? Tu peux m'expliquer tout ça?

Vocabulaire

Les maladies et les accidents

Illnesses and accidents

une blessure	a wound
une cicatrice	a scar
une entorse	a sprain
la grippe	the flu
un mal de tête	a headache

Mots apparentés: **une allergie, une ambulance, une crise cardiaque, une réaction allergique**

attraper un rhume	to catch a cold
avaler une arête	to swallow a fishbone
se blesser	to get injured
se brûler	to get burned
se casser (le bras)	to break (an arm)
se couper	to cut oneself
être renversé	to be knocked over
se fouler la cheville	to sprain an ankle

rendre malade	to make (*someone*) ill
se sentir	to feel
tomber	to fall

Les symptômes et les émotions

Symptoms and emotions

(avoir) mal à la gorge	(to have) a sore throat
une douleur	pain
un gonflement	a swelling
le nez bouché	a stuffy nose
des rougeurs (*f.*)	a rash
une toux	a cough
des vertiges	dizziness

Mots apparentés: **la fièvre, stressé(e), la température élevée, des vomissements** (*m.*)

s'énerver	to get annoyed
éternuer	to sneeze

être enrhumé(e)	to have a cold
être gonflé(e)	to be swollen
s'évanouir	to faint
s'impatienter	to grow impatient
s'inquiéter	to become uneasy, worry
s'irriter	to become annoyed, irritated
se mettre en colère	to lose one's temper
perdre l'appétit	to lose one's appetite
tousser	to cough

LES REMÈDES ET LES SERVICES MÉDICAUX

Medications and services

des béquilles (*f.*)	crutches
un calmant	a tranquilizer
un comprimé	a tablet (*pill*)
une gélule	a capsule
des gouttes (*f.*) **pour le nez**	nose drops
un pansement	a bandage
une pilule	a pill
une piqûre	a shot
un plâtre	a cast
la pommade	ointment, cream
un somnifère	a sleeping pill

Mots apparentés: **les antibiotiques** (*m.*), **l'aspirine** (*f.*), **un remède, le sirop**

LES TRAITEMENTS

Treatments

déboucher le nez	to unclog one's nose
emmener à l'hôpital	to take (*someone*) to the hospital
faire un diagnostic	to make a diagnosis
guérir	to heal; to recover
se moucher	to blow one's nose
se passer de la pommade	to put on ointment
prendre le pouls	to take (*someone's*) pulse
prescrire un traitement	to prescribe a treatment
se soigner	to care for oneself
soulager	to ease, make feel better

Mots apparentés: **consoler, consulter, hospitaliser**

LA DESCRIPTION

Descriptive words

chauffant(e)	warming
mordu(e)	bitten
poli(e)	polite
vide	empty

Mots apparentés: **intestinal(e), sédentaire**

SUBSTANTIFS

Nouns

une chorale	a choir
un entraîneur/ une entraîneuse	a physical trainer

Mots apparentés: **un campeur, un géranium, un/une insomniaque, un liquide**

VERBES

Verbs

s'accroupir	to crouch down, squat
contredire	to contradict
défendre	to forbid
digérer	to digest
ennuyer	to annoy; to bore
garer une voiture	to park a car
laisser tomber	to drop (*something*)
mener	to lead
pleurer	to weep, cry
raconter	to relate, tell
ramasser	to gather up, pick up
respirer	to breathe
sonner	to ring (*a bell*)

Mots apparentés: **contrôler**

MOTS ET EXPRESSIONS UTILES

Useful words and expressions

Aïe!	Ouch! Oh!
au lieu de	instead of
Au secours!	Help!
il vaut mieux...	it's better to...

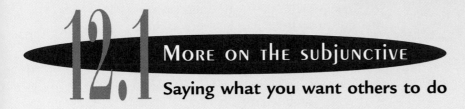

Grammaire et exercices

12.1 MORE ON THE SUBJUNCTIVE
Saying what you want others to do

A. The verb **vouloir** is used with an infinitive to tell what someone wants to do.

> Je **veux maigrir**.   *I want to lose weight.*

✳ Review **Grammaire 2.5**.

B. To say what someone wants *someone else* to do, you must use **que** + a subject (referring to the other person) and a verb in the subjunctive.

> Mon petit ami **veut que j'arrête** de fumer.   *My boyfriend wants me to quit smoking.*
>
> Ma femme **voudrait que je mange** moins de viande.   *My wife would like me to eat less meat.*

✳ Review **Grammaire 10.2** and **10.3**.

C. Other verbs taking this same construction include:

demander que (*to ask*)	**proposer que**
désirer que	**recommander que**
exiger que (*to require*)	**souhaiter que** (*to want, wish*)
préférer que	**suggérer que**

j'aimerais (tu aimerais, etc.) que
je voudrais (tu voudrais, etc.) que

> Le médecin **recommande que je dorme** plus.   *The doctor recommends that I get more sleep.*
>
> Je **souhaite que tu te sentes** mieux bientôt.   *I hope you'll feel better soon.*

Exception: **espérer** always takes a verb in the indicative: **J'espère que tu viendras demain.**

D. Here are the subjunctive forms of the verbs **pouvoir, savoir,** and **venir**. **Pouvoir** and **savoir** have only one subjunctive stem; **venir** (**devenir, revenir**) has two.

POUVOIR (PUISS-)	
que je **puiss**e	que nous **puiss**ions
que tu **puiss**es	que vous **puiss**iez
qu'il/elle/on **puiss**e	qu'ils/elles **puiss**ent

SAVOIR (SACH-)	
que je **sach**e	que nous **sach**ions
que tu **sach**es	que vous **sach**iez
qu'il/elle/on **sach**e	qu'ils/elles **sach**ent

VENIR (VIENN-, VEN-)	
que je **vienn**e	que nous **ven**ions
que tu **vienn**es	que vous **ven**iez
qu'il/elle/on **vienn**e	qu'ils/elles **vienn**ent

EXERCICE 1 Les désirs des autres

Identifiez la personne qui s'intéresse le plus à votre vie: par exemple, votre mère, votre père, votre petit ami (petite amie). Posez des questions sur les choses que cette personne désire pour vous dans la vie et répondez-y.

MODÈLE: Est-ce que *ton père* voudrait que tu fasses plus d'exercice? →
Oui, *mon père* voudrait que je fasse plus d'exercice. (Non, *mon père* ne voudrait pas que... Ça lui est égal.)

Est-ce que _____ voudrait que...

1. tu fasses plus de sport?
2. tu dormes moins?
3. tu perdes du poids?
4. tu sois plus sérieux/sérieuse dans tes études?
5. tu dépenses moins d'argent?
6. tu deviennes médecin?
7. tu puisses le/la voir plus souvent?

EXERCICE 2 Qu'en pensez-vous?

Qu'est-ce que votre université devrait faire pour améliorer la qualité de la vie sur le campus? Employez le subjonctif avec une des expressions suivantes: **je désire, je demanderais, j'aimerais, je préférerais, j'exigerais, je voudrais.**

MODÈLE: L'université devrait interdire qu'on fume dans tous les bâtiments du campus. →
Oui, je voudrais que l'université interdise qu'on fume dans tous les bâtiments du campus. (Non, je ne voudrais pas que...)

1. On devrait enlever toutes les nourritures malsaines des distributeurs.
2. On devrait servir des plats végétariens dans tous les restau-u.
3. On devrait installer une salle de gym dans chaque résidence.
4. L'université devrait dépenser moins d'argent pour le football américain et plus pour les cours de yoga et de tai-chi.
5. Les cours ne devraient pas commencer avant 9 heures du matin.
6. Les examens finals devraient être mieux espacés.

12.2 Passé composé vs. imperfect

Changes of state

A. As you know, the **imparfait** is used to describe an ongoing past state, whereas the **passé composé** expresses a well-defined punctual event in the past. Although verbs expressing states of being are more often used in the **imparfait,** they can be used in the **passé composé** to express a sudden change of state. Often a totally different verb is used in English to express this meaning.

✴ Review **Grammaire 4.7** and **8.5.**

IMPARFAIT	PASSÉ COMPOSÉ
j'avais *I had*	**j'ai eu** *I got, received*
je connaissais *I knew*	**j'ai connu** *I met*
je pouvais *I could*	**j'ai pu** *I was able, succeeded*
je savais *I knew*	**j'ai su** *I learned, found out*
je voulais *I wanted*	**je n'ai pas voulu** *I refused*

Je ne **savais** pas que Raoul était malade. Je l'**ai su** seulement hier.

I didn't know Raoul was sick. I found out only yesterday.

J'**ai eu** peur quand j'ai entendu ce bruit.

I became frightened when I heard that noise.

B. There is a similar difference in meaning when **devoir** is used in the **imparfait** or **passé composé: Je devais** often means *I was supposed to,* whereas **j'ai dû** means either *I had to* or *I must have.*

➤ **je devais** = I was supposed to
➤ **j'ai dû** = I had to, must have

Je **devais** aller au concert hier, mais **j'ai dû** rester à la maison à cause de mon rhume.

I was supposed to go to a concert yesterday, but I had to stay home because of my cold.

Mme Martin n'est pas là. Elle **a dû** tomber malade.

Madame Martin isn't here. She must have gotten sick.

EXERCICE 3 Une journée horrible!

Jacqueline raconte sa journée d'hier. Conjuguez le premier verbe à l'imparfait et le deuxième au passé composé.

> MODÈLE: Le matin, *j'avais* (avoir) très mal à la tête, donc *j'ai pris* (prendre) des comprimés.

1. À midi, je _____ (ne pas avoir) faim, donc je _____ (ne rien manger).
2. L'après-midi, j'_____ (avoir) tellement sommeil que je _____ (s'endormir) en cours de français.
3. Je _____ (se sentir) si mal que j' _____ (devoir) rentrer tout de suite après mes cours.
4. Je _____ (devoir) aller à une soirée, mais évidemment, je _____ (ne pas pouvoir) y aller.
5. Je _____ (ne pas avoir) de voix, donc je _____ (ne pas téléphoner) à mes amies.
6. Je _____ (vouloir) regarder un film, mais j'_____ (devoir) me coucher au milieu du film.

12.3 THE PRESENT PARTICIPLE

A. Every French verb has a present participle form ending in **-ant.** This form is most commonly used with the preposition **en** to express a simultaneous action or the means of doing something.

Je me détends **en lisant** un bon roman.	*I relax by reading a good novel.*
Marise s'est cassé la jambe **en faisant** du ski.	*Marise broke her leg while skiing.*

B. Although the English equivalent is the *-ing* form of the verb, note that *-ing* forms have many other uses in English that are *not* expressed with the present participle in French.

Elle **souriait** quand je l'ai trouvée.	*She was smiling when I found her.*
Il parle **sans réfléchir** à ce qu'il dit.	*He talks without thinking about what he's saying.*

C. To form the present participle, use the stem of the present-tense **nous** form with the ending **-ant.**

parler	**parl**ons →	parl**ant**	partir	**part**ons →	part**ant**
finir	**finiss**ons →	finiss**ant**	faire	**fais**ons →	fais**ant**
attendre	**attend**ons →	attend**ant**			

D. Three verbs have irregular present participles.

avoir	**ayant**	être	**étant**	savoir	**sachant**

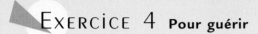

EXERCICE 4 **Pour guérir**

Associez l'action et le moyen de l'accomplir, puis faites une phrase avec **en** + un participe présent. Finalement, indiquez si vous êtes d'accord.

MODÈLE: confirmer un diagnostic / aller voir un deuxième médecin →
On peut confirmer un diagnostic en allant voir un deuxième médecin.
Oui, c'est vrai. (Non, ce n'est pas vrai. Les médecins ne sont pas toujours d'accord.)

On peut...

1. réduire les effets des allergies
2. soulager des yeux enflammés
3. transmettre des microbes
4. éviter les rhumes
5. guérir d'une grippe
6. arrêter le hoquet (*hiccoughs*)

a. tousser et éternuer
b. prendre beaucoup de vitamine C
c. y mettre des gouttes
d. se mettre un sac sur la tête
e. manger de la soupe au poulet
f. avoir des piqûres

VENIR dE + iNFiNiTivE

Expressing events in the recent past

To express *to have just (done something)*, use the present tense of **venir** + **de** +
infinitive.

✴ Review **Grammaire 1.3.**

Joël **vient de tomber** dans l'escalier.	*Joël just fell (has just fallen) down the stairs.*
Nous **venons de faire** de la gym.	*We just (have just) worked out.*
Je **viens de voir** un reportage sur l'homéopathie.	*I've just seen a report on homeopathy.*

Note that the meaning of **venir de** + infinitive is completely different from
that of **venir** (*to come*), and that the action you are talking about is expressed by
the infinitive.

EXERCICE 5 Sur les lieux d'un incendie

Julien Leroux fait un reportage en direct d'un immeuble en flammes.
Complétez ses phrases avec **venir de** + l'infinitif indiqué.

> MODÈLE: Nous _____ arriver sur place. →
> Nous *venons d'*arriver sur place.

1. Deux voitures de pompiers _____ arriver.
2. L'explosion que vous _____ voir provenait du sous-sol.
3. Nous _____ apprendre que l'immeuble était inhabité (*uninhabited*).
4. Le propriétaire de l'immeuble _____ arriver à l'instant.
5. Les pompiers _____ éteindre le feu.

12.5 PASSÉ COMPOSÉ VS. IMPERFECT

Narrating in the past tense

✳ Review **Grammaire 8.5.**

A. You have already seen some of the ways in which the two past tenses, the **passé composé** and the **imparfait,** are used to present different perspectives on a past action or state. Both of these past tenses are used to tell a story in the past.

- The **imparfait** is used to *set the scene: to give background information* and *to describe a past action in progress.*

  C'était le dernier jour de nos vacances à Megève. Il **faisait** froid, et les pistes **étaient** très glissantes.

  It was the last day of our vacation at Megève. It was cold, and the slopes were very slippery.

  Nous **descendions** la grande piste pour la dernière fois...

  We were going down the big slope for the last time...

- The **passé composé** is used to relate a *single event* in the *main story line.*

  ...quand je **suis tombée** et je me **suis cassé** le bras. J'**ai dû** aller à l'hôpital.

  ...when I fell down and broke my arm. I had to go to the hospital.

B. Read the following narrative and notice how the **passé composé** and **imparfait** are combined. Identify each past tense, and then tell why that tense is used.

Je n'oublierai jamais mon voyage à Châlon-sur-Saône. J'avais[1] deux changements de train à faire. À Lyon, je me suis trompée[2] de train et je suis partie[3] dans une direction opposée à celle de Châlon! Il était[4] déjà neuf heures et demie du soir et l'auberge où je devais[5] passer la nuit fermait[6] à neuf heures et demie! J'ai dû[7] téléphoner rapidement à l'auberge pour leur demander de m'attendre avant de fermer les portes. La dame qui a répondu[8] au téléphone était vraiment aimable. Elle m'a dit[9] que je n'avais[10] pas à m'inquiéter. Quand je suis arrivée[11] à l'auberge, il était[12] une heure du matin! Mais la dame m'attendait[13] et elle m'a même offert[14] une tasse de thé à la camomille. Mon voyage s'est assez bien terminé.[15]

◣ EXERCICE 6 **Soir d'hiver au Canada**

Raoul raconte une aventure qui lui est arrivée pendant des vacances d'hiver. Lisez les phrases, puis transformez son histoire du présent au passé.

MODÈLE: Il fait froid, alors nous mettons des vêtements chauds. →
Il faisait froid, alors nous avons mis des vêtements chauds.

1. C'est l'hiver, il ne fait pas froid et il y a un beau clair de lune.
2. Sylvie et moi, nous décidons d'aller faire une randonnée à ski.
3. Nous mettons nos skis et nous partons.
4. La neige est couverte d'une couche de glace et nos skis glissent très vite.
5. Après une demi-heure, nous arrivons en haut d'une colline très abrupte.
6. En descendant la colline, je tombe et un de mes skis se casse.
7. Heureusement, je ne me suis pas cassé la jambe.
8. Ensuite, nous devons faire une longue promenade à pied pour rentrer, mais nous sommes contents de notre soirée.

◣ EXERCICE 7 **Quels ennuis!**

Marise Colin raconte les difficultés qu'elle a eues pour aller à la fac. Mettez les verbes entre parenthèses au passé composé ou à l'imparfait.

Ce (être)[1] un jeudi après-midi et j'(avoir)[2] cours à la fac. Je (prendre)[3] la voiture parce que j'(être)[4] pressée.

Malheureusement, je (ne pas trouver)[5] de place pour stationner la voiture. Alors, je (prendre)[6] une petite rue à côté de la fac. La rue (être)[7] très petite et il y (avoir)[8] tant de voitures des deux côtés qu'il (être)[9] presque impossible de passer. Pas de chance! Une autre voiture venait dans l'autre direction et (s'avancer)[10] vers moi. J'(estimer mal)[11] les distances et ma voiture (frôler)[12] le côté de cette voiture. Je (chercher)[13] une place pour stationner quand j'(entendre)[14] quelqu'un m'appeler. C'(être)[15] la conductrice de l'autre voiture. Elle (penser)[16] que j'(aller)[17] partir sans m'arrêter. Quelle journée horrible!

La famille et les valeurs en société

IN **CHAPITRE 13,** you will be talking about friendship, marriage, and other relationships as you learn new ways to state your feelings about what people do today and what they did in the past.

Thèmes

L'amour et l'amitié
La vie de famille
Valeurs et décisions

Lecture

Le grand débat

Info

Société: L'exclusion et la solidarité
Société: La fin des idéologies?

Grammaire

13.1 Reciprocal actions: More on reflexive pronouns
13.2 Describing actions: Adverbs
13.3 Expressing feelings: More on the subjunctive
13.4 A past in the past: The **plus-que-parfait**
13.5 More on expressing possession: Possessive pronouns

«Oui, en général, on s'entend bien en famille...»

Activités *et lectures*

Attention! Étudier Grammaire 13.1 et 13.2

Elles s'embrassent.

Ils se sont rencontrés.

Ils se serrent la main.

LE MARIAGE

le maire — le prêtre — l'alliance — la mariée — le marié

les demoiselles d'honneur — le garçon d'honneur

LE BAPTÊME
(la mère - le père) — les arrière-grands-parents

la marraine — le parrain

le filleul la filleule

377

Activité 1 Définitions: Les cérémonies de la vie

1. Elle présente l'enfant au baptême et s'engage à s'occuper de lui.
2. C'est la période qui précède le mariage.
3. C'est le rapport qui existe entre amis.
4. C'est le voyage de noces après le mariage.
5. Cet homme est le témoin du marié.
6. Cet objet symbolise une union durable.

a. l'alliance
b. le garçon d'honneur
c. l'amitié
d. la lune de miel
e. les fiançailles
f. la marraine

 ## Activité 2 Entretien: L'amitié

Quels rapports existent entre vous et votre meilleur ami (meilleure amie)?

1. Est-ce que vous vous entendez toujours? Vous disputez-vous quelquefois?
2. Vous prêtez-vous de l'argent ou des vêtements?
3. Quels intérêts partagez-vous?
4. Est-ce que vous vous confiez vos secrets sans hésiter?
5. Mentez-vous l'un(e) pour l'autre de temps en temps?
6. Est-ce que vous vous voyez fréquemment?
7. Vous comprenez-vous parfaitement?
8. Vous critiquez-vous parfois?

 ## Activité 3 Êtes-vous d'accord?

Quelle est votre opinion sur ces idées reçues? En groupe, décidez si vous êtes d'accord ou non, en expliquant vos réponses.

MODÈLE: L'homme doit payer quand un couple sort ensemble. →
Je suis d'accord. C'est la tradition. (C'est ridicule!
Les femmes travaillent et gagnent de l'argent.)

1. Le mariage, c'est pour la vie.
2. C'est le rôle de l'homme d'inviter la femme.
3. Une femme devrait se marier avant l'âge de 25 ans.
4. Il n'y a pas d'amour véritable sans coup de foudre.
5. Dans un couple, la femme doit être moins âgée que l'homme.

ACTIVITÉ 4 L'amitié et l'amour

Choisissez la meilleure explication pour ces maximes, écrites au XVIIème (dix-septième) siècle par le duc de la Rochefoucauld. Ensuite, dites si vous êtes d'accord ou non avec la maxime.

1. *En amour, celui qui guérit le premier est toujours le mieux guéri.*
   a. En amour, quand c'est fini, c'est fini!
   b. Tout le monde peut guérir de l'amour.
2. *L'absence diminue les médiocres passions, et augmente les grandes, comme le vent éteint les bougies et allume le feu.*
   a. Si on n'aime pas profondément, on oublie l'autre facilement.
   b. Si on aime quelqu'un véritablement, il faut se séparer de cette personne de temps en temps.
3. *Si on juge de l'amour par la plupart de ses effets, il ressemble plus à la haine qu'à l'amitié.*
   a. Ceux qui aiment sont parfois jaloux et possessifs.
   b. L'amour et la haine sont des émotions très fortes.

ACTIVITÉ 5 L'histoire de Bernard et Christine

Racontez l'histoire d'amour de Bernard et Christine Lasalle. Tout a commencé pendant une soirée chez Julien Leroux.

L'exclusion et la solidarité

Les conditions économiques difficiles ont aggravé en France le phénomène de l'exclusion, qui concerne des gens aussi divers que les maghrébins, les chômeurs de longue durée, les SDF[1] et les personnes atteintes du SIDA.[2] Pourtant, une majorité de Français pense que l'exclusion est le problème de tous, car elle crée une société fracturée et hostile, et de nombreuses associations se sont formées pour lutter contre ce mal: S.O.S. Racisme, Droit Au Logement (qui aide les SDF), AIDES (qui soutient les malades du SIDA), etc. L'égoïsme des années 80 n'est plus considéré comme acceptable, et la solidarité apparaît aujourd'hui comme une des valeurs les plus importantes.

[1]Sans Domicile Fixe = personnes qui n'ont pas de logement [2]personnes... malades du Syndrome d'Immuno-Déficience Acquise

LA VIE DE FAMILLE

Attention! Étudier Grammaire 13.3

Je suis étonné que tu n'aies pas de devoir pour demain.

Papa, je suis surpris que tu fumes. C'est mauvais pour la santé.

Mes parents ont peur que je perde mon temps.

Je suis furieux que
vous rentriez si tard
tous les soirs.

Ça m'énerve que
mes parents soient
si stricts.

C'est absurde que
tu refasses le budget
toutes les semaines!

 ACTIVITÉ 6 **Consultons les parents.**

Des étudiants américains de première année ont décrit ces situations à leurs parents. Mettez-vous à la place des parents et répondez pour eux.

> MODÈLE: Mon camarade de chambre me demande de lui prêter de l'argent mais il ne me le rend pas. →
> Nous sommes furieux que tu lui prêtes de l'argent. Nous ne sommes pas riches!

1. C'est chouette ici. Personne ne se couche avant deux heures du matin!
2. J'ai rencontré des anarchistes, des athées! Tout ça me fait réfléchir!
3. Je ne sais pas quoi faire. Ma camarade de chambre vient de découvrir qu'elle est enceinte et elle a peur de le dire à ses parents.
4. Mes copains sont impressionnés! Je peux identifier le goût de n'importe quelle bière au bar du quartier.
5. Mon camarade de chambre voudrait installer des pots de marijuana dans notre chambre. Ça m'inquiète un peu.

Suggestions

Nous sommes ravis (déçus, étonnés, choqués, tristes, désolés...)
Nous avons peur que tu...

 ACTIVITÉ 7 **Opinions divergentes**

Un jeune couple va avoir son premier enfant et il pose des questions à deux pédiatres qui offrent des opinions contraires. Jouez le rôle des pédiatres avec votre partenaire et répondez à leur place. Tournez la page.

MODÈLE: Est-ce qu'on devrait laisser pleurer le bébé ou le prendre dans les bras à chaque fois qu'il pleure? →

P1: Il est important qu'on le prenne dans les bras. Il aura besoin de se sentir protégé.

P2: Pas du tout! Il est indispensable qu'on le laisse pleurer. Il faut qu'il apprenne à être indépendant.

1. allaiter le bébé ou lui donner le biberon
2. mettre l'enfant dans une crèche ou décider qu'un des parents restera à la maison avec lui
3. avoir un accouchement naturel ou sous anesthésie
4. permettre ou interdire que l'enfant ait des petits pistolets comme jouets
5. défendre ou permettre que l'enfant regarde la télé de temps en temps
6. utiliser des couches jetables ou des couches lavables

▲Activité 8 Hier et aujourd'hui

Est-ce qu'on voyait ces situations il y a 50 ans? Sont-elles typiques aujourd'hui?
Quelle est votre opinion sur chaque cas?

Idées: bête, surprenant, étonnant, normal, choquant, immoral, raisonnable...

> MODÈLE: Une femme mariée garde son nom de jeune fille. →
> Il y a 50 ans, on trouvait impensable qu'une femme mariée garde
> son nom de jeune fille, mais il n'est pas extraordinaire qu'elle le
> garde aujourd'hui. Moi, je trouve ça normal.

1. Un couple qui s'entend mal divorce.
2. Deux époux poursuivent leur carrière dans des villes différentes et se
   voient le week-end.
3. Le mari décide de rester à la maison et de s'occuper des enfants pendant
   que sa femme travaille pour faire vivre la famille.
4. Une femme conduit la voiture quand toute la famille sort ensemble.
5. Un(e) célibataire adopte un enfant.

▲Activité 9 Les Vincent en visite à Paris

Les grands-parents ont souvent des idées d'une autre époque. Avec votre
partenaire, jouez les rôles de Florence et d'Édouard dans ces situations.
Qu'est-ce qu'ils se disent? (Voir la page suivante.)

1.

—C'est terrible que les jeunes
 d'aujourd'hui...
—Oui, Édouard! Je regrette qu'ils...

2.

—Je suis ravie que...
—Moi aussi, Florence. Je voudrais
 que tous les jeunes...

3.

4.

—C'est bizarre qu'on...
—Je suis d'accord, Édouard.
Je m'étonne qu'on...

—Il est déplorable que...
—Ah, Florence, je suis
heureux que...

5.

6.

—Tu sais, Édouard, je crains
que l'influence américaine...
—Moi, j'ai peur que les enfants
d'aujourd'hui...

—Il est absurde que les jeunes
mères modernes...
—Tu as raison, Florence. Je trouve
qu'il est impensable que...

Valeurs et décisions

Attention! Étudier Grammaire 13.4 et 13.5

Ma petite-fille a vingt-deux ans et elle est
encore célibataire. Moi, à son âge j'avais
abandonné mes études et j'étais mère de famille!

J'apprécie les œuvres d'art,
mais les leurs, pas du tout!

Je suis très déçu. Quand j'ai voté
pour cette candidate, elle n'avait
pas annoncé son soutien de la
poursuite des essais nucléaires!

—C'est la tienne?
—Mais non, ce n'est
pas la mienne!
C'est la sienne!

ACTIVITÉ 10 Enquête: Que pense votre génération?

Est-ce que les jeunes d'aujourd'hui sont d'accord ou pas avec ceux qui ont le plus d'influence sur leur vie? Répondez pour eux. Ensuite, faites une enquête pour déterminer si la majorité de la classe pense comme vous.

1. Les valeurs de vos parents:
   a. En général, elles nous semblent raisonnables.
   b. Souvent, elles sont différentes des nôtres.
2. Les décisions du gouvernement:
   a. Elles nous paraissent très bonnes, normalement.
   b. Souvent, elles ne représentent pas nos idées.
3. Les priorités de votre université:
   a. En général, elles nous semblent acceptables.
   b. Les nôtres sont souvent différentes.
4. Les priorités de vos professeurs:
   a. Elles sont plus ou moins comme les nôtres.
   b. Les leurs sont souvent différentes des nôtres.
5. Les choix de ceux qui réalisent les émissions de télé:
   a. D'ordinaire, nous aimons leurs choix.
   b. Leurs idées ne correspondent pas aux nôtres.

Société

La fin des idéologies?

Depuis le début des années 90, les distinctions politiques traditionnelles en France sont moins prononcées qu'avant. Par conséquent, l'opposition idéologique entre marxisme («la gauche») et capitalisme («la droite») n'est plus aussi stricte, surtout dans les élections locales. Les hommes et les femmes politiques doivent trouver un nouveau discours, car les électeurs refusent de voter systématiquement pour un même parti. Les votes dépendent maintenant plus du candidat et de son programme pour régler les problèmes du moment: la lutte contre la fracture sociale,* l'écologie, le développement des pays les plus pauvres, la construction de l'Europe.

*fracture... différence excessive entre riches et pauvres

ACTIVITÉ 11 Quelles sont vos valeurs?

Cette liste de mots vient d'une enquête réalisée en France par *Francoscopie*. Classez-les selon l'importance que vous leur donnez. Ensuite, essayez de déterminer leur ordre de priorité pour la classe.

_____ santé	_____ enfants
_____ travail	_____ amitié
_____ amour	_____ bonheur
_____ famille	_____ loisirs
_____ argent	_____ liberté

Allons plus loin!

Demandez à votre professeur comment les Français ont répondu dans cette enquête, et quelles différences se sont révélées entre les réponses des hommes et celles des femmes. Est-ce qu'on retrouve les mêmes différences (entre hommes et femmes) dans les réponses de la classe?

ACTIVITÉ 12 **Bonnes et mauvaises raisons**

Julien Leroux a réalisé une émission sur la famille d'aujourd'hui. Lisez les raisons que ces personnes ont données pour justifier leurs décisions et décidez avec un(e) partenaire si celles-ci vous semblent logiques. Pourquoi (pas)?

Interviewés:

1. une femme qui s'est mariée à l'âge de dix-sept ans
    a. Je n'avais pas assez d'expérience puisque mes parents ne m'avaient pas permis de sortir avec des garçons auparavant.
    b. Toutes mes amies s'étaient déjà mariées.
    c. Je m'étais brouillée avec un petit ami et je voulais lui prouver qu'il n'avait pas d'importance pour moi.
2. un homme qui a exigé que sa femme reste à la maison
    a. Dans ma famille les femmes n'avaient jamais travaillé en dehors de la maison.
    b. J'avais toujours voulu gagner notre vie.
    c. Toutes les femmes de mes amis avaient choisi de rester à la maison.
3. un garçon qui a arrêté ses études à la fin du collège (à l'âge de seize ans)
    a. Personne dans ma famille n'était jamais allé à l'université.
    b. Mon père avait arrêté ses études à l'âge de seize ans.
    c. Je n'avais jamais aimé étudier et je trouvais que c'était une perte de temps et d'argent de continuer mes études.
4. une mère qui a décidé de travailler et de mettre ses enfants dans une crèche
    a. J'avais reçu un diplôme universitaire et je me voyais en femme indépendante. Je m'ennuyais à la maison.
    b. Ma sœur l'avait déjà fait et sa famille était contente de sa décision.
    c. Mon mari ne gagnait pas beaucoup; d'ailleurs, je voulais un peu d'argent pour pouvoir m'acheter des trucs pour moi.

ACTIVITÉ 13 **Les valeurs et la politique**

Est-ce que ces idées représentent les vues (1) d'un candidat conservateur ou (2) d'un candidat progressiste? (Voir la page suivante.)

- diminuer la quantité de déchets
- arrêter et punir les criminels
- créer des lois contre la pornographie

- garantir le droit à l'IVG
  (l'interruption volontaire
  de grossesse)
- garantir le droit au travail aux
  groupes minoritaires

- dépenser plus pour les personnes
  atteintes du SIDA
- laisser l'éducation sexuelle aux
  parents
- élargir l'accès aux ressources
  naturelles

▸ À vous la parole!

Divisez la classe en groupes pour débattre des idées exposées dans l'Activité 13. Chaque groupe doit choisir une ou deux des idées et, dans le groupe, il faudra choisir les «progressistes» et les «conservateurs» qui vont représenter les deux côtés de chaque question. Préparez vos arguments et présentez-les à la classe.

LECTURE
Le grand débat

En avril 1995, quelques jours avant les élections présidentielles françaises, deux candidats s'expriment sur l'un des principaux problèmes de la campagne: l'emploi. Lionel Jospin est le candidat du Parti Socialiste; Jacques Chirac (qui sera finalement élu) représente le Rassemblement pour la République (RPR), le parti gaulliste. °

° inspiré des idées du Général Charles De Gaulle, président de la république de 1959 à 1969

JOSPIN: Il serait dangereux pour nos sociétés d'accepter le niveau actuel du chômage. Le chômage brise° les solidarités sociales et mutile la vie de millions de familles. Je propose une politique de salaires plus favorable, pour consolider la consommation intérieure, et donc l'emploi. Je propose aussi une réduction du temps de travail, vers les 37 heures, mais avec les mêmes salaires. Bien sûr, la participation des entreprises est nécessaire, mais on ne peut pas seulement avantager les patrons° en espérant qu'ils vont créer des emplois; l'expérience prouve que cela n'arrive pas en réalité.

° détruit

° directeurs

CHIRAC: L'emploi est la dignité de l'homme, et sa meilleure protection sociale. Il ne faut pas laisser se développer une sorte de culture du non-travail, qui nous conduirait tout droit à la décadence. Je donnerai la priorité au traitement économique du chômage, grâce à une réforme fiscale qui va favoriser «l'argent qui investit» par rapport à «l'argent qui dort»; je veux que tous les Français investissent dans notre économie. La réduction des impôts° sur les entreprises incitera celles-ci à recruter davantage,° mais ce n'est pas l'État qui doit imposer le niveau des salaires.

° taxes

° plus

(adapté d'interviews publiées dans *L'Express* du 6 avril 1995)

Jacques Chirac prononce un
discours lors de la campagne
pour les élections presidentielles
en 1995.

Avez-vous compris?

Lisez attentivement les affirmations suivantes et décidez si on pourrait les
attribuer à Jospin (J), Chirac (C), les deux (J + C), ou ni l'un ni l'autre (0).

	J	C	J + C	0
1. Les chômeurs n'ont pas besoin de protection sociale.	☐	☐	☐	☐
2. L'investissement va créer des emplois.	☐	☐	☐	☐
3. Il faut absolument réduire le chômage.	☐	☐	☐	☐
4. Les Français devraient travailler moins, mais sans gagner moins.	☐	☐	☐	☐
5. Il ne faut pas augmenter le salaire minimum.	☐	☐	☐	☐
6. L'État doit imposer aux entreprises des augmentations de salaire.	☐	☐	☐	☐

	J	C	J + C	0
7. Favoriser la consommation va contribuer à la création d'emplois.	☐	☐	☐	☐
8. L'emploi est moins prioritaire que l'investissement.	☐	☐	☐	☐

◢ À vous la parole!

Imaginez que vous êtes candidat(e) à une élection municipale ou nationale. Trouvez dans la classe un(e) partenaire qui s'intéresse à un sujet particulier, et préparez un mini-débat sur le modèle de la lecture, avec des arguments aussi précis que possible.

Quelques suggestions de sujets: l'immigration, l'éducation, la politique extérieure, l'économie, la défense nationale, l'aide aux pays défavorisés, l'environnement

À vous d'écrire

Une jeune femme a écrit cette lettre à Mamie, au *Courrier du cœur*. Lisez la lettre et répondez à la place de Mamie.

> Chère Mamie,
>
> J'ai 20 ans, et depuis un an je sors avec un homme que j'adore. Nous avons des projets d'avenir très sérieux ensemble. Malheureusement, mes parents ne veulent pas le recevoir chez nous. (Nous avons peur que nos familles se fâchent entre elles.) Mon ami, très vexé et humilié, souffre de leur attitude. Du coup, il a décidé de ne plus se marier car il redoute que ma famille fasse un scandale le jour du mariage. Déjà mes parents ne sont pas très aimables avec ceux de mon ami. Nous ne savons plus du tout quoi faire tous les deux. J'ai peur que toutes ces histoires ne fassent craquer son amour pour moi. S'il te plaît, Mamie, donne-moi un conseil.
>
> Dominique (Rouen)

Ma chère Dominique,

Le seul conseil que je puisse te donner, c'est de... Sinon,... Bonne chance, Dominique!

Vocabulaire

Le mariage

Wedding

l'alliance (*f.*)	wedding ring
la demoiselle d'honneur	bridesmaid
les fiançailles (*f.*)	engagement
le garçon d'honneur	groomsman
la lune de miel	honeymoon
des nouveaux mariés (*m.*)	newlyweds
le prêtre	priest
le témoin	witness
le voyage de noces	wedding trip

Mots apparentés: **la cérémonie, se fiancer, le/la marié(e), se marier**

La famille

Family members

les arrière-grands-parents (*m.*)	great-grandparents
un/une célibataire	an unmarried person
le/la filleul(e)	godchild
la marraine	godmother
le parrain	godfather

Les enfants

Children

l'accouchement (*m.*)	childbirth
un biberon	a baby bottle
des couches (*f.*)	diapers
une crèche	a nursery school
un jouet	a toy
un pédiatre	a pediatrician

Mots apparentés: **adopter, l'anesthésie (*f.*), le baptême**

allaiter	to breastfeed
élever	to bring up, raise
être enceinte	to be pregnant
réconforter	to comfort

Rapports personnels

Personal relationships

l'amitié (*f.*)	friendship
l'amour (*m.*)	love
le bonheur	happiness
le coup de foudre	love at first sight
la haine	hate
une valeur	a value

Mots apparentés: **une dispute, le divorce, jaloux/jalouse, la passion, possessif/possessive**

se brouiller (avec)	to quarrel, break up (with)
se confier à	to confide in (someone)
s'embrasser	to kiss, hug one another
s'engager (à)	to commit to
mentir	to lie
se parler	to talk to one another
se regarder	to look at one another
se rencontrer	to meet one another
se serrer la main	to shake hands
se voir	to see one another

Mots apparentés: **s'aider, se comprendre, décourager, divorcer, encourager, juger, regretter, se séparer, se téléphoner**

Les opinions

Opinions

bête	stupid, silly, dumb
choquant(e)	shocking
dégoûtant(e)	disgusting
étonnant(e)	astonishing
génial(e)	nice, swell, neat
impensable	unthinkable
surprenant(e)	surprising

Mots apparentés: **absurde, bizarre, déplorable, immoral(e), médiocre, normal(e)**

La description

Descriptive words

choqué(e)	shocked
déçu(e)	disappointed
désolé(e)	very sorry
étonné(e)	astonished
ravi(e)	delighted
soûl(e)	drunk

Mots apparentés: conservateur/conservatrice, controversé(e), dépendant(e), destiné(e), durable, féministe, impressionné(e), indépendant(e), infectueux/infectueuse, légal(e), minoritaire, nombreux/nombreuse, optimiste, politique, progressiste, surpris(e)

Substantifs

Nouns

l'accès (*m.*)	access
les adieux (*m.*)	good-byes
un/une athée	an atheist
l'ennui (*m.*)	boredom
une enquête	an opinion poll
un essai	a test
la fin	the end
une idée reçue	a preconceived notion
une œuvre d'art	a work of art
une perte de temps	a waste of time
la poursuite	pursuit; continuation
le SIDA	AIDS
un sondage	an opinion poll
le soutien	support
un truc	a gadget

Mots apparentés: un anarchiste, un budget, la liberté, une maxime, un pistolet, un point de vue, une priorité

Verbes

Verbs

augmenter	to increase, enlarge
craindre	to fear
débattre	to debate
échanger	to exchange
poser une question	to ask a question
poursuivre	to pursue
refaire	to redo

Mots apparentés: affecter, consulter, exister, garantir, identifier, participer à, précéder, proposer, prouver, symboliser

Mots et expressions utiles

Useful words and expressions

auparavant	previously
Ça fait réfléchir.	That makes one think.
d'ailleurs	moreover, furthermore
davantage	more
de quoi vivre	something to live on
du coup	thereupon, as a result
en dehors de	outside (of)
facilement	easily
fréquemment	often
Je ne sais pas quoi faire.	I don't know what to do.
l'un(e) et l'autre	both
n'importe quel(le) _____	no matter what _____
véritablement	truly

Grammaire et exercices

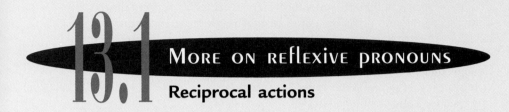

13.1 MORE ON REFLEXIVE PRONOUNS

Reciprocal actions

A. You have often used reflexive pronouns in verbal constructions such as **je me lève, nous nous promenons,** and **elle se rappelle.** Another common use of the plural reflexive pronouns **(nous, vous, se)** is to express reciprocal actions.

> —Depuis quand connais-tu ton mari?
> —Nous **nous connaissons** depuis vingt ans.

> *How long have you known your husband?*
> *We have known each other for twenty years.*

> C'est triste, mais mon frère et son patron **se détestent** cordialement.

> *It's sad, but my brother and his boss really hate each other.*

Definition: A reciprocal action is expressed in English with *each other: They call each other often.*

★ Review **Grammaire 2.2.**

B. Like other reflexive verbs, reciprocal expressions take **être** as the auxiliary verb in the **passé composé.** Remember, also, that the past participle usually agrees with the reflexive pronoun in gender and number.

> Christine et Bernard **se sont connus** lors d'une fête chez Julien Leroux.

> *Christine and Bernard met at a party at Julien Leroux's.*

C. The following verbs are commonly used with reciprocal meaning.

s'admirer	se connaître	se rencontrer
s'aider	se détester	se revoir
s'aimer	se quitter	se voir
se comprendre	se regarder	

▸ EXERCICE 1 **Tout est bien qui finit bien.**

Choisissez un des verbes indiqués et conjuguez-le, s'il le faut, au temps correct.

Mes amis Fatima et Khaled ont une histoire assez drôle. La première fois qu'ils _____,[1] ça n'a pas été du tout le coup de foudre. Au contraire, ils _____[2]!

se détester
se rencontrer
se revoir

393

Naturellement, ils n'ont pas eu très envie de _____³ après.

Mais, quinze jours plus tard, ils _____⁴ une deuxième fois, à la bibliothèque. Ils avaient tous les deux des problèmes difficiles à faire en maths, alors ils _____⁵ à faire leur travail. À la fin de cette soirée, ils ont pris rendez-vous pour le lendemain, et depuis, ils ne veulent plus _____.⁶ Aujourd'hui, ils sont mari et femme, et ils _____⁷ à merveille. Les premières impressions sont parfois fausses!

s'aider
s'entendre
se quitter
se rencontrer

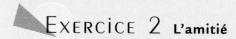

EXERCICE 2 L'amitié

Dites ce qui se passe en amitié, en vous servant de verbes pronominaux réciproques.

> MODÈLE: Toi et moi, _____ (envoyer) des cartes postales. →
> Toi et moi, *nous nous envoyons* des cartes postales.

1. Toi et moi, _____ (dire) bonjour quand nous nous rencontrons.
2. Toi et ton/ta camarade de chambre, _____ (écouter) quand vous avez des problèmes.
3. Julien et Bernard _____ (parler) avec beaucoup de plaisir.
4. Sarah et Agnès _____ (téléphoner) souvent.
5. Toi et moi, _____ (inviter) souvent à dîner.
6. Raoul et sa petite amie _____ (embrasser) souvent.

13.2 Adverbs

Describing actions

Definition: Adverbs modify verbs, adjectives, or other adverbs. They usually tell *how, when, where,* or *how much.*

✳ Review **Grammaire B.6.**

A. You are already familiar with the most common French adverbs: **beaucoup, bien, encore, ici, mal, peu, souvent, toujours,** and related expressions.

B. Many French adverbs are formed with an adjective + **-ment,** which corresponds to the English *-ly* ending.

- If the adjective ends in a consonant, **-ment** is added to its feminine form: **certain(e) → certainement.**

actif, active → activement

certain, certaine → certainement

entier, entière → entièrement
franc, franche → franchement
heureux, heureuse→ heureusement

lent, lente → lentement
long, longue → longuement

Malheureusement, il est déjà marié.	*Unfortunately, he's already married.*
Réfléchissez **longuement** avant de vous marier.	*Think for a long time before you get married.*

- If the adjective ends in a vowel, **-ment** is added directly to the masculine form.

absolu → absolument

facile → facilement

Vous croyez **vraiment** qu'ils divorcent?	*Do you reallly think they're going to get divorced?*

- If the adjective ends in **-ent** or **-ant,** remove that ending and add **-emment** or **-amment,** respectively.

constant → constamment
courant → couramment

évident → évidemment
fréquent → fréquemment

Sarah parle **couramment** le français.	*Sarah speaks French fluently.*
Évidemment, il faut bien choisir son époux.	*Obviously, you must choose your mate carefully.*

Pronunciation Hint:

Both **-emment** and **-amment** are pronounced *ah* + **ment**.

EXERCICE 3 Un mariage typique

Employez des adverbes en **-ment** pour compléter les phrases.

MODÈLE: Le garçon d'honneur ponctuel arrive... →
Le garçon d'honneur ponctuel arrive *ponctuellement.*

1. Les invités patients attendent...
2. Le prêtre sérieux parle...
3. Le marié nerveux répond...
4. La mariée attentive écoute...
5. La mère élégante de la mariée est habillée...
6. Le père très calme se conduit...
7. Des invités discrets parlent...

MORE ON THE SUBJUNCTIVE

Expressing feelings

✳ Review **Grammaire 10.2, 10.3.,** and **12.1.**

A. You have already seen how subjunctive forms are used after expressions of necessity and desire when these pertain to the actions of another person. Subjunctive forms are also used when expressing a feeling or an attitude about some event or state of affairs.

> **Je suis heureux** que mes parents **puissent** voyager.
>
> *I'm glad my parents can travel.*
>
> **C'est dommage** que tu **sois** si occupé(e).
>
> *It's a shame you're so busy.*

B. There are many different expressions that can be used in this way. Here are some examples.

> avoir honte/peur que
> c'est dommage que
> être content/heureux/désolé/furieux/triste que
> être déçu que
> être étonné/surpris que
> être ravi que
> il est bon/juste/naturel/rare/normal/préférable que
> regretter que

EXERCICE 4 Le conflit entre les générations

Exprimez votre réaction aux faits suivants, en employant une des expressions indiquées (à l'affirmatif ou au négatif) et le subjonctif.

Idées: il est étonnant, honteux, inévitable, préférable, rare, regrettable que...

> MODÈLE: Un Américain ne se sent pas obligé d'inviter ses parents âgés à habiter chez lui. →
> Il est naturel qu'un Américain ne se sente pas obligé d'inviter ses parents âgés à habiter chez lui.

1. Les jeunes et les vieux ne s'entendent pas bien.
2. Les jeunes ne font pas attention aux conseils de leurs parents.
3. Nous sommes obligés de répéter les erreurs de nos parents.
4. Un jeune Américain a envie d'habiter longtemps chez ses parents.

5. Les personnes âgées ne croient plus pouvoir contribuer à la société.

6. Un certain nombre de personnes âgées sont abandonnées par leurs enfants.

EXERCICE 5 Que c'est triste!

Clarisse Colin rencontre une amie qu'elle n'a pas vue depuis longtemps. Employez le subjonctif pour exprimer ses réactions à chaque nouvelle que son amie lui raconte.

MODÈLE: Mon petit ami ne veut plus me voir. →
Je suis désolée que ton petit ami ne veuille plus te voir.

1. Mes parents ont divorcé.

2. Mon grand-père est à l'hôpital.

3. Je n'ai pas encore mon baccalauréat.

4. Je dois repasser mes examens le mois prochain.

5. Tous mes amis partent à l'étranger cet été.

6. Moi, je ne peux pas y aller.

7. Je me sens vraiment triste.

13.4 THE plus-que-parfait

A past in the past

A. French, like English, has several compound tenses, of which the most common is the **passé composé.** Other compound tenses are formed in the same way, but with the helping verb in a tense other than the present.

B. The **plus-que-parfait** (*pluperfect* or *past perfect*) is a compound tense with the helping verb in the **imparfait.** It is used to tell what *had* happened before something else in the past.

Definition: A compound tense consists of a helping verb (auxiliary) + a past participle.
★ Review **Grammaire 6.2.**

➤ Plus-que-parfait = **imparfait** of **avoir** or **être** + past participle

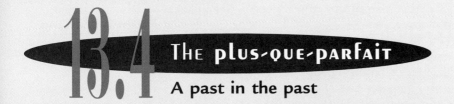

FINIR	ALLER
j' **avais** fini	j' **étais** allé(e)
tu **avais** fini	tu **étais** allé(e)
il/elle/on **avait** fini	il/elle/on **était** allé(e)
nous **avions** fini	nous **étions** allé(e)s
vous **aviez** fini	vous **étiez** allé(e)(s)
ils/elles **avaient** fini	ils/elles **étaient** allé(e)s

Reflexive verb: je m'**étais** endormi(e); nous nous **étions** levé(e)s

➤ The auxiliary required is the same for all compound tenses of a verb: **j'*ai* fait, j'*avais* fait; je *suis* allé, j'*étais* allé.**

Le candidat a annoncé qu'il **avait réfléchi** au problème.
On a annoncé que les mariés **étaient** déjà **partis.**

The candidate announced that he had thought about the problem.
They announced that the newlyweds had already left.

C. In conversation, the **plus-que-parfait** is often used to explain why one did a particular action, or to indicate the time sequence of events in the past.

Ils ont divorcé parce qu'elle **était devenue** trop célèbre.
Quand je lui ai parlé, il **avait** déjà **décidé** de partir.

They divorced because she had become too famous.
When I talked with him, he had already decided to leave.

 EXERCICE 6 **Un mariage désastreux**

Cherchez la terminaison logique pour chaque phrase. Ensuite, soulignez le verbe au plus-que-parfait.

1. Le marié s'est mis en colère parce que…
2. La mariée portait une robe rouge parce que…
3. Le père de la mariée s'est endormi parce que…
4. Le prêtre a fait beaucoup d'erreurs parce que…
5. On n'a pas servi de gâteau parce que…

a. il avait bu trop de champagne.
b. le garçon d'honneur avait perdu l'alliance.
c. le chien du prêtre l'avait mangé.
d. il avait oublié ses lunettes.
e. elle avait oublié sa robe blanche.

 EXERCICE 7 **Une mauvaise journée**

Jean-Yves a passé une journée bien frustrante. Dites pourquoi en utilisant le plus-que-parfait.

MODÈLE: Jean-Yves a voulu faire du café au lait pour le petit déjeuner, mais il (oublier) d'acheter du lait. →
Jean-Yves a voulu faire du café au lait pour le petit déjeuner, mais il avait oublié d'acheter du lait.

1. Il est arrivé sur le quai du métro à 8h32, mais son train (partir) à 8h30.
2. Quand il a voulu rendre sa dissertation en cours d'anglais, il a découvert qu'il la (oublier) chez lui.
3. Il est allé chercher des petits pains à la boulangerie, mais le boulanger (vendre) les derniers petits pains.

4. Un ami l'a invité au cinéma, mais Jean-Yves (voir) le film la semaine précédente.
5. Quand il a téléphoné à Agnès à 10h30 du soir, elle (se coucher déjà) et elle s'est fâchée.

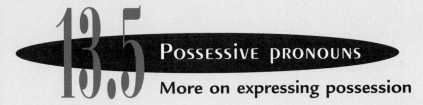

13.5 POSSESSIVE PRONOUNS

More on expressing possession

> **Definition:** Possessive pronouns replace a noun and a possessive adjective. Is that *your car*? Yes, it's *mine*.

A. In French, a possessive pronoun agrees in gender and number with the noun it replaces. Thus, each pronoun has three or four possible forms.

	SINGULIER		PLURIEL	
	masculin	**féminin**	**masculin**	**féminin**
mine	le mien	la mienne	les miens	les miennes
yours	le tien	la tienne	les tiens	les tiennes
his	le sien	la sienne	les siens	les siennes
hers	le sien	la sienne	les siens	les siennes
its	le sien	la sienne	les siens	les siennes
ours	le nôtre	la nôtre	les nôtres	
yours	le vôtre	la vôtre	les vôtres	
theirs	le leur	la leur	les leurs	

—Tu as les mêmes **idées** que ton père? *Do you have the same views as your father?*
—Non, **les miennes** sont différentes. *No, mine are different.*

—Vous avez les mêmes **goûts?** *Do you have the same tastes?*
—Non, **les siens** sont plus conservateurs. *No, his are more conservative.*

B. Note that the choice of pronoun gender depends on *the noun it replaces*. It does *not* reflect the gender of the possessor (**la voiture de Raoul → la sienne; les lunettes de Raoul → les siennes**).

C. Remember that **le sien** and its other forms (**la sienne, les siens, les siennes**) can all express *his, hers,* or *its.* The context usually makes the meaning clear.

—Est-ce que **ces livres** sont à ta grand-mère? *Are these books your grandmother's?*
—Oui, ce sont **les siens.** *Yes, they're hers.*

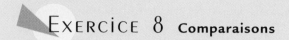

EXERCICE 8   Comparaisons

As-tu beaucoup de choses en commun avec ton meilleur ami (ta meilleure amie)?

MODÈLE: Ton travail est intéressant ou ennuyeux? →
Le mien est intéressant.
Et celui de ton meilleur ami (ta meilleure amie)? →
Le sien est ennuyeux.

1. En général, ta voiture est propre ou sale?
Et celle de ton meilleur ami (ta meilleure amie)?
2. En général, ta chambre est en ordre ou en désordre?
Et celle de ton meilleur ami (ta meilleure amie)?
3. Tes vêtements sont chic ou pratiques?
Et ceux de ton ami(e)?
4. Ton/Ta camarade de chambre est facile ou difficile à vivre?
Et celui/celle de ton ami(e)?
5. En général, tes notes sont très bonnes ou moyennes?
Et celles de ton ami(e)?

LES ENjEUX dU pRÉSENT ET dE L'AVENiR

IN **CHAPITRE 14,** you will talk about current issues, decisions of the past, and the future. You will learn more about expressing opinions and how to express regrets.

THÈMES
L'intégration sociale
L'héritage du passé
Les enjeux du XXIème siècle

LECTURE
Le voyageur du temps

INFO
Société: Les beurs
Société: Femmes en vue

GRAMMAIRE
14.1 The verb **vivre**
14.2 *Should have:* Past conditional of **devoir**
14.3 Saying what you would have done: The past conditional
14.4 More on the subjunctive: Conjunctions
14.5 Expressing doubt and uncertainty: More on the subjunctive

Début vingt et unième siècle: diversité et vigueur de la francophonie.

Activités et lectures

L'INTÉGRATION SOCIALE

Attention! Étudier Grammaire 14.1 et 14.2

Dans le meilleur des mondes possibles, on vit en harmonie.

Les ethnies qui vivent au sein d'une culture majoritaire risquent de perdre leur identité.

Les femmes auraient dû s'organiser en bloc plus tôt.

On aurait dû accorder l'indépendance à la Côte-d'Ivoire avant 1958.

ACTIVITÉ 1 Entretien: Les autres et moi

1. Est-ce que tu vois souvent des films étrangers? De quels pays?
2. Est-ce que tu as un ami (une amie) qui a immigré d'un autre pays? D'où vient cette personne? Pourquoi est-ce qu'elle a immigré?
3. Que diraient tes parents si tu voulais épouser quelqu'un d'un autre pays?
4. Si tu épousais un étranger (une étrangère), quelle langue parleriez-vous chez vous? Quelle langue voudrais-tu que tes enfants parlent?

Activité 2 Les effets de l'immigration

Choisissez la réponse qui exprime mieux vos vues. Si vous n'êtes pas d'accord avec les réponses, donnez-en une autre.

1. Les lois d'immigration nous empêchent de vivre dans le pays de notre choix.
   a. C'est vrai. Les pays développés n'auraient jamais dû limiter le nombre d'immigrés qu'ils acceptent.
   b. Peut-être, mais il faut contrôler l'immigration pour éviter le chômage.
2. Il est ridicule d'insister pour que les enfants des immigrés parlent anglais à l'école aux États-Unis.
   a. C'est vrai, et les Américains auraient dû établir plus d'écoles bilingues il y a longtemps.
   b. Peut-être, mais en apprenant l'anglais, les enfants s'intègrent mieux à la vie culturelle et économique du pays.
3. On ne peut plus rester une culture monolingue. Le monde a changé.
   a. C'est vrai, et nous aurions dû apprendre une langue étrangère dès l'école primaire.
   b. C'est faux. Chaque pays devrait établir une seule langue officielle.
4. Il est triste de ne pas permettre aux immigrés d'amener toute leur famille.
   a. C'est vrai. On aurait dû permettre à la famille d'immigrer ensemble.
   b. C'est vrai, mais il faut limiter le nombre d'immigrés pour protéger l'économie du pays.

Activité 3 Ancienne colonie française

Imaginez que vous vivez dans le Kadoga, un pays fictif. Dans le passé, votre pays consistait en plusieurs tribus qui parlaient des langues différentes. Les Français sont arrivés et ils ont «créé» votre pays. Ils ont uni les tribus sous leur système d'administration. Aujourd'hui, officiellement, tout fonctionne en français: l'enseignement, le gouvernement, les services.

Maintenant, on vous pose des questions. Choisissez la réponse qui vous semble la plus logique ou proposez-en une autre.

1. Pourquoi parlez-vous français avec vos amis kadogais?
   a. Nous aimons le français et nous le trouvons élégant.
   b. Nos tribus n'ont pas la même langue, mais tout le monde parle français.
2. Pourquoi est-ce que vos parents vous ont fait éduquer en français?
   a. Dans le reste du monde, très peu de gens parlent la langue de notre tribu.
   b. Ils ont voulu que je ressemble aux Français autant que possible.

3. Pourquoi est-ce que votre pays fait partie de l'organisation des pays francophones?
   a. Ces pays ont des liens culturels et historiques.
   b. Ces pays s'entraident dans les affaires commerciales.
4. Pourquoi est-ce que les écrivains kadogais choisissent d'écrire en français?
   a. C'est la langue des affaires au Kadoga.
   b. Pour que plus de gens puissent lire ce qu'ils écrivent.
5. Vous trouvez facile d'être biculturel?
   a. Oui, ça me semble normal.
   b. Non, je suis toujours déchiré(e) entre la culture de ma tribu et celle de Kadoga.

ACTIVITÉ 4 **Le chauvin**

Définition: (Le chauvin est une personne) *qui a ou qui manifeste un patriotisme excessif, souvent agressif, qui admire de façon exagérée, trop exclusive sa ville ou sa région.* (Petit Larousse illustré)

Identifiez les propos du chauvin.

1. Je soutiens exclusivement l'équipe de mon pays.
2. J'adore les films d'autres pays.
3. Je déteste la cuisine étrangère.
4. J'apprends une autre langue.
5. Mon pays a tort quelquefois.
6. Les autres cultures sont bizarres.
7. Je m'intéresse à l'actualité internationale.
8. Je m'impatiente si un étranger prononce mal ma langue.

À vous la parole!

En groupe, créez des scènes qui pourraient arriver si le chauvin décidait de voyager à l'étranger.

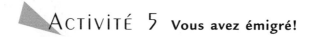

ACTIVITÉ 5 **Vous avez émigré!**

Imaginez que vous avez quitté votre pays et que vous vous êtes installé(e) dans un autre pays, où vous avez un cousin. Vous ne parliez pas la langue du pays et vous aviez très peu d'argent quand vous avez quitté votre pays. Répondez aux questions à la page suivante.

1. Est-ce que vous vivez près d'autres gens qui parlent votre langue?
2. Vous avez de la difficulté à trouver un travail? Comment vivez-vous?
3. Restez-vous en contact avec vos amis et votre famille dans votre pays?
4. Vous avez parfois le mal du pays? Pourquoi?
5. Est-ce que vous êtes souvent invité(e) chez vos nouveaux compatriotes?
6. Comment vous débrouillez-vous, puisque vous avez de la difficulté avec la langue de votre pays d'adoption?

À vous la parole!

Avec un(e) camarade, créez deux scènes dans lesquelles un(e) émigré(e) téléphone à son frère (ou à sa sœur) «chez eux». Dans la première, l'émigré(e) s'est très bien intégré(e) dans son pays d'adoption. Dans la deuxième, il (elle) a encore beaucoup de difficultés. Essayez d'imaginer ce qui s'est passé dans les deux cas.

Société **Les beurs**

L'afflux massif d'immigrés d'origine maghrébine dans les années 50 et 60 a engendré une génération à l'identité originale: les beurs. Ce terme, déformation d'«arabe», désigne ceux qui sont nés en France de parents nord-africains, algériens pour la plupart. Il y a environ un million de beurs, dont la majorité habite dans les banlieues des grandes villes. Ils se considèrent généralement de culture française, même s'ils continuent de parler arabe ou berbère avec leur famille et de pratiquer l'Islam (deuxième religion de France après le catholicisme avec à peu près 3 millions de fidèles). Bien intégrés, mais parfois aussi victimes du racisme, les beurs représentent bien la diversification de la société française contemporaine.

Zaïda Ghorab-Volta, cinéaste française d'origine algérienne.

L'HÉRITAGE DU PASSÉ

Attention! Étudier Grammaire 14.3

Les gens vivraient mieux si nous avions dépensé moins pour les armements.

Tu n'aurais pas été victime de cette agression sans la vente libre des armes à feu.

Tiens! Les femmes n'avaient pas le droit de disposer de leur salaire avant 1907.

Nous n'aurions pas pu venir ici si on n'avait pas nettoyé cette plage.

Je me demande parfois ce que le monde serait devenu si on n'avait jamais lancé la première bombe atomique.

ACTIVITÉ 6 La société: Hypothèses

Pour chaque choix, dites si vous êtes d'accord ou pas. Expliquez vos raisons.

1. Si on avait limité les échappements d'hydrocarbures dans l'atmosphère plus tôt...
   a. nous aurions éliminé les pluies acides.
   b. le trou dans la couche d'ozone ne se serait pas élargi.

2. Si nous avions développé des voitures sans échappements toxiques...
   a. l'air dans les villes serait resté pur.
   b. la pollution n'aurait pas détérioré les gratte-ciel.
3. Si les industries avaient limité leurs déchets...
   a. nous aurions aménagé moin de décharges.
   b. le chômage serait devenu un problème encore plus grave.
4. Si nous avions reconnu l'importance des eaux et des forêts...
   a. nous aurions pu sauver les espèces animales disparues.
   b. nous aurions construit plus de centrales électro-nucléaires.
5. Si on avait adopté des lois limitant la vente des armes à feu...
   a. moins de gens seraient morts à cause des crimes passionnels.
   b. il y aurait eu moins de guerres.

ACTIVITÉ 7 Une autre Amérique

Imaginez comment la vie américaine aurait été différente si...

MODÈLE: Santa Ana avait gagné la bataille de l'Alamo. →
Moi, je pense que le Texas ne serait pas devenu un état américain et que l'espagnol aurait été la langue officielle de la région.

1. Napoléon n'avait pas vendu la Louisiane.
2. Seward n'avait pas acheté l'Alaska aux Russes.
3. les colonies américaines ne s'étaient pas révoltées.
4. le Nord n'avait pas gagné la guerre de Sécession.
5. les Russes avaient installé des armes nucléaires à Cuba.
6. les colonies avaient limité l'immigration aux Anglais.

ACTIVITÉ 8 Le deuxième sexe

Lisez ce tableau de *Francoscopie* et déterminez si les phrases à la page suivante sont vraies ou non. Si une phrase est fausse, corrigez-la.

Les grandes batailles

1850 : admission des filles à l'école primaire
1880 : admission des filles au lycée
1907 : les femmes mariées peuvent disposer de leur salaire
1928 : capacité juridique de la femme mariée
1937 : garçons et filles suivent le même programme scolaire
1944 : obtention du droit de vote (96 ans après les hommes)
1965 : suppression de la tutelle du mari
1967 : loi Neuwirth ; légalisation de la contraception
1970 : partage de l'autorité parentale
1972 : principe légal de l'égalité de rémunération pour des travaux de valeur égale
1974 : loi Veil ; légalisation de l'IVG
1982 : remboursement de l'IVG par la Sécurité sociale
1983 : loi sur l'égalité professionnelle
1985 : possibilité d'administrer conjointement les biens familiaux

---

1. Sans la loi de 1850, le mari aurait eu le droit de contrôler les finances de la famille.
2. Sans la loi de 1974, l'avortement aurait été illégal.
3. Sans la loi de 1937, les garçons auraient eu un programme d'études inférieur à celui des filles.
4. Sans la loi de 1880, les filles n'auraient pas eu le droit d'aller à l'école publique.
5. Sans la loi de 1972, les femmes auraient reçu un salaire supérieur à celui des hommes pour le même travail.
6. Sans la loi de 1944, les femmes n'auraient pas pu voter.

Société   **Femmes en vue**

La société française n'a jamais manqué de femmes célèbres: de Jeanne d'Arc à l'époque actuelle, elles ont marqué le monde littéraire (Mme de Lafayette, George Sand, Simone de Beauvoir, Marguerite Yourcenar), sportif (Suzanne Lenglen, Jeannie Longo, Surya Bonaly) ou cinématographique (Arletty, Brigitte Bardot, Jeanne Moreau, Catherine Deneuve). Pourtant, elles sont beaucoup plus rares dans les milieux encore très masculins des affaires, des sciences et surtout de la politique. Ce fut[1] donc une agréable—et historique—surprise quand le président Mitterrand, en 1991, nomma[2] Édith Cresson premier ministre. Celle-ci, qui avait déjà été maire, député[3] et plusieurs fois ministre, n'est restée au pouvoir qu'un an: son style franc, direct et même agressif n'était apparemment pas très populaire—chez une femme... Sa carrière politique, pourtant, est loin d'être terminée: en 1994, François Mitterrand l'a nommée commissaire européenne.

Édith Cresson, ancien ministre et commissaire européen.

[1]passé simple du verbe **être**   [2]nommer = donner un poste officiel   [3]représentant du peuple élu à l'Assemblée nationale

LES ENJEUX DU XXIᵉᵐᵉ SIÈCLE

Attention! Étudier Grammaire 14.4 et 14.5

Le stress sera toujours un problème, à moins que nous apprenions à nous détendre.

Malgré nos discussions, on ne résoudra pas tous les problèmes sociaux.

On peut éviter la crise de la surpopulation, pourvu qu'on fasse des efforts.

La génétique pourra nous aider, pourvu que nous n'en abusions pas.

ACTIVITÉ 9 Prédictions pour l'avenir

Nous allons voir des changements au XXIᵉᵐᵉ siècle. Avec votre partenaire, réagissez aux prédictions à la page suivante, en expliquant vos raisons.

MODÈLE: Il n'y aura pas de guerre. →
Ça me surprendrait! Les disputes parmi les groupes et ethnies sont trop graves.

1. Nous pourrons choisir le sexe, le QI et l'apparence physique des bébés.
2. Tous les ordinateurs et les logiciels se parleront sans problème.
3. La plupart des gens seront «télétravailleurs».
4. Il y aura très peu de pauvreté et de chômage dans le monde.
5. Le soleil deviendra notre source d'énergie principale.
6. La plupart des Américains parleront français, espagnol et anglais.

Suggestions

Ça me plairait (m'étonnerait, me surprendrait...).
Ce serait un désastre (un miracle)!

ACTIVITÉ 10 Fin de siècle

Complétez les observations sur des problèmes de notre époque avec la solution que vous préférez, ou proposez-en une autre. Est-ce qu'il serait possible de résoudre ces problèmes avant la fin du XXème (vingtième) siècle?

1. Il y aura moins de crimes violents à condition que...
   a. nous abolissions la vente des armes à feu.
   b. nous changions les idées de ceux qui commettent des crimes.
2. Nous pourrons arrêter la dégradation de l'environnement pourvu que...
   a. toutes les industries fassent des efforts sincères.
   b. tout le monde prenne conscience du gaspillage.
3. Nous ne pourrons pas compter sur des soins médicaux à l'avenir à moins que...
   a. nous établissions un système d'assurance nationale.
   b. nous dépensions moins pour la recherche et la technologie.
4. La drogue sera un danger pour la société jusqu'à ce que (qu')...
   a. nous trouvions et arrêtions tous les trafiquants.
   b. elle devienne une substance contrôlée comme l'alcool.
5. On ne pourra pas équilibrer le budget fédéral sans que...
   a. les industriels acceptent de faire moins de profit.
   b. les individus fassent des sacrifices dans la qualité de leur vie.

ACTIVITÉ 11 Un nouveau pays

En petits groupes, créez un pays où vous voudriez vivre dans le nouveau siècle. Présentez votre pays à la classe. (Tournez la page.)

- Comment s'appelle le pays? Où est-il situé?
- Comment est sa topographie? Y a-t-il des montagnes, des forêts... ?
- Quel type de gouvernement a-t-il?

- Quelles sont les bases de l'économie? Fonctionne-t-elle bien?
- Qui habite dans ce pays? Quelle est son histoire?
- Est-ce qu'il y a une fête nationale? Pour quelle raison?
- Comment fonctionne son système d'enseignement?
- Comment sont ses habitants? Comment est leur vie?

LECTURE

Le voyageur du temps

Un inventeur génial de la fin du XIXème siècle a conçu une machine à voyager dans le temps. Il s'arrête en 1998 et sort de sa machine en plein Paris. Très surpris de ce qu'il voit, il apostrophe° une passante.

s'adresse à

—Excusez-moi, monsieur...
La passante le regarde d'un air étonné.
—Euh... c'est mademoiselle.
—Mademoiselle? Ah oui, c'est vrai... Je me suis trompé. Mais pourquoi portez-vous un pantalon?
—Mais... parce que je trouve ça confortable. Quelle drôle de question!
—Excusez-moi, je suis un peu désorienté... Dites-moi: nous sommes bien à Paris, n'est-ce pas?
—Oui, bien sûr.
—Et, euh... j'ai perdu ma montre, voyez-vous... pouvez-vous me dire la date?
—Le 1ᵉʳ avril. Ah, je comprends: c'est une blague, hein? Un poisson d'avril°?

poisson... blague qu'on fait traditionnellement le 1ᵉʳ avril

La passante a l'air de plus en plus étonné.
—Non, non, je vous assure, je suis très sérieux, mais un peu distrait, voyez-vous. Et l'année?
—1998. Vous êtes sûr que vous vous sentez bien?
—1998!!! Mon dieu! Oui, merci, ça va. Je suis juste un peu déconcerté.
—Ah, vous n'êtes pas d'ici...
—Oh, si, justement, c'est «ici» qui me semble avoir beaucoup changé. Regardez tous ces étrangers! Toutes ces races! Est-ce qu'il y a de nouveau une Exposition Coloniale?
—Ça serait difficile; il n'y a plus de colonies, vous savez. Ces gens vivent et travaillent ici, et d'ailleurs, la plupart sont sans doute° français.

sans... probablement

—C'est vrai? Mais, alors, est-ce que la France est toujours un pays souverain? Nous n'avons pas été envahis par les Allemands, au moins?

La passante réfléchit quelques instants avec un sourire amusé. —Pas exactement. C'est de l'histoire ancienne, tout ça. Les Allemands sont nos meilleurs amis à présent; ensemble, nous construisons l'Europe.

—Tiens! Quelle idée! Ahem... Vous savez, je suis un ingénieur, je passe mes journées dans mon laboratoire et je ne suis pas l'actualité de très près. Expliquez-moi: en quoi consiste cette Europe?

—Eh bien, l'Union Européenne comprend quinze pays, depuis 1995, et il y en aura sans doute d'autres à l'avenir. Les frontières ont presque été abolies, et en 1999 nous aurons une monnaie unique, l'Euro. Nous avons déjà une politique agricole° commune, et une force militaire multinationale, l'Eurocorps. relatif à l'agriculture

—Vraiment? Et est-ce que cette Europe est unie politiquement aussi, avec un président?

—Non, pas encore, mais il y a des instances de gouvernement communes, comme la commission de Bruxelles, ou le parlement de Strasbourg... Vous n'avez jamais entendu parler de tout ça?

—Non, je suis vraiment très distrait, vous savez. Mais tout ce que vous me dites m'intéresse beaucoup... J'espère seulement qu'avec tous ces changements, la France ne va pas devenir un petit pays sans importance.

—Ne vous inquiétez pas! La France aura encore un grand rôle à jouer, non seulement au sein° de l'Union Européenne, mais aussi dans le cadre de la franco-phonie... milieu

—Je vous remercie beaucoup, jeune homme... euh, enfin, je veux dire, chère mademoiselle. Merci et bonne journée!

—Quel vieil original!— pense la jeune femme en s'éloignant, —et quel accou-trement° bizarre! C'est à croire° que ce monsieur vit encore au XIXème siècle! façon de s'habiller / C'est... On croirait

Avez-vous compris?

Le voyageur du temps est déconcerté par les différences entre la fin du XIXème siècle et 1998. Trouvez dans le texte des éléments qui s'opposent à son expérience.

À son époque...

MODÈLE: les femmes ne portaient pas de pantalon.
En 1998, les femmes portent ce qu'elles veulent.

1. la population française était extrêmement homogène.
2. la France possédait un immense empire colonial.
3. la France et l'Allemagne étaient souvent en conflit.
4. les frontières entre pays jouaient un rôle important.

5. chaque pays européen avait des institutions totalement distinctes de celles des autres
6. Strasbourg était en territoire allemand

◢ À vous la parole!

Enthousiasmé par ce qu'il vient de voir, le voyageur du temps retourne dans sa machine pour rentrer à son époque et tout raconter à ses amis. Malheureusement, il fait une erreur et se retrouve en 2098! Imaginez une scène où il rencontre un passant (une passante) du vingt et unième siècle.

MODÈLE: VOYAGEUR: Bonjour... monsieur? madame?
      GOGI: Bonjour, je suis Gogi, robot à votre service. Vous désirez continuer en français?
    VOYAGEUR: ...

 ## À vous d'écrire

Interviewez quelqu'un qui a immigré d'un autre pays. Ensuite, écrivez un article au sujet de ses expériences.

Idées: son pays d'origine, sa raison pour partir, son travail et les changements que cette décision a provoqués dans sa vie (la langue, la culture, la nourriture, etc.)

MODÈLE: Mon amie Morowa, d'origine ivoirienne, est venue avec sa famille aux États-Unis il y a dix ans. Son père avait été embauché chez IBM...

Vocabulaire

Problèmes sociaux
Social problems

les assurances (*f.*)	insurance
l'avortement (*m.*)	abortion
une bataille	a battle
le chômage	unemployment
le gaspillage	waste
la guerre	war
la pauvreté	poverty
les soins (*m.*) **médicaux**	medical care

Mots apparentés: **l'agression** (*f.*)**, les armements** (*m.*)**, une bombe atomique, un crime passionnel, la dégradation, la drogue, la surpopulation**

L'environnement
The environment

une centrale nucléaire	a nuclear power plant
une décharge	a dumping ground
l'échappement (*m.*) **d'hydrocarbures**	hydrocarbon emissions

les espèces (*f.*) animales	animal species
la pluie acide	acid rain
un trou	a hole

La description
Descriptive words

bilingue	bilingual
chauvin(e)	excessively patriotic, chauvinistic
disparu(e)	lost, dead
monolingue	monolingual
peuplé(e)	populated
puni(e)	punished

Mots apparentés: apprehendé(e), biculturel(le), ethnique, fictif/fictive, inférieur(e), majoritaire, multiculturel(le), pur(e), toxique

Substantifs
Nouns

l'arrivée (*f.*)	arrival
un droit	a right
un écrivain	a writer
l'enjeu	the stake, outcome
l'enseignement (*m.*)	education
un gratte-ciel	a skyscraper
un/une industriel(le)	an industrialist
une loi	a law
la recherche	research
une tribu	a tribe

Mots apparentés: l'apparence (*f.*) physique, l'atmosphère (*f.*), l'énergie (*f.*), la génétique, l'harmonie (*f.*), une hypothèse, l'industrie (*f.*), l'intégration (*f.*), le quotient intellectuel (QI), un sacrifice, la technologie

Verbes
Verbs

aménager	to convert, lay out
avoir tort	to be wrong
commettre	to commit
créer	to create
empêcher	to prevent
épouser	to marry
équilibrer	to balance
faire partie de	to belong to
lancer	to throw
résoudre	to resolve
soutenir	to sustain

Mots apparentés: abuser, consister, disposer, éduquer, élargir, éliminer, immigrer, s'intégrer, se révolter, risquer

Mots et expressions utiles
Useful words and expressions

au sein de	at the heart of, within
autant que possible	as much as possible

Grammaire et exercices

14.1 The verb VIVRE

The verb **vivre** is irregular but is similar to **écrire** in the present, imperfect, and subjunctive. Like **vivre: survivre** (*to survive*)

★ Review **Grammaire 6.1.**

VIVRE *(to live)*	
je **vis**	nous **vivons**
tu **vis**	vous **vivez**
il/elle/on **vit**	ils/elles **vivent**

PASSÉ COMPOSÉ:	**j'ai vécu**
IMPARFAIT:	**je vivais**
FUTUR:	**je vivrai**
SUBJONCTIF:	**que je vive**

Je **vis** à La Nouvelle-Orléans
  depuis dix ans.
Mes parents **vivaient** à Toronto
  quand je suis né.
L'accident était horrible, mais
  miraculeusement, tout le
  monde **a survécu.**

*I've been living in New Orleans for
  ten years.*
*My parents were living in Toronto
  when I was born.*
*The accident was horrible, but
  miraculously, everyone survived.*

◤ EXERCICE 1 Raoul parle de ses grands-parents.

Employez une des formes de **vivre** ou **survivre.**

Mes grands-parents ont eu une vie heureuse. Ils _____¹ quarante
ans dans une jolie petite maison en ville. Malheureusement, rien
n' _____² de leur quartier; aujourd'hui il n'y a que des parkings et
des gratte-ciel à cet endroit.

  Ma grand-mère était une femme traditionnelle. Elle _____³
pour son mari et ses enfants. Mon grand-père est encore en bonne

a survécu
ont vécu

vivent
vivra

417

santé. J'espère qu'il _____⁴ jusqu'à cent ans! Il a la chance d'avoir   vivait
des enfants qui s'occupent de lui, et il _____⁵ dans un immeuble   vit
spécialement aménagé pour les personnes âgées. Malheureusement, beaucoup de personnes âgées _____⁶ aujourd'hui dans la
pauvreté, la solitude et la crainte.

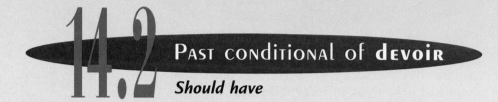

14.2 PAST CONDITIONAL of DEVOIR
Should have

✴ Review **Grammaire 8.4.**

A. You have already used the present conditional of **devoir** + an infinitive to express a judgment about a present or future action.

> Nous **devrions être** moins
> dépendants de la voiture.

> *We should be less*
> *dependent on cars.*

➤ You will learn more about the past conditional in **Grammaire 14.3.**

B. To express a judgment about a past action, use the past conditional of **devoir** + an infinitive.

PAST CONDITIONAL OF **DEVOIR**	
j' aurais dû	nous aurions dû
tu aurais dû	vous auriez dû
il/elle/on aurait dû	ils/elles auraient dû

➤ **je dois** = I have to
➤ **je devrais** = I should
➤ **j'aurais dû** = I should have

> Tu n'as pas voté? Tu **aurais dû** le faire.

> *You didn't vote? You should have.*

> Nous **aurions dû** penser à ces problèmes plus tôt.

> *We should have thought of these problems sooner.*

EXERCICE 2 Erreurs du passé

La classe de Mme Martin parle de certains problèmes sociaux. Employez le conditionnel passé de **devoir.**

MODÈLE: On *aurait dû* accorder le droit de vote aux femmes beaucoup plus tôt.

1. Les scientifiques _____ nous avertir plus tôt des problèmes écologiques.
2. Nous _____ être informés plus tôt sur les dangers du tabac.
3. Vous _____ voter dans les dernières élections.

4. On _____ prévoir les effets des nouvelles technologies sur les emplois.
5. Daniel, tu _____ acheter un vélo, au lieu de conduire ta voiture.
6. Moi, j' _____ recycler les déchets recyclables il y a très longtemps.

14.3 THE PAST CONDITIONAL

Saying what you would have done

A. The past conditional tense is used to tell what someone would have done in the past. It consists of the conditional form of **avoir** or **être** + the past participle.

✳ Review **Grammaire 11.1.**

CONDITIONNEL PASSÉ		
j' **aurais** fini	je **serais** arrivé(e)	je me **serais** levé(e)
tu **aurais** fini	tu **serais** arrivé(e)	tu te **serais** levé(e)
il/elle/on **aurait** fini	il/elle/on **serait** arrivé(e)	il/elle/on se **serait** levé(e)
nous **aurions** fini	nous **serions** arrivé(e)s	nous nous **serions** levé(e)s
vous **auriez** fini	vous **seriez** arrivé(e)(s)	vous vous **seriez** levé(e)s
ils/elles **auraient** fini	ils/elles **seraient** arrivé(e)s	ils/elles se **seraient** levé(e)s

Si j'avais vécu au siècle dernier,
   j'**aurais été** plus heureuse.
   J'**aurais pu** vivre dans un
   monde plus simple.

*If I had lived in the last century, I
   would have been happier. I could
   have lived (would have been able
   to live) in a simpler world.*

➤ **j'aurais fait** = I would
have done
➤ **je serais allé(e)** = I
would have gone

B. You have seen how French expresses a hypothetical condition and its result by using **si** + the **imparfait** and the conditional.

✳ Review **Grammaire 11.5.**

Si j'avais le temps, **je travaillerais**
   pour ce candidat.

*If I had the time, I would work for
   that candidate.*

To express a *past* hypothetical condition and a *past* result, use **si** + the **plus-que-parfait** and the past conditional. Remember that the **plus-que-parfait** consists of the **imparfait** of **avoir** or **être** + the past participle.

✳ Review **Grammaire 13.4.**

Si j'avais eu le temps, **j'aurais
   travaillé** pour ce candidat.
Si tu étais resté(e) à la maison,
   tu n'aurais pas eu cet accident.

*If I had had the time, I would have
   worked for that candidate.*
*If you had stayed at home, you
   wouldn't have had this accident.*

Exercice 3 Moi, j'aurais fait autrement!

Marie Lasalle est écologiste, mais elle a du mal à changer les habitudes de Francis. Voici ce qu'elle lui dit quand il rentre du supermarché. Complétez les phrases en mettant le verbe au conditionnel passé.

1. Moi, je _____ (ne pas acheter) ces sacs poubelle non-biodégradables.
2. Si tu avais pris le bus au lieu de la voiture, ça _____ (être) mieux pour l'environnement.
3. On _____ (ne pas jeter) tout ce plastique à la poubelle si tu n'avais pas choisi des légumes emballés dans du plastique.
4. Est-ce que tu sais que tu _____ (pouvoir) trouver une lessive sans phosphates?
5. Si tu avais emporté nos filets à provisions, tu _____ (ne pas rentrer) avec tous ces sacs en plastique.
6. Si tu avais réfléchi un peu plus, tu _____ (se rendre compte) qu'on vend beaucoup de produits «bio» au supermarché maintenant.

14.4 Conjunctions
More on the subjunctive

Definition: A conjunction is a word or expression that links one idea to another within a sentence: **et, mais,** etc.

A. Certain French conjunctions require the verb that follows to be in the subjunctive.

Il faudra prendre des mesures sévères, **pour que** les gens **comprennent** la gravité de la situation.	*It will be necessary to take some drastic steps, so that people will understand the seriousness of the situation.*

B. The conjunctions that require the use of the subjunctive generally include some element of uncertainty, in the sense that they introduce an event that may or may not actually take place. Here are the most commonly used conjunctions that require the subjunctive.

TIME
avant que *before*
jusqu'à ce que *until*

PURPOSE
afin que, pour que *so that*

RESTRICTION
bien que, quoique *although, even though*
à moins que *unless*
pourvu que, à condition que *provided that*
sans que *without*

J'espère lui parler **avant qu'**elle **prenne** une décision.	*I hope to speak to her before she makes a decision.*
Bien que vous **ayez** de bonnes idées, je trouve que vous êtes trop optimiste.	*Although you have some good ideas, I think you are too optimistic.*

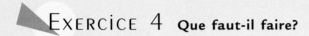 EXERCICE 4 **Que faut-il faire?**

Complétez les phrases de façon logique en choisissant une des conjonctions indiquées.

bien que, à condition que, à moins que

1. La surpopulation de la terre va bientôt prendre des proportions catastrophiques, _____ tous les pays du monde se mettent d'accord sur les mesures à prendre.
2. Nous devrions aider les pays en développement _____ ce développement se conforme à des priorités écologiques.
3. _____ les femmes aient le droit de vote depuis assez longtemps, il y a très peu de femmes dans notre législature.

jusqu'à ce que, pour que, quoique

4. Les jeunes défavorisés vont continuer à avoir des problèmes _____ nous dépensions plus sur les écoles que sur les prisons.
5. Notre gouvernement continue à aider ce pays, _____ ses leaders n'arrêtent pas d'emprisonner leurs adversaires politiques.
6. Il faudrait enseigner les principes de l'écologie à l'école, _____ les enfants les apprennent très jeunes.

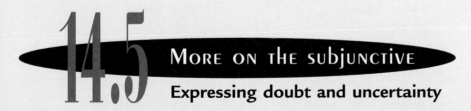

14.5 MORE ON THE SUBJUNCTIVE
Expressing doubt and uncertainty

Another use of the subjunctive is to express doubt or uncertainty about some event or state of affairs. The following charts show possible beliefs one can have about the likelihood of some event. Notice that the indicative is used for something that is considered probable or certain, whereas the subjunctive is used for anything that is impossible, unlikely, or merely possible.

INDICATIVE	
Likely, probable	il est probable que je crois que, je pense que
Certain	il est certain que il est vrai que il est sûr que il est clair que je suis certain(e)/sûr(e) que

SUBJUNCTIVE	
Impossible	il est impossible que il n'est pas possible que
Unlikely, doubtful	il est peu probable que il est douteux que je doute que je ne crois pas, je ne pense pas que
Possible, uncertain	il est possible que il n'est pas certain que je ne suis pas certain(e)/sûr(e) que

INDICATIVE

Il est probable que la presse lui **posera** beaucoup de questions.
It's likely the press will ask him a lot of questions.

Il est certain que ces problèmes **vont** s'aggraver.
It's certain these problems are going to get worse.

SUBJUNCTIVE

Il est impossible que tous les pays **se mettent** d'accord sur la solution.
It's impossible for all countries to agree on the solution.

Je doute que cela **soit** vrai.
I doubt that that is true.

Il est possible que le président **fasse** une conférence de presse ce soir.
It's possible the president will hold a press conference tonight.

EXERCICE 5 **Prédictions pour l'an 2010**

Complétez les phrases en utilisant l'indicatif ou le subjonctif. Ensuite, dites laquelle exprime le mieux votre opinion. Comparez vos réponses avec celles de vos camarades de classe.

MODÈLE: Tous les téléphones seront équipés d'un écran de télévision.
a. Je ne crois pas que tous les téléphones *soient* équipés d'un écran.
b. Il est probable que tous les téléphones *seront* équipés d'un écran.

1. Les résidences universitaires auront un ordinateur dans chaque chambre.
   a. Il est impossible que...
   b. Je crois que...
2. Tous les Américains parleront anglais, français et espagnol.
   a. Je doute que...
   b. Il est probable que...
3. Nous éliminerons la pauvreté.
   a. J'espère que...
   b. Il est peu probable que...
4. Tout le monde travaillera à la maison.
   a. Je pense que...
   b. Je ne suis pas sûr(e) que...
5. Toutes les familles du monde auront l'Internet.
   a. Il n'est pas possible que...
   b. Je suis certain(e) que...

Appendix A: *Verbs ending in -er with spelling changes*

A few regular **-er** verbs have minor spelling changes in the present-tense stem. Most of these changes correspond to changes in pronunciation that occur when the verb has an ending that is not pronounced.

- Verbs like **préférer:** The **é** just before the infinitive ending becomes **è** in all but the **nous** and **vous** forms; that is, in those forms where the verb ending is *not* pronounced: **préfère, préfères, préfèrent; préfère, préférons, préférez.**
- Verbs like **acheter:** the **e** of the stem (**achet-**) is not normally pronounced in the infinitive or in the **nous** and **vous** forms. However, it becomes an **è** in the other forms, where it *is* pronounced: **achète, achètes, achètent; achete, achetons, achetez.**
- Verbs like **appeler:** the final consonant of the stem is doubled in all but the **nous** and **vous** forms to indicate that the **e** of the stem is pronounced: **appelle, appelles, appellent; appele, appelons, appelez.**
- Verbs like **manger:** an **e** is added to the **g** before **-ons** to preserve the correct pronunciation of the letter **g: mangeons.**
- Verbs like **commencer:** a cedilla (¸) is added to the **c** before **-ons** to preserve the *s* pronunciation: **nous commençons.**

A chart showing the full conjugation of these verbs, with lists of other verbs that have similar conjugation patterns, follows in Part 3 of Appendix C.

Appendix B: *Verb + verb constructions*

1. Some verbs directly precede an infinitive, with no intervening preposition (**J'aime danser**).

aimer	espérer	pouvoir	valoir (il vaut
aller	faire	préférer	mieux)
désirer	falloir (il faut)	savoir	venir*
détester	laisser	souhaiter	vouloir
devoir	penser		

2. Some verbs require the preposition **à** before the infinitive (**Il commence à parler**).

aider à	commencer à	s'habituer à	se préparer à
s'amuser à	continuer à	hésiter à	réussir à
apprendre à	se décider à	s'intéresser à	servir à
arriver à	demander à	inviter à	tenir à
chercher à	encourager à	se mettre à	

3. Some verbs require the preposition **de** before the infinitive (**Nous essayons de travailler**).

accepter de	demander de	interdire de	proposer de
s'arrêter de	dire de	offrir de	refuser de
avoir peur de	empêcher de	oublier de	regretter de
cesser de	essayer de	parler de	remercier de
choisir de	éviter de	permettre de	rêver de
conseiller de	s'excuser de	persuader de	risquer de
décider de	finir de	promettre de	venir de*

---

*When used as a verb of motion, **venir** has no preposition before an infinitive: **Je viens vous aider.** *I'm coming to help you.* However, the preposition **de** is used before the infinitive in the **passé récent** construction: **Je viens de l'aider.** *I've just helped him/her.*

Appendix C: Conjugation of regular and irregular verbs

1. Auxiliary verbs

VERB	INDICATIVE			CONDITIONAL	SUBJUNCTIVE	IMPERATIVE
	Present	*Imperfect*	*Future*	*Conditional*	*Present*	
avoir*	ai	avais	aurai	aurais	aie	
(*to have*)	as	avais	auras	aurais	aies	aie
ayant	a	avait	aura	aurait	ait	
eu	avons	avions	aurons	aurions	ayons	ayons
	avez	aviez	aurez	auriez	ayez	ayez
	ont	avaient	auront	auraient	aient	
	Passé composé	*Pluperfect*		*Past Conditional*		
	ai eu	avais eu		aurais eu		
	as eu	avais eu		aurais eu		
	a eu	avait eu		aurait eu		
	avons eu	avions eu		aurions eu		
	avez eu	aviez eu		auriez eu		
	ont eu	avaient eu		auraient eu		
	Present	*Imperfect*	*Future*	*Conditional*	*Present*	
être	suis	étais	serai	serais	sois	
(*to be*)	es	étais	seras	serais	sois	sois
étant	est	était	sera	serait	soit	
été	sommes	étions	serons	serions	soyons	soyons
	êtes	étiez	serez	seriez	soyez	soyez
	sont	étaient	seront	seraient	soient	
	Passé composé	*Pluperfect*		*Past Conditional*		
	ai été	avais été		aurais été		
	as été	avais été		aurais été		
	a été	avait été		aurait été		
	avons été	avions été		aurions été		
	avez été	aviez été		auriez été		
	ont été	avaient été		auraient été		

*The left-hand column of each chart contains the infinitive, the present participle, and the past participle of each verb. Conjugated verbs are shown without subject pronouns.

2. Regular verbs

VERB	INDICATIVE		CONDITIONAL	SUBJUNC-TIVE	IMPERATIVE

-er Verbs
parler
(*to speak*)
parlant
parlé

Present	*Imperfect*	*Future*	*Conditional*	*Present*	
parle	parlais	parlerai	parlerais	parle	
parles	parlais	parleras	parlerais	parles	parle
parle	parlait	parlera	parlerait	parle	
parlons	parlions	parlerons	parlerions	parlions	parlons
parlez	parliez	parlerez	parleriez	parliez	parlez
parlent	parlaient	parleront	parleraient	parlent	

*Passé composé**	*Pluperfect*	*Past Conditional*
ai parlé	avais parlé	aurais parlé
as parlé	avais parlé	aurais parlé
a parlé	avait parlé	aurait parlé
avons parlé	avions parlé	aurions parlé
avez parlé	aviez parlé	auriez parlé
ont parlé	avaient parlé	auraient parlé

-ir Verbs
finir
(*to finish*)
finissant
fini

Present	*Imperfect*	*Future*	*Conditional*	*Present*	
finis	finissais	finirai	finirais	finisse	
finis	finissais	finiras	finirais	finisses	finis
finit	finissait	finira	finirait	finisse	
finissons	finissions	finirons	finirions	finissions	finissons
finissez	finissiez	finirez	finiriez	finissiez	finissez
finissent	finissaient	finiront	finiraient	finissent	

*Passé composé**	*Pluperfect*	*Past Conditional*
ai fini	avais fini	aurais fini
as fini	avais fini	aurais fini
a fini	avait fini	aurait fini
avons fini	avions fini	aurions fini
avez fini	aviez fini	auriez fini
ont fini	avaient fini	auraient fini

-re Verbs
perdre
(*to lose*)
perdant
perdu

Present	*Imperfect*	*Future*	*Conditional*	*Present*	
perds	perdais	perdrai	perdrais	perde	
perds	perdais	perdras	perdrais	perdes	perds
perd	perdait	perdra	perdrait	perde	
perdons	perdions	perdrons	perdrions	perdions	perdons
perdez	perdiez	perdrez	perdriez	perdiez	perdez
perdent	perdaient	perdront	perdraient	perdent	

*Passé composé**	*Pluperfect*	*Past Conditional*
ai perdu	avais perdu	aurais perdu
as perdu	avais perdu	aurais perdu
a perdu	avait perdu	aurait perdu
avons perdu	avions perdu	aurions perdu
avez perdu	aviez perdu	auriez perdu
ont perdu	avaient perdu	auraient perdu

*Certain intransitive verbs are conjugated with **être** instead of **avoir** in compound tenses. Regular verbs conjugated with **être** include **arriver, monter, passer, rentrer, rester, retourner, tomber,** and **descendre.**

3. -er Verbs with spelling changes

Certain verbs ending in **-er** require spelling changes. Models for each kind of change are listed here. Forms showing stem changes are in boldface type.

VERB	PRESENT	IMPERFECT	PASSÉ COMPOSÉ	FUTURE	CONDI-TIONAL	PRESENT SUBJUNCTIVE	IMPERATIVE
commencer*	commence	**commençais**	ai commencé	commencerai	commencerais	commence	
(*to begin*)	commences	**commençais**	as commencé	commenceras	commencerais	commences	commence
commençant	commence	**commençait**	a commencé	commencera	commencerait	commence	
commencé	**commençons**	commencions	avons commencé	commencerons	commencerions	commencions	**commençons**
	commencez	commenciez	avez commencé	commencerez	commenceriez	commenciez	commencez
	commencent	**commençaient**	ont commencé	commenceront	commenceraient	commencent	
manger*	mange	**mangeais**	ai mangé	mangerai	mangerais	mange	
(*to eat*)	manges	**mangeais**	as mangé	mangeras	mangerais	manges	mange
mangeant	mange	**mangeait**	a mangé	mangera	mangerait	mange	
mangé	**mangeons**	mangions	avons mangé	mangerons	mangerions	mangions	**mangeons**
	mangez	mangiez	avez mangé	mangerez	mangeriez	mangiez	mangez
	mangent	**mangeaient**	ont mangé	mangeront	mangeraient	mangent	
appeler†	**appelle**	appelais	ai appelé	**appellerai**	**appellerais**	**appelle**	
(*to call*)	**appelles**	appelais	as appelé	**appelleras**	**appellerais**	**appelles**	**appelle**
appelant	**appelle**	appelait	a appelé	**appellera**	**appellerait**	**appelle**	
appelé	appelons	appelions	avons appelé	**appellerons**	**appellerions**	appelions	appelons
	appelez	appeliez	avez appelé	**appellerez**	**appelleriez**	appeliez	appelez
	appellent	appelaient	ont appelé	**appelleront**	**appelleraient**	**appellent**	
essayer††	**essaie**	essayais	ai essayé	**essaierai**	**essaierais**	**essaie**	
(*to try*)	**essaies**	essayais	as essayé	**essaieras**	**essaierais**	**essaies**	**essaie**
essayant	**essaie**	essayait	a essayé	**essaiera**	**essaierait**	**essaie**	
essayé	essayons	essayions	avons essayé	**essaierons**	**essaierions**	essayions	essayons
	essayez	essayiez	avez essayé	**essaierez**	**essaieriez**	essayiez	essayez
	essaient	essayaient	ont essayé	**essaieront**	**essaieraient**	**essaient**	
acheter‡	**achète**	achetais	ai acheté	**achèterai**	**achèterais**	**achète**	
(*to buy*)	**achètes**	achetais	as acheté	**achèteras**	**achèterais**	**achètes**	**achète**
achetant	**achète**	achetait	a acheté	**achètera**	**achèterait**	**achète**	
acheté	achetons	achetions	avons acheté	**achèterons**	**achèterions**	achetions	achetons
	achetez	achetiez	avez acheté	**achèterez**	**achèteriez**	achetiez	achetez
	achètent	achetaient	ont acheté	**achèteront**	**achèteraient**	**achètent**	
préférer§	**préfère**	préférais	ai préféré	préférerai	préférerais	**préfère**	
(*to prefer*)	**préfères**	préférais	as préféré	préféreras	préférerais	**préfères**	**préfère**
préférant	**préfère**	préférait	a préféré	préférera	préférerait	**préfère**	
préféré	préférons	préférions	avons préféré	préférerons	préférerions	préférions	préférons
	préférez	préfériez	avez préféré	préférerez	préféreriez	préfériez	préférez
	préfèrent	préféraient	ont préféré	préféreront	préféreraient	**préfèrent**	

*Verbs like **commencer**: dénoncer, divorcer, menacer, placer, prononcer, remplacer, tracer
Verbs like **manger: bouger, changer, dégager, engager, exiger, juger, loger, mélanger, nager, obliger, partager, voyager
†Verbs like **appeler**: épeler, jeter, projeter, (se) rappeler
††Verbs like **essayer**: employer, (s')ennuyer, nettoyer, payer
‡Verbs like **acheter**: achever, amener, emmener, (se) lever, promener
§Verbs like **préférer**: célébrer, considérer, espérer, (s')inquiéter, pénétrer, posséder, répéter, révéler, suggérer

4. Reflexive verbs

VERB	INDICATIVE			CONDITIONAL	SUB-JUNCTIVE	IMPERATIVE
se laver (*to wash onself*) se lavant lavé	*Present* me lave te laves se lave nous lavons vous lavez se lavent	*Imperfect* me lavais te lavais se lavait nous lavions vous laviez se lavaient	*Future* me laverai te laveras se lavera nous laverons vous laverez se laveront	*Conditional* me laverais te laverais se laverait nous laverions vous laveriez se laveraient	*Present* me lave te laves se lave nous lavions vous laviez se lavent	lave-toi lavons-nous lavez-vous
	Passé composé me suis lavé(e) t'es lavé(e) s'est lavé(e) nous sommes lavé(e)s vous êtes lavé(e)(s) se sont lavé(e)s	*Pluperfect* m'étais lavé(e) t'étais lavé(e) s'était lavé(e) nous étions lavé(e)s vous étiez lavé(e)(s) s'étaient lavé(e)s	*Past Conditional* me serais lavé(e) te serais lavé(e) se serait lavé(e) nous serions lavé(e)s vous seriez lavé(e)(s) se seraient lavé(e)s			

5. Irregular verbs

VERB	PRESENT	PASSÉ COMPOSÉ	IMPERFECT	FUTURE	CONDI-TIONAL	PRESENT SUBJUNCTIVE	IMPERATIVE
aller (*to go*) allant allé	vais vas va allons allez vont	suis allé(e) es allé(e) est allé(e) sommes allé(e)s êtes allé(e)(s) sont allé(e)s	allais allais allait allions alliez allaient	irai iras ira irons irez iront	irais irais irait irions iriez iraient	aille ailles aille allions alliez aillent	va allons allez
boire (*to drink*) buvant bu	bois bois boit buvons buvez boivent	ai bu as bu a bu avons bu avez bu ont bu	buvais buvais buvait buvions buviez buvaient	boirai boiras boira boirons boirez boiront	boirais boirais boirait boirions boiriez boiraient	boive boives boive buvions buviez boivent	bois buvons buvez
conduire* (*to lead, to drive*) conduisant conduit	conduis conduis conduit conduisons conduisez conduisent	ai conduit as conduit a conduit avons conduit avez conduit ont conduit	conduisais conduisais conduisait conduisions conduisiez conduisaient	conduirai conduiras conduira conduirons conduirez conduiront	conduirais conduirais conduirait conduirions conduiriez conduiraient	conduise conduises conduise conduisions conduisiez conduisent	conduis conduisons conduisez
connaître (*to be acquainted with*) connaissant connu	connais connais connaît connaissons connaissez connaissent	ai connu as connu a connu avons connu avez connu ont connu	connaissais connaissais connaissait connaissions connaissiez connaissaient	connaîtrai connaîtras connaîtra connaîtrons connaîtrez connaîtront	connaîtrais connaîtrais connaîtrait connaîtrions connaîtriez connaîtraient	connaisse connaisses connaisse connaissions connaissiez connaissent	connais connaissons connaissez

*Verbs like **conduire**: **détruire, réduire, traduire**

VERB	PRESENT	PASSÉ COMPOSÉ	IMPERFECT	FUTURE	CONDI-TIONAL	PRESENT SUBJUNCTIVE	IMPERATIVE
courir	cours	ai couru	courais	courrai	courrais	coure	
(*to run*)	cours	as couru	courais	courras	courrais	coures	cours
courant	court	a couru	courait	courra	courrait	coure	
couru	courons	avons couru	courions	courrons	courrions	courions	courons
	courez	avez couru	couriez	courrez	courriez	couriez	courez
	courent	ont couru	couraient	courront	courraient	courent	
craindre*	crains	ai craint	craignais	craindrai	craindrais	craigne	
(*to fear*)	crains	as craint	craignais	craindras	craindrais	craignes	crains
craignant	craint	a craint	craignait	craindra	craindrait	craigne	
craint	craignons	avons craint	craignions	craindrons	craindrions	craignions	craignons
	craignez	avez craint	craigniez	craindrez	craindriez	craigniez	craignez
	craignent	ont craint	craignaient	craindront	craindraient	craignent	
croire	crois	ai cru	croyais	croirai	croirais	croie	
(*to believe*)	crois	as cru	croyais	croiras	croirais	croies	crois
croyant	croit	a cru	croyait	croira	croirait	croie	
cru	croyons	avons cru	croyions	croirons	croirions	croyions	croyons
	croyez	avez cru	croyiez	croirez	croiriez	croyiez	croyez
	croient	ont cru	croyaient	croiront	croiraient	croient	
devoir	dois	ai dû	devais	devrai	devrais	doive	
(*to have to,*	dois	as dû	devais	devras	devrais	doives	dois
to owe)	doit	a dû	devait	devra	devrait	doive	
devant	devons	avons dû	devions	devrons	devrions	devions	devons
dû	devez	avez dû	deviez	devrez	devriez	deviez	devez
	doivent	ont dû	devaient	devront	devraient	doivent	
dire**	dis	ai dit	disais	dirai	dirais	dise	
(*to say,*	dis	as dit	disais	diras	dirais	dises	dis
to tell)	dit	a dit	disait	dira	dirait	dise	
disant	disons	avons dit	disions	dirons	dirions	disions	disons
dit	dites	avez dit	disiez	direz	diriez	disiez	dites
	disent	ont dit	disaient	diront	diraient	disent	
dormir†	dors	ai dormi	dormais	dormirai	dormirais	dorme	
(*to sleep*)	dors	as dormi	dormais	dormiras	dormirais	dormes	dors
dormant	dort	a dormi	dormait	dormira	dormirait	dorme	
dormi	dormons	avons dormi	dormions	dormirons	dormirions	dormions	dormons
	dormez	avez dormi	dormiez	dormirez	dormiriez	dormiez	dormez
	dorment	ont dormi	dormaient	dormiront	dormiraient	dorment	
écrire††	écris	ai écrit	écrivais	écrirai	écrirais	écrive	
(*to write*)	écris	as écrit	écrivais	écriras	écrirais	écrives	écris
écrivant	écrit	a écrit	écrivait	écrira	écrirait	écrive	
écrit	écrivons	avons écrit	écrivions	écrirons	écririons	écrivions	écrivons
	écrivez	avez écrit	écriviez	écrirez	écririez	écriviez	écrivez
	écrivent	ont écrit	écrivaient	écriront	écriraient	écrivent	
envoyer	envoie	ai envoyé	envoyais	enverrai	enverrais	envoie	
(*to send*)	envoies	as envoyé	envoyais	enverras	enverrais	envoies	envoie
envoyant	envoie	a envoyé	envoyait	enverra	enverrait	envoie	
envoyé	envoyons	avons envoyé	envoyions	enverrons	enverrions	envoyions	envoyons
	envoyez	avez envoyé	envoyiez	enverrez	enverriez	envoyiez	envoyez
	envoient	ont envoyé	envoyaient	enverront	enverraient	envoient	

*Verbs like **craindre**: atteindre, éteindre, plaindre
Verbs like **dire: contredire (vous contredisez), interdire (vous interdisez), prédire (vous prédisez)
†Verbs like **dormir**: mentir, partir, repartir, sentir, servir, sortir. (Partir, repartir, and **sortir** are conjugated with **être**.)
††Verbs like **écrire**: décrire

VERB	PRESENT	PASSÉ COMPOSÉ	IMPERFECT	FUTURE	CONDITIONAL	PRESENT SUBJUNCTIVE	IMPERATIVE
faire	fais	ai fait	faisais	ferai	ferais	fasse	
(*to do,*	fais	as fait	faisais	feras	ferais	fasses	fais
to make)	fait	a fait	faisait	fera	ferait	fasse	
faisant	faisons	avons fait	faisions	ferons	ferions	fassions	faisons
fait	faites	avez fait	faisiez	ferez	feriez	fassiez	faites
	font	ont fait	faisaient	feront	feraient	fassent	
falloir	il faut	il a fallu	il fallait	il faudra	il faudrait	il faille	
(*to be*							
necessary)							
fallu							
lire	lis	ai lu	lisais	lirai	lirais	lise	
(*to read*)	lis	as lu	lisais	liras	lirais	lises	lis
lisant	lit	a lu	lisait	lira	lirait	lise	
lu	lisons	avons lu	lisions	lirons	lirions	lisions	lisons
	lisez	avez lu	lisiez	lirez	liriez	lisiez	lisez
	lisent	ont lu	lisaient	liront	liraient	lisent	
mettre*	mets	ai mis	mettais	mettrai	mettrais	mette	
(*to put*)	mets	as mis	mettais	mettras	mettrais	mettes	mets
mettant	met	a mis	mettait	mettra	mettrait	mette	
mis	mettons	avons mis	mettions	mettrons	mettrions	mettions	mettons
	mettez	avez mis	mettiez	mettrez	mettriez	mettiez	mettez
	mettent	ont mis	mettaient	mettront	mettraient	mettent	
mourir	meurs	suis mort(e)	mourais	mourrai	mourrais	meure	
(*to die*)	meurs	es mort(e)	mourais	mourras	mourrais	meures	meurs
mourant	meurt	est mort(e)	mourait	mourra	mourrait	meure	
mort	mourons	sommes mort(e)s	mourions	mourrons	mourrions	mourions	mourons
	mourez	êtes mort(e)(s)	mouriez	mourrez	mourriez	mouriez	mourez
	meurent	sont mort(e)s	mouraient	mourront	mourraient	meurent	
ouvrir**	ouvre	ai ouvert	ouvrais	ouvrirai	ouvrirais	ouvre	
(*to open*)	ouvres	as ouvert	ouvrais	ouvriras	ouvrirais	ouvres	ouvre
ouvrant	ouvre	a ouvert	ouvrait	ouvrira	ouvrirait	ouvre	
ouvert	ouvrons	avons ouvert	ouvrions	ouvrirons	ouvririons	ouvrions	ouvrons
	ouvrez	avez ouvert	ouvriez	ouvrirez	ouvririez	ouvriez	ouvrez
	ouvrent	ont ouvert	ouvraient	ouvriront	ouvriraient	ouvrent	
plaire	plais	ai plu	plaisais	plairai	plairais	plaise	
(*to please*)	plais	as plu	plaisais	plairas	plairais	plaises	plais
plaisant	plaît	a plu	plaisait	plaira	plairait	plaise	
plu	plaisons	avons plu	plaisions	plairons	plairions	plaisions	plaisons
	plaisez	avez plu	plaisiez	plairez	plairiez	plaisiez	plaisez
	plaisent	ont plu	plaisaient	plairont	plairaient	plaisent	
pleuvoir	il pleut	il a plu	il pleuvait	il pleuvra	il pleuvrait	il pleuve	
(*to rain*)							
pleuvant							
plu							
pouvoir	peux (puis)	ai pu	pouvais	pourrai	pourrais	puisse	
(*to be able*)	peux	as pu	pouvais	pourras	pourrais	puisses	
pouvant	peut	a pu	pouvait	pourra	pourrait	puisse	
pu	pouvons	avons pu	pouvions	pourrons	pourrions	puissions	
	pouvez	avez pu	pouviez	pourrez	pourriez	puissiez	
	peuvent	ont pu	pouvaient	pourront	pourraient	puissent	

*Verbs like **mettre: permettre, promettre, remettre**
Verbs like **ouvrir: couvrir, découvrir, offrir, souffrir

VERB	PRESENT	PASSÉ COMPOSÉ	IMPERFECT	FUTURE	CONDI-TIONAL	PRESENT SUBJUNCTIVE	IMPERATIVE
prendre*	prends	ai pris	prenais	prendrai	prendrais	prenne	
(*to take*)	prends	as pris	prenais	prendras	prendrais	prennes	prends
prenant	prend	a pris	prenait	prendra	prendrait	prenne	
pris	prenons	avons pris	prenions	prendrons	prendrions	prenions	prenons
	prenez	avez pris	preniez	prendrez	prendriez	preniez	prenez
	prennent	ont pris	prenaient	prendront	prendraient	prennent	
recevoir**	reçois	ai reçu	recevais	recevrai	recevrais	reçoive	
(*to receive*)	reçois	as reçu	recevais	recevras	recevrais	reçoives	reçois
recevant	reçoit	a reçu	recevait	recevra	recevrait	reçoive	
reçu	recevons	avons reçu	recevions	recevrons	recevrions	recevions	recevons
	recevez	avez reçu	receviez	recevrez	recevriez	receviez	recevez
	reçoivent	ont reçu	recevaient	recevront	recevraient	reçoivent	
rire†	ris	ai ri	riais	rirai	rirais	rie	
(*to laugh*)	ris	as ri	riais	riras	rirais	ries	ris
riant	rit	a ri	riait	rira	rirait	rie	
ri	rions	avons ri	riions	rirons	ririons	riions	rions
	riez	avez ri	riiez	rirez	ririez	riiez	riez
	rient	ont ri	riaient	riront	riraient	rient	
savoir	sais	ai su	savais	saurai	saurais	sache	
(*to know*)	sais	as su	savais	sauras	saurais	saches	sache
sachant	sait	a su	savait	saura	saurait	sache	
su	savons	avons su	savions	saurons	saurions	sachions	sachons
	savez	avez su	saviez	saurez	sauriez	sachiez	sachez
	savent	ont su	savaient	sauront	sauraient	sachent	
suivre	suis	ai suivi	suivais	suivrai	suivrais	suive	
(*to follow*)	suis	as suivi	suivais	suivras	suivrais	suives	suis
suivant	suit	a suivi	suivait	suivra	suivrait	suive	
suivi	suivons	avons suivi	suivions	suivrons	suivrions	suivions	suivons
	suivez	avez suivi	suiviez	suivrez	suivriez	suiviez	suivez
	suivent	ont suivi	suivaient	suivront	suivraient	suivent	
tenir	tiens	ai tenu	tenais	tiendrai	tiendrais	tienne	
(*to hold,*	tiens	as tenu	tenais	tiendras	tiendrais	tiennes	tiens
to keep)	tient	a tenu	tenait	tiendra	tiendrait	tienne	
tenant	tenons	avons tenu	tenions	tiendrons	tiendrions	tenions	tenons
tenu	tenez	avez tenu	teniez	tiendrez	tiendriez	teniez	tenez
	tiennent	ont tenu	tenaient	tiendront	tiendraient	tiennent	
venir††	viens	suis venu(e)	venais	viendrai	viendrais	vienne	
(*to come*)	viens	es venu(e)	venais	viendras	viendrais	viennes	viens
venant	vient	est venu(e)	venait	viendra	viendrait	vienne	
venu	venons	sommes venu(e)s	venions	viendrons	viendrions	venions	venons
	venez	êtes venu(e)(s)	veniez	viendrez	viendriez	veniez	venez
	viennent	sont venu(e)s	venaient	viendront	viendraient	viennent	

*Verbs like **prendre**: apprendre, comprendre, surprendre
Verbs like **recevoir: apercevoir, s'apercevoir de, décevoir
†Verbs like **rire**: sourire
††Verbs like **venir**: devenir (elle est devenue), revenir (elle est revenue), maintenir (elle a maintenu), obtenir (elle a obtenu), se souvenir de (elle s'est souvenue de...), tenir (elle a tenu)

VERB	PRESENT	PASSÉ COMPOSÉ	IMPERFECT	FUTURE	CONDITIONAL	PRESENT SUBJUNCTIVE	IMPERATIVE
vivre*	vis	ai vécu	vivais	vivrai	vivrais	vive	
(*to live*)	vis	as vécu	vivais	vivras	vivrais	vives	vis
vivant	vit	a vécu	vivait	vivra	vivrait	vive	
vécu	vivons	avons vécu	vivions	vivrons	vivrions	vivions	vivons
	vivez	avez vécu	viviez	vivrez	vivriez	viviez	vivez
	vivent	ont vécu	vivaient	vivront	vivraient	vivent	
voir**	vois	ai vu	voyais	verrai	verrais	voie	
(*to see*)	vois	as vu	voyais	verras	verrais	voies	vois
voyant	voit	a vu	voyait	verra	verrait	voie	
vu	voyons	avons vu	voyions	verrons	verrions	voyions	voyons
	voyez	avez vu	voyiez	verrez	verriez	voyiez	voyez
	voient	ont vu	voyaient	verront	verraient	voient	
vouloir	veux	ai voulu	voulais	voudrai	voudrais	veuille	
(*to wish,*	veux	as voulu	voulais	voudras	voudrais	veuilles	veuille
to want)	veut	a voulu	voulait	voudra	voudrait	veuille	
voulant	voulons	avons voulu	voulions	voudrons	voudrions	voulions	veuillons
voulu	voulez	avez voulu	vouliez	voudrez	voudriez	vouliez	veuillez
	veulent	ont voulu	voulaient	voudront	voudraient	veuillent	

*Like **vivre: survivre**
*Like **voir: prévoir, revoir**

Appendix D: *Answers to grammar exercises*

PREMIÈRE ÉTAPE

Ex. 1. 1. oui 2. non 3. non 4. oui 5. oui
Ex. 2. 1. c 2. a 3. b 4. d **Ex. 3.** 1. petit,
petite 2. grande, grand 3. vieille 4. beau
5. noir 6. moyen **Ex. 4.** 1. un, un, un 2.
un, un, un, un, le 3. un, un, le 4. une,
une, une 5. une, une 6. une, la **Ex. 5.** 1.
Je, je 2. Il 3. Elle, Ils 4. nous 5. Elles 6.
Tu **Ex. 6.** 1. suis 2. est 3. sommes 4. sont
5. es 6. êtes **Ex. 7.** 1. ne sont pas 2. n'es
pas 3. n'êtes pas 4. ne suis pas 5. ne
sommes pas 6. n'est pas **Ex. 8.** 1. L'
2. Les 3. Les 4. La 5. Le **Ex. 9.** 1. une,
une 2. une, un, un, un 3. des, des 4. un,
des, un, des 5. une, un, une, un **Ex. 10.**
1. a 2. a 3. b 4. a 5. b

DEUXIÈME ÉTAPE

Ex. 1. 1. des 2. un 3. des 4. un 5. des
6. de 7. de **Ex. 2.** 1. Oui, il y a une bicyclette. (Non, il n'y a pas de bicyclette.) 2.
Oui, il y a une grande fenêtre. (Non, il n'y
a pas de grande fenêtre.) 3. Oui, il y a une
horloge. (Non, il n'y a pas d'horloge.)
4. Oui, il y a une plante. (Non, il n'y a pas
de plante.) 5. Oui, il y a une télévision en
couleurs. (Non, il n'y a pas de télévision en
couleurs.) 6. Oui, il y a une lampe. (Non,
il n'y a pas de lampe.) 7. Oui, il y a un
téléphone. (Non, il n'y a pas de téléphone.)
8. Oui, il y a un tableau noir. (Non, il n'y a
pas de tableau noir.) **Ex. 3.** 1. Qui est-ce?
2. Qu'est-ce que c'est? 3. Qui est-ce?
4. Qui est-ce? 5. Qu'est-ce que c'est?
6. Qu'est-ce que c'est? **Ex. 4.** 1. c 2. e 3. a
4. b 5. d **Ex. 5.** 1. Il est quatre heures
vingt. 2. Il est six heures et quart. 3. Il est
huit heures treize. 4. Il est une heure dix.
5. Il est sept heures sept. 6. Il est cinq
heures et demie. 7. Il est dix heures moins
sept. 8. Il est quatre heures moins vingt.
9. Il est midi. 10. Il est onze heures moins
le quart. **Ex. 6.** 1. Il est quinze heures. Il
est trois heures de l'après-midi. 2. Il est
sept heures quinze. Il est sept heures et
quart du matin. 3. Il est treize heures
trente. Il est une heure et demie de l'après-
midi. 4. Il est vingt heures. Il est huit
heures du soir. 5. Il est vingt-deux heures
trente. Il est dix heures et demie du soir.
6. Il est dix heures quarante-cinq. Il est
onze heures moins le quart du matin. 7. Il
est dix-huit heures vingt. Il est six heures
vingt du soir. 8. Il est dix-neuf heures. Il
est sept heures du soir. 9. Il est seize
heures quarante-cinq. Il est cinq heures

moins le quart de l'après-midi. 10. Il est
onze heures cinquante. Il est midi moins
dix. **Ex. 7.** 1. avons 2. avons 3. ai 4. a
5. ont 6. avez 7. avez 8. as 9. as **Ex. 8.**
1. des, de 2. un, de 3. une, de 4. un, de
5. un, de 6. un, d' **Ex. 9.** 1. Oui, j'ai une
jupe. (Non, je n'ai pas de jupe.) 2. Oui, j'ai
un appartement. (Non, je n'ai pas d'appartement.) 3. Oui, j'ai un poste de télévision dans ma chambre. (Non, je n'ai pas
de poste de télévision dans ma chambre.)
4. Oui, j'ai un ordinateur. (Non, je n'ai pas
d'ordinateur.) 5. Oui, j'ai un cours de
maths. (Non, je n'ai pas de cours de
maths.) 6. Oui, j'ai une guitare. (Non, je
n'ai pas de guitare.) **Ex. 10.** 1. une 2. un
3. une 4. un 5. une 6. un 7. une 8. une
9. une 10. un **Ex. 11.** 1. Daniel est sympathique et intelligent. 2. Barbara est
sportive et généreuse. 3. Louis est beau et
raisonnable. 4. Albert est grand et mince.
5. Denise est blonde et belle. 6. Jacqueline
est petite et intelligente. **Ex. 12.** 1. Emmanuelle Béart est (n'est pas) belle. Un tigre est (n'est pas) beau. Une vieille Ford est
(n'est pas) belle. Une peinture de Matisse
est (n'est pas) belle. 2. Le chocolat est
(n'est pas) bon. La compagnie est (n'est
pas) bonne. Mère Théresa est (n'est pas)
bonne. Le fast-food est (n'est pas) bon.
3. Une motocyclette est (n'est pas) dangereuse. Une bombe est (n'est pas) dangereuse. Le tennis est (n'est pas) dangereux. La politique est (n'est pas)
dangereuse. 4. Un livre de science-fiction
est (n'est pas) amusant. La politique est
(n'est pas) amusante. Un examen de
physique est (n'est pas) amusant. Un film
avec Gérard Depardieu est (n'est pas) amusant. 5. L'astronomie est vieille. Le Louvre
est vieux. Le président américain est (n'est
pas) vieux. L'université où je suis est (n'est
pas) vieille. **Ex. 13.** 1. sérieux, nerveux, intelligents, amusants 2. patient, intéressant,
raisonnable, amusant 3. long, compliqué,
amusant, intéressant 4. beaux, amusants,
sportifs, individualistes 5. belle, compliquée, facile, mystérieuse

CHAPITRE 1

Ex. 1. 1. a. ta b. tes c. mon d. mes 2. a. tes
b. Ma c. mon 3. a. ta b. son c. ses 4. a. Ton
b. son **Ex. 2.** Answers may vary. 1. Il y a
30 hommes dans notre classe. 2. Nos camarades de classe sont timides (extrovertis). 3. Notre professeur s'appelle...

4. Notre cours est à... heures. 5. Nos devoirs sonts difficiles (faciles). **Ex. 3.** 1. Ses
2. Sa 3. Son, son 4. Leur 5. ses, Son **Ex. 4.**
1. aime 2. aiment 3. aimons 4. aime
5. aimez 6. aimes **Ex. 5.** Answers may vary.
1. Mes amis aiment écouter de la musique
classique, mais ils aiment aussi regarder la
télé. (Mes amis n'aiment pas écouter de la
musique classique, mais ils aiment regarder la télé.) 2. Ma mère aime dormir
tard, mais elle aime aussi faire une promenade. (Ma mère n'aime pas dormir tard,
mais elle aime faire une promenade.)
3. Mon père aime lire des livres, mais il
aime aussi jouer aux cartes. (Mon père
n'aime pas lire des livres, mais il aime
jouer aux cartes.) 4. Mon petit ami (Ma
petite amie) aime danser, mais il (elle)
aime aussi jouer du piano. (Mon petit ami
n'aime pas danser, mais il aime jouer du
piano.) 5. Mon professeur de français
aime écouter la musique classique, mais il
aime aussi le rock. (Mon professeur de
français n'aime pas écouter la musique
classique, mais il aime le rock.) 6. J'aime
faire une promenade, mais j'aime aussi lire
des livres. (Je n'aime pas faire de promenades, mais j'aime lire des livres.) **Ex. 6.**
1. vient 2. viennent 3. vient, vient 4. viennent 5. venez, venons 6. viens, viens **Ex. 7.**
1. Quel âge a Francis Lasalle? Il a soixante-
dix ans. 2. Quel âge a Claudine Colin?
Elle a quarante-cinq ans. 3. Quel âge a
Victor Colin? Il a quarante-sept ans.
4. Quel âge ont Marise et Clarisse? Elles
ont dix-neuf ans. 5. Quel âge a Charles? Il
a dix-sept ans. 6. Quel âge a Emmanuel?
Il a quatorze ans. **Ex. 8.** 1. soixante-cinq,
dix, quatre-vingts, trente 2. quatre-vingt-
sept, cinquante-trois, quarante, seize 3.
vingt, cinquante-cinq, soixante-dix, quatre-
vingt-un 4. quatre-vingt-dix-huit,
soixante-quinze, vingt et un, soixante 5.
soixante-dix-sept, trente-huit, quatre-
vingt-deux, quatre-vingt-dix-sept 6. quatre-
vingt-onze, dix-huit, trente-neuf, soixante-
dix-huit 7. quarante-cinq, soixante-deux,
quatre-vingt-six, quarante-trois 8. quatre-
vingt-trois, soixante-seize, soixante-quatre,
quatre-vingt-dix 9. cinquante-trois,
soixante-sept, zéro sept, onze **Ex. 9.** 1. le
5 mai 1982 (le cinq mai mille neuf cent
quatre-vingt-deux) 2. le 16 août 1990 (le
seize août mille neuf cent quatre-vingt-dix)
3. le 6 janvier 1987 (le six janvier mille
neuf cent quatre-vingt-sept) 4. le 28

février 1962 (le vingt-huit février mille neuf cent soixante-deux) 5. le 14 septembre 1975 (le quatorze septembre mille neuf cent soixante-quinze) 6. le 1ᵉʳ décembre 1934 (le premier décembre mille neuf cent trente-quatre) **Ex. 10.** 1. trente-quatre mille cent cinquante 2. soixante-six mille cinq cents 3. soixante-quatre mille deux cents 4. vingt-neuf mille deux cents 5. soixante-seize mille six cents 6. trente-trois mille 7. quarante-six mille 8. treize mille cent 9. soixante-quinze mille quinze 10. quatre-vingt-treize mille trois cent deux **Ex. 11.** 1. nage 2. parle 3. parles 4. dînons 5. travaille 6. habitent 7. chantons 8. voyage 9. jouent 10. invitent **Ex. 12.** 1. a. travailles (oui/non) b. parles (oui/non) 2. a. regardons (oui/non) b. dînons (oui/non) 3. a. écoutent (oui/non) b. jouent (oui/non) 4. a. étudiez (oui/non) b. préparez (oui/non) 5. a. habite (oui/non) b. déjeune (oui/non) 6. a. donnent (oui/non) b. parle (oui/non) **Ex. 13.** 1. de 2. des 3. de la 4. de 5. du 6. de **Ex. 14.** 1. La grand-mère, c'est la femme du grand-père. 2. La tante, c'est la femme de l'oncle. 3. Le cousin, c'est le fils de l'oncle et de la tante. 4. La belle-sœur, c'est la femme du frère. 5. Le grand-père, c'est le père de la mère ou du père. 6. L'oncle, c'est le père du cousin (des cousins) (de la cousine) (des cousines).

CHAPITRE 2

Ex. 1. 1. font, font 2. fais, fais 3. fait 4. fait 5. faites, faites 6. faites **Ex. 2.** 1. Est-ce que tu te lèves tôt? Oui, je me lève tôt. (Non, je me lève tard.) 2. Est-ce que tu te maquilles tous les jours? Oui, je me maquille tous les jours. (Non, je ne me maquille pas tous les jours.) 3. Est-ce que tu te laves les cheveux tous les jours? Oui, je me lave les cheveux tous les jours. (Non, je ne me lave pas les cheveux tous les jours. / Non, je me lave les cheveux trois fois par semaine.) 4. Est-ce que tu te brosses les dents trois fois par jour? Oui, je me brosse les dents trois fois par jour. (Non, je ne me brosse pas les dents trois fois par jour. / Non, je me brosse les dents deux fois par jour.) 5. Tu aimes te reposer avant le dîner? Oui, j'aime me reposer avant le dîner. (Non, je n'aime pas me reposer avant le dîner. / Non, j'aime me reposer après le dîner.) 6. Tu préfères te doucher le soir? Oui, je préfère me doucher le soir. (Non, je ne préfère pas me doucher le soir. / Non, je préfère me doucher le matin.) 7. Tu aimes te reposer après les cours? Oui, j'aime me reposer après les cours. (Non, je n'aime pas me reposer après les cours.) 8. Tu préfères te lever tard le week-end? Oui, je préfère me lever tard le

week-end. (Non, je ne préfère pas me lever tard le week-end.) **Ex. 3.** 1. Oui, en général, les étudiants s'amusent beaucoup le vendredi soir. Mes copains et moi, nous nous amusons beaucoup le vendredi soir. (Non, nous ne nous amusons pas le vendredi soir. / Non, nous nous amusons le samedi soir.) 2. Oui, en général, les étudiants s'habillent toujours en jean. Mes copains et moi, nous nous habillons toujours en jean. (Non, nous ne nous habillons pas toujours en jean.) 3. Oui, les étudiants ne se reposent pas assez. Mes copains et moi, nous ne nous reposons pas assez. (Nous nous reposons assez.) 4. Oui, en général, les étudiants se couchent après minuit. Mes copains et moi, nous nous couchons après minuit. (Non, nous ne nous couchons pas après minuit.) 5. Oui, en général, les étudiants se lèvent tard le week-end. Mes copains et moi, nous nous levons tard le week-end. (Non, nous ne nous levons pas tard le week-end.) **Ex. 4.** 1. vais 2. allons 3. allez 4. vont 5. vas 6. va **Ex. 5.** Answers in all cases: Oui, j'y vais souvent (quelquefois). (Non, je n'y vais pas.) 1. Tu vas à la piscine? 2. Tu vas au théâtre? 3. Tu vas au bar? 4. Tu vas à l'hôpital? 5. Tu vas au gymnase? 6. Tu vas à la banque? 7. Tu vas au café? 8. Tu vas à l'église? **Ex. 6.** Answers may vary. 1. Ce soir, je vais faire mes devoirs. / Je vais sortir avec des amis. (Ce soir, je vais regarder la télé. Je suis fatigué[e].) 2. Demain matin, je vais me lever à sept heures. / Je vais dormir jusqu'à neuf heures. (Demain matin, je vais rester au lit. C'est le week-end.) 3. Demain soir, je vais regarder mon émission favorite à la télé. / Je vais me coucher de bonne heure. (Demain soir, je vais sortir avec des amis.) 4. Ce week-end, ils vont faire du ski nautique. / Ils vont regarder un film ensemble. (Ce week-end, ils vont se promener à la campagne. Il va faire beau.) 5. Samedi soir, il (elle) va rester à la maison et jouer aux cartes. / Il (Elle) va aller à un concert symphonique. (Samedi soir, il (elle) va dîner au restaurant. Il (Elle) ne va pas faire la cuisine!) **Ex. 7.** 1. Oui, on regarde beaucoup la télévision. 2. Non, on ne mange pas toujours des hamburgers. 3. Non, on ne va pas au restaurant tous les jours. 4. Non, on ne dîne pas à huit heures du soir. 5. Oui, on aime les films français. 6. Non, on ne fait pas de promenades en famille le dimanche après-midi. 7. Non, on ne fait pas souvent la sieste. 8. Oui, on étudie beaucoup la géographie. 9. Oui, on se douche tous les jours. **Ex. 8.** 1. Oui, je veux aller en Europe l'été prochain. (Non, je ne veux pas aller en Europe l'été prochain.) / Oui, je peux aller en Europe l'été prochain. (Non, je ne peux

pas aller en Europe l'été prochain.) 2. Oui, mes parents veulent passer l'hiver en Floride. (Non, mes parents ne veulent pas passer l'hiver en Floride.) / Oui, mes parents peuvent passer l'hiver en Floride. (Non, mes parents ne peuvent pas passer l'hiver en Floride.) 3. Non, le professeur ne veut pas se lever tard en semaine. Oui, le professeur peut se lever tard en semaine. 4. Oui, nous voulons comprendre un film en français. Oui, nous pouvons comprendre un film en français. 5. Mon ami(e) _____ veut m'aider avec mes devoirs de français. Il/Elle peut m'aider avec mes devoirs de français. **Ex. 9.** 1. Oui, je voudrais dîner dans un bon restaurant français. (Non, je ne voudrais pas dîner dans un bon restaurant français.) 2. Oui, je voudrais manger des escargots. (Non, je ne voudrais pas manger des escargots.) 3. Oui, je voudrais habiter à Paris. (Non, je ne voudrais pas habiter à Paris.) 4. Oui, je voudrais faire de la plongée sous-marine. (Non, je ne voudrais pas faire de la plongée sous-marine.) 5. Oui, je voudrais visiter une autre planète. (Non, je ne voudrais pas visiter une autre planète.) 6. Oui, je voudrais être président des États-Unis. (Non, je ne voudrais pas être président des États-Unis.) **Ex. 10.** 1. savez; Oui, je sais faire du ski nautique. (Non, je ne sais pas faire du ski nautique.) 2. sait; Oui, il sait faire la cuisine. (Non, il ne sait pas faire la cuisine.) 3. sait; Oui, elle sait réparer une voiture. (Non, elle ne sait pas réparer une voiture.) 4. savez; Oui, nous savons jouer au bridge. (Non, nous ne savons pas jouer au bridge.) 5. savent; Oui, ils savent utiliser un ordinateur. (Non, ils ne savent pas utiliser un ordinateur.) 6. savez; Oui, je sais / nous savons parler grec. (Non, je ne sais pas / nous ne savons pas parler grec.)

CHAPITRE 3

Ex. 1. 1. Le bureau de Mme Martin est devant le tableau noir. 2. Les livres de Mme Martin sont sur son bureau. 3. Elle est devant la classe. 4. Elle est près du tableau. 5. Le pupitre de Daniel est à côté du pupitre d'Albert. 6. Il regarde un match de football dans le parc en face du bâtiment des cours. 7. Barbara est trop loin du tableau noir. 8. La salle 300A se trouve entre les salles 300 et 301. **Ex. 2.** 1. Comment va maman? 2. Qu'est-ce que Charles fait? (Que fait Charles?) 3. Où est papa? 4. Qu'est-ce que Jean-Claude fait? (Que fait Jean-Claude?) 5. Qui est Michel? 6. Comment est-il? 7. Comment s'appelle le nouveau bébé des voisins? 8. Comment est ce bébé? 9. Comment va sa mère? 10. Quand est-ce que tes vacances commencent? (Quand commencent tes vacances?) **Ex. 3.** 1. Où est-ce qu'ils logent? (Où logent-ils?) 2. Qu'est-ce qu'ils veulent visiter? (Que veulent-ils visiter?) 3. Quels musées est-ce qu'ils visitent? (Quels musées visitent-ils?) 4. Comment est-ce qu'ils se déplacent? (Comment se déplacent-ils?) 5. Pourquoi est-ce qu'ils sont contents? (Pourquoi sont-ils contents?) 6. Quels restaurants est-ce qu'ils préfèrent? (Quels restaurants préfèrent-ils?) 7. Qu'est-ce qu'ils achètent pour leurs amis? (Qu'achètent-ils pour leurs amis?) 8. Quand est-ce qu'ils quittent Paris? (Quand quittent-ils Paris?) **Ex. 4.** 1. prends 2. prennent 3. apprends 4. comprends 5. prendre 6. comprennent 7. apprenons 8. Prenez **Ex. 5.** 1. Julien et son amie prennent du vin. Moi, je prends du vin tous les jours. (Moi, je ne prends jamais de vin.) 2. Denise voudrait apprendre à faire du ski. Moi, je (ne) voudrais (pas) apprendre à faire du ski. 3. Joël prend trop de risques. Moi, je prends trop de risques. (Moi, je ne prends jamais trop de risques.) 4. Barbara ne comprend pas la leçon. Moi, je comprends la leçon. (Moi, je ne comprends jamais la leçon.) 5. Mme Martin et ses collègues prennent un café. Moi, je prends tous les jours un café. (Moi, je ne prends jamais de café.) 6. Nathalie prend un bain. Moi, je prends un bain tous les jours. (Moi, je ne prends jamais de bain.) **Ex. 6.** 1. Alors, tu dois te déplacer à bicyclette. 2. Vous devez appeler un taxi. 3. Bon, vous devez étudier le plan du métro. 4. On doit arriver plus tôt. 5. Il doit aller au travail à pied. **Ex. 7.** 1. Ce, ces 2. Ces, ces 3. Cette 4. Ces, Cette, cet 5. Ces, cette 6. Cet **Ex. 8.** 1. Ces chaussures-ci 2. Ces sandales-là 3. Ces bottes-là 4. Ces ballerines-ci 5. ces tennis-ci **Ex. 9.** 1. du, des 2. des 3. de l', du, du, de la 4. de 5. du, de l' 6. du **Ex. 10.** 1. Je prends du lait / du café / du vin / de l'eau minérale. 2. Je prends une tasse de bière / de café / de chocolat chaud / de thé. 3. Je ne prends jamais de whisky / de champagne français / de coca / de café. 4. J'aime commander de la bière / du vin / du coca / du jus de fruit. 5. J'aime prendre un verre de thé glacé / de coca / d'eau froide / de jus de fruit. **Ex. 11.** 1. Tu pars en vacances en été? Oui, je pars en vacances en été. (Non, je ne pars pas en vacances en été.) 2. Tu sors du cinéma si un film est mauvais? Oui, je sors du cinéma si un film est mauvais. (Non, je ne sors pas du cinéma si un film est mauvais.) 3. Tu dors bien la nuit? Oui, je dors bien la nuit. (Non, je ne dors pas bien la nuit.) 4. Tu sers du vin chez toi? Oui, je sers du vin chez moi. (Non, je ne sers pas de vin chez moi.) 5. Tu

mens quand tu ne veux pas révéler un secret? Oui, je mens quand je ne veux pas révéler un secret. (Non, je ne mens pas quand je ne veux pas révéler un secret.) 6. Tu sens les fruits au supermarché? Oui, je sens les fruits au supermarché. (Non, je ne sens pas les fruits au supermarché.) 7. Tu sors souvent le samedi soir? Oui, je sors souvent le samedi soir. (Non, je ne sors pas souvent le samedi soir.) 8. Tu dors en cours quelquefois? Oui, je dors en cours quelquefois. (Non, je ne dors pas en cours.) **Ex. 12.** Answers may vary. 1. Non, ils ne sortent pas seuls la nuit. (Si, ils sortent quelquefois seuls la nuit.) Moi, je ne sors jamais seul(e). 2. Beaucoup d'étudiants américains partent en Floride, mais la majorité des étudiants ne partent pas. Moi, je pars en Californie. 3. Non, la plupart des Américains ne partent pas en Europe. Moi, je pars à la campagne. 4. Non, ils ne sortent pas tous les soirs. Moi, je sors seulement le week-end. 5. Non, ils s'endorment vers dix heures. Moi, je m'endors vers onze heures. 6. Si, ils servent souvent du vin au dîner. Moi, je sers quelquefois du vin au dîner.

CHAPITRE 4

Ex. 1. 1. une vieille maison 2. une belle cheminée 3. un petit réfrigérateur 4. une bonne cuisinière 5. un grand sauna 6. un nouveau numéro de téléphone **Ex. 2.** 1. Mais non, j'ai une grande chambre. 2. Mais non, j'ai un vieil appartement. 3. Mais non, j'ai un nouveau blue-jean. 4. Mais non, j'ai de vieilles chaussures. 5. Mais non, j'ai une petite étagère. 6. Mais non, j'ai un mauvais dictionnaire de français. 7. Mais non, j'ai un vieux professeur de français. 8. Mais non, j'ai de vieux amis. **Ex. 3.** Answers may vary. 1. Un lave-vaisselle est aussi utile qu'un réfrigérateur, mais un réfrigérateur est plus important qu'un lave-vaisselle. 2. Un appartement est moins cher qu'une maison, mais une maison est plus agréable qu'un appartement. 3. Un studio est plus économique qu'un deux-pièces, mais un deux-pièces est plus confortable qu'un studio. 4. Un immeuble moderne est plus confortable qu'un vieil immeuble, mais un vieil immeuble est plus beau qu'un immeuble moderne. 5. Une chaîne stéréo est plus amusante qu'une radio, mais une radio est moins chère qu'une chaîne stéréo. 6. Un micro-ordinateur est plus utile qu'un magnétoscope, mais un magnétoscope est plus amusant qu'un micro-ordinateur. **Ex. 4.** 1. plus d' 2. autant de 3. moins de 4. plus de 5. autant de 6. plus de **Ex. 5.** 1. réfléchit; Moi

aussi, je réfléchis avant de parler. 2. finit; Moi, je finis toujours mes devoirs. 3. obéit; Moi aussi, j'obéis toujours à ma conscience. 4. choisissent; Dans notre classe, nous choisissons nos partenaires pour travailler en groupes. 5. réussissent; Dans notre classe, nous réussissons à nos examens. 6. finissent; Dans notre classe, nous allons au café quand nous finissons notre journée de cours. **Ex. 6.** 1. Chez toi, est-ce que tu mets la table pour dîner? Oui, je mets la table pour dîner. (Non, je ne mets pas la table pour dîner.) 2. Chez toi, est-ce que tu prends le petit déjeuner dans la cuisine? Oui, je prends le petit déjeuner dans la cuisine. (Non, je ne prends pas le petit déjeuner dans la cuisine.) 3. Chez toi, est-ce que tu tonds le gazon en été? Oui, je tonds le gazon en été. (Non, je ne tonds pas le gazon en été.) 4. Chez toi, est-ce que tu permets au chien de dormir sur ton lit? Oui, je permets au chien de dormir sur mon lit. (Non, je ne permets pas au chien de dormir sur mon lit.) 5. Chez toi, est-ce que tu apprends à surfer le Net? Oui, j'apprends à surfer le Net. (Non, je n'apprends pas à surfer le Net.) 6. Chez toi, est-ce que tu mets ta chambre en ordre tous les jours? Oui, je mets ma chambre en ordre tous les jours. (Non, je ne mets pas ma chambre en ordre tous les jours.) 7. Chez toi, est-ce que tu réponds toujours au téléphone? Oui, je réponds toujours au téléphone. (Non, je ne reponds pas toujours au telephone.) 8. Chez toi, est-ce que tu perds souvent tes livres? Oui, je perds souvent mes livres. (Non, je ne perds pas souvent mes livres.) *Maintenant* 1. Est-ce que vous mettez la table pour dîner? (See answers above.) 2. Est-ce que vous prenez le petit déjeuner dans la cuisine? 3. Est-ce que vous tondez le gazon en été? 4. Est-ce que vous permettez au chien de dormir sur votre lit? 5. Est-ce que vous apprenez à surfer le Net? 6. Est-ce que vous mettez votre chambre en ordre tous les jours? 7. Est-ce que vous répondez toujours au téléphone? 8. Est-ce que vous perdez souvent vos livres? **Ex. 7.** 1. vendent; a. vend (ne vend pas)... b. vendons (ne vendons pas)... 2. attendent; a. attend... b. attendons 3. remettent; a. remet... b. remettons... 4. perdent; a. perd... b. perdons... 5. permettent; a. permet... b. permet... 6. rendent; a. rend... b. rend... **Ex. 8.** 1. La voilà! 2. Les voilà! 3. La voilà! 4. Le voilà! 5. Les voilà! 6. La voilà! **Ex. 9.** 1. Oui, je les arrose quelquefois / souvent / une fois par semaine. (Non, je ne les arrose jamais. Ma sœur les arrose.) 2. Oui, je la fais quelquefois / souvent / une fois par semaine. (Non, je ne la fais jamais. Mon père la fait.)

3. Oui, je le fais quelquefois / souvent / une fois par semaine. (Non, je ne le fais jamais. Mon père le fait.) 4. Oui, je les repasse quelquefois / souvent / une fois par semaine. (Non, je ne les repasse jamais. Ma sœur les repasse.) 5. Oui, je le fais quelquefois / souvent / une fois par semaine. (Non, je ne le fais jamais. Mes frères et sœurs le font.) 6. Oui, je la nettoie quelquefois / souvent / une fois par semaine. (Non, je ne la nettoie jamais. Ma mère la nettoie.) 7. Oui, je les achète quelquefois / souvent / une fois par semaine. (Non, je ne les achète jamais. Mon père les achète.) 8. Oui, je le passe quelquefois / souvent / une fois par semaine. (Non, je ne le passe jamais. Mon frère le passe.) **Ex. 10.** 1. Oui, je vais la ranger. Ne t'en fais pas! (Non, je ne vais pas la ranger.) 2. Oui, je vais la faire. Ne t'en fais pas! (Non, je ne vais pas la faire.) 3. Oui, je vais les repasser. Ne t'en fais pas! (Non, je ne vais pas les repasser. Ce n'est pas nécessaire.) 4. Oui, je vais les faire. Ne t'en fais pas! (Non, je ne vais pas les faire ce soir. Je vais les faire demain.) 5. Oui, je les aime. (Non, je ne les aime pas.) 6. Oui, je les prends tous les jours. (Non, je ne les prends pas tous les jours.) 7. Oui, je vais venir vous voir demain. (Non, je ne vais pas venir vous voir demain.) 8. Je vais l'inviter à la maison la semaine prochaine. (Je ne vais pas l'inviter à la maison.) **Ex. 11.** 1. me; Oui, je te trouve belle! 2. m'; Oui, je t'écoute quand tu parles. 3. me; Oui, je te trouve intelligente. 4. m'; Oui, je veux t'aider à faire tes devoirs. 5. me; Oui, je te préfère à toutes les autres petites filles du monde. 6. me; Non, je ne te trouve pas difficile. 7. m'; Oui, je vais toujours t'aimer! **Ex. 12.** 1. connaissez, connaissons 2. connais, connais 3. connaît, connaît 4. connaissez, connais 5. connaissent, connaissent **Ex. 13.** 1. sait; Moi, je sais faire du canoë aussi. (Moi, je ne sais pas faire du canoë.) 2. sait; Moi, je sais aussi la date de l'anniversaire de ma mère. (Moi, je ne sais pas la date de l'anniversaire de ma mère.) 3. sait; Moi, je sais faire de l'escalade aussi. (Moi, je ne sais pas faire de l'escalade.) 4. connaît; Moi, je connais bien aussi La Nouvelle-Orléans. (Moi, je ne connais pas bien La Nouvelle-Orléans.) 5. connaît; Moi, je connais aussi l'histoire de ma famille. (Moi, je ne connais pas l'histoire de ma famille.) 6. connaît; Moi, je connais bien aussi les poèmes de Jacques Prévert. (Moi, je ne connais pas bien les poèmes de Jacques Prévert.) **Ex. 14.** 1. besoin 2. envie 3. l'air 4. honte 5. peur 6. tort **Ex. 15.** 1. il a faim 2. il a soif 3. il a sommeil 4. il a chaud 5. il a froid 6. il a envie 7. il a besoin 8. il a peur

CHAPITRE 5

Ex. 1. 1. Hier j'ai acheté un journal. (Hier je n'ai rien acheté.) 2. Hier j'ai écouté de la musique. (Hier je n'ai pas écouté de la musique.) 3. Hier j'ai parlé français avec mes amis. (Hier je n'ai pas parlé français.) 4. Hier j'ai mangé un hamburger. (Hier je n'ai pas mangé de hamburger.) 5. Hier j'ai préparé le dîner. (Hier je n'ai pas préparé le dîner.) 6. Hier j'ai promené mon chien. (Hier je n'ai pas promené mon chien.) 7. Hier j'ai téléphoné à un ami (une amie). (Hier je n'ai pas téléphoné à un ami [une amie].) 8. Hier j'ai regardé un film. (Hier je n'ai pas regardé de film.) 9. Hier, j'ai travaillé à la bibliothèque. (Hier, je n'ai pas travaillé à la bibliothèque.) 10. Hier, j'ai nettoyé mon chambre. (Hier, je n'ai pas nettoyé ma chambre.) **Ex. 2.** Answers may vary. 1. Moi, je n'ai pas rendu visite à une amie. (Moi aussi, j'ai rendu visite à une amie. J'ai rendu visite à mon amie Claire.) 2. Moi, je n'ai pas fini de devoir pour mon cours d'anglais. (Moi aussi, j'ai fini un devoir pour mon cours d'anglais.) 3. Moi, je n'ai pas choisi de CD-ROM. (Moi aussi, j'ai choisi un nouveau CD-ROM.) 4. Moi, je n'ai pas répondu à mon courrier électronique. (Moi aussi, j'ai répondu à mon courrier électronique.) 5. Moi, je n'ai pas perdu mes clés. (Moi aussi, j'ai perdu mes clés.) 6. Moi, je n'ai pas dormi pendant un cours ennuyeux. (Moi aussi, j'ai dormi pendant un cours ennuyeux. J'ai dormi pendant le cours de philosophie.) 7. Moi, je n'ai pas attendu le bus pendant une demi-heure. (Moi aussi, j'ai attendu le bus pendant une demi-heure.) 8. Moi, je n'ai pas réussi à un examen. (Moi aussi, j'ai réussi à un examen. J'ai réussi à l'examen de français.) 9. Moi, je n'ai pas servi de thé aux amis. (Moi aussi, j'ai servi du thé aux amis.) **Ex. 3.** 1. Daniel et Louis ont acheté des boissons. 2. Nous avons mangé des crêpes. 3. Barbara et Jacqueline ont apporté des cassettes françaises. 4. Tout le monde a parlé français. 5. Même Mme Martin a dansé. 6. Nous avons regardé des photos de cette année. 7. Denise a présenté un album de photos à Pierre. 8. Quelques étudiants ont pleuré. **Ex. 4.** Answers may vary. 1. Je suis sorti(e) sans prendre de petit déjeuner hier matin. (Je ne suis jamais sorti[e] sans prendre de petit déjeuner.) 2. Je suis allé(e) faire des courses au supermarché la semaine dernière. (Je ne suis jamais allé[e] faire des courses au supermarché.) 3. Je suis monté(e) dans un ascenseur à la bibliothèque ce matin. (Je ne suis jamais monté[e] dans un ascenseur.) 4. Je suis tombé(e) dans l'escalier l'année dernière. (Je ne suis jamais tombé[e].) 5. Je

suis parti(e) à la campagne pour le week-end le mois dernier. (Je ne suis jamais parti[e] pour le week-end.) 6. Je suis arrivé(e) en classe en retard hier. (Je ne suis jamais arrivé[e] en classe en retard.) 7. Je suis devenu(e) furieux/furieuse contre un agent de police l'été dernier. (Je ne suis jamais devenu[e] furieux/furieuse contre un agent de police.) 8. Je suis entré(e) dans une discothèque vendredi soir. (Je ne suis jamais entré[e] dans une discothèque.) 9. Je suis resté(e) au lit jusqu'à midi dimanche dernier. (Je ne suis jamais resté[e] au lit jusqu'à midi.) 10. Je suis rentré(e) après minuit samedi dernier. (Je ne suis jamais rentré[e] après minuit.) **Ex. 5.** 1. Nous sommes partis à cinq heures vendredi soir. 2. Nous sommes arrivés à Megève vers dix heures. 3. Samedi matin, les enfants sont allés sur les pistes de bonne heure. 4. Victor et moi, nous sommes restés au lit un peu plus longtemps. 5. Marise et Clarisse sont montées et descendues plusieurs fois. 6. Elles ne sont pas tombées, heureusement. 7. Samedi soir, nous sommes revenus au chalet pour dîner. 8. Dimanche matin, les enfants sont retournés sur les pistes à neuf heures. 9. Nous sommes rentrés à Clermont-Ferrand dimanche soir, fatigués mais très contents de notre week-end. **Ex. 6.** 1. Oui, je suis allé(e) chez le coiffeur. (Je ne suis pas allé[e] chez le coiffeur.) 2. Oui, je me suis reposé(e). (Je ne me suis pas reposé[e].) 3. Oui, je me suis douché(e). (Je ne me suis pas douché[e].) 4. Oui, je me suis brossé les dents. (Je ne me suis pas brossé les dents.) 5. Oui, je me suis maquillé(e). (Non, je ne me suis pas maquillé[e].) 6. Oui, je me suis rasé(e) avec mon rasoir électrique. (Non, je ne me suis pas rasé[e] avec mon rasoir électrique.) 7. Oui, je me suis habillé(e). (Non, je ne me suis pas habillé[e].) 8. Oui, je me suis couché(e) et je me suis tout de suite endormi(e). (Non, je ne me suis pas couché[e] et je ne me suis pas tout de suite endormi[e].) **Ex. 7.** 1. Deborah s'est baignée. 2. Deborah s'est séchée. 3. Deborah s'est brossé les dents. 4. Albert est arrivé chez elle. 5. Albert et Deborah sont sortis ensemble. 6. Ils sont arrivés à la fête. 7. Ils sont partis à deux heures du matin. 8. Deborah s'est déshabillée. 9. Deborah s'est couchée. 10. Deborah s'est endormie. **Ex. 8.** 1. Oui, j'ai fait mon lit. (Non, je n'ai pas fait mon lit.) 2. Oui, j'ai bu un coca. (Non, je n'ai pas bu de coca.) 3. Oui, j'ai reçu un coup de téléphone. (Non, je n'ai pas reçu de coup de téléphone.) 4. Oui, j'ai conduit ma voiture. (Non, je n'ai pas conduit ma voiture.) 5. Oui, j'ai eu un accident. (Non, je n'ai pas eu d'accident.) 6. Oui, j'ai été en retard pour un cours. (Non, je n'ai pas été en retard pour un cours.) *Maintenant.* 1. Est-ce que vous avez fait votre lit? (See answers above.) 2. Est-ce que vous avez bu un coca? 3. Est-ce que vous avez reçu un coup de téléphone? 4. Est-ce que vous avez conduit votre voiture? 5. Est-ce que vous avez eu un accident? 6. Est-ce que vous avez été en retard pour un cours? **Ex. 9.** Answers may vary. 1. Les clients dans un bar ont pris un cocktail. 2. Les personnes devant un cinéma ont vu un film. 3. L'explorateur célèbre a découvert une ville perdue. 4. Les bons étudiants ont lu leurs leçons. 5. Le fils affectueux a offert un cadeau à sa mère. 6. Les acteurs ont appris leur rôle. 7. L'auteur connu a écrit plus de livres. 8. La femme élégante a mis une nouvelle robe. **Ex. 10.** 1. J'ai reçu... 2. Agnès et Sarah sont venues me voir... Sarah nous a offert... 3. Nous avons eu... 4. ...nous avons pris... nous avons vu... 5. Je leur ai dit... j'ai dû courir... 6. J'ai ouvert... j'ai vu... j'ai été découragé 7. J'ai mis... j'ai ouvert... je suis allé **Ex. 11.** 1. Dans la ville où tout va mal, les enfants n'obéissent jamais à leurs parents. 2. ...rien n'est simple et calme. 3. ...personne n'est dynamique. 4. ...on ne fait jamais la fête. 5. ...on n'a pas encore éliminé la pollution de l'air. 6. ...les habitants n'aiment personne. 7. ...on n'a rien d'intéressant à faire. 8. ...la ville n'est plus prospère. **Ex. 12.** Non, je n'ai qu'une chambre. 2. Non, je n'ai qu'une bicyclette. 3. Non, ils n'ont qu'un appartement. 4. Non, il n'y a que des autobus. 5. Non, ils n'ont que quinze jours de vacances. 6. Non, je n'ai étudié que le français.

CHAPITRE 6

Ex. 1. 1. lisons (ne lisons pas) 2. écrivons (n'écrivons pas d') 3. lit (ne nous lit pas) 4. lis (ne lis pas de) 5. dis (ne dis pas) 6. disent (ne disent pas de) 7. J'écris (Je n'écris pas de) 8. écrit (n'écrit pas de) **Ex. 2.** 1. j'allais 2. j'adorais 3. j'aimais 4. je m'amusais 5. je rentrais 6. nous allions 7. nous faisions 8. nous nous promenions 9. nous faisions 10. nous finissions **Ex. 3.** 1. Agnès étudiait beaucoup. Moi et mes copains, nous (n')étudiions (pas) beaucoup. 2. Agnès allait au cinéma avec ses copains. Moi et mes copains, nous (n')allions (pas) au cinéma. 3. Jean-Yves faisait du vélo. Moi et mes copains, nous (ne) faisions (pas de) du vélo. 4. Jean-Yves écoutait des cassettes. Moi et mes copains, nous (n')écoutions (pas de) des cassettes. 5. Julien lisait le journal. Moi et

mes copains, nous (ne) lisions (pas) le journal. 6. Julien jouait au volley. Moi et mes copains, nous (ne) jouions (pas de) au volley. **Ex. 4.** 1. Le matin, M. et Mme Rouet se levaient toujours à cinq heures. 2. Mme Rouet prenait le bus pour aller au travail. 3. Elle devait attendre l'autobus une demi-heure. 4. M. Rouet allait au travail en voiture... 5. Il y avait toujours beaucoup de circulation. 6. M. Rouet arrivait au bureau furieux. 7. Il était obligé de déjeuner en ville, et ça coûtait cher. 8. Leurs enfants allaient à l'école en bus. 9. Ils finissaient les cours à seize heures trente. 10. Ils rentraient à la maison et restaient seuls jusqu'à dix-neuf heures. **Ex. 5.** 1. était 2. étais 3. avais 4. avais 5. avais 6. devais 7. voulais 8. était 9. savais 10. avais 11. voulais 12. était **Ex. 6.** 1. qui 2. que 3. où 4. où 5. que 6. qui 7. qui 8. où 9. qu' 10. que **Ex. 7.** 1. J'avais deux cousines qui nous racontaient des histoires fascinantes. 2. Il y avait un parc près de chez nous où nous jouions souvent. 3. Je faisais aussi des promenades à bicyclette que j'aimais beaucoup. 4. Il y avait une maîtresse qui nous apprenait les noms de toutes les plantes. 5. Je jouais avec une petite fille qui avait un gros chien. 6. J'adorais la colonie de vacances où j'allais en été. 7. À la colo, j'avais une copine que j'aimais beaucoup. 8. Il y avait une piscine près de chez nous où je nageais souvent. **Ex. 8.** 1. Oui, je devais leur demander la permission. (Non, je n'avais pas besoin de leur demander la permission.) 2. Oui, je pouvais lui téléphoner tous les soirs. (Non, je ne pouvais pas lui téléphoner tous les soirs.) 3. Oui, je lui écrivais. (Non, je ne lui écrivais pas.) 4. Oui, je leur écrivais des mots pendant les cours. (Non, je ne leur écrivais pas de mots pendant les cours.) 5. Oui, je leur posais beaucoup de questions. (Non, je ne leur posais pas beaucoup de questions.) 6. Oui, je lui offrais des cadeaux. (Non, je ne lui offrais pas de cadeaux.) 7. Oui, je leur empruntais souvent des livres. (Non, je ne leur empruntais pas de livres.) 8. Oui, je leur demandais de l'argent. (Non, je ne leur demandais pas d'argent.) 9. Oui, je leur rendais souvent visite. (Non, je ne leur rendais pas souvent visite.) **Ex. 9.** 1. leur 2. nous 3. nous 4. vous 5. nous **Ex. 10.** 1. Non, maman, je ne lui ai pas écrit. 2. Non, maman, je ne leur ai pas rendu les cassettes. 3. Non, maman, je ne t'ai pas promis de rester à la maison. 4. Non, maman, je ne vous ai pas dit que j'avais des devoirs à faire. 5. Non, maman, tu ne m'as pas prêté ton stylo. 6. Non, maman, je ne lui ai pas donné d'eau. 7. Non maman, je

ne vous ai pas laissé de morceau de gâteau. 8. Non maman, elle ne m'a pas demandé de service. 9. Non maman, je ne lui ai pas rendu visite. 10. Non maman, je ne vous ai pas obéi. **Ex. 11.** 1. Tu t'entendais très bien avec tes professeurs et tes camarades de classe? Oui (Non), je m'entendais (ne m'entendais pas)... 2. Tu t'inquiétais au sujet de tes notes aux examens? Oui (Non), je m'inquiétais (ne m'inquiétais pas)... 3. Tu ne te fâchais jamais avec tes copains? Oui (Non), je me fâchais (ne me fâchais jamais)... 4. Tu te disputais de temps en temps avec tes parents? Oui (Non), je me disputais (ne me disputais pas)... 5. Tu t'occupais de la voiture de tes parents? Oui (Non), je m'occupais (ne m'occupais pas)... 6. Tu t'intéressais beaucoup aux sports d'hiver? Oui (Non), je m'intéressais (ne m'intéressais pas)... 7. Tu t'ennuyais parfois en été? Oui (Non), je m'ennuyais (ne m'ennuyais pas)... **Allons plus loin!** 1. Est-ce que vous vous entendiez très bien aves vos professeurs et vos camarades de classe, madame (monsieur)? (See answers above) 2. Est-ce que vous vous inquiétiez au sujet de vos notes aux examens? 3. Est-ce que vous vous fâchiez avec vos copains? 4. Est-ce que vous vous disputiez de temps en temps avec vos parents? 5. Est-ce que vous vous occupiez de la voiture de vos parents? 6. Est-ce que vous vous intéressiez beaucoup aux sports d'hiver? 7. Est-ce que vous vous ennuyiez parfois en ete? **Ex. 12.** 1. Elle croit à l'égalité des sexes. 2. Ils ne croient pas à la punition corporelle. 3. Nous croyons à la démocratie. 4. Tu crois à l'amitié. 5. Je crois à la tradition. 6. Vous croyez au mariage. **Ex. 13.** 1. voit 2. voyons 3. croyez 4. vois 5. croient 6. croit **Ex. 14.** Answers may vary. 1. Hier, je (ne) me suis (pas) levé(e) avant 8 heures. Quand j'étais petit(e), je (ne) me levais (pas) tous les jours avant 8 heures. 2. Hier, j'ai (je n'ai pas) porté un jean et un tee-shirt. Quand j'étais petit(e), je portais quelquefois un jean et un tee-shirt. 3. Hier, je (ne) suis (pas) allé(e), à l'université. Quand j'étais petit(e), je n'allais pas à l'université. 4. Hier, j'ai parlé au téléphone avec des amis. Quand j'étais petit(e), je parlais quelquefois au téléphone avec des amis. 5. Hier, j'ai conduit une voiture. Quand j'étais petit(e), je ne conduisais pas de voiture. 6. Hier, j'ai regardé la télé. Quand j'étais petit(e), je la regardais souvent. 7. Hier, je me suis couché(e) à minuit et demi. Quand j'étais petit(e), je ne me couchais pas (jamais) à minuit et demi. 8. Hier, j'ai lu les bandes dessinées dans le journal. Quand j'étais petit(e), je les lisais une fois par semaine.

CHAPITRE 7

Ex. 1. Answers will vary. 1. Oui, j'aime les petits pois, mais je préfère les (épinards). 2. Oui, j'aime les cerises, mais je préfère (les pommes). 3. Non, je n'aime pas le jambon. Je préfère (le poulet). 4. Non, je n'aime pas la bière. Je préfère (l'eau minérale). 5. Oui, j'aime les huîtres, mais je préfère (les crevettes). 6. Oui, j'aime le lait, mais je préfère le thé. **Ex. 2.** Answers may vary. 1. deux tasses de 2. trois verres d' 3. une demi-douzaine d' 4. une livre de 5. un peu de 6. beaucoup de **Ex. 3.** 1. Est-ce que tu achètes quelquefois des bonbons au chocolat? Oui, j'achète quelquefois des... (Non, je n'achète pas de...) 2. Est-ce que tu aimes les escargots? Oui, j'aime les escargots. (Non, je n'aime pas les escargots.) 3. Est-ce que tu manges souvent de la dinde? Oui, je mange souvent de la dinde. (Non, je ne mange pas de dinde.) 4. Est-ce que tu consommes beaucoup de fromage? Oui, je consomme beaucoup de fromage. (Non, je ne consomme pas beaucoup de fromage.) 5. Est-ce que tu détestes le poisson? Oui, je déteste le poisson. (Non, je ne déteste pas le poisson.) 6. Est-ce que tu adores la glace? Oui, j'adore la glace. (Non, je n'adore pas la glace.) **Ex. 4.** Answers will vary. 1. Je bois du café. 2. Ils boivent de l'eau minérale. 3. Nous buvons du thé. 4. Les Anglais boivent plus de thé. 5. J'ai bu du jus d'orange. 6. Je buvais du lait. 7. Oui, mes parents buvaient du café. 8. On a bu du champagne et de l'eau minérale. **Ex. 5.** 1. Oui, j'en voudrais. (Non, je n'en voudrais pas.) 2. Oui, j'en bois. (Non, je n'en bois pas.) 3. Oui, j'aime en prendre à tous les repas. (Non, je n'aime pas en prendre à tous les repas.) 4. Oui, j'en prends à tous les repas. (Non, je n'en prends pas à tous les repas.) 5. Oui, j'en mange de temps en temps. (Non, je n'en mange pas.) 6. Oui, j'en mange beaucoup. (Non, je n'en mange pas beaucoup.) **Ex. 6.** 1. Il y en a 1,000. 2. Oui, on en a besoin. 3. Oui, les enfants en ont souvent envie. 4. Oui, il y en a beaucoup dans le café. 5. Non, il n'y en a pas dans le café décaféiné. 6. Il y en a six. 7. Non, il n'y en a pas dans la glace. **Ex. 7.** 1. f, Qui 2. g, Qu'est-ce qu' 3. b, quoi 4. e, quoi 5. a, Qu'est-ce qu' 6. h, quoi 7. d, Qu'est-ce qu' 8. c, Qui **Ex. 8.** 1. Avec qui est-ce que Louis doit venir? (Avec qui Louis doit-il venir?) 2. Qu'est-ce que tu as fait? (Qu'as-tu fait?) 3. À qui est-ce que tu as demandé d'apporter des chips? (À qui as-tu demandé d'apporter des chips?) 4. De quoi est-ce que nous avons besoin? (De quoi avons-nous besoin?) 5. Qui a apporté des cassettes de musique acadienne? 6. De quoi est-ce que tu voudrais parler? (De quoi

voudrais-tu parler?) **Ex. 9.** 1. Christine est en train de réserver une table. 2. Christine est en train de se baigner. 3. Christine est en train de s'habiller. 4. Christine et Bernard sont en train d'arriver au restaurant. 5. Christine et Bernard sont en train de rencontrer leurs amis. 6. Christine, Bernard et leurs amis sont en train d'entrer dans le restaurant. 7. Christine, Bernard et leurs amis sont en train de commander leur dîner. 8. Bernard est en train de goûter le vin. 9. Christine et Bernard sont en train de bavarder avec leurs amis. 10. Bernard est en train de demander l'addition. 11. Bernard est en train de régler l'addition. 12. Christine et Bernard sont en train de rentrer chez eux après avoir laissé le pourboire. **Ex. 10.** Answers may vary. 1. Je choisis un menu, avant d'inviter des amis. (Avant d'inviter des amis, je choisis un menu.) 2. Je lis la recette, avant de faire les provisions. 3. Je fais une liste, avant d'aller au supermarché. 4. Je fais la cuisine, avant de m'habiller pour la soirée. 5. Je prépare le repas, avant de mettre la table. 6. Je débarrasse la table, avant de servir le dessert. **Ex. 11.** 1. Un étudiant typique regarde la télé après avoir fini ses devoirs. 2. Un étudiant typique étudie après être allé en cours. 3. Un étudiant typique écrit une thèse après avoir lu des articles. 4. Un étudiant typique écoute les cassettes après avoir regardé son manuel de laboratoire. 5. Un étudiant typique écrit une composition après avoir réfléchi au sujet. 6. Un étudiant typique répond après avoir écouté les questions du prof. 7. Un étudiant typique va à la bibliothèque après être allé prendre un café. 8. Un étudiant typique se couche après être sorti pour voir un film.

CHAPITRE 8

Ex. 1. 1. Est-ce que tu vas en Europe? Oui, je vais au Portugal et en Espagne. 2. Est-ce que tu vas en Asie? Oui, je vais en Chine et en Inde. 3. Est-ce que tu vas en Afrique? Oui, je vais au Zaïre et au Sénégal. 4. Est-ce que tu vas en Afrique du Nord? Oui, je vais en Tunisie et au Maroc. 5. Est-ce que tu vas en Louisiane? Oui, je vais à Baton Rouge et à La Nouvelle-Orléans. 6. Est-ce que tu vas au Canada? Oui, je vais à Montréal et à Toronto. **Ex. 2.** 1. D'où viennent les Volkswagens? Les Volkswagens viennent d'Allemagne. 2. D'où viennent les appareils Sony? Les appareils Sony viennent du Japon. 3. D'où vient le jamabalaya? Le jambalaya vient de Louisiane. 4. D'où viennent les vins de Bourgogne? Les vins de Bourgogne viennent de France. 5. D'où viennent les enchiladas et les tacos? Les enchiladas et les

tacos viennent du Mexique. 6. D'où vient le cappuccino? Le cappuccino vient d'Italie. 7. D'où viennent les Cadillacs? Les Cadillacs viennent des États-Unis. 8. D'où vient le sucre d'érable? Le sucre d'érable vient du Canada et du Vermont. **Ex. 3.** 1. le plus 2. le plus, le moins 3. le plus 4. les plus, les plus 5. les plus 6. le plus **Ex. 4.** 1. Le polyester coûte le moins cher. 2. Le nylon se lave le mieux. 3. Les diamants coûtent le plus cher. 4. La porcelaine se casse le plus facilement. 5. Le cuir s'utilise le moins dans les vêtements pour enfants. **Ex. 5.** 1. Le Canada a le plus d'habitants francophones. / Le Congo a le moins d'habitants francophones. 2. Le Mali a le plus d'habitants francophones. / Le Luxembourg a le moins d'habitants francophones. 3. La Suisse a le plus d'habitants francophones. / Le Congo a le moins d'habitants francophones. **Ex. 6.** Answers may vary. 1. Laquelle de ces montres préfères-tu? d (Celle en or parce que...) 2. Laquelle de ces bagues préfères-tu? c 3. Lequel de ces portefeuilles préfères-tu? a 4. Lequel de ces foulards préfères-tu? e 5. Lequel de ces vases préfères-tu? b **Ex. 7.** Answers may vary. 1. ceux, ceux / Moi, je préfère ceux qui sont personnalisés (qui coûtent cher). 2. celles, celles / Moi, je préfère celles qui sont comiques. 3. celles, celles / Moi, je préfère celles qui sont plus discrètes. 4. ceux, ceux / Moi, je préfère ceux en cuir. 5. ceux, ceux / Moi, je préfère ceux qui sont confortables. **Ex. 8.** Answers may vary. 1. a. devrions / Oui, je suis d'accord parce que les émissions toxiques sont mauvaises pour la santé. (Non, je ne suis pas d'accord parce que les entreprises ne peuvent pas le faire sans réduire leur production.) b. devrais / Oui, je suis d'accord parce que j'habite près de mon lieu de travail. (Non, je ne suis pas d'accord parce que je préfère aller en voiture.) 2. a. devrais / Oui, je suis d'accord parce que c'est facile à faire. (Non, je ne suis pas d'accord parce que je ne voudrais pas changer mes habitudes!) b. devraient / Oui, je suis d'accord parce que ce n'est pas nécessaire, sauf quand il fait très chaud! (Non, je ne suis pas d'accord parce que mon jardin a besoin d'être arrosé tous les jours.) 3. a. devraient / Oui, je suis d'accord parce que je préfère manger des produits naturels. (Non, je ne suis pas d'accord parce qu'il faut tuer les insectes.) b. devrions / Oui, je suis d'accord parce que ces détergents sont bons. (Non, je ne suis pas d'accord parce qu'ils ne sont pas aussi bons que les autres.) 4. a. devrait / Oui, je suis d'accord parce que c'est bon pour la planète. (Non, je ne suis pas d'accord parce que je n'aime pas le faire.)

b. devrait / Oui, je suis d'accord parce qu'il y a trop de plastique. (Non, je ne suis pas d'accord. Il faut le recycler, c'est tout.) **Ex. 9.** 1. vivaient 2. empêchaient 3. émettaient 4. montaient 5. pique-niquaient 6. trouvait 7. étaient 8. comprenait **Ex. 10.** 1. faisait, s'est arrêté 2. envoyait, s'est éteint 3. écoutait, a...entendu 4. parlait, a été 5. écoutait, s'est arrêtée

CHAPITRE 9

Ex. 1. Oui, j'y habite. (Non, je n'y habite pas.) 2. Oui, j'y suis déjà allé(e) cette semaine. (Non, je n'y suis pas encore allé[e]...) 3. Oui, j'y participe beaucoup. (Non, je n'y participe pas beaucoup.) 4. Oui, j'y réponds souvent. (Non, je n'y...) 5. Oui, j'y assiste parfois. (Non, je n'y assiste jamais.) 6. Oui, j'y pense souvent. (Non, je n'y...) **Ex. 2.** 1. Answers may vary. 1. Oui, je suis plus intelligent(e) que lui. (Non, je suis moins/aussi...) 2. Oui, je suis moins intéressant(e) qu'eux. (Non, je suis plus/aussi...) 3. Oui, je suis aussi dynamique que lui / qu'elle. (Non, je suis moins/plus...) 4. Oui, mes camarades de classe sont aussi intelligents que moi. (Non, ils sont plus/moins...) 5. Oui, mes professeurs sont aussi sympathiques qu'eux. (Non, ils sont plus/moins...) 6. Oui, je suis aussi équilibré(e) que lui/qu'elle. (Non, je suis moins/plus...) 7. Oui, ils sont plus courageux que moi. (Non, ils sont moins/aussi...) **Ex. 3.** 1. Oui, j'ai dîné avec lui. (Non, je n'ai jamais dîné avec lui.) 2. Oui, je me suis disputé(e) avec eux. (Non, je ne me suis jamais disputé[e] avec eux.) 3. Oui, j'ai travaillé pour lui/elle. (Non,...) 4. Oui, j'ai fait des courses pour eux/elles. (Non,...) 5. Oui, je me suis fâché(e) avec lui/elle. (Non,...) 6. Oui, j'ai joué au tennis avec lui/elle. (Non;...) 7. Oui, je sors tous les vendredi soirs avec elles/eux. (Non;...) **Ex. 4.** 1. Lui et elle, ils vont au cinéma. 2. Elle et lui, ils lisent le journal tous les jours. 3. Eux et nous, nous aimons Astérix. Moi, non! Je n'aime pas Astérix. 4. Elle et lui, ils sont stars de cinéma. 5. Toi et moi, nous paniquons avant les examens. 6. Lui et elle, ils sont écrivains. 7. Elles sont dynamiques. **Ex. 5.** 1. Elle est chanteuse. 2. Elle était physicienne. 3. Il était empereur. 4. Elle était écrivaine. 5. Il est chanteur. 6. Il est général (homme d'état). **Ex. 6.** Answers may vary. 1. C'est un professeur de lycée. C'est la femme de Victor. (C'est la sœur de Bernard.) 2. C'est un cadre dans une entreprise. C'est le beau-frère de Bernard Lasalle. 3. C'est un ingénieur. C'est le fils de Francis Lasalle. (C'est le frère de Claudine.) 4. C'est une étudiante en hôtellerie. C'est la sœur de Marise. 5. C'est un petit garçon.

C'est le frère de Clarisse. 6. C'est un étudiant à l'université de Paris VII. C'est l'ami d'Agnès Rouet. **Ex. 7.** 1. Julien habite à la Défense depuis quatre ans. 2. Sa mère est à Paris depuis cinq ans. 3. Julien travaille pour TF1 depuis sept ans. 4. Il connaît Bernard Lasalle depuis huit ans. 5. Julien fait de la voile depuis douze ans. **Ex. 8.** Answers will vary. 1. Je fais des études à l'université depuis (deux ans). 2. J'habite (à la cité universitaire). J'y habite depuis (un an). 3. Mes parents habitent (à la campagne). Ils y habitent depuis (vingt-cinq ans). 4. J'étudie le français depuis (six mois). 5. J'ai mon permis de conduire depuis (l'année dernière). J'ai ma propre voiture depuis (l'année dernière). **Ex. 9.** 1. aura 2. sera 3. gagnera 4. iront 5. devra 6. pourront 7. fera 8. impressionnera 9. découvrira 10. ira 11. reviendra 12. ouvrira 13. irons 14. deviendra 15. écrira 16. aura 17. s'appellera **Ex. 10.** 1. Est-ce que tu te coucheras tôt ce soir? Oui, je me coucherai tôt ce soir. (Non, je ne me coucherai pas...) Et toi? 2. Est-ce que tu dormiras jusqu'à dix heures demain? Oui, je dormirai... (Non, je ne dormirai pas...) 3. Est-ce que tu finiras tous tes devoirs avant le week-end? Oui, je finirai... (Non,...) 4. Est-ce que tu réussiras à tous tes examens ce semestre? Oui, je réussirai à... (Non,...) 5. Est-ce que tu sortiras ce week-end? Oui, je sortirai... (Non,...) 6. Est-ce que tu gagneras beaucoup d'argent cet été? Oui, je gagnerai... (Non,...) 7. Est-ce que tu achèteras une voiture cette année? Oui, j'achèterai... (Non,...) **Ex. 11.** 1. Tu seras heureux quand tu réussiras à l'examen demain. 2. Tu seras très surpris quand tu recevras un A en cours de français. 3. Tu seras surpris quand tes amis t'inviteront à sortir ce week-end. 4. Tu n'auras pas d'ennuis financiers quand tu trouveras un job cet été. 5. Tu seras étonné quand tu auras assez d'argent pour payer tes études. 6. Tu seras surpris quand tu finiras ton devoir d'histoire ce soir.

CHAPITRE 10

Ex. 1. Answers may vary. 1. Toutes / Je ne suis pas du tout d'accord! Quelquefois, il n'y a pas assez de place pour les jambes! (Oui, je suis d'accord. J'ai toujours eu une bonne place.) 2. Tous / Je ne suis pas du tout d'accord! Quelques-uns sont vraiment difficiles! (Oui, je suis d'accord. Tous les passagers que j'ai rencontrés étaient sympathiques.) 3. Tout / Je ne suis pas du tout d'accord! Le voyage en France passe lentement! (Oui, je suis d'accord. Il passe toujours rapidement parce que je dors.) 4. Tous / Je ne suis pas du tout d'accord! Les renseignements annoncés par le pilote sont dif-

ficiles à comprendre. (Oui, je suis d'accord...) 5. Toute / Je ne suis pas du tout d'accord! Je déteste la musique classique. (Je suis d'accord...) 6. Toutes / Je ne suis pas du tout d'accord! Certaines hôtesses sont négligentes. (Je suis d'accord...) 7. Toute / Je ne suis pas du tout d'accord! Je la trouve assez simple. (Je suis d'accord...) 8. Tous / Je ne suis pas du tout d'accord! Une fois, il y en avait un devant moi qui hurlait tout le voyage. (Je suis d'accord...) **Ex. 2.** 1. Il faut que je passe à la banque. 2. Il faut que j'écrive des instructions pour la voisine. 3. Il faut que je prenne des chèques de voyage. 4. Il faut que je demande des prospectus au consulat marocain. 5. Il faut que je choisisse une valise neuve. 6. Il faut que je lise les prospectus sur le Maroc. 7. Il faut que je rende les livres à la bibliothèque. 8. Il faut que j'organise mes affaires. **Ex. 3.** 1. Il faut que nous demandions si le vol va partir à l'heure. 2. Il faut que nous choisissions des magazines. 3. Il faut que nous écoutions quand on annonce les départs. 4. Il ne faut pas que nous oubliions la valise en consigne automatique. 5. Il ne faut pas que nous prenions un taxi pour aller à l'hôtel. C'est trop cher. 6. Il faut que nous téléphonions aux enfants ce soir. 7. Il faut que nous écrivions une carte postale à Julien ce soir. 8. Il ne faut pas que nous laissions nos chèques de voyage dans la valise. 9. Il faut que nous relisions les brochures. 10. Il faut que nous nous reposions en avion. **Ex. 4.** 1. Est-ce qu'il vaut mieux que je prenne les billets à l'aéroport ou que j'aille à l'agence de voyages? Il vaut mieux que vous alliez à l'agence de voyages pour éviter de longues queues à l'aéroport. (Il vaut mieux que vous preniez les billets à l'aéroport.) 2. Est-ce qu'il vaut mieux que je mette mon passeport dans ma petite valise ou dans ma poche? Il vaut mieux que vous le mettiez dans votre poche, parce qu'il faut que vous le montriez à la douane. (Il vaut mieux que vous le mettiez dans votre petite valise pour ne pas le perdre.) 3. Est-ce qu'il vaut mieux que je sois à l'aéroport trois heures avant le départ ou non? Il vaut mieux que vous arriviez trois heures avant le départ. Ainsi, vous aurez un peu de temps pour vous détendre avant votre départ. (Il vaut mieux que vous arriviez deux heures avant votre départ. Vous aurez assez de temps pour faire peser vos bagages.) 4. Est-ce qu'il vaut mieux que je boive beaucoup ou non, pendant le voyage en avion? Oui, il vaut mieux que vous buviez beaucoup pour ne pas être déshydraté(e). (Il vaut mieux que vous ne buviez pas beaucoup de liquides.) 5. Est-ce qu'il vaut mieux que j'utilise des chèques de voyage ou une carte de crédit? Il vaut mieux que vous utilisiez des chèques de voyage. Ainsi, si vous les perdez, vous pourrez les remplacer facilement. 6. Est-ce qu'il vaut mieux que j'aie du liquide (de l'argent) pour laisser des pourboires? Oui, il vaut mieux que vous en ayez pour laisser des pourboires. 7. Est-ce qu'il vaut mieux que je fasse mes valises deux ou trois jours avant ou à la dernière minute? Il vaut mieux que vous les fassiez deux ou trois jours avant pour ne rien oublier. 8. Est-ce qu'il vaut mieux que j'aille prendre des brochures avant mon départ ou non? Il vaut mieux que vous alliez prendre des brochures avant votre départ pour mieux vous préparer. **Ex. 5.** 1. Il ne faut pas que tu boives beaucoup d'alcool. 2. Il ne faut pas que tu ailles dans les cabarets. 3. Il ne faut pas que tu sortes seul(e). 4. Il faut que tu t'endormes à une heure raisonnable. 5. Il ne faut pas que tu fasses du bruit à l'hôtel. 6. Il faut que tu sois ponctuel(le). 7. Il faut que tu aies ton passeport sur toi à tout moment. 8. Il faut que tu nous écrives souvent. 9. Il faut que tu prennes des vitamines. **Ex. 6.** Answers will vary. 1. Un jeune homme (Une jeune fille) de 18 ans conduit trop vite. Il/Elle suit rarement le code de la route. 2. Les chauffeurs de taxi conduisent prudemment. En général, ils suivent le code de la route. 3. Mon meilleur ami (Ma meilleure amie) conduit bien. Il/Elle suit toujours le code de la route. 4. Mes copains conduisent mal. Ils ne suivent pas toujours le code de la route. 5. Les personnes âgées conduisent lentement. Elles suivent toujours le code de la route. 6. Les gens de ma ville conduisent assez bien. En général, ils suivent le code de la route. 7. Un agent de police conduit bien. Il suit toujours le code de la route. 8. Je conduis prudemment. Je suis toujours le code de la route. **Ex. 7.** Answers may vary. 1. b, f / Roulez lentement et soyez prudent. 2. a, d / Mettez les clignotants et ralentissez. 3. d, e / Ralentissez et freinez. 4. e, c / Freinez et arrêtez la voiture. 5. b, f / Roulez lentement et soyez prudent. **Ex. 8.** 1. vous / Je ne suis pas d'accord. C'est très dangereux. 2. nous / Je suis d'accord. 3. toi / Je suis d'accord. C'est un bon conseil. 4. vous / Je ne suis pas d'accord. Il faut être patient(e). 5. toi / Je ne suis pas d'accord. Il faut rester calme. **Ex. 9.** 1. C'est un bon conseil. Gonflez-les souvent. 2. Ce n'est pas nécessaire. Ne la lavez pas à chaque fois. 3. C'est un bon conseil. Vérifiez-la une fois par semaine. 4. Ce n'est pas nécessaire. N'en achetez pas toujours. 5. C'est un bon conseil. N'en met-

tez jamais. 6. C'est un bon conseil. Ne l'ouvrez jamais quand le moteur est chaud. **Ex. 10.** 1. Est-ce que tu le lui donnes? Oui, je le lui donne. (Non, je ne le lui donne pas.) 2. Est-ce que tu le leur montres? Oui, je le leur montre. (Non, je ne le leur montre pas.) 3. Est-ce que tu lui en laisses? Oui, je lui en laisse. (Non, je ne lui en laisse pas.) 4. Est-ce que tu la lui prêtes? Oui, je la lui prête. (Non, je ne la lui prête pas.) 5. Est-ce que tu leur en présentes? Oui, je leur en présente. (Non, je ne leur en présente pas.) 6. Est-ce que tu lui en donnes? Oui, je lui en donne. (Non, je ne lui en donne pas.) 7. Tu leur en offres? Oui, je leur en offre. (Non, je ne leur en offre pas.) 8. Tu leur en laisses? Oui, je leur en laisse. (Non, je ne leur en laisse pas.)

CHAPITRE 11

Ex. 1. Answers will vary. 1. aurait / Oui, c'est vrai, parce qu'on n'aurait pas d'exemples de crimes violents. (Non, ce n'est pas vrai...) 2. lirais / C'est vrai, parce qu'on ne serait pas aussi distrait par la télévision. (Non,...) 3. seraient / C'est vrai, parce qu'ils passeraient plus de temps à faire de l'exercice. (Non,...) 4. saurions / Ce n'est pas vrai, parce que nous aurions encore des journaux et des ordinateurs! (C'est vrai...) 5. connaîtrait / Ce n'est pas vrai, parce qu'on pourrait lire des journaux et des livres. (C'est vrai...) 6. feraient / C'est vrai, parce qu'il n'y aurait pas de publicité. (Non,...) 7. dormirions / C'est vrai, parce que nous ne regarderions pas d'émissions à minuit. (Non,...) **Ex. 2.** 1. Pourriez 2. auriez 3. voudrais 4. pourriez 5. devrais 6. pourrais 7. sauriez **Ex. 3.** 1. Dans un monde idéal, on pourrait toujours croire ce qu'on vous dit. 2. Dans un monde idéal, nous ne serions pas influencés par des messages subtils ou subliminaux. 3. Dans un monde idéal, les gens ne dépenseraient pas beaucoup d'argent pour des produits inutiles. 4. Dans un monde idéal, le travail occuperait une moins grande partie de notre vie. 5. Dans un monde idéal, il y aurait assez d'emplois pour tous ceux qui veulent travailler. **Ex. 4.** 1. C'est le magazine dont je parlais l'autre jour. 2. C'est le livre dont on discutait à la télé. 3. C'est un metteur en scène dont je connais d'autres films. 4. C'est une vedette dont j'ai vu tous les films. 5. C'est un titre dont je ne me souviens jamais. **Ex. 5.** 1. ce qui: c 2. ce qui: f 3. ce que: d 4. ce qui: e 5. ce que: b 6. ce que: a 7. ce qui: f 8. ce que: e **Ex. 6.** 1. ce qu' 2. ce qui 3. Ce qui 4. ce qu' 5. ce qui 6. ce qu' 7. ce qui 8. ce dont

Ex. 7. Answers may vary. 1. à / Oui, je lui écris des lettres. 2. —/ Je l'écoute plus souvent dans ma voiture. 3. à / Oui, je leur téléphone souvent. 4. —/ Oui, je les regarde à la télé. 5. —/ Je cherche la météo sur le Web. 6. à / Oui, je lui envoie du courrier électronique. 7. à / Non, je ne lui parle pas. 8. —/ Non, je ne les déteste pas. **Ex. 8.** 1. Je les lui montre. (Je ne les lui montre pas.) 2. Le lui donne. (Je ne le lui donne pas.) 3. Je les lui rends. (Je ne les lui rends pas.) 4. Je les leur montre. (Je ne les leur montre pas.) 5. Je le lui dis. (Je ne le lui dis pas.) 6. Je la lui montre. (Je ne la lui montre pas.) 7. Je le lui dis. (Je ne le lui dis pas.) **Ex. 9.** 1. Si je voulais vraiment acheter quelque chose, je serais (ne serais pas) très impatient(e). 2. Si j'étais déprimé(e), j'aurais (n'aurais pas) envie de faire des achats. 3. Si j'avais envie de faire des achats, je laisserais (ne laisserais pas) mes cartes de crédit à la maison. 4. Si je faisais beaucoup d'achats, je serais encore plus (ne serais plus) déprimé(e). 5. Si j'achetais quelque chose de cher, j'irais (je n'irais pas) dans tous les magasins pour trouver le meilleur prix. 6. Si je n'aimais pas quelque chose, je le rapporterais (ne le rapporterais pas) au magasin.

CHAPITRE 12

Ex. 1. 1. Oui, il/elle voudrait que je fasse plus de sport. (Non, il/elle ne voudrait pas que... / Ça lui est égal.) 2. Oui, il/elle voudrait que je dorme moins. (Non, il/elle ne voudrait pas que... / Ça lui est égal.) 3. Oui, il/elle voudrait que je perde du poids. (Non,...) 4. Oui, il/elle voudrait que je sois plus sérieux/sérieuse dans mes études. (Non,...) 5. Oui, il/elle voudrait que je dépense moins d'argent. (Non,...) 6. Oui, il/elle voudrait que je devienne médecin. (Non,...) 7. Oui, il/elle voudrait que je puisse le (la) voir plus souvent. **Ex. 2.** Answers may vary. 1. Oui, je demanderais qu'on enlève toutes... (Non, je ne demanderais pas...) 2. Je désire qu'on serve des plats végétariens... (Non, je ne désire pas...) 3. J'aimerais qu'il y ait une salle... (Non, je n'aimerais pas...) 4. Je préférerais que l'université dépense moins d'argent... (Non, je ne préférerais pas...) 5. Oui, j'exigerais que les cours ne commencent pas avant 9 heures... (Non, je n'exigerais pas que...) 6. Oui, je demanderais que les examens finals soient mieux espacés. (Non, je ne demanderais pas que...) **Ex. 3.** 1. n'avais pas, n'ai rien mangé 2. avais, me suis endormie 3. me sentais, ai dû 4. devais, n'ai pas pu 5. n'avais pas, n'ai pas téléphoné

6. voulais, ai dû **Ex. 4.** 1. f / On peut réduire les effets des allergies en ayant des piqûres. Oui, c'est vrai. (Non, ce n'est pas vrai.) 2. c / On peut soulager des yeux inflammés en y mettant des gouttes. Oui, c'est vrai. (Non,...) 3. a / On peut transmettre des microbes en toussant et en éternuant. Oui, c'est vrai. 4. b / On peut éviter les rhumes en prenant beaucoup de vitamine C. Oui, c'est vrai. 5. e / On peut guérir d'une grippe en mangeant de la soupe au poulet. Oui, c'est vrai. 6. On peut arrêter le hoquet en se mettant un sac sur la tête. Non, ce n'est pas vrai. (Oui,...) **Ex. 5.** 1. viennent d'arriver 2. venez de voir 3. venons d'apprendre 4. vient d'arriver 5. viennent d'éteindre **Ex. 6.** 1. était, faisait, avait 2. avons décidé 3. avons mis, sommes partis 4. était, glissaient 5. sommes arrivés 6. suis tombé, s'est cassé 7. ne me suis pas cassé 8. avons dû, étions **Ex. 7.** 1. était 2. avais 3. j'ai pris 4. étais 5. n'ai pas trouvé 6. j'ai pris 7. était 8. avait 9. était 10. s'avançait 11. j'ai mal estimé 12. a frôlé 13. Je cherchais 14. j'ai entendu 15. était 16. pensait 17. j'allais

CHAPITRE 13

Ex. 1. 1. se sont rencontrés 2. se sont détestés 3. se revoir 4. se sont rencontrés 5. se sont aidés 6. se quitter 7. s'entendent **Ex. 2.** 1. nous nous disons 2. vous vous écoutez 3. se parlent 4. se téléphonent 5. nous nous invitons 6. s'embrassent **Ex. 3.** 1. patiemment 2. sérieusement 3. nerveusement 4. attentivement 5. élégamment 6. calmement 7. discrètement **Ex. 4.** Answers may vary. 1. Il est regrettable que les jeunes et les vieux ne s'entendent pas bien. 2. Il est inévitable que les jeunes ne fassent pas attention aux conseils de leurs parents. 3. Il est regrettable que nous soyons obligés de répéter les erreurs de nos parents. 4. Il est rare qu'un jeune Américain ait envie d'habiter longtemps chez ses parents. 5. Il est regrettable que les personnes âgées ne croient plus pouvoir contribuer à la société. 6. Il est honteux (étonnant) qu'un certain nombre de personnes âgées soient abandonnées par leurs enfants. **Ex. 5.** 1. Je suis triste que tes parents aient divorcés. 2. Je suis désolée que ton grand-père soit à l'hôpital. 3. C'est dommage que tu n'aies pas encore ton baccalauréat. 4. Il est regrettable que tu doives repasser tes examens le mois prochain. 5. Je suis heureuse que tous tes amis partent à l'étranger cet été. 6. Je regrette que tu ne puisses pas y aller. 7. Je suis désolée que tu te sentes vraiment triste. **Ex. 6.** 1. b / avait perdu 2. e / avait oublié 3. a / avait bu 4. d / avait oublié 5. c / avait mangé **Ex. 7.** 1. était parti 2. l'avait oubliée 3. avait vendu 4. avait vu 5. elle s'était déjà couchée **Ex. 8.** 1. La mienne est propre/sale. La sienne est propre/sale. 2. La mienne est en ordre/en désordre. La sienne est en ordre/en désordre. 3. Les miens sont chic/pratiques. Les siens sont chic/pratiques. 4. Le mien (La mienne) est facile/difficile à vivre. Le sien (La sienne) est facile/difficile à vivre. 5. Les miennes sont très bonnes/moyennes. Les siennes sont très bonnes/moyennes.

CHAPITRE 14

Ex. 1. 1. ont vécu 2. a survécu 3. vivait 4. vivra 5. vit 6. vivent **Ex. 2.** 1. auraient dû 2. aurions dû 3. auriez dû 4. aurait dû 5. aurais dû 6. aurais dû **Ex. 3.** 1. n'aurais pas acheté 2. aurait été 3. n'aurait pas jeté 4. aurais pu 5. ne serais pas rentré 6. te serais rendu compte **Ex. 4.** 1. à moins que 2. à condition que 3. Bien que (Quoique) 4. jusqu'à ce que 5. bien que (quoique) 6. pour que **Ex. 5.** Answers may vary. 1. a. Il est impossible que les résidences universitaires aient... b. Je crois que les résidences universitaires auront... 2. a. Je doute que tous les Américains parlent... b. Il est probable que tous les Américains parleront... 3. a. J'espère que nous éliminerons... b. Il est peu probable que nous éliminions... 4. a. Je pense que tout le monde travaillera... b. Je ne suis pas sûr(e) que tout le monde travaille... 5. a. Il n'est pas possible que toutes les familles du monde aient... b. Je suis certain(e) que toutes les familles du monde auront...

Lexique: *Vocabulaire*
français–anglais

This vocabulary contains French words and expressions used in this book, with their contextual meanings. The gender of nouns is indicated by the abbreviations *m.* or *f.* Both masculine and feminine forms of adjectives are shown.

All words and expressions from chapter vocabulary lists are included, with the exception of exact cognates. Conjugated verb forms, present participles, and regular past participles are not included. In general, regular adverbs do not appear if the adjectives upon which they are based are included (e.g., **lent[e], lentement**); regular past participles used as adjectives do not appear if the verbs upon which they are based are included (e.g., **varier, varié[e]**). Words beginning with aspirate *h* are preceded by an asterisk (*).

Abbreviations

A.	archaic	*fam.*	familiar, colloquial	*m.*	masculine noun
ab.	abbreviation	*fig.*	figurative	*pl.*	plural
adj.	adjective	*Gram.*	grammar term	*p.p.*	past participle
adv.	adverb	*interj.*	interjection	*prep.*	preposition
art.	article	*intr.*	intransitive	*pron.*	pronoun
conj.	conjunction	*inv.*	invariable	*s.*	singular
f.	feminine noun	*irreg.*	irregular (verb)	*subj.*	subjunctive
		lit.	literary	*trans.*	transitive

à *prep.* to; at; in; with

abandonner to drop (*a course of study, a class*) to give up; to abandon, desert

abolir to abolish, do away with

s'abonner (à) to subscribe (to)

abricot *m.* apricot

absent(e) *adj.* absent

absolu(e) *adj.* absolute

s'abstenir (*like* **tenir**) *irreg.* to abstain

abstrait(e) *adj.* abstract

absurde *adj.* absurd

abus *m.* abuse; misuse; **abus de la drogue** drug abuse

abuser de to misuse, abuse

Acadie *f.* Acadia (Nova Scotia)

acadien(ne) *adj.* Acadian; **Acadien(ne)** *m., f.* Acadian (*person*)

acajou *m.* mahogany

accélérer (j'accélère) to accelerate

accentué(e) accentuated, stressed

accepter (de) to accept; to agree (to)

accès *m.* access; **accès interdit** no entry

accessible *adj.* accessible; **accessible aux handicapés** accessible to the handicapped

accessoires *m.pl.* accessories

acclamer to acclaim; to hail

accompagner to accompany

accord *m.* agreement; **d'accord** all right, O.K.; **être d'accord** to agree, be in agreement; **se mettre d'accord** to reconcile, come to an agreement

accorder to grant, bestow, confer

accouchement *m.* childbirth, delivery

accoutumance *f.* state of being accustomed

accrocher to hang up; to hook

s'accroupir to squat, stoop over

accueil *m.* greeting, welcome

accueillir (*like* **cueillir**) *irreg.* to welcome, greet

accusé(e) *m., f.* accused, defendant; **défendre les accusés** to defend the accused

achat *m.* purchase; **faire des achats** to go shopping

acheter (j'achète) to buy; **acheter des provisions** to buy groceries

acide *adj.* acid; tart, sour; *m.* acid; **pluie** (*f.*) **acide** acid rain

acier *m.* steel

acquérir (*p.p.* **acquis**) *irreg.* to acquire, obtain

acte *m.* act

acteur/actrice *m., f.* actor/actress

actif/active *adj.* active; working

action *f.* action, gesture; **jour** (*m.*) **d'Action de Grâce** Thanksgiving Day (*U.S., Canada*)

activité *f.* activity

actualité *f.* piece of news; news

actuel(le) *adj.* present, current

actuellement *adv.* now, at the present time

adapter to adapt

addition *f.* bill, tab (*in a restaurant*)

adieu *interj.* good-bye; **soirée d'adieu** good-bye party

adjectif *m.* adjective

admettre (*like* **mettre**) *irreg.* to admit, accept

administratif/administrative *adj.* administrative

administré(e) *adj.* administered

admirer to admire; **s'admirer** to admire oneself, one another

adolescent(e) (*fam.* **ado**) *adj., m., f.* adolescent, teenager

adopter to adopt

adorer to adore, worship; to admire; to be fond of

adresse *f.* address

adresser to address, speak to; **s'adresser à** to speak to; to appeal to; to inquire

adverbe *m.* adverb

adversaire *m., f.* opponent, adversary

aérobic *f.* aerobics; **faire de l'aérobic** to do aerobics

aéroport *m.* airport

affaire *f.* affair; business matter; *pl.* belongings

affecter to affect

affectueux/affectueuse *adj.* affectionate

affichage *m.*: **tableau** (*m.*) **d'affichage** display board

affiché(e) *adj.* posted, displayed

affirmatif/affirmative *adj.* affirmative

affirmation *f.* statement

affirmer to affirm, assert

affreux/affreuse *adj.* frightful, awful

affronter to face, confront

afin de *prep.* to, in order to; **afin que** *conj.* so, so that

africain(e) *adj.* African; **Africain(e)** *m., f.* African (*person*)

Afrique *f.* Africa

agaçant(e) *adj.* annoying, irritating

âge *m.* age; **quel âge avez-vous?** how old are you?

âgé(e) *adj.* aged; old; elderly

agence *f.* agency; **agence de voyages** travel agency; **agence publicitaire** advertising agency

agent *m.* agent; **agent de police** police officer; **agent de voyages** travel agent

aggraver to aggravate, worsen; **s'aggraver** to grow worse

agneau *m.* lamb; **gigot** (*m.*) **d'agneau** leg of lamb

agréable *adj.* pleasant, nice, agreeable

agréer to accept; **veuillez agréer l'expression de mes sentiments distingués** yours truly

agressif/agressive *adj.* aggressive

agricole *adj.* agricultural, farming

agriculteur/agricultrice *m., f.* cultivator, farmer

ah bon? (ah oui?) *interj.* really? is that right?

aide *f.* help, assistance

aider to help, provide aid; **aider à la maison** to help around the house; **s'aider** to help one another

aigu(ë) *adj.* acute; **accent** (*m.*) **aigu** acute accent

ail *m.* garlic

ailleurs *adv.* elsewhere; **d'ailleurs** *adv.* moreover; furthermore

aimable *adj.* likeable, friendly

aimer to like; to love; **aimer bien** to like; **aimer mieux** to prefer

ainsi *conj.* thus, so, such as; **ainsi que** *conj.* as well as, in the same way as

air *m.* air; look; tune; **avoir l'air (de)** to seem, appear; **en plein air** outdoors, in the open air; **hôtesse** (*f.*) **de l'air** flight attendant, stewardess

aise *f.* ease, comfort; **être mal à l'aise** to be uncomfortable; **se sentir à l'aise** to feel at ease

aisé(e) *adj.* comfortable; well-off; easy, effortless

ajouter to add

album *m.* album

alcool *m.* alcohol

Algérie *f.* Algeria

algérien(ne) *adj.* Algerian; **Algérien(ne)** *m., f.* Algerian (person)

algue *f.* seaweed

aliment *m.* food, nourishment; food item

alimentaire *adj.* alimentary, pertaining to food

alimentation *f.* food, feeding, nourishment; **magasin** (*m.*) **d'alimentation** food store

allaiter to (breast)feed; **allaiter au sein** to breastfeed

allécher (j'allèche) to allure; to attract

allégé(e) *adj.* light

Allemagne *f.* Germany

allemand(e) *adj.* German; *m.* German (language); **Allemand(e)** *m., f.* German (person)

aller *irreg.* to go; **aller + inf.** to be going to + inf.; **allons-y!** let's go!; **billet** (*m.*) **aller-retour** round-trip ticket; **comment allez-vous?** how are you?; **s'en aller** to leave

allergie *f.* allergy

allergique *adj.* allergic

alliance *f.* wedding ring

allô *interj.* hello (phone greeting)

allocation *f.* allotment; pension; **allocations familiales** *pl.* family subsidy

allumer to light (a cigarette, a fire); **allumer la télé** to turn on the T.V.

alors *adv.* then, in that case, therefore; **alors que** *conj.* while, whereas

Alpes *f. pl.* the Alps

alphabet *m.* alphabet

Alsace *f.* Alsace (eastern French province)

alsacien(ne) *adj.* Alsatian, from Alsace; *m.* Alsatian (language); **Alsacien(ne)** *m., f.* Alsatian (person)

aluminium *m.* aluminum

amazonien(ne) *adj.* Amazonian

ambassade *f.* embassy

ambiance *f.* atmosphere, surroundings

ambitieux/ambitieuse *adj.* ambitious

ambulant(e) *adj.* itinerant, traveling

amélioration *f.* improvement

améliorer to improve, better; **s'améliorer** to improve (oneself), get better

aménager (nous aménageons) to achieve, manage; to equip, set up

amener (j'amène) to bring; to take (a person)

américain(e) *adj.* American; **Américain(e)** *m., f.* American (person)

Amérique *f.* America; **Amérique Centrale** Central America; **Amérique du Nord (du Sud)** North (South) America

ami(e) *m., f.* friend; **petit(e) ami(e)** boyfriend/girlfriend

amical(e) *adj.* friendly

amitié *f.* friendship

amour *m.* love

amoureux/amoureuse *adj.* in love; **tomber amoureux/amoureuse (de)** to fall in love (with)

amphi *m., fam.* (**amphithéatre**) amphitheater

amusant(e) *adj.* amusing, fun

amuser to entertain, amuse; **s'amuser (à)** to have fun, have a good time

an *m.* year; **avoir (vingt) ans** to be (twenty) years old; **jour** (*m.*) **de l'an** New Year's Day; **par an** per year, each year; **tous les ans** every year

anarchiste *m., f.* anarchist

ancêtre *m., f.* ancestor

ancien(ne) *adj.* old, antique; former; ancient

anesthésie *f.* anesthesia

anglais(e) *adj.* English; *m.* English (language)

Angleterre *f.* England; **Nouvelle-Angleterre** New England

anglophone *adj.* English-speaking

animal *m.* animal; **animal domestique** pet (animal); **animaux menacés** endangered animals

animateur/animatrice *m., f.* host/hostess (radio, T.V.)

animé(e) *adj.* animated, lively; motivated; **dessins** (*m. pl.*) **animés** (film) cartoons

année *f.* year; **l'année dernière** last year; **l'année prochaine** next year; **l'année scolaire** academic, school year; **les années cinquante (soixante)** the fifties (sixties)

anniversaire *m.* anniversary; birthday

annonce *f.* announcement, ad; **petite an-nonce** (classified) ad

annoncer (nous annonçons) to an-nounce, declare

annuaire *m.* directory; **annuaire du télé-phone** phone book

annuel(le) *adj.* annual, yearly

anorak *m.* windbreaker; ski jacket

anormal(e) *adj.* abnormal

antenne *f.* antenna

antibiotique *m.* antibiotic

Antilles *f. pl.* the West Indies

août August

apaiser to calm; to appease

aperçu *m.* glimpse, view

apéritif *m.* before-dinner drink, aperitif

apocalyptique *adj.* apocalyptic

apolitique *adj.* apolitical

apparaître (*like* **connaître**) *irreg.* to appear

appareil *m.* apparatus; device; appliance

apparemment *adv.* apparently

apparence *f.* appearance

apparenté(e) *adj.* related; **mot** (*m.*) **appa-renté** cognate

apparition *f.* appearance

appartement *m.* apartment

appartenir (*like* **tenir**) **à** *irreg.* to belong to

appel *m.* appeal; summons

appeler (j'appelle) to call; to name; **com-ment s'appelle-t-il/elle?** what's his/her name? **comment vous appelez-vous?** what's your name? **je m'appelle...** my name is . . . ; **s'appeler** to be named, called

appendicite *f.* appendicitis

appétit *m.* appetite; **perdre l'appétit** to lose one's appetite

apporter to bring; to furnish

apprécier to appreciate, value

appréhender to seize, arrest

apprendre (*like* **prendre**) *irreg.* to learn; to find out; to teach; **apprendre à** to learn (how) to

apprentissage *m.* apprenticeship

s'approcher de to approach, draw near

approprié(e) *adj.* appropriate, proper, suitable

approuver to approve

approximativement *adv.* approximately

après *prep.* after; **après avoir (être)...** after having . . . ; **après tout** after all; **d'après** *prep.* according to

après-midi *m.* afternoon

arabe *adj.* Arabic, Arab; *m.* Arabic (*lan-guage*); **Arabe** *m., f.* Arab (*person*)

arbre *m.* tree

arc *m.* arch

archipel *m.* archipelago

architecte *m., f.* architect

architectural(e) *adj.* architectural

arête *f.* fishbone; **avaler une arête** to swallow a fishbone

argent *m.* money; silver; **argent de poche** allowance, pocket money; **déposer de l'argent** to deposit money

arme *f.* weapon; **armes à feu** firearms

armée *f.* army

armement *m.* armament, arms

arménien(ne) *adj.* Armenian

arranger (nous arrangeons) to arrange; to accommodate

arrêt *m.* stop; **arrêt d'autobus** bus stop; **arrêt interdit** no stopping

arrêter (de) to stop; to arrest; **s'arrêter de** to stop (oneself)

arrière *adv.* back, rear; **à l'arrière de** be-hind

arrière-grand-parent *m., f.* great-grand-parent

arrivée *f.* arrival

arriver to arrive; to happen; **arriver à** (+ *inf.*) to manage to, succeed in

arroser to water (*plants*); to sprinkle; to wash down

art *m.* art; **art dramatique** theater; **œuvre** (*f.*) **d'art** work of art

articulation *f.* joint (*limb*)

artifice *m.* artifice, scheme, strategy; **feux** (*m. pl.*) **d'artifice** fireworks

artisan(e) *m., f.* artisan, craftsperson

artiste *m., f.* artist

artistique *adj.* artistic

ascenseur *m.* elevator

Asie *f.* Asia

asperges *f. pl.* asparagus

aspirateur *m.* vacuum cleaner; **passer l'aspirateur** to vacuum

aspirine *f.* aspirin

assemblée *f.* assembly; **Assemblée** (*f.*) **na-tionale** French national assembly

asseoir (*p.p.* **assis**) *irreg.* to seat; **asseyez-vous** sit down; **s'asseoir** to sit down

assez (de) *adv.* enough; rather; quite; **j'en ai assez/trop pris** I've had enough/too much

assiette *f.* plate

assistant(e) *m., f.* assistant; helper; teach-ing assistant

assister à to attend, go to; be present at (*concert, etc.*)

associer to associate

assorti(e) *adj.* matching

assurance *f.* insurance

assuré(e) *adj.* ensured, assured; *m., f.* insured person

assurer to insure; to assure

astronome *m., f.* astronomer

astronomie *f.* astronomy

athée *m., f.* atheist

Athènes Athens

Atlantique *m.* Atlantic Ocean

atmosphère *f.* atmosphere

atomique *adj.* atomic

attacher to tie; to attach; to buckle

attaquer to attack

atteindre (*like* **craindre**) *irreg.* to attain; to reach, arrive at

atteint(e) *adj.* stricken; affected

attendre to wait, to wait for, to expect

attente *f.* wait; expectation; **salle** (*f.*) **d'at-tente** waiting room

attentif/attentive *adj.* attentive

attention *f.* attention; **attention à** *interj.* watch out for; **faire attention à** to pay attention to

attirer to attract; to draw

attraction *f.* attraction; event; **parc** (*m.*) **d'attractions** amusement park

attraper to catch; **attraper la grippe** to catch the flu; **attraper un rhume** to catch a cold

attribuer to attribute

auberge *f.* inn; **auberge de jeunesse** youth hostel

aucun(e) (ne... aucun[e]) *adj., pron.* none; no one, not one, not any; **Aucune idée!** I've no idea

audacieux/audacieuse *adj.* daring, auda-cious

augmentation *f.* increase, raise

augmenter to increase, enlarge

aujourd'hui *adv.* today; nowadays; at present; **encore aujourd'hui** still today

auparavant *adv.* previously

aussi *adv.* too, also; so; as; **aussi... que** as . . . as; **moi aussi** me too

aussitôt *conj.* immediately, at once; **aus-sitôt que** as soon as

Australie *f.* Australia

australien(ne) *adj.* Australian; **Aus-tralien(ne)** *m., f.* Australian (*person*)

autant *adv.* as much, so much, as many, so many; **autant de** as many... as; **au-tant que** *conj.* as much as, as many as

auteur *m.* author

auto *f.* car, auto; **salon** (*m.*) **de l'auto** auto show

autobus (*fam.* **bus**) *m.* bus; **arrêt** (*m.*) **d'autobus** bus stop; **ligne** (*f.*) **d'autobus** bus line

autocar *m.* (interurban) bus

autographe *m.* autograph

automne *m.* autumn; **en automne** in the autumn

automobile (*fam.* **auto**) *f.* automobile, car

autonome *adj.* autonomous

autonomie *f.* autonomy

autoroute *f.* freeway

autour (de) *prep.* around

autre *adj., pron.* other; another; **autre chose** *f.* something else; **l'un(e) l'autre** one another; **ni l'un(e) ni l'autre** neither one

autrefois *adv.* in the past

autrement *adv.* otherwise

avaler to swallow

avance *f.* advance; **à l'avance** beforehand; **en avance** early

avancement *m.* promotion; advancement

avancer (nous avançons) to approach

avant *adv.* before (*in time*); *prep.* before, in advance of; *m.* front; **avant de** (+ *inf.*) *prep.* before; **avant que** *conj.* (+ *subj.*) before

avantage *m.* advantage, benefit

avantager (nous avantageons) to favor, give an advantage to

avec *prep.* with

avenir *m.* future; **à l'avenir** in the future, henceforth

aventure *f.* adventure; **film** (*m.*) **d'aventure(s)** adventure movie(s)

aventureux/aventureuse *adj.* adventurous

avertir to warn

avion *m.* airplane; **en avion** by plane

avis *m.* opinion; **à son (mon, votre) avis** in his/her (my, your) opinion

avocat *m.* avocado

avocat(e) *m., f.* lawyer

avoir (*p.p.* **eu**) *irreg.* to have; *m. s.* holdings, assets; **avoir à** to have to, be obliged to; **avoir (20) ans** to be (20) years old; **avoir besoin de** to need; **avoir chaud** to be hot, warm; **avoir confiance en** to have confidence in; **avoir de la chance** to be lucky; **avoir de la patience** to be patient; **avoir des ennuis** to have problems; **avoir du mal à** to have a hard time; **avoir envie de** to feel like; to want to; **avoir faim** to be hungry; **avoir froid** to be cold; **avoir honte (de)** to be ashamed (of); **avoir horreur de** to hate; **avoir l'air (de)** to seem, appear; **avoir**

lieu to take place, occur; **avoir l'intention de** to have the intention of; **avoir mal à la tête (à la gorge, aux dents)** to have a headache (a sore throat, a toothache); **avoir mal au cœur** to have indigestion, heartburn; **avoir peur (de)** to be afraid (of); **avoir raison** to be right; **avoir soif** to be thirsty; **avoir sommeil** to be sleepy; **avoir tort** to be wrong

avortement *m.* abortion

avouer to confess, admit

avril April; **poisson** (*m.*) **d'avril** April Fool's joke, hoax

axé(e) sur *adj.* centered on

azur *m.* azure, blue; **Côte** (*f.*) **d'Azur** French Riviera

baccalauréat (*fam.* **bac**) *m. French secondary school degree*

bachelier/bachelière *m., f. holder of the French secondary school degree*

bagages *m. pl.* luggage; **enregistrer les bagages** to check in luggage; **l'excédent** (*m.*) **de bagages** excess baggage

bague *f.* ring (*jewelry*)

baguette *f. long thin loaf of French bread,* baguette

baie *f.* bay

baigner to bathe; **se baigner** to swim

baignoire *f.* bathtub

bain *m.* bath; **prendre un bain** to take a bath; **salle** (*f.*) **de bain(s)** bathroom

baisser to lower

balai *m.* broom, brush

balcon *m.* balcony

ballerines *f. pl.* flat shoes, slippers

ballon *m.* ball (*inflated*); balloon

banane *f.* banana

bancaire *adj.* banking, bank; **carte** (*f.*) **bancaire** bank card, credit card

bande *f.* group; gang; **bande dessinée** comic strip; *pl.* comics; **en bande** in a group

banlieue *f.* suburbs; **en banlieue** in the suburbs

banque *f.* bank

baptême *m.* baptism

baptiser to baptize, christen

barbe *f.* beard

barde *f.* bard

barrière: récif (*m.*) **barrière** barrier reef

bas(se) *adj.* low; *m.* stocking(s); **en bas** at the bottom; **bas** (*m. pl.*) **de nylon** nylon stockings; **en bas** below **là-bas** *adv.* over there; **Pays-Bas** Holland, the Netherlands; **table** (*f.*) **basse** coffee table

base *f.* basis; **à base de produits naturels** natural-based products

basket *m., fam.* basketball; **jouer au basket** to play basketball

basque *adj.* Basque; **pays** (*m.*) **Basque** the Basque country

bastide *f.* country house (*in Provence*)

bataille *f.* battle

bateau *m.* boat; **en bateau** by boat, in a boat; **faire du bateau** to go boating

bâtiment *m.* building

bâtir to build

batterie *f.* battery (*car*)

battre (*p.p.* **battu**) *irreg.* to beat; **se battre (avec)** to fight (with)

bavarder to chat; to talk

beau (bel, belle [beaux, belles]) *adj.* beautiful; handsome; **il fait beau** it's nice (weather) outside

beaucoup *adv.* much, many

beau-frère *m.* brother-in-law; stepbrother

beau-père *m.* father-in-law; stepfather

beauté *f.* beauty

beaux-arts *m. pl.* fine arts

bébé *m.* baby

bec *m.* beak; spout

belge *adj.* Belgian

Belgique *f.* Belgium

belle-mère *f.* mother-in-law; stepmother

belle-sœur *f.* sister-in-law; stepsister

béquille *f.* crutch

berbère *adj.* Berber

besoin *m.* need; **avoir besoin de** to need

bête *adj.* silly; stupid, dumb

bêtise *f.* foolishness; foolish thing; **quelle bêtise** *interj.* how silly

beur *m., f. young North African born in France*

beurre *m.* butter

beurré(e) *adj.* buttered

bibelot *m.* trinket

biberon *m.* (baby's) bottle

bibliothèque *f.* library

biculturel(le) *adj.* bicultural

bicyclette *f.* bicycle; **promenade** (*f.*) **à bicyclette** bicycle ride; **faire de la bicyclette** to ride a bike

bien *adv.* well, quite; comfortable; *m.* **bien que** *conj.* (+ *subj.*) although; **bien sûr** *interj.* of course; **eh bien** *interj.* well!; **merci bien** thanks a lot; **ou bien** or else

bientôt *adv.* soon; **à bientôt!** *interj.* see you soon!

bière *f.* beer

bifteck *m.* steak

bijouterie *f.* jewelry
bilingue *adj.* bilingual
bilinguisme *m.* bilingualism
billard *m. s.* billiards, pool
billet *m.* ticket; **billet aller-retour** round-trip ticket
biodégradable *adj.* biodegradable
biologie *f.* biology
biscuit (sec) *m.* cookie
blague *f.* joke; **sans blague** no kidding
blanc(he) *adj.* white; **blanc** *m.* **de l'œuf** egg white; **blanc (*m.*) de poulet** breast of chicken
blessé(e) *adj.* wounded, injured; *m., f.* wounded person
blesser: se blesser to hurt oneself
blessure *f.* wound
bleu(e) *adj.* blue; **carte (*f.*) bleue** bank card
bloc *m.* block; **en bloc** as a whole
blond(e) *adj.* blond
blouson *m.* windbreaker; (waist-length) jacket
blue-jean *m. s.* jeans
bœuf *m.* beef; ox; **rôti (*m.*) de bœuf** roast beef
boire (*p.p.* **bu**) *irreg.* to drink
bois *m.* wood; forest; **en bois** wooden
boisé(e) *adj.* wooded, woody
boisson *f.* drink, beverage
boîte *f.* box; can
bombe *f.* bomb
bon(ne) *adj.* good; right, correct; *f.* maid, chambermaid; **ah bon?** is that right? really? **bon** well, okay; **bonne chance** good luck; **bonne journée** good day; **bonne nouvelle** good news; **bon vivant** bon vivant, who enjoys life; **de bonne heure** early; **de bonne humeur** in a good mood; **en bonne forme** fit, healthy; **en bonne santé** in good health
bonbon *m.* (piece of) candy
bonheur *m.* happiness
bonjour *interj.* hello; good morning
bonsoir *interj.* good evening, good-bye
bord *m.* edge; **au bord de la mer** at the beach (seashore)
botte *f.* boot
bouche *f.* mouth
bouché(e) *adj.* plugged up; **nez (*m.*) bouché** stuffy nose
boucherie *f.* butcher shop
bouchon *m.* plug; stopper
boucle *f.* curl; **boucle d'oreille** earring
bouclé(e) *adj.* curly
boue *f.* mud
bougie *f.* candle

bouillabaisse *f.* bouillabaisse (*fish soup from Provence*)
bouillir (*p.p.* **bouilli**) *irreg.* to boil; **faire bouillir** to boil, bring to a boil
bouilloire *f.* kettle; **bouilloire électrique** electric kettle
boulanger/boulangère *m., f.* baker
boulangerie *f.* bakery
boulot *m., fam.* job; work; **Au boulot** Let's get to work!
Bourgogne *f.* Burgundy (*French province*)
bourse *f.* scholarship; **Bourse** stock exchange
bousculer to push, bump against
bout *m.* end; **au bout (de)** at the end (of)
bouteille *f.* bottle
braille *m.* Braille
branche *f.* branch; sector
bras *m.* arm
brasserie *f.* pub, bar
bref/brève *adj.* short, brief; **(en) bref** in short
Brésil *m.* Brazil
Bretagne *f.* Brittany (*region of France*)
breton(ne) *adj.* from Brittany (*region of France*); *m.* Breton (*language*)
brevet *m.* diploma; certificate
bricolage *m.* do-it-yourself home projects
bricoler to putter around the house
brillant(e) *adj.* brilliant; shining
briller to shine, gleam
brin *m.* sprig; **brin de muguet** sprig of lily-of-the-valley
brique *f.* brick
briser to break; to shatter; **se briser** to break
brosse *f.* brush; chalkboard eraser; **brosse à dents** toothbrush
brosser to brush; **se brosser les cheveux** to brush one's hair; **se brosser les dents** to brush one's teeth
brouillard *m.* fog; **il y a du brouillard** it's foggy
se brouiller (avec) to quarrel, break up (with)
brousse *f.* bush, wilderness
bruit *m.* noise
brûler to burn (up); **brûler le feu rouge** to run a red light; **se brûler** to get burned
brun(e) *adj.* brown; dark-haired
Bruxelles Brussels
bruyant(e) *adj.* noisy
bûcher *fam.* to cram, study hard
buffet *m.* buffet (*piece of furniture*); train station cafeteria
buisson *m.* bush, shrubbery

buissonnière: faire l'école buissonnière to play hooky
bulletin *m.* bulletin, report; **bulletin météorologique** weather report
bureau *m.* office; (teacher's) desk; **bureau de change** (*foreign*) currency exchange; **bureau de poste** post office
bus *m.* bus

ça this, that; it; **ça m'est égal** it's all the same to me; **ça te va?** is that OK with you? **ça va?** *fam.* how's it going? **ça va** fine; it's going well; **comme ci, comme ça** so-so
cabane *f.* hut; cabin
cabine *f.* cabin; booth; **cabine à cartes** *phone booth accepting calling cards;* **cabine téléphonique** phone booth
câble *m.* cable (*TV*)
câblé(e) *adj.* wired up
cache-cache: jouer à cache-cache to play hide-and-seek
cacher to hide
cadeau *m.* present, gift; **offrir un cadeau** to give a present
cadjin(e) *adj.* Cajun; Acadian; **Cadjin(e)** *m., f.* Cajun, Acadian (*person*)
cadre *m.* frame; setting; (business) executive, manager; **cadre de vie** lifestyle
cafard: avoir le cafard (*fam.*) to have the blues
café au lait coffee with milk
café *m.* coffee; café; **café au lait** coffee with milk; **café en poudre** instant coffee; **café-tabac** *m.* bar-tobacconist
caféine *f.* caffeine
cafétéria *f.* cafeteria, dining hall, self-service
cage *f.* cage
cahier *m.* notebook, workbook
cahoter to jolt, shake, bump
Caire (Le) *m.* Cairo
caissier/caissière *m., f.* cashier
calculatrice *f.* calculator
calculer to calculate, figure
caleçon *m. s.* boxer shorts
Californie *f.* California
câlin *m.* cuddle
calmant *m.* tranquilizer
calme *adj., m.* calm
se calmer to quiet down
camarade *m., f.* friend, companion; **camarade de chambre** roommate; **camarade de classe** classmate, schoolmate
Cambodge *m.* Kampuchea, Cambodia
caméra *f.* movie camera

camion *m.* truck
camionnette *f.* pickup truck
camomille *f.* chamomile
campagne *f.* countryside, country; campaign; **à la campagne** in the country; **en pleine campagne** out in the country
campeur/campeuse *m., f.* camper
camping *m.* camping; campground; **faire du camping** to go camping
canadien(ne) *adj.* Canadian; **Canadien(ne)** *m., f.* Canadian (*person*)
canal *m.* channel; canal
canapé *m.* sofa, couch
canard *m.* duck; **canard à l'orange** duck with orange sauce
candidat(e) *m., f.* candidate; applicant
canin(e) *adj.* canine
canne *f.* cane; **canne à sucre** sugar cane
canoë *m.* canoe; **faire du canoë** to canoe, go canoeing
cantine *f.* cafeteria (*school*)
caoutchouc *m.* rubber
capable *adj.* capable, able; **être capable de** to be capable of
capacité *f.* ability; capacity
capitaine *m.* captain
capital(e) *adj.* capital, chief; *f.* capital (*city*)
capitalisme *m.* capitalism
capot *m.* hood (*of car*)
captif/captive *m., f.* captive, prisoner
captivité *f.* captivity; bondage
capturer to capture
car *conj.* for, because; *m.* interurban bus
caractère *m.* character; nature
caramel *m.* caramel; **crème** (*f.*) **caramel** caramel custard
caramélisé(e) *adj.* caramelized
caravane *f.* (camping) trailer
cardiaque *adj.* cardiac; **crise** (*f.*) **cardiaque** heart attack
carnet *m.* booklet; **carnet d'adresses** address book
carotte *f.* carrot
Carpates *mountain range in Central Europe*
carré *m.* square; **kilomètre** (*m.*) **carré** square kilometer
carrefour *m.* intersection, crossroad
carrière *f.* career
carte *f.* card; map; menu; playing card; **carte à puce** *card equipped with microprocessor*; **carte bancaire** bank card, credit card; **carte de crédit** credit card; **carte d'embarquement** boarding pass; **carte de vœux** greeting card; **carte d'identité** identification card; **carte orange** bus pass; **carte postale**

postcard; **carte routière** road map; **jouer aux cartes** to play cards; **tireuse** (*f.*) **de cartes** fortune-teller
cas *m.* case; **cas d'urgence** emergency; **en cas de** in case of, in the event of
casque *m.* helmet
cassé(e) *adj.* broken
casser *trans.* to break; **se casser le bras (la jambe)** to break an arm (a leg)
Catalan(e) *m., f.* Catalan (*person*)
catastrophé(e) *adj.* stunned
catastrophique *adj.* catastrophic, disastrous
catégorie *f.* category, class
catégoriser to categorize
cathédrale *f.* cathedral
catholicisme *m.* Catholicism
catholique *adj.* Catholic
cauchemar *m.* nightmare
cause *f.* cause; **à cause de** because of
causer to cause
cavalier/cavalière *adj.* cavalier; *m., f.* horseback rider
cave *f.* cellar; wine cellar
cd: lecteur CD-rom *m.* CD-ROM player
ce (cet, cette, ces) *adj.* this, that; these, those; *pron.* it, this; **c'est** he/she/it is
ceci *pron.* this
céder (je cède) to give up; to give away
cédille *f., Gram.* cedilla
ceinture *f.* belt; **ceinture de sécurité** seat belt, safety belt
cela *pron.* that
célèbre *adj.* famous
célébrer (je célèbre) to celebrate
céleri *m.* celery
célibataire *adj., m., f.* single, unmarried
celte *adj.* Celtic
celui (celle, ceux, celles) *pron.* the one, the ones; this one, that one; these, those
cendre *f.* ash
cendrier *m.* ashtray
cent *num.* one hundred
central(e) *adj.* central, main; **centrale** (*f.*) **nucléaire** nuclear power plant
centre *m.* center; **centre commercial** shopping center, mall; **centre-ville** *m.* downtown
cependant *conj.* yet, still, however, nevertheless
céréales *f. pl.* cereals; grains
cérémonie *f.* ceremony
cerise *f.* cherry
certain(e) *adj.* sure; particular; certain; **d'un certain âge** middle-aged
cerveau *m.* brain

chacun(e) *pron.* each, each one, every one
chaîne *f.* TV or radio channel; chain; **chaîne** (*f.*) **stéréo** stereo system
chaise *f.* chair
chambre *f.* bedroom; room; **camarade** (*m., f.*) **de chambre** roommate; **chambre à coucher** bedroom
chameau *m.* camel
champignon *m.* mushroom
champion(ne) *m., f.* champion
chance *f.* luck; possibility; opportunity; **avoir de la chance** to be lucky; **bonne chance** good luck; **pas de chance** no way; out of luck
Chandeleur *f.* Candlemas (*Catholic festival on February 2*), Ground Hog Day
changement *m.* change
changer (nous changeons) (de) to change; to exchange; **changer de l'argent** to exchange currency; **changer l'huile** to change the oil
chanson *f.* song
chant *m.* song; birdsong
chanter to sing
chanteur/chanteuse *m., f.* singer
Chantilly: crème (*f.*) **Chantilly** whipped, cream
Chanuka *m.* Hanukkah
chapeau *m.* hat
chapitre *m.* chapter
chaque *adj.* each, every
charcuterie *f.* cold cuts; deli; pork butcher's shop
chargé(e) (de) *adj.* in charge of, responsible for
charmant(e) *adj.* charming
charme *m.* charm
chat(te) *m., f.* cat
châtain(e) *adj.* chestnut-colored, auburn (*hair*)
château *m.* castle
chaud(e) *adj.* warm; hot; **avoir chaud** to feel warm, hot; **il fait chaud** it (the weather) is warm, hot
chauffage *m.* heat; heating system
chauffant(e) *adj.* warming, heating
se chauffer to get warm
chauffeur/chauffeuse *m., f.* chauffeur; driver; **chauffeur de taxi** taxi (cab) driver
chaussée *f.* pavement; **chaussée glissante** slippery pavement
chaussures *f. pl.* shoes
chauvin(e) *adj.* chauvinistic; *m., f.* chauvinist

chef *m.* leader; head; *fam.* boss; **chef de cuisine** chef; **chef d'État** head of state; **chef de gouvernement** head of government

chemin *m.* way; road; path; **chemin de fer** railroad; **montrer le chemin** to show the way (route)

cheminée *f.* chimney; fireplace

chemise *f.* shirt

chemisier *m.* blouse

chèque *m.* check; **chèque de voyage** traveler's check

cher/chère *adj.* dear; expensive; **coûter (se vendre) cher** to be expensive

chercher to hunt for; to go get; to look for; to pick up; **chercher à** to try to

cheval *m.* horse; **monter à cheval** to ride, go horseback riding

cheveu *m.* (strand of) hair; **cheveux** *m. pl.* hair; **laque** (*f.*) **à cheveux** hair spray

cheville *f.* ankle; **se fouler la cheville** to sprain one's ankle

chez *prep.* at, to, in (*the house, family, business or country of*); among; **passer chez quelqu'un** to stop by someone's home

chic *adj. inv.* chic, stylish

chien(ne) *m., f.* dog

chiffre *m.* digit, number

chimie *f.* chemistry

Chine *f.* China

chinois(e) *adj.* Chinese

chirurgien(ne) *m., f.* surgeon

chocolat *m.* chocolate

choisir (de) to choose (to)

choix *m.* choice

cholestérol *m.* cholesterol

chômage *m.* unemployment

chômeur/chômeuse *m., f.* unemployed person

choquant(e) *adj.* shocking

chorale *f.* choral society; choir

chose *f.* thing; **autre chose** something else; **pas grand-chose** not much; **quelque chose** something; **quelque chose de cher (d'intéressant)** something expensive (interesting)

choucroute *f. sauerkraut*

chouette *adj. inv., fam.* cool, neat

chrétien(ne) *m., f.* Christian

chrysanthème *m.* chrysanthemum

ciao! *interj.* ciao!, 'bye! (*Italian*)

cicatrice *f.* scar

ci-dessous *adv.* below

ci-dessus *adv.* above

cidre *m.* (apple) cider

ciel *m.* sky, heaven; **gratte-ciel** *m. inv.* skyscraper

cil *m.* eyelash

ciment *m.* cement

cimetière *f.* cemetery

cinéaste *m., f.* film director, filmmaker

ciné-club *m.* film club

cinéma (*fam.* **ciné**) *m.* cinema, movies; **salle** (*f.*) **de cinéma** movie theater

cinémathèque *f.* film library; national cinema

cinquante *adj.* fifty

circonflexe: *adj. Gram.* **accent** (*m.*) **circonflexe** circumflex accent

circonstance *f.* circumstance; occurrence

circuit *m.* circuit

circulation *f.* traffic

circuler to circulate; to travel

cirer to wax; to polish

cirque *m.* circus

ciseaux *m. pl.* scissors

citadin(e) *m., f.* city dweller

cité *f.* (area in a) city; **cité universitaire** university residential complex

citerne *f.* cistern, tank

citoyen(ne) *m., f.* citizen

citron *m.* lemon

civière *f.* stretcher

civil(e) *adj.* civil; **génie** (*m.*) **civil** civil engineering; **guerre** (*f.*) **civile** civil war

civilisation *f.* civilization

clair(e) *adj.* light, bright; light-colored; clear; evident

clarinette *f.* clarinet

classe *f.* class; classroom; **camarade** (*m., f.*) **de classe** classmate; **salle** (*f.*) **de classe** classroom

classé(e) *adj.* classified

classique *adj.* classical; classic; *m.* classic; **musique** (*f.*) **classique** classical music

clavier *m.* keyboard

clé, clef *f.* key

clément(e) *adj.* mild (*weather*)

client(e) *m., f.* customer, client

clientèle *f.* clientele, customers

clignotant *m.* turn signal; blinker

climat *m.* climate

climatisation *f.* air-conditioning

clinique *f.* clinic; private hospital

clip *m.* videoclip, video segment

clochard(e) *m., f.* tramp, bum

clope *m., fam.* cigarette, cigarette butt

clouté: passage (*m.*) **clouté** (pedestrian) crosswalk

coca *m., fam.* cola drink

coccinelle *f.* ladybug

cocher to check off (*appropriate entry in a form*)

cocotier *m.* coconut tree

code *m.* code; **code de la route** highway regulations; **code postal** postal code, zip code

cœur *m.* heart; **mal au cœur** indigestion; **courrier** (*m.*) **du cœur** "lonely hearts" column

coiffeur/coiffeuse *m., f.* hairdresser

coiffure *f.* coiffure, hairstyle; hairdressing

coin *m.* corner; **coin de la rue** street corner

coincé(e) *adj.* stuck

coïncidence *f.* coincidence; **quelle coïncidence** *interj.* what a coincidence

coïncider to coincide

colère *f.* anger; **se mettre en colère** to get angry

colis *m.* parcel

collaborer to collaborate, work together

collège *m. junior high school in France*

collègue *m., f.* colleague

collier *m.* necklace

colline *f.* hill

colon *m.* settler, colonial

colonial(e) *adj.* colonial

colonie *f.* colony; **colonie de vacances** (*fam.* **colo**) summer camp

colonisation *f.* colonization

coloniser to colonize

coloré(e) *adj.* colorful; colored

combattre (*like* **battre**) *irreg.* to fight

combien (de) *adv.* how much; how many; **combien de temps?** how long?

combinaison *f.* combination; woman's slip

combiné *m.* telephone receiver

combiner to combine

comédie *f.* comedy; theater

comique *adj.* funny, comical, comic

commandant *m.* commanding officer, commander

commande *f.* order; **faire la commande** to place an order

commander to order (*a meal*); to give orders

comme *adv.* as, like, how; **comme ci, comme ça** so-so; **comme déjeuner (hors-d'œuvre)** for breakfast (an appetizer); **comme d'habitude** as usual

commencement *m.* beginning

commencer (à) (nous commençons) to begin (to); **pour commencer** first of all

comment *adv.* how; **comment allez-vous?** how are you?; **comment ça va?** how are you? how's it going?; **comment dit-on... ?** how do you say . . . ?; **comment est-il/elle?** what's he/she like?

commentaire *m.* commentary, remark

commentateur/commentatrice *m., f.* commentator

commerçant(e) *m., f.* merchant, store-keeper

commerce *m.* business

commercial(e) *adj.* commercial; business; **centre** (*m.*) **commercial** shopping center, mall

commettre (*like* **mettre**) *irreg.* to commit

commissaire *m.* commissioner; superintendent (*police*)

commissariat (de police) *m.* police station

commission *f.* commission

commode *f.* dresser; *adj.* convenient, comfortable

commun(e) *adj.* ordinary, common, usual; popular

communauté *f.* community

communication *f.* communication; phone call

communiquer to communicate; to adjoin

compagnie *f.* company

comparaison *f.* comparison

comparer to compare

compatriote *m.* compatriot

compétent(e) *adj.* competent, able

compétition *f.* competition

compétitivement *adv.* competitively

complet/complète *adj.* complete; full

compléter (je complète) to complete, finish

compliqué(e) *adj.* complicated

comporter to include

composé(e) *adj.* composed; **passé** (*m.*) **composé** *Gram.* present perfect

composer to compose (*music, a letter*)

compositeur/compositrice *m., f.* composer

compréhensif/compréhensive *adj.* understanding; comprehensive

comprendre (*like* **prendre**) *irreg.* to understand; to comprise, include

comprimé *m.* tablet, pill

compris(e) *adj.* included; **service** (*m.*) **compris** tip included

comptable *m., f.* accountant

compte *m.* account; **se rendre compte de/que** to realize (that)

compter (sur) to plan (on); to intend; to count (*on someone*); **ce qui compte pour moi** what counts for me

comptoir *m.* counter, bar (*in café*)

se concentrer (sur) to concentrate (on)

concentrique *adj.* concentric

concerner to concern

concevoir (*p.p.* **conçu**) *irreg.* to devise; to conceive

conclure (*p.p.* **conclu**) *irreg.* to conclude

concombre *m.* cucumber

condition *f.* condition; **à condition de que** *prep., conj.* provided that

conditionnel *m., Gram.* conditional

conducteur/conductrice *m., f.* driver

conduire (*p.p.* **conduit**) *irreg.* to drive; take; to conduct; **permis** (*m.*) **de conduire** driver's license; **se conduire** to behave

conduite *f.* behavior; conduct

conférence *f.* lecture; conference; **conférence de presse** press conference; **salle** (*f.*) **de conférence** meeting room

confiance *f.* confidence

confier to confide; **se confier à** to confide in

confirmer to confirm

confiture *f.* jam, preserves

conflit *m.* conflict

conformiste *adj.* conformist

confort *m.* comfort; amenities

confortable *adj.* comfortable

confus(e) *adj.* embarrassed

congé *m.* leave (*from work*), time off

congélateur *m.* freezer

congelé(e) *adj.* (deep) frozen

conjonction *f., Gram.* conjunction

conjugal(e) *adj.* conjugal, married; **conseillère** (*f.*) **conjugale** marriage counselor

conjuguer *Gram.* to conjugate

connaissance *f.* knowledge; acquaintance; consciousness; **faire connaissance** to get acquainted; **faire la connaissance de** to meet (*for the first time*)

connaître (*p.p.* **connu**) *irreg.* to know; to be acquainted (familiar) with; **se connaître** to get to know one another; to meet

connecté(e) *adj.* connected

connu(e) *adj.* known; famous

conquérir (*p.p.* **conquis**) *irreg.* to conquer

conquête *f.* conquest

consacré(e) à *adj.* devoted to

conscience *f.* conscience; consciousness; **prendre conscience de** to become aware of

conseil *m.* (piece of) advice; council; **donner (suivre) des conseils** to give (follow) advice

conseiller (de) to advise (to); to counsel

conseiller/conseillère *m., f.* advisor; counselor; **conseiller/conseillère conjugale** marriage counselor

conséquence *f.* consequence

conséquent: par conséquent *conj.* therefore, accordingly

conservateur/conservatrice *adj.* conservative; *m.* food preservative; **conservateur/conservatrice** (*m., f.*) **de musée** museum curator

conserver to conserve; to preserve

considérer (je considère) to consider

consigne *f.* baggage check

consister (à, en) to consist (in, of)

consoler to console

consommateur/consommatrice *m., f.* consumer

consommation *f.* consumption; consumerism

consommer to consume; to spend; **consommer de l'essence** to burn gas

constamment *adv.* constantly

constant(e) *adj.* constant, unceasing

consterné(e) *adj.* dismayed, astounded

constituer to constitute

construire (*like* **conduire**) *irreg.* to construct, build

consulat *m.* consulate

consulter to consult

contact *m.* contact; **verres** (*m. pl.*) **de contact** contact lenses

contacter to contact

conte *m.* tale, story; **conte de fée(s)** fairy tale

contemporain(e) *adj.* contemporary

contenir (*like* **tenir**) *irreg.* to contain

content(e) *adj.* content; happy

contenu *m. s.* contents

contexte *m.* context

continuer (à, de) to continue (to)

contraire *adj.* opposite; *m.* opposite; **au contraire** on the contrary

contraste *m.* contrast

contravention *f.* ticket (*parking, speeding*); minor violation

contre *prep.* against; contrasted with

contredire (*like* **dire,** *but* **vous contredisez**) *irreg.* to contradict

contribuer to contribute

contrôle (*m.*) control; checkpoint; **contrôle de la police** police checkpoint

contrôler to control; **se contrôler** to control oneself

contrôleur/contrôleuse *m., f.* conductor

controversé(e) *adj.* controversial

convenable *adj.* proper; appropriate

convenir (*like* **venir**) *irreg.* to fit; to be suitable

converger (nous convergeons) to converge

coopératif/coopérative *adj.* cooperative

copain/copine *m., f., fam.* close friend, pal

copie *f.* copy

copier to copy

copieux/copieuse *adj.* copious, abundant

coq *m.* rooster; **coq au vin** *chicken prepared with (red) wine*

coquille *f.* seashell; **coquilles Saint-Jacques** *scallop dish in shells*

corbeau *m.* crow; raven

corde *f.* rope, cord; **sauter à la corde** to skip (jump) rope

cordialement *adv.* cordially

cordonnier/cordonnière *m., f.* shoemaker, cobbler; shoe repairperson

corporel(le) *adj.* corporal

corps *m.* body; **parties** (*f.*) **du corps** parts of the body

correct(e) *adj.* correct

correspondant(e) *m., f.* correspondent; pen pal

correspondre to correspond

corriger (nous corrigeons) to correct

Corse *f.* Corsica

costume *m.* man's suit; costume

côte *f.* coast; rib; side; **Côte d'Azur** French Riviera; **Côte-d'Ivoire** Ivory Coast

côté *m.* side; **à côté (de)** *prep.* by, near, next to; at one's side; **de l'autre côté (de)** from, on the other side (of)

côtelette *f.* cutlet, (*lamb, pork*) chop

cotisation *f.* contribution, dues

coton *m.* cotton; **en coton** (made of) cotton

cou *m.* neck

couchage: sac (*m.*) **de couchage** sleeping bag

couche *f.* layer; stratum; *pl.* (*baby's*) diapers; **couche d'ozone** ozone layer

coucher to put to bed; **chambre** (*f.*) **à coucher** bedroom; **se coucher** to go to bed; to set (*sun*)

coucher (*m.*) **de soleil** sunset

coude *m.* elbow

coudre (*p.p.* **cousu**) *irreg.* to sew

couler to flow, run

couleur *f.* color; **de quelle couleur est... ?** what color is . . . ?

coup *m.* blow; coup; (gun)shot; influence; **coup de fil** *fam.* phone call; **coup de**

foudre lightning bolt; *fig.* love at first sight; **coup de téléphone** telephone call; **du coup** thereupon; suddenly; **tout à coup** *adv.* suddenly

couper to cut; to divide; **se couper** to cut oneself; **se couper à la main** to cut one's hand; **se faire couper les cheveux** to have one's hair cut

coupon *m.* coupon; ticket stub

cour *f.* court, courtyard

courageux/courageuse *adj.* courageous

couramment *adv.* fluently; commonly

courant(e) *adj.* frequent; general, everyday; **se tenir au courant** to keep informed

coureur/coureuse *m., f.* runner

courir (*p.p.* **couru**) *irreg.* to run

couronne *f.* crown; funeral wreath (*flowers*)

courrier *m.* mail; **courrier du cœur** "lonely hearts" column; **courrier électronique** e-mail

cours *m.* course; rate; price; **sécher un cours** (*fam.*) to cut class, play hooky; **suivre un cours** to take a course

course *f.* race; errand; **faire les courses** to do the shopping (errands)

court(e) *adj.* short (*not used for people*)

cousin(e) *m., f.* cousin

coussin *m.* cushion

coût *m.* cost; **coût de la vie** cost of living

couteau *m.* knife

coûter to cost; **coûter cher** to be expensive

coutume *f.* custom

couvert(e) *adj.* covered; cloudy; *m.* table setting; **couvert(e) de** covered with; **mettre les couverts** to set the table; **le ciel est couvert** it's cloudy

couvrir (*like* **ouvrir**) *irreg.* to cover

crabe *m.* crab

craie *f.* chalk

craindre (*p.p.* **craint**) *irreg.* to fear

crainte *f.* fear

craquer to break down

cravate *f.* necktie

crayon *m.* pencil

créateur/créatrice *adj.* creative; *m., f.* creator

création *f.* creation

crèche *f.* child care center, nursery school

crédit *m.* credit; **carte** (*f.*) **de crédit** credit card

crédule *adj.* credulous, naïve

créer to create

crème *f.* cream; **crème caramel** caramel custard; **crème Chantilly** whipped cream

créole *adj.* Creole; *m.* Creole (*language*)

crêpe *f.* crepe, French pancake

creux/creuse *adj.* hollow; *m.* hollow

crevant(e) *adj., fam.* exhausting

crevé(e) *adj.* punctured; **pneu** (*m.*) **crevé** flat tire

crevette *f.* shrimp

crier to cry out; to shout

criminel(le) *m., f.* criminal

crise *f.* crisis; recession; depression; **crise cardiaque** heart attack; **crise économique** recession; depression; **être en crise** to be in crisis

cristal *m.* crystal; **en cristal** made of crystal

critère *m.* criterion

critiquer to criticize

croire (*p.p.* **cru**) *irreg.* to believe

croisé(e) *adj.* crossed; double-breasted (*suit*); **mots** (*m. pl.*) **croisés** crossword puzzle

croisière *f.* cruise; **partir en croisière** to go on a cruise

croix *f.* cross

cruel(le) *adj.* cruel

cuillère, cuiller *f., m.* spoon

cuir *m.* leather; **en cuir** (made of) leather

cuire (*p.p.* **cuit**) *irreg.* to cook; to bake; **cuire à feu vif** to cook on high heat; **cuire à la vapeur** to steam; **faire cuire** to cook

cuisine *f.* cooking; cuisine; kitchen; **chef** (*m.*) **de cuisine** head cook, chef; **faire la cuisine** to cook; **livre** (*m.*) **de cuisine** cookbook

cuisiner to cook

cuisinier/cuisinière *m., f.* cook; *f.* stove, range

cuisse *f.* thigh; leg

cuisson *f.* cooking (*process*)

cuit(e) *adj.* cooked; **terre** (*f.*) **cuite** earthenware, pottery

cuivre *m.* copper; **en cuivre** (made of) copper

culinaire *adj.* culinary

culotte *f. s.* women's underpants

culte *m.* cult

cultiver to cultivate, grow

culturel(le) *adj.* cultural

Cupidon *m.* Cupid

curieux/curieuse *adj.* curious

curiosité *f.* curiosity

cyclisme *m.* bicycle riding

d'abord *adv.* first, first of all
d'ailleurs *adv.* besides, moreover
dame *f.* lady, woman
Danemark *m.* Denmark
dangereux/dangereuse *adj.* dangerous
dans *prep.* within, in
danse *f.* dance; dancing
danser to dance
danseur/danseuse *m., f.* dancer
date *f.* date (*time*)
dater to date (*from a certain point in time*)
davantage *adv.* more, a greater amount
de *prep.* from, of, about
débarrasser to clear; **débarrasser la table** to clear the table
débat *m.* debate
débattre (*like* **battre**) *irreg.* to debate
se déboucher to unclog, clear up
débrouiller to disentangle; **se débrouiller** to manage, get along, cope
début *m.* beginning; **au début (de)** in, at the beginning (of)
décadence *f.* decadence, decline
décaféiné(e) *adj.* decaffeinated
déceler (**je décèle**) to disclose, divulge
décembre December
décharge *f.* discharge, emission
déchets *m. pl.* (*industrial*) waste; debris; garbage, trash
décider (de) to decide (to)
décision *f.* decision; **prendre une décision** to make a decision
déclaration *f.* declaration, statement; **déclaration de douane** customs declaration
déclarer to declare
déconcerté(e) *adj.* upset, disconcerted
décor *m.* decor; scenery
décorer (de) to decorate (with)
décourager (nous décourageons) to discourage
découvert(e) *adj.* discovered; *f.* discovery
découvrir (*like* **ouvrir**) *irreg.* to discover, learn
décrire (*like* **écrire**) *irreg.* to describe
déçu(e) *adj.* disappointed
défavorisé(e) *adj.* at a disadvantage
défendre to defend; to forbid; **défendre les accusés** to defend the accused
défense *f.* defense
défenseur *m.* defender, counsel for defense
défilé *m.* procession, parade
défini(e) *adj.* definite; **article** (*m.*) **défini** *Gram.* definite article
définition *f.* definition

défunt(e) *adj.* deceased
dégoûtant(e) *adj.* disgusting
dégradation *f.* degradation
se dégrader to debase oneself
se déguiser to disguise oneself, wear a costume
dehors *adv.* out-of-doors; outside; **en dehors de** outside of, besides
déja *adv.* already
déjeuner to have lunch; *m.* lunch; **petit déjeuner** breakfast
délicat(e) *adj.* delicate
délicieux/délicieuse *adj.* delicious
deltaplane *m.* hang gliding
demain *adv.* tomorrow; **à demain** see you tomorrow
demande *f.* request; application
demander to ask; **demander le chemin** to ask the way (*to someplace*)
démarche *f.* (*necessary*) step
démarrer to start (*a car*); to take off
déménager (nous déménageons) to move out (*of a house*)
demi(e) *adj.* half; **il est minuit et demi** it's twelve-thirty A.M.
demi-douzaine *f.* half-dozen
demi-heure *f.* half an hour
demi-saison *f.* spring (*or autumn*); cool season
démocratie *f.* democracy
démodé(e) *adj.* out of style, old-fashioned
démographique *adj.* demographic
demoiselle *f.* young lady; single (unmarried) woman
démolir to demolish, destroy
démonstratif/démonstrative *adj.* demonstrative; **adjectif** (*m.*) **démonstratif** demonstrative adjective
dent *f.* tooth; **brosse** (*f.*) **à dents** toothbrush; **se brosser les dents** to brush one's teeth
densité *f.* density
dentifrice *m.* toothpaste
dentiste *m., f.* dentist
déodorant *m.* deodorant
départ *m.* departure
département *m.* department; district; **départements et térritoires d'outre-mer (D.O.M.-T.O.M.)** French overseas departments and territories
dépasser to go beyond; to pass, surpass; **dépasser la limite de vitesse** to exceed the speed limit
se dépêcher (de) to hurry (to)
dépendance *f.* dependency
dépendant(e) *adj.* dependent

dépenser to spend
déplacement *m.* move from one place to another
déplacer (nous déplaçons) to displace; to shift; to remove; **se déplacer** to move from place to place; to go someplace
déplorable *adj.* deplorable, lamentable
déporté(e) *adj.* deported
déposer to deposit; **déposer de l'argent** to deposit money
déprimé(e) *adj.* depressed; **être déprimé(e)** to be depressed
depuis *prep.* since; for; **depuis combien de temps** for how long; **depuis que** *conj.* since, now that
député *m.* delegate, deputy
déranger (nous dérangeons) to disturb; to bother
dernier/dernière *adj.* last, most recent; past; **la dernière fois** the last time; **l'an** (*m.*) **dernier (l'année** [*f.*] **dernière)** last year; **la semaine dernière** last week
derrière *prep.* behind
désaccord *m.* disagreement
désagréable *adj.* disagreeable, unpleasant
désastre *m.* disaster
désastreux/désastreuse *adj.* disastrous
descendre *intr.* to go down; *trans.* to take down; **descendre de** to get out of
descriptif/descriptive *adj.* descriptive
désert *m.* desert; wilderness
désertique *adj.* desert, pertaining to the desert
désespéré(e) *adj.* desperate, hopeless
se déshabiller to undress
désigner to designate; to indicate
désir *m.* desire
désirer to want, desire
désolé(e) *adj.* very sorry
désordre *m.* disorder; **en désordre** disorderly, untidy
désorganisé(e) *adj.* disorganized
désorienté(e) *adj.* bewildered
dessin *m.* drawing; **dessins animés** (*film*) cartoons
dessiné(e) *adj.* drawn, sketched; **bande** (*f.*) **dessinée** comic strip; *pl.* comics
dessiner to draw; to design
dessous *adv.* under, underneath; **au-dessous de** *prep.* below, underneath; **ci-dessous** *adv.* below
dessus *adv.* above; over; on; **au-dessus de** *prep.* above; **ci-dessus** *adv.* above, previously; **par-dessus** *prep.* over
destin *m.* fate, destiny
destiné(e) à *adj.* designed for, aimed at

détail *m.* detail

se détendre to relax

détergent *m.* detergent

détériorer to deteriorate

déterminer to determine

détester to detest; to hate

détruire (*like* **conduire**) *irreg.* to destroy

D.E.U.G. (Diplôme d'études universitaires générales) *m.* two-year university degree in France

deux two; (**tous/toutes**) *m., f.* **les deux** both (of them)

deuxième *adj.* second

devant *prep.* before, in front of

développement *m.* development

développer to spread out; to develop; **se développer** to expand; to develop

devenir (*like* **venir**) *irreg.* to become

deviner to guess

devinette *f.* riddle, conundrum

dévisager (nous dévisageons) to stare at

devoir (*p.p.* **dû**) *irreg.* to be obliged to, have to; to owe; *m.* duty; *m. pl.* homework; **faire ses devoirs** to do one's homework

d'habitude *adv.* usually

diagnostic *m.* diagnosis; **faire un diagnostic** to make a diagnosis

diamant *m.* diamond

dictature *f.* dictatorship

dictée *f.* dictation

dictionnaire *m.* dictionary

dieu *m.* god; **croire en Dieu** to believe in God; **mon dieu** *interj.* my goodness!

différence *f.* difference

différent(e) *adj.* different

difficile *adj.* difficult

difficulté *f.* difficulty

diffuser to broadcast

digérer (je digère) to digest

dignité *f.* dignity

dimanche *m.* Sunday

diminuer to lessen, diminish

dinde *f.* turkey; **dinde rôtie** roast turkey

dîner to dine, have dinner; *m.* dinner

diplôme *m.* diploma

dire (*p.p.* **dit**) *irreg.* to tell; to say; to speak; **c'est-à-dire** that is to say, namely; **se dire** to say to one another; **vouloir dire** to mean

direct(e) *adj.* direct; through; **en direct** live (*broadcasting*); **pronom** (*m.*) (**complément**) **d'objet direct** *Gram.* direct object pronoun

directeur/directrice *m., f.* director

direction *f.* direction; management; leadership

directives *f. pl.* rules of conduct, directives

discipliner to discipline

discothèque *f.* discothèque

discours *m.* discourse; speech

discret/discrète *adj.* discreet

discuter (de) to discuss

disparu(e) *adj.* lost, dead

disponible *adj.* available

disposer de to have (available); to dispose, make use of

dispute *f.* quarrel

se disputer (avec) to quarrel (with)

disque *m.* record, recording

disquette *f.* diskette

disséminé(e) *adj.* spread, disseminated

dissertation *f.* essay, term paper

distant(e) *adj.* distant

distinct(e) *adj.* distinct, different

distingué(e) *adj.* distinguished

distinguer to distinguish

distraction *f.* recreation; entertainment; distraction

se distraire *irreg.* to have fun, amuse oneself

distrait(e) *adj.* absentminded; inattentive

distribuer to distribute

distributeur/distributrice *m., f.* distributor; *m.* vending machine

divergent(e) *adj.* divergent; diverging

diverger (nous divergeons) to diverge

divers(e) *adj.* changing; varied; diverse

diversifier to change, vary; to diversify

diversité *f.* diversity

diviser to divide

divorcer (nous divorçons) to divorce

dixième *adj.* tenth

docteur *m., f.* doctor

doctorat *m.* doctoral degree, Ph.D.

documentaire *m.* documentary

dodo *fam.* sleep; **fais-dodo** *m.* traditional Louisiana dance

doigt *m.* finger

domaine *m.* domain; specialty

domestique *adj.* domestic; **animal** (*m.*) **domestique** pet (*animal*)

domicile *m.* domicile, place of residence, home; **sans domicile fixe (S.D.F.)** homeless

dommage: c'est dommage it's too bad, what a pity

donc *conj.* then; therefore, so

donner to give; **donner des conseils** to give advice; **se donner rendez-vous** to make a date (an appointment)

dont *pron.* whose, of whom, from whom; of which, about which; **ce dont** that (of) which

dormir *irreg.* to sleep; **dormir tard** to sleep late

dortoir *m.* dormitory; sleeping quarters

dos *m.* back; **sac** (*m.*) **à dos** backpack

douane *f. s.* customs; **déclaration** (*f.*) **de douane** customs declaration, duty

douanier/douanière *m., f.* customs officer

doubler to pass (*another vehicle*); to double

doucement *adv.* gently, softly; sweetly; slowly

douche *f.* shower (*bath*)

se doucher to take a shower

doué(e) *adj.* talented, gifted; bright; **être doué(e) pour** to be talented in

douleur *f.* pain

douloureux/douloureuse *adj.* painful; aching

doute *m.* doubt; **sans doute** probably, no doubt

douter (de) to doubt

douteux/douteuse *adj.* doubtful, uncertain, dubious

douzaine *f.* dozen; about twelve

douze *adj.* twelve

douzième twelfth

dramatique *adj.* dramatic; **arts** (*m. pl.*) **dramatiques** theater, theater arts

drame *m.* drama

dresser la liste to draw up the list

drogue *f.* drug

se droguer to take drugs

droit *m.* law; right; **avoir droit à** (*noun*) to have a right to; **avoir le droit de** (+ *inf.*) to be allowed to, to have the right to

droit *adv.* straight on; **tout droit** straight ahead

droite *f.* right-hand side; **à droite** on, to the right

drôle (de) *adj.* droll, funny, amusing; **faire une drôle de tête** to make a funny face

duc *m.* duke

dur(e) *adj.* hard; **travailler dur** to work hard

durée *f.* duration

durer to last, continue; to endure; to last a long time

dynamique *adj.* dynamic

eau *f.* water; **eau minérale** mineral water; **eaux** *pl.* waters, bodies of water

échanger (nous échangeons) to exchange

échappement *m.* leak; car exhaust; **échappement d'hydrocarbures** hydrocarbon emission

échecs *m.pl.* chess; **jouer aux échecs** to play chess

échouer (à) to fail, flunk

éclair (au chocolat) *m.* chocolate éclair (*custard pastry*)

éclairage *m.* lighting, illumination

éclairer to light

école *f.* school; **école maternelle** preschool, kindergarten; **école primaire (secondaire)** primary (secondary) school; **faire l'école buissonnière** to skip school, play hooky

écolier/écolière *m., f.* primary school student

écologie *f.* ecology

écologique *adj.* ecological

écologiste *m., f.* ecologist (*in politics*)

économe *adj.* thrifty, economical

économie *f.* economy; *pl.* savings; **faire des économies** to save (*money*)

économique *adj.* economic, financial; **crise** (*f.*) **économique** recession, depression

économiser to save

écouter to listen (to)

écran *m.* screen

écrire (*p.p.* **écrit**) *irreg.* to write

écrit(e) *adj.* written

écrivain *m.* writer, author

édifice *m.* building, edifice

éditorial *m.* editorial (*column*)

éducatif/éducative *adj.* educational

éducation *f.* upbringing; breeding; education

éduquer to bring up; to educate

effet *m.* effect; **effets spéciaux** special effects; **en effet** as a matter of fact, indeed

efficace *adj.* useful, efficacious

effort *m.* effort, attempt; **faire un (des) effort(s) pour** to try, make an effort to

effrayé(e) *adj.* frightened

égal(e) *adj.* equal; **ça lui est égal** he/she doesn't care, it's all the same to him/her

également *adv.* equally; likewise, also

égalité *f.* equality

église *f.* (Catholic) church

égoïsme *m.* egotism, selfishness

égoïste *adj.* selfish; *m., f.* selfish person

Égypte *f.* Egypt

eh! *interj.* hey!; **eh bien!** well! now then!

élaboré(e) *adj.* elaborate; complex

élargir to widen; to stretch

électeur/électrice *m., f.* voter

élection *f.* election

électricité *f.* electricity

électrique *adj.* electric; **rasoir** (*m.*) **électrique** electric razor

électronique *adj.* electronic; *f. s.* electronics; **courrier** (*m.*) **électronique** e-mail; **portier** (*m.*) **électronique** TV surveillance monitor

électronucléaire *adj.* electro-nuclear

élégant(e) *adj.* elegant, stylish

élément *m.* element

éléphant *m.* elephant

élève *m., f.* pupil, student

élevé(e) *adj.* high; raised; brought up

élever (j'élève) to raise; to lift up

éliminer to eliminate

elle *pron.* she; her; **elle-même** herself

elles *pron. f.* they; them

élocution *f.* elocution; **leçon** (*f.*) **d'élocution** speech lesson

s'éloigner to go away

élu(e) *adj.* elected

emballé(e) *adj.* wrapped

embarquement *m.* embarkation; **carte** (*f.*) **d'embarquement** boarding pass

embarras *m.* obstacle; embarrassment; superfluity; **embarras du choix** too much to choose from

embarrassé(e) *adj.* embarrassed

embauché(e) *adj.* hired

embouteillage *m.* traffic jam

embrasser to kiss; to embrace; **s'embrasser** to kiss, hug one another

émerger (nous émergeons) to emerge

s'émerveiller to wonder, be amazed

émettre (*like* **mettre**) *irreg.* to emit

émission *f.* program; broadcast; emission; **émission toxique** toxic emission

emmener (j'emmène) to take along; to take (*someone somewhere*); **emmener quelqu'un à l'hôpital** to take someone to the hospital

émotion *f.* emotion; feeling

empêcher (de) to prevent; to preclude

empereur *m.* emperor

emploi *m.* use; job; **emploi du temps** schedule

employé(e) *m., f.* employee

employer (j'emploie) to use; to employ

emporter to take with one, carry

emprisonner to imprison

emprunter to borrow

en *prep.* in; to; within; into; at; like; in the form of; by; *pron.* of it, of them; some of it; any

encadré(e) *adj.* sheltered

enceinte *adj. f.* pregnant

encerclé(e) *adj.* encircled

enchanté(e) *adj.* enchanted; pleased

encore *adv.* still; again; yet; even; more; **ne... pas encore** not yet

encourager (nous encourageons) (à) to encourage (to)

s'endormir (*like* **dormir**) *irreg.* to fall asleep

endroit *m.* place, spot

énergie *f.* energy

énergique *adj.* energetic

énerver to irritate; **s'énerver** to get upset, annoyed, irritated

enfance *f.* childhood; **copain/copine** *m., f.* **d'enfance** childhood friend; **petite enfance** early childhood

enfant *m., f.* child

enfermé(e) *adj.* locked up

enfin *adv.* finally, at last

s'engager (nous nous engageons) to commit to

engendrer to engender; to produce

enjeu *m.* stake, (at) stake

enlever (j'enlève) to take away; to remove, take off; **enlever la poussière** to dust (*furniture*)

ennemi *m., f.* enemy

ennui *m.* trouble, worry; boredom; **avoir des ennuis** to have problems

ennuyer (j'ennuie) to bother; to bore; **s'ennuyer** to be bored, get bored

ennuyeux/ennuyeuse *adj.* boring; annoying

énorme *adj.* huge, enormous

énormément (de) *adv.* a great deal; a great many

enquête *f.* inquiry; investigation; opinion poll

enregistrer to record; to register (*luggage*)

enrhumé(e): être enrhumé(e) to have a cold

enseignement *m.* teaching; education

enseigner to teach

ensemble *adv.* together; *m.* ensemble; whole; **passer la soirée ensemble** to spend an evening together; **tous ensemble** all together

ensoleillé(e) *adj.* sunny

ensuite *adv.* next; then

entendre to hear; **entendre parler de** to hear about; **s'entendre (bien, mal) avec** to get along (well, badly) with

enthousiasme *m.* enthusiasm

enthousiasmé(e) *adj.* thrilled

enthousiaste *adj.* enthusiastic

entier/entière *adj.* entire, whole, complete

entorse *f.* sprain

entourage *m.* circle of friends, set

entouré(e) de *adj.* surrounded by

entourer (de) to surround (with)

entraînement *m.* (*athletic*) training, coaching

s'entraîner to work out; to train

entraineur/entraineuse *m., f.* physical trainer

entre *prep.* between, among

entrée *f.* entrance, entry; admission; first course (*in a meal*)

entreprise *f.* enterprise, business

entrer (dans) to go into, enter

entretenir (*like* **tenir**) *irreg.* to maintain, keep up

entretien *m.* conversation; interview

entrevue *f.* (*job*) interview

énumérer (j'énumère) to enumerate

envahir to invade

enveloppe *f.* envelope

enveloppé(e) wrapped

envers *prep.* to; toward

envie *f.* desire; **avoir envie de** to want; to feel like

environ *adv.* about, approximately; *m. pl.* neighborhood, surroundings; outskirts

environnement *m.* environment; milieu

envisageable *adj.* imaginable, conceivable

envoyer (j'envoie) to send

épaule *f.* shoulder

épicé(e) *adj.* spicy

épicerie *f.* grocery store; grocery items

épices *f. pl.* spices

épinards *m. pl.* spinach

Épiphanie *f.* Epiphany, Twelfth Night

épisode *m.* episode

époque *f.* epoch, period, era; time

épouser to wed, marry

épouvante *f.* terror; **film** (*m.*) **d'épouvante** horror film

époux/épouse *m., f.* spouse; husband/wife

épreuve *f.* proof; trial; test

équilibre *m.* equilibrium, balance

équilibré(e) *adj.* balanced, well-balanced

équilibrer to balance

équipe *f.* team; working group; **équipe rédactionnelle** editorial team

équipé(e) *adj.* equipped

équipement *m.* equipment; gear; **equipement ménager** household furnishings

équitation *f.* horseback riding

équivalent(e) *adj.* equivalent

érable *m.* maple; **feuille** (*f.*) **d'érable** maple leaf; **sirop** (*m.*) **d'érable** maple syrup; **sucre** (*m.*) **d'érable** maple sugar

érosion *f.* erosion

erreur *f.* error; mistake

escalade *f.* climbing; **faire de l'escalade** to do rock climbing, mountain climbing

escalier *m.* stairs, staircase; **rampe** (*f.*) **de l'escalier** stair banister

escargot *m.* snail; escargot

esclavage *m.* slavery

esclave *m., f.* slave

espace *m.* space

Espagne *f.* Spain

espagnol(e) *adj.* Spanish; *m.* Spanish (*language*)

espèce *f.* type, kind; **espèces d'animaux** animal species; **une espèce de** a kind of

espérer (j'espère) to hope

espoir *m.* hope

essayer (j'essaie) (de) to try (to)

essence *f.* gasoline, gas; essence; **consommer de l'essence** to burn gas; **faire de l'essence** to get gas (fill up)

essentiel(le) *adj.* essential

essuie-glace(s) *m. inv.* windshield wiper

essuyer (j'essuie) to wipe

esthétique *adj.* esthetic

estimer to value; to estimate

estivant *m.* summer visitor

estomac *m.* stomach

et *conj.* and

établir to establish, set up

établissement *m.* settlement; establishment

étage *m.* floor (*of building*); **premier étage** second floor (*American*)

étagère *f.* shelf, shelving

étape *f.* stage; stopping place

état *m.* state; condition; **chef** (*m.*) **d'état** head of state; **en bon (mauvais) état** in good (bad) condition; **état civil** civil status; marital status; **garder en bon état** to maintain; **homme** (*m.*) **d'état** statesman

États-Unis *m. pl.* United States (of America)

été *m.* summer; **en été** in summer; **été indien** Indian summer

éteindre (*like* **craindre**) *irreg.* to put out; to turn off; **éteindre un incendie** to put out a fire; **s'éteindre** to go out (*light*)

éteint(e) *adj.* extinguished; dead

éternel(le) *adj.* eternal

éternuer to sneeze

ethnique *adj.* ethnic

étoile *f.* star

étonnant(e) *adj.* astonishing, surprising

s'étonner de to be surprised, astonished at

étourdi(e) *adj.* dizzy; *m., f.* scatterbrain

étrange *adj.* strange

étranger/étrangère *adj.* foreign; *m., f.* stranger; foreigner; **à l'étranger** abroad, overseas

être (*p.p.* **été**) *irreg.* to be; *m.* being; **être en train de** to be in the process of

étroit(e) *adj.* narrow, small

étude *f.* study; research; *pl.* studies; **faire des études** to study

étudiant(e) *m., f.* student

étudier to study

euh *interj.* uh, um

Europe *f.* Europe

européen(ne) *adj.* European; **Européen(ne)** *m., f.* European (*person*)

euthanasie *f.* euthanasia

eux *pron., m. pl.* them; **eux-mêmes** *pron.* themselves

s'évader to escape

s'évanouir to faint

évasion: film (*m.*) **d'évasion** escapist film

événement *m.* event

évidemment *adv.* evidently, obviously

évidence *f.* evidence

évident(e) *adj.* obvious, clear

évier *m.* (kitchen) sink

éviter to avoid; **éviter de freiner** to avoid braking

évolution *f.* evolution, development

évoquer to evoke, call to mind

exact(e) *adj.* exact, correct

exagérer (j'exagère) to exaggerate

examen *m.* test, exam; **passer un examen** to take an exam; **préparer un examen** to study for a test; **rater un examen** to fail a test; **réussir à un examen** to pass a test

examiner to examine

excédent *m.* excess, surplus; **excédent de bagages** excess baggage

excellent(e) *adj.* excellent

excessif/excessive *adj.* excessive

exclusivement *adv.* exclusively

excursion *f.* excursion, outing; **faire une excursion** to go on an outing

s'excuser (de) to excuse oneself (for); **excusez-moi** excuse me, pardon me

exécution *f.* carrying out; execution

exemple *m.* example; **par exemple** for example

exercer (nous exerçons) to exercise; to practice; **exercer un métier** to work at a particular job

exercice *m.* exercise; **faire de l'exercice** to do exercise(s)

exiger (nous exigeons) to require; to demand

exister to exist; **il existe** (*inv.*) there is, are

exode *m.* exodus

exotique *adj.* exotic; foreign

expédition *f.* shipping; expedition

expérience *f.* experience; experiment

explication *f.* explanation

expliquer to explain

explorateur/exploratrice *m., f.* explorer

explorer to explore

exporter to export

exposé(e) *adj.* exposed; set forth

exposition *f.* exhibition; show

exprimer to express; **s'exprimer** to express oneself

extérieur(e) *adj., m.* exterior; outside; **à l'extérieur** (on the) outside, out-of-doors

extrait(e) (de) *adj.* excerpted, extracted (from); *m.* excerpt; extract

extraordinaire *adj.* extraordinary

extrême *adj.* extreme; intense

extrêmement *adv.* extremely, exceedingly

extroverti(e) *adj.* extroverted

fabriquer to manufacture

fabuleux/fabuleuse *adj.* fabulous; incredible

fac *f., fam.* **(faculté)** university department or school; **en fac** at the university

face *f.* face; façade; **en face (de)** *prep.* opposite, facing; **faire face à** to confront

fâché(e) *adj.* angry, annoyed

fâcher to anger; to annoy; **se fâcher** to get angry

facile *adj.* easy; **facile à vivre** easy to get along with

façon *f.* way, manner, fashion; **de façon (bizarre)** in a (funny) way; **de toute façon** anyhow, in any case

facteur *m.* factor; mail carrier

facture *f.* bill (*to pay*)

faculté *f.* ability; school of a university (*fam.* **fac**)

faim *f.* hunger; **avoir faim** to be hungry

faire *irreg.* to do; to make; to form; to be; **faire beau (il fait beau)** to be nice out, good weather (it's nice out); **faire de l'anglais** to study English; **faire du vélo** to go cycling; to bicycle; **faire faire** to have done, make someone do something

fait(e) *adj.* made; *m.* fact; **fait(e) à la main** handmade

falaise *f.* cliff

falloir (*p.p.* **fallu**) *irreg.* to be necessary; to be lacking; **il me faut** I need

fameux/fameuse *adj.* famous

familial(e) *adj.* family

familier/familière *adj.* familiar

famille *f.* family; **en famille** with one's family

farine *f.* flour

fascinant(e) *adj.* fascinating

fasciner to fascinate

fatigant(e) *adj.* tiring

fatigué(e) *adj.* tired

fatiguer to tire; **se fatiguer** to get tired

fauché(e) *adj., fam.* broke, out of money

faune *f.* fauna

faute *f.* fault, mistake

fauteuil *m.* easy chair

faux/fausse *adj.* false

faveur *f.* favor; **en faveur de** supporting, backing

favori(te) *adj.* favorite

favoriser to favor

fédéral(e) *adj.* federal

fédération *f.* federation

fée *f.* fairy; **conte** (*m.*) **de fée(s)** fairy tale

féminin(e) *adj.* feminine

féministe *adj.* feminist

femme *f.* woman; wife

fenêtre *f.* window

fente *f.* deposit slot

fer *m.* iron; **chemin de fer** railroad; **fer** (*m.*) **à repasser** (*clothes*) iron

ferme *adj.* firm; *f.* farm

fermé(e) *adj.* closed

fermer to close

fermeture *f.* closing; closure; **fermeture annuelle** annual closing

féroce *adj.* ferocious

fesse *f.* buttock

fessée *f.* spanking

fête *f.* celebration, holiday; party; **faire la fête** to have a party; **fête des Mères (des Pères)** Mother's (Father's) Day; **fête des Rois** Feast of the Magi, Epiphany; **fête du travail** Labor Day; **fête nationale** July 14, Bastille Day

fêter to celebrate; to observe a holiday

feu *m.* fire; traffic light; **allumer un feu** to light a fire; **armes** (*pl.*) **à feu** firearms; **brûler le feu rouge** to run a red light; **cuire à feu vif** to cook on high heat; **feu de signalisation** traffic light; **feux** (*pl.*) **d'artifice** fireworks

feuille *f.* leaf; **feuille d'érable** maple leaf; **feuille d'ordonnance** prescription

feuilleton *m.* soap opera

fève *f.* bean

février February

fiançailles *f. pl.* engagement

fiancé(e) *m., f.* fiancé(e), betrothed

se fiancer (nous nous fiançons) to become engaged

fibre *f.* fiber, filament

fictif/fictive *adj.* fictional

fidèles *m.pl.* faithful (*people*); congregation

fier/fière *adj.* proud; **être fier/fière de** to be proud of

fièvre *f.* fever

figue *f.* fig

figuier *m.* fig tree

figurant *m.* extra (*in a film*)

figurer to appear

fil *m.* thread; cord; **passer un coup de fil (interurbain)** *fam.* to make a (long-distance) phone call

filet *m.* net; string bag

filière *f.* channel; path; track, major (*in school*)

fille *f.* girl; daughter; **école** (*f.*) **de filles** girls' school; **jeune fille** girl, young woman; **petite fille** little girl; **petite-fille** granddaughter

filleul(e) *m., f.* godchild

film *m.* film; movie; **passer un film** to show a movie; **tournage du film** film-making, film shooting

fils *m.* son; **petit-fils** grandson

fin(e) *adj.* fine; thin; *f.* end; purpose; **à la fin de** at the end of; **en fin d'après-midi** in the late afternoon; **fin de siècle** end of the century

final(e) *adj.* final; **examen** (*m.*) **final** final exam

finalement *adv.* finally

financer (nous finançons) to finance

financier/financière *adj.* financial; *m., f.* financier

finir (de) to finish; **finir par** to end up by (doing something)

firme *f.* firm, company

fiscal(e) *adj.* fiscal

fixe *adj.* fixed; **sans domicile fixe (S.D.F.)** homeless

fixer to set

flacon *m.* bottle, flask

flamand *m.* Flemish (*language*)

flambé(e) *adj.* flambé; set on fire

flamme: en flammes ablaze

flanc *m.* side; **à flanc de montagne** on the mountainside
flâner to stroll
flatteur *m.* flatterer; sycophant
fleur *f.* flower
fleuriste *m., f.* florist
fleuve *m.* river (*flowing into the sea*)
Floride *f.* Florida
flotter to float
fluor *m.* fluoride
foie *m.* liver
fois *f.* time, occasion; **chaque fois** each time; **la dernière (première) fois** the last (first) time; **une fois par semaine** once a week; **une (seule) fois** (only) once
fonction *f.* function; use, office
fonctionnaire *m., f.* government employee, civil servant
fonctionnement *m.* working order, functioning
fonctionner to function, work
fond *m.* bottom; back, background; **au fond** basically
fonder to found; **fonder un foyer** to start a home and family
fontaine *f.* fountain; spring
football (*fam.* **foot**) *m.* soccer
footballeur/footballeuse *m., f.* football player
forcé(e) *adj.* forced
forêt *f.* forest
formation *f.* formation; education, training
forme *f.* form; shape; figure; **en (bonne, pleine) forme** physically fit; **en forme de** in the form (shape) of; **être en forme** to be in shape
former to form, shape; to train; **former des liens** to form contacts, connections; **se former** to form, get organized
formel(le) *adj.* formal; strict
formulaire *m.* form (*to fill out*); **remplir un formulaire** to fill out a form
formule *f.* formula; form
formuler to formulate
fort *adv.* loudly, loud
fort(e) *adj.* strong; heavy; plump; high (*heat*)
fortifié(e) *adj.* fortified
fou (fol, folle) *adj.* crazy, mad; *m.* crazy person; **un monde fou** a huge crowd (*of people*)
foudre *f.* lightning; **coup** (*m.*) **de foudre** thunderbolt; *fig.* love at first sight
fouiller to search; to look through (*luggage*)

foulard *m.* scarf
foule *f.* crowd; **foule de gens** crowd
fouler to press; to trample; to crush; **se fouler la cheville** to sprain one's ankle
four *m.* oven; **four à micro-ondes** microwave oven
fourchette *f.* fork
foyer *m.* home
fracturé(e) *adj.* fractured
frais/fraîche *adj.* fresh; cool; *m. pl.* fees; expenses; **il fait frais** it's chilly
frais (*m. pl.*) **d'inscription (de scolarité)** school, university (tuition) fees
fraise *f.* strawberry
franc(he) *adj.* frank; truthful; honest; *m.* franc (*French, Swiss currency*)
français(e) *adj.* French; *m.* French (*language*); **Français(e)** *m., f.* Frenchman/Frenchwoman
Francfort Frankfurt
franchement *adv.* frankly
franco-allemand(e) *adj.* French-German
francophone *adj.* French-speaking, of the French language
francophonie *f.* French-speaking world
frapper to strike; to knock
frein *m.* brake
freiner to brake
fréquemment *adv.* frequently
fréquence *f.* frequency
fréquent(e) *adj.* frequent
fréquenter to frequent, visit frequently
frère *m.* brother; **beau-frère** brother-in-law
frisé(e) *adj.* curly
frisson *m.* shiver, chill
frit(e) *adj.* fried; *f. pl.* French fries
froid(e) *adj.* cold; *m.* cold; **avoir froid** to be cold; **il fait froid** it's cold
frôler to touch lightly, brush
fromage *m.* cheese
front *m.* forehead; front; frontline (*war*)
frontière *f.* frontier; border
frotter to rub
fruit *m.* fruit; **fruits** (*pl.*) **de mer** seafood; **jus** (*m.*) **de fruit** fruit juice
frustrant(e) *adj.* frustrating
fugitif *m.* fugitive; runaway
fumé(e) *adj.* smoked
fumée *f.* smoke
fumer to smoke; **arrêter de fumer** to stop smoking
fumeur/fumeuse *m., f.* smoker; **section** (*f.*) **non-fumeur** nonsmoking section
furieux/furieuse *adj.* furious
fusée *f.* rocket; spaceship

futur(e) *adj.* future; *m., Gram.* future (*tense*); future (*time*)

gaffe *f., fam.* blunder
gagnant(e) *m., f.* winner
gagner to win; to earn; **gagner la vie** to earn a living
galette *f. puff pastry cake;* **galette des rois** *special cake for Epiphany*
garanti(e) *adj.* guaranteed; *f.* guarantee; safeguard
garantir to guarantee
garçon *m.* boy; café waiter; **garçon d'honneur** best man; groomsman
garde *f.* watch; *m., f.* guard; **pharmacie** (*f.*) **de garde** all-night (emergency service) pharmacy
garder to keep, retain; to take care of; **garder en bon état** to maintain; **garder la ligne** to watch one's weight
gare *f.* station (*train, bus*); **chef** (*m.*) **de gare** station master; **gare routière** bus station, depot
garé(e) *adj.* parked
garer to park; **garer la voiture** to park the car
garni(e) *adj.* garnished; furnished
gaspillage *m.* waste
gaspiller to waste
gastronomie *f.* gastronomy
gâteau *m.* cake; **morceau** (*m.*) **de gâteau** slice of cake; **petit gâteau** cookie
gauche *adj.* left; *f.* left; **à gauche** on the, to the left
gaulliste *adj.* Gaullist
gaulois(e) *adj.* Gallic
gaz *m.* gas
gazon *m.* lawn; **tondre le gazon** to mow the lawn
gélule *f.* capsule
gêné(e) *adj.* annoyed, bothered
général(e) *adj.* general; *m.* general; **en général** in general
généralement *adv.* generally
généralisation *f.* generalization
génération *f.* generation
généreux/généreuse *adj.* generous
génétique *adj.* genetic
Genève Geneva
génial(e) *adj.* brilliant, inspired; *fam.* nice, cool, great
génie *m.* spirit; genius; genie; engineering; **génie civil** civil engineering; **génie mécanique** mechanical engineering
genou (*pl.* **genoux**) *m.* knee
genre *m.* gender; kind, type

gens *m. pl.* people; **foule** (*f.*) **de gens** crowd; **jeunes gens** young men; young people
gentil(le) *adj.* nice, kind
géographie *f.* geography
géographique *adj.* geographic
géologie *f.* geology
Géorgie *f.* Georgia
géranium *m.* geranium
gigantesque *adj.* gigantic
gigot (d'agneau) *m.* leg of lamb
giratoire: carrefour (*m.*) **à sens giratoire** roundabout, traffic circle
gîte *m.* very rustic hotel or residence
glace *f.* ice cream; ice; mirror; **essuie-glace(s)** *m. inv.* windshield wiper; ***hockey** (*m.*) **sur glace** ice hockey
glacière *f.* glacier
gladiateur *m.* gladiator
glissant(e) *adj.* slippery; **chaussée** (*f.*) **glissante** slippery pavement
glisser to slide; to slip; to skid
global(e) *adj.* global
gloire *f.* glory; fame; pride
gonflé(e) *adj.* swollen; inflated
gonflement *m.* swelling
gonfler to inflate; to swell; **gonfler les pneus** to inflate the tires
gorge *f.* throat; gorge; **mal à la gorge** sore throat; **soutien-gorge** *m.* bra, brassiere
goût *m.* taste; preference
goûter to taste; *m.* snack
goutte *f.* drop; **gouttes** (*f. pl.*) **pour le nez** nose drops
gouvernement *m.* government; **chef** (*m.*) **de gouvernement** head of state
grâce *f.* grace; pardon; **grâce à** *prep.* thanks to; **jour** (*m.*) **d'Action de Grâce** Thanksgiving Day (*U.S., Canada*)
graisse *f.* grease; fat
grammaire *f.* grammar
grammatical(e) *adj.* grammatical
gramme *m.* gram
grand(e) *adj.* great; large, big; tall; **grand-chose (pas grand-chose)** *pron. m.* much (not much); **grande surface** *f.* mall; superstore; **grandes vacances** *f. pl.* summer vacation; **grand magasin** *m.* department store; **Train** (*m.*) **à Grande Vitesse (T.G.V.)** *French high-speed bullet train*
grand-mère *f.* grandmother
grand-père *m.* grandfather
grands-parents *m. pl.* grandparents
gras(se) *adj.* fat; oily; rich; *m.* fat; **foie** (*m.*) **gras** goose liver; **Mardi** (*m.*) **gras** Mardi Gras, Fat Tuesday; **matière** (*f.*) **grasse** fat (*content of food*)

gratte-ciel *m inv.* skyscraper
se gratter to scratch
gratuit(e) *adj.* free (*of charge*)
grave *adj.* grave, serious
gravité *f.* seriousness
grec/grecque *adj.* Greek
Grèce *f.* Greece
grille-pain *m. inv.* toaster
griller to broil, toast
grippe *f.* flu; **attraper la grippe** to catch the flu
gris(e) *adj.* gray
gros(se) *adj.* big; loud
grossier/grossière *adj.* vulgar, gross; **mot** (*m.*) **grossier** vulgar word
groupe *m.* group
se grouper to gather
gruyère *m.* Gruyère (*Swiss cheese*)
guérir to cure; to heal; to recover; **guérir un malade** to cure a sick person
guérison *f.* cure; recovery
guerre *f.* war; **guerre civile** civil war
guichet *m.* ticket window
guide *m., f.* guide; *m.* guidebook; instructions
Guinée *f.* Guinea
guitare *f.* guitar
Guyane *f.* Guyana
gymnase *m.* gymnasium
gymnastique (*fam.* **gym**) *f.* gymnastics; exercise; **faire de la gymnastique** to do gymnastics (exercises)

habiller to dress; **s'habiller** to get dressed
habitant(e) *m., f.* inhabitant; resident
habitation *f.* lodging, housing; **Habitation à loyer modéré (H.L.M.)** *French public housing*
habiter to live, dwell
habitude *f.* habit; **comme d'habitude** as usual; **d'habitude** *adv.* usually, habitually
***haché(e)** *adj.* ground; chopped up (*meat*)
***haine** *f.* hatred
halogène: lampes (*f. pl.*) **à halogène** halogen lamps
***hanche** *f.* hip; haunch
***haricot** *m.* bean; ***haricots verts** green beans
harmonie *f.* harmony
***haut(e)** *adj.* high; **à *haute voix** out loud; **en *haut (de)** at the top of
***hein?** *interj.* eh? what?
hémisphère *m.* hemisphere
herbe *f.* grass
héritage *m.* inheritance; heritage
hérité(e) *adj.* inherited
***héros** *m.* hero

hésitant(e) *adj.* hesitant
hésiter to hesitate
heure *f.* hour; time; **à la même heure** at the same time; **à l'heure** on time; per hour; **à quelle heure** (at) what time; **de bonne heure** early; **demi-heure** *f.* half-hour; **heures** (*pl.*) **de pointe** rush hour(s); **il est... heure(s)** it's . . . o'clock; **il est... heure(s) et demie** it's . . . -thirty; **quelle heure est-il?** what time is it?
heureusement *adv.* fortunately
heureux/heureuse *adj.* happy; fortunate
se *heurter contre to bump against
hexagone *m.* hexagon
hier *adv.* yesterday; **hier après-midi (matin)** yesterday afternoon (morning); **hier soir** yesterday evening
***hiérarchiquement** *adv.* hierarchically
hippique *adj.* equine; relating to horses
hippopotame *m.* hippopotamus
histoire *f.* history; story
historique *adj.* historical, historic
hiver *m.* winter; **en hiver** in the winter
***hocher: *hocher la tête** to nod
***hockey** *m.* hockey; ***hockey sur glace** ice hockey
***hollandais(e)** *adj.* Dutch; **sauce** (*f.*) ***hollandaise** Hollandaise sauce (*butter, eggs, lemon juice*)
***Hollande** *f.* Holland, Low Countries
***homard** *m.* lobster
homme *m.* man; **homme d'état** statesman
homogène *adj.* homogeneous
honneur *m.* honor; **demoiselle** (*f.*) **d'honneur** bridesmaid; **garçon** (*m.*) **d'honneur** best man; groomsman
***honte** *f.* shame; **avoir *honte de** to be ashamed of
***honteux/honteuse** *adj.* shameful; ashamed
hôpital *m.* hospital; **emmener (quelqu'un) à l'hôpital** to take (someone) to the hospital
***hoquet** *m.* hiccup
horloge *f.* clock
horreur *f.* horror; **avoir horreur de** to hate, detest
horriblement *adv.* horribly
horrifié(e) *adj.* horrified
***hors de** *prep.* out of, outside of
***hors-d'œuvre** *m. inv.* appetizer
hospitaliser to hospitalize
hôtel *m.* hotel; public building, hall; **maître** (*m.*) **d'hôtel** maître d'; headwaiter
hôtellerie *f.* hotel trade
hôtesse *f.* hostess; **hôtesse de l'air** flight attendant, stewardess

huile *f.* oil; **changer l'huile** to change the oil; **huile d'olive** olive oil; **lampe à huile** oil lamp

*****huit** *adj.* eight

huîtres *f. pl.* oysters

humain(e) *adj.* human; *m.* human being

humanité *f.* humanity

humeur *f.* temperament, disposition; mood; **être de mauvaise humeur** to be in a bad mood

humide *adj.* humid; damp

humilié(e) *adj.* humiliated

humoristique *adj.* humoristic

humour *m.* humor; **sens** (*m.*) **de l'humour** sense of humor

*****hurler** to scream

hydrate: hydrate (*m.*) **de carbone** carbohydrate

hydrocarbure *m.* hydrocarbon

hygiène *f.* hygiene

hypermarché *m.* superstore

hypothèse *f.* hypothesis

ici *adv.* here

idéal(e) *adj.* ideal; *m.* ideal

idéaliste *adj.* idealistic; *m., f.* idealist

idée *f.* idea; **aucune idée** I've no idea; **idée reçue** preconceived notion

identifier to identify

identité *f.* identity; **carte** (*f.*) **d'identité** identification card

idéologie *f.* ideology

idéologique *adj.* ideological

idiot(e) *adj.* idiotic, foolish

idole *f.* idol

ignorer to not know; to be ignorant of

il *pron., m.* he; it; there; **il y a** there is, there are; ago; **il y a... que** for (+ *period of time*); it's been . . . since

île *f.* island

illégal(e) *adj.* illegal

illustré(e) *adj.* illustrated

ils *pron., m.* they

image *f.* picture; image

imaginaire *adj.* imaginary; made-up

imaginer to imagine

immatriculation *f.* registration; **plaque** (*f.*) **d'immatriculation** license plate

immédiat(e) *adj.* immediate

immeuble *m.* (apartment or office) building

immigré(e) *m., f.* immigrant

immigrer to immigrate

immoral(e) *adj.* immoral

imparfait *m., Gram.* imperfect (*verb tense*)

impatient(e) *adj.* impatient

s'impatienter to grow impatient, lose patience

impensable *adj.* unthinkable

impérial(e) *adj.* imperial

impersonnel(le) *adj.* impersonal

important(e) *adj.* important; large, sizeable

importé(e) *adj.* imported

importer to be important; to matter; **n'importe quel(le)** no matter which

imposer to impose

impossibilité *f.* impossibility

impôts *m. pl.* direct taxes

impressionnant(e) *adj.* impressive

impressionner to impress

imprimer to print

imprudemment *adv.* imprudently, unwisely

incendie *m.* fire, house fire

inciter to incite

incompétent(e) *adj.* incompetent

incongruité *f.* incongruity

inconnu(e) *adj.* unknown; *m., f.* stranger

inconvénient *m.* disadvantage

Inde *f.* India

indépendance *f.* independence

indépendant(e) *adj.* independent

indicateur/indicatrice: panneau (*m.*) **indicateur** road sign

indicatif *m., Gram.* indicative (*mood*)

indien(ne) *adj.* Indian; *m., f.* **Indien(ne)** Indian (*person*); **été** (*m.*) **indien** Indian summer

indifférent(e) *adj.* indifferent

indiqué(e) *adj.* indicated

indiquer to indicate; to point out

indirect(e) *adj.* indirect; **pronom** (*m.*) **d'objet indirect** *Gram.* indirect object pronoun

indiscret/indiscrète *adj.* indiscreet; prying

individu *m.* individual, person

individualiste *adj.* individualistic, nonconformist

individuel(le) *adj.* private, *n.* individual

industrie *f.* industry

industriel(le) *adj.* industrial

inévitable *adj.* unavoidable

inexact(e) *adj.* inexact, inaccurate

inférieur(e) *adj.* inferior; lower

infiniment *adv.* infinitely; **merci infiniment** thanks a million

infinitif *m., Gram.* infinitive

infirmier/infirmière *m., f.* nurse

inflammé(e) *adj.* inflamed

influencer (nous influençons) to influence

information *f.* information, data; *pl.* news (*broadcast*)

informatique *f.* computer science

informer to inform; **s'informer** to find out information

ingénieur *m.* engineer; **ingénieur mécanicien** mechanical engineer

ingrédient *m.* ingredient

inhabité(e) *adj.* inhabited

initiale *adj.* initial, first; *f.* initial (*letter*)

s'initier (à) to become initiated (into)

injuste *adj.* unjust, unfair

inquiéter (j'inquiète) to worry; **s'inquiéter (de) (je m'inquiète)** to become uneasy; to be worried (about)

inquiétude *f.* anxiety, uneasiness

inscription *f.* matriculation; registration; **frais** (*m. pl.*) **d'inscription** university fees, tuition

s'inscrire (*like* **écrire**) **(à)** *irreg.* to join; to enroll; to register

insecte *m.* insect

inséparable *adj.* inseparable

insistance *f.* insistence

insister to insist; **insister sur** to stress

insolite *adj.* unusual

insomniaque *m., f.* insomniac

inspecter to inspect

inspirer to inspire

installer to install; to set up; **s'installer (à)** to settle down, settle in

instituteur/institutrice *m., f.* elementary school teacher

insuffisant(e) *adj.* insufficient

insulte *f.* insult

insulter to insult

intégration *f.* integration

s'intégrer (je m'intègre) (à) to integrate oneself, get assimilated (into)

intellectuel(le) *adj.* intellectual

intelligence *f.* intelligence; **quotient** (*m.*) **d'intelligence** intelligence quotient (I.Q.)

intelligent(e) *adj.* intelligent

intensif/intensive *adj.* intensive

interdiction *f.* prohibition

interdire (*like* **dire,** *but* **vous interdisez**) **(de)** to forbid (to); to prohibit

interdit(e) *adj.* forbidden, prohibited; **accès** (*m.*) **interdit** no access; **arrêt** (*m.*) **interdit** no stopping; **sens** (*m.*) **interdit** one-way (*street*)

intéressant(e) *adj.* interesting

intéresser to interest; **s'intéresser à (quelque chose)** to be interested (in something)

intérêt *m.* interest, concern; **perdre intérêt** to lose interest

intérieur(e) *m.* interior; **à l'intérieur** inside

international(e) *adj.* international
interrogatoire *m.* interrogation, examination
interroger (nous interrogeons) to interrogate
intersaison *f.* spring (*or* autumn); cool season
interurbain(e) *adj.* interurban
interviewer to interview
intestinal(e) *adj.* intestinal; stomach
intimider to intimidate; to bully
intrigue *f.* plot
inutile *adj.* useless
inventer to invent
inventeur/inventrice *m., f.* inventor, discoverer
inversé(e) *adj.* opposite, inverted
investir to invest
investissement *m.* investment
invité(e) *adj.* invited; *m., f.* guest
inviter to invite
ironique *adj.* ironic
irrésistiblement *adv.* irresistably
irriter to irritate
islamique *adj.* Islamic
Israël *m.* Israel
Italie *f.* Italy
italien(ne) *adj.* Italian
itinéraire *m.* itinerary
ivoire: Côte-d'Ivoire (*f.*) Ivory Coast
ivoirien(ne): d'origine (*f.*) **ivoirienne** from the Ivory Coast

jaloux/jalouse *adj.* jealous
jamais (ne... jamais) *adv.* never, ever
jambalaya *m. traditional Cajun rice stew*
jambe *f.* leg; **jambe cassée** broken leg
jambon *m.* ham
janvier January
Japon *m.* Japan
japonais(e) *adj.* Japanese; *m.* Japanese (*language*); **Japonais(e)** *m., f.* Japanese (*person*)
jardin *m.* garden; **jardin public** public park
jardinage *m.* gardening
jardiner to garden
jaune *adj.* yellow
je *pron.* I
jean *m.* (blue) jeans
jetable *adj.* disposable
jeter (je jette) to throw; to throw away, toss; **jeter par terre** to throw down (on the ground)
jeu *m.* game; **jeu vidéo** video game
jeudi *m.* Thursday

jeune *adj.* young; *m. pl.* young people, youth; **jeune fille** *f.* girl, young woman; **jeunes gens** *m. pl.* young men; young people
jeunesse *f.* youth; **auberge** (*f.*) **de jeunesse** youth hostel
jogging *m.* jogging; **faire du jogging** to go jogging
joie *f.* joy
joli(e) *adj.* pretty
joue *f.* cheek
jouer to play; **jouer à** to play (*a sport or game*); **jouer de la guitare** to play (an instrument); **jouer un rôle** to play a role
jouet *m.* toy
joueur/joueuse *m., f.* player
jouir de to enjoy
jour *m.* day; **de nos jours** these days, currently; **il y a deux jours** two days ago; **jour d'Action de Grâce** Thanksgiving Day (*U.S., Canada*); **jour de la fête des Mères** Mother's Day; **jour de Pâques** Easter; **jour férié** public holiday; **le jour de l'an** New Year's Day; **par jour** per day, each day; **plat** (*m.*) **du jour** today's special (*restaurant*); **tous les jours** every day
journal *m.* newspaper; journal, diary
journalisme *m.* journalism
journaliste *m., f.* reporter, newscaster, journalist
journée *f.* day, duration of a day; **toute la journée** all day
juger (nous jugeons) to judge
juillet July
juin June
jumeau/jumelle *m., f.* twin
jupe *f.* skirt
jurer to swear; to vow
jus *m.* juice; **jus de fruit** fruit juice
jusqu'à *prep.* until, up to; **jusqu'à ce que** *conj.* until; **jusqu'à présent** up to now, until now
juste *adj.* just, fair; right, exact
justement *interj.* exactly
justifier to justify; to give proof

kanak(e) *m., f.* Kanak (*native people of New Caledonia*)
karaté *m.* karate; **faire du karaté** to do karate
képi *m.* kepi (*type of hat worn by French army officers*)
kilo(gramme) *m.* kilogram
kilomètre *m.* kilometer

klaxon *m.* (*car*) horn
klaxonner to blow the (*car*) horn
km. *ab.* **(kilomètre)** *m.* kilometer
Koweit *m.* Kuwait

la *art., f.* the; *pron., f.* it, her
là: *adv.* there; **là-bas** *adv.* over there; **oh, là, là!** *interj.* good heavens! my goodness!
laboratoire (*fam.* **labo**) *m.* laboratory
lac *m.* lake
laid(e) *adj.* ugly
laine *f.* wool; **en laine** made of wool
laisser to let, allow; to leave, leave behind; **laisser tomber** to drop (*something*)
lait *m.* milk; **café** (*m.*) **au lait** coffee with hot milk
laitier/laitière *adj.* pertaining to milk; **produits** (*m. pl.*) **laitiers** dairy products
laitue *f.* lettuce
lampe *f.* lamp; light fixture; **lampe à halogène** halogen lamp; **lampe à huile** oil lamp; **lampe-tempête** *f.* storm lantern
lancer (nous lançons) to launch; to throw; to drop
langage *m.* language; jargon; specialized vocabulary
langue *f.* language; tongue; **langue étrangère** foreign language; **tirer la langue** to stick out one's tongue
lapin *m.* rabbit
laque *f.* hair spray; **laque à cheveux** hair spray
large *adj.* wide; **au large** in the open sea; **de long en large** up and down, to and fro
largement *adv.* largely; widely
larme *f.* tear
lasagne *f.* lasagna
latent(e) *adj.* latent
latin(e) *adj.* Latin
lavable *adj.* washable
lavabo *m.* (washroom, bathroom) sink
laver to wash; **machine** (*f.*) **à laver** washing machine; **se laver** to wash (oneself), get washed; **se laver les cheveux** to wash one's hair; **se laver le visage** to wash one's face
lave-vaisselle *m.* (automatic) dishwasher
lavomatic *m.* laundromat
le *art., m.* the; *pron., m.* it, him
leçon *f.* lesson; **leçon particulière** private lesson
lecteur/lectrice *m.* reader; disk drive; **lecteur CD-rom** CD-ROM player
lecture *f.* reading
légal(e) *adj.* legal
légende *f.* legend

léger/légère *adj.* light; fluffy; delicate
légionnaire *m.* legionary; legionnaire
législature *f.* legislature
légume *m.* vegetable
lendemain *m.* next day, day after, following day
lent(e) *adj.* slow
lequel/laquelle (lesquels/lesquelles) *pron.* which, which one; who, whom
les *art., pl.* the; *pron., pl.* them
lessive *f.* laundry; **faire la lessive** to do the laundry
lettre *f.* letter; **boîte** (*f.*) **aux lettres** mailbox; **envoyer une lettre** to mail/send a letter; **papier** (*m.*) **à lettres** stationery, letter paper
leur *adj.* their; *pron.* to them; *pron.* theirs
lever (je lève) to raise, lift; *m.* **lever du soleil** sunrise; **levez la main** raise your hand; **levez-vous** stand up; **se lever** to get up, stand up; to get out of bed
levier *m.* lever; **levier de vitesse** gear shift (*lever*)
lèvres *f. pl.* lips
liaison *Gram. m.* joining, linking (*two words together*)
libéral(e) *adj.* liberal
libération *f.* freedom; liberation
libérer (je libère) to free, liberate
liberté *f.* freedom
librairie *f.* bookstore
libre *adj.* free; available; open; vacant; **temps** (*m.*) **libre** leisure time; **vente** (*f.*) **libre** open sale
licence *f. French university degree, equivalent to bachelor's degree; license; permission*
licencié *m.* degree holder; license holder
licorne *f.* unicorn
lien *m.* link, tie, bond; **former des liens** to make contacts, connections
lieu *m.* place; **au lieu de** *prep.* instead of, in the place of; **avoir lieu** to take place
ligne *f.* line; bus line; figure; **en ligne** on-line
ligue *f.* league
limitation *f.* limit; restriction; **limitation de vitesse** speed limit
limite *f.* limit; boundary; **dépasser la limite de vitesse** to exceed the speed limit
limiter to limit
limonade *f.* lemonade; soft drink
limpide *adj.* limpid; clear
linguistique *adj.* language; linguistic
liquide *m.* liquid
lire (*p.p.* **lu**) *irreg.* to read
liste *f.* list

lit *m.* bed; **faire son lit** to make one's bed
litre *m.* liter
littéraire *adj.* literary; **magazine** (*m.*) **littéraire** literary talk show
livre *m.* book; *f.* pound (*half-kilo*); **demi-livre** (*f.*) half pound; **fermez (ouvrez) le livre** close (open) the book; **livre** (*m.*) **de cuisine** cookbook
local(e) *adj.* local
localisation *f.* localization
locataire *m., f.* renter, tenant
location *f.* rental; **bureau** (*m.*) **de location** rental office; **voiture** (*f.*) **de location** rental car
logement *m.* housing, lodgings
loger (nous logeons) to house; to dwell; to lodge
logiciel *m.* program (*computer*)
logique *adj.* logical
loi *f.* law
loin (de) *adv., prep.* far (from), at a distance (from)
loisirs *m. pl.* leisure time
Londres London
long(ue) *adj.* long; slow; **de longue durée** long-term
longtemps *adv.* (for) a long time; **il y a longtemps** a long time ago
longuement *adv.* for a long time, lengthily
lorsque *conj.* when
loterie *f.* lottery
louer to rent; to reserve; **à louer** for rent
Louisiane *f.* Louisiana
lourd(e) *adj.* heavy
loyauté *f.* loyalty
loyer *m.* rent (*payment*); **Habitation** (*f.*) **à loyer modéré (H.L.M.)** *French public housing*
lui *pron.* he; it; to him; to her; to it; **lui-même** himself
lumière *f.* light
lumineux/lumineuse *adj.* luminous
lundi *m.* Monday
lune *f.* moon; **lune de miel** honeymoon
lunettes *f. pl.* eyeglasses
lutte *f.* struggle, battle
luxe *m.* luxury
luxueux/luxueuse *adj.* luxurious
lycée *m.* French secondary school (high school)
lys *m.* lily

ma *adj., f. s.* my
mâcher to chew
machine *f.* machine; **machine à laver** washing machine

Madame (Mme) (*pl.* **Mesdames**) madam; lady
Mademoiselle (Mlle) (*pl.* **Mesdemoiselles**) Miss
magasin *m.* store; **grand magasin** department store; **magasin d'alimentation** food store
Maghreb *m.* Maghreb, French-speaking North Africa
maghrébin(e) *adj.* from French-speaking North Africa
magie *f.* magic
magique *adj.* magic
magnétoscope *m.* videocassette recorder (VCR)
mai May
maigrir to grow thin, lose weight
maillot *m.* jersey, T-shirt
main *f.* hand; **fait(e) à la main** handmade; **se serrer la main** to shake hands
maintenant *adv.* now
maire *m.* mayor
mairie *f.* town hall
mais *conj.* but; *interj.* why
maison *f.* house; company, firm; **aider à la maison** to help around the house; **à la maison** at home; **maison de la presse** newsstand; **rester à la maison** to stay home
maître/maîtresse *m., f.* master/mistress; elementary school teacher; **maître d'hôtel** maître d'; headwaiter
maîtrise *f.* mastery
majestueux/majestueuse *adj.* majestic; stately
majoritaire *adj.* of, in the majority
majorité *f.* majority
majuscule *f.* capital letter
mal *adv.* badly; *m.* evil; pain (*pl.* **maux**); **aller mal** to not be well; **avoir du mal à** to have a hard time; **avoir mal à la gorge** to have a sore throat; **mal de l'air** airsickness; **mal de mer** seasickness; **mal de tête** headache; **se faire (du) mal** to hurt oneself; **se sentir mal** to feel bad
malade *adj.* ill; *m., f.* sick person; **rendre malade** to make (*someone*) sick; **tomber malade** to get sick
maladie *f.* illness, disease; **guérir une maladie** to cure an illness
malgré *prep.* in spite of
malheureusement *adv.* unfortunately
malsain(e) *adj.* unhealthy
maman *f., fam.* mom, mommy
mamy (mamie) *f., fam.* grandma

manche *f.* channel

mandarine *f.* tangerine; mandarin orange

mandat *m.* mandate; **mandat postal** postal money order

manger (nous mangeons) to eat; **salle** (*f.*) **à manger** dining room

manière *f.* manner, way

manifestation *f.* (political) demonstration; manifestation

manifester to show, display

manipulateur/manipulatrice *m., f.* manipulator

manque *m.* lack, shortage

manquer (de) to miss

manteau *m.* coat, overcoat

manuel(le) *adj.* manual; *m.* manual; textbook

se maquiller to put on makeup

marais *m.* swamp, marsh

marchand(e) *m., f.* merchant, shopkeeper; **marchand** (*m.*) **de vins** wine seller; liquor store

marchandise *f.* merchandise

marche *f.* walk; walking, hiking; (stair) step

marché *m.* market; **marché aux puces** flea market

marcher to walk; to work, to run (*device*)

mardi *m.* Tuesday; **Mardi gras** Mardi Gras, Shrove Tuesday

marécageux/marécageuse *adj.* swampy, marshy

mari *m.* husband

mariage *m.* marriage; wedding

marié(e) *m., f.* groom/bride; *adj.* married; **nouveaux mariés** *m. pl.* newlyweds

se marier (à) to get married to

marin *m.* sailor; mariner

Maroc *m.* Morocco

marocain(e) *adj.* Moroccan; **Marocain(e)** *m., f.* Moroccan (*person*)

marque *f.* brand

marquer to mark; to indicate, denote

marraine *f.* godmother

marre: en avoir marre (*fam.*) to be fed up (with)

marron *adj. inv.* brown; maroon

mars March

marxisme *m.* Marxism

masculin(e) *adj.* masculine

massif/massive *adj.* massive

match *m.* game; **match de football (de rugby)** soccer (rugby) game

matérialiste *adj.* materialistic

matériel *m.* apparatus, equipment

maternel(le) *adj.* maternal; **l'école** (*f.*)

maternelle nursery school, preschool

maternité *f.* maternity

mathématiques (*fam.* **maths**) *f. pl.* mathematics

matière *f.* academic subject; material; matter; **matière grasse** fat (*content of food*)

matin *m.* morning; **du matin** in the morning; **hier matin** yesterday morning

matinal(e) *adj.* morning

matinée *f.* morning (*duration*); **(faire) la grasse matinée** to sleep late

matrimonial(e) *adj.* marriage, matrimonial

mauvais(e) *adj.* bad; wrong; **en mauvais état** in bad condition; **être de mauvaise humeur** to be in a bad mood; **il fait mauvais** it's bad weather out

maxime *f.* maxim

me (m') *pron.* me; to me

mécanicien(ne) *m., f.* mechanic; technician; **ingénieur** (*m.*) **mécanicien** mechanical engineer

mécanique *adj.* mechanical, power

mécontent(e) *adj.* dissatisfied; unhappy

médecin *m.* doctor

médecine *f.* medicine (*study, profession*)

médias *m. pl.* media

médical(e) *adj.* medical

médicament *m.* medication; drug

médiéval(e) *adj.* medieval

médiocre *adj.* mediocre

se méfier de to be wary of

meilleur(e) *adj.* better; best

mélange *m.* mixture; blend

mélangé(e) *adj.* mixed

membre *m.* member

même *adj.* same; *adv.* even; **à la même heure** at the same time; **à même** right into; **de même** the same, likewise; **en même temps** at the same time; **même si** even if; **quand même** anyway; even though

mémoire *f.* memory; *pl.* memoirs

menacé(e) *adj.* threatened; **animaux** (*m. pl.*) **menacés** endangered animals

menacer (nous menaçons) (de) to threaten (to)

ménage *m.* housekeeping; household; **faire le ménage** to do the housework

ménager/ménagère *m., f.* homemaker; *adj.* pertaining to the home; housekeeping; **équipement** (*m.*) **ménager** household furnishings; **tâches** (*f. pl.*) **ménagères** household tasks

mener (je mène) to take; to lead; **mener une vie sédentaire** to lead a sedentary life

menhir *m.* standing stone

mensuel(le) *adj.* monthly

mental(e) *adj.* mental

mention *f.* grade, evaluation (*school, university*)

mentir (*like* **dormir**) *irreg.* to lie

menton *m.* chin

mer *f.* sea; **au bord de la mer** at the seashore; **fruits** (*m. pl.*) **de mer** seafood; **mal** (*m.*) **de mer** seasickness

merci *interj.* thanks; **merci bien** thanks a lot; **rien de plus, merci** nothing else, thanks

mercredi *m.* Wednesday

mère *f.* mother; **belle-mère** mother-in-law; stepmother; **fête** (*f.*) **des Mères** Mother's Day; **grand-mère** grandmother

merveille *f.* marvel; delight

mes *adj. m., f., pl.* my

messageries *f. pl.* parcel service

messe *f.* (Catholic) Mass

mesure *f.* measure; **prendre des mesures** to take measures

mesurer to moderate, weigh (*one's words*)

métal *m.* metal

métallique *adj.* metallic

météorologie (*fam.* **météo**) weather forecasting

météorologique *adj.* meteorological, weather; **bulletin** (*m.*) **météorologique** weather forecast

méthode *f.* method

métier *m.* trade, profession, job, occupation; **exercer un métier** to work at a particular job

métis(se) *m., f.* of mixed race; hybrid

mètre *m.* meter

métro *m.* subway (*train, system*); **plan** (*m.*) **du métro** subway map; **prendre le métro** to take the subway; **station** (*f.*) **de métro** subway station

métropole *f.* metropolis; mainland France

métropolitain(e) *adj.* metropolitan; referring to mainland France

metteur/metteuse en scène *m., f.* producer; film director

mettre (*p.p.* **mis**) *irreg.* to put, place; to put on; to turn on; to take (*time*); **mettre des vêtements** to put on clothes; **mettre du poids** to gain weight; **mettre (le) feu à** to set fire to; **mettre les couverts (la table)** to set the table; **se**

mettre à to begin to; **se mettre à la place de** to put oneself in the place of; **se mettre d'accord** to reach an agreement; **se mettre en colère** to get angry; **se mettre au volant** to get behind the steering wheel

meuble *m.* piece of furniture

Mexique *m.* Mexico

microbien(ne) *adj.* microbic

micro-onde *f.* microwave; **four** (*m.*) **à micro-ondes** microwave oven

micro-ordinateur (*fam.* **micro**) *m.* personal computer

midi *m.* noon; south-central France; **à midi** at noon; **après-midi** (*m. or f.*) afternoon

miel *m.* honey; **lune** (*f.*) **de miel** honeymoon

mien(ne) (le/la) *pron., m., f.* mine

miette *f.* crumb

mieux *adv.* better; **aimer mieux** to prefer; **il vaut mieux** it's better; **le mieux** the best

mijoter to simmer; *fam.* to cook

milieu *m.* environment; background; milieu; middle; **au milieu de** in the middle of

militaire *m.* serviceman, soldier

mille *adj.* thousand

milliard *m.* billion

millier *m.* (around) a thousand

mi-long(ue) *adj.* medium-length

mince *adj.* thin; slender

minéral(e) *adj.* mineral; **eau** (*f.*) **minérale** mineral water

ministre *m.* minister; **premier ministre** prime minister

Minitel *m. French personal communications terminal*

minoritaire *adj.* minority

minorité *f.* minority

minuit midnight; **à minuit** at midnight

miraculeusement *adv.* miraculously

miraculeux/miraculeuse *adj.* miraculous; wonderful

miroir *m.* mirror; **œufs** (*m. pl.*) **miroir** *eggs fried in butter*

mise *f.* putting; **mise en scène** setting (*theater, film*)

mixte *adj.* mixed (*marriage*)

mobylette *f.* moped, scooter

mode *f.* fashion, style; *m.* mode; method

modèle *m.* model; pattern

modéré(e) *adj.* moderate; **Habitation** (*f.*) **à Loyer Modéré (H.L.M.)** French public housing

moderne *adj.* modern

moderniser to modernize

modeste *adj.* modest, humble

modifier to modify, alter

moi *pron.* I, me; **à moi** mine; **ce qui compte pour moi** what counts for me; **moi aussi (moi non plus)** me too (me neither); **moi non** not me

moindre *adj.* less, smaller, slighter

moins *adv.* less; **à moins que** *conj.* unless; **au moins** at least; **le moins** the least; **moins de/que** fewer/less than

mois *m.* month

moitié *m.* half

mollet *m.* calf (*of leg*)

moment *m.* moment; **à tout moment** always; **au moment de** at the time when; **en ce moment** now, currently; **le moment où** the time when (*something occurred*); **pour le moment** for the moment; **un petit moment** just a moment

monde *m.* world; people; society; **carte** (*f.*) **du monde** map of the world; **faire le tour du monde** to go around the world; **monde fou** huge crowd (*of people*); **tour** (*m.*) **du monde** trip around the world; **tout le monde** everyone

mondial(e) *adj.* world; worldwide

montgolfière *f.* hot air balloon

monnaie *f.* change; coins; currency; **petite monnaie** small change

monolingue *adj.* monolingual

Monsieur (M.) (*pl.* **Messieurs**) mister; gentleman; sir

montagne *f.* mountain(s); **à la montagne** in the mountains

montagneux/montagneuse *adj.* mountainous

monter to set up, organize; to put on; to carry up; to go up; to climb into; **monter à cheval** to go horseback riding; **monter un spectacle** to put on, perform a program

montre *f.* watch; wristwatch

montrer to show; **montrer le chemin** to show the way (route)

se moquer de to make fun of; to mock

moquette *f.* wall-to-wall carpeting

moral(e) *adj.* moral; psychological; *m.* state of mind, morale, spirits; **remonter le moral** to cheer up (*someone*)

morale *f.* moral (of a story)

morceau *m.* piece; **morceau de gâteau** piece of cake

mordre to bite

mordu(e) *adj.* bitten

mort *f.* death; **mort(e)** *adj.* dead; extinct; *m., f.* dead person

Moscou Moscow

mosquée *f.* mosque

mot *m.* word; note; **mot apparenté** related word, cognate; **mot de passe** password; **mot grossier** vulgar word; **mots croisés** crossword puzzle; **petit mot** note, brief letter

moteur *m.* motor; engine

motocyclette *f.* motorcycle, motorbike

se moucher to blow one's nose

mouchoir *m.* handkerchief

mourir (*p.p.* **mort**) *irreg.* to die

mousse *f.* foam; **mousse au chocolat** chocolate mousse

moustache *f.* mustache

moutarde *f.* mustard

mouvement *m.* movement

moyen(ne) *adj.* average; *m.* means; way; **de taille moyenne** of average height; **en moyenne** on average

muet(te) *adj.* silent

muguet *m.* lily of the valley; **brin** (*m.*) **de muguet** sprig of lily-of-the-valley

multicolore *adj.* multicolored

multiculturel(le) *adj.* multicultural

multiplier to multiply

multinationale *f.* multinational (*corporation*)

municipal(e) *adj.* municipal

municipalité *f.* municipality; town

mur *m.* wall

musée *m.* museum

musique *f.* music; **musique classique** classical music

musulman(e) *adj.* Moslem; **Musulman(e)** *m., f.* Moslem (*person*)

mutiler to mutilate

mystère *m.* mystery

mystérieux/mystérieuse *adj.* mysterious

mythe *m.* myth

mythique *adj.* mythical

nager (nous nageons) to swim

naissance *f.* birth

naître (*p.p.* **né**) to be born

nasal(e) *adj.* nasal

national(e) *adj.* national; **Assemblée** (*f.*) **nationale** French National Assembly; **fête** (*f.*) **nationale** French national holiday, Bastille Day (July 14)

nationalité *f.* nationality

naturel(le) *adj.* natural; **ressources** (*f. pl.*) **naturelles** natural resources; **sciences** (*f. pl.*) **naturelles** natural sciences

nausée *f.* nausea
nautique *adj.* nautical; **faire du ski nautique** to go water skiing
navigateur/navigatrice *m., f.* navigator
naviguer to navigate
ne *adv.* no; not; **ne... aucun(e)** none, not one; **ne... jamais** never, not ever; **ne... ni... ni** neither . . . nor; **ne... pas** no; not; **ne... pas du tout** not at all; **ne... pas encore** not yet; **ne... personne** no one; **ne... plus** no longer, any longer; **ne... que** only; **ne... rien** nothing; **n'est-ce pas?** isn't it (so)? isn't that right?
né(e) *adj.* born
nécessaire *adj.* necessary; *m.* necessaries, the indispensable; **le nécessaire** what's necessary
négatif/négative *adj.* negative
neige *f.* snow
neiger (il neigeait) to snow; **il neige** it's snowing
nerveux/nerveuse *adj.* nervous
nettoyer (je nettoie) to clean
neuf *adj.* nine
neuf/neuve *adj.* new, brand-new; **quoi de neuf?** what's new?
neuvième *adj.* ninth
neveu *m.* nephew
nez *m.* nose; **gouttes** (*f. pl.*) **pour le nez** nose drops; **nez bouché** stuffy nose
ni neither; nor; **ne... ni... ni** neither . . . nor
niçois(e) *adj.* from Nice; **salade** (*f.*) **niçoise** *salad with tomatoes, tuna, and anchovies*
nièce *f.* niece
niveau *m.* level; level of achievement; **vérifier le niveau d'huile** to check the (motor) oil
noces *f. pl.* wedding; **voyage** (*m.*) **de noces** honeymoon trip
Noël *m.* Christmas; **père** (*m.*) **Noël** Santa Claus
noir(e) *adj.* black; **tableau** (*m.*) **noir** blackboard, chalkboard
noix *f.* nut
nom *m.* noun; name
nomade *m.* nomad
nombre *m.* number; quantity
nombreux/nombreuse *adj.* numerous; **une famille nombreuse** a large family
nommer to name; to appoint
non *interj.* no; not; **moi non plus** me neither, nor I
nord *m.* north; **Amérique** (*f.*) **du Nord** North America; **nord-africain(e)** *adj.* North African; **nord-américain(e)** *adj.*

North American, **nord-est** *m.* Northeast; **nord-ouest** *m.* Northwest
normal(e) *adj.* normal
Normandie *f.* Normandy
nos *adj. m., f., pl.* our; **de nos jours** these days, currently
nostalgique *adj.* nostalgic
notamment *adv.* notably; especially
note *f.* grade (*in school*); bill
noter to notice; **à noter** worth remembering
notre *adj. m., f., s.* our
nôtre (le/la) *pron.* ours; our own; *pl.* ours; our people
nourriture *f.* food
nous *pron.* we; us
nouveau (nouvel, nouvelle) *adj.* new; different; **nouveaux mariés** *m. pl.* newlyweds; **nouveaux venus** *m. pl.* newcomers; **nouvelle cuisine** *f. French low-fat cooking*
nouvelle *f.* piece of news; short story; *pl.* news, current events; **bonne(s) nouvelle(s)** good news
Nouvelle-Calédonie *f.* New Caledonia
Nouvelle-Orléans (La) *f.* New Orleans
novembre November
nucléaire *adj.* nuclear; **centrale** (*f.*) **nucléaire** nuclear power plant
nuit *f.* night; **table** (*f.*) **de nuit** night table
numéro *m.* number; **numéro de téléphone** telephone number; **numéro d'urgence(s)** emergency phone number(s)
nylon *m.* nylon; **bas** (*m. pl.*) **de nylon** stockings, nylons

obéir (à) to obey
obéissant(e) *adj.* obedient
objet *m.* objective; object; **bureau** (*m.*) **des objets trouvés** lost and found office; **pronom** (*m.*) **d'objet direct (indirect)** *Gram.* direct (indirect) object pronoun
obligatoire *adj.* obligatory; mandatory
obligé(e) *adj.* obliged, required; **être obligé(e) de** to be obliged to
observateur/observatrice *m., f.* observer
observer to observe
obtenir (*like* **tenir**) *irreg.* to obtain, get
occasion *f.* opportunity; occasion; bargain; **à l'occasion de** on the occasion of
occidental(e) *adj.* western, occidental
occitan *m.* (*group of dialects spoken in the south of France*)
occupé(e) *adj.* occupied; held; busy
occuper to occupy; **s'occuper de** to look after, be interested in, take care of

océan *m.* ocean; **océan Indien** Indian Ocean
océanographie *f.* oceanography
octobre October
odeur *f.* odor, smell
œil (*pl.* **yeux**) *m.* eye; look; **coup** (*m.*) **d'œil** glance; **mon œil!** *interj.* I don't believe it!
œnologue *m., f.* oenologist, wine specialist
œuf *m.* egg; **blanc** (*m.*) **d'œuf** egg white; **œuf de Pâques** Easter egg; **œufs miroir** *eggs fried in butter*
œuvre *f.* work; artistic work; ***hors-d'œuvre** *m. inv.* hors-d'oeuvre, appetizer; **œuvre d'art** work of art
offert(e) *adj.* offered
officiel(le) *adj.* official
officier *m.* officer
offre *f.* offer
offrir (*like* **ouvrir**) *irreg.* to offer; **offrir des cadeaux** to give presents
oignon *m.* onion
oiseau *m.* bird
olive *f.* olive; **huile** (*f.*) **d'olive** olive oil
olivier *m.* olive tree
olympique *adj.* Olympic
omelette *f.* omelet
oncle *m.* uncle
onde *f.* wave; **four à micro-onde** *f.* microwave oven
ongle *m.* (finger-, toe-)nail
onze *adj.* eleven
opéra *m.* opera
opérer (**j'opère**) to operate
opinion *f.* opinion; **quelle est votre opinion?** what's your opinion?
opposé(e) *adj.* opposing, opposite
s'opposer à to be opposed to
optimiste *adj.* optimistic; *m., f.* optimist
or *m.* gold
oral(e) *adj.* oral; *m.* oral exam
orange *adj. inv.* orange; *m.* orange (*color*); *f.* orange (*fruit*); **carte** (*f.*) **orange** bus/métro pass; **jus** (*m.*) **d'orange** orange juice
orchestre *m.* orchestra
ordinaire *adj.* ordinary
ordinateur *m.* computer; **micro-ordinateur** *m.* personal computer
ordonnance *f.* prescription; **feuille** (*f.*) **d'ordonnance** prescription
ordonner to order, command
ordre *m.* order; command; **bon ordre** correct order; **en ordre** orderly, neat
ordure *f.* filth; garbage; **vider les ordures** to empty the garbage
oreille *f.* ear; **boucles** (*f. pl.*) **d'oreilles** earrings

organe *m.* (*body*) organ
organisation *f.* organization
organisé(e) *adj.* organized; **voyage** (*m.*) **organisé** guided tour
organiser to organize
orientation *f.* orientation; **séance** (*f.*) **d'orientation** orientation meeting
s'orienter to find one's bearings
original(e) *adj.* eccentric; original
origine *f.* origin; **d'origine française (italienne)** of French (Italian) extraction
orteil *m.* toe
os *m.* bone
ou *conj.* or; either; **ou bien** or else
où *adv.* where; *pron.* where, in which; **où est… ?** where is . . . ?; **D'où vient-il?** Where?
oublier (de) to forget (to)
ouest *m.* west; **nord-ouest** *m.* Northwest; **sud-ouest** *m.* Southwest
oui *interj.* yes
outre *prep.* beyond, in addition to; **outre-manche** in England, on the other side of the Channel; **outre-mer** *adv.* overseas
ouvert(e) *adj.* open
ouvrier/ouvrière *m., f.* worker, factory worker
ouvrir (*p.p.* **ouvert**) *irreg.* to open
oxygène *m.* oxygen; peroxide bleach
ozone *m.* ozone; **couche** (*f.*) **d'ozone** ozone layer

paie *f. s.* wages, payment; **toucher sa paie** to get paid
paillote *f.* straw hut
pain *m.* bread; **pain au chocolat** chocolate-filled roll; **petit pain** hard roll
paisible *adj.* peaceful
paix *f.* peace
palace *m.* luxury hotel
palais *m.* palace
pâlir to turn pale
panne *f.* (*mechanical*) breakdown; **panne d'électricité** power failure
panneau *m.* road sign; billboard; **panneau indicateur** road sign
pansement *m.* bandage
pantalon *m.* (pair of) pants
papa *m., fam.* dad, daddy
papeterie *f.* stationery store, stationer's
papi *m., fam.* grandpa
papier *m.* paper; **papier à lettres** letter paper, stationery; **papier d'emballage** paper wrapper
papillon *m.* butterfly

Pâques *f. pl.* Easter; **fête de Pâques** Easter
paquet *m.* package
par *prep.* by, through; **par ailleurs** in other respects, incidentally; **par an** per year, each year; **par jour** per day, each day; **par rapport à** with regard to, in relation to; **par semaine** per week; **répandre par terre** to spill on the ground; **par voie de** by means of
paragraphe *m.* paragraph
paraître (*like* **connaître**) *irreg.* to appear, seem
parapente *m.* paraplaning
parasitaire *adj.* parasitic
parc *m.* park; **parc résidentiel** residential complex
pardon *interj.* pardon me
pare-brise *m. inv.* windshield
parent(e) *m., f.* parent; relative
parenthèse *f.* parenthesis
parfait(e) *adj.* perfect
parfaitement *adv.* perfectly
parfois *adv.* sometimes; now and then; often
parfum *m.* perfume
parisien(ne) *adj.* Parisian; **Parisien(ne)** *m., f.* Parisian (*person*)
parking *m.* parking lot
parlement *m.* parliament
parler (à) to speak; to talk; **entendre parler de** to hear about; **parler au téléphone** to talk on the phone; **parler de** to talk about; **se parler** to speak to one another; **tu parles!** you don't say!
parmi *prep.* among
parole *f.* word
parrain *m.* godfather
parsemer (**je parsème**) to sprinkle, strew
part *f.* share, portion; role; **à part** besides; **de part de** from, on behalf of
partager (**nous partageons**) to share
partenaire *m., f.* partner
parti *m.* (*political*) party
participant(e) *m., f.* participant
participe *m., Gram.* participle; **participe (présent) passé** past (present) participle
participer à to participate in
particulier/particulière *adj.* particular; **en particulier** *adv.* particularly; **leçon** (*f.*) **particulière** private lesson
particulièrement *adv.* particularly
partie *f.* part; game, match; outing; **faire partie de** to be part of, belong to; **parties** (*pl.*) **de la voiture** parts of a car
partiellement *adv.* partially

partir (*like* **dormir**) *irreg.* to depart, leave; **à partir de** *prep.* starting from; **partir à l'étranger** to go abroad; **partir en vacances** to leave on vacation
partitif/partitive *adj., Gram.* partitive
partout *adv.* everywhere
pas (ne… pas) not; **ne… pas du tout** not at all; **pas grand-chose** not much
passable *adj.* passable, tolerable
passage *m.* passage; passing; **être de passage** to be passing through; **passage clouté** pedestrian crosswalk
passager/passagère *m., f.* passenger
passant(e) *m., f.* passerby
passe *f.* pass; **mot** (*m.*) **de passe** password
passé(e) *adj.* past, gone, last; spent; *m.* past; **conditionnel** (*m.*) **passé** *Gram.* past conditional; **passé composé** *Gram.* present perfect
passeport *m.* passport
passer *intr.* to pass; to stop by; to pass by; *trans.* to pass; to cross; to spend (*time*); **passer chez quelqu'un** to stop by someone's home; **passer de la pommade** to put on ointment (cream): **passer l'aspirateur** to vacuum; **passer la journée** to spend the day; **passer les vacances** to spend one's vacation; **passer par la douane** to pass through customs; **passer un coup de fil** to make a phone call; **passer un examen** to take an exam; **passer un film** to show a movie; **qu'est-ce qui se passe?** what's going on? **se passer** to happen, take place; to go; **se passer de** to do without
passe-temps *m.* pastime, hobby
passionnant(e) *adj.* exciting, thrilling
passionné(e) *adj.* passionate; **être passionné(e) de (pour)** to be very fond of (interested in)
passionnel(le) *adj.* pertaining to the passions; **crime** (*m.*) **passionnel** unpremeditated crime
passionner to fascinate, grip
pâté *m.* liver paste, pâté
pâtes *f. pl.* pasta, noodles
patience *f.* patience; **avoir de la patience** to be patient, have patience
patient(e) *adj.* patient; *m., f.* (*hospital*) patient
patinage *m.* skating
patineur/patineuse *m., f.* skater
pâtisserie *f.* pastry; pastry shop
patriotisme *m.* patriotism
patron(ne) *m., f.* boss, employer
pauvre *adj.* poor, needy; wretched, unfortunate

pauvreté *f.* poverty

pavillon *m.* pavilion; summer house

payant(e) *adj.* paying, requiring payment

payer (je paie) to pay, pay for

pays *m.* country; land; **pays Basque** Basque country

paysage *m.* landscape, scenery

paysan(ne) *m., f.* peasant

Pays-Bas *m. pl.* Holland, the Netherlands

peau *f.* skin

pêche *f.* fishing; peach

pêcher to fish

pêcheur/pêcheuse *m., f.* fisherman, fisherwoman

pédiatre *m., f.* pediatrician

peintre *m.* painter

peinture *f.* paint; painting

pelouse *f.* lawn

pendant *prep.* during; for; **pendant que** *conj.* while; **pendant un mois (une semaine)** for a month (a week)

péninsule *f.* peninsula

Pennsylvanie *f.* Pennsylvania

penser to think; to reflect; to expect, intend; **c'est ce que je pense** that's what I think; **faire penser à** to make one think of; **penser à** to think about (*something*); **penser de** to think about, have an opinion about

pensivement *adv.* pensively

pente *f.* slope

Pentecôte *f.* Pentecost

percevoir (*like* **recevoir**) *irreg.* to perceive

perché(e) *adj.* perched

perdre to lose; to waste; **perdre du poids** to lose weight; **perdre du temps** to waste time; **perdre intérêt dans** to lose interest in; **perdre l'appétit** to lose one's appetite

perdu(e) *adj.* lost; wasted

père *m.* father; **fête** (*f.*) **des Pères** Father's Day; **père Noël** Santa Claus

période *f.* period (*of time*)

périodiquement *adv.* periodically

perle *f.* pearl; bead

permanent(e) *adj.* permanent

permettre (de + *inf.*) to allow to; (**à +** person) to allow someone; **(de)...** (*to do something*)

permis(e) *adj.* allowed, permitted; *m.* license; **permis de conduire** driver's license

Pérou *m.* Peru

perplexe *adj.* confused

persan(e) *adj.* Persian

persil *m.* parsley

persistant(e) *adj.* persistent

personnage *m.* (*fictional*) character; personage

personnalisé(e) *adj.* personalized

personnalité *f.* personality; personal character

personne *f.* person; *pron. m.* **ne... personne** nobody, no one; **personne ne...** nobody, no one

personnel(le) *adj.* personal; *m.* personnel; **rapports (*m. pl.*) personnels** personal relationships; **soins (*m. pl.*) personnels** personal care

persuader to persuade, convince

perte *f.* loss; **perte de temps** waste of time

peser (je pèse) to weigh

pessimiste *adj.* pessimistic

pétanque *f.* game of bowling (south of France)

petit(e) *adj.* little; short; small; very young; *m. pl.* young ones; little ones; **petit ami/petite amie** *m., f.* boyfriend/girlfriend; **petit déjeuner** *m.* breakfast; **petit écran** *m.* T.V.; **petite cuillère** *f.* teaspoon; **petite fille** *f.* little girl; **petite monnaie** *f.* small change; **petites annonces** *f. pl.* classified ads; **petit mot** *m.* note, brief letter; **petit pain** *m.* dinner roll; **petits gâteaux** *m. pl.* cookies; **petits pois** *m. pl.* green peas

petit(e)-enfant *m., f.* grandchild

petite-fille *f.* granddaughter

petit-fils *m.* grandson

pétrole *m.* crude oil, petroleum; **puits (*m.*) de pétrole** oil well

peu *adv.* little, not much; few, not many; not very; **à peu près** roughly, approximately; **il est peu probable que** it's doubtful that; **peu à peu** little by little; **très peu** very little; **un peu (de)** a little; **un peu de tout** a little bit of everything

peuple *m.* nation; people of a country

peuplé(e) *adj.* populated

peur *f.* fear; **avoir peur (de)** to be afraid (of)

peut-être *adv.* perhaps, maybe

phare *m.* lighthouse; (*car*) headlight

pharmacie *f.* pharmacy, drugstore; **pharmacie de garde** all-night drugstore

phénix *m.* phoenix (*mythical bird*)

phénomène *m.* phenomenon

philosophe *m., f.* philosopher

philosophie *f.* philosophy

photo *f.* picture, photograph; **prendre des photos** to take photos

photographe *m., f.* photographer

photographie (*fam.* **photo**) *f.* photograph; photography

phrase *f.* sentence

physicien(ne) *m., f.* physicist

physique *adj.* physical; *m.* physical appearance; *f.* physics

piano *m.* piano; **jouer du piano** to play the piano

pièce *f.* (theatrical) play; piece; coin; room (*of a house*); **deux-pièces** *m.* two-bedroom apartment (in France); **pièce de théâtre** (theatrical) play

pied *m.* foot; **à pied** on foot

pierre *f.* stone

piéton(ne) *adj., m., f.* pedestrian; **zone (*f.*) piétonne** pedestrian mall

pile *f.* pile

pilote *m., f.* pilot

pilule *f.* pill

pingouin *m.* penguin

pique-nique *m.* picnic; **faire un pique-nique** to have a picnic

pique-niquer to have a picnic

piquer to prick; *fam.* to steal

piqûre *f.* shot, injection

pire *adj.* worse

piscine *f.* swimming pool

piste *f.* path, trail; course; slope

pistolet *m.* pistol

pitre *m.* idiot; clown

placard *m.* cupboard, cabinet; closet

place *f.* place; position; seat (*theater, train*); public square; **à ta place** in your place, if I were you

plage *f.* beach

se plaindre (de) (*like* **craindre**) *irreg.* to complain (about)

plaine *f.* plain

plaire (*p.p.* **plu**) **à** *irreg.* to please; **s'il te (vous) plaît** *interj.* please

plaisir *m.* pleasure; **quel plaisir** *interj.* what a pleasure

plan *m.* plan; diagram; **plan de la ville** city map

planche *f.* board; **faire de la planche à voile** to go sailboarding (windsurfing)

planétaire *adj.* planetary

planète *f.* planet

plante *f.* plant

planter to plant; to set

plaque *f.* plate; tablet; **plaque d'immatriculation** license plate

plastique *m.* plastic

plat(e) *adj.* flat; *m.* dish; course; **plat du jour** today's special (*restaurant*); **plat principal** main course

plâtre *m.* cast

plein(e) (de) *adj.* full (of); **en plein air** (in the) open air, outdoor(s); **en pleine campagne** out in the country; **faire le**

plein (d'essence) to fill up (with gasoline)

pleurer to cry, weep

pleuvoir (*p.p.* **plu**) *irreg.* to rain; **il pleut** it's raining

plongée *f.* diving; **faire de la plongée sous-marine** to scuba-dive

pluie *f.* rain; **pluie acide** acid rain

plupart: la plupart (de) most (of); the majority (of)

pluriel *m.* plural

plus (de) *adv.* more; (-er); plus; **de plus en plus** more and more; **en plus (de)** in addition (to); **je n'ai plus faim** I'm no longer hungry; **le/la/les plus** + *adj. or adv.* the most; **le plus près** the closest; **plus tôt** earlier; **moi non plus** me neither; **ne... plus** no longer, not anymore; **non plus** neither, not . . . either; **plus... que...** more . . . than . . . ; **plus tard** later; **rien de plus, merci** nothing else, thanks

plusieurs *adj., pl. inv. pron.* several

plus-que-parfait *m., Gram.* pluperfect, past perfect

plutôt *adv.* more; rather; sooner

pneu *m.* tire; **gonfler les pneus** to inflate the tires; **réparer un pneu crevé** to fix a flat tire; **vérifier la pression des pneus** to check the tire pressure

poche *f.* pocket; **argent** (*m.*) **de poche** pocket money, allowance

poché(e) *adj.* poached (*in cooking*)

poêle *f.* frying pan, skillet

poème *m.* poem

poésie *f.* poetry

poète *m.* poet

poids *m.* weight; **excédent** (*m.*) **de poids** excess weight (*luggage*); **mettre (perdre) du poids** to gain (lose) weight

poignet *m.* wrist

poil *m.* hair; bristle

point *m.* point; period (*punctuation*); **point de vue** point of view

pointe *f.* peak; point; **heures** (*f. pl.*) **de pointe** rush hour(s)

poire *f.* pear

pois *m.* pea; **petits pois** green peas

poisson *m.* fish; **poisson d'avril** April Fool's joke, hoax

poissonnerie *f.* fish market

poissonneux/poissonneuse *adj.* full of fish

poitrine *f.* chest; breasts

poivre *m.* pepper; **bifteck** (*m.*) **au poivre** pepper steak

poivrer to (add) pepper

poli(e) *adj.* polite; polished

police *f.* police; **agent** (*m.*) **de police** police officer; **contrôle** (*m.*) **de police** police checkpoint

poliment *adv.* politely

politesse *f.* politeness; good breeding

politique *adj.* political; *f. s.* politics; policy; **homme/femme politique** *m., f.* politician; **partis** (*m. pl.*) **politiques** political parties

polluant(e) *adj.* polluting

Pologne *f.* Poland

polonais(e) *adj.* Polish

Polynésie *f.* Polynesia

pommade *f.* ointment, salve; **passer de la pommade** to put on ointment (cream)

pomme *f.* apple; **pomme de terre** potato; **jus** (*m.*) **de pommes** apple juice; **purée** (*f.*) **de pommes de terre** mashed potatoes; **tarte** (*f.*) **aux pommes** apple tart (pie)

pompier *m.* firefighter

ponctuel(le) *adj.* punctual

pont *m.* bridge

populaire *adj.* popular; common

porc *m.* pork; **côtelette** (*f.*) **de porc** pork chop

porcelaine *f.* porcelain; china

pornographie *f.* pornography

portatif/portative *adj.* portable

porte *f.* door

portefeuille *m.* wallet

porter to carry; to wear

portière *f.* car door

portugais(e) *adj.* Portuguese; **Portugais(e)** *m., f.* Portuguese (*person*)

poser to put (down); to state; to pose; to ask; **poser une question** to ask a question

positif/positive *adj.* positive

position *f.* position; stand

posséder (je possède) to possess

possessif/possessive *adj.* possessive

possibilité *f.* possibility

possible *adj.* possible; **aussi souvent que possible** as often as possible; **pas possible** not possible

postal(e) *adj.* postal, post; **carte** (*f.*) **postale** postcard; **code** (*m.*) **postal** postal code, zip code; **mandat** (*m.*) **postal** postal money order

poste *m.* position; job; television, radio set; *f.* post office, postal service; **bureau** (*m.*) **de poste** post office; **poste** (*f.*) **restante** general delivery

pot *m.* pot; jar

potentiel(le) *adj.* potential, possible

poterie *f.* pottery

poubelle *f.* garbage can

poulet *m.* chicken; **blanc** (*m.*) **de poulet** chicken breast

pouls *m. s.* pulse; **prendre le pouls** to take (*someone's*) pulse

poumon *m.* lung

pour *prep.* for; on account of; in order; for the sake of; **pour que** *conj.* so that, in order that

pourboire *m.* tip, gratuity

pourquoi *adv., conj.* why

poursuivre (*like* **suivre**) *irreg.* to pursue

pourtant *adv.* however, yet, still, nevertheless

pourvu que *conj.* provided that

pousser to push; **pousser un soupir** to sigh, heave a sigh

poussière *f.* dust; **enlever la poussière** to dust (*furniture*)

pouvoir (*p.p.* **pu**) *irreg.* to be able; *m.* power, strength

pratique *adj.* practical

pratiquer to practice, exercise

précarité *f.* precariousness

précaution *f.* precaution

précédent(e) *adj.* preceding

précéder (je précède) to precede, come before

précieux/précieuse *adj.* precious

se précipiter (dans) to hurry, rush over; to hurl oneself (into)

précis(e) *adj.* precise

précisément *adv.* precisely, exactly

prédiction *f.* prediction

prédire (*like* **dire**, *but* **vous prédisez**) *irreg.* to predict, foretell

prédit(e) *adj.* predicted, foretold

préférable *adj.* preferable, more advisable

préféré(e) *adj.* preferred, favorite

préférence *f.* preference

préférer (je préfère) to prefer; to like better

premier/première *adj.* first; principal; **la première fois** the first time; **le premier avril** April Fool's Day; **le premier étage** the second floor

prendre (*p.p.* **pris**) *irreg.* to take; to catch, capture; to choose; to eat, to drink; **j'en ai assez/trop pris** I've had enough/too much; **prendre conscience de** to realize, become aware of; **prendre de l'essence** to get some gasoline; **prendre des résolutions** to resolve, make resolutions; **prendre la retraite** to retire; **prendre le petit déjeuner** to have breakfast; **prendre rendez-vous** to make an appointment (a date); **prendre**

un café to have a cup of coffee; **prendre une décision** to make a decision

préoccupation *f.* preoccupation, worry

se préoccuper de to concern oneself with, worry about

préparatifs *m. pl.* preparations; **préparatifs de voyage** travel preparations

préparation *f.* preparation

préparer to prepare; **préparer un examen** to study for a test; **se préparer à** to prepare oneself, get ready for (to)

préposition *f., Gram.* preposition

près *adv.* by, near; **à peu près** roughly, approximately; **de près** closely; **le plus près** the closest; **près de** *prep.* near, close to; almost

prescrire (*like* **écrire**) *irreg.* to prescribe; **prescrire un traitement** to prescribe a treatment

présence *f.* presence

présent(e) *adj.* present; *m.* present; **jusqu'à présent** until now; **participe** (*m.*) **présent** *Gram.* present participle

présentation *f.* presentation

présenter to present; to introduce; to put on (*a performance*); **je vous (te) présente...** I want you to meet... ; **se présenter (à)** to present, introduce oneself (to); to appear; to arrive at

préservation *f.* preservation

présidence *f.* presidency

président(e) *m., f.* president

présidentiel(le) *adj.* presidential

presque *adv.* almost, nearly

presse *f.* press (media); **maison** (*f.*) **de la presse** newsstand

pressé(e) *adj.* in a hurry, rushed; squeezed; **être pressé(e)** to be in a hurry

pressing *m.* dry cleaner's

pression *f.* pressure; **vérifier la pression des pneus** to check the tire pressure

prêt(e) *adj.* ready

prêter to lend, loan; **se prêter** to lend to one another

prêtre *m.* priest

prévenir (*like* **venir**) *irreg.* to warn, inform; to prevent, avert

prévoir (*like* **voir**) *irreg.* to foresee; to anticipate

prier to pray

primaire *adj.* primary; **école** (*f.*) **primaire** primary school

principal(e) *adj.* principal, most important; **plat** (*m.*) **principal** main course

principe *m.* principle

printemps *m.* spring, springtime; **au printemps** in the spring

prioritaire *adj.* having priority

priorité *f.* right of way; priority

pris(e) *adj.* taken; occupied; busy; *f.* take (*in filmmaking*)

prix *m.* price; prize

probable *adj.* probable; **il est peu probable que** it's doubtful that

problème *m.* problem; **problèmes sociaux** social problems

prochain(e) *adj.* next; near; immediate; **semaine** (*f.*) **prochaine** next week

proche *adj.,* near, close; *m. pl.* close relatives

proclamer to proclaim

produire (*like* **conduire**) *irreg.* to produce

produit *m.* product; **produits laitiers** dairy products

professeur (*fam.* **prof**) *m.* professor; teacher

professionnel(le) *adj.* professional; *m., f.* professional

profil *m.* profile

profiter de to take advantage of

profond(e) *adj.* deep

profondément *adv.* deeply, profoundly

programme *m.* program; course program; design, plan

programmeur/programmeuse *m., f.* programmer; program planner; **analyste-programmeur/analyste-programmeuse** *m., f.* software engineer

progrès *m.* progress

progresser to progress

progressiste *adj.* progressive

progressivement *adv.* progressively

prohiber to prohibit, forbid

proie *f.* prey

projecteur *m.* projector (*film*)

projet *m.* project; plan; **faire des projets** to make plans; **projets d'avenir** plans for the future

se prolonger (**il se prolongeait**) to go on, extend

promenade *f.* promenade; walk; stroll; drive; excursion, pleasure trip; **faire une promenade (en voiture)** to go on an outing (car ride); **promenade à bicyclette** bicycle ride

se promener (**je me promène**) to take a walk, drive, ride

promesse *f.* promise

promettre (*like* **mettre**) **(de)** *irreg.* to promise

promotion: de promotion *adj.* on sale

pronom *m., Gram.* pronoun; **pronom d'objet direct (indirect)** *Gram.* direct

(indirect) object pronoun; **pronom relatif (tonique)** *Gram.* relative (stressed or emphatic) pronoun

pronominal(e) *adj., Gram.* pronominal; **verbe** (*m.*) **pronominal** *Gram.* pronominal verb, reflexive verb

prononcer (nous prononçons) to pronounce

propagande *f.* propaganda

proportionnel(le) *adj.* proportional

propos *m.* talk; *pl.* words; **à propos de** *prep.* with respect to, about

proposer to propose

propre *adj.* own; proper; clean

propriétaire *m., f.* property owner; landlord

prospectus *m.* handbill, leaflet; brochure

prospère *adj.* prosperous

prospérité *f.* prosperity

protéger (je protège, nous protégeons) to protect; **se protéger contre** to protect oneself against

protéine *f.* protein

protestation *f.* protest; objection

prouver to prove; **ça ne prouve rien** that doesn't prove anything

provençal(e) *adj.* from the Provence region of France

Provence *f.* Provence region (*southeastern France*)

provenir (*like* **venir**) **de** *irreg.* to proceed, result, arise from

provision *f.* supply; *pl.* groceries; **faire (acheter) les provisions** to buy groceries

provoquer to provoke

proximité *f.* proximity, closeness

prudemment *adv.* prudently, carefully

prudent(e) *adj.* prudent, cautious, careful

psychiatre *m., f.* psychiatrist

psychologie *f.* psychology

psychologique *adj.* psychological

public/publique *adj.* public; *m.* public; audience; **enseignement** (*m.*) **public** public education; **jardin** (*m.*) **public** public park

publicitaire *adj.* pertaining to advertising; **agence** (*f.*) **publicitaire** advertising agency

publicité (*fam.* **pub**) *f.* publicity; advertising

publier to publish

puce *f.* flea; **carte** (*f.*) **à puce** card equipped with microprocessor; **marché** (*m.*) **aux puces** flea market

puis *adv.* then, afterward, next; besides; **et puis** and then; and besides

puisque *conj.* since, as, seeing that
puissance *f.* power
puissant(e) *adj.* powerful, strong
puits *m.* well, hole; **puits de pétrole** oil well
pull-over (*fam.* **pull**) *m.* pullover
punir to punish
punition *f.* punishment
pupitre *m.* (*school*) desk, desk chair
pur(e) *adj.* pure
purée *f.* purée; **purée de pommes de terre** mashed potatoes
pyjama *m. s.* pajamas
pyramide *f.* pyramid
Pyrénées *f. pl.* Pyrenees

quai *m.* quai; platform (*subway stop, train station*)
qualité *f.* quality; personal characteristic
quand *adv., conj.* when; **depuis quand?** since when? for how long is it since?; **quand même** even though; anyway
quantité *f.* quantity
quarante *adj.* forty
quart *m.* quarter; quarter of an hour; fourth (*part*)
quartier *m.* neighborhood
quatorze *adj.* fourteen
que *conj.* that; than; *pron.* whom; that; which; what; **ne... que** *adv.* only; **qu'est-ce que c'est?** what is it? **qu'est-ce qu'il y a dans... ?** what's in . . . ?
Québec *m.* Quebec (*Canadian province, city*)
québécois(e) *adj.* from, of Quebec
quel(le)(s) *adj.* what, which; what a; **n'importe quel/quelle** no matter what; **quel âge avez-vous?** how old are you?; **quel plaisir** *interj.* what a pleasure; **quel temps fait-il?** what's the weather like?
quelque(s) *adj.* some, any; a few; **quelque chose** *pron.* something; **quelque chose d'important** something important
quelquefois *adv.* sometimes
quelqu'un *pron.* someone, somebody; **passer chez quelqu'un** to stop by someone's house
quémande *f., A.* begging; **fête** (*f.*) **de la quémande** *Cajun custom of begging for a chicken (to make traditional gumbo)*
question *f.* question; **poser une question** to ask a question
queue *f.* line (*of people*); **faire la queue** to stand in line
qui *pron.* who, whom, that which; **qui est-ce?** who is it?
quinze *adj.* fifteen

quitter to leave; to abandon, leave behind; **se quitter** to separate
quoi (à quoi, de quoi) *pron.* which; what; **de quoi vivre** something to live on; **je ne sais pas quoi faire** I don't know what to do; **n'importe quoi** anything; no matter what; **quoi de neuf?** what's new?
quoique *conj.* although, even though
quotidien(ne) *adj.* daily
quotient *m.* quotient; **quotient d'intelligence** intelligence quotient (I.Q.)

race *f.* breed, type
racine *f.* root
racisme *m.* racism
raconter to tell; to relate
radiateur *m.* radiator
radical(e) *adj.* radical, extreme
radio *f.* radio; **écouter la radio** to listen to the radio
radio-réveil *m.* clock radio
radis *m.* radish
raffinement *m.* refinement, sophistication
raide *adj.* straight, stiff
raisin *m.* grape(s)
raison *f.* reason; **avoir raison** to be right
raisonnable *adj.* reasonable; rational
raisonnement *m.* reasoning, argument
raisonner to reason
ralentir to slow down
ramadan *m.* Ramadan (Islamic holy day)
ramage *m.* birdsong
ramasser to gather up, pick up
randonnée *f.* hike; **faire une randonnée** to go on a hike; to take a trip, tour
ranger (nous rangeons) to put in order; to arrange, categorize
rapide *adj.* rapid, fast; *m. pl.* rapids (*in river*)
rapidement *adv.* rapidly, quickly
rappeler (je rappelle) to remind; to recall; **se rappeler** to recall; to remember
rapport *m.* connection, relation; report; *pl.* relations; **par rapport à** concerning, regarding, in relation to; **rapports** (*pl.*) **personnels** personal relationships
rapporter to bring back, return; to report
rarement *adv.* rarely
raser to shave; **se raser** to shave
rasoir *m.* razor
rassemblement *m.* rallying, assembling
rassurer to reassure
rater to miss (a class); to fail (a test)
rationner to ration
ravi(e) *adj.* delighted

réaction *f.* reaction
réagir to react
réalisateur/réalisatrice *m., f.* (*T.V., film*) producer
réalisation *f.* production
réaliser to realize; to carry out, fulfill
réaliste *adj.* realist; realistic
réalité *f.* reality; **en réalité** in reality
rebelle *adj.* rebellious
récemment *adv.* recently, lately
récent(e) *adj.* recent, new, late
réception *f.* reception desk; welcome
recette *f.* recipe
recevoir (*p.p.* **reçu**) *irreg.* to receive
recherche *f.* (piece of) research; search; **faire des recherches** to do research
rechercher to seek; to search for
récif *m.* reef
réciproque *adj., Gram.* reciprocal; **verbes** *m.* **pronominaux réciproques** reciprocal reflexive verbs
récit *m.* account, story
réclame *f.* advertisement, commercial
recommandation *f.* recommendation
recommander to recommend
réconforter to comfort
reconnaître (*like* **connaître**) *irreg.* to recognize
reconstitué(e) *adj.* reconstructed
reconstruire (*like* **conduire**) *irreg.* to rebuild
recouvert(e) (de) *adj.* covered (with), recovered
recouvrir (*like* **ouvrir**) *irreg.* to cover up
récréation (*fam.* **récré**) *f.* recess (*at school*); recreation
recruter to recruit
reçu(e) *adj.* received; entertained; *m.* receipt; **être reçu(e)** to pass an exam; **idée** (*f.*) **reçue** preconceived notion
recyclage *m.* recycling
recycler to recycle
rédacteur/rédactrice *m., f.* writer; editor
rédactionnel(le) *adj.* editorial
redouter to fear, dread
réduction *f.* reduction
réduire (*like* **conduire**) *irreg.* to reduce
réel(le) *adj.* real, actual
refaire (*like* **faire**) *irreg.* to redo
référence *f.* reference
réfléchir to reflect; to think; **ça fait réfléchir** that makes one think
refléter (je reflète) to reflect
reformuler to reformulate
réfrigérateur *m.* refrigerator
refuser (de) to refuse (to)
regard *m.* glance; gaze, look

regarder to look at; **se regarder** to look at oneself (each other)

régime *m.* diet; **être au regime** to be on a diet

région *f.* region

régional(e) *adj.* local, of the district

règle *f.* rule

régler (je règle) to regulate, adjust; to settle; **régler l'addition** to pay one's bill

regretter to regret; to be sorry for; to miss

regrouper to regroup; to contain

régulier/régulière *adj.* regular

rein *m.* kidney

reine *f.* queen

rejoindre (*like* **craindre**) *irreg.* to join; to rejoin

relatif/relative *adj.* relative; **pronom** (*m.*) **relatif** *Gram.* relative pronoun

relation *f.* relation; relationship

se relaxer to relax

relié(e) *adj.* tied, linked

relier to join, link together

religieux/religieuse *adj.* religious

relire (*like* **lire**) *irreg.* to reread

remarque *f.* remark

remarquer to remark, notice

rembourser to reimburse

remède *m.* remedy; treatment

remercier (de) to thank (for)

remettre (*like* **mettre**) *irreg.* to hand in

remonter to go back (up); to get back in; **remonter la morale** to cheer up

remplacer (nous remplaçons) to replace

remplir to fill (in, out, up); **remplir un formulaire** to fill out a form

remporter to carry something home

renard *m.* fox

rencontre *f.* meeting, encounter

rencontrer to meet, encounter; **se rencontrer** to meet each other; to get together

rendez-vous *m.* meeting, appointment; date; meeting place; **faire (prendre) rendez-vous** to make a date, make an appointment; **se donner rendez-vous** to make a date with each other

rendre to give (back); to submit; **rendre malade** to make (*someone*) ill; **rendre visite à** to visit (*people*); **se rendre (à, dans)** to go to; **se rendre compte de/que** to realize (that)

renseignement *m.* (piece of) information

rentrer *intr.* to return (*home*)

renversement *m.* reversal

renverser to overturn, upset (*something*); **être renversé(e)** to be knocked down

répandre to spread out; **répandre par terre** to spill on the ground

réparer to repair; **réparer un pneu crevé** to fix a flat tire

répartir (*like* **finir**) to share, divide

repas *m.* meal, repast

repasser to iron (*clothes*); to retake an exam; **fer** (*m.*) **à repasser** (*clothes*) iron

repérer to discover

répéter (je répète) to repeat

répliquer to reply

répondeur (*m.*) **téléphonique** telephone answering machine

répondre to answer, respond

réponse *f.* answer, response

reportage *m.* reporting; commentary

reposer (sur) to put down again; to rest; **se reposer** to rest

représentant(e) *m., f.* sales representative

représenter to represent; to present again; to play (*a role*)

reproduire (*like* **conduire**) *irreg.* to reproduce

république *f.* republic

réputation *f.* reputation

réseau *m.* net; network

réservation *f.* reservation

réserve *f.* reserve; preserve

réserver to reserve, keep in store

réservoir *m.* reservoir; gas tank

résidence *f.* residence; apartment building

résident *m.* resident; foreign national

résidentiel(le) *adj.* residential; **parc** (*m.*) **résidentiel** residential complex

résister (à) to resist

résolution *f.* resolution; **prendre des résolutions** to resolve, make resolutions

résoudre (*p.p.* **résolu**) *irreg.* to resolve

respecter to respect, have regard for

respirer to breathe

responsabilité *f.* responsibility

responsable *adj.* responsible

ressembler à to resemble

ressources *f. pl.* resources; funds

restant(e): poste (*f.*) **restante** general delivery mail

restau-u *m., fam.* university restaurant

reste *m.* rest, remainder

rester to stay, remain; to be remaining; **rester à la maison** to stay home

restreindre (*p.p.* **restreint**) *irreg.* to restrict

résultat *m.* result

rétablir to restore, reestablish

retaper to retype

retard *m.* delay; **en retard** late

retarder to delay

retour *m.* return; **billet** (*m.*) **aller-retour** round-trip ticket

retourner to return

retraite (*f.*): **être à la retraite** to be retired

retrouver to find (again); to regain; **se retrouver** to find oneself, each other (again)

réunion *f.* meeting; reunion

réunir to put together

réussir (à) to succeed (in); to pass (*an exam*)

réussite *f.* success

rêve *m.* dream; **une maison de rêve** an ideal house

réveil *m.* alarm clock; **radio-réveil** *f.* clock radio

réveille-matin *m.* alarm clock

se réveiller to wake up

réveillon *m.* Christmas Eve dinner

révélateur/révélatrice *adj.* revealing, telling

révéler (je révèle) to reveal

revendre to (re)sell

revenir (*like* **venir**) *irreg.* to return, come back

rêver to dream

revoir (*like* **voir**) *irreg.* to see (again); **au revoir** good-bye, see you soon

révolter to revolt, rebel

révolution *f.* revolution

révolutionnaire *adj.* revolutionary

revue *f.* review; journal; magazine

rez-de-chaussée *m.* ground floor

rhume *m.* cold (*illness*); **attraper un rhume** to catch a cold

riche *adj.* rich

rideau *m.* curtain

ridicule *adj.* ridiculous

ridiculiser to ridicule

rien (ne... rien) *pron.* nothing; **ça ne prouve rien** that doesn't prove anything; **de rien** you're welcome

rigoler *fam.* to laugh; to have fun

rigolo: c'est rigolo that's funny

rigoureux/rigoureuse *adj.* harsh, severe

rire (*p.p.* **ri**) *irreg.* to laugh

risque *m.* risk

risquer (de) to risk

rival(e) *m., f.* rival

rive *f.* (river)bank

rivière *f.* river

riz *m.* rice

robe *f.* dress

robinet *m.* water faucet

robuste *adj.* robust, sturdy

rocher *m.* rock, crag

roi *m.* king; **fête** (*f.*) **des Rois** Feast of the Magi, Epiphany; **galette** (*f.*) **des Rois** Twelfth Night cake

rôle *m.* part, role, character; **jouer le rôle de** to play the part of

romain(e) *adj.* Roman; *m., f.* Roman (*person*)

roman *m.* novel

romancier/romancière *m., f.* novelist

romantique *adj.* romantic

rond(e) *adj.* round; *m.* **rond de fumée** smoke ring

rondelle *f.* slice; **couper en rondelles** to slice

rosbif *m.* roast beef

rose *f.* rose; *adj.* pink

rôti(e) *adj.* roast(ed); *m.* roast; **dinde** (*f.*) **rôtie** roast turkey; **rôti de bœuf** beef roast

roue *f.* wheel

rouge *adj.* red; **brûler le feu rouge** to run a red light

rougeole *f. s.* measles

rougeur *f.* rash, redness

rouler to drive; to travel along; to roll (up)

Roumanie *f.* Romania

rouspéter (je rouspète) *fam.* to resist, protest, grumble

route *f.* road, highway; **code** (*m.*) **de la route** traffic code; **en route** on the way, en route

routier/routière *adj.* pertaining to the road; **signalisation** (*f.*) **routière** system of road signs

roux/rousse *adj.* red-haired; *m., f.* redhead

royal(e) *adj.* royal

rubis *m.* ruby

rubrique *f.* headline; newspaper column

rue *f.* street; **coin** (*m.*) **de rue** street corner

ruine *f.* ruin; decay; collapse; **en ruines** in ruins

rural(e) *adj.* rural

russe *adj.* Russian; *m.* Russian (*language*)

Russie *f.* Russia

S.D.F. (Sans Domicile Fixe) *m. pl.* homeless (*people*)

sable *m.* sand; **château** (*m.*) **de sable** sand castle

sac *m.* sack; bag; handbag; **sac à dos** backpack; **sac de couchage** sleeping bag; **sac de poubelle** garbage bag

sacré(e) *adj.* sacred, holy

sacrifié(e) *adj.* sacrificed

sain(e) *adj.* healthy

saint(e) *adj.* holy

Saint-Jacques: coquilles (*f. pl.*) **Saint-Jacques** scallops (*served in their shells*)

Saint-Sylvestre *f.* New Year's Eve

Saint-Valentin *f.* Valentine's Day

se saisir to seize; grab; **se saisir de** to seize

saison *f.* season; **demi-saison** *f.* spring or autumn, cool season

salade *f.* salad; lettuce; **salade niçoise** *tomato and seafood salad*

salaire *m.* salary; paycheck

salarié(e) *m., f.* wage earner

sale *adj.* dirty

salé(e) *adj.* salted, salty

saler to salt

salle *f.* room; auditorium; **salle d'attente** waiting room; **salle de bains** bathroom; **salle de cinéma** movie theater; **salle de classe (de cours)** classroom; **salle d'entraînement** workout room; **salle de séjour** living room

salon *m.* salon; drawing room; **salon de l'auto** auto show

salut! *interj.* hi! 'bye!

salutation *f.* greeting; closing (*letter*)

samedi *m.* Saturday

sandale *f.* sandal

sang *m.* blood

sans *prep.* without; **sans blague** *interj.* no kidding; **sans doute** doubtless, for sure; **sans que** *conj.* without

santé *f.* health

sapin *m.* fir (*tree*)

satisfait(e) *adj.* satisfied; pleased

sauce *f.* sauce; gravy; salad dressing; **sauce à la crème** cream sauce; **sauce au fromage** cheese sauce; **sauce hollandaise** hollandaise sauce (*butter, eggs, lemon juice*)

saucisse *f.* sausage, salami

sauf *prep.* except

sauter to jump; **sauter à la corde** to skip, jump rope

sauver to save

savane *f.* savannah; swamp

savoir (*p.p.* **su**) *irreg.* to know; to find out; **savoir** (+ *infinitive*) to know how (to do something); **je ne sais pas** I don't know; **je ne sais pas quoi faire** I don't know what to do

savoir-faire *m.* ability, know-how; tact

savon *m.* soap

scandale *m.* scandal

scénario *m.* scenario, script

scène *f.* stage; scenery; scene; **metteur/metteuse** (*m., f.*) **en scène** stage director; **mise** (*f.*) **en scène** setting, staging (*of a play*)

sceptique *adj.* skeptical

science *f.* science; **sciences humaines** social sciences; **sciences naturelles (sociales)** natural (social) sciences

scientifique *adj.* scientific; *m., f.* scientific researcher

scolaire *adj.* pertaining to schools, school, academic; **année** (*f.*) **scolaire** school year; **semaine** (*f.*) **scolaire** school week

scotch *m.* cellophane tape, Scotch tape

scruter to scrutinize

se (s') *pron.* oneself; himself; herself; itself; themselves; to oneself, etc.; each other

séance *f.* meeting, session; **séance d'orientation** orientation meeting

sec/sèche *adj.* dry; **nettoyage-à-sec** *m.* dry-cleaning; **sèche-linge** *m.* clothes dryer

sécher (je sèche) to dry; to avoid; **sécher un cours** to cut class, play hooky; **se sécher** to dry oneself

second(e) *adj.* second; *f.* second (*unit of time*)

secondaire *adj.* secondary; **école** (*f.*) **secondaire** high school

secours *m.* help; **au secours!** *interj.* help!

secret/secrète *adj.* secret, private; *m.* secret

secrétaire *m., f.* secretary

section *f.* section; **section non-fumeur** nonsmoking section

sécurité *f.* security; safety; **ceinture** (*f.*) **de sécurité** safety belt; **Sécurité sociale (S.E.C.U.)** *French social security system*

sédentaire *adj.* sedentary

séduisant(e) *adj.* attractive, seductive, appealing

sein *m.* breast, bosom; **allaiter au sein** to breastfeed; **au sein de** at the heart of

seize *adj.* sixteen

séjour *m.* stay, sojourn; **salle** (*f.*) **de séjour** living room

sel *m.* salt

selon *prep.* according to

semaine *f.* week; **la semaine dernière** last week; **la semaine prochaine** next week; **la semaine scolaire** school week; **pendant la semaine** during the week; **trois fois par semaine** three times a week

sembler to seem; to appear; **ça me semble** it seems to me

semestre *m.* semester

Sénégal *m.* Senegal

sénégalais(e) *adj.* Senegalese; **Sénégalais(e)** *m., f.* Senegalese (*person*)

sens *m.* meaning; sense; way, direction; **avoir le sens de l'humour** to have a sense of humor; **carrefour** (*m.*) **à sens**

giratoire roundabout, traffic circle; **dans les deux sens** in both directions; **sens interdit** one-way (*street*)

sentiment *m.* feeling

sentimental(e) *adj.* sentimental; mawkish

sentir (*like* **partir**) *irreg.* to feel; to smell; to smell of; **se sentir à l'aise** to feel at ease; **se sentir bien (mal)** to feel good (bad)

séparer to separate; **se séparer** to separate (*couple*)

sept *adj.* seven

septembre September

série *f.* series

sérieux/sérieuse *adj.* serious

serrer to tighten; to grip; **se serrer la main** to shake hands

serveur/serveuse *m., f.* bartender; waiter/waitress

service *m.* service; service charge; favor; **service compris** tip included; **station-service** *f.* service station, filling station

serviette *f.* napkin, towel; briefcase

servir (*like* **partir**) *irreg.* to serve; to wait on; to be useful; **servir à** to be of use in, be used for; **servir de** to serve as, take the place of; **se servir de** to use

ses *adj. pl.* his; her; its; one's

seul(e) *adj.* alone; single; only; **tout(e) seul(e)** all alone

seulement *adv.* only

sève *f.* sap; **sève d'érable** maple tree sap

sévère *adj.* severe, stern, harsh

sexe *m.* sex

sexuel(le) *adj.* sexual

shampooing *m.* shampoo

short *m. sing.* shorts

si *adv.* so; so much; yes (*response to negative*); *conj.* if; whether; **même si** even if; **s'il vous (te) plaît** please

SIDA *m.* AIDS

siècle *m.* century

sien(ne) (le/la) *m., f. pron.* his/hers

sieste *f.* nap; **faire la sieste** to take a nap

signaler to point out, draw one's attention to

signalisation *f.* system of road signs; **feu** (*m.*) **de signalisation** traffic light

signer to sign

signification *f.* meaning

signifier to mean

simplement *adv.* simply

sincère *adj.* sincere

sincérité *f.* sincerity

sinon *conj.* otherwise, if not

sirop *m.* syrup; **sirop d'érable** maple syrup

situé(e) *adj.* situated, located

situer to place, situate, locate

ski *m.* skiing; *pl.* skis; **faire du ski** to ski; **ski nautique** waterskiing; **station** (*f.*) **de ski** ski resort

slip *m.* men's/women's briefs

Slovaquie *f.* Slovakia

social(e) *adj.* social

société *f.* society; organization; firm

sociologie *f.* sociology

sociologue *m., f.* sociologist

sœur *f.* sister; **belle-sœur** sister-in-law

soi (soi-même) *pron.* oneself

soie *f.* silk; **en soie** made of silk

soif *f.* thirst; **avoir soif** to be thirsty

se soigner to take care of oneself

soin *m.* care; **soins** (*pl.*) **medicaux** medical care; **soins** (*pl.*) **personnels** personal care

soir *m.* evening; **à ce soir** farewell, until this evening; **demain (hier) soir** tomorrow (yesterday) evening; **du soir** in the evening

soirée *f.* party; evening; **aller à une soirée** to go to a party; **passer la soirée ensemble** to spend the evening together; **soirée d'adieux** good-bye party

soixante *adj.* sixty

sol *m.* soil; ground; floor; **sous-sol** *m.* basement, cellar

solaire *adj.* solar; **système** (*m.*) **solaire** solar system

soleil *m.* sun; **coucher** (*m.*) **de soleil** sunset; **il fait du soleil** it's sunny; **lunettes** (*f. pl.*) **de soleil** sunglasses

solidaire: être solidaire to show solidarity, stick together

solidarité *f.* solidarity

solide *adj.* sturdy; *m.* solid

sommeil *m.* sleep; **avoir sommeil** to be sleepy

sommelier/sommelière *m., f.* wine steward

somnifère *m.* sleeping pill

son *adj., pron. m.* his/her, its; *m.* sound

sondage *m.* opinion poll

sonner to ring (*a bell*)

sonore *adj.* pertaining to sound; sonorous

sorbet *m.* sorbet, sherbet

sorcier/sorcière *m., f.* sorcerer/witch

sorte *f.* sort, kind; manner

sortie *f.* going out; evening out; exit

sortir *intr.* to go out, come out; *trans.* to bring, take out

souci *m.* worry

soudain *adv.* suddenly

souffrir (*like* **ouvrir**) **(de)** *irreg.* to suffer (from)

souhaiter to desire, wish for

souk *m.* souk, Arab market

soûl(e) *adj.* drunk

soulager (nous soulageons) to ease, comfort, make feel better

souligner to underline

soumis(e) (à) *adj.* subject (to), under the sway (of)

soupçonneux/soupçonneuse *adj.* suspicious

soupe *f.* soup

soupir *m.* sigh; **pousser un soupir** to heave (utter) a sigh

source *f.* spring; spa; source

sourcil *m.* eyebrow

sourire (*like* **rire**) *irreg.* to smile; *m.* smile

souris *f.* mouse

sous *prep.* under, beneath

sous-marin(e) *adj.* underwater; *m.* submarine; **faire de la plongée sous-marine** to go scuba-diving

sous-sol *m.* basement, cellar

soutenir *irreg.* to sustain

souterrain(e) *adj.* underground

soutien *m.* support; **soutien-gorge** *m.* bra, brassiere

sous-titré(e) *adj.* subtitled

souvenir *m.* memory, remembrance, recollection; souvenir; **je ne me souviens pas** I don't remember; **se souvenir de** (*like* **venir**) *irreg.* to remember

souvent *adv.* often; **aussi souvent que possible** as often as possible

souverain(e) *adj.* sovereign

spécial(e) *adj.* special; **effets** (*m. pl.*) **spéciaux** special effects

spécialement *adv.* especially

spécialisé(e) *adj.* specialized

se spécialiser (en) to specialize (in)

spécialité *f.* speciality (*in cooking*); major (*subject*)

spectacle *m.* show, performance; spectacle; **monter un spectacle** to put on (perform) a program

spectateur/spectatrice *m., f.* spectator; member of the audience

splendide *adj.* splendid, magnificent

spontané(e) *adj.* spontaneous

sport *m.* sport(s); **faire du sport** to do, participate in sports; **voiture** (*f.*) **de sport** sports car

sportif/sportive *adj.* athletic; sports-minded; *m., f.* sportsman, sportswoman

stabilité *f.* stability

stade *m.* stadium

stage *m.* training course; practicum, internship

standardisé(e) *adj.* standardized

station *f.* (*vacation*) resort; station; **station de métro** subway station; **station de ski** ski resort; **station-service** *f.* service station, filling station

stationner to park

statistique *f. s.* statistic(s)

statut *m.* status

stéréo *adj., m., f.* stereo(phonic); **chaîne** (*f.*) **stéréo** stereo system

stéréotypé(e) *adj.* stereotyped

steward *m.* flight attendant

stratégie *f.* strategy

stressé(e) *adj.* stressed

strict(e) *adj.* strict; severe

studieux/studieuse *adj.* studious

style *m.* style; **style de vie** lifestyle

stylo *m.* pen, ballpoint

subdivisé(e) *adj.* subdivided

subjonctif *m., Gram.* subjunctive (*mood*)

subliminal(e) *adj.* subliminal

substantif *m., Gram.* noun

subtil(e) *adj.* subtle

subventionné(e) *adj.* subsidized

succès *m.* success

sucre *m.* sugar; **canne** (*f.*) **à sucre** sugar cane; **sucre d'érable** maple sugar

sucré(e) *adj.* sugared, sweetened

sud *m.* south; **Amérique** (*f.*) **du Sud** South America; **sud-est** *m.* southeast; **sud-ouest** *m.* southwest

sueur *f.* sweat, perspiration

suffire (*like* **conduire**) *irreg.* to suffice

suffisamment (de) *adv.* sufficiently, enough (of)

suggérer (je suggère) to suggest

Suisse *f.* Switzerland; *adj., m., f.* Swiss (*person*)

suite *f.* continuation; series; result; **tout de suite** immediately

suivant(e) *adj.* following

suivre (*p.p.* **suivi**) *irreg.* to follow; to take; **suivre un cours** to take a class

sujet *m.* subject; topic; **au sujet de** concerning

superbe *adj.* superb, magnificent

superficiel(le) *adj.* superficial

superflu(e) *adj.* superfluous

supérieur(e) *adj.* superior; upper

superlatif/superlative *m., Gram.* superlative

supermarché *m.* supermarket

sur *prep.* on, on top of; upon; concerning; about

sûr(e) *adj.* sure; unerring, trustworthy; safe; **bien sûr** *interj.* yes, of course

surcroît *m.* addition, increase; **de surcroît** additionally, besides

sûrement *adv.* certainly, surely

surf *m.* surfing; **surfer à l'Internet** to surf the Internet

surface *f.* surface; **grande surface** shopping mall, superstore

surpeuplé(e) *adj.* overpopulated

surpopulation *f.* overpopulation

surprenant(e) *adj.* surprising

surprendre (*like* **prende**) *irreg.* to surprise

surpris(e) *adj.* surprised

surtout *adv.* above all, chiefly, especially

survivre (*like* **vivre**) *irreg.* to survive

symbole *m.* symbol

symboliser to symbolize

sympathique (*fam. inv.* **sympa**) *adj.* nice, likeable

symphonie *f.* symphony

symphonique *adj.* symphonic

symptôme *m.* symptom

systématiquement *adv.* systematically

système *m.* system; **système d'enseignement** education system; **système solaire** solar system

ta *adj., f. s.* your

tabac *m.* tobacco; tobacco shop; **café-tabac** *m.* café-tobacconist (*government-licensed*)

table *f.* table; **débarrasser la table** to clear the table; **mettre la table** to set the table; **table basse** coffee table; **table de nuit** bedside table

tableau *m.* picture; painting; chart; **tableau d'affichage** schedule display board; **tableau noir** blackboard, chalkboard

tâche *f.* task; **tâches ménagères** household tasks

taille *f.* size; **de taille moyenne** average height

tailleur *m.* woman's suit; tailor

talon *m.* heel

tamponner to stamp

tant *adv.* so much; so many; **en tant que** as; **tant bien que mal** somehow or other; **tant de** so many, so much; **tant mieux** so much the better; **tant... que** as much... as; **tant que** as long as

tante *f.* aunt

taper to type

tapis *m.* rug

tard *adv.* late; **dormir tard** to sleep late; **plus tard** later

tarif *m.* tariff; fare, price

tarte *f.* tart; pie; **tarte aux cerises** cherry pie; **tarte aux pommes** apple tart

tartine *f. slice of bread with butter and jam*

tasse *f.* cup

taux *m.* level

taxes *f. pl.* indirect taxes

taxi *m.* taxi; **chauffeur** (*m.*) **de taxi** cab driver

te (t') *pron.* you; to you

technicien(ne) *m., f.* technician

technique *adj.* technical

technologie *f.* technology

teinture *f.* dye; color, tint

tel(le) *adj.* such; **tel(le) que** such as, like

télécarte *f.* phone calling card

téléfilm *m.* movie made for T.V.

télégramme *m.* telegram

télégraphe *m.* telegraph

téléphone *m.* telephone; **annuaire** (*m.*) **du téléphone** phone book; **numéro** (*m.*) **de téléphone** telephone number; **parler au téléphone** to talk on the phone

téléphoner (à) to phone, telephone; **se téléphoner** to call one another

téléphonique *adj.* telephonic, by phone; **cabine** (*f.*) **téléphonique** phone booth; **répondeur** (*m.*) **téléphonique** telephone answering machine

téléspectateur/téléspectatrice *m., f.* television viewer

téléviseur *m.* television set

télévision (*fam.* **télé**) *f.* television

tellement *adv.* so; so much

témoin *m.* witness

tempe *f.* temple (*body*)

tempérament *m.* temperament; constitution

température *f.* temperature

tempéré(e) *adj.* temperate (*climate*)

tempête *f.* tempest, storm; **lampe-tempête** *f.* storm lantern

temporaire *adj.* temporary

temps *m.* time; weather; *Gram.* tense; **depuis combien de temps** since when, how long; **de temps en temps** from time to time; **emploi** (*m.*) **du temps** schedule; **en même temps** at the same time; **gagner (perdre) du temps** to save (waste) time; **passe-temps** *m.* pastime, diversion; **perte** (*f.*) **du temps** waste of time; **quel temps fait-il?**

what's the weather like?; **temps libre** leisure time; **tout le temps** always, the whole time

tendance *f.* tendency; trend; **avoir tendance à** to have a tendency to

tendinite *f.* tendinitis

tendre *adj.* tender, sensitive; soft

tenir (*p.p.* **tenu**) *irreg.* to hold; to keep; **tiens-moi au courant** keep me informed (up to date)

tennis *m.* tennis; *pl.* tennis shoes, athletic shoes; **court** (*m.*) **de tennis** tennis court; **jouer au tennis** to play tennis

tente *f.* tent

tenter (de) to tempt; to try, attempt (to)

terme *m.* term

terminaison *f.* ending

terminé(e) *adj.* finished, terminated

terminer to end; to finish

terrain *m.* ground; land; **faire du vélo** (*m.*) **tout terrain** to go mountain-biking

terrasse *f.* terrace, patio

terre *f.* land; earth; the planet Earth; **pomme** (*f.*) **de terre** potato; **répandre par terre** to spill on the ground; **terre cuite** earthenware, pottery

territoire *m.* territory

tes *adj., m., f., pl.* your

tester to test

tête *f.* head; mind; *fam.* face; **avoir mal à la tête** to have a headache; **faire la tête** to sulk; to make faces; **faire une drôle de tête** to pull a funny (wry) face; **mal** (*m.*) **de tête** headache

texte *m.* text; passage

thé *m.* tea

théâtre *m.* theater; **pièce** (*f.*) **de théâtre** (*theatrical*) play

thème *m.* theme

théorie *f.* theory

tien(ne) (le/la) *m., f. pron., fam.* yours; *pl.* close friends, relatives

tiens! *interj.* well, well! (*expression of surprise*)

tiers *adj.* third; *m.* one-third

tigre *m.* tiger

timbre *m.* stamp, postage stamp

timide *adj.* shy

tiret *m.* hyphen; dash; blank (*line*)

tireur/tireuse *m., f.* one who draws; **tireuse de cartes** fortune-teller

tisane *f.* herb tea

tissu *m.* material, fabric, cloth

titre *m.* title; degree

toast *m.* piece of toast

toi *pron.,* you; **toi-même** yourself

toile *f.* cloth

toilette *f.* lavatory; grooming

toit *m.* roof

tolérance *f.* tolerance

tomate *f.* tomato; **jus** (*m.*) **de tomate** tomato juice

tombe *f.* grave, tomb

tomber to fall; **laisser tomber** to drop; **tomber amoureux/amoureuse (de)** to fall in love (with); **tomber dans l'escalier** to fall down the stairs; **tomber en panne** to have a (*mechanical*) breakdown; **tomber malade** to become ill

ton *adj., m. s.,* your

tondre to mow; **tondre le gazon** to mow the lawn

tonne *f.* ton

topographie *f.* topography

tort *m.* wrong; **avoir tort** to be wrong

tôt *adv.* early; **plus tôt** earlier

total(e) *adj.* total

touche *f.* key (*on a keyboard*)

toucher (à) to touch; to affect; **toucher sa paie** to get paid

toujours *adv.* always; still; **pas toujours** not always

tour *f.* tower; *m.* turn; tour; trick; **à ton tour** in turn, your turn; **faire un tour du monde** to go around the world; **Tour de France** *annual bicycle race*

tourisme *m.* tourism

touriste *m., f.* tourist

tournage *m.* film shooting

tourner to turn; **tourner un film** to make, shoot a movie

Toussaint *f.* All Saints' Day (November 1)

tousser to cough

tout(e) (*pl.* **tous, toutes**) *adj., pron.* all; whole, the whole of; every; each; any; **tout** *adv.* wholly, entirely, quite, very, all; **ne... pas du tout** not at all; **tous ensemble** all together; **tous les ans** every year; **tous/toutes les deux** both (of them); **tous les jours** every day; **tous les trois mois** every three months; **tout à coup** suddenly; **tout à fait** completely, entirely; **tout de suite** immediately; **tout droit** straight ahead; **toute la journée** all day long; **toutes les deux semaines** every other week; **tout le monde** everyone; **tout le temps** all the time; **tout près** very near; **tout(e) seul(e)** all alone; **un peu de tout** a little bit of everything

toux *f.* cough

toxique *adj.* toxic; **échappements** (*m. pl.*) **toxiques** toxic exhaust; **émission** (*f.*) **toxique** toxic emission

traditionaliste *adj.* traditionalistic

traditionnel(le) *adj.* traditional

traduire (*like* **conduire**) *irreg.* to translate

trafiquant(e) *m., f.* trafficker

tragédie *f.* tragedy

train *m.* train; **en (par le) train** by train; **être en train de** + *infinitive* to be in the process of; **Train à grande vitesse (T.G.V.)** *French high-speed train*

traitement *m.* treatment; **prescrire un traitement** to prescribe a treatment

trajet *m.* trip, journey

tranche *f.* slice (*of fruit, etc.*); block, slab

tranquille *adj.* tranquil, quiet, calm

tranquillité *f.* quietness; tranquility

transformer to transform; to change

transmettre (*like* **mettre**) *irreg.* to transmit, pass on

transpiration *f.* perspiration, sweat

transport *m.* transportation; **moyen** (*m.*) **de transport** means of transportation; **transports** (*pl.*) **en commun** public transportation

travail (*pl.* **travaux**) *m.* work; project; job; employment; **fête** (*f.*) **du travail** Labor Day (*first of May*); **travaux** (*pl.*) **ménagers** housework

travailler to work; **travailler dur** to work hard

travers: à travers *prep.* through

traversée *f.* crossing

traverser to cross

treize thirteen

trente thirty

très *adv.* very; most; very much; **très bien, merci** very well, thank you

trésor *m.* treasure

tribal(e) *adj.* tribal

tribu *f.* tribe

tricot *m.* knit; knitting; **faire du tricot** to knit

trier to sort

trimestre *m.* trimester; (*academic*) quarter

triomphal(e) *adj.* trumphal

triomphe *m.* triumph

triste *adj.* sad

troisième *adj.* third

trop (de) *adv.* too much (of), too many (of)

tropical(e) *adj.* tropical

trou *m.* hole

trouver to find; to deem; to like; **se trouver** to be; to be located
truc *m., fam.* thing; gadget
tu *pron.* you
tulipe *f.* tulip
Tunisie *f.* Tunisia
type *m.* type; *fam.* guy
typique *adj.* typical

un(e) *art., num., pron.* a/an, one; **l'un(e) l'autre** one another; **un peu** a little
uni(e) *adj.* united; close; **États-Unis** *m. pl.* United States
union *f.* union; marriage; **union libre** living together, common-law marriage
unique *adj.* only, sole
unir to unite
unité *f.* unity
univers *m.* universe
universel(le) *adj.* universal
universitaire *adj.* of or belonging to the university; **cité** (*f.*) **universitaire** student residence complex
urbain(e) *adj.* urban, city
urgence *f.* emergency; **cas** (*m.*) **d'urgence** emergency; **d'urgence** *adv.* urgently; **numéro** (*m.*) **d'urgence(s)** emergency number
usage *m.* use
utile *adj.* useful
utiliser to use, utilize

vacances *f. pl.* vacation; **colonie** (*f.*) **de vacances** vacation camp; **grandes vacances** summer vacation; **partir (aller) en vacances** to leave on vacation
vacancier/vacancière *m., f.* vacationer
vacciner to vaccinate
vaisselle *f. s.* dishes; **faire la vaisselle** to wash, do the dishes; **lave-vaisselle** *m.* (automatic) dishwasher
val *m.* valley
valable *adj.* valid, good
Valentin: Saint-Valentin *f.* Valentine's Day
valeur *f.* value; worth
valide *adj.* valid
valise *f.* suitcase; **faire les valises** to pack (*luggage*)
vallée *f.* valley
valoir (*p.p.* **valu**) *irreg.* to be worth; **il vaut mieux** it is better
vanille *f.* vanilla
vaniteux/vaniteuse *adj.* vain, conceited
vapeur *f.* steam; **cuire à vapeur** to steam (*in cooking*)
varier to vary; to change

variété *f.* variety; *pl.* variety show
vaste *adj.* vast, wide
veau *m.* veal; calf
vedette *f.* star, celebrity (*male or female*)
végétal(e) *adj.* vegetable; plant
végétarien(ne) *adj.* vegetarian
véhicule *m.* vehicle
veille *f.* the day (evening) before; eve
veine *f.* vein
vélo *m., fam.* bike; **faire du vélo tout-terrain** to go mountain-biking
velours *m.* velvet, velours
vendeur/vendeuse *m., f.* salesperson
vendre to sell; **se vendre** to be sold
vendredi *m.* Friday
venir (*p.p.* **venu**) *irreg.* to come; **venir de** + *inf.* to have just (*done something*)
Venise Venice
vent *m.* wind; **faire du vent (il fait du vent)** to be windy (it's windy)
vente *f.* sale; selling
ventre *m.* belly, stomach
verbe *m.* verb
verdure *f.* greenery
verglas *m.* sleet, frost; patch of ice
vérifier to verify; **vérifier le niveau d'huile** to check the oil (*motor*)
véritable *adj.* true; real
verre *m.* glass; **prendre un verre** to have a drink; **verres de contact** contact lenses
vers *prep.* toward(s), to; about
verser to pour (in); to dispense
vert(e) *adj.* green; environmentalist, "green"; ***haricots** (*m. pl.*) **verts** green beans
vertige *m.* vertigo, dizziness; **avoir le vertige** to be dizzy
veste *f.* sport coat, suit coat
vêtement *m.* garment; *pl.* clothes, clothing
vétérinaire *m., f.* veterinarian
vexer to vex, annoy
viande *f.* meat
vice-président(e) *m., f.* vice-president
victime *f.* victim (*male or female*)
vide *adj.* empty
vidéo *adj.* video; *f.,* video(cassette); **jeu** (*m.*) **vidéo** video game
vider to empty; **vider les ordures** to empty the garbage
vie *f.* life; **espérance** (*f.*) **de vie** life expectancy; **gagner sa vie** to earn one's living; **mener une vie sédentaire** to lead a sedentary life
vieillir to grow old
vieux (vieil, vieille) *adj.* old; **vieux garçon** *m.* bachelor

vif/vive *adj.* lively, bright; **cuire à feu vif** to cook on high heat
villa *f.* bungalow; single-family house; villa
ville *f.* city; **centre-ville** *m.* downtown; **déplacement** (*m.*) **en ville** getting around in the city; **en ville** in town, downtown; **plan** (*m.*) **de la ville** city map
vin *m.* wine; **marchand** (*m.*) **de vin** wine seller
vinaigre *m.* vinegar
vingt *adj.* twenty
vingtième *adj.* twentieth
violemment *adv.* violently
violent(e) *adj.* violent
violet(te) *adj.* purple, violet; *m.* violet (*color*)
virage *m.* curve (*in road*)
virer to turn (*while driving*)
Virginie *f.* Virginia
virgule *f.* comma
viril(e) *adj.* virile, manly
visage *m.* face, visage; **se laver le visage** to wash one's face
vis-à-vis (de) *prep.* opposite, facing
viser to aim (at)
visiblement *adv.* visibly
visite *f.* visit; **rendre visite à** to visit (*people*)
visiter to visit (*a place*)
visuel(le) *adj.* visual
vitamine *f.* vitamin
vite *adv.* quickly, fast, rapidly
vitesse *f.* speed; **dépasser la limite de vitesse** to exceed the speed limit; **levier** (*m.*) **de vitesse** gear shift (*lever*)
vitre *f.* pane of glass; car window
vitrine *f.* display window, store window; **faire les vitrines** *fam.* to window-shop
vivant(e) *adj.* living; alive; **bon vivant** *m.* bon vivant, who enjoys life
vivre (*p.p.* **vécu**) *irreg.* to live; **facile (difficile) à vivre** easy (difficult) to get along with
vocabulaire *m.* vocabulary
vœux *m. pl.* wishes, good wishes; **carte** (*f.*) **de vœux** greeting card
voie *f.* way, road; course; lane; railroad track; **par voie de** by means of
voilà *prep., adv.* there, there now, there is, there are, that is
voile *f.* sail; **faire de la planche à voile** to go windsurfing (sailboarding); **faire de la voile** to sail
voir (*p.p.* **vu**) *irreg.* to see; **aller voir** to go visit; **se voir** to imagine oneself, see oneself

voisin(e) *m., f.* neighbor
voiture *f.* car, auto
voix *f.* voice; **à haute voix** out loud, aloud
vol *m.* flight
volant *m.* steering wheel
volcan *m.* volcano
voler *intr.* to fly
volet *m.* (*window*) shutter
volley-ball (*fam.* **volley**) *m.* volleyball
vomissement *m.* vomiting
voter to vote
votre *adj. s.* your
vôtre (le/la) *m., f. pron.* yours
vouloir (*p.p.* **voulu**) *irreg.* to wish, want; **vouloir dire** to mean; **je veux bien** I'm willing

vous *pron.* you; yourself; to you; **chez vous** where you live; **s'il vous plaît** please; **vous-même** yourself
voyage *m.* trip; journey; **agence** (*f.*) **de voyages** travel agency; **agent** (*m.*) **de voyages** travel agent; **chèque** (*m.*) **de voyage** traveler's check; **partir en voyage** to leave on a trip; **préparatifs** (*m. pl.*) **de voyage** travel preparations; **voyage de noces** honeymoon, wedding trip
voyager (nous voyageons) to travel
voyageur/voyageuse *m., f.* traveler
voyant(e) *m., f.* fortune teller
vrai(e) *adj.* true, real; **c'est vrai?** is that right (correct)?
vraiment *adv.* truly, really

vue *f.* view; panorama; sight; **point** (*m.*) **de vue** point of view

wagon *m.* train car
week-end *m.* weekend

y (*loc. pron.*) there
y: il y a (*inv.*) there is, there are; ago; **il n'y a pas de** there isn't, there aren't; **qu'est-ce qu'il y a dans... ?** what's in . . . ? **y a-t-il... ?** is (are) there . . . ? **j'y pense** I'm thinking about it
yaourt *m.* yogurt
yeux (*m. pl.* of **œil**) eyes

Zaïre *m.* Zaire
zéro *m.* zero
zone *f.* zone; **zone piétonne** pedestrian mall

Lexique: *Vocabulaire anglais–français*

This English-French end vocabulary includes the words in the vocabulary lists of all chapters. See the introduction to the **Lexique français-anglais** for a list of abbreviations used.

able: to be able pouvoir
abolish abolir
abortion avortement *m.*
abroad à l'étranger
absolutely absolument
abstract abstrait(e)
absurd absurde
abuse abuser
academic subject matière *f.*
accelerate accélérer
access accès *m.*
accident accident *m.*
accommodate arranger
accountant comptable *m., f.*
accused accusé(e) *m., f.;* **to defend the accused** défendre les accusés
acid acide *m.;* **acid rain** pluie (*f.*) acide
acidic acide
acquaintance connaissance *f.;* **to make the acquaintance (of)** faire la connaissance (de)
acquainted: to be acquainted with connaître
activity activité *f.*
actor/actress acteur/actrice *m., f.*
ad annonce *f.*
address adresse *f.;* **address book** carnet (*m.*) d'adresses
adjoin communiquer
administrative administratif/administrative
adolescent adolescent(e) *m., f.;* (*fam.*) ado *m., f.*
adopt adopter
adore adorer
advancement avancement *m.*
advantage avantage *m.*
adventure aventure *f.;* **adventure film** film (*m.*) d'aventure
advertisement publicité *f.;* affichage *m.*
advertising agency agence (*f.*) publicitaire
advice conseil *m.*
advise (to) conseiller (de)
affect affecter
affectionate affectueux/affectueuse
afraid: to be afraid avoir peur

after après
afternoon après-midi *m.;* **yesterday afternoon** hier après-midi
age âge *m.*
agency agence *f.*
agent agent *m.;* **travel agent** agent (*m.*) de voyages
aggression agression *f.*
ago il y a; **(two days) ago** il y a (deux jours)
agreed d'accord
aid aider
AIDS SIDA *m.*
aimed (at) destiné(e) à
airplane avion *m.;* **by plane** en avion
airport aéroport *m.*
alarm clock réveil *m.;* **clock radio** radio-réveil *m.*
album album *m.*
Algeria Algérie *f.;* **Algerian** algérien(ne)
all tout (toute, tous, toutes) *adj.;* tout; *pron.;* **not at all** pas du tout
allergic reaction réaction (*f.*) allergique
allergy allergie *f.*
allow laisser; permettre
allowance (*money*) argent (*m.*) de poche
alone seul(e)
also aussi
aluminum aluminium *m.*
always toujours
ambitious ambitieux/ambitieuse *m., f.*
ambulance ambulance *f.*
American américain(e)
amplified amplifié(e)
amuse amuser; se distraire
amusing amusant(e); rigolo
anarchist anarchiste *m.*
anesthesia anesthésie *f.*
anger colère *f.;* **to anger** fâcher
angry fâché(e); **to become angry** se mettre en colère, se fâcher
animal animal *m.;* **animal species** espèces (*f. pl.*) animales; **endangered animals** animaux (*m. pl.*) menacés
animated animé(e)
animation animation *f.*
ankle cheville *f.;* **to sprain one's ankle** se fouler la cheville

announcement annonce *f.*
annoy ennuyer; fâcher; irriter; vexer
annoyed: to become annoyed s'énerver; se fâcher; s'irriter
annoying agaçant(e)
another autre
answer répondre
antibiotic antibiotique *m.*
anything: that doesn't prove anything ça ne prouve rien
apartment (*two-bedroom*) deux-pièces *m.;* **apartment building** immeuble *m.;* résidence *f.*
apologetic désolé(e)
apparatus matériel *m.*
appealing séduisant(e)
appear avoir l'air; sembler
appearance apparence *f.;* **physical appearance** apparence physique
appendicitis appendicite *f.*
appetite appétit *m.;* **to lose one's appetite** perdre l'appétit
apple pomme *f.;* **apple cider** cidre *m.;* **apple pie** tarte (*f.*) aux pommes
appliance appareil *m.*
appointment rendez-vous *m.*
apprenticeship apprentissage *m.*
approve approuver
apricot abricot *m.*
April avril; **April Fool joke** poisson (*m.*) d'avril
aquarium aquarium *m.*
archipelago archipel *m.*
argue se disputer
arm bras *m.;* **to break an arm** se casser le bras
armament armement *m.*
arrange arranger
arrested appréhendé(e)
arrival arrivée *f.*
arrive arriver
art art *m.;* **work of art** œuvre (*f.*) d'art
artifice artifice *m.*
ask demander; **to ask a question** poser une question
asparagus asperges *f. pl.*
aspirin aspirine *f.*

479

assorted assorti(e)

astonished étonné(e)

astonishing étonnant(e)

at à; **at the house (family, business, country) of** chez

atheist athée *m., f.*

athletic sportif/sportive

atmosphere atmosphère *f.;* ambiance *f.*

attach attacher

attend assister (à)

attention attention *f.;* **to draw one's attention to** signaler; **to pay attention (to)** faire attention (à)

auditorium salle *f.*

August août

aunt tante *f.*

Australian australien(ne)

automobile voiture *f.*

autonomy autonomie *f.*

autumn automne *m.*

avenue avenue *f.*

average moyen(ne)

avoid éviter

awful affreux/affreuse

back dos *m.*

bad mauvais(e); **bad(ly)** mal; **to be in a bad mood** être de mauvaise humeur; **to feel bad** se sentir mal

bag sac *m.;* **sleeping bag** sac (*m.*) de couchage

baggage check consigne *f.*

baguette *(form of bread)* baguette *f.*

bake cuire

baked cuit(e)

bakery boulangerie *f.*

balance équilibrer; **balanced** équilibré(e)

balcony balcon *m.*

ball ballon *m.*

banana banane *f.*

bandage pansement *m.*

bank banque *f.;* bancaire *adj.;* **bank transaction** transaction (*f.*) bancaire

baptism baptême *m.*

bar brasserie *f.*

barrier barrière *f.;* **barrier reef** barrière récif

basement sous-sol *m.*

Bastille Day *(French National Holiday, July 14)* fête (*f.*) nationale

bath bain *m.;* **to take a bath** prendre un bain

bathroom salle (*f.*) de bains

bathtub baignoire *f.*

battery batterie *f.*

battle bataille *f.*

bauxite bauxite *f.*

bay baie *f.*

be être; **to be (in the process of)** être en train de; **to be present at** assister à; **how are you?** comment allez-vous?; **is/are there. . . ?** Y a-t-il... ?

beach mer *f.;* plage *f.*

bean fève *f.;* **green bean** *haricot (*m.*) vert

beard barbe *f.*

beaujolais beaujolais *m.*

beautiful beau (bel, belle, beaux, belles)

because parce que

because of à cause de

become devenir

bed lit *m.;* **to go to bed** se coucher

bedroom chambre (*f.*) à coucher

beef bœuf *m.;* **beef roast** rosbif *m.;* **beefsteak** bifteck *m.*

beer bière *f.*

before avant (de)

begin (to) commencer (à)

behave se conduire

behavior conduite *f.*

Belgium Belgique *f.;* **Belgian** belge *m., f.*

believe croire

belong to faire partie de

belt ceinture *f.;* **seatbelt** ceinture de sécurité

benefit avantage *m.*

besides puis

best mieux; meilleur(e); **my best friend** mon/ma meilleur(e) ami(e)

better mieux; meilleur(e); **it's better to** il vaut mieux; **to get better** s'améliorer

beverage boisson *f.*

beyond: to go beyond dépasser

bicultural biculturel(le)

bicycle bicyclette *f.*

big grand(e)

bike (*fam.*) vélo *m.;* **to bicycle** faire du vélo

bilingual bilingue

bilingualism bilinguisme *m.*

bill addition *f.*

billboard panneau (*m.*)

billiards billard *m.s.*

biology biologie *f.*

birth naissance *f.*

birthday anniversaire *m.*

bitten mordu(e)

bizarre bizarre

black noir(e)

blackboard tableau *m.;* **blackboard eraser** brosse *f.*

blend mélange *m.*

blond blond(e)

blouse chemisier *m.*

blow coup *m.;* **to blow one's nose** se moucher; **blow the (car) horn** klaxonner

blue bleu(e); **blue jeans** jean *m.*

board tableau *m.;* **display board (billboard)** tableau (*m.*) d'affichage

boarding platform quai *m.*

boat bateau *m.*

body corps *m.;* **body part** partie (*f.*) du corps

bomb bombe *f.;* **nuclear bomb** bombe nucléaire

book livre *m.;* **address book** carnet (*m.*) d'adresses; **cookbook** livre (*m.*) de cuisine; **telephone book** annuaire (*m.*) téléphonique

booklet carnet *m.*

bookstore librairie *f.*

booth cabine *f.;* **telephone booth** cabine téléphonique; **telephone booth accepting calling cards** cabine à cartes

boots bottes *f. pl.*

bore casse-pied *m., f.;* **to bore** ennuyer; **to get bored** s'ennuyer

boredom ennui *m.*

boring ennuyeux/ennuyeuse

born: to be born naître

borrow emprunter

boss patron(ne) *m., f.*

both l'un(e) et l'autre

bottle bouteille *f.;* **baby bottle** biberon *m.*

boulevard boulevard *m.*

box boîte *f.*

boxer shorts caleçon *m.*

boy garçon *m.*

boyfriend petit ami *m.*

brake frein *m.;* **to avoid braking** éviter de freiner

brand marque *f.*

brassiere soutien-gorge *m.*

bread pain *m.;* **long, thin loaf of bread** baguette *f.;* **slice of bread** tartine *f.*

break casser; **to break an arm** se casser le bras; **to break up (with)** se brouiller (avec)

breakfast petit déjeuner *m.*

breastfeed allaiter

breathe respirer

breed race *f.*

brick brique *f.*

bride mariée *f.*

bridesmaid demoiselle (*f.*) d'honneur

briefcase serviette *f.*

briefs slip *m.*

bright vif/vive; (*intelligent*) doué(e)

brilliant génial(e)

bring apporter; **to bring up** éduquer, élever

broadcast émission *f.*

broil griller
broke (*money*) fauché(e)
broken cassé(e)
brook rivière *f.*
brother frère *m.;* **brother-in-law** beau-frère *m.*
brought up élevé(e)
brown brun(e); marron
brunette brun(e)
brush brosse *f.;* **to brush** brosser; **to brush one's teeth (hair)** se brosser les dents (cheveux); **toothbrush** brosse à dents
buckle attacher
budget budget *m.*
buffet buffet *m.*
building édifice *m.;* **(apartment) building** immeuble *m.,* résidence *f.*
bulletin bulletin *m.*
bump against bousculer
bungalow villa *f.*
burn up brûler
burned: to become burned se brûler
bus autobus *m.;* **busstop** arrêt (*m.*) d'autobus
business entreprise *f.;* commercial(e) *adj.*
busy pris(e)
but mais
butcher shop boucherie *f.;* **pork butcher's** charcuterie *f.*
butter beurre *m.*
buttered beurré(e)
buy acheter
by près, à côté de

cab taxi *m.*
cabin cabine *f.*
café café *m.*
cafeteria cafétéria *f.;* (*campus*) restau-U *m.;* (*train station*) buffet *m.*
Cajun cadjin(e)
cake gâteau *m.;* **puff pastry cake** galette *f.;* **Twelfth Night Cake** galette des Rois
call appeler; (*telephone*) téléphoner
calmly calmement
calorie calorie *f.*
camper campeur/campeuse *m., f.*
campground camping *m.*
camping camping *m.;* **to go camping** faire du camping
campus campus *m.;* **campus cafeteria** restau-U *m.*
can boîte *f.*
Canada Canada *m.*
Canadian canadien(ne)
candidate candidat(e) *m., f.*

candle bougie *f.*
Candlemas (Groundhog Day) Chandeleur *f.*
candy (*piece of*) bonbon *m.*
canoe canoë *m.;* **to go canoeing** faire du canoë
capsule gélule *f.*
capture prendre
captured capturé(e)
car voiture *f.,* **car door** portière *f.;* **car window** vitre *f.;* **to park a car** garer une voiture
caramel caramel *m.;* **caramel custard** crème (*f.*) caramel
caramelized caramélisé(e)
carbohydrate hydrate (*m.*) de carbone
carbon carbone *m.*
card carte *f.;* **card with a microchip,** carte à puce; **greeting card** carte de vœux; **identification card** carte d'identité; **phone calling card** télécarte *f.*
cardiac cardiaque
care soins *m. pl.;* **to care for** garder, s'occuper; **to care for oneself** se soigner; **medical care** soins médicaux; **personal care** soins personnels
career carrière *f.*
careful prudent(e)
carefully prudemment
carrot carotte *f.*
carry porter; emporter; **to carry home** remporter; **to carry up** monter
carrying out exécution *f.*
cartoon bande (*f.*) dessinée; **animated (film) cartoons** dessins (*m. pl.*) animés
case (*store display*) vitrine *f.*
cashier caissier/caissière *m., f.*
cast plâtre *m.*
castle château *m.;* **sand castle** château (*m.*) de sable
cat chat *m.*
catch attraper; prendre; **to catch a cold** attraper un rhume
cause causer
cautious prudent(e)
CD-ROM player lecteur (*m.*) de CD-ROM
celebrate fêter
celebration fête *f.*
celery céleri *m.*
Celtic celte
center centre *m.;* **information center** centre d'information; **shopping center** (*mall*) centre commercial
century siècle *m.*
ceremony cérémonie *f.*
chair chaise *f.;* **easy chair** fauteuil *m.*

chalk craie *f.*
champagne champagne *m.*
change changement *m.;* **to change** changer; **to change the oil** changer l'huile
channel (*television*) chaîne *f.*
character (*novel, play, etc.*) personnage *m.;* rôle *m.*
characteristic (*personal*) qualité *f.*
charming charmant(e)
chart tableau *m.*
chat bavarder
chauvinistic chauvin(e)
check chèque *m.;* **traveler's check** chèque de voyage
checkpoint contrôle *m.;* **police checkpoint** contrôle (*m.*) de police
cheese fromage *m.*
chemistry chimie *f.*
cherry cerise *f.*
chess échecs *m. pl.;* **to play chess** jouer aux échecs
chic chic
chicken poulet *m.*
child enfant *m., f.*
childbirth accouchement *m.*
childhood enfance *f.*
chilly frais/fraîche; **to be chilly** faire frais; **it's chilly** il fait frais
China Chine *f.*
chinaware porcelaine *f.*
Chinese Chinois(e)
chocolate chocolat *m.;* **chocolate-filled roll** pain (*m.*) au chocolat; **chocolate éclair** éclair (*m.*) au chocolat
choice choix *m.*
choir chorale *f.*
cholesterol cholestérol *m.*
choose choisir; prendre
chop (*lamb, pork*) côtelette *f.*
chopped haché(e)
Christian chrétien(ne)
Christmas Noël *m.;* **Christmas Eve dinner** réveillon *m.*
church église *f.*
cider cidre *m.*
cigarette cigarette *f.*
cinema cinéma *m.;* (*fam.*) ciné; *m.;* **cinema museum** cinémathèque *f.*
circus cirque *m.*
city ville *f.;* **area in city** cité *f.;* **city hall** mairie *f.;* **city map** plan (*m.*) de la ville
class (*school*) cours *m.;* (*classroom*) classe *f.;* **to cut class (play hooky)** sécher un cours
classmate camarade (*m., f.*) de classe
classroom salle (*f.*) de classe
clay pottery terre (*f.*) cuite

clean nettoyer
clear up se déboucher
clientele clientèle *f.*
cliff falaise *f.*
climate climat *m.*
climb: to climb into monter; **to rock climb** faire de l'escalade
climbing escalade *f.*
clock horloge *f.*; **clock radio** radio-réveil *m.*
close fermer *v.*; près *adv.*
closed fermé(e)
closely de près
closeness proximité *f.*
closest: (the closest) le plus près
closet placard *m.*
closing fermeture *f.*; **annual closing** fermeture annuelle
clothing (*piece of*) vêtement *m.*
cloudy couvert(e); **it's cloudy** le ciel est couvert
clown pitre *m.*
coat manteau *m.*; **sport (suit) coat** veste *f.*
cocoa cacao *m.*
code code *m.*
coffee café *m.*; **coffee with milk** café au lait
coincidence coïncidence *f.*; **what a coincidence** quelle coïncidence
cold froid *m.*; froid(e) *adj.*; **to be cold** avoir froid; **it's cold** il fait froid
cold (*illness*) rhume *m.*; **to catch a cold** attraper un rhume; **to have a cold** être enrhumé(e)
collaborate collaborer
collapse (*ruin, decay*) ruine *f.*
colleague collègue *m., f.*
college faculté *f.*
colonization colonisation *f.*
color couleur *f.*
combination combinaison *f.*
come venir; **to come before** précéder
comfort réconforter
comfortable confortable
command ordre *m.*
commercial commercial(e)
commit commettre; **to commit (to)** s'engager (à)
common commun(e)
communicate communiquer; **to communicate with each other** se communiquer
communication communication *f.*; **written communication** communication écrite

companion camarade *m., f.*
compare comparer
complain (of) se plaindre (de)
complicated compliqué(e)
composed composé(e)
computer ordinateur *m.*; **computer science** informatique *f.*
concern intérêt *m.*
concerned: to be concerned s'intéresser
condition condition *f.*
conduct conduite *f.*
conductor contrôleur *m.*
confide (in one another) se confier à
confirm confirmer
connection lien *m.*; rapport *m.*
conservative conservateur/conservatrice
conserve conserver
consider considérer
consist consister
console consoler
constant constant(e)
constantly constamment
consulate consulat *m.*
consult consulter
consume consommer
consumer consommateur/consommatrice *m., f.*
consummate consommer
contact contact *m.*; lien *m.*; **contact lenses** verres (*m. pl.*) de contact; **to form contacts, connections** former des liens
content content(e)
contents contenu *m.s.*
continent continent *m.*
continuation poursuite *f.*
continue continuer
contradict contredire
contribute contribuer
control contrôle *m.*; **to control** contrôler
controversial controversé(e)
conversation conversation *f.*
convert aménager
convince persuader
cook cuisinier/cuisinière *m., f.*; **to cook** cuisiner; cuire; **to cook on high heat** cuire à feu vif; **cookbook** livre (*m.*) de cuisine
cooked cuit(e)
cookie biscuit *m.*; petit gâteau *m.*
cooking cuisine *f.*
cool frais/fraîche; (*fam. great*) génial(e); chouette; **to be cool** faire frais; **it's cool** il fait frais
cope se débrouiller
copper cuivre *m.*

cord corde *f.*
corner coin *m.*; **street corner** coin de rue
correct correct(e); vrai(e)
cost coûter
cotton coton *m.*
cough toux *f.*; **to cough** tousser
counsel conseil *m.*; **to counsel** conseiller
counselor conseiller/counseillère *m., f.*
count compter; **what counts for me** ce qui compte pour moi
counter comptoir *m.*
country pays *m.*; **country(side)** campagne *f.*
courageous courageux/courageuse
course (*academic*) cours *m.*; **course** (*meal*) plat *m.*; **first course** entrée *f.*; **main course** plat principal; **of course** bien sûr
court court *m.*; **tennis court** court de tennis
cousin cousin(e) *m., f.*
covered couvert(e); **covered with** recouvert(e) de
crab crabe *m.*
cram (*study*) bûcher
crazy fou/folle
cream crème *f.*; (*ointment*) pommade *f.*; **to put on cream** se passer de la pommade; **whipped cream** crème (*f.*) Chantilly
create créer
credit card carte (*f.*) de crédit
credulous crédule
crepe crêpe *f.*
crime crime *m.*; **crime of passion** crime passionnel
crisis crise *f.*
criticize critiquer
croissant croissant *m.*
cross traverser
crossing traversée *f.*
crosswalk zone (*f.*) piétonne
crouch down s'accroupir
crowd foule (*f.*) de gens; monde (*m.*) fou
crown couronne *f.*
crush fouler
crutches béquilles *f. pl.*
cry pleurer; **cry out** crier
crystal cristal *m.*
cucumber concombre *m.*
cultivate cultiver
culture culture *f.*
cup tasse *f.*
cupboard placard *m.*
Cupid Cupidon *m.*
cure guérison *f.*; **to cure** guérir; **to cure an illness** guérir une maladie

curl boucle *f.*
curly bouclé(e)
curtains rideaux *m.*
curve (*road*) virage *m.*
custard pastry éclair *m.*
customers clientèle *f.*
customs douane *f.*; **customs declaration** déclaration (*f.*) de douane; **customs officer** douanier *m.*
cut réduction *f.*; **to cut** couper; **to cut oneself** se couper; **to cut a class** rater un cours; **to have one's hair cut** se faire couper les cheveux
cutlet côtelette *f.*

daily quotidien(ne)
dairy laitier/laitière; **dairy product** produit (*m.*) laitier
dance danser
dangerous dangereux/dangereuse
dark-haired brun(e)
date date *f.*; (*meeting*) rendez-vous *m.*; **what is the date?** quelle est la date?
daughter fille *f.*
day jour *m.*; (*duration of*) journée *f.*; **all day** toute la journée; **day before** veille *f.*; **days of the week** jours de la semaine; **every day** tous les jours; **New Year's Day** jour de l'an; **Thanksgiving Day** jour d'action de grâce
dead mort(e); disparu(e)
dear cher/chère
debate débattre
decay (*collapse, ruin*) ruine *f.*
decelerate décélérer
December décembre
decide prendre une décision; décider
decision décision *f.*; **to make a decision** prendre une décision
declaration déclaration *f.*; **customs declaration** déclaration (*f.*) de douane
declare déclarer
decor décor *m.*
decorate décorer
deep profond(e)
defend défendre; **to defend the accused** défendre les accusés
defendant accusé(e) *m., f.*
degradation dégradation *f.*
degree titre *m.*
delicate léger/légère
delicatessan charcuterie *f.*
delicious délicieux/délicieuse
delighted enchanté(e); ravi(e)
demolish démolir

dentist dentiste *m., f.*
depart partir
department store grand magasin *m.*
departure départ *m.*
dependent dépendant(e)
deplorable déplorable
deposit déposer; **deposit money** (*in the bank*) déposer de l'argent; **deposit slot** fente *f.*
description description *f.*
descriptive descriptif/descriptive
desert désert *m.*; désertique *adj.*
design dessiner
designed (for) destiné(e) à
desire envie *f.*; **to desire** désirer; avoir envie de
desk (*teacher's*) bureau *m.*
dessert dessert *m.*
destroy démolir; détruire
detail détail *m.*
detergent détergent *m.*
detest avoir horreur de
diagnose faire un diagnostic
diagnosis diagnostic *m.*; **to make a diagnosis** faire un diagnostic
dialog dialogue *m.*
diamond diamant *m.*
diapers couches *f. pl.*
dictation dictée *f.*
dictionary dictionnaire *m.*
die mourir
diet régime *m.*
different différent(e); nouveau/nouvelle
difficult difficile
digest digérer
digit chiffre *m.*
diminish diminuer
dine dîner
dining room salle (*f.*) à manger
dinner dîner *m.*; **Christmas or New Year's Eve dinner** réveillon *m.*; **to eat dinner** dîner
diploma (*university*) diplôme *m.*
direction sens *m.*; direction *f.*; **to change direction** changer de direction; **in both directions** dans les deux sens
director (*film*) metteur (*m.*) en scène
directory annuaire *m.*; **telephone directory** annuaire téléphonique
dirty sale; **dirty word** mot grossier
disadvantage inconvénient *m.*
disappointed déçu(e)
discharge décharge *f.*
discipline discipliner
discothèque discothèque *f.*

discourage décourager
discover découvrir
discuss discuter
disease maladie *f.*
disguise oneself (*wear a costume*) se déguiser
disgusting dégoûtant(e)
dish (*meal*) plat *m.*; **dishes** vaisselle *f.s.*; **main dish** plat principal
dishwasher lave-vaisselle *m.*
display affichage *m.*; **display board (billboard)** tableau (*m.*) d'affichage; **display case** vitrine *f.*
dispose disposer
disposition humeur *f.*
distinction (*grade*) mention *f.*
distinguish distinguer
distract se distraire
distraction distraction *f.*
distribute distribuer
divorce divorce *m.*; **to divorce** divorcer
dizziness vertiges *m. pl.*
do faire; **I don't know what to do** je ne sais pas quoi faire
doctor médecin *m.*
documentary documentaire *m.*
dog chien *m.*
domestic domestique
door porte *f.*; **car door** portière *f.*
dough pâte *f.*
drama art (*m.*) dramatique
draw dessiner; **to draw up** dresser; **to draw up a list** dresser une liste
drawing dessin *m.*; **drawing room** salon *m.*
drawn dessiné(e)
dream rêve *m.*; **to dream** rêver
dress robe *f.*; **to dress** s'habiller; **evening dress** robe de soir
dresser commode *f.*
drink boisson *f.*; **to drink** boire
drive conduire; rouler
driver conducteur/conductrice *m., f.*; chauffeur *m.*; **driver's license** permis (*m.*) de conduire; **taxi driver** chauffeur (*m.*) de taxi
drop laisser tomber; (*course of study, class*) abandonner
drug drogue *f.*; médicament *m.*
drugstore pharmacie *f.*
drunk soûl(e)
dry cleaner's pressing *m.*
dry oneself se sécher
dumb bête
dumping ground décharge *f.*
dune dune *f.*

during pendant; **during a month** pendant un mois

dust poussière *f.*; **to dust** enlever la poussière

dynamic dynamique

e-mail courrier (*m.*) électronique

each chaque

ear oreille *f.*

early tôt

earn gagner; **to earn a living** gagner sa vie

earrings boucles (*f.*) d'oreilles

earth terre *f.*

earthenware terre (*f.*) cuite

ease aise *f.*; **to ease** soulager; **to feel at ease** se sentir à l'aise

easily facilement

east est *m.*

Easter Pâques; **fête** (*f.*) de Pâques; **Easter egg** œuf (*m.*) de Pâques

easy facile

eat manger; **to eat lunch** déjeuner

éclair éclair *m.*; **chocolate éclair** éclair au chocolat

ecology écologie *f.*

economic économique

economical économe

economy économie *f.*

edifice édifice *m.*

editorial (*column*) éditorial *m.*; **editorial team** équipe (*f.*) redactionnelle

educate éduquer

education enseignement *m.*; **public education** enseignement public

educational éducatif/éducative

effect effet *m.*; **special effects** (film) effets spéciaux

effective efficace

egg œuf *m.*

elderly vieux (vieil, vieille)

electric électrique

electronic électronique; **electronic equipment** matériel (*m.*) électronique

elevator ascenseur *m.*

eliminate éliminer

elocution élocution *f.*

else: something else autre chose

embarkation embarquement *m.*

embassy ambassade *f.*

emergency urgence *f.*; cas (*m.*) d'urgence; **emergency pharmacy** pharmacie (*f.*) de garde; **emergency telephone number** numéro (*m.*) des urgences

emission échappement *m.*; **hydrocarbon emissions** échappement d'hydrocarbures

emotion émotion *f.*

emperor empereur *m.*

employee employé(e) *m., f.*; (*government*) fonctionnaire *m., f.*

employment poste *m.*; travail *m.*

empty vide; **to empty** vider; **to empty the garbage** vider les ordures

encourage encourager

end fin *f.*

energetic énergique

energy énergie *f.*

engaged: to become engaged se fiancer

engagement fiançailles *f.*

engine moteur *m.*

engineer ingénieur *m.*; **mechanical engineer** ingénieur mécanicien

enlarge augmenter

enormous énorme

enough assez; **I've had enough** (*food, drink*) j'en ai assez pris

enroll s'inscrire à

enrollment fees frais (*m.pl.*) d'inscription

enterprise entreprise *f.*

entertain amuser

entertainment distraction *f.*

enthusiastic enthousiaste

environment environnement *m.*

Epiphany (*January 6*) fête (*f.*) des Rois

epoch époque *f.*

equipment équipement *m.*; matériel *m.*; **piece of equipment** appareil *m.*

era époque *f.*

eraser (*blackboard*) brosse *f.*

escape s'evader (de)

essay dissertation *f.*

establish établir

establishment établissement *m.*

ethnic ethnique

evaluation (*school*) mention *f.*

eve veille *f.*

evening soir *m.*; soirée *f.*; **evening before** veille *f.*; **evening dress** robe (*f.*) de soir; **until this evening** à ce soir

event événement *m.*

every tous, toutes; **every day** tous les jours

everyone tout le monde

everything tout; **a little bit of everything** un peu de tout

everywhere partout

exaggerate exagérer

exam examen *m.*; **to pass an exam** réussir à un examen; **to take an exam** passer un examen

exceed dépasser

excess excédent *m.*; **excess baggage** excédent de bagages

excessive excessif/excessive

exchange changer; échanger

exciting passionnant(e)

excuse excuse *f.*; **excuse me** pardon

execution exécution *f.*

exercise gymnastique *f.*; (*fam.*) gym; **to exercise** faire de la gymnastique

exist exister

exotic exotique

expectation attente *f.*

expenses frais *m.pl.*

expensive cher/chère

explorer explorateur/exploratrice *m., f.*

express (oneself) (s')exprimer

expression expression *f.*; **polite expression** formule (*f.*) de politesse

extinct éteint(e); mort(e)

extinguish éteindre

extraordinary extraordinaire

eye œil *m.*; (*pl.*) yeux; **blue eyes** yeux bleus

face visage *m.*; **to wash one's face** se laver le visage

fact fait *m.*

fail rater; échouer à

faint s'évanouir

fairy fée *f.*; **fairy tale** conte (*m.*) de fée

fall tomber; **to fall in love** tomber amoureux/amoureuse

family famille *f.*

famous célèbre

farm ferme *f.*

farmer agriculteur/agricultrice *m., f.*

fashion mode *f.*

fast rapide, vite; **rapidement** (*adv.*)

fat gras(se) *adj.*; graisse *f.*; **fat content of food** matières (*f.pl.*) grasses; **Fat Tuesday**, **Mardi Gras** Mardi (*m.*) gras

father père *m.*; **Father's Day** fête (*f.*) des Pères; **father-in-law** beau-père *m.*

fauna faune *f.*

favorite favori(te)

fear peur *f.*; **to fear** craindre

February février

feel (se) sentir; **to feel (well/bad)** se sentir (bien/mal); **to make feel better** soulager

feeling émotion *f.*

fees frais *m. pl.*; **enrollment fees** frais d'inscription

feminist féministe

fever fièvre *f.*

fiber fibre *f.*

fictional fictif/fictive

field (*specialty*) domaine *m.*

fight se battre; combattre

fill (in, out, up) remplir; **to fill out a form** remplir un formulaire; **to fill up with gasoline** faire le plein (d'essence)

film film *m.*; **adventure film** film d'aventure; **film archive** cinémathèque *f.*; **horror film** film d'épouvante; **subtitled film** film sous-titré

filth ordures *f. pl.*

finally enfin

finances finances *pl.*

financial économique

find trouver; **to find out** (*information*) s'informer; s'orienter

fine bien *adv.*; fin(e) *adj.*; (*fam.*) ça va

finish finir, terminer

finished terminé(e)

fir tree sapin *m.*

fire feu *m.*; incendie *m.*; **to put out a fire** éteindre un incendie; **set on fire** flambé(e) *adj.*

fireman pompier *m.*

fireplace cheminée *f.*

fireworks feux (*pl.*) d'artifice

firm ferme *f.*

first premier/première; **first course** entrée *f.*; **first of all** d'abord; **the first time** la première fois

fish poisson *m.*; **to fish** pêcher

fishbone arête *f.*; **to swallow a fishbone** avaler une arête

fishmonger's poissonnerie *f.*

flambé flambé(e)

flan crème (*f.*) caramel

flat plat(e)

flavor goût *m.*

flea puce *f.*; **flea market** marché (*m.*) aux puces

flight vol *m.*; **flight attendant** steward *m.*; hôtesse (*f.*) de l'air

floor (*building*) étage *m.*; **ground (first) floor** rez-de-chaussée *m.*; **second floor** premier étage; **thirteenth floor** douzième étage

florist fleuriste *m., f.*

flour farine *f.*

flow couler

flower fleur *f.*; **flower wreath** couronne *f.*

flu grippe *f.*

fluffy léger/légère

flunk échouer (à)

fog brouillard *m.*

foggy: it's foggy il y a du brouilllard

follow suivre; **to follow too closely** suivre de trop près

food nourriture *f.*; **food item** aliment *m.*; **food store** magasin (*m.*) d'alimentation

foolish bêtise; **to do foolish things** faire des bêtises

foolishness bêtise *f.*

foot pied *m.*

for pour, pendant; **during a month** pendant un mois

forbid défendre

forbidden interdit(e)

foreign étranger/étrangère; exotique

foreigner étranger/étrangère *m., f.*

foresee prévoir

forest fôret *f.*; bois *m.*

fork fourchette *f.*

form formulaire *m.*; **to fill out a form** remplir un formulaire; **to form** former; se former; **to form contacts, connections** former des liens

fortune-teller voyante *f.*

forum forum *m.*

franc (*French currency*) franc *m.*

France France *f.*

francophone world francophonie *f.*

free libre; (*no cost*) gratuit(e); **to free** libérer; **free time** congé *m.*; loisirs *m.pl.*

freeway autoroute *f.*

French français(e); **French fries** frites *f. pl.*; **French National Holiday** (*Bastille Day, July 14*) fête (*f.*) nationale; **French speaking** francophone

frequent fréquenter

fresh frais/fraîche

Friday vendredi *m.*

fried frit(e)

friend ami(e) *m., f.*; camarade *m., f.*; (*close*) copain/copine *m., f.*

friendship amitié *f.*

frightful affreux/affreuse

front (*frontline, war*) front *m.*

frozen (*food, etc.*) congelé(e)

fruit fruit *m.*; **fruit seller** marchand(e) (*m., f.*) de fruits; **fruit shop** marchand (*m.*) de fruits

frying pan poêle *f.*

full complet/complète; **full (of)** plein(e) de

fun amusant(e); **to have fun** s'amuser; se distraire

function fonctionner

funeral announcement annonce (*f.*) funèbre; **funeral wreath** (*of flowers*) couronne *f.*

funereal funèbre

funny drôle, rigolo

furnished garni(e)

furniture (*a piece of*) meuble *m.*

furthermore d'ailleurs

fuss rouspéter

gadget truc *m.*

gain weight mettre du poids

game match *m.*; jeu *m.*; **video game** jeu (*m.*) vidéo

gang bande *f.*

garage garage *m.*

garbage ordures *f.*; **to empty the garbage** vider les ordures; **garbage can** poubelle *f.*

garden jardin *m.*; **to garden** jardiner

gardening jardinage *m.*

garlic ail *m.*

garnished garni(e)

gas essence *f.*; **to burn gas** consommer de l'essence; **gas tank** réservoir *m.*; **to get gas (fill up)** faire de l'essence (le plein)

gather up ramasser

gear équipement *m.*

gearshift lever levier (*m.*) de vitesse

generous généreux/généreuse

genetic génétique *f.*

geranium géranium *m.*

German allemand(e)

Germany Allemagne *f.*

get prendre; **to get about** (*town*) se déplacer; **to get along** se débrouiller; **to get along with** (*someone*) s'entendre avec; **to get up** se lever

gift cadeau *m.*

gifted doué(e)

girl fille *f.*; **little girl** petite fille

girlfriend petite amie *f.*

give donner; (*gift*) offrir un cadeau

give back rendre

glacier glacier *m.*

gladiator gladiateur *m.*

glass verre *m.*; **(eye)glasses** lunettes *f. pl.*

go aller; **to go beyond** dépasser; **to go down** descendre; **to go out** sortir; **to go to** assister; **to go up** monter

godchild filleul(e) *m., f.*

godfather parrain *m.*

godmother marraine *f.*

gold or *m.*

good bon(ne); **good evening** bonsoir; **good idea** bonne idée *f.*; **good morning/afternoon/day** bonjour

good-bye adieux *m. pl.*; au revoir; (*in the evening*) bonsoir; (*fam.*) salut!

government employee fonctionnaire *m., f.*

grace grâce *f.*

grade (*school*) note *f.*; mention *f.*

grains céréales *f. pl.*

grammar grammaire *f.*

granddaughter petite-fille *f.*

grandfather grand-père *m.*

grandmother grand-mère *f.*

grandparents grands-parents *m. pl.;* **great-grandparents** arrière-grands-parents

grandson petit-fils *m.*

grape raisin *m.*

grass herbe *f.*

gray gris(e)

grease graisse *f.*

great génial(e); grand(e); **that's great** c'est génial

green vert(e); **green bean** *haricot vert *m.*

greeting salutation *f.;* **greeting card** carte (*f.*) de vœux

grocery (*items*) épicerie *f.;* **grocery store** épicerie *f.*

groceries provisions *f. pl.;* **to buy groceries** faire les provisions

groom marié *m.;* **groomsman** garçon (*m.*) d'honneur

gross grossier/grossière

ground (*chopped*) haché(e) *adj.;* **ground floor** rez-de-chaussée *m.;* **Ground Hog Day** Chandeleur *f.*

group bande *f.*

grow cultiver

grumble rouspéter

guarantee garantir

guest invité(e) *m., f.*

gymnasium gymnase *m.*

hair (*a strand of*) cheveu *m.;* cheveux *m. pl.;* **to brush one's hair** se brosser les cheveux; **hairdresser** coiffeur/coiffeuse *m., f.;* **hairspray** laque *f.*, laque à cheveux; **to have one's hair cut** se faire couper les cheveux; **long hair** cheveux longs; **short hair** cheveux courts

half demi(e)

ham jambon *m.*

hand main *f.;* **to shake hands** se serrer la main

handsome beau (bel, belle, beaux, belles)

hang up accrocher

Hanukkah Hanoukka *m.*

happen arriver

happiness bonheur *m.*

happy content(e); **Happy New Year** bonne année *f.*

harmony harmonie *f.*

hat chapeau *m.*

hate haine *f.;* horreur *f.;* **to hate** avoir horreur de; détester

have avoir

head tête *f.*

headache mal (*m.*) de tête

headlight phare *m.*

headline rubrique *f.*

heal guérir

health santé *f.*

hear entendre; **to hear about** entendre parler de

heart cœur *m.;* **at the heart of** au sein de

heavy lourd(e); fort(e)

hello bonjour

helmet casque *m.*

help aider; **help!** au secours!; **to help (one another)** s'aider

hesitate hésiter

hi (*fam.*) salut!

hide cacher; **hide-and-seek** cache-cache *m.*

high élevé(e); **high school** lycée *m.*

highrise immeuble *m.*

highway autoroute *f.*

historic, historical historique

history l'histoire *f.*

hole trou *m.*

holiday fête *f.;* **national holiday** fête nationale

home maison *f.;* ménager/ménagère *adj.;* **to return home** rentrer

homemaker ménager/ménagère) *m., f.*

homework devoir *m.*

honey miel *m.*

honeymoon lune (*f.*) de miel

honk (*car horn*) klaxonner

hood (*car*) capot *m.*

hooky: to play hooky faire l'école buissonnière; sécher un cours

horn klaxon *m.*

horoscope horoscope *m.*

horrible affreux/affreuse

hospital hôpital *m.;* **to take (s.o.) to the hospital** emmener (quelqu'un) à l'hôpital

hospitalize hospitaliser

host (*talk show*) animateur *m., f.*

hot chaud(e); **it (the weather) is hot** il fait chaud; **to be hot** avoir chaud

hotel hôtel *m.*

hour heure *f.;* **it's . . . fifteen (a quarter past) the hour** il est... heure(s) et quart; **it's a quarter to the hour** il est... heure(s) moins le quart; **rush hour** heures de pointe

house maison *f.;* **house (company, agency)** maison *f.*

household ménage *m.;* **household tasks** tâches (*f.*) ménagères

housekeeping ménage *m.*

housework: to do housework faire le ménage

housing logement *m.*

how comment; **how are you?** comment allez-vous?; **how much?** combien?; **how's it going?** (*fam.*) ça va?

hug (one another) s'embrasser

huge énorme

humanity humanité *f.*

humor humour *m.;* **sense of humor** sens (*m.*) de l'humour

hunger faim *f.*

hungry: to be hungry avoir faim

hurl (oneself into) (se) précipiter (dans)

hurry se dépêcher; se précipiter; **in a hurry** pressé(e)

husband mari *m.*

hydrocarbon hydrocarbure *m.;* **hydrocarbon emissions** l'échappement (*m.*) d'hydrocarbures

hypothesis hypothèse *f.*

ice (*patch of*) verglas *m.;* **ice cream** glace *f.*

idea idée *f.;* **good idea** bonne idée; **I've no idea** aucune idée; **preconceived idea** idée reçue

idealistic idéaliste

identification card carte (*f.*) d'identité

identify identifier

idiot pitre *m.*

ignorant: to be ignorant of, not know ignorer

illness maladie *f.;* **to cure an illness** guérir une maladie

image image *f.*

immediate prochain(e); **immediately** tout de suite

immigrate immigrer

immoral immoral(e)

impatient impatient(e); **to grow impatient** s'impatienter

import importer

important important(e)

imported importé(e)

impose imposer

impressionable impressionné(e)

improve améliorer; s'améliorer

in dans, en; (*city*) à

included compris(e)

increase augmenter

independent indépendant(e)

indicatory indicateur/indicatrice

individual individu *m.*

industrialist industriel(le) *m., f.*

industry industrie *f.*

infectious infectueux/infectueuse

inferior inférieur(e)

inflate gonfler

information information *f.*; (*a piece of*) renseignement *m.*; **information center** centre (*m.*) d'information

informed informé(e); **ill informed** mal informé(e)

ingredient ingrédient *m.*

inhabit habiter

injured blessé(e); **to become injured** se blesser

injust injuste

inquire s'adresser (à)

inquiry (*opinion poll*) enquête *f.*

insecticide insecticide *m.*

insist insister

insomniac insomniaque *m., f.*

inspired génial(e)

instead (of) au lieu de

instrument instrument *m.*

insult insulter

insurance assurance *f.*

integrate oneself s'intégrer

integration intégration *f.*

intellectual intellectuel(le)

intelligence quotient (I.Q.) quotient (*m.*) intellectuel

intelligent intelligent(e)

interaction interaction *f.*

interest intérêt *m.*; **to interest** intéresser; **to lose interest** perdre intérêt; **to take an interest in** s'intéresser

interesting intéressant(e)

Internet Internet *m.*; **to surf the Internet** surfer sur l'Internet

internship stage *m.*

interruption interruption *f.*

intersection carrefour *m.*

interurban interurbain(e)

intestinal intestinal(e)

introduce présenter

inverted inversé(e)

invest investir

investment investissement *m.*

invite inviter

iron repasser *v.*; fer à repasser *m.*

irritate énerver; irriter

irritated: to become irritated s'énerver; s'irriter

island île *f.*

Italy Italie *f.*; **Italian** italien(ne)

jacket blouson *m.*

jam confiture *f.*

January janvier

Japan Japon *m.*

Japanese (*person*) Japonais(e)

jealous jaloux/jalouse

jeans jean *m.*

jelly confiture *f.*

jewelry bijouterie *f.*

job emploi *m.*; métier *m.*; travail *m.*; **to work at a job** exercer un métier

joke blague *f.*

journalism journalisme *m.*

journey trajet *m.*

judge juger

juice jus *m.*; **orange juice** jus d'orange

July juillet

jump sauter; **to jump rope** sauter à la corde

June juin

jungle jungle *f.*

keep garder

keyboard clavier *m.*

keys (*computer keyboard*) clé *f.*; touches *f. pl.*

king roi *m.*

kiss s'embrasser

kitchen cuisine *f.*; **kitchen sink** évier *m.*

knickknack bibelot *m.*

knife couteau *m.*

knocked: to be knocked down être renversé(e)

know connaître; **to know (how)** savoir

ladybug coccinelle *f.*

lake lac *m.*

lamb agneau *m.*

lamp lampe *f.*

land terre *f.*

landlord propriétaire *m., f.*

language langue *f.*

last dernier/dernière; **the last time** la dernière fois; **last week** semaine (*f.*) dernière

lasting durable

late en retard; tard

laugh rire

laundromat lavomatic *m.*

laundry lessive *f.*

lavatory lavabo *m.*

law loi *f.*

lawn gazon *m.*; **to mow the lawn** tondre le gazon

lawyer avocat(e) *m., f.*

lay out aménager

layer couche *f.*; **ozone layer** couche d'ozone

lead mener

leak échappement *m.*

learn apprendre (à)

leather cuir *m.*

leave (*time off*) congé *m.*; **to leave** partir; s'en aller; **to leave** (*something somewhere*) laisser; **to leave a tip** laisser un pourboire; **to leave behind** laisser

lecture conférence *f.*; **to miss a lecture** rater une conférence

left gauche *f.*; **to the left** à gauche

leg jambe *f.*

legal légal(e)

legionary légionnaire *m.*

legionnaire légionnaire *m.*

leisure time loisirs *m. pl.*

lemon citron *m.*

lend prêter

lessen diminuer

lesson leçon *f.*; **speech lesson** leçon d'élocution

let laisser

letter lettre *f.*

lettuce laitue *f.*

level (*of achievement*) niveau *m.*

lever levier *m.*; **gearshift lever** levier de vitesse

liberate libérer

liberty liberté *f.*

license permis *m.*; **driver's license** permis de conduire; **license plate** plaque (*f.*) d'immatriculation

lie mensonge *m.*; **to lie** mentir

life vie *f.*

light feu *m.*; (*signal*) feu de signalisation; léger/légère *adj.*; **light fixture** lampe *f.*; **to light** allumer; **red light** (*traffic*) feu rouge; **to run a red light** brûler le feu rouge

lightning foudre *f.*; **lightning bolt** coup (*m.*) de foudre

like aimer; comme (*prep.*)

lily-of-the-valley muguet *m.*; **sprig of lily-of-the-valley** brin (*m.*) de muguet

limit limite *f.*; **speed limit** limite de vitesse

line queue *f.*; **to stand in line** faire la queue

link lien *m.*

liquid liquide *m.*; *adj.*

list liste *f.*; **to make a list** dresser une liste

listen écouter

little petit(e) *adj.*; peu *m.*; **very little** très peu

live vivre; (*inhabit*) habiter; **to make a living** gagner sa vie; **s.th. to live on** de quoi vivre

lively animé(e); vif/vive

living room salle (*f.*) de séjour

loan prêter

lobster *homard *m.*

lodgings logement *m.s.*

long long(ue); **a long time ago** il y a longtemps; **for a long time** longtemps
longer: no longer ne... plus
look (at) regarder; **to look at oneself (each other)** se regarder; **to look for** chercher; **to look through** fouiller
lose perdre; **to lose interest** perdre intérêt; **to lose one's appetite** perdre l'appétit; **to lose time** perdre du temps; **to lose weight** maigrir; perdre du poids
loss perte *f.*
lost disparu(e); perdu(e); **lost and found office** bureau (*m.*) des objets trouvés
lottery loterie *f.*
love amour *m.*; **in love** amoureux/ amoureuse; **to love** aimer; **love at first sight** coup (*m.*) de foudre
lower baisser *v.*
luck chance *f.*
lucky: to be lucky avoir de la chance
luggage bagage *m.*; **to check in luggage** enregistrer les bagages
lunch déjeuner *m.*; **to eat lunch** déjeuner

machine machine *f.*; **washing machine** machine à laver
mad: to become mad se fâcher
Madam, Ma'am, Mrs. Madame *f.*
magic magie *f.*
mail courrier *m.*; (*general delivery*) poste (*f.*); **mail carrier** facteur *m.* restante; **to mail** envoyer
maintain garder en bon état
maître d' maître (*m.*) d'hôtel
major (*university subject*) spécialité *f.*
majority majoritaire
make faire; **to make plans** faire des projets; **to make (s.o.) sick** rendre malade
makeup: to put on makeup se maquiller
man homme *m.*
manage se débrouiller
mandate mandat *m.*
mandatory obligatoire
manner façon *f.*; manière *f.*
manual manuel(le) *adj.*; manuel *m.*
many beaucoup
map carte *f.*; **city map** plan (*m.*) de la ville; **world map** carte du monde
March mars
Mardis Gras Mardi (*m.*) gras
market marché *m.*; **flea market** marché aux puces; **supermarket** supermarché *m.*
marry épouser
married: to get married se marier
marsh marais *m.*; **marshy** marécageux/ marécageuse

matched assorti(e)
matching assorti(e)
material matière *f.*
materialistic matérialiste
maternal maternel(le)
mathematics mathématiques *f.pl.*
matriculation inscription *f.*
matter matière *f.*; **to matter** importer; **no matter what** n'importe quel(le)
maxim maxime *f.*
May mai
me moi; **me too** moi aussi
meal repas *m.*
meaning sens *m.*
meat viande *f.*
mechanic mécanicien(ne) *m., f.*
mechanical mécanique; **mechanical engineer** ingénieur (*m.*) mécanicien
medical médical(e); **medical care** soins (*m.pl.*) médicaux
medication médicament *m.*
medicine médicament *m.*
mediocre médiocre
medium-length mi-long
meet rencontrer; **to meet (one another)** se rencontrer
meeting réunion *f.*; séance *f.*; **orientation meeting** séance d'orientation
memory souvenir *m.*
mental mental(e)
merchant marchand(e) *m., f.*
meteorological météorologique
microbe microbe *m.*
microbic microbien(ne)
microwave micro-onde *f.*; **microwave oven** four (*m.*) à micro-ondes
midnight minuit
milieu environnement *m.*
milk lait *m.*
minority minoritaire
mirror glace *f.*; miroir *m.*
miss (*not attend*) rater; **to miss a lecture** rater une conférence
Miss Mademoiselle *f.*
misuse abuser
mixture mélange *m.*
modem modem *m.*
modern moderne
moment moment *m.*
Monday lundi *m.*
money argent *m.*; **pocket money** argent de poche
monolingual monolingue
month mois *m.*
mood humeur *f.*; **to be in a bad mood** être de mauvaise humeur

moon lune *f.*; **honeymoon** lune de miel
more davantage; plus; **more and more** de plus en plus
moreover d'ailleurs
morning matin *m.*; **yesterday morning** hier matin
mother mère *f.*; **Mother's Day** fête (*f.*) des Mères; **mother-in-law** belle-mère *f.*
motivated animé(e)
motor moteur *m.*; **motor scooter** mobylette *f.*
mountain montagne *f.*
mountainous montagneux/montagneuse
mouse (*computer*) souris *f.*
moustache moustache *f.*
mouth bouche *f.*
move (*residence*) déménager
movie film *m.*; **movie made for television** téléfilm *m.*; **movies** cinéma *m.*; (*fam.*) ciné *m.*
mow tondre; **to mow the lawn** tondre le gazon
Mr. Monsieur
Mrs. Madame
much beaucoup; **as much as possible** autant que possible; **not much** pas grand-chose
mud boue *f.*
multicultural multiculturel(le)
museum musée *m.*; **cinema museum** cinémathèque *f.*
mushroom champignon *m.*
music musique *f.*
mussel (scallop) coquille (*f.*) Saint-Jacques
mustard moutarde *f.*

naive crédule
name nom *m.*; **my name is** je m'appelle; **to name** appeler; **what's . . .'s name?** comment s'appelle... ?; **what's your name?** comment vous appelez-vous?
named: to be named s'appeler
nap sieste *f.*
napkin serviette *f.*
nation peuple *m.*
national national(e); **French National Holiday** (*Bastille Day, July 14*) fête (*f.*) nationale
nationality nationalité *f.*
natural naturel(le); **natural sciences** sciences (*f.*) naturelles
nature nature *f.*
nautical nautique
navigate naviguer
navigator navigateur/navigatrice *m., f.*
near près

necessary nécessaire
necessity nécessaire *m.*
necktie cravate *f.*
need besoin *m.*; **to need** avoir besoin de
neighbor voisin(e) *m.*, *f.*
neighborhood quartier *m.*
nephew neveu *m.*
nervous nerveux/nerveuse
network réseau *m.*; (*television*) chaîne *f.*
never ne... jamais
new nouveau (nouvel, nouvelle); neuf/
neuve; *m.* **New Year's** nouvel an *m.*;
New Year's Day jour (*m.*) de l'an; **New
Year's Eve dinner** réveillon *m.*; **new
world** nouveau monde *m.*
newlyweds nouveaux mariés *m.pl.*
news (*a piece of*) nouvelle *f.*; **the news** les
actualités *f. pl.*; **news agency** maison (*f.*)
de la presse
newspaper journal *m.*
next puis; ensuite; prochain(e) *adj.*; **next
week** la semaine prochaine
nice beau (*weather*); génial(e); (*kind, agreeable*) sympathique
niece nièce *f.*
no non
nobody personne... ne
noise bruit *m.*
nonsmoking section section (*f.*) non-
fumeurs
noodles pâtes *f. pl.*
noon midi *m.*
normal normal(e)
normally normalement
north nord *m.*
nose nez *m.*; **to blow one's nose** se
moucher; **nose drops** gouttes (*f. pl.*)
pour le nez; **stuffy nose** nez bouché
not ne... pas; **not yet** pas encore
notebook cahier *m.*
nothing (ne...) rien
notice noter; remarquer
noun substantif *m.*
novel roman *m.*
novelist romancier/romancière *m.*, *f.*
November novembre
now maintenant
nuclear nucléaire; **nuclear bomb** bombe
(*f.*) nucléaire; **nuclear power plant** centrale (*f.*) nucléaire
number nombre *m.*; numéro *m.*; **emergency telephone number** numéro des
urgences; **phone number** numéro de
téléphone
numerous nombreux/nombreuse
nurse infirmier/infirmière *m.*, *f.*

nursery school crèche *f.*
nutrition nutrition *f.*
nylon nylon *m.*; **nylons** (*stockings*) bas
(*m.pl.*) de nylon

obedient obéissant(e)
obey obéir
obituary annonce (*f.*) funèbre
object objet *m.*
obligatory obligatoire
obliged obligé(e)
occasion fois *f.*
occupied pris(e)
occur (*take place*) avoir lieu
October octobre
offer offrir
office bureau *m.*; **lost and found office**
bureau des objets trouvés; **post office**
bureau de poste
official officiel(le)
often souvent, fréquemment; parfois; **as
often as possible** aussi souvent que
possible
oh! Aïe!
oil huile *f.*; **to change the oil** changer
l'huile; **crude oil** pétrole *m.*; **olive oil**
huile d'olive
ointment pommade *f.*; **to put on ointment** se passer de la pommade
OK (*agreed*) d'accord; ça va
old vieux (vieil, vieille)
olive olive *f.*; **olive oil** huile (*f.*) d'olive
on sur
onion oignon *m.*
open ouvert(e); **to open** ouvrir
operate opérer
opinion opinion *f.*; avis *m.*; **in my opinion** à mon avis; **opinion poll** sondage
m.; **what is your opinion of . . . ?** quelle
est votre opinion sur... ?
opposite inversé(e)
optimistic optimiste
option option *f.*
orange (*fruit*) orange *f.*; **orange juice** jus
(*m.*) d'orange
order commande *f.*; **to order** (*give orders;
order a meal*) commander; **to place an
order** passer la commande
ordinarily normalement
ordinary commun(e)
organize monter
organized organisé(e)
orientation orientation *f.*; **orientation
meeting** séance (*f.*) d'orientation
origin origine *f.*
original original(e)

other autre
ouch! aïe!
outcome enjeu *m.*
outside hors de; **outside (of)** en dehors de
oven four *m.*; **microwave oven** four à
micro-ondes
overpopulation surpopulation *f.*
overturn renverser
ox bœuf *m.*
oysters huîtres *f. pl.*
ozone ozone *m.*; **ozone layer** couche (*f.*)
d'ozone

pack (*luggage*) faire les valises
page page *f.*
paid: to get paid toucher sa paie
pain douleur *f.*
painting tableau *m.*
pal copain/copine *m.*, *f.*
pamphlet brochure *f.*
pan (frying) poêle *f.*
pancake (French) crêpe *f.*
panorama vue *f.*
pants pantalon *m.s.*
paper papier *m.*; **letter paper** papier à
lettres; **term paper** dissertation *f.*
parade défilé *m.*
parasitic parasitaire
parcel colis *m.*
park parc *m.*; jardin (*m.*) public; **to park**
garer; stationner; **to park a car** garer
une voiture
parking ticket contravention *f.*
parsley persil *m.*
part partie *f.*; (*acting*) rôle *m.*; **to be a part
of** faire partie de; **body part** partie du
corps; **car parts** parties de la voiture
participant participant(e) *m.*, *f.*
participate (in) participer (à)
particularly particulièrement
party fête *f.*
pass (*time*) passer; **to pass** (*a course, exam*)
être reçu(e); **to pass** (*vehicle*) doubler; **to
pass a test** réussir à un examen
passenger passager/passagère *m.*, *f.*
passion passion *f.*; **crime of passion**
crime (*m.*) passionnel
passport passeport *m.*
password mot (*m.*) de passe
past: in the past autrefois; passé(e) (*adj.*)
pasta pâtes *f.*, *pl.*
pastry éclair *m.*, pâtisserie *f.*; **pastry shop**
pâtisserie *f.*
path chemin *m.*
patience patience *f.*
patient patient(e)

patio terrasse *f.*

patriotic (*excessive*) chauvin(e)

pavement chaussée *f.*; **slippery pavement** chaussée glissante

pay: to pay for payer

paycheck salaire *m.*

payment paie *f.*

peace paix *f.*

peach pêche *f.*

peak pointe *f.*

pear poire *f.*

pearl perle *f.*

peas pois *m.pl.*; **green peas (english)** petits pois

pedestrian piéton(ne) *m., f.*; **pedestrian crosswalk** zone (*f.*) piétonne

pediatrician pédiatre *m.*

pen stylo *m*; (*ballpoint*) bic *m.*

pencil crayon *m.*

peninsula péninsule *f.*

people gens *m. pl.*; **people** (*of a country*) peuple *m.*

pepper poivre *m.*; **to pepper** poivrer

perfect parfait(e)

perfectly parfaitement

perform monter

performance spectacle *m.*

perfume parfum *m.*

permit permettre

person individu *m.*

personal personnel(le); **personal care** soins (*m.pl.*) personnels

persuade persuader

pessimistic pessimiste

pet animal (*m.*) domestique

petroleum pétrole *m.*

pharmacy pharmacie *f.*; **emergency service pharmacy** pharmacie de garde

phone téléphone *m.*; **to phone** téléphoner; **phone number** numéro (*m.*) de téléphone

phosphate phosphate *m.*

photographer photographe *m.*

physical physique; **physical appearance** apparence (*f.*) physique; **physical trainer** entraîneur/entraîneuse *m., f.*

physicist physicien(ne) *m., f.*

physics physique *f. s.*

pick up (*objects*) ramasser

picnic pique-niquer

picture tableau *m.*; photo(graphie) *f.*

pie tarte *f.*; **apple pie** tarte aux pommes

piece morceau *m.*; **piece of chalk** morceau de craie

pill pilule *f.*; **sleeping pill** somnifère *f.*

pilot pilote *m., f.*

pink rose

pistol pistolet *m.*

place endroit *m.*; lieu *m.*; **to place** mettre; **to place an order** passer la commande; **to take place** avoir lieu

plain (*geography*) plaine *f.*

plan projet *m.*

planet planète *f.*

plastic plastique *m.*

plate assiette *f.*; plaque *f.*; **license plate** plaque d'immatriculation

platform (*subway stop, train station*) quai *m.*

play pièce (*f.*) de théâtre; **CD-ROM player** lecteur (*m.*) de CD-ROM; **to play** jouer; **to play chess** jouer aux échecs; **to play tennis** jouer au tennis; **player** joueur/joueuse *m., f.*

please s'il vous (te) plaît; **to please** plaire à

pleasure plaisir *m.*; **what a pleasure** quel plaisir

plot intrigue *f.*

plugged up bouché(e)

plump fort(e)

poached poché(e)

pocket poche *f.*; **pocket money** argent (*m.*) de poche

poem poème *m.*

poet poète *m., f.*

point point *m.*; **point of view** point de vue; **to point out** signaler

police police *f.*; **police checkpoint** contrôle (*m.*) de police; **police station** commissariat *m.*

policy politique *f.*

polished poli(e)

polite poli(e); **polite expression** formule (*f.*) de politesse; **politeness** politesse *f.*

political politique

politics politique *f.s.*

poll (opinion) enquête *f.*; sondage *m.*

polluting polluant(e)

pollution pollution *f.*

polyester polyester *m.*

pool (swimming) piscine *f.*; **(billiards)** billard *m.*

popular commun(e)

populated peuplé(e)

porcelain porcelaine *f.*

pork porc *m.*; **pork butcher's** charcuterie *f.*; **porkchop** côtelette (*f.*) de porc

pornography pornographie *f.*

portable portatif/portative

position (*work*) poste *m.*

possessive possessif/possessive

possible possible; **as much as possible** autant que possible; **as often as possible** aussi souvent que possible

post office bureau (*m.*) de poste

postage stamp timbre *m.*

postal money order mandat (*m.*) postal; **postal service** services (*m. pl.*) postaux

posted (*on a wall, etc.*) affiché(e)

potato pomme (*f.*) de terre

pottery poterie *f.*; terre (*f.*) cuite

pour (*in*) verser

poverty pauvreté *f.*

power plant centrale *f.*; **nuclear power plant** centrale nucléaire

practical pratique

practice pratiquer; exercer

pray prier

precaution précaution *f.*

precede précéder

prediction prédiction *f.*

prefer aimer mieux; préférer

preference préférence *f.*; goût *m.*

pregnant enceinte

preparation préparatif *m.*; **travel preparations** préparatifs de voyage

prepare préparer

prescribe prescrire; **to prescribe a treatment** prescrire un traitement

present présenter *v.*

preserve conserver; **preserves** confiture *f.*

pressure (air) pression *f.*; **to check air pressure** vérifier la pression des pneus

prevent empêcher

previously auparavant

price prix *m.*

priest prêtre *m.*

primary primaire; **primary school** école (*f.*) primaire

principal principal(e) *adj.*

printed imprimé(e)

priority priorité *f.*

private privé(e)

problem problème *m.*; **to have problems** avoir des ennuis; **social problems** problèmes sociaux

procession défilé *m.*

producer réalisateur/réalisatice *m., f.*

product produit *m.*; **dairy product** produit (*m.*) laitier

production réalisation *f.*

professional professionnel(le)

professor professeur *m.*

program (*television*) émission *f.* (*show*) spectacle *m.*; (*computer*) programme, logiciel *m.*; **limited access program** programme d'accès limité; **program analyst** programmeur/programmeuse (*m., f.*) analyste

progressive progressiste

prohibit prohiber

prohibited interdit(e)

promise promesse *f.*

promotion avancement *m.*

propaganda propagande *f.*

property owner propriétaire *m., f.*

propose proposer

protect protéger

protein protéine *f.*

prove prouver; **that doesn't prove anything** ça ne prouve rien

proximity proximité *f.*

prudent prudent(e)

prudently prudemment

psychiatrist psychiatre *m., f.*

pub brasserie *f.*

public public/publique; **public education** enseignement (*m.*) public; **public square** place *f.*

publicity publicité *f.*

publish publier

pullover (*clothing*) pull-over *m.*

pulse pouls *m.*; **to take (s.o.'s) pulse** prendre le pouls

punctured crevé(e)

punish punir

punished puni(e)

pupil élève *m., f.*

purchase achat *m.*

pure pur(e)

purple violet(te)

pursue poursuivre

pursuit poursuite *f.*

put mettre; **to put on a show** monter un spectacle; **to put out a fire** éteindre un incendie

pyramid pyramide *f.*

quality qualité *f.*

quarrel dispute *f.*; **to quarrel** se brouiller; se disputer

quarter quart *m.*; (*school*) trimestre *m.*

Quebec Québec *m.*

Quebecker québécois(e) *m., f.*

question question *f.*; **to ask a question** poser une question

quickly rapidement; vite

quite assez

quotient quotient *m.*; **intelligence quotient (I.Q.)** quotient intellectuel

radiator radiateur *m.*

radio radio *m.*; **clock radio** radio-réveil *m.*

radish radis *m.*

railway car wagon *m.*

rain pluie *f.*; **acid rain** pluie acide

raining: it's raining il pleut

raise lever; **to raise** (*child*) élever

raised élevé(e)

range (*kitchen*) cuisinière *f.*

rapid rapide; **rapids** (*in river*) rapides *m. pl.*

rapidly rapidement

rarely rarement

rash rougeurs *f. pl.*

rather assez; plutôt

ration rationner

rational raisonnable

razor rasoir *m.*

reaction réaction *f.*; **allergic reaction** réaction allergique

read lire

ready prêt(e)

reality réalité *f.*

rear arrière

reason raison *f.*; **to reason** raisonner

reasonable raisonnable

reassure rassurer

rebel se révolter

receive recevoir

reception desk réception *f.*

recipe recette (de cuisine) *f.*

recognize reconnaître

recognized reconnu(e)

recollection souvenir *m.*

recommend recommander

recover (*health*) guérir

recreation distraction *f.*

recycle recycler

recycling recyclage *m.*

red rouge

redo refaire

reduction réduction *f.*

reef récif *m.*; **barrier reef** barrière (*f.*) récif

reflect (*think*) réfléchir

refrigerator réfrigérateur *m.*

refuse (to) refuser (de)

registration inscription *f.*; **registration fees** frais (*m. pl.*) d'inscription

regret regretter

relate raconter

relation rapport *m.*; **in relation to** par rapport à

relationship rapport *m.*; **personal relationship** rapport personnel

relax se détendre

relaxation détente *f.*

remain rester

remedy remède *m.*

remembrance souvenir *m.*

remove enlever

render rendre

rent louer *v.*

repair réparer; **to repair a flat tire** réparer un pneu crevé (à plat)

report rapport *m.*; bulletin *m.*; **weather report** bulletin (*m.*) météorologique (*fam.* météo *f.*)

require exiger

required obligé(e)

research recherche *f.*; étude *f.*; **to do research** faire des recherches

reservation réservation *f.*

reserve réserver

reserved réservé(e)

residence résidence *f.*

residential résidentiel(le); **residential complex** parc (*m.*) residentiel

resolution résolution *f.*; **to make resolutions** prendre des résolutions

resolve résoudre; prendre des résolutions

responsible responsable

rest se reposer

restaurant restaurant *m.*

restrict restreindre

retain garder

retire prendre la retraite

retirement retraite *f.*

retreat retraite *f.*

return rendre; **to return home** rentrer

reunion réunion *f.*

review revue *f.*

revolt se révolter

rice riz *m.*

rich riche

right (*correct*) vrai(e); (*privilege*) droit *m.*; **is that right?** ah bon?; **right away** tout de suite; **to the right** à droite

ring (*wedding*) alliance *f.*; **to ring** (*bell*) sonner

risk risque *m.*; **to risk** risquer

river (*flowing into the sea*) fleuve *m.*

road route *f.*, chemin *m.*; **road sign** panneau (*m.*) indicateur; **road sign system** signalisation *f.*

roast: beef roast rôti (*m.*) de bœuf; **roast beef** rosbif *m.*; **roast(ed)** rôti(e); **roast turkey** dinde (*f.*) rôtie

rock climb faire de l'escalade

role (*acting*) rôle *m.*

roll (up) rouler

Roman romain(e) *adj.*

roof toit *m.*

room salle *f.*; (*of a house*) pièce *f.*; **classroom** salle de classe; **(drawing) room** salon *m.*; **waiting room** salle d'attente

roommate camarade (*m., f.*) de chambre
rope corde *f.*; **to jump rope** sauter à la corde
round rond(e)
route chemin *m.*
routine routine *f.*
rubber caoutchouc *m.*
ruby rubis *m.*
rug tapis *m.*
ruin ruine *f.*
rule règle *f.*
run courir; **to run a red light** brûler le feu rouge
rush over se précipiter
Russia Russie *f.*, **Russian,** russe *m., f.*

sacrifice sacrifice *m.*
sad triste
sailing voile *f.*; **to go sailing** faire de la voile
saint(e) saint; **All Saints' Day** Toussaint *f.*; **St. Valentine's Day** Saint-Valentin
salami saucisse *f.*
salary salaire *m.*
salesman/woman vendeur/vendeuse *m., f.*
salon salon *m.*
salt sel *m.*; **to salt** saler
salted, salty salé(e)
sand sable *m.*; **sandcastle** château (*m.*) de sable
Santa Claus père (*m.*) Noël
Saturday samedi *m.*
sauna sauna *m.*
sausage (*hard*) saucisse *f.*
save économiser, conserver; **to save money** faire des économies
savings économies *f. pl.*
say dire
scar cicatrice *f.*
schedule emploi (*m.*) du temps
scholarship bourse *f.*
school école *f.*; scolaire *adj.*; **girls' school** école de filles; **high school** lycée *m.*; **school teacher** (*primary*) instituteur/institutrice *m., f.*; **school year** année (*f.*) scolaire
science science *f.*; **natural science** sciences naturelles
scientific scientifique
scissors ciseaux *m. pl.*
scooter mobylette *f.*
screen écran *m.*
sculptor sculpteur *m.*
sculpture sculpture *f.*
sea mer *f.*; **at the seashore** au bord de la mer
seafood fruits (*m. pl.*) de mer
search chercher; fouiller

seashell coquille *f.*
season saison *f.*
secretary secrétaire *m., f.*
section section *f.*; **nonsmoking section** section non-fumeurs
sedentary sédentaire
see voir; **(one another)** (se) voir
seem avoir l'air; paraître; sembler; **it seems to me** il me semble
seized appréhendé(e)
self-service self-service *m.*
selfish égoïste
seller marchand(e) *m., f.*
semester (*school*) trimestre *m.*
send mail envoyer
Senegal Sénégal *m.*; **Senegalese** sénégalais(e) *adj.*
sense sens *m.*; **sense of humor** sens de l'humour
sensible raisonnable
separate (*couple*) se séparer
September septembre
serious sérieux/sérieuse
serve servir
service service *m.*; **self service** self-service *m.*; **service station** (*car*) station-service *m.*
serviceman militaire *m., f.*
session séance *f.*
set: to set the table mettre les couverts/la table; **to set up** établir; **to set up** (*business*) monter
setting (*dramatic*) mise (*f.*) en scène
settle s'établir
settlement établissement *m.*
severe strict(e)
shake hands se serrer la main
shame honte *f.*; **to be ashamed** avoir honte
shampoo shampooing *m.*
share partager
shave se raser
sheltered encadré(e)
sherbet sorbet *m.*
shirt (*man's*) chemise *f.*; (*woman's*) chemisier *m.*
shocked choqué(e)
shocking choquant(e)
shoes chaussures *f. pl.*; **shoe repairman** cordonnier *m.*; **tennis shoes** tennis *m. pl.*
shop boutique *f.*
shopkeeper marchand(e) *m., f.*
shopping achat *m.*; **to go shopping** faire des achats; faire des courses; **to go window shopping** faire les vitrines
short (*people*) petit(e); (*hair, etc.*) court(e)
shorts (*boxer*) caleçon *m.*

shot (*injection*) piqûre *f.*
shoulders épaules *f. pl.*
show spectacle *m.*; **to put on a show** monter un spectacle; **to show** montrer; **to show the way** montrer le chemin
shower douche *f.*; **to shower** se doucher
shrimp crevette *f.*
shutter volet *m.*
shy timide
sick malade; **to make (s.o.) sick** rendre malade; **to get sick** tomber malade
sight vue *f.*
sign (road) signalisation *f.*; **to sign** signer
signal signaler; **signal light** feu (*m.*) de signalisation
signify signifier
silk soie *f.*
silly bête; **to do silly things** faire des bêtises; **silly thing** bêtise *f.*
silver argent *m.*
sing chanter
singer chanteur/chanteuse *m., f.*
single (*unmarried*) célibataire; **single person** célibataire *m., f.*
sink (*bathroom*) lavabo *m.*; **kitchen sink** évier *m.*
Sir Monsieur
sister sœur *f.*; **sister-in-law** belle-sœur *f.*
sit down s'asseoir
situation situation *f.*
skater patineur/patineuse *m., f.*
skeptical sceptique
sketched dessiné(e)
ski faire du ski
skiing ski *m.*; **waterski** ski (*m.*) nautique
skillet poêle *f.*
skip sauter; **to skip rope** sauter à la corde
skirt jupe *f.*
sky ciel *m.*
skyscraper gratte-ciel *m.*
sleep sommeil *m.*; **to sleep** dormir; **to fall asleep** s'endormir
sleeping: sleeping bag sac (*m.*) de couchage; **sleeping pill** somnifère *f.*
sleepy: to be sleepy avoir sommeil
slice (*of fruit, etc.*) tranche *f.*
slide glisser
slip (*woman's*) combinaison *f.*
slippery glissant(e)
slow down ralentir
slowly doucement; **to go slowly** aller doucement
small petit(e)
smell sentir
smoke fumer
smoked fumé(e)

smoking: nonsmoking section section (*f.*) non-fumeurs

snack goûter *m.*

snail escargot *m.*

sneeze éternuer

snow neige *f.*; **it is snowing** il neige; **to snow** neiger

soap opera feuilleton *m.*

soccer football *m.*; **soccer player** footballeur *m.*

sociable sociable

social social(e)

sociology sociologie *f.*

sofa canapé *m.*

software logiciel *m.*

solar solaire; **solar system** système (*m.*) solaire

soldier militaire *m., f.*

sole (*fish*) sole *f.*

something quelque chose; **something else** autre chose; **something to live on** de quoi vivre

sometimes quelquefois; parfois

son fils *m.*

soon bientôt; **see you soon** à bientôt

sorbet sorbet *m.*

sorcerer sorcier/sorcière *m., f.*

sorry désolé(e)

sort trier

sound son *m.*

sour acide

south sud *m.*

souvenir souvenir *m.*

space espace *m.*

Spain Espagne *f.*

Spaniard espagnol(e) *m., f.*

speak parler; **(French) is spoken** (le français) se parle

special spécial(e); **special effects** (*film*) effets (*m. pl.*) spéciaux

specialty spécialité *f.*

species espèces *f. pl.*; **animal species** espèces animales

spectacle spectacle *m.*

speed vitesse *f.*; **speed limit** limite (*f.*) de vitesse; **to exceed the speed limit** dépasser la limite de vitesse

speeding ticket contravention *f.*

spend (*money*) dépenser; consommer; **to spend the evening together** passer la soirée ensemble

spice épice *f.*

spicy épicé(e)

spoon cuillère *f.*

sport sport *m.*

spot (*place*) endroit *m.*

spouse époux/épouse *m., f.*

sprain entorse *f.*; **to sprain one's ankle** se fouler la cheville

spread out répandre

sprig brin *m.*; **sprig of lily-of-the-valley** brin de muguet

spring printemps *m.*

sprinkle arroser

square (public) place *f.*

squat s'accroupir

stairs, staircase, stairway escalier *m.*

stake enjeu *m.*

stamp (*postage*) timbre *m.*; **to stamp** tamponner; **to have stamped** faire tamponner

stand: to stand up se lever; **to stand in line** faire la queue

star (*film*) vedette *f.*

start commencer, se mettre à; **to start** (*off*) démarrer

state état *m.*

station gare *f.*

stationery papier (*m.*) à lettres; **stationery store** papeterie *f.*

stay rester

steak bifteck *m.*

steam vapeur *f.*; **to steam** cuire à la vapeur

steel acier *m.*

steep rapide

steering wheel volant *m.*

stepbrother beau-frère *m.*; **stepfather** beau-père *m.*; **stepmother** belle-mère *f.*; **stepsister** belle-sœur *f.*

stereo player chaîne (*f.*) stéréo

stewardess hôtesse (*f.*) de l'air

stock exchange Bourse *f.*

stockings bas (*m. pl.*) de nylon

stomach (*pertaining to*) intestinal(e)

stone pierre *f.*

stop arrêt *m.*; **busstop** arrêt (*m.*) d'autobus; **to stop** arrêter; **to stop by** passer

store boutique *f.*; magasin *m.*; **department store** grand magasin; **food store** magasin d'alimentation; **grocery store** épicerie *f.*; **stationery store** papeterie *f.*; **store window** vitrine *f.*; **tobacco store** tabac *m.*

story histoire *f.*

stove cuisinière *f.*

straight raide; **straight ahead** tout droit; **straight on** droit

strange bizarre; étranger/étrangère

strawberry fraise *f.*

stream rivière *f.*

street rue *f.*; **street corner** coin (*m.*) de rue

stressed stressé(e)

stretch élargir

strict strict(e)

student étudiant(e) *m., f.*; élève *m., f.*

studies études *f. pl.*

studio (apartment) studio *m.*

studious studieux/studieuse

study étude *f.*; **area of study** domaine *m.*; **study (major)** spécialité *f.*; **to study** étudier; **to study hard** (*cram*) bûcher

stuffed bouché(e)

stuffy nose nez (*m.*) bouché

stupid bête

style (*elegance*) chic *m.*; (*fashion*) mode *f.*

stylish chic

subject (*academic*) matière *f.*

subscribe (to) s'abonner (à)

subtitled sous-titré(e)

subway métro *m.*; **subway stop platform** quai *m.*

succeed réussir

success réussite *f.*

suffer souffrir

sugar sucre *m.*

suggest suggérer

suit (*man's*) costume *m.*; **to suit** convenir (à)

suitcase valise *f.*

summer été *m.*

sun soleil *m.*

Sunday dimanche *m.*

it's sunny il fait du soleil

superb superbe

superficial superficiel(le)

superfluous superflu(e)

supermarket supermarché *m.*

supply provision *f.*

support soutien *m.*

surf surfer; **to surf the Internet** surfer sur l'Internet

surface surface *f.*

surgeon chirurgien(ne) *m., f.*

surpass dépasser

surprised surpris(e)

surprising surprenant(e)

surrounded by entouré(e) de

surroundings ambiance *f. s.*

sustain soutenir

swallow avaler; **to swallow a fishbone** avaler une arête

swamp marais *m.*

sweater pull-over *m.*

sweet sucré(e)

swelling gonflement *m.*

swim nager

swimming pool piscine *f.*

swollen gonflé(e)

symbolize symboliser

symptom symptôme *m.*

syrup sirop *m.*
system système *m.*; **solar system** système solaire

tab (*restaurant*) addition *f.*
table table *f.*; **bedside table** table de nuit; **coffee table** table basse; **to set the table** mettre les couverts; **table of contents** table des matières; **table setting** couverts *m. pl.*
tablet (*pill*) comprimé *m.*
take prendre; **to take a bath** prendre un bain; **to take a course** suivre un cours; **to take away** enlever; **to take care (of)** s'occuper (de); **to take down** descendre; **to take off** enlever; **to take place** avoir lieu; **to take (s.o. somewhere)** emmener; **to take (s.o.'s) pulse** prendre le pouls; **to take the subway** prendre le métro; **to take (with one)** emporter
taken pris(e)
tale conte *m.*; **fairy tale** conte de fée
talented doué(e)
talk parler; **to talk (to one another)** se parler; **talk show host** animateur/animatrice *m., f.*
tall grand(e)
tart acide
task tâche *f.*; **household tasks** tâches ménagères
taste goût *m.*; **to taste** goûter
taxes impôts *m.*
taxi taxi *m.*; **taxi driver** chauffeur (*m.*) de taxi
tea thé *m.*
teach enseigner
teacher (*primary school*) instituteur/institutrice *m., f.*
team équipe *f.*; **editorial team** équipe rédactionnelle
technology technologie *f.*
teenager adolescent(e) *m., f.*; (*fam.*) ado *m., f.*
telegram télégramme *m.*
telephone téléphone *m.*; **to make a long-distance telephone call** passer un coup de fil interurbain; **to telephone (one another)** (se) téléphoner; **telephone book** annuaire (*m.*) téléphonique; **telephone booth** cabine (*f.*) téléphonique; **telephone booth accepting calling cards** cabine (*f.*) à cartes; **telephone calling card** télécarte *f.*; **telephone receiver** combiné *m.*
television télévision *f.*; **television movie** téléfilm *m.*
tell raconter (*a story*)

temperament humeur *f.*
temperate tempéré(e)
temperature température *f.*
temple temple *m.*
tennis tennis *m.*; **to play tennis** jouer au tennis; **tennis court** court (*m.*) de tennis
tension tension *f.*
term paper dissertation *f.*
terminated terminé(e)
terrace terrasse *f.*
terror épouvante *f.*
test examen *m.*; (*trial*) essai *m.*
thank remercier; **thank you** merci
Thanksgiving Day jour (*m.*) d'action de grâce
that ce (cet, cette) (*adj.*); **that one** celui/celle-là; cela, ça (*pron.*)
theater théâtre *m.*; art (*m.*) dramatique
then puis; ensuite; **and then** et puis
there is/are il y a; voilà
thereupon du coup
these ces; ceux/celles-ci
thin fin(e); mince
thing chose *f.*; **something else** autre chose
think penser, réfléchir; **that makes one think** ça fait réfléchir; **unthinkable** impensable
thirsty soif *f.*; **to be thirsty** avoir soif
this ce (cet, cette); **this one** celui/celle-ci
those ces; ceux/celles-là
threaten menacer
thrifty économe
throat gorge *f.*; **sore throat** mal (*m.*) à la gorge
throw lancer; **to throw away** jeter
Thursday jeudi *m.*
ticket billet *m.*; (*parking, traffic*) contravention *f.*; **round-trip ticket** billet (*m.*) aller-retour; **ticket window** guichet *m.*
tie lien *m.*; **to tie** attacher
time fois *f.*; heure *f.*; temps *m.*; époque *f.*; **all the time** tout le temps; **at what time** à quelle heure; **(for) how long?** depuis combien de temps?; **leisure time** loisirs *m. pl.*; **to lose time, waste time** perdre du temps; **on time** à l'heure; **the last (first) time** la dernière (première) fois; **time off** congé *m.*; **waste of time** perte (*f.*) de temps; **what time is it?** quelle heure est-il?
timid timide
tip pourboire *m.*; service *m.*; **to leave a tip** laisser un pourboire
tire pneu *m.*; **to check air pressure** vérifier la pression des pneus; **to repair a flat tire** réparer un pneu crevé (à plat)

tired fatigué(e)
title titre *m.*
to à, en
toast griller *v.*
tobacco shop tabac *m.*
today aujourd'hui
together ensemble; **all together** tous ensemble
tomato tomate *f.*
tomorrow demain; **see you tomorrow** à demain
too trop; (*also*) aussi; **I've had too much** (*food, drink*) j'en ai trop pris
tooth dent *f.*; **to brush one's teeth** se brosser les dents; **toothbrush** brosse (*f.*) à dents; **toothpaste** dentifrice *m.*
topography topographie *f.*
toss jeter
tourist touriste *m., f.*
town section quartier *m.*
toxic toxique
toy jouet *m.*
traditional traditionaliste
traffic circulation *f.*; **traffic conductor** contrôleur *m.*; **traffic jam** embouteillage *m.*; **traffic light** feu (*m.*) de signalisation; **traffic ticket** contravention *f.*
train train *m.*; **train station cafeteria** buffet *m.*; **train station platform** quai *m.*; **train track** voie *f.*
trainer (*physical*) entraîneur/entraîneuse *m., f.*
tramp clochard *m.*
trample fouler
tranquilizer calmant *m.*
transaction transaction *f.*; **bank transaction** transaction bancaire
transportation transport *m.*; **public transportation** transports en commun
trash déchet *m.*
travel voyage *m.*; **to travel** voyager; **travel agency** agence (*f.*) de voyages; **travel agent** agent (*m.*) de voyages; **to travel along** rouler; **to travel around** se déplacer; **traveler's check** chèque (*m.*) de voyage; **travel preparations** préparatifs (*m. pl.*) de voyage
treatment remède *m.*; traitement *m.*; **to prescribe a treatment** prescrire un traitement
tree arbre *m.*; **fir tree** sapin *m.*
tribe tribu *f.*
trinket bibelot *m.*
trip trajet *m.*; **wedding trip** voyage (*m.*) de noces

tropical tropical(e)
trousers pantalon *m.*
truly véritablement
trunk (*car*) coffre *m.*
try essayer
Tuesday mardi *m.*; **Fat Tuesday (Mardi gras)** Mardi gras
turkey dinde *f.*; **roast turkey** dinde rôtie
turn tourner; **to turn left** tourner à gauche; **to turn off** éteindre; **to turn on (television)** allumer (la télé); **to turn right** tourner à droite; **turn signal light** clignotant *m.*
turquoise turquoise *f.*
type genre *m.*; **to type** taper
typical typique; commun(e)
typically typiquement

unceasing constant(e)
uncle oncle *m.*
unclog (*one's nose*) se déboucher (le nez)
underpants slip *m.*; (*women's*) culotte *f.*
understand (one another) (se) comprendre
understanding compréhensif/compréhensive
undress se déshabiller
uneasy: to become uneasy s'inquiéter
unemployment chômage *f.*
unfair injuste
unicorn licorne *f.*
unique unique
unite unir; **United States** États-Unis *m. pl.*
university université *f.*; faculté *f.*; (*fam.*) fac *f.*; (*belonging to*) universitaire *adj.*; **university residence complex** cité (*f.*) universitaire
unmarried célibataire; **unmarried person** célibataire *m., f.*
until jusqu'à
up to jusqu'à
upset: to become upset s'énerver; **to upset (s.th.)** renverser
use usage *m.*; **to use** se servir de; utiliser
useful utile; efficace
useless inutile
usual commun(e)
usually d'habitude; normalement
utilize utiliser

vacation vacances *f. pl.*; **summer vacation** grandes vacances
vacuum passer l'aspirateur; **vacuum cleaner** aspirateur *m.*
vagabond clochard *m.*

Valentine's Day Saint-Valentin *f.*
valley vallée *f.*
value valeur *f.*
variety variété *f.*; **variety show** (*television*) variétés *f. pl.*
veal veau *m.*
vegetable légume *m.*
vehicle véhicule *m.*
velvet velours *m.*
verb verbe *m.*
verify vérifier
veterinarian, veterinary vétérinaire *m., f.*
vex vexer
video vidéo *f.*; **video game** jeu (*m.*) vidéo
view vue *f.*; **point of view** point (*m.*) de vue
viewer téléspectateur/téléspectatrice *m., f.*
villa villa *f.*
violence violence *f.*
violent violent(e)
visit (*place*) visiter; **to visit** (*person*) rendre visite (à); **to visit** (*frequently*) fréquenter
visual visuel(le)
vitamin vitamine *f.*
vocabulary vocabulaire *m.*
voice voix *f.*
volcano volcan *m.*
vomiting vomissement *m.*
vulgar grossier/grossière; **vulgar word** mot (*m.*) grossier

wages paie *f. s.*
wait attente *f.*; **to wait** attendre; **to wait on** servir; **waiting room** salle (*f.*) d'attente
waiter/waitress serveur/serveuse *m., f.*; **wine waiter** sommelier/sommelière *m., f.*
wake up se réveiller
walk promenade *f.*; **to take a walk** se promener; **to walk** marcher
want désirer; vouloir
war guerre *f.*
warm chaud(e); **to be warm** avoir chaud; **it (the weather) is warm** il fait chaud
warming chauffant(e)
warn avertir
wash laver; **to wash down** arroser; **to wash (oneself)** (se) laver; **to wash one's face** se laver le visage
washing machine machine (*f.*) à laver
waste perte *f.*; gaspillage *m.*; **to waste** gaspiller; **to waste time** perdre du temps; **waste of time** perte (*f.*) de temps
watch montre *f.*; **to watch** regarder
water eau *f.*; **mineral water** eau minérale;

to water (*plants*) arroser; **waterski** ski (*m.*) nautique; **to waterski** faire du ski nautique
way (*manner*) façon *f.*; manière *f.*; (*direction*) sens *m.*; (*route*) voie *f.*; **by means of** par voie de
wear porter
weather temps *m.*; **weather forecast** bulletin (*m.*) météorologique (*fam.* météo *f.*); **what's the weather like?** quel temps fait-il?
wedding mariage *m.*; noces *f. pl.*; **wedding ring** alliance *f.*; **wedding trip** voyage (*m.*) de noces
Wednesday mercredi *m.*
week semaine *f.*; **days of the week** jours (*m. pl.*) de la semaine; **for a week** pendant une semaine; **last week** la semaine dernière; **next week** la semaine prochaine
weep pleurer
weigh peser
weight poids *m.*; **to gain (lose) weight** mettre (perdre) du poids
well bien; (*expression of surprise*) tiens!; **to feel well** se sentir bien
west ouest *m.*
what comment; quel(le); **no matter what** n'importe quel(le); **what is this?** qu'est-ce que c'est?
wheel roue *f.*; **steering wheel** volant *m.*
when quand
where où; **where are you from?** d'où viens-tu?
which quel(le); **of which** ce dont; **which one** lequel (laquelle, lesquels, lesquelles)
white blanc(he)
who qui
why pourquoi
widen élargir
wife femme *f.*
wilderness désert *m.*; (*pertaining to*) désertique(e) *adj.*
win gagner
wind vent *m.*; **it's windy** il fait du vent
windbreaker blouson *m.*
window fenêtre *f.*; **car window** vitre *f.*; **display window** vitrine *f.*; **ticket window** guichet *m.*; **to window shop** faire les vitrines
windshield pare-brise *m.*; **windshield wipers** essuie-glaces *m. pl.*
wine vin *m.*; **wine seller** marchand(e) de vins; **wine waiter** sommelier/sommelière *m., f.*
winning gagnant(e)

winter hiver *m.*
wipe essuyer
wish vouloir *v.*; **wishes** vœux *m. pl.*
witch sorcier/sorcière *m., f.*
with avec
within au sein de
without sans
witness (*wedding*) témoin *m.*
woman femme *f.*
wood bois *m.*
wooded boisé(e)
wool laine *f.*
word mot *m.*; **password** mot de passe; **vulgar word** mot grossier
work travail *m.*; **get to work!** au boulot!; **to work** travailler; **work (of art)** œuvre (*f.*) (d'art); **to work out** s'entraîner

world monde *m.*; **new world** nouveau monde; **world map** carte (*f.*) du monde
worry inquiéter; **to become worried** s'inquiéter
wound blessure *f.*
wounded blessé(e)
wristwatch montre *f.*
write écrire
written écrit(e); **written communication** communication (*f.*) écrite
wrong mauvais(e) *adj.*; tort *m.*; **to be wrong** avoir tort

yard jardin *m.*
year année *f.*; an *m.*; **every year** tous les ans; **Happy New Year** bonne année; **New Year's** le nouvel an; **New Year's Day** jour (*m.*) de l'an; **school year** année scolaire
yellow jaune
yes oui
yesterday hier; **yesterday afternoon** hier après-midi; **yesterday evening** hier soir; **yesterday morning** hier matin
yogurt yaourt *m.*
you (*fam.*) tu; (*form. or pl.*) vous
young jeune; **young lady** jeune fille *f.*
youth jeunesse *f.*

ZIP code code postal *m.*
zone zone *f.*

Index

Any abbreviations used in this index are identical to those used in the end vocabulary. Cultural topics and Vocabulary are listed at the end as separate categories.

CULTURAL TOPICS

VOCABULARY (Topics)

About the authors

Tracy D. Terrell, late of the University of California, San Diego, received his Ph.D. in Spanish Linguistics from the University of Texas at Austin. His extensive research publications are in the area of Spanish dialectology, with particular focus on the sociolinguistics of Caribbean Spanish. Professor Terrell's publications on second language acquisition and on the Natural Approach are widely known in the United States.

Mary B. Rogers received her B.A. and M.A.T. degrees from Vanderbilt University. She has been coordinator of a foreign language education program in which she taught pedagogy and supervised teachers in training. She has been a certified tester for the ACTFL Oral Proficiency Interview in French and has given numerous workshops and presentations on language teaching. Professor Rogers is a coauthor of *¡Bravo!*, a Natural Approach Spanish program for the secondary level. She currently teaches French and pedagogy at Friends University (Kansas).

Betsy K. Barnes is an Associate Professor of French at the University of Minnesota, Minneapolis. She received her Ph.D. in French linguistics from Indiana University and has published in the areas of French syntax and pragmatics, specializing in the analysis of spoken French discourse. At the University of Minnesota, Professor Barnes is Director of the Lower Division French program, trains and supervises graduate teaching assistants, and also teaches all levels of French.

Guy Spielmann holds a Ph.D. in French from Vanderbilt University, and a *Licence* in French Literature and in Anglo-American Studies as well as a *Maîtrise* in linguistics from the Université de Provence (France). He has coordinated and taught the beginner's intensive course at the Middlebury College summer French school for several years, and now teaches at Georgetown University. Professor Spielmann is currently developing a comprehensive theory of language education that considers the role of language in society in relationship to formal teaching and learning. He is also cofounder, with Dr. Mary L. Radnofsky, of The Socrates Institute, a nonprofit research and professional development corporation, dedicated to philosophical inquiry as a basis for the improvement of education through ongoing critical examination of epistemological, curricular, and methodological choices.